卷Ⅳ

逻辑之门——约翰·范本特姆经典著作

逻辑、认识论和方法论

〔荷〕约翰·范本特姆 著
郭佳宏 刘奋荣 等 译

科学出版社
北京

图书在版编目（CIP）数据

逻辑、认识论和方法论/（荷）范本特姆著；郭佳宏等译.
—北京：科学出版社，2013.1
（逻辑之门：约翰·范本特姆经典著作）
ISBN 978-7-03-036028-1

Ⅰ. ①逻… Ⅱ. ①范… ②郭… Ⅲ. ①逻辑学—文集 ②认识论—文集 ③方法论—文集 Ⅳ. ①B81-53 ②B017-53 ③B026-53

中国版本图书馆 CIP 数据核字（2012）第 271179 号

责任编辑：郭勇斌 / 责任校对：张怡君
责任印制：吴兆东 / 封面设计：无极书装

科学出版社 出版
北京东黄城根北街 16 号
邮政编码：100717
http://www.sciencep.com
涿州市般润文化传播有限公司印刷
科学出版社发行 各地新华书店经销
*
2013 年 1 月第 一 版 开本：B5（720×1000）
2024 年 3 月第八次印刷 印张：35
字数：705 000

定价：148.00 元
（如有印装质量问题，我社负责调换）

逻辑之门——约翰·范本特姆经典著作

顾　问　约翰·范本特姆

主　编　刘奋荣

《逻辑、认识论和方法论》编译组

组　长　郭佳宏　刘奋荣

成　员　（按姓氏笔画排序）

王　轶　王　曈　王彦晶　刘叶涛

刘奋荣　刘新文　阮　吉　张　君

俞珺华　郭佳宏　雒自新

丛 书 序

逻辑学是一门古老的学科，它的历史可以追溯到古希腊、印度和中国。逻辑学发展到今天，已成为一门基础学科，越来越具有交叉性。许多学科，从数学到人文学科、从计算机科学到社会科学，在这里交汇。所以，进入逻辑的世界将会使我们获得对整个学术研究领域的基础、工具和方法。

约翰·范本特姆是当今著名的逻辑学家。他从20世纪70年代开始就活跃在逻辑研究的很多领域，是发展这种现代的逻辑观的领军人物。他的学术研究不仅涉及纯粹的数学基础领域，而且还涉及许多其他的应用领域。约翰·范本特姆是著名的阿姆斯特丹大学的逻辑、语言和计算研究所的创始人。他是欧洲逻辑、语言和信息学会的第一任主席。同时，他还是斯坦福大学的教授，是中山大学的客座教授。“逻辑之门”这套丛书的宗旨是让中国的读者更系统地了解他的学术研究以及他对逻辑发展未来趋势的一些看法。丛书将包括约翰·范本特姆的经典论文和专著的译文。这些著作涉及的主题有：关于信息、进程和智能互动的模态逻辑；自然语言中范畴语法和量词语义的逻辑；还有逻辑跟认识论和科学方法论之间的相互影响。

总之，本丛书将会呈现给读者一个崭新而活跃的研究领域，在这里逻辑、哲学、数学、计算机、语言学、社会科学和认知科学之间互相交叉和渗透。本丛书的译者都是活跃在中国逻辑界从事现代逻辑教学和研究的学者，他们的工作将会为读者开启一扇进入广阔的逻辑世界的学术之门，也将会对进一步开展国际学术交流、全面实现中国的逻辑研究现代化、实现中国的逻辑研究同国际逻辑研究水平的全面接轨起着巨大的促进作用。遵诸位忘年友之嘱，是为译序。

张家龙

2007年7月24日

丛 书 序

[illegible]

译 者 序

约翰·范本特姆是当今最著名的逻辑学家之一。近年来，他曾经在中国的许多大学访问、讲学，已经成为我们的老朋友了。他的学术研究涉及模态逻辑、语言逻辑、动态认知逻辑及逻辑哲学等领域。从20世纪70年代到现在，他出版了8部专著和400余篇学术论文。本书是由荷兰阿姆斯特丹大学资助的翻译项目“逻辑之门——约翰·范本特姆经典著作”翻译的第四卷，内容主要集中在范本特姆教授对逻辑常项、认识论、科学方法论和逻辑哲学等方面的学术贡献，全书共收录19篇论文，每篇文章都包含着作者深邃的哲学思想和精妙的逻辑技巧。按照研究的主题的不同，我们把这些论文进一步分成5个部分，范本特姆教授专门为每一部分撰写了新的导读，并在全书引论中详细介绍了这些主题的历史背景和研究动机，这对于读者把握论文的精髓将起着极其重要的作用。本书的论文写作时间跨度久，内容涉及范围广，不仅可以帮助汉语区的读者了解逻辑基本技巧如何在哲学相关问题的探讨中得到运用，还有助于我们了解逻辑与科学、哲学的关系问题的历史发展以及作者在许多问题上的立场。本书旨在引导我们的读者直接进入到当前的研究激流中：“生活的激流是不会停止的，且看它把我们载到什么地方去。”

参与本书翻译和校对的人员是来自国内年轻的逻辑学家和一些正在国外攻读学位和工作的华裔逻辑学家，有的已经参加了“逻辑之门”前几卷的翻译和校对工作。在完成本卷的翻译过程中，我们切实感受到了大家扎实的技术基础、哲学背景、语言能力以及高度的责任感，我们为拥有这样的团队而感到欣慰。可以说，没有大家的辛苦努力，就没有这个项目的顺利完成。下面是本书译者的列表（按姓氏笔画排序）：

王　轶	挪威卑尔根学院计算机工程系	博士生
王　曈	荷兰阿姆斯特丹大学逻辑、语言和计算研究所	硕士生
王彦晶	北京大学哲学系	讲师
刘叶涛	燕山大学文法学院	副教授
刘奋荣	清华大学哲学系	副教授

刘新文	中国社会科学院哲学研究所	副研究员
阮　吉	澳大利亚新南威尔士大学计算机科学与工程学院	博士后
张　君	北京理工大学人文学院	讲师
俞珺华	美国纽约城市大学研究生院	博士生
郭佳宏	北京师范大学哲学与社会学学院	副教授
雒自新	浙江大学语言与认知研究中心	博士后

范本特姆为本书写的新引论由郭佳宏译出、刘奋荣校对，在每篇论文的题目下面则列出了译者和校对者的分工情况。感谢王轶在项目的后期承担论文“认知逻辑的五个问题”的翻译。参加第二次校对工作的是郭佳宏和刘奋荣。本书论文的参考文献考虑到格式统一，重新做了编排，也把一些文献做了更新，以便于国内的读者参阅。但是，我们仍然希望广大读者朋友对于我们的翻译工作提出批评、意见和建议，促进我们在以后工作中的提高。为了便于读者查阅，我们把本书中出现的重要专业术语和人名作了汇总，编辑了“英－汉专业术语对照表”和“英－汉人名对照表”作为附录置于书末，这些术语和人名的统一工作主要由郭佳宏和刘奋荣完成，范本特姆教授核对了其中一些读音。

在翻译的过程中，刘奋荣做了大量的协调工作，译者就各自遇到的问题和作者进行了大量的电子邮件联系，对于提高本书的翻译效率和质量起了重要作用。在“逻辑之门”翻译项目开展的几年里，我们曾举办过几次小型研讨会，为译者提供平台汇报自己的研究成果、与大家分享翻译的经验和困惑、相互切磋今后合作的方向等，对于青年逻辑学者团队的建设起到了重要的推动作用。在第一卷交付出版前夕，翻译小组成员于 2007 年 8 月在中国人民大学举办了一次学术会议，我们将著译者的讨论整理成文，以“逻辑之门：作者和译者的对话——范本特姆访谈录”为题发表在《哲学动态》2008 年第 1 期上。2008 年 10 月在清华大学举行了翻译项目的第二次学术会议，主题为“逻辑、语言和认知”，对所有观众开放，会议的发言人主要是参与本项目的译者。高东平、刘新文、郭美云为第二卷写了书介，发表于《逻辑学研究》2009 年第 1 期中。第二卷《逻辑、语言和认知》由科学出版社于 2009 年 10 月出版。第三卷《模态对应理论》的翻译工作主要由张清宇研究员和刘新文承担，已经由科学出版社 2010 年 7 月出版。为了进一步加强作者和译者之间的联系，庆祝圆满完成整个项目的翻译工作，我们于 2010 年 5 月在清华大学召开“逻辑之门国际学术研讨会”，来自荷兰、新西兰、日本等国、国内 15 所高校和科研院所，以及荷兰驻华大使馆共 40 余位专家学者参加了本次会议，其影响已经远远超出“逻辑之门”项目译者的范围。王磊、刘新文为此次研讨会写了综述，发表于《哲学动态》2010 年第 8 期。这些自由的学术交流对于我们青年学者在学术上的影响是积极而深远的。

对于以上提到的所有人员、单位以及参加“逻辑之门”各次会议的同行、为会议提供资助的组织，对在翻译过程中为我们提供了各种帮助的中荷两方人员，我们表示衷心的感谢！同时感谢阿姆斯特丹大学对本项目的资助、感谢科学出版社科学人文中心胡升华主任和郭勇斌编辑一直以来为本项目所付出的艰辛劳动！

郭佳宏　刘奋荣

2011年4月

目　录

第5部分　逻辑哲学

引 论

“逻辑之门”丛书的第四卷主要讨论我从事的逻辑技术研究和一般哲学之间的联系。对我而言，这样的联系是实在的：作为学生，我曾在阿姆斯特丹大学获得了数学和哲学两个学位。接下来，在我的职业生涯中，我曾同时担任过数学系和哲学系的主任——相比单单获得两个学位，这样的新领域需要难得多的生存技巧。即使现在，我还是阿姆斯特丹大学数学和计算机科学的教授以及斯坦福大学的哲学教授。对于这两方面，我能感受它们的整体性和合理性。

不过，除了我内心对哲学和逻辑的一种熟识之外，我总是发现它们二者之间的关系其实并不是非常清晰的。以下就是一个让我怀疑的简单答案：从历史的角度说，逻辑是哲学的一部分，因此逻辑学家们做的任何工作都是哲学（当然，许多数理逻辑学家否认这样的说法，他们认为逻辑是数学甚至是应用数学的一部分）。然而事情并非我们想象的那么简单。我自己把逻辑看做是关于它自身的学科，它不但同哲学和数学两者都有很多联系，而且还同语言学、计算机科学甚至是现在的认知科学有很强的联系。它可能并不是一个大的学科，但它所能涉及的范围在原则上讲是遍布大学的各个学科。逻辑有它自己的历史，以其内在和外在的规律演化，没人知道它将走向哪个确切的地方。

当然人们也可能就上述问题进行抽象的理论工作，作为他们的职业生涯的所作所为——实际上确实有一些人是这么做的。相反，我认为我们更需要正视某些事实。本卷中的其中一篇论文是我为一部手册撰写的章节，题为“哲学中的逻辑”，它介绍了20世纪关于许多重要的逻辑主题的历史。在那里，我们所发现的是一些关于主要逻辑问题探索的冒险故事，比如推理、意义、条件性或者信息。这些问题在不同的学科之间行走：先从哲学到数学、计算机科学甚至是经济学，然后又回到哲学。对我而言，这恰恰展示了逻辑作为“催化剂”的某种有效性，它激发了学术、学科之间的联系。“逻辑之门”第四卷通过更丰富的全景描述，试图为此类主题提供一些具体的桥梁。

我们将首先考虑逻辑常项的一般性质，它可能是仅被逻辑学家们关注的“内部事务”，然而它也同时赢得了哲学家们兴趣，主要在于它关于推理、语言和表达力的宽泛的思想。在后面我会再次讨论这个问题。

在进入更具体的逻辑和哲学的联系之后，我们开始讨论关于知识和信息的认知逻辑。看上去这样的选择似乎很奇怪，因为许多哲学家认为认知逻辑在试图解释“知识”这样的概念时是失败的，而许多逻辑学家则认为它偏离了数学实质。不过我们也从历史上学到过，伟大的事业可能源自于拙劣的开始。读了书中相关的文章之后，你会理解为什么我对认知逻辑感兴趣，尤其是在它收到来自关于信息化行动的动态逻辑的“生命之吻”之后。你也能在汉德瑞克斯（Vincent Hendricks）和罗伊（Olivier Roy）等编写的书《认知逻辑的五个问题》中（Automated Press，Copenhagen，2010）找到我写的一篇访谈性文章，那里有我对上述问题更详细的阐述。另外在“逻辑之门”第一卷中还有一些文章可以佐证我对认知逻辑的兴趣，你也可以了解这一逻辑学科分支的发展。

20 世纪 70 年代，当我还是年轻的逻辑和哲学工作者时，学界就已经出现了一个有关逻辑的交叉研究。它看上去很有前途，这就是科学哲学。我们中不少最优秀的学生都朝这一方向努力，我最早出版的一些论著也属于科学哲学领域。上述思想可追溯到我的前任教授贝特（Evert-Willem Beth），在我之前他曾拥有阿姆斯特丹大学逻辑教授席位。他提到尽管现代逻辑主要研究数学的基础，但是分析经验科学的基础，尤其是在大学中做这样的研究，将会是同样富有成效的。不仅仅是证明，而且还有观测事实这样的领域也应该归入逻辑研究的范围。本卷的第三部分收录了若干基于上述研究思路的文章。但是直到现在，20 世纪 70 年代的那种期待并未能获得想象中的成功，可能有以下几个原因。其一是像我这样的逻辑学家对其他新领域，尤其是语言学和计算机科学等更感兴趣，它们成了交叉学科研究的骨架。另一原因在于科学哲学本身从逻辑离开并发展至其他范式。不过它今天仍有（和逻辑结合的）新的事物出现，所以这些早期的论文可能获得新的意义。

不过上述的理论只是关于科学哲学的一般性方法，而逻辑对具体科学理论和结构的基础还有很多话要说。具体的案例有关于时间和空间的推理研究，逻辑学家们已经对上述两个领域作出了一些有意义的贡献。本卷的第四部分含有许多相关的例子。

本书的第五部分回到逻辑本身的性质，提出一些关于它的哲学地位和推动力的问题。我称这样的主题为*逻辑哲学*，尽管我们不一定能在其中找到通常逻辑哲学所关注的相关内容，比如存在性承诺、真和悖论、逻辑后承的实质研究等。对我而言，“逻辑哲学”是哲学家和逻辑学家共同合作，试图理解在逻辑发展过程中真正产生的新问题。

同样，这本书也收集了有关逻辑和哲学的比较宽泛的主题内容和例子。“逻辑之门”第三卷中许多语义话题在这里获得了进一步呈现，主要体现在逻辑和语言哲学之间的关联中。

让我回到刚开始的地方。本书介绍许多我的工作中有关逻辑和哲学的联系，你可能会发现许多倾向于逻辑方面的内容，我自己对于哲学的感受有点复杂。我发现很难利用那些尽管可能只是捉摸不定的东西却被吹捧为证据的“哲学直觉”去界定事物。对于现代分析哲学中的经院学派倾向我也感到奇怪：与其说是学生们在其中做实在的研究，倒不如说是他们在进行精致的话语游戏。不过在最重要的分析中，我深深地崇尚哲学中由那些伟大先驱者所做的最优秀的工作。确实，逻辑最繁荣的时候正是上述两类天才相遇之时：数学化的定理证明力和哲学化的概念建构力。它们并不一定需要出现于一个人身上，但是任一研究共同体应该在发展过程中同时具有上述两者，这样可以丰富它的研究。这正可以用来解释为什么我的根据地，阿姆斯特丹大学的逻辑、语言与计算研究所主持邀请了许多不同类型的逻辑学家来研究所工作和访问，他们来自哲学、数学以及其他领域。研究所的发展历史已经足以表明这样的共存是非常富有成效的。

约翰·范本特姆

2011 年 2 月

第1部分

逻辑常项

逻辑学者研究许多话语类型的推理原则，这往往体现为对关键词的具体研究，包括命题联结词到量词和模态词的所有种类。在后承关系的相关概念选择的辩护方面人们已经做了许多努力，主要是针对后承关系的各种可能性进行选择并为之辩护，比如经典逻辑后承关系就与直觉主义或者相干逻辑后承关系不同。我们很少问为什么我们研究这些具体的逻辑关键词，而另一方面，这些关键词是标准的教科书和研究文献的主要构件。什么是所谓的“逻辑常项”呢？一个很吸引人的尝试可以追溯到19世纪的心理学和数学，那是一个令人兴奋的时代，尽管在某些方面还有些沉闷。其间，几何学中的重要思想出现了。欧几里得空间以自然转换的形式诸如翻译、旋转和仿射等展现，这改变了空间模式。每一组这样的转换都有“不变性”，即在该组中所有的转换下结构性质保持相同。既然我们倾向于给周围那些重要的反复出现的模式命名，那么这种不变性正是语言起源的原因。这一观点使得塔尔斯基（Tarski）及其相关学者建议，逻辑概念可能是所有结构中最具有不变性的，它们甚至可以在剧烈的模型转换下仍然保持不变。我关于上述观念的普遍性研究主要体现在论文“跨越多样类型的逻辑常项”中，文中展现了有关语法范畴在很大范围中的不变性：名词、动词、联结词、量词等。我还证明了一些结果，表明用逻辑语言句法地定义所有由语义给出的不变性是足够强的。接下来，在文章“逻辑常项：横看成岭侧成峰”中，我结合了一些基本的模型论结果来研究，但也指出语义不变性具有一定的循环性，这看起来不可避免。然后我指向与逻辑性同等重要的基本直觉存在等问题，比如证明论背景中的“推论丰富性”，或者“简易计算”。不难理解，还有可能存在比上述三方面更多的维度：我当下的兴趣点之一是研究在多人交互博弈背景中成为逻辑性的东西。看来“逻辑常项”的概念并不具有某个唯一的特征。本部分的最后一篇文章“在博尔扎诺的乐符中仍然有逻辑吗？”把语言和博尔扎诺开拓性工作的后果等这些问题关联起来。博尔扎诺是一位令我尊崇的19世纪逻辑学家和哲学家，但他在很大程度上仍然被人们所忽视。

1 跨越多样类型的逻辑常项*

王彦晶/译　张　君/校

1.1 逻辑性的范围

关于逻辑常项的哲学讨论往往侧重于经典谓词逻辑的连接词和量词，人们试图解释为何它们是特殊的。在本文中，逻辑性被看成一个更广泛的概念，我们的讨论范围也包括一些特殊的关于个体的谓词，例如恒等（be）或者关于谓词的高阶算子，比如反身代词转换（self）。

为得到我们想要的一般性结果，一个方便的办法是在类型论（type theory）的框架中进行讨论，有关于实体的基本类型 e，关于真值的类型 t，还有通过已知类型来构造的函数组合（a，b）。这样，一个关于个体的一元谓词就具有类型（e，t）（为个体赋真值），同理二元谓词就具有类型（e，（e，t））。更高阶的类型也会出现，比如说量词，按弗雷格式的记法就是性质的性质：（（e，t），t）。这里我们列出一些类型以及相应的表达式类别和其外延以备参考（表 1-1）。

表 1-1

E	个体	专名
T	真值	句子
(t, t)	一元连接词	句子算子
(t, (t, t))	二元连接词	句子连接词
(e, t)	一元个体谓词	不及物动词
(e, (e, t))	二元个体谓词	及物动词

* Johan van Benthem. Logical Constants Across Varying Types. *Notre Dame Journal of Formal Logic*, 1989, 30 (3): 315～342

续表

((e, t), t)	谓词的性质	名词短语（一个男人）
((e, t), ((e, t), t))	谓词之间的关系	限定词（每一个）
((e, t), (e, t))	一元谓词算子	形容词、副词
((e, (e, t)), (e, t))	参数消解	“自己”，“被”

上述不少类型（以及他们相对应的表达式类）都包含有逻辑项。比如说，恒等在类型（e，（e，t））中，反身代词转换在类型（（e，（e，t）），（e，t））中。类型（（e，t），（e，t））也包含一些逻辑项，比如补集（complement）的运算或者集合等价，而（（e，t），（（e，t），（e，t）））可以包含交集（intersection）和并集（union）的算子。反过来，已存在的“逻辑性的”运算也可以被纳入这个模式当中。比如，蒯因（Quine）在其著名的没有变元的谓词逻辑中引入了如下的连接词和量词：反身代词转换（如上）以及很多不同形式的谓词置换。一个值得一提的例子是二元谓词上的*逆运算*（conversion）：它是属于类型（（e，（e，t）），（e，（e，t）））的逻辑项，我们将在下文介绍。

本文的目的是分析逻辑性的一般概念，通过吸取现代自然语言逻辑语义学的众多观点，涵盖上述所有例子（van Benthem，1986b）。在这个过程中，我们将系统地提出一系列关于逻辑性各个方面的问题。

实际上，上面的简介也许已经让读者意识到了一些一般性的问题。首先，什么是一个能适用于任何类型上的逻辑性概念？进一步说，是不是具有逻辑性的项可以出现在任意类型里？如果不是，在哪些类型里出现？最后，属于不同类型的逻辑项是如何*互相联系*的？比如，一元谓词的交集属于类型（（e，t），（（e，t），（e，t））），看上去很接近更基本的类型（t，（t，t））中的句子合取。我们会逐一探讨上述问题以及很多其他相关问题。

当分析“逻辑性”的概念时，我们很自然地从标准的连接词和量词入手。实际上，不难发现这些常项的很多特性都可以称为“逻辑的”。同时，这些逻辑性的概念还可以被推广到其他的类型。大多数的讨论都是从*语义*的角度出发，并通过在不同语义结构上的*不变性*（invariance）来刻画逻辑常项。粗略地说，逻辑常项，就是那些在非平凡的语义模型变化下保持外延不变的项。还有一个角度是把逻辑性当做*推理*的一个重要角色。在这种观点下，逻辑常项就是那些能够支持丰富和自然的推理模式的项。上述第二个角度可以完全在*语法*的证明论中得到讨论。然而，即使在这种观点下我们仍然可以找到一些语义方面的对应关系，特别是考虑逻辑性和一般的（布尔）蕴涵的关系时。

通过上述的考量，读者们也许能看到我们的目的不完全是刻画“那个”所有逻辑常项的集合，其实我们对逻辑性的多面现象更感兴趣。在某种程度上，这个和自然语言中的很多表达形式很相关。一个例子是具有类型（(e, t)，((e, t), t)）的广义量词（generalized quantifiers），在自然语言中表现为各种限定词：“每一个”、“一些”、“没有”等。局限在经典一阶逻辑的例子中会让我们对很多非常规的量词视而不见（比如“大多数”、“很多”等）。实际上，经典的例子有很多很好的但彼此相差很远的性质，不能简单用这些性质的合取来把它们统一成一个“自然的”的类型。

1.2 一般不变性

传统的看法认为逻辑常项是无关内容的，应该在改变模型内容但不改变一般结构的操作下保持不变。这种看法其实不是基于一个直观而是一组直观，因为这种观点可以有很多种解释。我们将会介绍其中的一些内容，先让我们从最自然的一个开始。

与前述逻辑性的概念相关，我们总感觉逻辑常项的外延应该是统一的（uniform）：它们不应该相对某些变项具有一些特性，而对另一些稍有不同的变项就有很不一样的特性。也许在现今这个时代，用识别逻辑连接词的计算过程（computational procedure）具体化这种统一性也会显得很自然。我们会在下面的讨论中涉及诸如此类的线索。

1.2.1 个体中立性

逻辑常项不应该对在个体域 D_e 中的具体个体敏感。这个想法可以通过置换（permutation）或者更一般的定义于个体域上打乱个体的双射（bijection）来精确地形式化。比如说，量词“所有”（*all XY*）的逻辑性（即一元谓词/个体的集合的包含关系）也许可以被表达为：对所有 $X, Y \subseteq D_e$

对于任何 D_e 上的置换 π，所有 X 是 Y，当且仅当，所有 $\pi[X]$ 是 $\pi[Y]$。

类似地，一个诸如补集的布尔算子具有类似的“相对置换的交换性”。对任何的 $X, Y \subseteq D_e$

$$\pi[not(X)] = not\ \pi[X]$$

当然，恒等关系也不会被置换所影响。对所有的 $x, y \in D_e$

$$x = y\text{，当且仅当，}\pi(x) = \pi(y)$$

我们可以推广这些例子之间的相通之处。首先通过归纳定义类型域的层级：

D_e 是个体基本集，

D_t 是真值集合 $\{0, 1\}$，

$D_{(a,b)}$ 是所有定义域为 D_a 值域为 D_b 的函数集合。

这样，任何一个 D_e 上的置换 π 可以按如下的经典办法提升到在各种类型域定义上的系列置换：

$\pi_e = \pi$，

π_t 是恒等映射（真值保持不变），

$\pi_{(a,b)}(f) = \{(\pi_a(x), \pi_b(x)) \mid (x, y) \in f\}$，对任何 $f \in D_{(a,b)}$

定义1　一个项 $f \in D_a$ 是置换不变的，如果下面的条件得到满足：对所有 D_e 的置换 π：$\pi_a(f) = f$。

很容易看出，这个定义可以涵盖之前的三个例子。

用这个不变性的概念，我们可以系统地搜索各种类型下置换不变的项。比如说，e 自身不会包含任何的不变项（如果有不止一个的个体的话），但是在类型 t 以及所有仅基于 t 构造的类型中的项都很显然具有不变性（这同时也说明任何基于真值的高阶运算都可以被认为在逻辑上是特殊的）。事实上，我们主要的兴趣在于同时包含 e 和 t 的“混合”类型。这里有一些比较重要的例子［参考（van Benthem, 1986b）的第三章］：

- $(e, (e, t))$：具有不变性的只有恒等，非恒等还有全关系和空关系。
- $((e, t), t)$：所有具有不变性的项都可以被描述为接受特定的大小的变项并且拒斥所有其他的（“数量量词”）。比如说，“所有的”只接受和 D_e 具有相同基数的集合（也就是 D_e 本身），“一些的”只接受具有超过一个元素的集合。还有一些比较奇怪的量词也符合这个要求，例如：

(X)，当且仅当，X 的基数是 2 到 7 之间，或者它有正好 10 个元素。

- $((e, (e, t)), (e, t))$：这里同样有很多满足不变性条件的项。我们这里只说明反身代词转换是其中之一：

$$SELF(R) = \{x \in D_e \mid (x, x) \in R\}$$

证明如下：

因为 $R = \pi(\pi^{-1}(R))$，由定义有：

$$\begin{aligned}
\pi(SELF)(R) &= \pi(SELF(\pi^{-1}(R)) \\
&= \pi(\{x \in D_e \mid (x, x) \in \pi^{-1}(R)\}) \\
&= \pi(\{x \in D_e \mid (\pi(x), \pi(x)) \in R\}) \\
&= \{x \in D_e \mid (x, x) \in R\} \\
&= SELF(R)
\end{aligned}$$

最后考虑一个仅仅靠置换不变性就能挑出常用的逻辑连接词的情况（参考

[van Benthem，1986b] 的第三章)。

命题 1　在所有定义在集合上的 n 元算子中，具有置换不变性的项恰恰是能通过布尔组合定义的。

证明（概要)：我们要证明置换不变性能够确立算子的某种统一性。简便起见，这里只考虑二元关系。定义 f 为置换不变的。那么 f (X，Y) 会是什么？相关的图（图 1-1）被划分成 4 个不相交的"区域"。可以看出 f (X，Y) 必须完全包含或者完全不包含这些区域。比如，如果 f (X，Y) 包含 $u \in X-Y$，但是不包含 $v \in X-Y$，那么我们可以定义一个置换 π 为仅仅交换 u 和 v，同时保持其他个体不变。可是那样的话 $\pi(X)=X$，$\pi(Y)=Y$，但是 $\pi(f(X, Y)) \neq f(\pi(X), \pi(Y))$。这样 f 一定要选择那些区域的整体，而这是可以被布尔组合完全表达的。

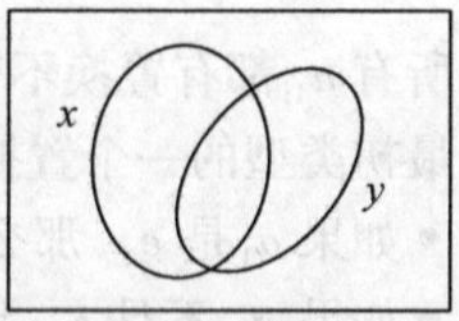

图 1-1

这样，可以看到置换不变性已经捕捉了不少的逻辑性了。不仅如此，这个刚刚定义的概念也引发了不少关于其本身的问题。首先，哪些类型包含有置换不变的项？这里，我们可以把所有类型分成两类。每个类型都可以写成如下两种形式之一：

$$(a_1, (a_2, \cdots, (a_n, t) \cdots)) \text{ 或者 } (a_1, (a_2, \cdots, (a_n, e) \cdots))$$

第一个以 t 结尾的类型可以被称为布尔类型，因为它们都具有一种很自然的布尔结构（Keenan，Faltz，1985)。第二种可以称为个体类型。

命题 2　除了所有参数 a 都含有置换不变项的个体类型之外，所有类型都包含置换不变的项。

证明：对类型进行归纳。首先注意到每个布尔类型都有至少一个不变的项，即对所有变量都赋值 1 的函数。另外 e 没有任何置换不变项（如果个体域里有多于一个个体的话)。现在让我们考虑更复杂的个体类型。

情况 1：这个体类型中所有 a，都有置换不变项 x_1，…，x_n。任给这个类型中的一个项 f，它的值：

$$f(x_1)(x_2)\cdots(x_n)$$

一定是属于 D_e 的个体。令 π 为任何改变这个个体的置换。这样，我们有：

$$\pi(f)(x_1)(x_2)\cdots(x_n) = \pi(f)(\pi(x_1))(\pi(x_2))\cdots(\pi(x_n))$$

（根据 x_i 的置换不变性）

$$= \pi(f(x_1)(x_2)\cdots(x_n))$$

（根据 $\pi(f)$ 的定义）

$$\neq f(x_1)(x_2)\cdots(x_n)$$　（根据 π 的选择）

这样，$\pi(f) \neq f$。即这个类型里没有置换不变的项。

情况2：至少有一个 a 没有置换不变的项，假设为 a_1。根据归纳假设，a_1 自身一定具有如下形式：

$$(a_{11}, (a_{12}, \cdots, (a_{1k}, e) \cdots))$$

以上所有 a_{1i} 都有置换不变的项。（或者 a_1 也可能是类型 e 本身。）现在我们定义属于最初类型的一个置换不变项如下：

- 如果 a_1 是 e，那么把函数 f 定义为 $f(x_1)(x_2)\cdots(x_n) = x_1$
- 如果 a_1 不是 e，那么让所有 a_{1i} 都有置换不变的项 $y_1, \cdots, y_k$，定义函数 f 为 $f(x_1)(x_2)\cdots(x_n) = x_1(y_1)\cdots(y_k)$。

要证明这两个函数都是置换不变的，我们可以直接推导或者依赖于第1.4节的一个更一般的结果。

作为应用上述结果的一个例子，“选择函数”的类型（从集合到个体的函数）$((e, t), e)$ 就没有任何置换不变项。

题外话　为方便起见，我们定义乘积类型 $a \cdot b$ 如下：

$$D_{a \cdot b} = D_a \times D_b$$

可以根据需要在不同形式的类型中切换，比如 $(a_1, (a_2, b))$ 和 $(a_1 \cdot a_2, b)$。我们还可以得到有意思的新类型例如 $(e, e \cdot e)$。之前的置换还有相应的置换不变性都可以很容易地推广到一些新类上。比如类型 $(e, e \cdot e)$ 就只有一个置换不变的项“复制者”：$x \to (x, x)$。我们会在后面用到这个事实。

如果要进一步细化上面这个结果，可以询问如下的问题：有没有一个计数公式使得任何类型 a 都能知道 a 中置换不变项的个数？对于很多类型，答案是已知的（参考 van Benthem, 1986b）。一般来讲，不变项的个数取决于个体域的大小。但是我们还没有对于所有类型都适用的更一般的结果。

我们也可以进一步研究置换不变性的相关问题。其中一个问题是给非置换不变（noninvariant）的项划界。很多表达式都不是严格置换不变的，但是它们可能只涉及一些特定的结构：它们也许对所有自同构（morphisms）保持不变，即对所有保持附加结构的置换具有不变性。例如，与“所有”不同，表达式“所有金发的”就不是一般意义上置换不变的［假设水手和士兵一样多，使得我们可以有一个将水手映射到士兵的置换 π。然而，假设“所有金发的水手都是勇敢的”可能是真的，“所有金发士兵都是 π（勇敢的）”却可能为假：金发士兵可能没有置换到勇敢的水手上］。然而，不难看出这个复杂的限定词对于（只）保持金发性的置换是不变的。这么说来，其实置换不变性可以被看成一系列相对自同构的不变性的一个极端情况。特别的，还有一些相对特定形式自同构的置换不变性与逻辑性密切相关（请见第 1.5 节）。

另一方面，还可以考虑比相对于任意置换的不变性*更强*的概念。比如至少保持个体独立性的置换（它们可以被看成保持同一性的自同构）。如果考虑相对任何在个体域上的*函数*的不变性，我们是不是要求一一对应呢？我们还没有采取这个限制，因为很多标准的逻辑常项都不能通过这个测试。比如，“*没有 X 是 Y*”并不意味着“*没有 F[X] 是 F[Y]*”对任何 D_e上的函数 F 都成立。

还有另一种加强置换不变性的思路。在高阶类型中，有很多其他的置换以及相应的不变性可以考虑。比如 van Benthem（1989a）讨论了自然语言中出现的*二元量词*，即直接在二元关系（而不是一元性质）上操作的量词组合。最简单的相关类型是（（e，（e，t）），t），相对于通常的弗雷格类型（（e，t），t）。二元量词可以通过迭代一元的情形得到，比如“每个男孩 R 一些女孩”，但是它们也可以通过更直接的多元构造得到，比如“每个男孩 R 一个不同的女孩”。现在，这些不同的多元程度可以被相应的对于个体有序对的置换不变性衡量。当然，之前提到的个体置换也可以导出在*有序对上的置换*。但是也有许多在有序对上的置换是不能被这么导出的。同时，确实有一些二元量词相对于这种更一般的置换保持不变。这里我们只举一个例子。考虑自然语言中的“复指”构造，它们可以被看做是有序对上的二元量词，比如：

“某人恨某人”（someone hates someone）：$\exists xy \cdot Hxy$

“没有人恨没有人”（no one hates no one）：$\neg \exists xy \cdot Hxy$（!）

这些具体的二元量词定义了二元关系的谓词，而这些谓词甚至是对所有有序对上的置换保持不变的。这里有一个开问题：有什么更强的置换不变性的概念可以对任何具有二元量词类型的逻辑项都适用？

即便如此，我们也应该算是比较充分地说明了怎样通过置换/不变性的角度来看待逻辑性的潜力。

1.2.2　语境中立性和其他一致性

到目前为止，我们讨论过的不变性都是在一个类型论的框架中，需要给定一个固定的个体基域。但是逻辑常项也对于不同语境或环境保持不变。比如，即使用 D_e和其他基域间任意的*双射*取代置换，之前的不变性结果也应该不会变化。

在广义量词中还可以见到另一种的中立性。一般来讲，一个量词可以被看做是对每个基域 D_e赋予一个一元谓词上的二元关系，比如包含关系（“所有”）、相交（“一些”）、分离（“没有”）等。但是一般来说这个关系是依赖于个体域的。比如我们可以把“许多”（许多 XY）理解为 Y 在 X 中的比重要高于 Y 在整个基域中的比重。在这种意义下，“许多”确实是语境相关的。对于真正的逻辑量词来说，一般要求有如下的语境中立性（contextual neutrality）：

对所有的 $X, Y \subseteq D_e \subseteq D'_e$：$Q$（$X$，$Y$）－相对于－$D_e$，当且仅当，$Q$（$X$，$Y$）－相对于－$D'_e$

总体上讲，这里的直观是：逻辑常项只应和它的参数的“个体内容”相关。

我们可以给这条准则更一般的形式，使得它可以应用到所有的类型上。出于技术原因，这里关系类型论比函数类型论更加方便（van Benthem & Doets, 1983）。在关系类型论中，复杂类型由基本类 e 通过（可能是反复的迭代）基于如下约定的有穷序列构造得到：

$$D_{(a_1,\cdots,a_n)} = D_{a_1} \times \cdots \times D_{a_n}$$

其中（a_1，…，a_n）是 n 元关系的类型，它的参数具有 a_1 到 a_n 的类型。这个关系类型的形式等价于我们之前的函数类型论。我们首先观察到空序列代表真值类型 t，这样例如关系类型（（e），e，（））就对应于之前的函数类型（（e，t），（e，（t，t）））（作为三元关系的特征函数）。现在给定两个基域 D_e 和 D'_e，$D_e \subseteq D'_e$ 我们可以很自然地定义一个基于基域 D'_e 的类型在基域 D_e 上的限制（restriction）：

- 对 D_e 中的个体 x：$x \mid D_e = x$（若 $x \in D_e$，否则未定义）
- 对具有类型（a_1，…，a_n）的关系 R：$R \mid D_e = \{(r_1, \cdots, r_n) \in R \mid$ 对所有 i：$r_i \mid D_e = r_i\}$（在一个函数层级中我们不能保证在这种限制下的类型还是全函数，但是在关系类型中就不存在这个问题）

称一个逻辑常项是语境中立的，如果它在一个基于基域 D_e 的类型层级中的外延的限制等于它在基于更大基域的类型层级的外延（在 D_e 上）的限制。

这个要求确实有些特别。例如它可以排除表达式“所有一切”（everything），因为它依赖于基域 D_e。但同时“每一个”（every）作为定义在一元谓词上的二元包含关系确实可以通过这个语境中立的检测。另一个可能出现问题的情况是否定（negation）。“并非 X”的意义是语境依赖的，因为补集一定是相对于当前的全集 D_e 说的。但是，注意到相应的具有类型（（e），e）的关系“$y \notin X$”却是语境中立的。

最后，自然语言中还有一些相关的、更一般的现象。语境中立性确实表达了一种局部性（locality）：如果要确定具有一些参数的逻辑项的外延，我们只需考虑包含所有出现在那些参数中的最小的个体域就足够了。现在很多自然语言中的构造都带有特定的子域的限制。一个熟知的例子是广义量词的保守性（conservativity）现象：

Q（X，Y），当且仅当，Q（X，$Y \cap X$）。

第一个变元 X 确定了对第二个变元 Y 赋值的“基调”。这种现象有更广泛的含义。皮尔士（C. S. Peirce）已经观察到了谓词逻辑是如何遵守如下的“复制法则”的（在给定一些关于变元自由度的条件下）：

$$\cdots\phi\wedge(\cdots\psi\cdots)\cdots\leftrightarrow$$
$$\cdots\phi\wedge(\cdots\phi\wedge\psi\cdots)\cdots$$

于是，我们就有了一些一般性的机制使得赋值能够被限制到特定的子域上。这样一来，逻辑常项的局部性和语境中立性就可以被看做仅仅是在各种语言学表达式中具有倾向性的（极端）例子。

最后，即便把置换不变性和语境中立性结合起来，仍然有一些有意思的项能满足条件。比如我们还是可以找到满足条件但是相当不规则的谓词运算：

$f(X, Y) = X$，如果 $|X| = 6$

Y，如果 $|Y| = 7$ 并且 $|X| \neq 6$

$X\cap Y$，其他。

读者可能会试着通过更强的假设来排除这类不规则的项［比较在（van Benthem，1983）中“限制”的用法］。然而，这种尝试至今为止还不是很成功。没有什么更加一般性的且合理的统一性或者“光滑性”概念可以排除这类情形。下面我们要做的是研究一些特殊的并不适用于所有逻辑常项的条件，能够看到这些条件还是能够确定一些非常自然的逻辑项的类别的。

1.3 精细结构

有不少关于标准逻辑常项的问题值得研究。即使这些讨论不能适用于所有的逻辑常项，至少可以用来更细致地区分不同的逻辑常项。我们要提及的例子基本来自于一个特定的领域：限定词和量词。但同时也能看到，我们总有可能在类型论中一般化这样的讨论。

1.3.1 单调性

标准谓词逻辑的量词是单调的：变元的特定改变不会影响量词本身的意义。比如说“每一个 XY”（every XY）是“右上”单调的（monotone）：

如果 每个 X 是 Y，$Y\subseteq Y'$ 那么 每个 X 是 Y'

还有“左下”单调性：

如果 每个 X 是 Y，$Y\subseteq Y'$ 那么 每个 X 是 Y'

根据这个思路，可以有四类单调性，如下面这个对当方阵（图 1-2）所示。如此区分四类单调性意义可以参见文献（van Benthem，1986b）的第一章，那里证明了在一些额外的条件下这个双重单调性唯一地确定了所有标准的量词这样的命题。

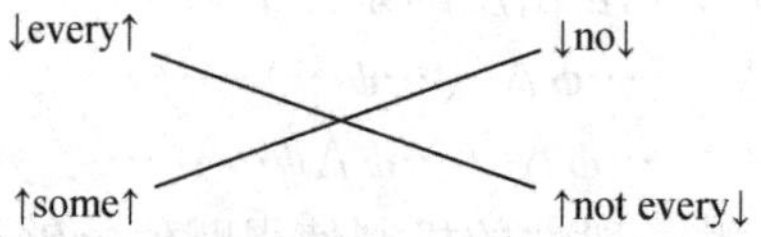

图1-2

但是单调性是自然语言中更一般的现象，其他的表达式也有类似的性质。值得一提的是，一个非标准量词比如“大多数”（most）对于右边的变元是向上单调的：

大多数 X 是 Y，$Y \subseteq Y'$ 蕴涵 大多数 X 是 Y'。

然而相对左边的变元它却不具有任何单调性。另外，单调性也在其他类别的语言现象中起作用，诸如介词“和”（with）就是单调的：如果你和一个钢铁女孩陷入爱河并且钢铁女孩是女孩，那么你就和一个女孩陷入爱河。

对这种现象的合适推广又与我们之前在类型论中讨论的布尔 t-结构有关。首先，我们归纳定义对于所有类别都适用的包含（inclusion）或者蕴涵（implication）的概念 $\subseteq$：

在 D_t 上，$\subseteq$ 就是 $\leq$

在 D_e 上，$\subseteq$ 是 $=$

在 $D_{(a,b)}$ 上，$f \subseteq g$ 如果 对所有 $x \in D_a$，$f(x) \subseteq g(x)$。

对一些具体的情况，比如类型（e，t），这个定义和我们的直观相符合（$\subseteq$ 在 $D_{(e,t)}$ 上是集合包含关系）。

现在我们称一个（a，b）类型的函数 f 是单调的，如果下面的“直接相关性”条件成立：

对于所有的 x，$y \in D_a$，$x \subseteq y$ 蕴涵 $f(x) \subseteq f(y)$。

这个定义推广了之前提到的上升单调性。下降单调性应该与“反相关性”相对应（反单调）：

对所有的 x，$y \in D_a$，$x \subseteq y$ 蕴涵 $f(y) \subseteq f(x)$。

比如“金发的”这种形容词就是单调的：

如果所有的 X 是 Y，那么金发的 X 也是金发的 Y，

而布尔否定是反单调的：

如果所有 X 是 Y，那么非 $-Y$ 是非 $-X$。

是不是所有的逻辑常项都应该是单调或者反单调的呢？问题在于这样一来，我们会排除很多看上去合理的项。比如，量词“有且只有一个”（$\exists ! x$）就不是单调的，无论正还是反（虽然有相关的替代性质）（van Benthem，1984b）。所以我们不能把单调性当做一般性的条件。

尽管如此，研究单调的逻辑常项仍然是有意思的。事实上，基于标准量词“双重单调性”的想法，我们可以提出更强的概念。前面提到，任何的类型都可以写成如下的形式：

$(a_1,(a_2,\cdots,(a_n,\gamma)\cdots))$，其中 γ 是某种基本类型。

称这个类型中的项 f 是完全单调的（totally monotone），如果它满足如下条件：

$$x_1\subseteq y_1,\cdots,x_n\subseteq y_n \text{蕴涵} f(x_1)\cdots(x_n)\subseteq f(y_1)\cdots(y_n)$$

类似的概念可以通过对各个参数要求单调和反单调的不同组合得到。试图刻画所有置换不变且完全单调的逻辑项将会很有意思。如此一来也推广了我们之前关于标准量词的刻画。这里，我们只考虑谓词上的二元算子，完全单调的项恰恰是我们所期望的那些：

$$f_1(X,Y)=X$$
$$f_2(X,Y)=Y$$
$$f_3(X,Y)=X\cap Y$$
$$f_4(X,Y)=X\cup Y$$

备注　之前关于单调性的讨论在两种观点间徘徊。一方面，独立于语言的项可以是单调的。另一方面，语言表达式可以单调地出现在其他表达式里（通过考虑相应的外延）。这里有一些问题，比如我们如何才能通过语法上的特征识别出表达式中的某个项的出现是单调的（相对于所有的解释）。这其实是一个更一般的问题。即使我们对于逻辑性有一系列充足的语义要求，但是给定一个语言表达式，判断这个表达式是否满足我们提出的要求很可能是不可判定的。1.3.1 节的附录就给出了这样一个例子。

布尔同态　我们可以进一步加强单调性的概念使其保持更多的布尔结构。特别是，Keenan 和 Faltz（1985）强调了布尔同态的重要性：布尔同态可以保持任何布尔类上（以 t 结尾）出现的自然布尔结构：

$$f(x\cap y)=f(x)\cap f(y)$$
$$f(x\cup y)=f(x)\cup f(y)$$
$$f(-x)=-f(x)$$

（单调性于是就成为了一个衍生的性质）同态的例子还可以在与专名相关的表达式中找到：

朱迪思（讲笑话 且 变戏法）↔（朱迪思 讲笑话）且（朱迪思 变戏法）

朱迪思（讲笑话 或 变戏法）↔（朱迪思 讲笑话）或（朱迪思 变戏法）

朱迪思（不 说闲话）↔并非（朱迪思 说闲话）。

但是它也可以与介词或其他语言表达式同时出现。特别是逻辑学家感兴趣的逻辑同态。这里我们举一个例子。之前提到的反身代词变换“自己”（self）就是一个在其类别内的同态，正如下面的等价性所示：

（憎恨且看不起）自己 等价于（憎恨自己）且（看不起自己）

（不相信）自己 等价于 并非（相信自己）

实际上，命题3可以解释这个项的特殊之处：

命题3 反身代词转换是类型（$(e, (e, t)), (e, t)$）中唯一一个置换不变的布尔同态。

证明： 假设一个足够大的个体域。如下的证明展示了一种非常典型的通过条件导出限制的方式。令f为任意一个属于类型（$(e, (e, t)), (e, t)$）的置换不变的布尔同态。

（1）因为同态保持析取，所以下面的等式成立（对于任何关系R）：

$$f(R) = \bigcup_{(x,y) \in R} f(\{(x,y)\})$$

（2）对任何单元关系（只包含一个有序对），可以分两种情况讨论：（I）“$x \neq y$”和（II）“$x = y$”。在这两种情况中，f的值都被置换不变性严格地限制了。事实上我们只有如下的可能性：

（I）$\varnothing$，$\{x\}$，$\{y\}$，$\{x, y\}$，$D_e - \{x, y\}$，$D_e - \{x\}$，$D_e - \{y\}$，D_e

（II）$\varnothing$，(x)，$D_e - \{x\}$，D_e

（3）同态保持另一性质：它们保持变元的分离性（disjointness）。和置换不变性一起，它们排除了（I）中除了$\varnothing$所有其他的可能性。

例子 如果$f(\{(x, y)\}) = \{x\}$，那么通过一个合适的置换（不改变x但是把y映射到不同的y'上，使得$y' \neq y$，$y' \neq x$），$f(\{(x, y')\}) = \{x\}$也成立，同时$\{(x, y)\}$和$\{(x, y')\}$是两个不相交的关系。如果$f(\{(x, y)\}) = \{x, y\}$，那么通过合适的置换我们也有$f(\{(y, x)\}) = \{x, y\}$，这又与分离性矛盾。通过类似的论证，可以排除情况（II）中的第三和第四个可能性。

（4）最后，因为同态不能对所有个体都赋予真值0，（II）中的$\varnothing$亦不能被选择。这样就只有在情况（I）中的$\varnothing$和在情况（II）中的$\{x\}$两种可能。但是，这样的话，最后的公式恰恰是反身代词转换的形式。证毕。

另一方面，逻辑同态并不出现在其他重要的类型中。比如它们不在限定词类型（$(e, t), ((e, t), t)$）中：没有合理的量词是布尔同态的。理由可参见

(van Benthem，1986b）的第 3 章，在那里我们证明了如下的归约（reduction）：

类型 $((a, t), (b, t))$ 的布尔同态通过一种很自然的关系与更低阶的类别 (b, a) 中的函数一一对应。事实上，任给一个类型 (b, a) 中的函数 f，与其相对应的属于类型 $((a, t), (b, t))$ 的同态 F 可以被如下公式表达：

$$\lambda x_{(a,t)} \cdot \lambda_{zb} \cdot \exists y_a \in x \cdot f(z) = y_a$$

通过一些计算可以看到这个对应关系中，F 是置换不变的，当且仅当，f 是置换不变的。于是，要找到类型 $((e, (e, t)), (e, t))$ 中［或者等价的类型 $((e \cdot e, t), (e, t))$ 中］的逻辑同态，我们就要找到在类型 $(e, e \cdot e)$ 中置换不变的函数。就像之前看到的，这里只有唯一置换不变函数——“复制者”。通过它和上面的公式确实能得到反身代词转换。类似地，同态的逻辑限定词应该与类型 $((e, t), e)$ 中置换不变的（选择）函数相对应。但是就像我们之前看到的，这种选择函数不存在。

连续性　同态的特质提示我们可以考虑一个应用更广泛的概念。我们说一个函数是连续的（continuous）则它遵守如下任意的并集/析取操作：

$$f(\cup_i x_i) = \cup_i f(x_i)$$

就像在之前证明中提到的那样，上述要求反映了某种局部性，或者说 f 是可以“逐点”计算：只要把 f 在单元变元上的值收集起来即可。

连续性虽然强于单调性，但对于很多重要的逻辑常项仍然成立。比如，在（van Benthem，1986a）中，连续性和置换不变性被一起用于分析使二元谓词归约到一元谓词的蒯因算子（Quine operation）。本质上，除了上面提到的反身代词转换作为个归约的例子外，我们还可以有如下的投影函数（projection）：

$proj_1(R) = \{x \mid \exists y \cdot (x, y) \in R\}$（$R$ 的定义域）

$proj_2(R) = \{x \mid \exists y \cdot (y, x) \in R\}$（$R$ 的值域）

要得到更一般的二元关系上不可归约的算子，我们需要借助来自范本特姆的一个结果（van Benthem，1986b：22）：

类型 $((e, (e, t)), (e, (e, t)))$ 中连续的置换不变项刚好是能够被如下形式定义的项：$\lambda R_{(e,(e,t))}\, \lambda x_e \cdot \lambda y_e \cdot \exists u_e \cdot \exists v_e \cdot \langle x, y, u, v$ 中恒等关系的布尔组合$\rangle$。

这包括一些非常重要的例子：关系恒等、逆关系和对角性等。

连续性还可以用来限制关系演算中可能出现的逻辑算子（关系演算可以看做是一阶逻辑的代数对应理论，参考本章第 1.5 节）。

1.3.2　逆逻辑

某种意义上说，前面的讨论也引入了另一种看待逻辑常项的观点：考虑其在验证有效推理中的作用。毕竟，与广义包含关系⊆有关的任何概念都可以被认为是包含特定逻辑常项以及布尔算子“且”、“或”和“并非”的推理形式。

在这种观点下，之前对反身代词变换的刻画可以看做是一种“逆逻辑”。通常来讲，我们从一个逻辑项出发然后确定关于它的有效推理模式。反过来，可以先给定推理模式然后找到属于类型（$(e,(e,t)),(e,t)$）唯一的逻辑常项，从而使得如下的推理模式有效：

$$f(X\cap Y)\leftrightarrow f(X)\cap f(Y)$$
$$f(X\cup Y)\leftrightarrow f(X)\cup f(Y)$$
$$f(-X)\leftrightarrow -f(X)$$

实际上，这些问题在广义量词的领域里已经被深入研究过（van Benthem, 1984b）。这里我们可以研究不同的三段论形式（syllogistic pattern），然后看看它们是否决定了特定的逻辑常项。现在列举几个和我们的大方向相关的结果：

• 这里基本的模式不是布尔的，而是纯代数的（algebraic），比如如下形式：

$$\frac{QXY}{QYX}\ (\text{Conversion})\quad \frac{QXY\ QYZ}{QXZ}\ (\text{Transitivity})$$

• 通过逆逻辑得到的结果可能是唯一的，就像逆变换和自返性唯一确定了量词“有些”（在一些比较合理的前提下）一样。

• 如果没有进一步的条件限制，推理模式也许不能唯一决定逻辑常项（例如在纯粹的三段论中，“至少两个”和“一些”都能使相同的推理模式生效）。实际上，这种亚确定性也有好处：适用于同一个推理模式集的不同“解决方案”，能够展现一种很有用的对偶性（duality）。比如说，对于集合上布尔算子的代数法则（van Benthem, 1986a），合取和析取是无法被区分的。

• 最后，对于一些看上去合理的推理模式，我们却没有任何的逻辑常项去实现它们。比如，没有任何非平凡的置换不变量词能够实现如下循环（circularity）论证的推理模式：

$$\frac{QXY\ QYZ}{QZX}$$

逆逻辑同样也适用于其他类型，比如可以把上述模式应用在谓词上。我们会在本章第1.5节回到这个话题并讨论更多的例子。

1.3.3 可计算性

另一个探讨逻辑常项的办法既不是考虑它们的语义上的特性也不是考虑它们语法上的推演能力，而是看它们的计算复杂性。会不会某种简单性是区分逻辑常项与其他的一种思路？

需要强调的是，这里可能没有一些非常一般的论证去支持这个观点，但是它依旧可以作为分类的一条非常有意思的原则。例如，根据计算复杂性，广义量词形成了一个很自然的层级［（van Benthem，1986b）的第8章，关于相关的“语义自动机”］。这些量词可以由*自动机*（automata）计算出来：将个体域中属于当前广义量词所涉及谓词的个体标记出来，然后扫描所有个体，最后回答是或者不是。这样一来，众所周知的自动机层级就有用武之地了。值得一提的是，最底层的*有穷自动机*（finite state machine）对于计算所有标准谓词逻辑中的一阶（first-order）量词来说已经足够了。非常规的高阶量词，比如“大多数”（most），一般来讲需要有无界记忆的*下推自动机*（push-down store automata）。这样，标准的逻辑常项和其他逻辑常项的区分就有了可计算性的基础。

遵循这篇文章一贯的“精神”，我们要问：这种可计算性的角度能不能被推广到任意的语义类型上？确实，对于其他类型的语言表达式，我们也可以讨论可计算性的问题。比如说，给诸如“高”的形容词赋予个体好像需要预设个体中有一个“更高”的序关系。同时修饰语诸如“很”也要预设一种几乎是数值化的强度区分才能给形如“很高”的谓词语义［参考 van Benthem（1987b）关于其他类型自动机的角度更一般的讨论］。然而现在还没有一个很具说服力的一般性理论。不管具体结果怎样，我们都预期基本的逻辑常项会出现在相对较低的计算复杂性的层级中。

1.4　可定义性

我们有标准的类型论模型上解释的逻辑语言。它最主要的语法操作是*函数作用*、*λ 抽象*，或许还有*恒等*。一个自然而然的问题是：这个语言在多大程度上能够用作定义逻辑常项的统一媒介？我们将在 1.4.1 节讨论这个问题。

上述语言还有一个更加“辅助性”的应用。就像之前我们反复看到的那样，同一个逻辑常项能够以不同的形式出现。这种*多态性*（polymorphism），比如布尔算子和量词及恒等，可以系统地通过这种类型论的语言描述。我们会在 1.4.2 节中展开讨论这个主题。

1.4.1　类型论定义

让我们首先考虑一种语言，使得在这种语言里，每个类型 a 都有一个对应的变元。上述语言的项遵守如下生成规则（基于有类型的 λ-演算）：

- 如果 τ 是具有类型（a，b）的项并且 σ 具有类型 a，

那么 τ（σ）就是类型 b 的项。

● 如果 τ 是类型 b 的项并且 x 是类型 a 的变元，

那么 $\lambda x \cdot \tau$ 就是类型 (a, b) 的项。

有时我们也用额外的第三条构造规则来得到一个完全的类型理论（full theory of types）：

● 如果 τ，σ 是具有同样类型的项，那么 $\tau=\sigma$ 是具有类型 t 的项。

所有这些项在我们之前讨论的类型层级上都有标准的解释。一个在上述语言中的项和逻辑常项之间很直接的联系是：

所有类型理论中的闭项恰好定义了它们的类型里置换不变的对象。

这个结果可以从如下关于任意项的定理得出（可以很容易通过归纳证明此定理）。

命题 4 对每个包含自由变元 x_1，…，x_n 的项 τ，每个置换 π（按照通常惯例提升到高阶类型），以及任何类型域层级上的解释函数⟦ ⟧：

$$\pi(\llbracket \tau \rrbracket^{x_1 \cdots x_n}_{d_1 \cdots d_n}) = \llbracket \tau \rrbracket^{x_1 \cdots x_n}_{\pi(d_1) \cdots \pi(d_n)}$$

此命题的逆命题并不一定成立，比如说，无穷的模型会有不可数多个置换不变项，这超过了所有可能的类型论的项的个数（可数多个）。尽管如此，在某个很重要的特殊情况下，这样的对应是一一的（van Benthem，1990）：

命题 5 基于有穷个体基域的类型层级，每一个置换不变的项都可以由一个具有相同类型的类型论闭项所定义。

这样，从某种意义上说，对于逻辑性进一步限制的研究可以被归约到寻找合理的类型论语言片段的问题上。

一个显然的片段就是有类型 λ-演算（它也具有独立的研究价值）。这个语言不足以定义所有的置换不变项，即便如此，它还是有很强的表达能力。常见的例子是布尔算子的函项完全性。就像所有初学者所学到的那样，标准的逻辑常项“并非”、“且”和“或”足以定义所有真值函项连接词。在类型论意义的讨论中，这意味着所有“一阶”纯 t-类型可以仅仅用这三个常项在类型 (t, t) 和 $(t, (t, t))$ 上来定义。但是高阶布尔类型比如（(t, t)，t）（一元连接词的性质）又怎么样呢？

令人可能感到惊讶的回答是，上述这几个常项仍然已经足够了（van Benthem，1992）。

命题 6 任一个在纯粹 t-层级中的项都可以由某个包含类型的 λ-演算中只包含¬，∧，(∨) 的闭项来定义。

不仅如此，相对于一些更多合适的基本连接词，我们还不难推广上述结果，使之覆盖任意的有穷真值域 D_t（“多重真值”）。

对于以上结果，一个从逻辑常项的角度出发的有意思的解释如下：我们只需要在最基础的层面提供一些最根本的逻辑项就好了，λ-演算的机制会保证其他的事情。

当然在这个非常一般的范式下，可以考虑更加细致的关于函项完全性的问题。比如说，在谓词逻辑上，对于布尔连接词，我们并没有函项完全性的相应结果。在什么意义上可以说标准的一阶量词是“表达完全的”？我们之前的结果提供了一个答案：相对于双向单调（doubly monotone）量化式，标准的一阶量词确实是表达完全的（其实对更广泛的形式也有类似结果，见［van Benthem, 1984b］）。

下一步考虑另一个我们通常想要逻辑常项遵守的标准：语境中立性（参见第1.2.2节）。像以往一样，这里切换到更为方便的关系类型论的角度。另外，为了方便起见我们还可以切换到另一种有通常量词∀和∃的类型论语言（这里λ算子在某种意义上就变得多余了）。称一个类型 t 的公式 $\varphi=\varphi(x_a)$ 在某个模型中定义了类型 a 的项 f，如果 f 是唯一能够满足 φ 的项。

现在我们要问：在如下相对化的意义下，什么时候定义 φ 是语境中立的？

令 φ 在一个基于 D_e 的模型上定义 f，在基于 $D_e^+\supseteq D_e$ 的模型上定义 f^+。那么下述有

$$f^+\mid D_e=f$$

下述命题至少给出了一个充分条件：

命题7　令 φ 在每个模型中都定义一个唯一的对象，令每个在 φ 中出现的量词都被相对化：即具有形式 $\exists x\leqslant y$，$\forall x\leqslant y$（这里 $x\leqslant y$ 是指“x 是 y 中一个有序组的一个元素”），那么 φ 就定义了一个语境中立的外延。

例1　全称量词可以由如下的公式定义：

$$\forall y\leqslant x\,\forall z\leqslant x\,(x(y,z)\leftrightarrow\forall u\leqslant y:\ u\leqslant z)$$

上述条件并不是必须的。事实上，它只能产生谓述的例子，涉及参数 x 的“次对象”。要得到语境中立的项比如说量词“大多数”，我们需要指代高阶的类型的非谓述的定义，只要它们还在通过参数 x 的 $\in$ 闭包生成的次层级中（顺便提一句，这个谓述的/非谓述的区分也提供了一种对于逻辑常项分类的可能）。

我们通过一个问题来结束这一小结（Smirnova, 1986）。系统地使用类型论语言本身也提出了一个关于逻辑性的新问题：诸如函项应用和λ-抽象的运算的逻辑性地位又是什么？

1.4.2　改变类型

一些逻辑常项好像是跨越不同类型的。例如，在第三节我们看到了具有类型

$((e,(e,t)),(e,t))$ 的反身代词转换“自己”（self）是怎么从类型 $(e, e\cdot e)$ 的“复制者”上衍生出来的。类似地，基本的个体恒等具有类型 $(e,(e,t))$ 但也能出现在类型 $(((e,t),t),(e,t))$ 中，当定义在复杂的名词短语上时（例如在“像个男人”中）。再有，这里有一种“典范的”意义转换，正像蒙塔古所观察到的：

$$\lambda x_{((e,t),t)}\cdot\lambda y_e\cdot x\,(\lambda z_e\cdot \mathrm{BE}_{(e,(e,t))}\,(z)\,(y))$$

（“y 是男人”如果“一个男人”对“*being* y”成立）

最后，高阶类型中的布尔运算可以从它们在真值表中的基本意义中衍生出来。一个例子是从句子否定到谓词否定的变形：

$$\lambda x_{(e,t)}\cdot\lambda y_e\cdot \mathrm{NOT}_{(t,t)}\,(x\,(y))$$

这里存在一个上述变化的系统，就像我们即将看到的那样。

事实上，类型变化（type changing）在自然语言中是一种一般性的现象，它表明了很多系统特征（van Benthem，1986b：第 7 章；van Benthem，1990）。我们将略述一些以后讨论会用到的要点。

一般来讲，如果后面的类型 b 是可以通过一个包含蕴涵的逻辑演算（也许包含合取）从前面的类型中导出的，那么，在类型 a 中出现的表达式可以转移到另一个类型 b 中。这里最基本的类比操作是在 20 世纪 50 年代就被发现了：函项类型 (a, b) 的特性很像蕴涵 $a\rightarrow b$。这样上面的转换就对应于蕴涵逻辑中有效推演。

例 2　（用自然推演树来表示如下推演）

- $(t,t)\Rightarrow((e,t),(e,t))$：

$$\dfrac{\dfrac{\dfrac{\dfrac{\overset{1}{e}\quad\overset{2}{(e,t)}}{t}\quad (t,t)}{t}}{(e,t)}\ \text{withdraw 1}}{((e,t),(e,t))}\ \text{withdraw 2}$$

- $(e,(e,t))\Rightarrow(((e,t),t),(e,t))$ 是十分相似的：

$$\dfrac{\dfrac{\dfrac{\dfrac{\overset{1}{e}\quad (e,(e,t))}{(e,t)}\quad \overset{2}{((e,t),t)}}{t}}{(e,t)}\ \text{withdraw 1}}{(((e,t),t),(e,t))}\ \text{withdraw 2}$$

- $(e, e\cdot e)\Rightarrow((e,(e,t)),(e,t))$ 也和上面的推演很相似，如果把它写成 $(e, e\cdot e)\Rightarrow((e\cdot e,t),(e,t))$ 的话。

这样，推演分析显示上面这三个例子都具有同一种传递性的模式：

$$(x, y)\Rightarrow((y, z),(x, z))$$

一般地，自然语言中允许的类型变化对应于基于一种构造性的（constructive）蕴涵逻辑上的有效推演（这个逻辑包括自然推演的分离规则和条件化规则）。通常，除了上面的传递性推理（经常叫做“吉奇（Geach）法则”），还有称作“提升”的法则（也叫做蒙塔古法则）：

$$x \Rightarrow ((x, y), y)$$

例如，后面这种模式经常可以在专名（类型 e）具有复杂名词短语特性的时候（或者从语义的角度讲具有“一揽子性质”的时候）显现出来：

$$e \Rightarrow ((e, t), t)$$

这些推演并不是完全语法的。因为它们与包含类型的 λ-演算中的项一一对应，这解释了在初始类型中的外延是如何变换到新类型的外延的。这里有一个对布尔否定的说明：

例 3

证明树

$$\cfrac{\cfrac{\cfrac{\cfrac{\overset{1}{e}\qquad \overset{2}{(e,t)}}{t}\,\text{MP}\qquad (t,t)}{t}\,\text{MP}}{(e,t)}\,\text{C}}{((e,t),(e,t))}\,\text{C}$$

λ项

$$\cfrac{\cfrac{\cfrac{\cfrac{x_e\qquad y_{(e,t)}}{y(x)\qquad \text{NOT}_{(t,t)}}}{\text{NOT}(y(x))}}{\lambda x_e\cdot\text{NOT}(y(x))}}{\lambda y_{(e,t)}\cdot\lambda x_e\cdot\text{NOT}(y(x))}$$

注意函数作用是如何“编码”分离规则以及 λ 抽象是如何起到条件化规则作用的。

这样我们就看到了逻辑常项是如何从一个范畴转移到另一个范畴的，只要相应的意义改变可以由一些有类型的 λ-演算重新“包装”表达。确实，就像上面看到的那样，任何对象都可以经历这种类型变换。另外，在上述过程中这些对象也被“装饰”了，获得了以前没有的逻辑特质［比如说类型 e 的一般个体可以变成类型（(e, t)，t）的布尔同态，参考（Keenan，Faltz，1985）］。

这个类型变换的角度也提出了很多与第 1.1，1.2 节中关于逻辑性的讨论相关的新问题。假设有一些逻辑项在某个类中具有我们之前讨论的性质，它们是否还能在改变类型和意义后继续保持这些性质？更技术地讲，有哪些之前我们讨论过的语义性质可以在类型变换后继续保持呢？

首先，我们看到了置换不变性是可以保持的。这个结果可以通过之前的结果得到：如果 f 是置换不变的，那么任何项 $\tau(f)$ 也都可以定义一个置换不变项（在此将不讨论这个结果的逆命题）。

对于单调性，情况变得复杂了一些。有些类型变换可以保持它：之前提到的吉奇法则就是一个例子。但其他规则并不能保持这个性质：蒙塔古法则就是一例。一般来讲，要保持单调性，我们要求被改变的项里的参数 x 在定义项中都是肯定出现的［进一步的讨论请参考（van Benthem，1987a)］。

最后，我们尚且不太清楚关于连续性（continuity）和布尔同态的保持和产生情况。

通过这里的分析，我们试图强调的或许是一种未曾预料的逻辑性的新方面：在改变类型的过程中，逻辑性可以在某种程度上获得或者失去。如此说来，我们的世界其实是比它看上去的更动态。

备注 之前的讨论没有穷尽自然语言中的变形现象。一方面来说构造性的逻辑系统可能太丰富，因为大多数合理的类型变换都可以在一个较弱的演算以及相应的有类型的λ-演算中得到处理。比如说，一个很重要的子系统（来自兰贝克 Lambek）也许就很接近我们想要的。它有一个逻辑理论并且具有完整λ-演算所没有的更好的性质［参考（van Benthem，1986b）的第7章，（van Benthem，1987a)，还有（van Benthem，1990）关于保持单调性的讨论］。另一方面我们到目前为止讨论过的类型变换都太单一，无法涵盖一些很重要的现象。比如说，目前的系统不能处理如下公式中的存在量词：

$$\exists x_e \cdot y_{(e,t)}(x) \qquad (\text{type}((e,t),t))$$

$$\exists x_{(e,t)} \cdot y_{((e,t),t)}(x) \qquad (\text{type}(((e,t),t),t))$$

要很好地处理这种情况，我们可能需要真正的变元变型，把如下的类型赋予量词：$((x,t),t)$。

我们可以比较第1.2节中关于广义量词置换不变性的讨论，为上述变换获得语义的背景。

1.5 扩 展

到目前为止，我们的方法可能给人留下了这样一个印象，即我们对于逻辑性的类型论分析只能在基于基本类 $\{e, t\}$ 的框架下处理外延的（extensional）项。事实远非如此。首先，再加入一些基本类型是绝对没有任何问题的。特别是我们可以加入一个类型 s 代表可能世界或者情境。在最后一节，我们会综述一些将之前讨论移植到内涵的（intensional）角度的办法。

1.5.1 内涵逻辑

用适合的观点看，传统内涵逻辑中的逻辑常项也表现出了一种很自然的类型结构。这样，命题按照通常的内涵处理方式被看成是可能世界到真值的函数时［即具有类型 (s, t)］，模态算子就具有类型 $((s,t),(s,t))$，而条件句具有二元类型（(s, t)，$((s, t), (s, t))$）。

我们可以按照之前的外延办法处理这些新类型。事实上，类型$\{e, t\}$和$\{s, t\}$之间有严格的类比，就像我们所预料的一样。但是内涵算子和之前讨论的逻辑常项间也有一些区别。比如上面类型中置换不变的项可能就是布尔算子，就像我们在第 1.2 节证明的那样。根据第 1.4 节的结果我们知道类型（(s, t)，(s, t)）中没有“真正”的居民，只有从不包含 s 的类型（t, t）和（t，（t，t））中转换过来的置换不变项。因而，真正的内涵算子不可能是置换不变的。依照第 1.2 节的讨论，它们必须是对基域上额外结构敏感的（只对相对于这种结构的自同构保持不变）。但这显然也是合理的，恰恰体现了通常处理内涵逻辑的办法，我们一般假设可能世界之间有可达关系或者在情境之间有延伸关系。当然，一个系统化的问题是，如何独立地去为这种额外的结构作解释？

关于内涵算子的起源更详细的研究可以在（van Benthem，1984a）和（van Benthem，1985a）中找到。我们需要说的是，之前关于单调性，布尔结构和类型改变的讨论在这节中依然有意义。比如，可以通过推理模式给模态算子或者条件句分类。一个特别的能涵盖所有这些的具体例子和时序算子有关。那里 D_s 代表所有的时间点并且有一个明显的时序关系（temporal precedence）（van Benthem，1986c）。时态和时序副词可以看做是命题上相对于时序关系的自同构保持不变的运算。比如基本的普赖尔（Priorean）时态在实数上（看成一个时间轴）恰恰是那些 $<$ - 自同构不变且（在第三节的意义上）连续的（continuous）运算。如果我们放松限制到仅仅是单调性上，那其他许多在文献中提及的时态算子也符合要求了。

当然，额外的结构会给之前的话题增添新的意味。例如，时序自同构不变项是多种多样的，因为不同的序关系下的自同构可能很不一样。如果我们考虑整数而不是实数，那么这将影响上面结果中的时态词类，因为从自同构角度讲整数要比实数弱很多（正因如此，很多其他的算子可以作为整数时间上的时态，比如“昨天”和“明天”）。另一有意思的新方向是语义自动机在时间序上的可能动作（Lobner，1987）。

1.5.2 动态逻辑

一个类似的推广是在时下流行的动态逻辑上。这些逻辑最开始是从编程语言的语义学里得到发展的。现在它们也可以作为更动态、序列化的自然语言的模型。

现在，基域 D_s 将用来代表一个计算机的状态，或者一个人的知识状态。命题就可以被看成是状态的转换子：给当下的状态增加信息从而获得一个新的状态。这会赋予命题以类型（s，s）（看成函数时）或者类型（s，（s，t））（看成关系时）。逻辑常项现在就是连接这些函数和关系并组成更复杂函数或关系的基本运算。很显然的例子是早先布尔运算在上述表达的对应物，同时典型的动态算子比如顺序合成（sequential composition），也满足我们的要求。

由此产生的一个问题是，当我们拥有更广泛的选择时，什么是基本的逻辑项？在实际中，我们看到的常常是一些在通常关系演算中也出现的作用于二元关系上的算子变体。我们有更多选择这些算子的理由么？无论如何，之前的概念都可以应用到这里。不难看出，所有关系演算的运算都是置换不变的（相对 D_s 上的置换）就如同之前的情况一样，不仅如此，它们还是连续的。所有在这个类别里的可能性都可以像1.3.1节里那样用一个合适的"λ模式"列举出来。我们这里不讨论具体的技术细节，但是概括起来结果是：基本的运算确实是那些在通常的文献里看到的。我们将用如下的例子进行说明。

例4　这里有几个运用简单外延分析的结果，我们把程序看成状态之间的转换关系（在类型（s，（s，t））中）。

（1）逻辑的连续性在程序上的二元运算必须有如下形式：

$$\lambda R.\lambda S.\lambda xy.\exists zu.Rzu\wedge\exists vw.Suw\wedge$$

<一些关于 x，y，z，u，v，w 恒等的布尔条件>

典型的情况包含如下内容：

并：$(x=z\wedge y=u)\vee(x=v\wedge y=w)$

交：$x=z=v\wedge y=u=w$

组合：$x=z\wedge u=v\wedge w=y$

（2）有些运算把普通类型（s，t）的命题变成更像程序的类型（s，（s，t））的对应物。这种动态命题模式的一个例子是检测算子"?"它的定义再一次满足相关模式下的逻辑连续性：

$$\lambda P_{(s,t)}\cdot\lambda xy\cdot\exists u\cdot(pu\wedge y=x=u)$$

对于保持命题结构更强的要求会导致很多选择坍塌。比如，根据1.3.1节的分析，类型（（s，t），（s，（s，t）））的逻辑同态必须对应于类型（$s\cdot s$，s）中的逻辑函数。但后者只有两个合理的函数，即左投影和右投影，只能生成如下的边缘情形：

$$\lambda P\cdot\lambda xy\cdot Px\quad\text{and}\quad\lambda P\cdot\lambda xy\cdot Py$$

（3）最后，就像在1.5.1节中讨论的那样，这个动态逻辑的设定要求我们对于附加的状态间的结构（比如"信息的增加"）进行更多处理。这样，对于之前的运算更加细化的分析就成为可能了，特别是在允许更有意思的动态模式的情况下（van Benthem，1989b）。

另一个比较有意思的课题是关于*逆逻辑*（inverse logic）。在什么程度上我们的逻辑运算在上述扩展的设定下能由它们的代数推理模式所刻画？对于一元算子比如逆算子，需要考虑如下的性质：

$$FF(R) = R \quad 或者 \quad FF(R) = F(R)$$

对于二元算子，通常的交换律和结合律以及几个“交互准则”，比如下面这条：

$$(R;\ S)^* = (S^*;\ R^*)$$

在这种情况下，是否有一个唯一的“解”或者有一些对偶性等着被发现呢？

这里需要补充的是，一个完整的研究图景会更加丰富。有些自然语言中的命题可以用来*改变*状态，而另一些则仅仅是检测当前状态是否满足某些特定性质。这种检测在编程语言中确实是非常重要的（比较控制结构 IF…THEN…ELSE…）。在这种情况下，类型结构也会涉及在类型（s，t）中的命题。对这种更丰富结构的类型论研究可见（van Benthem，1990）和（van Benthem，1989b）。

1.6　结　语

这篇论文宣称的目的是研究不同观点下逻辑性这样的直观概念，并展示如何在最广泛的范围内去应用这些分析。

也许为了公平起见，我们应该提到这个观点是与把逻辑作为研究“逻辑常项”（不管它是什么）的传统观点相对立的。逻辑是关于*逻辑性现象*的学科，这些现象出现在语言的各个方面，而不仅仅是一部分特殊的角色表演。

我们的观点更加接近伯纳德·博尔扎诺（Bernard Bolzano）的想法。博尔扎诺把逻辑看做是为各种后承机制提供广泛研究的学科（van Benthem，1985b）。经过一些相应于我们这个时代的调整，这仍旧是一个非常值得追随的旗帜。

1.6.1　节的附录

一般来讲，语言表达式是否满足特定语义性质的问题不一定是可判定的。我们通过*标准谓词逻辑*（standard predicate logic）的例子来说明这一点。

第一个例子是关于*单调性*这个重要概念的。就像尤里·古列维奇（Yuri Gurevich）曾经指出的，这个语义的性质在谓词逻辑中是不可判定的。以下有一个简单的说明：

命题 8　判断一阶公式 $\varphi_L(P)$ 是否相对于其谓词变元 P 是单调的问题，是递归可枚举但不可判定的。

证明： 林登（Lyndon）的刻画说明所有单调的公式 φ_L（P）是那些等价于 P 在其中肯定的公式。基于这个结果，命题中的问题显然是递归可枚举的。

不可判定性的结果可以从如下对谓词逻辑有效性的归约得到：

令 α 是一个任意的 L-语句，q 是一个不在 L 中出现的命题符号。那么 α 是有效的当且仅当公式 $\alpha \vee \neg q$ 相对 q 单调。

证明“仅当”：$\alpha \vee \neg q$ 和重言式等价。

证明“当”：假设 $\alpha \vee \neg q$ 相对于 q 是单调的。考虑任何 L－模型 M。通过给 q 赋值为假，可以把 M 扩充为一个 $L+q$－模型 M^+。这样一来 $M^+ \models \alpha \vee \neg q$。现在我们通过使 q 的赋值为真把 M^+ 变成另一个模型 M^*。根据单调性，仍旧有 $M^* \models \alpha \vee \neg q$。但是这样一来 $M^* \models \alpha$，因而 $M \models \alpha$，因为 α 只涉及 L（对 L 而言 M 和 M^* 一致的），因此 α 是有效的。

作为第二个例子，我们考虑置换或者更一般的自同构不变性（automorphism invariance）。一般来说，一阶公式 φ（A，B）可以表达关于它谓词变元 A，B 的性质。但是只有当公式的真值对所涉及谓词的变化敏感时，我们才能说这个公式确实是依赖于其中的谓词的。否则的话，这里就有独立性出现，我们可以形式化的定义它。

定义 2　称 φ（A，B）独立于 B，如果对于所有在模型 $M_1=$（D_1，A_1，B_1）和 $M_2=$（D_2，A_2，B_2）间的双射是 A-同构，满足 $M_1 \models \varphi$，当且仅当，$M_2 \models \varphi$。

需要注意的是，这仍然和之前对于置换不变性的用法有关系。可以说 φ（A，B）独立于 B，如果由它导出的广义量词谓词 $\lambda A.\varphi$（A，B）在任何模型中都是置换不变的，即使该置换并不能保持 B。

命题 9　一阶公式相对于其组成谓词的独立性是一个递归可枚举但不可判定的概念。

证明： 考虑任意的 L 公式 α，令 q 为一个新的在 L 之外的命题变元。这一次我们做如下归约：

α 是普遍有效的，当且仅当，公式 $\alpha \vee q$ 独立于 q。

证明“仅当”：$\alpha \vee q$ 在 M_1 和 M_2 中一定是真的，无论 q 怎么样。

证明“当”：假设 α 不是普遍有效的，比如 α 在 $M=$（D，L）为假。于是两个扩充的模型（M，“q 真”）和（M，“q 假”）是 L－同构的，但是 $\alpha \vee q$ 在这两个模型上真值不同。于是 $\alpha \vee q$ 并不独立于 q。

对复杂度的上界来说，独立性的递归可枚举结果基于如下断言：

φ（L，B）独立于 B，当且仅当，φ 等价于一个不包含 B 的 L 公式。

下面证明相对复杂的“仅当”方向。令 $CONS_L$（φ）为所有不含 B 的 φ 的 L-后承集。我们只需要证明 $CONS_L$（φ）$\models\varphi$，因为一个 L-等价的公式可以由 $CONS_L$（φ）通过紧致性得到。

现在令 $M\models CONS_L$（φ）。通过基本的模型论论证可知 Th（M）$\cup\{\varphi\}$ 一定是可满足的（假设在模型 N 中）。这样就有：

$$M\equiv_L N,\text{ 并且，}N\models\varphi$$

下一步，取 M，N 的 L-同构的初等扩张 M^+，N^+。[由凯斯勒定理（Keisler theorem)，这样的扩张一定存在]。于是 $N\models\varphi$，$N^+\models\varphi$（由初等扩张），$M^+\models\varphi$（由独立性），并且 $M\models\varphi$（由初等扩张的逆操作）。证毕。

备注 另一证明基于如下结果：独立性实际上等价于下面的不变性条件。

$$(D,\ A,\ B)\models\varphi,\text{ 当且仅当，}(D,\ A,\ B')\models\varphi$$

可以再一次把这个要求翻译到语义后承的有效性上：

$$\varphi\ (A,\ B)\models\varphi\ (A,\ B')$$

而根据一阶逻辑的插值定理（interpolation theorem)，上述条件又等价于 φ 是纯粹的 A-可定义的。

1.6.2 节的附录

正如我们看到的，逻辑性传递或产生的一个主要来源是连接不同类对象的类型论结构。我们会考虑一些例子以说明这个结构是如何被系统地研究的。

比如说在名词短语类型（（e，t），t）中的哪些项是用个体域 D_e 中的参数可 λ-定义的？这个问题可归约到扫描有类型 λ-演算中具有类型（（e，t），t）的、只出现类型 e 自由变元的 τ 项上。这里我们总是可以只考虑以 λ-范式（lambda normal form）出现的项［没有可简化的形如（$\lambda x.\alpha$)(β）的项］。另外，在这种范式下各种变元的类型必定是最后类型的子类型或者是参数的类型。在上述限制条件下，可以看到如下这个唯一满足之前蒙塔古法则项：

$$\lambda x\ (e,\ t)\ .\ x\ (y_e)$$

我们可以套用之前类型变换的概念重述上面的结果：可推演出的变换 e => （（e，t），t）不是多义的，因为只有一个可能的推演。

但是情况可能会更复杂。比如说 van Benthem（1989a）讨论了类型（（e，（e，t）)，t）的多元量词，就像在第 1.1 节中提到的。正如我们看到的那样，可以通过一个及物动词（TV）连接两个一元量词从而得到这种多元量词：

$$Q^1\ TV\ Q^2$$

同样的，我们有一个可推演出的类型变换：

$$((e, t), t)(e, (e, t))((e, t), t) \Rightarrow t$$

但是这次至少有四个不同的推演，产生了对应不同作用范围和直接/被动动词的读法。一种读法如下：

$$\lambda x(e, (e, t)) \cdot Q^1_{((e,t),t)}(\lambda y_e \cdot Q^2_{((e,t),t)}(x(y)))$$

但是，能够被两个一元量词所定义的多元量词究竟有哪些呢？事实上，对于每个模型，只有有穷个多元量词可以这么定义，其他的多元量词只能“自生自灭了”。

上述的例子是关于广义量词的。让我们看看*限定词*（determiner）潜在的类型$((e, t), ((e, t), t))$。我们通过一个归约，至少看到了同态限定词是怎么从类型$((e, t), e)$的选择函数中衍生出来的。事实上这里有一个吉奇变换：$((e, t), e) => ((e, t), ((e, t), t))$。这样，肯定存在一个一般的从选择函数中生成限定词的规则，这个规则应该能在λ演算中找到对应物。经过计算，这个λ项是：

$$\lambda x_{(e,t)} \cdot \lambda y_{(e,t)} \cdot x(u_{((e,t),e)}(y))$$

此公式让我们想起*希尔伯特* ε-*符号*的用法，事实上也是我们在1.3.1节分析布尔同态时得到的公式

$$\lambda x_{(e,t)} \cdot \lambda y_{(e,t)} \cdot \exists z_e \in x, u_{((e,t),e)}(y) \equiv z$$

但是这里还有其他的可能性，比如说交换x和y的位置。

现在让我们考虑关于这个很重要的逻辑范畴的一个更一般性问题（van Benthem，1992）：

什么时候一个语义的限定词能被更底层的类型集$\{e, t, (e, t), ((e, t), t)\}$所$\lambda$-定义？

[顺便提一句，在替代的分析中应该有类型$((e, t)((e, t), t)$的限定词，但是没有“高阶”的子类型$((e, t), t)$。] 此说明展示了一个很有用的一般性方法。可以通过一种*上下文无关文法*（context-free grammar）描述所有带参数限定词的可能形式。这种上下文无关文法最多只有以下符号：

$$X_a, X_a^*, C_a, V_a$$

对每一相关的类型a。这里，V_a代表一个类型a的变元，C_a代表一个常项（参数），X_a代表任何类型a的项，X_a^*代表任何不以λ开头的项。我们会在之后的范式重写规则中看出为何要做这种区分。现在定义重写规则。首先对于所有类型a，

$$X_a \Rightarrow X_a^*$$

$$X_a^* \Rightarrow C_a$$

$$X_a^* \Rightarrow V_a$$

下一步，函数贴合以及 λ－抽象的规则依赖于具体的类型（回忆前面有关 λ 范式的结果）：

$$X_{((e,t),((e,t),t)} \Rightarrow \lambda V_{(e,t)},\ X_{((e,t),t)}$$

$$X_{((e,t),t)} \Rightarrow \lambda V_{(e,t)},\ X_t$$

$$X_t \Rightarrow X^*_{(e,t)}\ (X_e)$$

$$X_t \Rightarrow X^*_{((e,t),t)}\ (X_{(e,t)})$$

$$X_{(e,t)} \Rightarrow \lambda V_e,\ X_t$$

对于所有可能构造的描述在这里可以得到很好的支持，因为我们可以使这个语法变成正则的（regular）。可以通过如下的有限状态机（finite state machine）（图 1-3）进行说明。在图 1-3 中，“D_a”代表 C_a 或者 V_a，这个模式制造了如下形式的限定词外延：

（1）$\lambda x_{(e,t)} \cdot C_{((e,t),t)}$

（2）$\lambda x_{(e,t)} \cdot \lambda y_{(e,t)} \cdot c_{((e,t),t)}\ (x)$

（3）$\lambda x_{(e,t)} \cdot \lambda y_{(e,t)} \cdot c_{((e,t),t)}\ (\lambda z_e \cdot c'_{((e,t),t)}\ (\lambda u_e \cdot x\ (z)))$

在这里，后一类是“迭代的”，它通过反复执行 C'（（e，t），t）（$\lambda\ u_e$）这个子程序，制造了无穷多个形式。这样，全局来看我们就有了无穷多个不同的构造限定词的可能性（如果上述语法是非循环的，那么就只有有穷多个构造）。

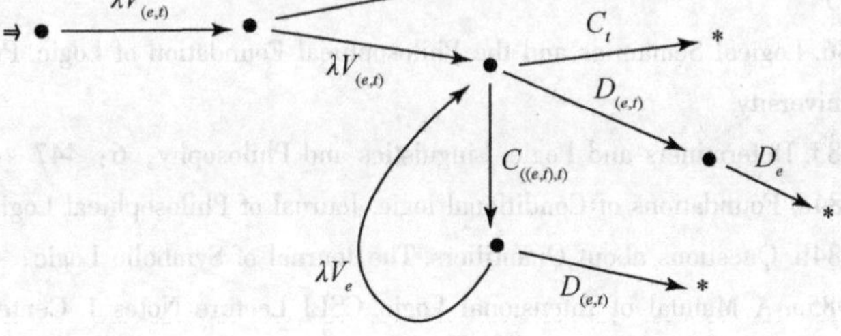

图 1-3

尽管如此，如果给定一个模型，而且只考虑等价的形式，那么这个全局的无穷性在局部上还是有穷的。我们在之前关于多元量词的讨论中已经见到了这种现象。

理由如下：任何定义的形式都会起始于一个开始的项 $\lambda x(e,t)$，然后是类型（（e，t），t）的项 τ。现在，如果项 τ 不包含变元 $x_{(e,t)}$ 的自由出现，那么它可以定义一个固定的对象，可以用参数 $c_{((e,t),t)}$ 代表它。于是乎我们就回到上述的情况1中了。接下来，如果变元 $x_{(e,t)}$ 确实出现在 τ 里，那么，通过进一步分析后面的项，可以重写整个定义的结构为：

$$\lambda x_{(e,t)} \cdot \lambda y_{(e,t)} \cdot \left[\left(\lambda z_{(e,t)} \cdot \tau [z/x] \right) (x) \right]$$

这里子项 $\lambda z_{(e,t)} \cdot \tau [z/x]$ 并不包含任何变元 $y_{(e,t)}$ 的自由出现（要看到这一点，在上面的图中检查“离开路线”）。现在，这个子项又表示了一个类型 $((e, t), t)$ 的固定对象，于是又在上述的情况2中了。

因而，可以得出一般性结果：上述两种形式1，2的项代表了所有可能通过低阶类型对象构造限定词的方法。

这个结果告诉我们，限定词不可能被非平凡地归约到低阶的类型中：它们确实是类型层级中真正的新语义范畴。

显然，这只是在类型域上关于可归约性的诸多问题之一，其他的问题如，我们能不能证明关于可定义性分层的一般性结果呢？

参考文献

Keenan E，Faltz L. 1985. Boolean Semantics for Natural Language. Studies in Linguistics and Philosophy 23. Dordrecht：Reidel

Lobner S. 1987. Quantification as a Major Module of Natural Language Semantics. In：Groenendijk J，de Jongh D，Stokhof M eds. Studies in Discourse Representation Theory and the Theory of Generalized Quantifiers. GRASS Series 8，Dordrecht：Foris. 53 ~ 85

Quine W V O. 1966. Variables Explained Away. In：Selected Logical Papers. New York：Random House. 227 ~ 235

Smirnova E D. 1986. Logical Semantics and the Philosophical Foundation of Logic. Publishing House of Moscow State University

van Benthem J. 1983. Determiners and Logic. Linguistics and Philosophy，6：447 ~ 478

van Benthem J. 1984a. Foundations of Conditional logic. Journal of Philosophical Logic，13：303 ~ 349

van Benthem J. 1984b. Questions about Quantifiers. The Journal of Symbolic Logic，49：443 ~ 466

van Benthem J. 1985a. A Manual of Intensional Logic. CSLI Lecture Notes 1. Center for the Study of Language and Information，Stanford University（Second revised edition，1988）

van Benthem J. 1985b. The Variety of Consequence，According to Bolzano. Studia Logica，44：389 ~ 403

van Benthem J. 1986a. A linguistic Turn：New Directions in Logic. In：Marcus R，et al. eds. Proceedings of the 7th International Congress of Logic，Methodology and Philosophy of Science. Salzburg，1983. Amsterdam：North Holland. 205 ~ 240

van Benthem J. 1986b. Essays in Logical Semantics. Studies in Linguistics and Philosophy 29. Dordrecht：Reidel

van Benthem J. 1986c. Tenses in Real Time. Zeitschrift fur Mathematische Logik und Grundlagen der

Mathematik，32：61 ~ 72

van Benthem J. 1987a. Categorical Grammar and Lambda Calculus. In：Skordev D ed. Mathematical Logic and its Applications. New York：Plenum Press. 39 ~ 60

van Benthem J. 1989a. Polyadic Quantifiers. Linguistics and Philosophy，12：437 ~ 464

van Benthem J. 1989b. Towards a Computational Semantics. In：Gardenfors P ed. Generalized Quantifiers：Linguistic and Logical Approaches，Studies in Linguistics and Philosophy 31. Dordrecht：Reidel. 31 ~ 71

van Benthem J. 1989b. Semantic Parallels in Natural Language and Computation. In：Ebbinghaus H-D et al. eds. Logic Colloquium. Granada，1987. Studies in Logic. Amsterdam：North Holland. 331 ~ 375

van Benthem J. 1989c. Modal Logic and Relational Algebra. Institute for Language，Logic and Information，University of Amsterdam

van Benthem J. 1990. Categorical Grammar and Type Theory. Journal of Philosophical Logic，19：115 ~ 168

van Benthem J. 1992. The Fine- structure of Categorical Semantics. In：Rosner M，Johnson R eds. Computational Linguistics and Formal Semantics. Cambridge University Press

van Benthem J，Doets K. 1983. Higher- order Logic. In：Gabbay D，Guenthner F eds. Handbook of Philosophical Logic. Vol I. Dordrecht：Reidel. 275 ~ 329

2 逻辑常项：横看成岭侧成峰*

王　曈/译　张　君/校

2.1 逻辑：推理能力和表达能力

逻辑通常被视为对推理的研究——对于一个命题或推论，最高等级的正确性即为“逻辑有效性”。我们用证明论的手段来描述一门给定语言中全部的有效论断，进而完全性定理保证我们已经找到了这一特定推理方式下的“所有结论”。但是，除了这种推理能力之外，逻辑还是关于表达能力的。推理需要一种语言来提供“逻辑形式”，那么，什么是决定这些逻辑形式的选择呢？逻辑语言包含多种形式的表达式：命题逻辑连结词、量词和模态词等。我们不仅关心它们在推理中的表现，还要分析它们的含义。但又是什么使得这些特定的概念具有“逻辑性”，而其他的却没有？也许通常的表达完全性论证能够保证布尔连结词已经抓住了二值命题推理的全部内容，但是对于作为现代逻辑的主要研究对象的一阶逻辑，我们却没有类似的结果。

这个问题并不是教科书中的基本“议题”，一方面是因为它不经常被提起，另一方面则是因为我们没有衡量答案的尺度。索尔·费弗曼（S. Feferman）是思考这个基础性问题的为数不多的作者中的一员（Feferman，1999）。我很高兴能贡献一点自己在这个问题上的思考。但在开始这样做之前，我想提醒大家的是，并不是所有伟大的逻辑学家都认为这样的努力是值得的。比如在很多的方面具有前瞻性的伯纳德·博尔扎诺的系统，它并没有单独列出一些“与众不同的”逻辑运算。对他来说，逻辑性/非逻辑性的区别仅仅是方法论的：通过固定某些表

---

* Johan van Benthem. 2002. Logical Constants, the Variable Fortunes of an Elusive Notion. In Sieg W, Sommer R, Talcott C eds. Reflections on the Foundations of Mathematics. Essays in Honor of Sol Feferman, ASL Lecture Notes in Logic 15. 426 ~446

达式的含义（于是这些表达式就会拥有一个“逻辑”），同时允许其他表达式的含义变化，我们就得到了某一推理方式下命题的形式。但逻辑性/非逻辑性的区别可能不止一种。承认了这种自由，我仍将试着寻找什么是使得通常的“逻辑常项”产生作用的东西。

费弗曼在这一问题上的精彩分析，是把为逻辑“划定疆界”当做主要目的，而一阶逻辑是首当其冲的目标。我的目的与他不同。个人感觉没有必要把逻辑学原则性地同其他领域区分开来，如数学、语言学、计算机科学、心理学等。而且不管多么有渊源，固定一组目标表达式对我来说都太保守了。我更倾向对“逻辑性”做这样的刻画，它们能够引进以不同方式设定的有趣参数，从而可以与其他学科进行类比（analogies）。请注意这里的措辞。“逻辑常项”暗示着一组逻辑学家通用的表达式，也许是一个有限的集合。引起我兴趣的不是一个个地列举它们，而是分析它们充满魅力的共同特性。进而我们可以得到逻辑性（logicality）的概念。许多表达式都具有或多或少的逻辑性。现在你可能发现你正身处险境。很快，沿着这条路走下去的人就会开始怀疑我们最亲爱的直观，并认为甚至逻辑有效性（validity）也只是一个程度上的问题。而我的确是这样认为的——但就让这忏悔到此为止吧！

2.2　逻辑性：来自不同观点的方案

文献中已经有一些零散的试图阐明“逻辑性”这一直观概念的尝试。理所当然地，它们与逻辑学中几种主要的观点一脉相承。首先是语义（semantic）的刻画，即在讨论范围内客体置换下的不变性（invariance for permutations）。这一数学条件想要把握的是逻辑表达式直观上的“话题中立性”，它们不取决于客体或谓词任何特有的性质。这一由许多作者（Tarski，1986）独立提出的方案看起来是迄今为止对逻辑性最成功的刻画，它将占据本文的大部分篇幅。但是逻辑性也有着其他语义的侧面，我们在下文将会提及（van Benthem，1986）。其次，逻辑性存在着证明论（proof-theoretic）的刻画，强调与语义观点不同的直观。例如，可以认为逻辑常项是那些支撑着一组特别丰富的推理形式的，或者那些在“证明的组织”中起着关键作用的表达式。后者是 Zucker（1978）、Zucker & Tragesser（1978）的论文中表达完全性定理的核心。此外，Hacking（1979）的分析中用“含有少量内容”来界定逻辑常项，把它们当做那些“保守”的表达式：当加入到一个证明演算中时，它们不能推出任何不包含它们自身的新结论。

解释一下何谓“观点”。所谓“观点”我指的是一个领域中一般的视角，它支持着一类特定的方法——比如数学中的“代数”和“几何”。大多数逻辑学家从语义的观点（“传递真理”）和证明论的观点（“可以从自然的证明步骤得到”）看待有效性。逻辑学中还有其他自然的观点吗？我认为是有的。例如，有效性的*博弈论*（game-theoretic）观点来自如下具有吸引力的直观：有效的论证是那些可以使你在辩论中*获胜*（win）的论证。这一观点同样可以应用于逻辑性的分析（Hintikka，1973）。在博弈论的布景中，基本运算反映一名选手所做的各种选择或角色交换（“你站在我的位置上想想”是一个极具逻辑性的运算！）。因此，在这种观点下逻辑性即与“控制”的基本机制紧密相关。本文采取一种语义的观点。但是我们也会在文末讨论其他立场。

最后，逻辑性的另一合理的必要条件本质上是*算法的*（algorithmic）。逻辑表达式的含义是否应该在某种意义上是“最容易计算”的？或者它们是否应该是带来“最大有效计算能力”的流程组合？我们也将探讨这个视角。我在这里提到这些不同的视角是为了表明“逻辑性”的概念有许多直观的方面。我们既不应该预期，也不应该奢望找到一种简单的、形式化的描述来穷尽这一概念的所有内涵。

2.3　置换不变性

在这一节中，我们陈述这一方案，讨论它已知的性质，并将其应用到实际情境中。我们的目的不在于原创性，只是想把一些基本的事实变成常识——因为这个主题曾经以不同面貌在很多人的工作中得到过讨论。

2.3.1　方案

逻辑结构不是关于个体特异性的。直观上，“逻辑的”算子不关心它们自变量中的具体客体。因此，对它们进行置换应当不会对算子的作用机制产生影响。考虑逻辑否定。取一个集合 A 的补集 $-A$，我们便得到 A 的外部，无需考察 A 中客体任何特有的性质。类似地，关系取补运算仅仅一致地作用在 R 的结构（即其中有序对的“箭头模式”）上。类似地，谓词的交（合取）和投射（量词）也与具体个体无关。这与非逻辑性的谓词运算形成了鲜明的对比。例如“荷兰的”一词，它的作用就依赖于自变量（“荷兰式的晚餐”意味着 AA 制，“荷兰登山者”只在接近顶峰的时候超过对手）。这些例子背后共同的数学推广涉及关于基域中客体的*置换不变性*（invariance under permutations）。

定义 1　设 π 是基域 U 的一个置换。它可以被典范地提升到任何 U 上有限类型层级中的集合、关系和函数。称一个对象 F 是置换不变的如果对所有的置换 π，都有 $\pi(F)=F$ 成立。

我们不应该把这个方案看做是从天而降的。这里有一个与我们熟知的标准逻辑中的语义同构引理（isomorphism Lemma）的类比。考虑用自由变量表示客体和谓词的逻辑中的公式定义的运算。如果 π 是两个具有适当相似型的模型 M 和 N 之间的同构，那么对该公式进行归纳便可证明：

$M\models\phi[x,y\cdots x,y,\cdots]$，当且仅当，$N\models\phi[\pi(x),\pi(y)\cdots,\pi(X),\pi(Y)\cdots]$

等价地，这也就是说 π 把 ϕ 的 M-指谓映射到它的 N-指谓：

$$\pi[\llbracket\phi\rrbracket^M]=\llbracket\phi\rrbracket^N$$

而这正是置换不变性在跨模型情况下的自然推广。这种同构不变性是对抽象模型论中的"逻辑"的上述基本约束。

2.3.2　工作原理

在实在的情形中，这一概念具有可操作性的等价命题。例如对于经典集合运算，置换不变性意味着以下二者中的任意一个：

$\pi[O(X,Y,\cdots)]=O(\pi[X],\pi[Y],\cdots)$　　（"O 和 π 可交换"）

$x\in O(X,Y\cdots)\Leftrightarrow\pi(x)\in O(\pi[X],\pi[Y],\cdots)$　　（π 尊重 O）

有许多表达式代表置换不变的对象。这一刻画从一阶类型中的标准逻辑运算提升到其他表达式，揭示出了意想不到的关系。特别地，自然语言中的许多二阶范畴都包含置换不变的项。有用的例子包括：①某些广义量词（generalized quantifiers），比如"十个 A 是 B"，"大部分 A 是 B"，把两个谓词（视之为集合）映成一个命题；②自返子（reflexivizer）"自己"，把二元动词 R 映成一元动词 $\lambda x\cdot Rxx$。这一观点同样适用于编程语言。当把计算状态当做客体，用程序表示二元转换关系，那么标准的程序构造算子（program constructs）例如序列复合、安保选择和迭代都是置换不变的"逻辑常项"。

让我们驱散这里任何神秘的氛围。上述例子有一个标准逻辑中的简单背景——因为它们可以从上文的同构引理得到。下面是原因。同构引理对所有一般的逻辑语言成立，它不仅适用于一阶逻辑，同样适用于高阶类型的和允许无限表达式的逻辑。因此，任何可定义的表达式都是置换不变的。但上文中提及的以及所有我在文献中见到过的例子都确实是在这些逻辑语言中可定义的。例如，上文中的程序构造是关系代数中的运算，它们有一阶的定义。类似的像"大部分"这样的语言学广义量词，它们最被广泛接受的解读在高阶逻辑中也有定义。因而它们的逻辑形式就决定了它们是置换不变的。

2.3.3　分类

更有趣的是还可以把视角反过来（reverse），对某种定义格式下简单类型的所有置换不变项进行分类。很多作者已经做过这样的尝试。下面是一个简单的例证（van Benthem，1986）：

事实 1　所有置换不变的集合运算 $O(X, Y, \cdots)$ 都可以由它的变元 X，Y 上的布尔组合定义。

证明：如果 $O(X, Y, \cdots)$ 和变元文恩图的某个最小区域相交，但是不包含整个区域，那么可以在这个最小区域中找到两个个体：一个在 $O(X, Y, \cdots)$ 内，一个在 $O(X, Y, \cdots)$ 外。这样，如果我们置换这两个个体，但是保持其他个体不变，那么这个置换并不改变 X，但是会让 $O(X, Y, \cdots)$ 在这个置换下的像不同于 $O(X, Y, \cdots)$。

注意：我们并不能得到一致的（uniform）布尔定义，因为 $O(X, Y, \cdots)$ 也许会依赖于变元的大小。

更复杂的分类可以参见（van Benthem，1989；1991）第十章。这种分类工作首要的吸引力在于，置换不变性是简单的，它涵盖了所有的标准逻辑常项，并在不同范畴之间建立了联系——而置换不变项的完全分类可以看作特定类型表达式有趣的“表达完全性定理”。

置换不变性在很多地方被独立地提出。（Tarski，1986；Läuchli，1970；van Benthem，1986）以及其他文献以类型论框架下最广泛的一般性提出了它。这一方向的论文散见逻辑学、语言学和计算机科学的文献（Trakhtenbrot，1987）。之后，哲学家们同样在相对独立中迎头赶上［（McCarthy，1981；Sher，1991）及其他］。由于这个想法是如此的简单明了，一本好的逻辑学课本足以把这众所周知的事实变成公共知识。

2.3.4　历史背景

以对偶的观点看待基本概念的可定义性和它们在适当变换下的不变性的研究可以追溯到 19 世纪中叶。在亥姆霍兹（H. Helmholtz）关于数学的感知基础的开创性工作中，空间运动（movement）（沿一条直线运动和转向）下的不变量对应于几何学中自然的原始概念。比方说，不管我相对于坐标架做怎样的空间运动，某一点位于另外两点之间这一观察都不会发生改变。因此，原始概念“在……之间”来源于经验，而不是语言习惯。给定了变换群，不变量也就随之给定。日后的数学家进一步发展了这一想法。克莱因（F. Klein）的“厄兰格纲领”（Erlanger programm）用变换群定义数学结构，一族变换生成的不变量便是这一数学理论研究的对象。数学中应用不变性分析的一个重要场所是李群理论。时至今日，变换和变化下的不变量作为原始概念来源的观点仍然活跃在心理学、图像处理等实验学科中。

现在把逻辑常项想作最具鲁棒性的不变量（most robust invariants），所有置换都对它不起作用。而置换则是最粗糙的一类变换，可以抹平除了单纯客体间的不同之外的全部结构。这种鲁棒性的阴暗面当然是，逻辑常项含有很少的内容，甚至没有内容。更有甚者，根据克莱因的厄兰格转向，如今呈现在我们头脑中的是变换群——而变换群是人为选择的，不再是大自然。我们接下来还会再次看到这一运动。数学家有时候谈论单个结构中的不变项，有时候谈论不同结构间变换的不变项。这看起来不是个大问题，事实上这两种看法从一开始就一起存在了。不管以哪种方式，作为古老而常新的更广阔的科学传统的一个极端情况，这里是用不变性研究逻辑性的合适场所。

2.3.5 一般的逻辑结果

置换不变性出现在20世纪90年代之前，它的基本性质值得更广泛的关注。这里不仅包括表达完全性定理，还有一些从上文看来并不那么明显的结果。首先，同构引理可以推出，任何在一种不提及具体客体的形式逻辑（例如包含等号的一阶逻辑、高阶逻辑，或有限类型论）中定义的运算都是置换不变的。这一观察可以推广到更一般的情形。由同样的推理可得，一个有非逻辑性符号集 L 的语言中的表达式所定义的类型论对象

在 L-同构下是不变的（invariant for L-isomorphisms）。

在一个模型内部，这些对象在 L-自同构（L-automorphisms）（即那些固定 L-谓词和运算的置换）下不变。至于它的逆命题，我所找到的最早的文献是外尔（H. Weyl）20世纪30年代的著作《数学和自然科学的哲学》（Weyl，1963）。书中他观察到，从"在……之间"这样的原始概念开始，所有可由逻辑定义的几何关系在通常的几何变换下都是不变的。外尔于是提出了它的逆问题，即是否所有这样的不变项都是逻辑可定义的。他还指出这是一个困难的问题，有可能永远得不到解答。

下面是一些广为人知的事实，它们将会说明自外尔的时代以来我们多多少少已经得到了一些有意义的结果。由于基数的原因，对有限语言 L-自同构不变和 L-可定义的等价性不可能一般地成立。N 唯一的 $<$-自同构是恒等映射，因此存在不可数多个置换不变的自然数子集。但标准逻辑语言所能定义的自然数子集却只可能有可数多个。在特殊的模型上可以得到更好的结论，比如以下这个家喻户晓的结果：

命题1 （有限模型上不变性等价于一阶可定义性）在有限模型上，L-自同构不变的一元谓词即为那些一阶 L-可定义的谓词。

模型论中有一个更高级的结论可以推出上述命题，即斯文诺纽斯定理

(Svenonius' Theorem):

如果谓词 Q 在某个一阶理论 T 中模型所有的 L-自同构下都是不变的，那么 T 可以推出某些 Q 的 L-定义的有穷析取。

只需令 T 为该有限模型的完全一阶理论就可得到上面的命题。如果想要取消命题中对模型有限性的限制，就必须要求这门语言是无限的(McGee，1996):

定理1　(任意模型上不变性等价于无限可定义)在任何一个模型上，L-自同构不变的谓词即为那些可在无限语言 $L_{\infty\infty}$ $(L, =)$ 中定义的谓词。

还有其他途径可以获得这种对应：比如(Butz，Moerdijk，1999)中对布尔值域模型范畴的使用，它确实得只靠一阶逻辑过关。从另一方向出发，我们还可以利用有限类型论把分析提升到更一般的语言学范畴(van Benthem 1989；1991):

定理2(类型论对象的不变性)　对任意有 n 个分别为类型 $a_1, \cdots, a_n$ 的自由变量的项 τ_b，和任意个体的置换 π，恰当地提升到高阶类型，有：

$$\pi_b(\llbracket \tau(u_1, \cdots, u_n) \rrbracket) = \llbracket \tau(\pi_{a1}(u_1), \cdots, \pi_{an}(u_n)) \rrbracket$$

定理3(从不变性到可定义性)　在有限(finite)基域上，有限类型函数层级中所有的置换不变项都在有限类型论中可显式地定义。

这些结果并不是这一领域中的全部，还有一个经典的结论(定理4)。

定理4(Laüchli，1970)　(不变性需要直觉主义类型)包含不变项的纯函数类型即为那些其蕴含形式可在直觉主义逻辑(intuitionistic logic)中证明的类型。

在这个场景中“真值”类型 t 可以读作“真”或“可证明的”。这也就解释了为什么存在置换不变项把客体映成谓词(例如“奎因子”$\lambda x \cdot \lambda y \cdot y = x$ 属于函数类型 $e \to (e \to t)$)，却不存在 $(e \to t) \to e$ 类型的不变的“选择函数”：后者不是有效的表达式。

还有另外一种类型的结果。通常，我们允许实体的置换，但固定真值。因而基集 $\{0, 1\}$ 上纯 t-类型层级中的所有项都被算作“置换不变的”。我们知道，一阶类型的运算都可以由标准布尔连结词¬，&，∨定义出来。下面是完整层级的表达完全性结果(van Benthem，1991)，它把通常命题逻辑(propositional logic)中的推理拓展到像 $(t \to t) \to t$ 这样更高的类型中。

定理5　有限 t-类型层级中的所有项在 t-类型 λ 演算(lambda calculus)中都可由布尔连结词¬，&，∨定义。

因此至少对于“真值表对象”，通常的语言恰如其分地满足了需要。最后，还有关于另外一种类型的开问题：

为有限类型中不变项的个数找到(find)一个计数公式

尽管这些结果的证明大多是初等的，但它们确实说明了不变性概念在技术上是言之有物的，这反过来佐证了它直观上的魅力。

2.3.6 跨模型版本

下面考虑与逻辑性相关的“跨模型结果”。这一次旨在说明模型论中一些广为人知的、然而通常并不被认为是与不变性相关的结论，事实上与上文不变性理论在模型内的结果有着紧密的联系。

命题2 M，N 是有限模型，d，e 分别是其中的元素串，那么下面的命题是等价的：

（a）存在 M，N 间的 L-同构把 d 映射到 e；

（b）d，e 在以 L 为非逻辑符号集的语言中满足同样的一阶语句。

这一结果经常被解读成对语言设计的一条约束。一个与结构相似关系匹配的好的语言应该是不变的，但是除此之外它还应该能够以给出具体的可定义的差别的方式来探测任意一对“不相似”的模型。因此，一个语言的表达能力既可以用能够在模型内定义足够多的不变项（define enough invariants）来衡量（2.3.4节中的焦点），也可以用能够在不同模型间给出足够多的差别（providing enough distinctions）来衡量，但在这个层面技术上的联系尚不紧密。

备注 具体到一个特定的模型，以上命题并不直接说明任何一个自同构不变量都是可定义的。它只是说，如果谓词 P 是不变的，那么 P 之外的任一元素串 e 与 P 之内的任一元素串 d 至少在某个一阶语句上不同。

备注 作为对语言设计的一条约束，逻辑性变成了一个“整体性”的概念。它涉及整个语言，而不只是其中孤立的表达式。这一转移与以下逻辑学家们普遍接受的观念是一致的：真正“逻辑的”语言应该满足好的“系统性质”，例如插值定理（interpolation theorem），对此我们暂时不做深究。

然而，还有强得多的结果成立。下面是 Scott 定理对于任意模型和无限逻辑 $L_{\infty\omega}$ 的推广，它说的是对每个可数模型都存在可数无限逻辑中的语句来定义该模型所在的同构类。

定理6（Barwise，1975） 对任意模型 M 和其中的元素串 d，存在无限逻辑 $L_{\infty\omega}$ 中的语句 $\phi^M(d)$ 使得下面的命题是等价的：

（a）N，$e \models \phi^M(d)$；

（b）N，e 潜同构于 M，d。

潜同构是非空的有限部分同构族，它满足通常的向后—向前延拓性质。这个概念是同构在集合论“绝对”意义上的类比。很容易导出该定理的模型内版本，但相应的自同构不变概念将被“潜自同构不变”所取代。

在句法来源的另一极，这些结果与初等逻辑中另一个著名的话题相联系，而它通常并不被认为可以用来研究“逻辑性”。考虑以埃伦芬赫特-弗雷斯博弈（Ehrenfeucht-Fraïssé games）观点对一阶逻辑的分析。至少在只有有限多个非逻辑关系符号的情况下，可以用单个公式定义模型的等价类（模复制者的有穷获胜策略）。在某种意义上，通常的充分性定理也是一种一阶逻辑的不变性描述！

定理7 对任意模型 M, N 和其中的元素串 d, e，下面的命题是等价的

（a）M, d, N, e 在所有量词深度不大于 k 的一阶语句上吻合；

（b）在模型 M, N 之间从 d-e 对应开始的 k 轮比较博弈中，复制者有获胜策略。

这是两种直观需要的结合：（a）不变性和（b）有限性。它的合理性也许值得哲学家们深思。

最后，跨模型关系的不变性也被应用在对其他语言的分析中。例如，在 **λ 演算**中，普洛特金（G. Plotkin）通过逻辑关系下的不变性，部分地刻画了 λ 可定义性。

2.3.7 题外话：科学中的不变性与可定义性

逻辑性理论并不完全（quite）契合科学中的不变性思维。物理学家和数学家们研究“对称”（即一个模型内的不变性）和“变换”（它可以在模型之间作用）。考虑物理中的伽利略变换（或洛伦兹变换）。这些从（不妨设）$\mathbb{R}^4$ 到自身的坐标变换保持相关的“物理规律”，包括物理基本定律。但这里所用的语言从未被具体地提及。事实上，物理学中重要的结论常常带有一种不同的味道。例如，考虑著名的定理“因果性推出洛伦兹群”（Zeeman, 1964）——一个受过良好训练的逻辑学家可能对命题断句都有困难……在闵可夫斯基空间中，洛伦兹变换保持“因果次序”：即一个点与它未来光锥中的点所成立的关系。塞曼（E. Zeeman）证明了逆命题，每个尊重因果次序的自同构都是洛伦兹变换与几个其他次要变换的复合。注意，这里语言并不起任何明确的作用。即便这样，此结论也让我们想起罗布（A. Robb）关于狭义相对论的逻辑学工作。他证明了因果次序的二阶理论足够定义闵可夫斯基空间完整的度量结构。还有另外一道有趣的鸿沟等待我们填平。考虑经典的描述逻辑可定义的贝特定理，它从隐式可定义性（一个不变性质！）到显式可定义性的转换看起来可以直接应用到初等几何推理中。我们经常“看出”某些几何对象是由其他对象决定的。比如，一旦三角形的三边给定，它的三个内角也就随之确定。那么一条几何学的基本规律马上就告诉我们可以显式地用前者定义后者。而在三角形边角关系的例子中的确是这样的。但是，只有在问题可以用一阶语言叙述的时候贝特定理才能帮助我们，而这

一要求对科学家们来说显得很诡异。另外，这种“决定”在几何理论的所有模型中都成立，而不只是在“平常的空间”……分析更多这样的具体实例，让逻辑性理论与不变性实践对峙，将会带来实际的价值。

2.4 批 评

现在让我们看一看置换不变性作为对逻辑性的一种刻画的优点和缺点。在这一节中，我将要陈述我不喜欢它的哪些方面，以及我欣赏哪些方面。我还将简要地讨论费弗曼在（Feferman，1999）中的判断。

2.4.1 坏的方面

首先，存在着“数量”的问题：*有太多的项是置换不变的*。例如在一元广义量词（代表集合的性质）的类型中，已经有无限多项 $\lambda X \cdot Q(X)$ 是在高阶逻辑中可定义的。与此相关的是第二个问题。置换不变性是一个局部性质，*它允许不同模型之间剧烈的变异*（allows wild variations）：例如一个在含偶数个元素的模型上表示“一些”、而在含奇数个元素的模型上表示“全部”的量词。同构不变性的确适用于跨模型的情况，但它仍然容许不同基数的模型间类似的变异。第三，置换不变性刻画的过度包含性还体现在如下方面。不变项的*任意*无限集合合取和析取，不管多么复杂和非构造性，都仍然是不变的。这些都是“账目上的问题”：上面列举的那些项目“不太合我们的口味”，但是还存在着更深刻的问题。首先，置换不变性忽略了逻辑性的*其他语义方面*，比如直观上的“一致性”和“有限性”。但是，我们最主要的诘难还是在于如下陈述的事实。

置换不变性作为对逻辑性的一种刻画，*是明显的循环论证！事实上任何一组*概念的变换/不变性刻画都难辞其咎。这是因为，为了开启这类论证我们必须事先做出一些选择，这相当于回答如下问题：

哪些客体是研究对象？然后，研究什么变换？

譬如，几何学中仿射变换用来证明“在……之间”作为几何原始概念的合法性。但是无论如何，要定义仿射变换首先就需要“在……之间”的概念。同样的问题也出现在逻辑性的论证中。我们是否希望“恒等”成为一个逻辑概念？那么来考察置换。而置换的定义预先就需要恒等性的概念（尊重不相等性的满射）。这一问题在布尔真值运算的情形中更加明显。这些运算被算作不变项仅仅是由于类型论置换保持真值不变这个平凡的原因。正因为如此，它们根本就不对真值运算起作用。很明显，这不能算作一种“解释”，而且置换不变性甚至都不是布尔运算所通过的“测试”。在第 2.3 节中可以随处找到类似的例子。

而如果首先选择客体，则隐藏着更大的危险。譬如，几何不变性研究没有广延的“点”，因此它所导出的原始关系都依赖于先在的基本客体的概念。但是举例来说，我们可能会说即便不基于类似无广延的点、原始图形这样关于客体的概念，“在……之间”仍然是空间推理中的原始概念。更一般的，真正的逻辑性概念难道不应该独立于它们所要考察的具体客体吗？这里有一个语言学的例子。自然语言趋向于拥有两套量词系统。其一用来修饰“可数名词”［“每个（every）女孩都离开了”，“许多（many）男孩离开了”］，另一种用来修饰“不可数名词”［“酒全（all）洒了”，“许多（much）酒洒了”］。第一类量词需要语言学家所谓的“可数物体”，第二类需要“可测物体”。现在，同一个逻辑量词涉及在两种情形中的使用。但是，如何能用变换不变性描述这一现象？尽管在这个具体例子中统一也许可能，但是即使那样我们仍然需要担心问题没有被彻底解决。如果发现了其他类型的客体，我们就得从头再来。因此，置换不变性不能作为逻辑性的基础性刻画。开个玩笑，作为对逻辑性的独立刻画，置换不变性差不多和下面的论证一样循环：用非正式的可靠性论证“证明”一阶逻辑公理，而这些论证事先就假定了全部的公理（通常还要多得多）。

言既已出！但请注意，这只有对为逻辑性建立基础的尝试才是一次彻底击倒。而我个人的看法是，无论是逻辑定律还是逻辑概念都不存在绝对的基础。因此这种循环性并不使我感到困扰，我的故事还将继续。

2.4.2 费弗曼的方案

下面是 Feferman（1999）的一些观点。他对于置换不变性的主要批判在于（a）“使得逻辑依赖于集合论”，（b）“集合论非绝对性”和（c）“不同域间的非一致性”。其中前两条反对意见本质上是数学的，与本文主题的联系不甚密切。但是对于（c），他给出了同构不变性的一个加强版本，这对我们的讨论有着直接的帮助。他特殊化了 λ 演算（Plotkin，1980）中的一个概念，即逻辑关系不变性：

不仅是双射或者同构，两个模型 M，N 中元素间的任何二元关系 R 都可以典范地提升到任意类型的对象间：

$fR_{a\cdot b}g$，当且仅当，$\mathrm{proj}^L(f)\ R_a\mathrm{proj}^L(g)$ 且 $\mathrm{proj}^R(f)\ R_b\mathrm{proj}^R(g)$

$fR_{a\to b}g$，当且仅当，$\forall x\in \mathrm{D}_a^M\ \forall y\in \mathrm{D}_a^N$，$xR_ay$ 仅当 $f(x)\ R_bg(y)$

普洛特金观察到所有 λ 项 F 代表的可定义函数 F^M，F^N 在如下意义下是关系不变的（relation-invariant）：

如果输入 R-相关的分量，那么它们的 F-值也是 R-相关的

模型中的客体 F 被称作关系不变的如果对所有的关系 R 都有 $F\,R\,F$。反过来，普洛特金证明了所有关系不变项都是 λ 可定义的，至少到二阶类型为止。Statman (1982) 讨论了一般的情况。(van Benthem, 1991) 第 12 章中提出了这一定义的变种，在那里作者以同样的方式提升了布尔单调函数和模态互模拟，得到了更广泛种类的不变项。现在我们来看费弗曼的工作。他把基关系取作“同态”，即形如下面的关系：

$x\,R\,y$，当且仅当，存在从 M 中元素打到 N 中元素的满射使得 $y = f(x)$

这样的定义使得标准运算否定（简记做 N）、合取（C）和存在量词（E）是关系不变的。接下来他证明了相当于一阶逻辑的不变性刻画的结论：

(a) 所有从 N, C, E 可定义的项都是同态不变的；

(b) 所有同态不变的一元量词（monadic quantifiers）都可从 N, C, E 定义（事实上，它们在一元一阶逻辑中可定义）。

要评价这一工作的成就，需要一点技术上的细节。下面是一种典型的情况。考虑把集合映到真值的一元量词。费弗曼的判据相当于说在任何分量集合的“收缩”中将取得同样的真值。由此马上可以推出全部的不变项都由两个集合上所赋的真值确定：空集和任意一个非空集合。下面是对这一问题更一般的视角（费弗曼的论文中并未提到），我们将看到与之前 2.3.2，2.3.3，2.3.6 节中讨论的联系。对形如 $F\,(x_1, \cdots, x_k, A_2, \cdots, A_m)$ 作用在元素和谓词分量上的算子，前面提到的不变性判据等价于一个我们熟悉得多的版本：

设 f 是模型 M, N 之间任意满的强同态（即 f 两个方向尊重除了恒等之外的所有谓词），那么 $F^M\,(d_1, \cdots d_k, A_1, \cdots, A_m)$，当且仅当，$F^M\,(F\,(d)_1, \cdots, f\,(d_k), f\,[A_1] \cdots f\,[A_m])$。

因此，我们把注意力限制到强同态不变的对象，而不仅仅是同构不变。模型论告诉我们这对任何逻辑语言中不使用恒等定义的概念都成立。这个事实解释了为何上述的一元定义是合理的（λ 演算不是关键），它还解释了为何良基性在这种刻画中是“逻辑的”（正如费弗曼的论文中讨论过的那样）。据此可知，一元的情形是相当特殊的，因为我们可以将全部的不变项分类。但是当回到二元关系类型的算子 $F(R)$ 时，种类将与之前同样复杂。原因是二元关系在强同态下有许多等价类，例如所有的序数都分属不同的等价类。在其中每个等价类上，这个判据允许一个不同的不用恒等的定义。

我的结论是费弗曼的刻画与置换不变性一样，也存在着过度生成不变量的问题。这其实是意料之中的事，任何合理的不变性分析必定在模型间假定一个等价关系。在每个等价类中，可以自由选取我们的指谓。现在这个关系是如此粗糙以至于只剩下有限多个等价类，“逻辑常项”指谓中种类的爆炸也就不会发生。但是，这样游戏从定义开始就失去了意义。或者说，对于大多数有趣的语义等价关系，我们都有无限多个等价类，这样指谓的种类就会发生爆炸。

对费弗曼的刻画的另一条批判与此相关。给定了变换/模型关系不变性形式的等价定义，如下事实就必然会发生：

不变项的任意无限布尔组合还是不变的。

这在特殊的一元情形中无关紧要，但当我们分析任何更复杂的类型时就成为了一种副作用。因此，无限布尔运算好比这一类分析中的漏网之鱼，我们不能真的认为这是一种好解释。最后，用刚才概念性的术语来说，费弗曼的方案也是循环的。选择同态作为相应的等价关系恰好那么“粗糙”，使得它可以适应一元一阶逻辑的情况。

我的结论是费弗曼的刻画有它的优点，但并没有突破不变性分析所共有的局限。但是对于我来说，它不是一个缺陷，而是一条特性！

2.4.3 好的方面

对于广义的置换不变性，迄今为止所有的反对意见说明了它不是逻辑性的一个好的基础性（foundational）刻画。但是我并不把这当成多大的悲剧。首先，不变性刻画成功地把逻辑性和在其他科学中有着广泛用途的思考方式联系起来——这本身就是很大的收获；其次，当可以把一对看似不相干的概念以具有启发性（enlightening）的方式联系起来的时候，即使循环论证也是有用的［正如刘易斯（D. Lewis）曾经为另一个“逻辑解释”做的注脚，两根弱不禁风的芦苇之间的连结可以是一个铁的事实］。不变性可以帮助指出有用的连结。假设我们发现某个“非逻辑的”项 F 没能通过置换不变性测试。有趣的事情并不是这条消极的信息本身。通常，通过分析反例可以找到“隐藏变量”：一个变换为了使 F 成为不变的所必须保持的附加结构。例如，介词（prepositions）（“在……之中”，“在……后面”，“沿着”）是普遍存在的语言学表达式。它们不是完全“逻辑的”，但也不是“非逻辑的”。任意的置换不能保持它们，但这失败暗示着存在一类尊重正确信息的更精细的自同构，比如适当的视觉影像的几何变换（Winter，Zwarts，1997）。换句话说，不变性方法引进了一系列层级，因此它在第2.1节中所追求的意义下是“参数化的”。

2.5 一个程序化的观点

研究的吸引力之一是它可以提供与其他那些不变性分析也应用于其中领域的类比。在这一节中，我们探索这样的类比。它将带我们走向关于“逻辑常项”

的一个更具计算性的或动态（dynamic）的观点。

2.5.1　互模拟和模态过程不变项

在计算机科学中，计算空间（如加标转换系统）间相似性的概念决定过程的概念。举例来说，选取加标转换系统间的*互模拟*（bisimulation）作为过程等价关系，我们就得到通常的进程代数。

定义 2　一个互模拟是两个模型 M，N 中状态间的二元关系≡，它满足：

（1）原子和谐，如果 $x\equiv y$，那么 $M, x\models p$，当且仅当，$N, y\models p$，对所有的命题字母 p 成立。

（2）Z 字形条件

（2.1）如果 $x\equiv y$ 且 xR_az，那么存在 u 使得 yR_au 且 $z\equiv u$，和

（2.2）如果 $x\equiv y$ 且 yR_au，那么存在 z 使得 xR_az 且 $z\equiv u$。详情请见（van Benthem，1996）第 3～5 章。

不变项即为那些为互模拟所模仿的过程性质 P：

只要 $x\equiv y$，那么 $M, x\models P$，当且仅当，$N, y\models P$

这些不变性质通常可以在某种合适的语言中作分类。例如，对互模拟来说，不变项即为那些可以在（无限）*模态逻辑*（modal logic）中表达的项。在这个场景中，“好的”过程构造的角色是：

它们在自动被模拟的意义下是“安全的”。

更精确地，考虑一个把二元转换关系送到新的转换关系的运算 $F(R, S, \cdots)$，例如通常的程序构造：复合，安保选择和迭代。假设我们有两个模型和它们之间对分量 R，$S\cdots$满足向后－向前条件的互模拟≡

称 F 为*安全的*（safe）如果≡对于转换关系 $F(R, S, \cdots)$ 自动满足向后－向前条件。

安全运算的例子有*关系复合*（relational composition），并（union）∪（有限的或无限的）以及*强否定*（strong negation）～（即关系没有后继元的测试）。典型的非安全运算有*关系交*（intersection）和*布尔取补*（Boolean complement）。下面是（van Benthem，1996）第 5 章中的一个表达完全性结果。

定理 8　安全的一阶可定义的关系运算即为那些可用｛;，∪，～｝定义的运算。

注意这些运算在某种意义上是通常的布尔联结词的动态对应物。

2.5.2　逻辑常项和模拟

两个模型 M，N 间同构引理的标准归纳证明中的逻辑运算也隐含着安全性。

这个证明说明了为一个公式赋值（evaluating）之过程（一个发生在单一模型内部的过程）如何可一步一步地在另一个模型中被模拟（simulated）。这实际上是由下面这样的子程序完成的：

$$M, \boldsymbol{d} \models \neg\phi \Leftrightarrow \text{非 } M, \boldsymbol{d} \models \phi \Leftrightarrow \text{非 } N, f(\boldsymbol{d}) \models \phi \Leftrightarrow N, f(\boldsymbol{d}) \models \neg\phi$$

同样地，当为M，$\boldsymbol{d} \models \exists x\phi$赋值时，通过两条不同的途径可以得到元素串间相同的对应。可以取x在M中的一个见证d，然后从M，d，$\boldsymbol{d} \models \phi$得到$N$，$f(d)$，$f(d) \models \phi$。或者我们首先从另一侧开始，观察到$N$，$f(d) \models \exists x\phi$，然后找到$N$中的见证。这一过程恰好给出了与互模拟完全类似的交换图。因此在像这样简单的论断中，逻辑常项是作为赋值过程中的自然操作出现的。用一句口号来说：

逻辑常项是赋值过程黏合剂！

让我们把这些想法应用到一阶逻辑。取无限逻辑$L\infty w$理论中的潜在同构（potential isomorphism）作为过程等价关系。潜同构是以从有限变量集合打到模型中客体的映射为“状态”的转换系统间的互模拟。与此相关的转换操作有下面两种：

测试事实　　（停留在同一状态）

选取客体　　（重设某个已经存在的变量值，或者给某个新变量赋值）

很明显，当以动态的观点看待一阶公式赋值过程时，这些是仅有的两种原始动作。其余的实际上都是“赋值过程黏合剂”。相对应的，在潜同构中配对的状态满足同样的原子命题以及互模拟关于选取客体的向后－向前条件。

现在为了把不变性定义成模拟“安全性”，我们需要将一阶公式看作赋值过程。但是何为相应的转换关系？我们借鉴“动态谓词逻辑”（Groenendijk，Stokhof，1991），它很好地契合了把潜同构当做互模拟的做法（Fernando，1994）：

定义3　动态谓词逻辑的更新条件

原子命题是测试

$s_1 [\![\mathrm{Pt}]\!]^M s_2$，当且仅当，$s_1 = s_2$且$M$，$s_1 \models \mathrm{Pt}$

合取是关系复合

$s_1 [\![\phi \& \Psi]\!]^M s_2$，当且仅当，对某个$s_3$，有$s_1 [\![\phi]\!]^M s_3$且$s_3$ $[\![\psi]\!]^M s_2$

存在量化是随机指派

$s_1 [\![\exists x\phi]\!]^M s_2$，当且仅当，对某个$s_3$，有$s_1 =_x s_3$且$s_3$ $[\![\phi]\!]^M s_2$

否定是强失败测试

$s_1 [\![\sim\phi]\!]^M s_2$，当且仅当，$s_1 = s_2$且对任何$s_3$都不成立$s_1$ $[\![\phi]\!]^M s_3$

根据早先的模态分析，上述场景中明显是安全的运算有（a）动态合取作为复合，和（b）动态否定作为不可能性测试。不那么明显的是存在量化。正确的看待存在量化语句的方式是把它当做（c）两个动作的序列复合：一是对前缀∃x

进行元素选取，二是处理剩余的命题 ϕ。因此，根据这种动态的分析，

存在量词不是逻辑常项！

它更像是一个原子语义动作，需要由一个“隐藏的逻辑常项”（即复合）“粘贴”到后续的语句上。因此，用安全性代替不变性作为逻辑性的刻画带来了一些惊人的结果，它们看起来可能是“非标准”的。但是从另一个角度看，读者也许会认为这是具有独创性的。

2.5.3　讨论

安全性导致了“逻辑项”数目大幅度的减少。很容易看出安全的运算必然也是同构不变的，但是逆命题却没有理由成立。但是这种“计数”不是我们关心的主要问题。循环性同样也不是。由于要依赖于先在的“过程等价性”的概念才能启动讨论，循环性的问题在这里同样会出现。在这种意义下，与前面的章节相比，安全性并没有改变任何基础性的东西。但更有趣的问题是上述动态的逻辑性刻画是否拥有某种内在的合理性。为了得到答案，我们有必要看它是否能很好地推广。含有广义量词的语言将是一个好的测试案例。

但是我们最关心的问题是另外一个。和置换不变性一样，安全性并没有真正提供对标准布尔运算的刻画！一个原因是它的转换关系相当粗糙。它们只记录成功验证的输入-输出状态，却不记录“沿途”赋值过程的精细结构。但是如果考察后者，布尔运算的确在“控制”我们走向何方中起到了关键的作用。这个观察表明了一般的观点，同时也指出了现有分析的一个附加“参数”。并不只是同一类结构上的过程等价性可以作为不变性分析的选择点。过程表示本身按照细节程度可以分为不同的层级。而我们选择的层级将会决定可以分辨出哪些是“不变的”或“安全的”项，从而决定我们会遇到哪一类的“逻辑项”。这一想法同2.4.1节中的讨论密切相关，这种开放性是不可避免的。更具体地说，赋值的分层精细结构的确是与逻辑性相关的，我们期待能在那个层面上找到对布尔运算更深刻的分析。但是迄今为止，我们只是隐约感觉到这需要利用赋值博弈进行分析。在赋值博弈（evaluation games）中，上述的转换恰好是“外在可见”的踪迹。作为规范博弈参与者行为的关键运算，一些逻辑常项只在这更精细的层次上出现。

这一节中提出的方案不是最终的结论，但我们希望至少已经说明了不变性思考如何可以为逻辑性研究提供真正的新视角。

2.6 其他语义方面

除了不变性之外，逻辑性是否还存在着其他直观的语义内容？在关于广义量词理论（generalized quantifier theory）的语言学文献中（Keenan，Westerståhl，1997）有一些证据。这里我们考察一些相关的主题，利用（van Benthem，1986）中的概念和结果具体地说明如何可以拓展逻辑性的分析。

2.6.1 限定词和量词

这一节是对语言学限定词的研究。所谓限定词是像“全部”，“大部分”，“三个”，“足够的”这样的词，它们和通常的名词（N）和动词词组（VP）一起构成如下基本句式：

$$\mathrm{Det}\ N\ VP$$

在不同的语言中，限定词满足一些共有的语义限制，譬如保守性（conservativity），即将命题限制到满足第一个分量的对象：

$$\mathrm{Det}\ AB \Leftrightarrow \mathrm{Det}\ A\ (A\cap B)$$

接下来，对特殊的“量化”限定词加诸置换不变性的条件使得我们可以数值地表示（numerically）这些“量词”Q，作为满足以下条件的数对集合：

（a，b）**存在一对集合** A，B，**使得** QAB **且** $|A-B|=a, |A\cap B|=b$

这种所谓的“数之树”表达，在量词类的语义分析中有着广泛的应用。

2.6.2 光滑性和单调性

自然语言中的量词不仅仅是置换不变的，一条更值得玩味的语义特性是：

相关场景间的持续性

它既可以看做是语义性质光滑性（smoothness），也可以被看做推理性质保持性（preservation）。因此，所有的基本量词对它们的每一分量都是或向上或向下单调的。例如，“全部”满足如下两种格式：

$$\frac{QAB \quad B\subseteq B'}{QAB'} \qquad \frac{QAB \quad A'\subseteq A}{QA'B}$$

我们可以利用这条性质刻画四类量词“全部”、“一些”、“没有”和“非全部”。为此还需要另一个语义条件：

多样性　如果 A 是非空的，那么存在 B，B' 使得 QAB，$\neg\ QAB'$。

事实 2　对当方阵中的四个量词即为所有满足保守性、双单调性和多样性的限定词。

证明：设 QXY 是任意满足以上三个条件的限定词。我们考察一种情况，其余的情况是类似的。假设 Q 有单调类型“左下降，右上升”。

断言　Q 是“全部”，即 QXY，**当且仅当**，$X\subseteq Y$

首先，由多样性，有 QAB 对某对 A，B 成立。因而有 $Q\emptyset B$（QAB 加上左单调减），从而 $Q\emptyset\emptyset$（保守性），因此 $Q\emptyset Y$（右单调增）。**从右到左**：（a）如果 X 为空，那么已经说明了 $Q\emptyset Y$。（b）如果 X 非空，我们有 QXA（多样性），QX（$A\cap X$）（保守性），因此 QXY（右单调增）。**从左到右**：假设 QXY，但非 $X\subseteq Y$。由左单调减，Q（$X-Y$）Y，再由保守性，Q（$X-Y$）$\emptyset$。根据右单调增性，我们得到 Q（$X-Y$）Z 对任意集合 z 成立，这与非空集合 $X-Y$ 的多样性矛盾。

再次，单调性是表达式可以依照程度含有的语义“参数”。例如，非标准量词“大部分”仍然是右单调增的，但对它的左分量却不存在任何一个方向的单调性。如果不要求多样性，更多的量词可以进入榜单，包括“至少三个”和“最多五个”。下面是一个更复杂的表达完全性结果（van Benthem，1986）。

定理 9　有限基域上的“双单调”量词即为四个经典量词加上所有的数值变体，如“至少 n 个”，“至多 n 个”等。

通过对量词的数值表示的几何考察可以给出一个漂亮的证明。右单调增性使得有序对（a，b）构成的集合 Q 对向右平移（$a+1$，b）=>（a，$b+1$）是封闭的。左单调增性使得 Q 对“换层”（a，b）=>（$a+1$，b）和（a，$b+1$）是封闭的。满足这些条件的量词可能的几何形状很容易被数清。高阶量词如“大多数”的“数几何”更加复杂，但仍然是规则的。

单调性是自然推理和语义学中普遍存在的现象。限定词范畴里的基本词汇在所有语言中都是单调的。这当然是“逻辑”常项的一个重要特性：对情景的稳定描述，以及支持相关的推理。

2.6.3　简单计算性和语义自动机

基本逻辑项的另一条有吸引力的特性是它们的简单一致计算性（simple uniform computability）。对基本量词，这涉及非常简单的步骤：所谓的语义自动机（semantic automata）。例如，要计算是否“全部 AB”，我们只需要一台有两个状态的有限自动机。它将会以某种顺序考察 A 中相关的元素集合（由保守性就足够），把 $A—B$ 中的元素读作符号 a，把 $A\cap B$ 中的元素读作符号 b：

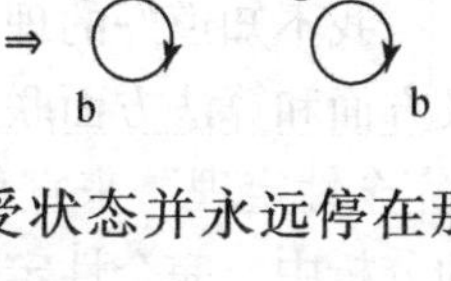

我们从一个接受状态出发，只要一直读到符号 b 就停留在这一状态。一旦遇到符号 a，我们移动到第二个非接受状态并永远停在那

里，不管以后再读到什么。一般的结果是：

定理10　一阶可定义的量词恰好就是那些与由有限非循环自动机（acyclic finite automata）计算的量词。

现在我们再一次得到了一个“参数”，因为可以改变自动机的类型从而得到不同等级的语义计算性。任意有限自动机增加了计数功能（比如“奇数个…”）。下一步应该是增加存储容量。事实上，对于一个下推自动机（push-down store automaton），像“大部分”这样的量词的语义测试过程需要无界有限的存储容量。下推存储看起来是自然语言量词所需要的最复杂的计算步骤。van Benthem（1986）把相应的数值内容描述成：

定理11　可由下推自动机计算的量词恰好就是那些关于示性数 $a=|A-B|$, $b=|A\cap B|$ 的数值条件可在纯加性“普雷斯伯格（Pressburger）算术”中定义的量词。

普雷斯伯格算术是可判定的，因此关于自然语言量词的许多问题也将是可判定的。那么通常的自动机层级就通过它们的计算性要求为逻辑常项提供了精细结构等级。

2.6.4　这意味着什么

广义量词理论表明了如何可以在所有置换不变的量词之中，通过各种各样自然的附加语义性质和计算性性质，把目光聚焦到标准量词上。这种和谐可能是一系列不同概念间巧合的产物，这暗示着核心的“逻辑常项”最好被当成不同自然类别的表达式交集来分析。

2.7　比较观点

我们已经从语义的观点分析了逻辑性，但是逻辑性与其他逻辑学观点的联系也曾出现：计算性的（第2.5节，第2.6.3节）、博弈论的（第2.5节）和推理的（第2.6.2节）。沿着这几条路，想必还有其他独立的直观线索等待探讨。特别地，对逻辑性的证明论观点进行深入的分析可能会非常具有启发性，给语义不变性分析同样带来新的视角。例如，

为什么核心不变项在有效推理中如此丰富？

我不知道好的理由，但是我们应该试图去理解这个现象。类似地，我想把语义方面和算法方面联系得更紧密。但是为了避免误解，按照我的哲学，不需要有“完全性定理”来宣称所有这些路径“殊途同归”。事实上，即使在逻辑因果性的分析中，完全性定理就已经显得多少有些造作。不管怎样，它并不说明一个逻

辑学观点可以“还原”为另一个。

我更感兴趣的是不同视角的组合（combinations）。例如，直观上推理涉及两种步骤，标准的推理是“局部的”。我们考察某个情景，观察到 A，然后根据一般的原因知道 B 在此情景中“因之而成立”。但是，我们经常想利用 A 得到关于其他情景的结论。这些结论甚至可以用不同的语言叙述，只要它适当地相关。第二步在精神上更接近不变性，它允许我们跨越不同模型。这两种活动对于我们现实中的推理是基础性的。为了从理论上描述它们，Barwise 和 van Benthem（1999）中提出了“沿模型关系推出”的概念。它允许从一个模型到它的子模型、双相似模型、同态像或者随便什么相关的模型的推理。

类似地，这种组合的观点使得我们考虑同时设计推理系统和语言。这项联合任务会给“逻辑性”加上它自己的限制。我们想得到证明系统的非逻辑符号集和它在相应模型上的表达能力间正确的“平衡”。例如，在本文的经典布景中被忽略的直觉主义逻辑对逻辑因果性有更高的要求，它要求构造性（constructive）的可证明性。那么什么是它自然的“不变项”？［曾有人提议克里普克（Kripke）模型间的互模拟］有任何理由假定经典的“逻辑常项”在构造性的立场上看也是合适的语言吗？人工智能中的非单调逻辑（non-monotonic logics）也有类似的问题。它们的设计者质疑经典逻辑的定律，把有效结论替换成像“结论只需要在前提所有最受偏好的（most-preferred）模型中成立”这样的方案。但是他们仍然停留在那些用来陈述旧的教条语言的套路上。真正的革新者会寻找新的平衡，为非单调推理设计一套逻辑常项，使得它们能反映新的偏好结构（模拟一定的不变性关系）。

2.8 结　　论

我们对逻辑性的讨论没有为逻辑划定疆界，这是一件好事。不管怎样，“逻辑”的精髓并不在于经典的“逻辑定律”或“逻辑表达式”，而是寓于它一般的性质和方法当中。我们在这里展示的是逻辑性语义方面的基本事实。这一刻画从基础的角度来看是循环的，但仍然是有启迪性的和有用的。除此之外，它还具有用来启示逻辑常项新观点的潜质，我们用语义过程运算中的安全性来刻画逻辑性的动态分析就是一例。逻辑性想必还有着其他的侧面，来自不同的观点：证明论的，或者博弈论的。它们如今终于得到一个应该平等的地位。

是的，不变性的传奇故事绝对应该被写进逻辑学的教科书！

参考文献

Barwise J. 1975. Admissible Sets and Structures, Berlin: Springer

Barwise J, van Benthem J. 1999. Interpolation, Preservation, and Pebble Games. Journal of Symbolic Logic, 64 (2): 881 ~ 903

Butz C, Moerdijk I. 1999. An Elementary Definability Theorem for First Order Logic. Journal of Symbolic Logic, 64 (3): 1028 ~ 1036

Etchemendy J. 1990. The Concept of Logical Consequence. Cambridge: Harvard University Press

Feferman S. 1999. Logic, Logics, Logicism. In: Memorial Symposium for George Boolos

Fernando T. 1994. Bisimulations and Predicate Logic. Journal of Symbolic Logic, 59: 924 ~ 944

Groenendijk J, Stokhof M. 1991. Dynamic Predicate Logic. Linguistics and Philosophy, 14: 39 ~ 100

Hacking I. 1979. What is Logic? Journal of Philosophy, 76: 285 ~ 319

Hintikka J. 1973. Logic, Language Games and Information. Oxford: Clarendon

Keenan E, Westerståhl D. 1997. Quantifiers. In: van Benthem J, ter Meulen A. eds. Handbook of Logic and Language, A msterdam: Elsevier

Läuchli A. 1970. An Abstract Notion of Realizability for which the Predicate Calculus is Complete. In Myhill J, Kino A, Vesley A eds. Intuitionism and Proof Theory. Amsterdam: North-Holland. 227 ~ 234

McCarthy T. 1981. The Idea of a Logical Constant. Journal of Philosophy, 78: 499 ~ 523

McGee V. 1996. Logical Operations. Journal of Philosophical Logic, 25: 567 ~ 580

Plotkin G. 1980. Lambda Definability in the Full Type Hierarchy. In: Seldin J, Hindley J eds. To H. B. Curry: Essays on Combinatory Logic, Lambda Calculus and Formalism. 363 ~ 373

Sher G. 1991. The Bounds of Logic. Cambridge (Mass.): MIT Press

Statman R. 1982. Completeness, Invariance, and Definability. Journal of Symbolic Logic, 47: 17 ~ 26

Tarski A. 1986. What are Logical Notions? In: Corcoran J ed. History and Philosophy of Logic, 7: 143 ~ 154

Trakhtenbrot B. 1987. On 'Logical Relations' in Program Semantics. In: Skordev D. ed. Mathematical Logic and its Applications, New York: Plenum Press. 213 ~ 229

van Benthem J. 1986. Essays in Logical Semantics. Dordrecht: Reidel

van Benthem J. 1989. Logical Constants across Varying Types. Notre Dame Journal of Formal Logic, 30 (3): 315 ~ 342

van Benthem J. 1991. Language in Action. Amsterdam: North-Holland

van Benthem J. 1996. Exploring Logical Dynamics. Stanford: CSLI Publications

van Benthem J. 2000. Logic and Games. Report ILLC-X-2000-03. University of Amsterdam.

Weyl H. 1963. Philosophy of Mathematics and Natural Science, New York: Atheneum. Reprint from 1930s.

Winter Y, Zwarts J. 1997. A Semantic Characterization of Locative Prepositional Phrases. In: Proceedings of Semantics and Linguistic Theory (SALT 97)

Zeeman E C. 1964. Causality implies the Lorentz Group. Journal of Mathematical Physics, 5: 490 ~ 493

Zucker J. 1978. The Adequacy Problem for Classical Logic. Journal of Philosophical Logic, 7: 517 ~ 535

Zucker J, Tragesser R. 1978. The Adequacy Problem for Inferential Logic. Journal of Philosophical Logic, 7: 501 ~ 516

3 在博尔扎诺的乐符中仍然有逻辑吗？*

俞珺华　刘奋荣/译　刘叶涛/校

3.1　我和博尔扎诺的缘分

我不是紧随博尔扎诺的学者，但在现今活跃的逻辑学者中，我接触他的工作还是比较多的。最初，在学生时代，我在博琴斯基（Bochenski）和尼尔夫妇（the Kneales）的重要著作中阅读了有关逻辑史的内容。让我兴奋的是，我在其中发现了标准教科书为了加工出此领域“最终版本”的历史，是如何囊括塔尔斯基等距今较近的圣人，却将不能纳入这个历史故事序列的早期先驱归于遗忘。后来，出于对逻辑史中康托尔（Cantor）之前技术的兴趣，我第一次阅读了博尔扎诺作为数学家的作品，即《无穷的悖论》（*Paradoxes of Infinity*）——显然，就像阅读所有我所见的他的作品一样，当时的阅读并不轻松。作为哲学家，博尔扎诺在20世纪80年代开始影响我的生活。那时我正在为与受到更加大陆化的哲学训练的同事佩措尔德（Detlev Pätzold）合开的课程寻找主题。我们最终选择了莱布尼茨、黑格尔、博尔扎诺、弗雷格等人著作中的论题，结果完成了一个不错的课程！之后，我终于为大部头的《科学理论》（*Wissenschaftslehre*）做好了准备。阅读这本书，一方面是出于对逻辑和科学方法论之间交界的兴趣，另一方面是源于这一本虽是关于逻辑，但却与现代专著内容安排迥异的书激起的对逻辑根基的探求。阅读这本书的所得所想，后来整理发表于论文（van Benthem 1984；1985）中。我与博尔扎诺的最后一次接触发生在几年前的布拉格。当时我刚刚和同事海基科娃（Eva Hajicova）曲折地穿过一片大墓地，一边对着跟随我们的荷兰电视摄制组讨论逻辑推理和智能搜索，一边尝试着在杂草丛生的小路中寻找博尔扎诺

---

* Johan van Benthem. 2003. Is there still Logic in Bolzano's key? In：Morscher E ed. Bernard Bolzanos Leistungen in Logik，Mathematik und Physik. Bd. 16. Sankt Augustin：Academia Verlag. 11～34

的坟墓。最终，我们找到了。

3.2 逻辑的议程表

为什么现在回顾过去? 让我首先来介绍我作为非历史学家的现代逻辑史观。和其他许多科学性的学科一样，逻辑也在没有很好定义的情况下繁荣发展。除了教科书上的正统说法，“逻辑应该关于什么”也是一个值得讨论的问题，并且关于这个问题的答案的讨论也随着历史的发展而变化着。一个核心的问题是关于推理［包括其有效规则（对于有能力的使用者），或许也包括其不足］、错误和谬误的。但是现代逻辑的核心也包括对诸如形式语言、形式语言语义上的意义、形式语言表达力等问题独立的关注。更重要的是，当今前沿的，许多还处于“形成教科书之前”阶段的研究工作，讨论信息（information）中的一般结构，和不同于推理的多主体行为（many-agent activities），例如信念修正（belief revision）或交流（communication）。这些研究揭示了超出推理和意义的更广范围内的问题。于是，逻辑的议程表就像所需要的那样，一直在发展。在这个意义上，回顾早期的先驱就不仅仅是出于对前辈的承认，而且也会使我们受益。

早期著作的一个显著特点，就是其对逻辑论题与一般科学方法论（Methodology）的结合。我们不仅仅可以从博尔扎诺、穆勒（Mill）、皮尔士，也可以从包括塔尔斯基、卡尔纳普、欣蒂卡（Hintikka）在内的重要当代作者的作品中发现这一点。逻辑和科学哲学之间的界限看上去是任意设定的。为什么“证实”（confirmation）、“逼真”（verisimilitude）、“理论结构”（theory structure）等成为了科学哲学家而非逻辑学家的专属? 这种区分似乎是历史进程中的一次偶然事件，即弗雷格的“关涉的收缩”（contraction of concerns）将逻辑和数学基础紧密地联系起来，并使这个领域的议程表收缩到一点上，也就是“根基主义者”（fundamentalists）所说的，逻辑是形式系统的数学。显然，收缩议程表使一个领域的讨论更为集中，可能是非常有益的。弗雷格的推动为逻辑学在两次世界大战之间的黄金时代准备好了基础，而那个时代则创造了我们今天所教授的逻辑学的核心内容。与此同时，原先在传统逻辑中范围比较广泛的研究兴趣则发生了转移，并在其他学科中传承下来。而数学和哲学之外学科，例如语言学、计算机科学、人工智能，在比较弱的程度上也包括认知心理学和其他实验学科，共同在20世纪中形成了逻辑学的科学背景，也影响了逻辑学的发展。

和弗雷格相比，博尔扎诺的智慧所涉及的范围更广，包括一般哲学、数学、还有逻辑，这个范围和上面的图景相适合。即便这样，我也不会把博尔扎诺当做任何当代议程表的代言人——有现今专业上的讨论来说明其自身。但是我确实愿意回顾他的思想，以发现其在当代的价值。顺便说明，我 1985 年的文章中所做分析的主要来源，除了阅读博尔扎诺自己的文章，还包括（Kneale，Kneale，1962）以及（Berg，1963）。2002 年秋天在维也纳会见之后，我开始研习（Rusnock，2000），这本书中关于逻辑的章节精妙而友好。

3.3　博尔扎诺思想的一个简短概述

我们简要地列举博尔扎诺逻辑系统中最不寻常、对逻辑学家而言最有趣的一些要点。在后面的章节中，我们将以比较低的频率再见到这些要点。

• 把命题分解为一般构件（constituents）的系统化思想在语言学上是有吸引力的，并让人联想到范畴语法中对组分结构的抽象分析（Buszkowski，1997；Moortgat，1997；van Benthem，1991）。

• 在以上的过程中，考察在判定推理有效性中，划定固定（fixed）和变元字母表（variable vocabulary）之间界限的不同方法，是另一种创新，它联系到不断反复出现的关于“逻辑性”（logicality）的边界的论题。

• 转向逻辑的核心事务，承认包括“可推导性”（deducibility）、“严格可推导性”（strict deducibility）、“统计推理”（statistical inference）在内的不同形式的推理，以及它们各自的优点。这明显优于未被充分考虑的对统一性（uniformity）的假设，是一个值得铭记的功绩。

• 作为具体的做法，我们来考察博尔扎诺关于“可推导性”的核心概念，即给定变元字母表 A，一个从前提 φ 到结论 ψ 的推理是有效的（以下记做 $\varphi \Rightarrow_A \psi$），如果以下条件得到满足：①每个使所有前提为真的 A 的代入实例也使结论为真；②前提必须一致（consistent）。条件①和不同语义设置的中的现代有效性类似，但附加条件②却把这变成了一种非单调逻辑——20 世纪 80 年代的热点课题。另外，字母表（vocabulary）主目（argument）A 的参与使得推理事实上成了一个三元关系，这也将在后来的发展中显示出其重要性。

• 博尔扎诺还有其他关于推理的概念，例如，“严格可推导性”，即：使用仅仅最小的前提集去得到指定结论。这使人们联想到试图在如何处理海量数据问题上获得更多样解释的现代研究计划。

• 博尔扎诺那里关于推理的统计学变种，涉及对使给定陈述为真的代入计数的工作。这种质化逻辑（qualitative logic）和量化概率（quantitative probability）之间的联系在卡尔纳普的归纳逻辑——当时的一个边缘课题——中仍然存在，并且在现代逻辑中再次大量地出现。

• 对于工作在逻辑和人工智能交界的逻辑学家而言，非常难以置信的是博尔扎诺对其推理概念的系统化性质的形式表达，例如传递性和演绎定理的不同版本。这些版本中，有些是基于对固定和可变成分的区分。没有真值表，没有模型论意义上的语义及类似装置，而取代这些的是一些后来在 20 世纪 80 年代开始流行的、关于推理的更精巧的结构化理论。

所有这些思想都出现，或者应该出现在现代逻辑中！现在让我们把它们一一拾起。

3.4　划定推理的自然模式

3.4.1　不同的模式

存在一个逻辑推理的概念，还是一些这样的概念？逻辑的主流观念一般认为是前者，而批评者往往认为是后者。值得提起的例子包括：哲学辩论者（Toulmin，1957）宣称在不同的推理任务（数学、法律、日常生活）中，逻辑规则也是不同的；心理学大家（Wason，Johnson-Laird，1972）展示了实践中的主体（或者工作之余的逻辑学家）如何根据前提的内容和陈述，以及手头的任务来调整他们的推理方式。事实上，在构造主义数学（constructive mathematics）或量子力学（quantum mechanics）的逻辑核心之中，也同样存在着这种多样性（Haack，1996）。而在 20 世纪 80 年代，在人工智能领域的影响下（McCarthy，1980），人们发现问题解决（problem solving）和常识推理（common sense reasoning）有不同的兼容精确逻辑研究的推理类型，于是这种多样性就变得更加显著了。尽管并没有一个被广泛接受的对主要推理模式的分类，读者仍然会听到构造主义逻辑（constructive logic）、缺省推理、溯因（abduction）、弗协调逻辑（paraconsistent logic）、线性逻辑，以及关于量子概率的逻辑系统。推理模式多样性的另一个来源是语言学。当分析让我们理解句子和论述的机制时，各种各样的逻辑子系统就显现出来了（Thomason，1997）。

这些模式现在已经是被认可的研究课题，人们返回头去研究历史上主流之外的逻辑学家以获得启发，并为自己的理论寻找历史的谱系背景。这也就是后来逻辑学家重新发现皮尔士（Flach，Kakas，2000）的原因——尽管将皮尔士作为逻辑学的标志性人物是有争议的，但是当他被弗雷格所代表的主流所抛弃时，符号学家们似乎一直是他坚实的信徒。

3.4.2　变异结构规则

新的推理模式的一个显著特征就是它们不同的结构规则。例如，一些推理模式不具有经典单调性（monotonicity）特征，这一性质是指，在一个有效推理中加入更多前提不会使其失去有效性：如果 $\varphi\Rightarrow\xi$，那么（$\varphi\wedge\psi$）$\Rightarrow\xi$。特别地，非经典推理模式通常是非单调的。作为一个自然的例子，博尔扎诺的可推导性可能对 $\varphi\Rightarrow_A\psi$ 成立，但同时由于一致性条件，φ，$\neg\varphi\Rightarrow_A\psi$ 不成立。现在，说一个推理模式是非单调的并不能告诉我们太多，更有趣的是有效推理通常有仍然是有效的“正代入结果”（positive substitutes）。一个著名的例子是所谓“谨慎单调”（cautious monotonicity），即：如果 $\varphi\Rightarrow\psi$ 且 $\varphi\Rightarrow\xi$，那么（$\varphi\wedge\psi$）$\Rightarrow\xi$。博尔扎诺的可推导性（deducibility）定义也具有这个性质。

3.4.3 机制

类似单调性的经典结构性质的失效仅仅是引起更广泛逻辑兴趣底层原因的表面现象。我们想对造成推理多样性的底层机制（mechanisms）做一个全面的诊断——van Benthem（1989）将这一点和称作“博尔扎诺计划”（Bolzano's program）联系起来。——我们不仅仅是在经典逻辑和缺省逻辑之间交替，这个工作必须具有系统化的动因。在逻辑学家中并没有形成关于这些机制的足够共识，或者统一的系统。现代推理模式背后的主要动因和以下问题有关：

- 处理互相矛盾的信息（contradictory information）；
- 在推理中追踪用以计算的资源（resources）；
- 交流的不同层次的动态（dynamics）；
- 相互作用的主体对彼此偏好（preferences）的影响。

3.4.4 建构

还有一个由所有这些引起的显著问题。如果我们有能力使用所有这些不同的模式，那么就必须能够整合来源于不同机制的信息。于是，各种推理系统的模式化逻辑建构（modular logical architecture）就成为了一个新的关注点。这种建构在认为似乎只有一种可用的逻辑推理的年代中一直是不存在的。（Gabbay，1998）中有一个很有趣的关于“合并逻辑”（combining logics）的想法，但是实事求是地说，学界还没有出现一个足够牢固的成功范例。清晰了解推理模式的多样性和建构是一个主要的挑战。然而就我的阅读范围，除去可能的对这个工作的祝福，博尔扎诺并没有在这方面有太多的贡献。

3.5 作为逻辑底层的结构规则

对于有接受能力的读者，博尔扎诺的思想也指向超出现有一般思想体系的特定问题！在本节和下节中，我们将从较具体到较理论化，讨论几个这样的问题。

3.5.1　再议结构规则

博尔扎诺并没有提供关于逻辑常项——例如标准逻辑所讲述的关于布尔运算或一阶量词的内容——的理论。但是仅在他的规则的层面上，是否还遗留了一些值得注意的逻辑内容？答案是肯定的。事实上，博尔扎诺给出了一些现在称为结构规则的例子，即有限命题序列 X 和单一命题 C 之间的抽象推理关系 $X \Rightarrow C$ 上的一般性质。有一些相应于经典推理的这些规则的例子，其书写的格式并不预先指定前提的任何结构，而仅仅要求前提组成一个序列的命题。

$C \Rightarrow C$ 自返性

若 X，$Y \Rightarrow C$，则 X，P，$Y \Rightarrow C$ 单调性

若 $X \Rightarrow D$ 且 Y，D，$Z \Rightarrow C$，则 Y，X，$Z \Rightarrow C$ 切割规则（cut rule）

若 X，P_1，P_2，$Y \Rightarrow C$，则 X，P_2，P_1，$Y \Rightarrow C$ 置换

若 X，P，Y，P，$Z \Rightarrow C$，则 X，P，Y，$Z \Rightarrow C$ 右收缩（right contraction）

若 X，P，Y，P，$Z \Rightarrow C$，则 X，Y，P，$Z \Rightarrow C$ 左收缩（left contraction）

多年以来，后承的许多非标准变种的“特征化定理”（characterization theorems）被发现和证明。我们给出一些例子。

3.5.2　经典推理

我们从熟悉的塔尔斯基逻辑后承开始。

定理 1　抽象推理关系 $X \Rightarrow C$ 可以表示为前提集 X 的模型集和结论 C 的模型集之间的经典集合包含（set inclusion），当且仅当，该关系满足自返性、单调性、切割和收缩。

对此，在（van Benthem，1996）第七章中有一个简单的证明。这个结果表明，非经典推理模式必须违反这些法则中的至少一个。自返性、切割和收缩看上去是更基础的，这就解释了非单调性大量存在的现象。

3.5.3　动态推理

其他此类结果揭示了其他的推理机制，在前面提到的同一本书中就有实例。在交流的“*更新逻辑*”（update logic）中，命题是转换信息状态的运算。这样，矢列 $X \Rightarrow C$ 的有效动态后承就是说序列 X 中前提的连续转换总能达到一个状态，使得在这个状态上，更新结论 C 没有更多的效果。很容易发现，这种推理模式丢失了大部分上面列举的结构规则，而是拥有下列规则作为顶替：

若 $X \Rightarrow C$，则 A，$X \Rightarrow C$ 左单调性

若 $X \Rightarrow A$ 且 $X, A, Y \Rightarrow C$，则 $X, Y \Rightarrow C$ 左切割

若 $X \Rightarrow A$ 且 $X, Y \Rightarrow C$，则 $X, A, Y \Rightarrow C$ 谨慎单调性（Cautious Monotonicity）

定理2　抽象推理关系 $X \Rightarrow C$ 可以表示为转换信息状态命题的动态推理，当且仅当，该关系满足左单调性、左切割和谨慎单调性。

更详细的介绍可参见（van Benthem，2003）。

3.5.4　偏好推理

这里最后的一个例子研究通过诸如可信度（plausibility）或朴素度（simplicity）等偏好关系（preference relation）——人工智能和自然语言领域中缺省规则的特有设置——组织的有内部结构的模型域之上的推理。在这个模式中，结论 C 不需要在前提 X 的所有模型中成立，而只需要在其所有最被偏好的模型中成立。这一次，我们展示包含逻辑常项的另一种分析。下列原理显然对偏好推理是成立的：

$C \Rightarrow C$　自返性

若对所有 $i \in I$，有 $X \Rightarrow C_i$，则 $X \Rightarrow \wedge_i C_i$　　合取

若 $X \Rightarrow C$，则 $X \Rightarrow C \vee D$　　弱化（weakening）

总的来看，这些意味着每个命题 A 都有最强结论，不妨记做 best（A）。下面的有效原理在条件句推理中也很著名：

$$\text{若对所有 } i \in I\text{，有 } A_i \Rightarrow C\text{，则 } \vee_i A_i \Rightarrow C \quad \text{析取}$$

我们需要的最后一个原理用到了上面提及的“最强结论”：

若 $\vee_i A_i\ C$，则 $\wedge_i\ best\ (A_i) \Rightarrow C$　“最强”

van Benthem（1989）证明了对于任何推理关系，这些原理对于将其表示为某个适当的组织域之上的偏好后承是充分的。

3.5.5　关于博尔扎诺的可推导性又如何？

van Benthem（1985）对博尔扎诺的可推导性进行了类似的讨论，并列举了一串有效的结构规则。让我们把这个讨论在这里完成。表示论证（the representation argument）会自己提出结构上的要求。回顾一下，可推导性定义如下：至少有一个所有前提的模型，并且任意所有前提的模型也都是结论的模型。现在，考虑任意推理关系 $X \Rightarrow C$。对任意命题 A，定义：

$$\#(A) =_{\text{def}} \{X \mid X \Rightarrow A\}$$

只需要证明下面的等价陈述成立：

$X_1, \cdots, X_k \Rightarrow C$，当且仅当，(a) $\cap_i \#(X_i) \Rightarrow \#(C)$，并且 (b) $\cap_i \#(X_i)$ 非空。从右到左，由 (b)，有一个序列的命题U满足：

$$\text{对任意 } i \in I,\ U \Rightarrow X_i$$

这样，基于我们所期望的解释，下面的陈述成立：

$$\text{若对任意 } i \in I,\ \text{有 } U \Rightarrow X_i,\ \text{则 } X_1, \cdots, X_k \Rightarrow X_i \quad \text{下确界}$$

于是，如果假定这些，则由 (a) 我们得到了所要证明的 $X_1, \cdots, X_k \Rightarrow C$。现在来看反方向。假设 $X_1, \cdots, X_k \Rightarrow C$。同样由我们的解释，以下陈述成立：

$$\text{若 } X_1, \cdots, X_k \Rightarrow C,\ \text{则 } X_1, \cdots, X_k \Rightarrow X_i \quad \text{一致性}$$

这满足了 (b)。再来看 (a)，令对任意 $i \in I$，有 $U \Rightarrow X_i$ 成立，我们还需要 $U \Rightarrow C$。如果有切割规则，可以从 $X_1, \cdots, X_k \Rightarrow C$ 得到所需。但是我们没有切割规则，否则后面的结构规则将不满足可推导性，即：在博尔扎诺的意义上，$p, \neg q \Rightarrow p$ 和 $p, q \Rightarrow q$ 为真，但 $p, \neg q, q \Rightarrow q$ 不为真。所以，只有较弱的切割规则变种能成立。一个有效的修正是“联立切割”(simultaneous cut)：

$$\text{若 } X_1, \cdots, X_k \Rightarrow C \text{ 且对任意 } i \in I,\ \text{有 } U \Rightarrow X_i,\ \text{则 } U \Rightarrow C。$$

定理3　博尔扎诺的可推导性可由下确界、一致性、联立切割三个规则完全刻画。

我们可以通过隐藏这些在证明中形成的结构规则把上面的结果略加修饰，使其看上去更深刻（或许这是一个领域内的行业秘密）。但是这个技巧在这里也同样适用。关于结构规则和推理变种的一般理论见文献（Restall，2000）。

3.6　关于推理的更深问题

博尔扎诺模式的逻辑主题不仅限于为特定推理任务寻找自然的结构规则设置！还包括其他一些更深层次的、在考虑推理模式时自然产生的问题，其中有些仍然在其初生期。

3.6.1　计算复杂性

可推导性的一个突出特征就是它相对塔尔斯基后承具有更高的复杂性。可满足性可以规约到可推导性，因为公式 φ 有模型当且仅当 $\varphi \Rightarrow \varphi$ 在博尔扎诺的意义上成立。这样，由于可满足性是一个不可能行公理化的概念，可推导性也不可能行公理化。而严格可推导性则更加复杂，van Benthem（1985）做出了精确的估算。这些展现了一个悖论：当前“现实”推理的系统比它们经典对应系统具有更高的复杂性。例如，直觉主义命题逻辑的判定过程比经典逻辑的更为复杂，一阶逻辑的缺省变种甚至是不可判定的，等等。许多学者相信，利用这些逻辑以及它们所能容许的数据紧凑表达之间的整体平衡是令人满意的，但还没有结论性的分析来确证这一点。做一个博尔扎诺式的多元论者是有代价的……

3.6.2 其他可选的数据结构?

如何去表达推理这个问题，对于现实逻辑系统而言是重要的。过程的执行取决于两个因素：推理工具和表示命题所用的格式。现代逻辑在第二个方面没有多少系统化的东西可供讨论，人们必须去关注科学哲学，或计算机科学。给定第二个方面自由度的情况下，仍然有一个一般的问题：在什么程度上可以将不同的推理模式规约到一个“包裹”（逻辑系统）中去，使得其既包含经典的推理工具，又具有适当变化的数据结构。

3.6.3 建构

对于扩充的推理模式合集，一个更具体的方面是如何让不同推理模式（塔尔斯基式的，博尔扎诺式的，等等）进行*交互*（communicate）。在这里，人们不再像在第5节中的那样只是希望得到单独刻画的结果，而是希望得到混合的系统，例如，经典系统加非单调推理。这在前面提到的偏好推理中已经发生了，在那里弱化实际上相当于下面的形式：

$$\text{若 } X \Rightarrow_{\text{偏好的}} C \text{ 且 } C \Rightarrow_{\text{经典的}} D\text{，则 } X \Rightarrow_{\text{偏好的}} D$$

van Benthem（1993）从结构规则的角度介绍了经典和偏好推理的完全融合。更一般地，Gabbay（1996）提出了*加标演绎*（labelled deduction）作为融合不同来源加标逻辑推理的一种方法。

博尔扎诺推理模式的许多更深层次的特征在今天也得到了呼应，例如逻辑的和*概率推理*（probabilistic reasoning）的并置。概率问题正在从科学哲学向主流逻辑回归，这既包括推理，也包括语义，以及信息的更新。但是我们不在这里讨论这些。

3.7 逻辑的和非逻辑的字母表

有时，对于一个议程表中的项目，它的缺失——而不是它的存在——会令人兴奋。博尔扎诺没有强调一般的逻辑常项，这让我们更努力地去思考它们是什么，为什么它们总是应该非常重要。首先，必须在固定（fixed）字母表和变元字母表（variable vocabulary）之间划定明确边界的想法很有道理。标准逻辑常项，例如“并非”、“并且”、“或者”、“所有的”、“存在”，经常以固定意义方式出现——但这不是必须的。例如，在真值函数命题逻辑中，下面的推理对任何布尔运算#都是有效的：

如果###φ，那么#φ。

相反地，我们没有道理不去为标准语言结构［类似比较级-er，它在日常推理中看上去和布尔运算同样“有逻辑性”（logical）］指定意义。考虑下面的原理：

John 比 Mary 高，Mary 比 I-book 高，所以 John 比 I-book 高。

按照博尔扎诺的观点，我们不能绝对地说这个原理是否有效，它取决于我们字母表中固定（fix）的东西，即｛“John”、“Mary”、“I-book”、“比……高”｝。实际上，通过逐步地抽象，我们可以对这个推理进行更慢的仔细分析，直到最小有效形式（minimal valid versions），比如（用斜体表示固定的（fixed）部分）：

x 比 y 更 T，y 比 z 更 T，所以 x 比 z 更 T

所有其他部分都是去掉逻辑结构之后的遗留物。所有这些都体现了自然语言逻辑语义中的共识：*逻辑性是分层次的*（logicality comes in degrees）。布尔运算和标准一阶量词有其层次，而比较级词缀（comparative particles），广义量词和其他表达式也有。这些又突出了到底哪些逻辑常项更基本的问题。关于这个问题没有统一的答案，但是问题的讨论正越来越热门，包括语义不变性（semantic invariance）方法，还有更偏重证明论的，或更偏重计算问题的方法［对已有结构和方法的最新讨论，可参见（van Benthem，2002)］。

3.8 推理和字母表的相互影响

让我们回到具体的技术问题上。即便是在广义形式下，固定/变元（字母表）的区分也将有效推理变成了一个三元关系，而不是通常的二元关系。除了两个命题主目 φ，ψ，还有主目 A 对应相关陈述所需的语言在其意义上*固定不变*的字母表，如：$\varphi \Rightarrow_A \psi$。为方便起见，我们在这个角度下考察标准后承，而不考虑博尔扎诺的一致性条件。

3.8.1 三元后承的结构规则

在这个格式下，前面说过的一些结构规则变得更加复杂。例如，我们必须考虑当改变字母表主目时会发生什么。实际上，很容易看到向上的单调性成立：

若 $\varphi \Rightarrow_A \psi$ 且 $A \subseteq B$，则 $\varphi \Rightarrow_B \psi$

另外，我们需要为所有前面介绍的结构规则确定一个最佳版本。例如，如果保持相同的字母表选择，则它们仍然具有有效性，就像下面所表示的这样：

$$若\ \varphi\Rightarrow_A\psi，且\ \psi\Rightarrow_A\xi，则\ \varphi\Rightarrow_A\xi$$

van Benthem（1985）考察了一些更强的组合，例如：

$$若\ \varphi\Rightarrow_A\psi，且\ \varphi\Rightarrow_B\psi，则\ \varphi\Rightarrow_{A\cap B}\psi$$

但这不是有效的，如下面的反例所示。考察有效推理

$$p\wedge q\Rightarrow p\vee T，其中\ T\ 是永真命题$$

现在考虑一些可能的变化。很容易看到，这个推理的下面两个推广版本仍然有效：

$$p\wedge q\Rightarrow_{\{\wedge,\vee\}}p\vee T，考虑\ T\ 的解释可变$$

$$p\wedge q\Rightarrow_{\{T,\vee\}}p\vee T，考虑\wedge的解释可变$$

或者用另一种记法，让#代表在其范畴中可以被自由解释的表达单位。

$$p\wedge q\Rightarrow p\vee\#\ 和\ p\#q\Rightarrow p\vee T\ 都是有效的。$$

而考虑两个固定字母表的交（intersection），我们得到：

$$p\wedge q\Rightarrow_{\{\vee\}}p\vee T$$

用另一种记法：

$$p\#q\Rightarrow p\vee\#$$

而这个推理不是有效的，因为可以把∧解释成“永真”，把 T 解释成“永假”，并使 p 为假。

这个例子和下面更一般的问题相关：

给定一个有效的推理，是否一定能在其背后找到一个最一般的有效模式？

答案是否定的，至少在布尔式的情况下，上面已经看到一个模式（schema）的两个无法被整合到共有实例上的极小有效变种。

整合上面两个变种，我们只得到如下有效模式：

$$若\ \varphi\Rightarrow_A\psi，且\ \psi\Rightarrow_B\xi，则\ \varphi\Rightarrow_{A\cup B}\xi$$

即便是对经典逻辑，三元后承的完整结构理论还没有出现。

3.8.2 语言和推理之间的协调

上面的讨论提示我们，在命题推理的概念和语言之间应该有密切的联系。逻辑学对于这个问题并没有多少结论，但内插定理（interpolation theorem）是其中非常重要的一个：

如果 $\varphi\vDash\psi$，则在 φ 和 ψ 字母表的交中，存在“内插公式”（interpolant）α 满足 $\varphi\vDash\alpha\vDash\psi$。

这个性质通常被视为是在设计均衡的形式语言和后承概念时所期望的，但包括了字母表集的哪怕一阶衍推（entailment），我们也还没有系统化的相关理论。实际

上 Mason（1985）证明了此意义上的一阶逻辑的完全理论有巨大的非算术可定义的复杂性。

3.8.3　借助关系的衍推

三元的推理概念在（Barwise，van Benthem，1999）中提出，其动机是，第三主目 A 也可以有非常有利的作用。实际推理经常将关于一个情形的信息传递到另一个：

如果关于情形 M 我知道 φ，则关于另一个情形 N 我知道 ψ，只要情形 N 和 M 之间有适当的联系。

这样，让我们借助如下关系来定义后承：

若 $M \models \varphi$，且 $M\,R\,N$，则 $N \models \psi$

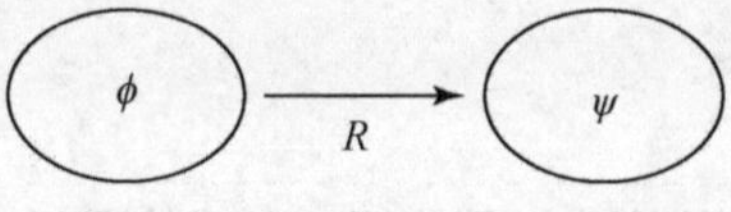

如果 R 是恒等关系，则我们得到了通常的经典后承（consequence），而并不涉及情形的转换。但是一般地，R 可以是模型间任何可能的结构关系，例如，同构、互模拟、扩张等。在我们所引用文章中的核心例子里，R 是某种保证字母表 A 在 M 和 N 之间没有变化的最小关系，例如相对于 A 的潜在同构。在内插定理中，作为 φ 的结论的 A-内插公式是用 A 表达的，所以它可以从 M"跨越"到 N，并在那里蕴涵 ψ。

van Benthem（1999）为三元后承介绍了一个证明演算，在这个演算中字母表 A 在跨模型推理中是明确出现的。例如，由上面的讨论，逻辑规则"蕴涵引入"（implication introduction），显然在下面的形式上失效了：

$$\text{如果 } \varphi,\ \alpha \Rightarrow_A \psi,\ \text{则 } \varphi \Rightarrow_A \alpha \to \psi$$

但如果更仔细地调整第三主目，则这个规则的另一个版本是有效的：

$$\text{若 } \varphi,\ \alpha \Rightarrow_A \psi,\ \text{则 } \varphi \Rightarrow_{A\cup voc(\alpha)} \alpha \to \psi$$

这个演算中有一些特征让人们联想到博尔扎诺在保持正确的字母表集时所必需的考虑。

3.8.4　非标准推理还是非标准语言?

语言和推理之间的紧密关系也通过其他方式出现。如果我们弱化经典逻辑，则语言学上的区分可能处于讨论单独分开的联结词的前沿。例如，线性逻辑有两个不等价的合取：一个对应“选择”，一个对应“逻辑乘”，而模态依赖（dependence）逻辑有不等价的一元和多元的一阶量词。相比之下，比较激进的学者通常在字母表的选择上比较保守。直觉主义逻辑和经典逻辑有许多不同，但并没有添加其特有的“构造性的”（constructive）逻辑运算，而是使用了同样的语言。类似地，非单调逻辑使用了偏好模型，或容许不协调，但其支持者通常不怀疑传统的语言！一个少有的例外是（Belnap，1982）中为子结构逻辑（substructural logic）中完全“显示字母表”所做的复杂研究。然而推理模式和其所借助的自然语言——这也应同时进行研究——是相互联系的。事实上，博尔扎诺自己的可推导性招致了向“将前提一致性作为独立明确事件表达的模态语言”的扩充。

3.9　在真和有效性之间

3.9.1　模型中的后承

上文中对博尔扎诺后承的分析是按照一条或许是过时的路线进行的，借助现代的概念，我们在所有可能模型的全体上进行了量化。而人们或许会认为博尔扎诺在思想中有一个“世界”（world），在那里，唯一变化的是用实际谓词对陈述中可变部分进行不同代入。在后面这个思路上，推理的有效性对模型敏感，我们或许可以说，还存在第四个主目 M。忽略不相关的一致假设的问题，我们可以定义后承的一个局部版本——这里为了方便，令 A 表示字母表中的可变部分：

模型中的后承：$M \models \varphi \Rightarrow_A \psi$

用 M-可定义谓词进行的任何 A-代入，如果使 φ 在 M 中为真，则也使 ψ 在 M 中为真。

这使得后承成为一种关于单一模型 M 的二阶全称陈述

$$\forall A: \varphi \Rightarrow \psi$$

其中全称量词 $\forall A$ 按特定代入解释来理解。在特殊的情况下，这仍然可以表达通常意义上的有效性。例如，希尔伯特－伯奈斯（Bernays）完全性定理是说，这种意义下自然数上有效的一阶公式（只容许 Δ_2^0 可定义谓词的代入）就是通常意义上的一阶逻辑有效公式。Doets（1987）给出了更多正面的结果，但是对于其他一些模型，类似的结果是否成立仍然是未知的。

3.9.2　技术化的讨论

这里的一个一般性的问题是，当我们固定蕴涵式（或一般的陈述）中一些部分的意义，同时让可变部分在所有 M-可定义的对象和谓词上取值时，哪些推

理被模型 M 支持？考虑无穷的论域（不妨考虑自然数），就像希尔伯特和伯奈斯所证明的，这种真的模式和完整自然数模型（N，<，+，×）上的一阶有效性是等价的。但是，同样可以考虑在值得关注的较弱的结构内的推理。例如只有加法的算术（N，<，+），其中只有“半线性”（semi-linear）的子集可定义，甚至是底层的线序（N，<）。在后一模型 N 上，唯一可定义的子集都是有穷或余有穷的。现在，我们得到了和标准后承的一个显著的差别。

事实 1　N 中的博尔扎诺有效性不平凡地扩张了一阶有效性。

为了说明这一点，考虑一阶公式 $\varphi(R)$，它表达 R 是无端点的严格线序。这个公式一般来说是可满足的，例如在整数中。但是在任意 N 中的 < -可定义关系 R^* 上，它都是不可满足的。这是因为，任何这样的关系 R^* 必然在每个数 n 的下面和上面都有无穷多的点。特别地，子集 $\{n \in N \mid R^*(n, 0)\}$ 在 N 中是 < -可定义的，因为点 0 显然是 < -可定义的。但这就是一个既非有穷又非余有穷的 < -可定义的 N 子集，这和前面的考察相矛盾。更一般地，可以证明这个意义上的有效性是 Π_1^0 的，因而是不可公理化的。

作为一个在一阶逻辑和高阶逻辑界限上的问题，模型中的后承有技术上的意义。但这里还有更一般的有意义的问题。用这种方式建构理论会混入通常来说是语义的角度。给定的模型只能完全解释语言的一部分，同时其他一些谓词还可能被随意解释。就像这个行星上发生的神话故事，其中一些标注术语有它们通常的所指，而其他一些必须“被安放进来”。又或者像科学理论，基于其解释被固定在现实上的观察字母表，而同时理论术语又可能在模型的全部数学谓词结构范围内取值。这就是我们进行推理的真实情形，语义赋值和证明多样化地混杂在一起，几乎是无法改变的事实。所以，即使博尔扎诺的概念不能契合于广泛接受的逻辑学方法上的区分，它们仍是非常不错。我们实践中的推理看上去也不能契合这些区分。

3.10　终究要看认知方面？

博尔扎诺被广泛地看作是一个研究抽象命题的哲学家，没有受到心理学上所讨论内容的影响。然而，本文中许多讨论都显示了和“由非柏拉图式的人（例如我们）进行的现实中推理”的联系。在考察这一点的过程中，我们注意到了：取决于任务的不同推理模式、在实际使用的自然语言表达中逻辑性的层次、在不同语言情形间传递信息的推理、推理模式的全局建构、清楚划分的逻辑活动（例如语义赋值和证明）之间的混合。当我们认真考虑这些时，就很难不再进一步去做一些弗雷格所禁止的工作——认真地考虑心理因素，或许这也是博尔扎诺所做的。所有这些课题都临近于认知科学和人类推理的实验研究。现代逻辑的项目表也最终将用更好的方式来表达这些，而不是延续已经陈旧的“反心理主义”（anti-psychologism）口号。

3.11 结　论

我们以现代的观点总结了博尔扎诺逻辑的一些方面，特别强调了：后承的不同模式、考虑不同语言时后承的三元性质以及模型中后承的混合概念。在上面所有三个实例中，我们都进行了一些新的技术考察，显示了这些问题仍然存在活力。而更一般的要点是下面要说的。

无论是广阔的视野，还是在一些细节上，博尔扎诺的工作对当今的逻辑都是有吸引力的。某种意义上说，它有吸引力正是因为它太非主流了，从而对现代的研究议程讨论（agenda discussions）有价值。其中的横跨逻辑和科学哲学的思想反映了当下两个领域的重新接近。同时，其中主旨看上去也和人工智能中的主旨相契合。传统数理逻辑已经拥有了奥地利伟人哥德尔（Kurt Gödel），现代逻辑或许也至少可以考虑树立一个捷克裔奥地利伟人。

参考文献

Barwise J, van Benthem J. 1999. Interpolation, Preservation, and Pebble Games. Journal of Symbolic Logic, 64 (2): 881 ~ 903

Belnap N. 1982. Display Logic. Journal of Philosophical Logic, 11: 375 ~ 417

Berg J. 1962. Bolzano's Logic. Stockholm: Almqvist & Wiksell

Bolzano B. 1837. Wissenschaftslehre, Buchhandlung Seidel, Sulzbach. Translated as Theory of Science by George R. Los Angeles: University of California Press, 1972

Buszkowski W. 1997. Mathematical Linguistics and Proof Theory. In: van Benthem J, ter Meulen A eds. Handbook of Logic and Language. Amsterdam: Elsevier Science Publishers. 638 ~ 738

Doets H. 1987. Completeness and Definability: Applications of the Ehrenfeucht game in Second-Order and Intensional logic. Ph. D dissertation, Mathematical Institute, University of Amsterdam

Flach P, Kakas A. 2000. Abduction and Induction, Their Relation and Integration. Dordrecht: Kluwer

Gabbay D. 1996. Labelled Deductive Systems. Oxford: Oxford University Press

Gabbay D. 1998. Fibring Logics. Oxford: Oxford University Press

Gabbay D, Hogger C, Robinson J eds. 1991 ~ 1996. Handbook of Logic in Artificial Intelligence and Logic Programming. Oxford: Oxford University Press

Gabbay D, Guenthner F. 1981 ~ 1986. Handbook of Philosophical Logic, Dordrecht: Reidel

Haack S. 1996. Deviant Logic, Fuzzy Logic. Chicago: Chicago University Press

Kneale W M. 1962. The Development of Logic. Oxford: Clarendon Press

Mason I. 1985. Undecidability of the Metatheory of the Propositional Calculus. Journal of Symbolic Logic, 50: 451 ~ 457

McCarthy J. 1980. Circumscription-a form of nonmonotonic reasoning. Artificial Intelligence, 13: 27 ~ 39

Moortgat M. 1997. Categorial Type Logics. In: van Benthem J, ter Meulen A eds. Handbook of Logic and Language. Amsterdam: Elsevier Science Publishers. 93 ~ 177

Restall G. 2000. An Introduction to Substructural Logics. London: Routledge

Rusnock P. 2000. Bolzano's Philosophy and the Emergence of Modern Mathematics, Amsterdam: Rodopi

Thomason R. 1997. Nonmonotonicity in Linguistics. In: van Benthem J, ter Meulen A eds. Handbook of Logic and Language. Amsterdam: Elsevier Science Publishers. 777 ~ 831

Toulmin S. 1957. The Uses of Argument. Cambridge: Cambridge University Press

van Benthem J. 1984. Lessons from Bolzano. Report CSLI 1984-6. Center for the Study of Language & Information, Stanford University

van Benthem J. 1985. The Variety of Consequence, According to Bolzano. Studia Logica, 44 (4): 389 ~ 403

van Benthem J. 1989. Semantic Parallels in Natural Language and Computation. In: Ebbinghaus H-D et al. eds. Logic Colloquium, Granada 1987. Amsterdam: North-Holland. 331 ~ 375

van Benthem J. 1991. Language in Action. Amsterdam: North-Holland

van Benthem J. 1993. Mixing Conditional Logics. Manuscript. Institute of Logic, Language and Computation, University of Amsterdam

van Benthem J. 1996. Exploring Logical Dynamics. Stanford: CSLI Publications

van Benthem J. 1999. Modality, Bisimulation and Interpolation in Infinitary Logic. Annals of Pure and Applied Logic, 96: 29 ~ 41

van Benthem J. 2002. Invariance and Definability: Two Faces of Logical Constants. In: Sieg W, Sommer R, Talcott C eds. Reflections on the Foundations of Mathematics. Essays in Honor of Sol Feferman. ASL Lecture Notes in Logic, 15: 426 ~ 446

van Benthem J. 2003. Structural Properties of Dynamic Reasoning. In: Peregrin J ed. Meaning: the Dynamic Turn. Amsterdam: Elsevier. 15 ~ 31

Wason P, Johnson-Laird P. 1972. Psychology of Reasoning: Structure and Content. London: Batford

第2部分 认知逻辑

第 2 部分　认知逻辑

第 2 部分的文章反映了我最近关于认知逻辑不同角度的研究成果。即使现在，我仍然对认知逻辑有很大兴趣，主要吸收其中的成果作为语义信息表达和转换的工具。《反思认知逻辑》来源于 1991 年 TARK（“关于知识推理的理论方面”）会议的特邀演讲，主要考察逻辑信息表达的两种竞争方式：语义信息和证明结构。文章表明我们必须把两者融合在一个演算中，从而获得关于重要的认识论概念“证据”更为满意的逻辑描述。换句话说，我们需要逻辑传统中模型论和证明论的联合来处理认识论。我自己研究发展中一个更突出的主题是认识论中的信息行动，文章《认知逻辑与认识论研究现状》解释了这一点。它的主要观点是，知识相对于真信念的剩余部分在于它的动态性：根据新信息，通过行动更新模式可以显示出它的强大力量。这样的研究计划能够用于“动态认知逻辑”* 的技术性方法研究中；而且在文章《人们可以知道的事情》中，上述方法可具体用于分析文献中著名的谜题，比如影响证实主义真理论的费奇悖论。最后，尽管动态认知逻辑已经广泛采用模态逻辑中的标准模型，它关于实质性群体知识的社会性方面的研究将对已经默认的认知逻辑范式提出挑战。在文章《知识的几何学》中，我探索了拓扑模型的概括，它们可以进行更精细的区分，比如对于那些“公共知识”（甚至是有关群体的深入概念“分享性知识”）的迭代和均衡观的区别。我认为这一部分展现的上述研究趋势仅仅只是开始，许多有关动态认知逻辑在认识论核心主题中的进一步应用（广义地看）问题可以在我和巴塔赫（Alexandru Baltag）以及斯梅茨（Sonja Smets）合作的书中找到，该书即将出版。

* 可在《逻辑之门——范本特姆经典著作》系列第一卷中找到相关文章。

4 反思认知逻辑*

张　君/译　王彦晶/校

传统上，“认知逻辑”是广义模态逻辑中的一个特定研究领域，它主要研究认知模态及其量化、述谓（predication）和同一性等问题。在这篇短文中，我们将回溯认知语义学的众多表现形式，并讨论其对该领域传统观点的影响。

4.1　标准认知逻辑

传统认知逻辑主要开始于欣蒂卡（Hintikka，1962）开创性的经典工作，他以模态逻辑来表示那些某人知道和相信一个命题的概念，并且根据“认知不可区分性”（epistemic indistinguishability）的可通达关系来建立标准的可能世界语义学。粗略地说，如果命题在我不能将其与我当前所处的世界相区分的所有世界中成立，那么我就知道这个命题，也就是说，命题在我的所有“不确定范围”（range of uncertainty）之内成立。不同的认知态度，可能会根据语义学范围或者描述需要而有所变化。在后来的系列文章中，欣蒂卡又建立了认知谓词逻辑，用来处理诸如跨认知世界的个人同一性问题、知识的相互作用问题以及量化问题［“从物”（de re）与“从言”（de dicto）］。在这一初始方案下并没有发展出大量的数学理论——技术性专著（Lenzen，1980）是例外——但20世纪80年代认知逻辑的纲领在很多活跃的领域得到应用，特别是哈尔彭（Joe Halpern）和他在IBM圣何塞（San José）公司的同事一道在计算机领域开展的相关工作，以及摩尔和一些同事在门罗公园（Menlo Park）斯坦福研究院（Stanford Research Institu-

---

* Johan van Benthem. 1991. Reflections on epistemic logic. *Logique et Analyse*, 133～134（34）：5－14

本文源自于两场讲座的讲稿。这里我想谢谢TARK IV会议的组织者（Asilomar，1992），特别是摩西（Yoram Moses）邀请我参会。此外，我也很感谢哥赫特（Paul Gochet）教授邀请我参加认知逻辑讨论会（Liege，1993）。

te，SRI）开展的人工智能相关研究。这种计算的关联所采取的是一种更加具体的视角，主要关注来自计算协议或进程的认知模型，研究者们精确定义了主体的概念，并安全地避开了那些关于人类认知意向性之类的哲学问题。其中，最引人注意的概念有“自认知”（autoepistemics），这是关于主体在非单调缺省推理中所能达到的均衡状态（Moore，1987），各种不同的集体认知形式也受到人们关注，这是由不同主体的算子 K_aB（主体 a 知道 B）互相作用，以及群体的“公共知识”的互相作用所表示的（Halpern，Moses，1990）。再加上这些认知逻辑的关注点都是植根于一个更大的交流和物质活动范围的，结果就诞生了一个现在仍然非常活跃的学术共同体——TARK 会议［参考（Halpern，1986；Vardi，1988）以及后来的卷集］。这吸引了广大的哲学家、数学家、计算机科学家、经济学家和语言学家。接下来的论述中，我们首先假设认知逻辑的基本理论成立，仅当进行基于计算性考量的扩展时，才做必要的说明。

4.2　隐性的认知与显性的认知

上述认知逻辑的研究，一直为人们所批评。事实上，许多学者已经将其看做一种“浅显的分析”的典型做法，即仅仅在二元经典语义学上增加某个模态结构来描述认知，而不是对其做深入地分析。为了方便区分，我们可以把欣蒂卡－哈尔彭范式看作是一种不影响标准经典语义学的“外在的认知”（extrinsic epistemics），其关键的真值定义是，在任一模型下，“K_aB 在世界 w 中为真，当且仅当，B 在所有与 w 有 R_a 相关的世界 v 中为真”。与之相对比，更激进的“内在认知”（intrinsic epistemics）并不承认经典语义学，其强调重新分析认识意识中所有的真值概念。历史上这种激进的研究工作的最突出例子就是直觉主义逻辑，依靠“可证性”（provability）和“可断定性”（assertability）等概念，它主张将“真值”回归为一个逻辑中心概念。所以，直觉主义逻辑的导向性哲学已经在认识上偏离了出发点［比较一下基于“Brouwer-Heyting-Kolmogorov 释义”的意义建构主义理论，参考（Troelstra，van Dalen，1988）的研究］。可以肯定的是，直觉主义逻辑也有其克里普克模型的可能世界语义学，但是有着完全不同的意味。这里的世界代表信息状态，可通达性将可能的信息增长加以编码，某一世界的真值在直觉上对应于有效证据的认知“力迫”（forcing）。这样，那些基本的逻辑运算自身便“负载了认识意义”。但是，这种在认识上对逻辑学和语义学研究的重新解释，是否需要另外的“认知逻辑”呢？

对上述争论我们很难给出判定。当然，直觉主义方法不但已经产生出更令人感兴趣的数学理论，而且在哲学和计算机领域也产生了较大的影响。有许多不同原因导致了这一进展，并不是所有的原因都与隐性认知和显性认知的对立相关。再一个事实是，外在方法也有一些优点。例如，这一方法可以整合各种经典语义学为每个特定命题提供的可靠性分析，而不必担心其哲学上的相容性问题。相反，在解释逻辑算子时，诸如非常直观的模型论说明的广义量词，直觉主义的证明论方法会遇到困难［不过也请参考（van Lambalgen，1991）的新发现］。再者，欣蒂卡方法的外显性激发了人们对新认知算子的研究，诸如前面所说的多主体知识或群体知识，直觉主义逻辑没有相应的研究。即便数学是一项社会性的活动，人们对社会的理解和洞见，本质上仍然依赖于理性主体的合作，隐性的直觉主义方法，尚未从形式上给出这种社会性的描述。

最终，内隐认知和外显认知间的区分变成了人们的一种“意向”，这在形式化分析层面上可能会被削弱。例如，著名的哥德尔翻译（Gödel translation），便将直觉主义逻辑嵌入到 **S4** 系统中，**S4** 也是认知逻辑所选用的系统，这使其成为后者方法的一个“向前持续的”部分（范本特姆在 1990 年给出了更详细的形式描述。顺便说一句，相反方向的嵌入看起来都没有起作用——译者注）。在这一方面，Shapiro（1990）的显性“认知数学”可以被看做是内在直觉主义数学的一种自然延伸。相反地，Barwise（1988）对“公共知识”的论述，看起来更像是“内在的”分析，他将基本的经典模型论改变成为信息导向的情景语义学。总的说来，运用内在和外在两种方法对认知逻辑研究中，在程序上和技术上结合这两种方法，这看起来似乎没有违反什么原则性问题。

4.3　基于信息的语义学

近年来，“内在的”方法已经在很多新领域取得了进展。当前自然语言和计算的语义学研究显示出一种脱离真值条件、脱离依照外在世界的趋势，人们根据命题在信息处理中的作用来解释命题，过去的模型现在也被看作“信息结构”。经典的旋转门变成了一个“迫使”可用信息陈述的概念。这一趋势的代表包括数据语义学（Veltman，1985），局部（partial）模态逻辑（Thijsse，1992），纳尔逊（Nelson）型的构造语义学（Jaspars，1993），以及相关逻辑或范畴逻辑的子结构语义学（van Benthem，1991；Wansing，1993）。这一进展可以被看做是更广意义下的认知逻辑，因为很多认知活动实际上都可以归结为信息的处理。然而这种新局面只是外在的关注信息状态的本质，以及由连续命题所引起的可能状态升级。这一阶段中的很多研究还不明朗，也揭示出长久以来有关信息处理的“消除”（eliminative）论（不断消除认知可能性）和“构造”（constructive）论（建立更大的表征结构）之间的争论。这两种方法中的任何一种，看上去都是对认知逻辑基础的自然扩展。

另外，人们所能看到的一个清晰的研究趋势，并不是建立在研究认知状态恰当本质的基础上。当前信息导向的建模方法，为那些重要的认知算子设定了相当丰富并且成体系的方案，克里普克模型便是描述这一方案的基础。最初，人们为特定的认知语言建立模型，并单独给定这一语言的算子。现在，我们也可以颠倒上述方法并提出问题，给定这样的信息结构模型的话，哪一种认知语言在解释语义潜势中是最优的？由此我们可以重新设计初始语言。举例来说，在时态逻辑中，信息状态的有序增长方面存在两种自然研究倾向，向后追溯和向前前瞻。我们对知识的关注，主要是认知上的"进阶"，但也必须关注信息的收缩或修正中认知上的"退步"［参照（Gärdenfors，1998）提出的更新和收缩的对称理论］。由此，更完善的认知逻辑应该整合算子以反映那些新近的方向及其互相作用，以"前瞻知识"（forward knowledge）来指称当前状态的所有可能扩展，以"后溯知识"（backward knowledge）指称认知的过去状态。这些算子的互相作用，会产生有关认知修正的不同进路（如果 A 曾被发现的话，那么……）。van Benthem（1990）运用强化的模态逻辑框架，研究了信息模型下的算子的层级结构。特别地，认知表达力的下一个自然发展方向，会涉及反映信息段增加的算子（例如，可能增长次序中的上确界），也会涉及信息段向下减少的对应算子（例如，可能增长次序中的下确界）。举例说来，二元认知模态 $\phi + \psi$ 在证实 ϕ 的状态和证实 ψ 的状态这两个状态之和那里成立。这就允许人们去研究产生自不同来源组合中的合成知识的逻辑特征。

当然，到现在我们还剩下一个传统领域没有考察，即启发欣蒂卡最初工作的知识论领域。这也可以看做是一种美德，人们当然要将许多新的技术性工作都转化为真正的哲学问题，这可以令大多数哲学教科书中那些有点陈旧的议题重获生机。

4.4　添加确证

上述富有创见的研究，可以看作模态视角在认知上的扩展，这是依靠克里普克模型的直觉主义思路来对模态模型的一种重新解释。当然我们从外显和内隐方法的对立中得到的启示不止这些。当代直觉主义逻辑和数学的一个显著特点是进一步发展类型论，类型论的证明形式本质上属于公式 π: A 的二元命题，即函数 π 属于类型 A，或者说，π 证明构造了命题 A。通常的构造主义解释中，证明规则很典型地建立了既有构件又有证明的混合结论，例如：

$$\frac{\pi_1:\ A \quad \pi_2:\ B}{(\pi_1,\ \pi_2):\ A\ \&\ B} \qquad \frac{\pi_1:\ A\to B \quad \pi_2:\ A}{\pi_1\ (\pi_2):\ B}$$

需要注意的是，命题及其确证（justification）都受到影响。目前这种二元逻辑式很受人们青睐，因为其清晰地显示出语言学命题与其基本证明或确证之间的结合，而人们通常并不需要在语言学上给予后者非常清楚的编码。这一想法得到了数学和计算科学的欢迎（Barendregt，1993），但更广泛的应用是在语言学和人工智能研究方面，它证明了加比（Gabbay，1996）提出的“加标演绎系统”这一最新的研究方向。

认知逻辑还有一个引人注目的进展。很多经典的知识理论及其最初的逻辑形式化工作，不能用系统的方法来说明将知识作为一等公民的确证问题。更严格地讲，某人知道一个命题，这是一个存在量化，这表明这个人掌握着一个有关此命题的确证。但是将确证问题隐藏在逻辑结构里，又会出现技术和概念上的两重困难。例如，欣蒂卡对康德分析性概念的研究（Hintikka，1973），就需要应对康德所提出的问题，“分析性”是对理由或确证的一种限定（qualification），诸如对陈述的认定一样，这使得人们将其形式化到标准逻辑系统时会遇到一些问题。一个更突出的例子是所谓的“逻辑全知问题”（problem of omniscience），命题知识蕴涵了其逻辑后件的所有知识。这一问题在标准的认知分配公理 $K\ (A\to B)\to(KA\to KB)$ 中尤为明显。相反地，在上述二元形式下，这一问题开始就不会出现，因为在那些稍显复杂的确证问题上，任一逻辑推断都会伴有一个明确的成本记录（cost record）。对此，不妨将上述分配原则与相应的二元类型论推断做一比较，后者的推断是从两个前提 $\pi_1:\ A\to B$ 和 $\pi_2:\ A$ 到结论 $\pi_1\ (\pi_2):\ B$ 的。当然，更深层次的问题是我们用何种系统类型论的演算来支持认知算子。对此存在不同的选择，诸如下面两种处理认知算子的引入规则：

$$\frac{\pi:\ A}{-:\ KA}\ (\text{“健忘的”}) \qquad \frac{\pi:\ A}{*\ (\pi):\ KA}\ (\text{“念旧的”})$$

对于这类稍显精细的系统来说，可以参照柏尚泽（Borghuis，1993）的模态类型理论（举例来说，从上述认知分配公理中得到的结论，也涉及 K 算子的合适消除规则）。概念上的研究仍然是要建立一套基本的认知逻辑的完整可行理论，加上一套显式的关于确证的演算。

4.5　认 知 行 动

将模型论语义学解释为一种信息结构的理论后，接下来的工作就比较自然了。确证和修正（revisions）其实就是认知行动（cognitive actions）——将认知逻辑嵌入在一种明晰的动态逻辑背景下，这是非常合理的。实际上，先前提到认知逻辑的计算传统便预示着这项工作（Moore，1984）。例如，上述二元式 π: A 还具有更加实用的描述功能，程序或行动 π 可实现由命题 A 所描述的效果。有关认知行动的例子，除了先前提到的“更新”或“收缩”，也可以思考更为丰富的诸如“测试”、“询问”等问题。另外，基于这些基本认知行动，通过一般的编程操作，还可以描述复杂的认知行动或策略，比如依序或并行组合及选择。显然，人类认知策略中也存在很多与计算机程序不同的复杂结构（Morreau，1992）。人类认知相当于计算机程序，对这种类比的研究本身就是非常有意思的问题。例如，认知策略也能显示像递归那种无穷的结构么？

如此说来，我们就需要一个把认识陈述与“认知策略”结合起来的双层系统。这里，范本特姆 1993 年提出的“动态（dynamic）模态逻辑”就是一种可能的逻辑体系，这一逻辑配有信息模型下行动的关系库，以便与标准模态逻辑互动。这种形式化进路中，典型的断定是动态模态词 $[\pi]A$，表示“行动一直可以达到效果 A”（与前面提到的二元式相比较），模态迭代式 $[\pi_1] > \pi_2 > A$ 表示“行动 π_1 ‘能够使得’行动 π_2 达到效果 A”。这一系统的模型论和证明论比较容易理解（Harel，1984；de Rijke，1992）。另外，这一逻辑系统的表达至少还涵盖了人们熟知的嘎登佛斯（Gärdenfors）1988 年提出信念修正理论。而且动态模态逻辑也支持更为激进的经典逻辑的变异（deviations）形式。例如，范本特姆在 1993 年认为，这种从前提 π_1，…，π_n 到结论 C 的“动态的推断形式”，来源于命题是推理中所要处理的认知行动这一设想。上述词项中有很多选项可以表达这种效果。例如，一种可能的动态形式可表达“前提的依序处理是一种得到结论的方法”，模态公式 $[\pi_1]$ … $[\pi_n]$ C 便可以表达这一意思。当然，另一种典型的动态形式可能会说“处理前提是一种得到结论的方法”——这又涉及一个比标准动态逻辑有更强意义的模态系统（Kanazawa，1993）。

4.6 结合与结论

前几节表明了标准认知逻辑的种种引人注意的丰富扩展。将所有这些思路集合起来，也产生出一些明显需要进一步研究的问题。例如，什么样的逻辑体系能够很自然地将陈述、确证和行动结合起来？这里有一种类型论的方法看来比较有希望。举例来说，这一方法的主要陈述为形式 π: $A \rightarrow B$，其表达的意思是，行动通常把那些满足前件 A 的陈述，导向那些满足后件 B 的陈述。在这样的形式中，人们便能够以下面的规则来刻画前面提到的复杂认知行动或策略：

$$\frac{\pi_1:\ A\to B \qquad \pi_2:\ B\to C}{\pi_1:\ \pi_2:\ A\to C} \qquad \frac{\pi_1:\ A\to B \qquad \pi_2:\ A\to B}{\pi_1\cup\pi_2:\ A\to B}$$

然而，即便有这种一般化的进路，依然无法捕捉认知的某些高阶属性。首先我们需要建立逻辑系统来将上述所有状况提升至多人环境，这一环境允许人们能够通过交流行动来更新群体的公共知识（Jaspars，1993）；而且，最后还要在内在认知行为与改变世界的外在物理行动之间建立一种“同步性”理论。

即使有这么多的开放问题，本文关于认知逻辑的结论也会变得十分清楚。我们主张在欣蒂卡最初模态陈述形式的基础上进一步延伸，找到一个以更大的逻辑环境来表述认知意义的结合点。而且我们认为，在更广阔的视角下系统地重新考虑传统的哲学认识论，这种努力将是非常值得的。

参考文献

Abramsky S，Gabbay D，Maibaum T eds. 1993. Handbook of Logic in Computer Science. Oxford：Oxford University Press

Barendregt H. 1993. Lambda Calculi With Types. In：Abramsky H et al. eds. Handbook of Logic in Computer Science. Oxford：Oxford University Press

Barwise J. 1988. Three Views of Common Knowledge. In：Vardi M ed. Proceedings Second Conference on Theoretical Aspects of Reasoning About Knowledge. Los Altos：Morgan Kaufmann Publishers. 365 ~ 379.

van Benthem J. 1990. Modal Logic as a Theory of Information. CSLI Report 90-144. Center for the Study of Language and Information，Stanford University

van Benthem J. 1991. Language in Action. Categories，Lambdas and Dynamic Logic. Amsterdam：North-Holland

van Benthem J. 1992. Abstract Proof Theory. Manuscript. Institute for Logic，Language and Computation，University of Amsterdam

van Benthem J. 1993. Logic and the Flow of Information. In：Prawitz D et al. eds. Proceedings 9th International Congress of Logic，Methodology and Philosophy of Science. Uppsala 1991. Amsterdam：Elsevier Science Publishers. 693 ~ 724

Borghuis T. 1993. Interpreting Modal Natural Deduction in Type Theory. In：de Rijke M ed. Diamonds and Defaults：Studies in Pure and Applied Intensional Logic. Dordrecht：Kluwer Academic Publishers. 67 ~ 102

van der Does J，van Eyck J eds. 1991. Generalized Quantifier Theory and Applications. Dutch Network for Language，Logic and Information，Amsterdam. Also In：van der Does J，van Eijck J eds. Quantifiers，Logic and Language，CSLI Lecture Notes，Stanford. 375 ~ 383

Gabbay D. 1996. Labeled Deductive Systems. Oxford：Oxford University Press

Gabbay D，Guenthner F. 1984. Handbook of Philosophical Logic，vol II. Dordrecht：Reidel

Gärdenfors P. 1988. Knowledge in Flux. Modeling the Dynamics of Epistemic States. Cambridge

(Mass.)：The MIT Press

Ginzburg M. 1987. Readings on Non-Monotonic Reasoning. Los Altos：Morgan Kaufmann Publishers

Halpern J. 1986. Proceedings First Conference on Theoretical Aspects of Reasoning About Knowledge. Los Altos：Morgan Kaufmann Publishers

Halpern J，Moses Y. 1990. Knowledge and Common Knowledge in a Distributed Environment. Journal of the Association for Computing Machinery，37：549～587

Harel D. 1984. Dynamic Logic. In：Gabbay D，Guenthner F edsHandbook of Philosophical Logic，Vol II. Dordrecht：Reidel. 497～604

Hintikka J. 1962. Knowledge and Belief. Ithaca (New York)：Cornell University Press

Hintikka J. 1973. Logic，Language and Information. Oxford：Clarendon Press

van der Hoek W. 1992. Modalities for Reasoning About Knowledge and Quantities. Ph. D dissertation，Department of Computer Science，Free University，Amsterdam

Laspars J. 1993. Logics for Communicative Action. Ph. D dissertation，Institute for Language and Knowledge Technology，University of Brabant，Tilburg

Kanazawa M. 1993. Completeness and Decidability of the Mixed Style of Inference with Composition. Center for the Study of Language and Information，Stanford University

van Lambalgen，M. 1991. Natural Deduction for Generalized Quantifiers. In：van der Does J，van Eyck J eds. Dutch Network for Language，Logic and Information. 143～154

Lenzen W. 1980. Glauben，Wissen and Wahrscheinlichkeit. Vienna：Springer

Moore R. 1984. A Formal Theory of Knowledge and Action. CSLI Report 31. Center for the Study of Language and Information，Stanford University

Moore R. 1987. Possible Worlds Semantics for Auto-Epistemic Logic. In：Ginzburg M ed. Readings on Non-monotonic Reasoning. San Mateo (CA)：Morgan Kaufmann. 137～142

Morreau M. 1992. Conditionals in Philosophy and Artificial Intelligence. Dissertation，Department of Philosophy，University of Amsterdam

Prawitz D，Skyrms B，Westerstahl D. 1993. Proceedings 9th International Congress of Logic，Methodology and Philosophy of Science. Uppsala 1991. Amsterdam：North-Holland

de Rijke M. 1992. A System of Dynamic Modal Logic. Report LP-92-08. Institute for Logic，Language and Computation，University of Amsterdam

de Rijke M. 1993. Extending Modal Logic. Dissertation. Institute for Logic，Language and Computation，University of Amsterdam

de Rijke M. ed. 1993. Diamonds and Defaults. Dordrecht：Kluwer

Shapiro S. ed. 1985. Intensional Mathematics. Amsterdam：North-Holland

Thijsse E. 1992. Partial Logic and Knowledge Representation. Ph. D dissertation. Institute for Language and Knowledge Technology，University of Brabant，Tilburg

Troelstra A，van Dalen D. 1988. Constructive Mathematics. North-Holland，Amsterdam (Studies in Logic 121，123)

Vardi M. 1988. Proceedings Second Conference on Theoretical Aspects of Reasoning About Knowledge. Los Altos：Morgan Kaufmann Publishers

Veltman F. 1985. Logics for Conditionals. PhD dissertation，Department of Philosophy，University of Amsterdam

Wansing H. 1993. The Logic of Information Structures. Berlin：Springer（Lecture Notes in Artificial Intelligence 681）

5 认知逻辑与认识论之研究现状*

刘奋荣/译　刘叶涛/校

5.1　分离的世界？

5.1.1　认识论和认知逻辑

乍一看，认识论目前的研究纲领与逻辑几乎没有什么关系。它研究的问题包括知识的不同定义、知识的基本形式属性、外在主义和内在主义主张之间的争论，最重要的是与潜伏在几乎每个街角（特别是在美国）的怀疑论者多年的遭遇战。《劳特利奇哲学百科全书》（Klein，1993）的“认识论”词条和论文集（Kim，Sosa，2000）概括了认识论领域最新的研究状况。认知逻辑则是作为对认识论的一个贡献或者说至少是一种工具而产生的。《知识和信念》（Hintikka，1962；2005）这一重要专著的出版是其开始的标志。形如

$K_i\phi$ 表示“主体 i 知道 ϕ”

$B_i\phi$ 表示“主体 i 相信 ϕ”

的公式为我们提供了表述和分析哲学命题和论证的逻辑形式。不仅如此，利用可能世界论域定义上面的公式的模型论语义为我们提供了一种十分有趣的外延思考方法，从而可以考虑在给定情形下主体知道或者相信什么。具体来说，根据欣蒂卡的观点，一个主体知道某命题为真，如果这一命题在所有与真实世界一致的情形（即她当前的不确定性域）中都为真：

$$M, s \models K_i\phi，当且仅当，对所有的 t \sim_i s：M, t \models \phi$$

当域中的可能世界仍保持开放时，认知逻辑的模型对应目前流行的信息（infor-

* Johan van Benthem. 2006. Epistemic Logic and Epistemology: The State of Their Affairs. *Philosophical Studies*, 128: 49～76

mation）概念。新的信息会使可能世界的域逐渐缩小，直到最后也许只剩下一个真实世界。也就是说，我们可以对开放的域进行审查以确保没有隐藏太多的嫌疑分子。因为上面的语义定义也是解释全称模态词的经典方式，由它生成的推理规律在模态逻辑中为我们所熟识。分配律就是一个典型的例子

$$K_i\ (\phi \rightarrow \psi) \rightarrow (K_i \phi \rightarrow K_i \psi)$$

从认知的角度理解，这样的公理获得了一种特别的味道，这导致了关于其合理性的频繁的哲学争论。但是，争论甚至包括严重的分歧预示着进一步交流的可能性。我们会在后面阐述这个问题。

5.1.2　认知逻辑误入歧途？

到此为止，一切还好。但是，在过去，认知逻辑曾经徘徊于不同的研究领域。在20世纪60年代，认知逻辑的发展受到了关于可知性、认知态度的自省或对象的跨世界鉴定等哲学讨论的激发。之后在70年代它变成了一潭死水。到80年代左右，计算机科学家们开始对认知逻辑产生兴趣。这犹如生命之吻，知识、无知和交流等人性化的比喻十分成功地帮助我们理解计算机那复杂的交互程序行为。特别是，由IBM小组（Fagin，Halpern，Moses，Vardi，1995）撰写的专著《关于知识的推理》，以及由他们发起的TARK会议使得认知逻辑成为介于哲学和计算机科学之间的一个研究主题。如今，我们可以参加计算机科学界关于“主体”的会议，聆听许多关于知识、信念、愿望和意图的讲演。另一方面，在70年代，经济学界的博弈论者（例如奥曼）独立发展了认知逻辑并用它表示玩家对于他人行动的知识（Osborne，Rubinstein，1994），试图根据理性主体的优选行动给博弈论的均衡概念提供逻辑解释。所以——至少，在我自己所在的荷兰的“逻辑动态性”环境中——认知逻辑的纲领开始转向对信息更新、交流和主体间互动的研究（这里的主体可以是人、机器，甚至互联网中的虚拟现实）。

是否存在一个死亡之吻？如果信息工程师们开始像受控制的对象，我们高贵的智力除了被冷落在一边还能干什么？如今，即使对很多形式的认识论者而言，认知逻辑不过只能扮演一个边缘的角色。在《知识和信息流》（Dretske，1981）一书中没有认知逻辑的踪影。即使是欣蒂卡，在关于友好独立逻辑的著名博弈中，当他讨论主体的不完美信息时也没有使用认知逻辑（Hintikka，Sandu，1997；van Benthem，2005b）。在文献中你会时不时地看到 $K\phi$ 算子，或者关于“*KK* 命题”的讨论，但是这些符号也许只是激情过后的踪迹。因为毕竟许多形式的认识论者当初是逻辑学家！丘吉尔（Churchill）下面的断言正确吗？如果在30岁之前没有研究认知逻辑，说明你没脑子。但是如果过了30岁还在研究认知逻辑，说明你没心脏。

5.1.3 持续地不分胜负

也许情况就是这样。我本人觉得缺乏接触是次要的，但是问题是我们之间的距离因为无知而被明显地夸大了。这些年来我已经发现了很多结合点。例如，在《协定》(*Convention*)(Lewis，1969)一书中有关于公共知识的定义，这是对认知逻辑的一个重要贡献。尽管在那里这个概念并没有被形式化（这一任务由计算机科学家承担）。同样，尽管《情境与态度》(Barwise，Perry，1983)一书对认知逻辑持批判的态度，最终还是采取了欣蒂卡式的模型：诉诸于相关的情形来解释包含认知“了解”的态度。著名的专著《知识及其局限性》(Williamson，2000)尽管不是主要论述认知逻辑的，但的确也提出了不少关于认知推理有效规律的逻辑问题。

在我看来，很多正在进行的关于知识的哲学讨论仍在清楚地展示着来自认知逻辑的文化影响。正是在那里肯定的自省问题和否定的自省问题得到了讨论，如：

$K_i\phi \to K_i K_i\phi$ 有效吗？

$\neg K_i\phi \to K_i \neg K_i\phi$ 有效吗？

依据认知逻辑，回答这些问题取决于主体对它的不可区分的可能世界之间“可及”关系的分析。如果这个关系是传递的或者等价的，这些公式显然是有效的。如果改变上面的关系，这些自省原则就不再总是有效了。同样，在模态语义中，大家十分重视这个有效的分配律

$$K_i(\phi \to \psi) \to (K_i\phi \to K_i\psi)$$

我甚至怀疑，正是它引起了关于逻辑全知问题的争论。我们的知识对我们所知道的蕴涵封闭吗？或者至少说，我们的知识对它自己的逻辑后承封闭吗？确切的措词也许会有所不同，但是，很多当代的认识论者十分关注这样的逻辑推理模式，当然是在不同的伪装下，即怀疑论的论证：

我知道我有两只手；

我知道，如果我有两只手，我不是瓮中之脑；

因此(?)：我知道我不是瓮中之脑。

对这个具体问题的解决方案不一定会使那些关心全知问题的逻辑学家或计算机科学家满意。但是，在本文的第二部分，我们会讨论逻辑学家的观点和情境主义的解决方案之间的关系。我们将阐明，上面例子中出现的三个知道算子与它们使用的情境紧密相关，这依赖于在每种情况下所赋予“知识”的规范。这一联系足以作为我们进一步讨论的基础。实际上，每每碰到认识论者，我感觉我们所关心的问题似乎很相近，不管问题是偏重认识论而非逻辑，或偏重逻辑而非认识论。

假如把认识论的纲领和逻辑的纲领摆在一起，可以说，本文的其他部分是关于二者所共同关心的问题的一个简要讨论。在讨论这些问题的过程中，受逻辑学最新发展的启发，我们会形成一种更为一般的关于知识的观点。我们将会在文章结尾处加以表述。

5.2　什么是知识?

我们有一系列的问题要讨论，这里先从知识是什么开始。

5.2.1　一些著名的阐述

拜读柏拉图关于为什么真信念（true belief）不令人满意的论证之后确实感到它是令哲学学者激动的经历之一，这一论证促成了下面的知识概念的形成：

正当性得到证明的真信念（justified true belief）

当然，在更悲哀但更为明智的后－格蒂尔（Gettier）世界里，上面这个优雅的定义不再像以前那样令人满意——但是它至少可以作为与逻辑进行比较的一个起点。首先，我们要注意柏拉图的阐述是如何把知识与其他态度（即信念）纠缠在一起的，然而，它同时也强调对我们所知事物的证据，即知识的来源和对它们的证明。我们会在下文回到对这些问题的讨论中。

20世纪晚期产生了大量的类似概念，它们具有相似的广泛效力。欣蒂卡的工作就代表了这样的一种思路，他把知识看做是

在可能性的逻辑空间中为真

这些可能性是主体认为相关的。用现代的术语说，这是一种“强制性观点”(Hendricks，2005)。与此不同，德雷特斯克（Dretske）放弃了有逻辑意味的状态空间，代之以数学的信息论。他把知识定义为

由可靠的相互关联所支持的信念

来支撑真正的信息流。创造新定义的时代远没有过去，Nozick（1981）提出一个十分有趣的想法，对 P 的知识包含一个反事实的方面（下面的表述是我做的简化)：

真的相信 P，而且，如果 P 不是真的，我应当相信$\neg P$。

有趣的是，在这个定义中知识不仅与静态的信念有关，而且与动态的信念修正（潜在的反事实）行动纠缠在一起。

5.2.2　与逻辑的一些直接联系

在我看来，以上关于知识的几个定义揭示了一些既有价值又有趣的问题，值

得我们进一步思考以寻求答案。譬如，这四个定义都把知识的概念与其他概念（例如，真、信念、信息和反事实等）联系起来。这实际上是把认识论和逻辑的很多部分都联系了起来，远远超出了我们对单纯“认知逻辑”的狭义理解。具体来说，柏拉图的定义要求有明确的方式解释正当性问题，这已经超越认知逻辑目前的研究范围。德雷特斯克的定义提出了一个古老的问题，卡尔纳普也曾经考虑过，即用逻辑状态空间定义的直观信息概念如何与香农信息论中的信息概念联系起来（van Benthem，2004a）。诺齐克（Nozick）的公式

$$K_i\phi \leftrightarrow \phi \& B_i\phi \& \neg\phi \Rightarrow B_i\neg\phi$$

更是对逻辑学家的一个公开挑战。容易看出，要接受它我们必须放弃上面提到的认知逻辑的规律，例如分配律和自省律。问题是，如果这样做，还有没有有效的推理模式？换句话说，假如我们有一个关于信念和反事实句子的似乎合理的逻辑，那么，刻画诺齐克的知道算子 K 的有效式的完全集是什么？匹兹堡的研究者们在这一方面成就斐然。Arló Costa 和 Pacuit（2006）基于邻域拓扑提出了模态逻辑式的阐述；Kelly（2002）则依据分支时态域的学习理论给出了计算性的阐述。

逻辑学家对认识论内部的争论同样产生直接的共鸣，诸如情境主义（contextualist）关于怀疑论论证的看法。情境主义认为在怀疑论论证中知识的概念不是固定的。首先应当明确我们所使用的规范。在感知语境 c_1 下，我知道我有两只手；我知道，在自返的感知语境 c_2 下，如果我有两只手，我不是瓮中之脑；结论我知道我不是瓮中之脑，这也许是在另外一个不同的语境 c_3 下。这一推理是否有效，取决于这三个语境之间的联系。所以，不能说推理在任何情况下都有效。看起来，这一做法有点老套，我们通过引入参数来说明一个推理是无效的。这里，我们需要更多的哲学讨论：参见（Egré，2004）关于感知的知识和反思的知识的区分。但是，情境主义有独立的动机。区分不同的情境是十分有力而且也很直观的一种手段，可以用来解释自然语言的运作方式，计算机科学中的信息更新和 AI 中的知识表示（van Benthem，ter Meulen，1997；McCarthy，1993）等问题。而且，情境的变化对于理解人与人之间如何交流、信息如何从一个地方传播到另一个地方等问题也是十分必要的。可以说，情境主义周旋于关于怀疑论的争论并非是一个诀窍，而是与其他学术团体分享共同关心的问题的一张入场券。需要说明的是，我并不是说已经有关于情境结构和情境变化的典范的形式理论，认识论从而能够接受并加以“运用”。目前，还没有普遍承认的理论。也许哲学家们应当思考他们的周遭正在发生什么，并努力提出正确的情境理论。即便是那样，还是有一些重要的问题需要我们加以讨论。

5.2.3 多样性和相对主义？

但是，也许知识定义的丰富性本质上是贫乏的一种体现？我们是否正在目睹“知识”瓦解为分离的家庭？我们有相互竞争的不同定义，每个定义相对于情境具有无穷的潜力。所以，进行划分就像是一把双刃剑，获得了一致性同时失去了连贯性。但是这并不意味着崩溃。可以说，我们为知识概念的运用寻找到了必要的参数（parameters），诸如证据或情境所起的作用（Dretske，2004）。而且，介于不同的参数化概念之间的相似点表明我们需要做联合的研究。具体来说，以上的关于知识的不同定义具有一些明显的家族特征。知道一个命题是真的，而且，主体依据一些行动所带来的信息而相信它。有点模糊但却十分关键的一点是，情境具有某种鲁棒性（robustness）。知识并不是可以轻松获得的，取得知识的方式确保它能在情境改变中保持一种稳定性。这里的讨论并不是说，只存在唯一一种关于知识的哲学定义。但是，我们的确看到了一个真正的概念，有趣且范围广泛，值得关注。

我们将在文章结尾处回到统一多种知识定义的问题上来。现在要做进一步的探索，拓展这些定义与逻辑的不同联系，不管是认知意义上的还是非认知意义上的联系。

5.3　认知态度和认知行为的簇

5.3.1 知识与它的邻居们

前面关于知识的定义包含了一些问题的簇，而这些问题过去几十年里一直被逻辑学家们所关注，诸如关于知识、信念、条件句和信念修正的研究。计算机科学中的现代逻辑甚至提出了关于主体性（agency）的“信念－愿望－意图”的框架（Wooldridge，2002），通过把信念、愿望和意图等不同的概念放在一起来对行动做出更好的解释。在一般的认识论研究当中常常面临的问题是，我们应当研究什么样的概念簇（cluster of notions）。知识定义的不同会带来哲学问题的不同，而这些问题原先也许分属不同的哲学领域。例如，根据柏拉图和欣帝卡的定义，知识概念中包含着信念。被长期忽视的历史珍宝（Lenzen，1980）将此发展成为对更为丰富的态度簇进行多样化和新颖化的研究，即把“确信”（认为某命题是“可能的”）以及其他的概念纳入研究的范围。或者，根据诺齐克的定义，我们必须考虑反事实条件句，当然这在传统上更多被看做是一个逻辑和科学哲学的问题。20 世纪 80 和 90 年代，在逻辑和人工智能界，大家清楚地认识到条件句与信念修正是密切联系的，从而使得“认知簇”甚至扩展到包括不同的认知行动。

但是，研究处于组合状态的一些认知概念似乎有独立的意义。如果说知识像是一个金本位制，只有通过分析不太固定的货币（信念或“理解”）人们才能理解它。打个比喻，这正像要了解未来伴侣的情况，我们可以观察他的同胞兄妹和父母。而且，常识似乎在这里也起作用。只有看到某人表现出与知道 P 相关的一些专门行为，才会说此人“知道” P。可以说，她应当已经通过可靠的程序学会了 P，而且她能够重复这一技巧学习与 P 相关的其他事情。而且重要的是她会与别人交流（communicate）。是否应当把这种交流能力也纳入知识定义中是需要讨论的（参见第 5.5 节）。但是所有的这些特征确实形成了一个自然的研究纲领。

5.3.2　逻辑组合

逻辑组合的观点反映了现代逻辑的主要研究趋势。传统的哲学逻辑被十分荒谬地分割成不同的领域，这些领域被称为“模态逻辑”、“时态逻辑”、“认知逻辑”、“信念逻辑”、“问题逻辑”或“道义逻辑”——这是要炫耀一个人所接受的传统教育，恐怕，这是一个不幸的结果。这样的分割导致了一种对哲学逻辑研究十分有害的研究方式。如今流行的是对逻辑进行组合（combination of logics），因为要分析问题，我们需要同时考虑许多方面。例如，要分析一个关于任意话题的简单会话（conversation），如果不对人们知道、相信、意愿、说或做什么进行描述，我们就不能对其做出任何有逻辑意义的分析。

如果还有什么逻辑学家可以为“认知簇”的哲学讨论有所贡献的话，正是以下我们逐渐意识到的问题：组合并不是简单地把各种因素机械地放在一起。具体地说，组合系统的数学复杂性（complexity）可以保持很简单，但是它也许会发生爆炸。这取决于组合形式（manner of combination）的不同，其中有很多微妙之处。例如，考虑那些有行为能力的认知主体，不考虑知识和行动之间的互动，我们所进行的推理与现存的关于知识和行为的模态逻辑中的推理几乎一样简单。但是如果假定主体具有完美的记忆力，即对所有的行为 a 他们满足下面的公理：

$K[a]\phi \to [a]K\phi$　如果你事先知道你的行动后果，行动发生之后你会知道哪个后果成立。

那么逻辑会变得不可判定（undecidable）（Halpern，Vardi，1989）！顺便说一句，完美的记忆力只对认知透明的行动成立，对其他的行动不成立。例如，我知道我喝酒之后会变得很烦人——但是，可悲的是，喝酒之后，我不知道我很烦人。有关新出现的系统复杂性的讨论同样适用于那些对不同认知态度的模态逻辑进行组合的情形（Spaan，1993）。

经验表明，对逻辑进行组合会导致一些新现象出现，这完全取决于组合方式的不同。同样，研究认知概念簇的组合也将会带给我们更多惊奇的发现。

5.4 来源和证据

柏拉图的知识定义强调要有正当性的证明。这自然促使我们考虑知识的来源问题。为了获得知识，有三种传统的方法：演绎（deduction）、观察（observation）和询问（questioning）。譬如，我想知道斯坦福校园里有没有啤酒，我可以尝试根据慈善的管理部门每年发放的大量传单和小册子推导出答案，或者我可以绕校园走一圈亲自看看每个屋子或小棚子有没有啤酒，或者我可以简单地向更可靠的权威，比如学生，进行询问。看起来似乎很难根据这些证据的来源，把知识的概念分隔为某种智力的或与世界吻合的态度。实际上，柏拉图把证明正当性作为知识定义的一部分，而德雷特斯克坚持认为知识的信息相关性更为重要。

5.4.1 ∀ 对 ∃

即便如此，从逻辑的角度看，还是有点颇为奇怪的“不均衡”感觉。欣蒂卡分析知识概念的核心是全称量词（universal quantifier）：$K_i\,\phi$ 说的是

主体 i 认为在目前状态的所有候选情境中 ϕ 是真的。

这个全称量词可以解释知识逻辑的很多基本特征，例如，为什么模态分配律及其他规律是有效的。我们知道，全称量词对蕴涵是分配的，从而知道算子也一样。但是在柏拉图的定义中核心量词是存在的（existential），它说的是

存在一个正当性的证明（justification）。

据此，知识在于存在对某一命题的有力证据。在极端的情况下，这或许要求有一个数学证明。这两种观点的共存并非在逻辑研究中闻所未闻。试想关于逻辑有效性的两个主要概念。语义的概念说的是一个命题是普遍有效的，如果它在所有的域、所有的解释下是有效的。语法的概念说的是存在一个对命题的证明。哥德尔的完全性定理（completeness theorem）证明了一种和谐性，至少对一阶谓词逻辑有下面的结果：一个公式满足第一个条件当且仅当它满足第二个条件。但是这并没有说明柏拉图的定义有问题，因为那里没有等值的概念。要拥有“知识”，正当性证明应当列在知识具有的所有其他特征的首位（例如，相信算子 $B_i\phi$ 在欣蒂卡的语义模式下读作全称）。这也是 van Benthem（1993）之所以提出认知逻辑与证据演算应当合并以更好地完成它的认识论使命的原因。

5.4.2 已知命题和证据的共存

实际上，逻辑本身提供了一个知识和证明可以共存的实例。特别是，直觉主

义逻辑的证明论巧妙地处理了具有以下形式的二元类型 - 论断定

x 是 ϕ 的证明。

直觉主义是一种含蓄的认知哲学，因为主体的知识在形式系统中不被表述，而是被嵌入到对逻辑运算的直觉主义理解中。但是，知识的证明论阐述还是很有影响力的，比如达米特（Dummett）的证实主义（参见第五节中更为新潮的阐述）。另一方面，存在着更一般的证明论，可以处理上面提到的二元断定，x 可以是 ϕ 的任意类型的证据。例如，加贝（Gabbay，1996）提出的“加标演绎系统”。

但是，能否把具有明确 K-算子的认知逻辑和正当性证明直接组合？举例来说，考虑模态逻辑的*可证性解释*（provability interpretation），把必然算子读作：在某个相关的证明演算中

$[\,]\phi$：存在一个对 ϕ 的证明。

在基本逻辑中，对 [ ] 的 ∀ 解释和 ∃ 解释在一定程度上是和谐的。例如，模态分配律仍然是有效的。如果我们有对 $\phi\rightarrow\psi$ 的一个证明，有一个对 ϕ 的证明，那么把它们放在一起，增加 MP 规则就可以得到的 ψ 的证明。对于自省律，如果存在对 ϕ 的一个证明，那么任意的证明 - 验证算法都可以证明：给定的公式序列就是 ϕ 的一个证明。

以上的这些观察表明了如何把证据进一步明确化。我们必须搞清楚“存在证明”中的*存在量词*（existential quantifier）的意义，找到支持它的具体内容。例如，前面提到的分配律的解释为我们提供了比通常的公理 $K_i(\phi\rightarrow\psi)\rightarrow(K_i\phi\rightarrow K_i\psi)$ 更多的信息。在语言中添加证明词项，下面的命题更富表现力

$$[x]\ (\phi\rightarrow\psi)\ \&\ [y]\phi\rightarrow[x\#y]\psi$$

其中#是作用在证明或更一般的证据片断上的合适的*加和运算*（sum operation）。这一思想已经在（Artemov 1994；2005）的“证明的模态逻辑”中以一种复杂的方式得到了发展，那里还有作用于证明之上的“选择”和“检验”运算。注意，这一方法对之前关于知识的情境主义的讨论同样有意义，那里关键的规律是

$$[c_1]K_i(\phi\rightarrow\psi)\ \&\ [c_2]K_i\phi\rightarrow[c_1\#c_2]K_i\psi$$

这里的#可以看做是情境组合的运算，当然我们需要对其出精确的逻辑定义。现在我们又回到了起点：虽然已经知道该做什么，但是事情仍需要去做！接下来，我们先讨论一些已经发生的事情。

5.5　逻辑动态性：引入行动！

认识论主要关注拥有知识意味着什么这样的问题。知识是 24 克拉的信息，

十分可靠，供我们随时使用。对这种直观知识性质更为深奥的阐述是这个领域研究的关键。相比较而言，认知逻辑近来的很多工作都集中在对动态机制的研究，诸如言语行为、交流、观察、学习或更为激进的信念修正。这样的机制可以生成或更改知识以及相关的认知态度，譬如信念。行为-导向的趋势表明了来自计算机科学的影响。因为计算机科学领域最强有力的想法之一是所谓的并行观点(tandem view)：

知识表示和知识处理二者必须同时研究。

如果不了解正确的数据结构，你不会理解信息过程（process），如果脑子里没有关于信息过程的一些想法，不可能设计出漂亮的数据结构。这种洞察对20世纪80年代开始的逻辑研究影响重大，它促成了新的过程理论的出现（过程本身变成逻辑的研究对象）。例如，我们有信息更新、信念修正、自然语言解释和其他很多类似的理论（Gärdenfors，1987；Kamp，Reyle，1993；Groenendijk，Stokhof，1991；Veltman，1996；van Benthem et al.，1997）。对逻辑命题和行动同等对待所形成的研究纲领在（van Benthem，1996；2003）被称为逻辑的动态性(logical dynamics)。

5.5.1 认知行动

把串联观点引入认识论意味着我们要同等对待知识以及产生和传播知识的行动。这种观点十分符合之前的常识性观点，即知识的很多“性质”不在于命题、主体和世界间的静态关系，而在于不断的学习和交流的动态行为。据此，在很大程度上说，我们所拥有事物的性质从认知的角度看主要在于我们所做的事情——单独地或社会地与他人互动。一旦你开始这样考虑问题，一个广阔的现象空间就打开了。当我说“我了解 ϕ”，我实际上在指观察或理解的行动；当我问问题，我是在接近他人的知识。知识包括学习、掌握、提问、推理等。如果我们不能像对知识那样对认知行为有深刻的理解，我们就不知道如何处理那储存在智力银行中的24克拉的金子。

康德曾经说过，每个绝妙的想法都能找到哲学的先驱。当然，这里的观点也有哲学的先例。下面，我们举几个例子来说明与认知逻辑联系起来思考问题的方式是可行的，因此它可以作为发现和阐述新想法的“实验室”而存在。

5.5.2 认知逻辑中的问题和答案

问-答的情境是知识交流中最基本的行为。我问你 P 是否是真的，你回答说“是”。在正常的格莱斯（Gricean）境况下，我提问题说明我不知道 P 是否成立，而我认为你有可能会知道。在简单的情形下的确是这样的。图5-1是一个认知模型，其中两个可能世界之间的连线表示我的认知不确定性：

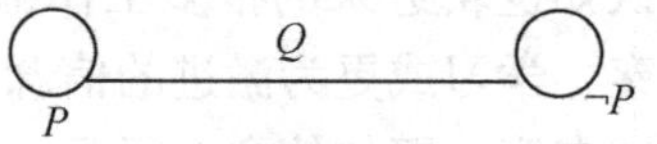

图 5-1

因为你没有对可能世界的不确定性，所以你知道 P 是否成立，我知道你知道，因为它在我的两个世界中都是真的。现在，你的回答改变了这个模型，把¬P-世界剔除出去。用新潮的专业术语说，一个*更新*（update）发生了，我们得到了单个世界的模型。

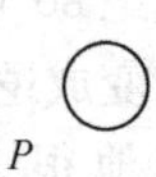

这时，你和我都知道 P，并且我们知道对方知道 P，等等：P 变成我们俩的公共知识。经典的认知逻辑可以描述这个过程的不同阶段中各种知识的断定，包括交互的关于他人知识的断定。在问问题之前，即最初的模型中，下面的断定是真的，它们表示问问题这个行动可能发生的前提条件：

$$\neg K_Q P \,\&\, \neg K_Q \neg P$$

$$\langle Q \rangle \ (K_A P \vee K_A \neg P)$$

在用 P *更新*之后，下面的断定变为真：

$K_Q P$，$K_A K_Q P$，$K_Q K_A K_Q P$，…，重复的相互知识，和在 $\{Q, A\}$ 群体中的*公共知识*（common knowledge）$C_{\{Q,A\}}P$。

但是，这样的问－答情境本质上并不处理认知行动。因此，我们想借用计算机科学中的一个思想，即利用更一般的程序和行动的*动态逻辑*（dynamic logic）(Harel et al.，2000)。

5.5.3　动态认知逻辑

现在引入表示行为效果的模态算子：

$[A!]\phi$　如实公布命题 A 之后，ϕ 成立

这个算子在信息交流的情境中常见的用法有

$[A!]K_i\phi$　公布 A 之后，主体 i 知道 ϕ

$[A!]C_G\phi$　公布 A 之后，ϕ 是公共知识

逻辑公式是历史的金矿，上面的这些公式使用很少的符号，却把哲学、语言学和计算机科学中的想法巧妙地结合在一起。10 年的逻辑研究已经表明它们可以像经典的认知逻辑那样发展，人们发现了很多有关交流行为十分有趣的属性［（van Benthem，2006a）的综述，那里有详细的文献列表和对文献的评价］。举例来说，

下面的“知识预言公理”是动态认知逻辑中的一个有效原则：

$$[A!]K_i\phi \leftrightarrow A \to K_i[A!]\phi$$

在这公式中知识和公布行动可以互换位置，这反映了公布行为的认知透明性——这预设了认知主体具有完美的记忆力（参见5.3节）。我们提到的不可判定性的威胁在这里还没有起作用：公布行动的动态认知逻辑是可判定的，它并不比欣蒂卡的基本逻辑复杂多少。

这样的新逻辑像探照灯一样帮助我们寻找新的现象。下面看一个实例，它有很多衍生版本——实际上是认识论的一个谱系。我们从认知的直观问题开始。一旦认知行动变为主要的逻辑研究对象，正像要问什么是知识一样，我们也应当设法描述什么是认知行动。例如，公布行动的认知效果是什么？具体来说，

公布A是否总能使A变成公共知识？

根据动态认知逻辑，下面的公理将是有效的：

$$[A!]C_GA$$

如果不考虑其他的问题，这至少丰富了认识论者所考察的逻辑公式的集合。尽管上述公式看上去在直观上很合理，但这里的认知行动原则破坏了摩尔式（Moore-type）的陈述。例如：

$$\neg K_{you}P \,\&\, P \text{“你不知道}P\text{，但是}P\text{”}$$

这个公式所说的事情完全可以是真的，但是一经公布，你事实上立刻知道了P，P甚至成为公共知识，这使得$\neg K_{you}P \,\&\, P$作为整体不再有效。到底什么样形式的断定会生成公共知识？这是一个未知的问题，实际上是动态认知逻辑学家所熟知的所谓的“学习的问题”。摩尔式的自我否定断定不断出现在知识悖论以及博弈论中（van Benthem，2002），所以，这个例子并不是哲学家侥幸所得。

5.5.4 证实和可学习性

从现代认知逻辑的技术发展追溯到主流认识论中探讨的问题，可以说这一过程并不遥远。下面的举例说明可见（van Benthem，2004b）。我们来看一个简单而争议颇多的达米特式的菲奇悖论（Fitch paradox）：

证实论题 真的东西是可知的。

用认知的术语，我们可以为这里的“可”添加一个未确定的模态词：

$$\phi \to \Diamond K\phi$$

菲奇给出下面的论证以说明证实论题（verificationist thesis）是不一致的。问题的核心仍然是摩尔式的断定：

$$P \wedge \neg KP \to \Diamond K(P \wedge \neg KP) \to \Diamond(KP \wedge K\neg KP) \to \Diamond(KP \wedge \neg KP) \to \bot$$

因此，我们得到下面的结论

$$P \rightarrow KP$$，即，知识和真坍塌了！

现在有很多文献试图解决这个悖论，但是，这个悖论与认知行动有明显的联系。证实论题说的是，我们可以变得知道每个真断定——通过某个认知行动。考虑一个最简单的行动，即公布，也许上帝会揭示所有的知识给我们。这样，我们早先公布的观察本身就不再有效。下面的原则一般来说也是假的：

真的东西通过宣布是可知的

$$\phi \rightarrow \exists A: \ [A!]\ K\phi$$

但这里还有一个技术问题，即什么形式的断定可以生成公共知识？这一问题可以译为下面著名的哲学问题：什么形式的证实主义是站得住脚的？

5.5.5　更多的逻辑动态性

公布行动只是认知行动冰山之一角，其他的行动包括不完全的观察，信息的隐藏或编码的交流，甚至包括更为复杂的认知行动如撒谎和欺骗。这些行动不仅涉及知识的概念，而且还涉及信念和信念修正等（Gärdenfors，Rott，1995；Spohn，1988；Aucher，2003）。这些复杂的行动也是现代认知逻辑研究的内容（Baltag et al.，1998；van Benthem，2006a）。而且，上述行动似乎与我们的日常生活实践的关系更为密切。当使用电子邮件中的抄送（cc）和密件抄送（bcc）时，我们实际上是在对公开信息和秘密信息进行明智的辨别，不仅如此，我们还竭力追踪由此产生的知识和信念等认知状态的变化。在很多室内游戏中，我们常常把自己暴露在复杂的信息行动的指令中，从而在自我－暴露的认知“实验室条件”下检验自己的认知能力。也许有人认为，这一发展仅仅是认知逻辑在计算工程学中的应用，可以把它从真正的认识论中剔除掉。但是，更有益的思考方式或许是看到它带给我们的挑战。这样的信息计算模型是思考人类行动的一个丰富的资源，远远超越了那曾经刻画哲学家个人想象力的图灵机式的凄凉的唯我论。

5.6　多主体、交互认识论和群体

逻辑的动态转向使得行动成为研究的核心。这里的行动可能是指主体单独的信息更新和信念修正行为。但是，前面的例子也展示了认知的社会（social）属性。这一点在认知逻辑的最初发展中已经存在了。欣蒂卡虽然强调孤独的思考者及他的知识，但是认知形式语言的一个令人羡慕的性质就是它可以表述类似下面的重复断定：

$$K_i\, K_j\, \phi$$

这可以描述主体对他人知识的知识。公共知识

$$C_G\phi$$

则更进一步来描述群（a group）主体的知识。一旦与逻辑的动态性结合，我们就得到了群体知识和群体行动的框架。博弈（games）是最好的实例。

5.6.1　博弈

第5.5节中描述的单个信息更新步骤只是更复杂情形的一个积木。我们在有计划地提出问题和回答别人的问题，或一般地述说事情。这些计划总是为一定的目标服务的。具体来说，在每个问题的背后有一个元问题：*为什么*？即什么是说话者的意图和目标？当一个会话展开时，我们目标和愿望是如何动态地改变的？这一互动过程自然生成了博弈的结构。前面提到，20世纪70年代认知逻辑被博弈论者独立发现，学术研究团体之间通过TARK会议在80年代得以汇合。博弈论认知分析的一个推动力是对理性行为的思考，这一事业非常接近传统的哲学关注（de Bruin，2004）。但只是到了大约90年代所谓博弈的*交互认识论*（interactive epistemology）才开始对一些著名哲学家产生重要影响（Stalnaker，1999）。这也许促使作为逻辑主要研究对象的*策略*（strategies）和计划相结合，把逻辑的动态性带到另一个自然的交互阶段。但是，这些已经超出了本文的讨论范围，我们这里只对与逻辑动态性相关的两个方面稍作评述。

5.6.2　从单个的更新到学习

到目前为止，“学习”这个词在认知动态性中的意义很不精确。有关学习机制和它们的认知相关性更为准确的形式阐述可见于（Kelly，1996；Hendricks，2002；2005）。把学习理论看做是动态认知逻辑的一种自然延续是很有吸引力的一种观点。它涉及一个长期的过程，从而要求有一个分支时态域的更大舞台（van Benthem，2006b）来解释问题。这两种方法的真正统一也许可以成为十分有力的一种联合！

5.6.3　群体行为和“社会”知识

认知逻辑研究群体知识的一些概念，包括公共知识，还有“分布式的知识”（即所有成员把他们的知识放在一起后群体所获得的知识）。把群体作为研究的认知对象本身要求我们有一贯的分析方法，从而可以说，某个命题被作为复数对象的群体所知道。特别是，这样的概念需要结构化的阐述方式使得群体成员能够进行交流，即在群体中有*通道*（channels）（Barwise，Seligman，1995）。与此同时，我们还应当描述群体行动，这或许已经超越了个体行动的范围——参见从（Bratman，1993）以来对共享主体性的哲学研究。到目前为止，已经有一些很成功的关于博弈论意义上的联合效力逻辑的研究（Pauly，2001）。但是，那只是开始，因为那里并不包括认知方面的考量。考察集体知识和集体行动的逻辑复杂性的一个标准是自然语言的词汇。当我们用集体的论断来描述“我们”或“他们”一起做什么，或“相互”做什么时，事情会变得很复杂（Landman，1989；van der Does，1992），似乎不可能将其简单规约为个体行动。一些语言学家建议，应当把语言群体对象看作是有行动能力的分布式的信息系统。但是，这仅仅说明对我们的问题语言学家也没有现成的答案。

但是，事实上不管是对知识还是对行动，我们不难切换思考的视角从个体到群体——也许认识论应当认真对待这一点。麦克斯韦（C. Maxwell）曾经讽刺说，如果一个科学家说“我们正在思考某某问题”，这仅仅意味着“不思考这些问题的那些人已经死了”。但是，对于认知的群体问题的确有更多可以思考的问题！到现在为止，认知逻辑在这个问题上没有任何有意义的贡献。但是本文足以表明，在这一领域和前面的其他领域一样，认知逻辑与认识论的主流在同一条船上。

5.7 结　论

现在，我简要概括由本文引出的一些一般性思考。

5.7.1 省略

本文回顾了现代认知逻辑的一些发展，这似乎与更一般的认识论发展并行。当然我们可以给出更详尽的论述，提出更多的问题来拓宽它们之间的联系。我省略了（这个认知行动也值得研究）随时间变化的长期认知行动，认知实践的进化（Skyrms，1990），学习理论（Kelly，1996；Hendricks，2002），还有与比逻辑更技术化的其他学科（如概率论或信息论）的联系。但是，这一省略不会影响我们关于认知逻辑和认识论之间富有成效地互动的观点。

5.7.2 哲学中的逻辑

即使是这样，很多人仍然怀疑，因为逻辑和哲学关心共同的问题而把它们放到一起的做法是否适当。这样做到底有什么好处？这不只是一对不相识的男女初次会晤。在过去，逻辑和哲学的互动确实已经取得了很多成就。让我们首先想想逻辑从中得到的益处。我只想说，哲学家对很多问题的微妙性和复杂性的更开放态度可以帮助逻辑学家始终保持思想开朗，不被证明定理的那种仪式化的工业模式所驱使。同时，我认为本文也清楚地展示了哲学家所能从中得到的益处。认知逻辑自身可以成为澄清哲学观念和论证的工具，它的符号可以与它自己的主题进行创造性的相互作用（我把这一观点归功于 Paul Egré）。实际上，这可以把现有的哲学论证带到一个新的高度。我们已经看到动态认知逻辑在探索证实主义发展中“探照灯式的作用”，或者不妨提及另一个卷入其中的研究领域，言语行为理论。说得更雄心勃勃一点，逻辑系统甚至为我们提供了发展新的哲学观的方法，就像卡尔纳普过去做的那样（Leitgeb，2004）。这也符合 Smullyan（1997）关于“疯狂的哲学家”的思想，人们利用逻辑工具作为创造新世界和幻想的一种手段：因为它更便宜，而且比能产生幻觉的药物更安全。如果人们觉得逻辑学家因为他们的系统的简化而牺牲太多，听听这位荷兰思想家的话吧：“任何傻瓜都可以看到这个世界是丰富的、漂亮的和复杂的，但是我们需要天才来做一个成功的简化。”

5.7.3　知识的观念

在本文中我们逐渐形成了关于知识的一种观点，尽管在文章一开始是不明确的。像我们早先观察到的，许多有关知识的哲学观试图探寻它的鲁棒性或稳定性，我也有类似的直观。但是越是认真考虑，我越能体会到，知识的稳定性不是作为单个主体或单个命题的孤立特征。这一点只有在囊括更多的认知态度、更多的认知主体和更丰富的认知行动的指令框架中才能得到更好的解释。知识的稳定性在于它能够在复杂的认知环境（我们生存的环境）中成功地运作。因此，逻辑和认识论需要调整它们的眼界。

5.7.4　桥梁

以下文本是关于桥梁的，一共有 7 座桥。这只不过是一个比喻，却意味深长。我禁不住想起了“柯尼斯堡桥”（Königsberger Brücken），欧拉在他的图论中使用过，康德本人一定也曾经走过：

逻辑是否是大陆的碎片之一，被一座桥连接到另一边的哲学领域？逻辑是否是一座桥，可以为不同的领域，诸如哲学、语言学和计算机科学提供便利？或者逻辑是否是一个岛屿（island）？我不知道。但是我知道桥梁的确表明了本文主要关注的问题。我们应当知道它们在哪里，它们是用来为动态的交互行为服务的，我们有很多主体，但是群体则要稍微当心点，步伐不能走得太快。

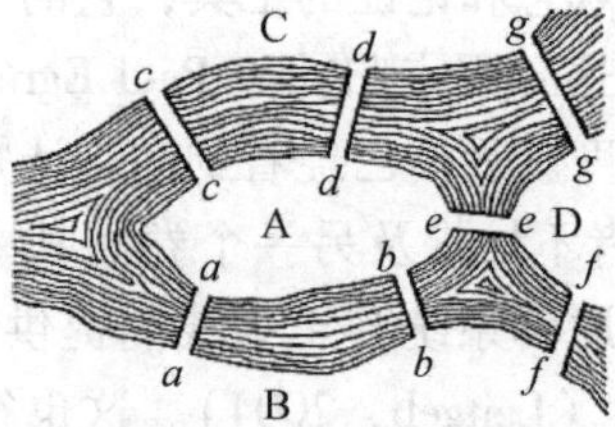

图5-2　柯尼斯堡桥

参考文献

Arló-Costa H，Pacuit E. 2006. First-Order Classical Modal Logic. Studia Logica，84（2）：171 ~ 210

Artemov S. 1994. Logic of Proofs. Annals of Pure and Applied Logic，67：29 ~ 59

Artemov S. 2005. Evidence-Based Common Knowledge. CUNY Graduate Center，New York

Aucher G. 2003. A Joint System of Update Logic and Belief Revision. Master of Logic Thesis，ILLC University of Amsterdam

Baltag A，Moss L，Solecki S. 1998. The Logic of Public Announcements，Common Knowledge and Private Suspicions. In：Proceedings TARK 1998，Los Altos：Morgan Kaufmann Publishers. 43 ~ 56

Barwise J，Perry J. 1983. Situations and Attitudes. Cambridge（Mass）：The MIT Press

Barwise J，Seligman J. 1995. Logic and Information Flow. Cambridge：Cambridge University Press

Bratman M. 1992. Shared Cooperative Activity. The Philosophical Review，101（2）：327 ~ 341

de Bruin B. 2004. Explaining Games. On the Logic of Game-theoretic Explanations. Ph. D dissertation，Institute for Logic，Language and Computation，University of Amsterdam

van der Does J. 1992. Applied Quantifier Logics. Collectives and Naked Infinitives. Ph. D dissertation，Institute for Logic，Language and Computation，University of Amsterdam

Dretske F. 1981. Knowledge and the Flow of Information. Chicago：Chicago University Press

Dretske，F. 2004. Externalism and Modest Contextualism. Erkenntnis，61：173 ~ 186

Egré P. 2004. Attitudes Propositionnelles et Paradoxes épistémiques. Ph. D dissertationt. Université Paris 1 Panthéon-Sorbonne，IHPST

Fagin R，Halpern J，Moses Y，Vardi M. 1995. Reasoning about Knowledge. Cambridge（Mass）：The MIT Press

Gabbay D. 1996. Labelling Deductive Systems（Vol1）. Oxford：Clarendon

Gärdenfors P. 1987. Knowledge in Flux. Cambridge（Mass）：The MIT Press

Gärdenfors P，Rott H. 1995. Belief Revision. In：Gabbay D，Hogger C J，Robinson J A eds. Handbook of Logic in Artificial Intelligence and Logic Programming 4. Oxford：Oxford University Press

Groenendijk J & Stokhof M. 1991. Dynamic Predicate Logic. Linguistics and Philosophy，14（1）：39 ~ 100

Halpern J & Vardi M. 1989. The Complexity of Reasoning about Knowledge and Time. Journal of Computer and Systems Science, 38 (1): 195 ~ 237

Harel D, Kozen D, Tiuryn J. 2000. Dynamic Logic. Cambridge (Mass): The MIT Press

Hendricks V. 2002. Active Agents. PHILOG Newsletter, Roskilde. In: van Benthem J, van Rooy R eds. special issue on Information Theories. Journal of Logic, Language and Information 12 (4): 469 ~ 495

Hendricks V. 2005. Mainstream and Formal Epistemology. New York: Cambridge University Press

Hintikka J. 1962. Knowledge and Belief. Ithaca: Cornell University Press

Hintikka J, Sandu G. 1997. Game-Theoretical Semantics. In: van Benthem J, ter Meulen A. eds. Handbook of Logic and Language. Amsterdam: Elsevier. 361 ~ 410

Kamp H, Reyle U. 1993. From Logic to Discourse. Dordrecht: Kluwer

Kelly K. 1996. The Logic of Reliable Inquiry. Oxford: Oxford University Press

Kelly K. 2002. Knowledge as Reliable Inferred Stable True Belief. Department of Philosophy, Carnegie Mellon University, Pittsburgh

Kim J, Sosa E eds. 2000. Epistemology: An Anthology. Malden (Mass): Blackwell

Klein P. 1993. Epistemology. Routledge Encyclopedia of Philosophy. London: Routledge

Kozen D, Harel D, Tiuryn J. 2000. Dynamic Logic. Cambridge (Mass): The MIT Press

Landman F. 1989. Groups I, Groups II. Linguistics and Philosophy 12: 559 ~ 605, 723 ~ 744

Leitgeb H. 2004. Carnap's Logischer Aufbau Revisited. Department of Philosophy, University of Salzburg.

Lenzen W. 1980. Glauben, Wissen und Wahrscheinlichkeit. Wien: Springer Verlag, Library of Exact Philosophy

Lewis D. 1969. Convention. Oxford: Blackwell

McCarthy J. 1993. Notes on Formalizing Context. Proceedings of the 13th International Joint Conference in Artificial Intelligence (IJCAI'93)

Nozick R. 1981. Philosophical Explanations. Cambridge (Mass): Harvard University Press

Osborne M & Rubinstein A. 1994. A Course in Game Theory. Cambridge (Mass): The MIT Press

Pauly M. 2001. Logic for Social Software. Ph. D dissertation. Institute for Logic, Language and Computation, University of Amsterdam

Skyrms B. 1990. The Dynamics of Rational Deliberation, Cambridge, (Mass): Harvard University Press

Smullyan R. 1997. The Tao is Silent. New York: Harper & Row

Spaan E. 1993. Complexity of Pure and Applied Intensional Logics. Ph. D dissertation, Institute for Logic, Language and Computation, University of Amsterdam

Spohn W. 1988. Ordinal Conditional Functions. A Dynamic Theory of Epistemic States. In: Harper W L & Skyrms B. eds. Causation in Decision, Belief Change, and Statistics, Vol II. Dordrecht: Kluwer. 105 ~ 134

Stalnaker R. 1999. Extensive and Strategic Form: Games and Models for Games. Research in Economics, 53 (2): 93 ~ 291 van Benthem J. 1993. Reflections on Epistemic Logic. Logique et Analyse, 34: 5 ~ 14

van Benthem, J. 2002. Rational Dynamics. LOGAMAS workshop, department of computer science, University of Liverpool. In: Vannucci S ed. Logic, Game Theory and Social Choice III, University of Siena, department of political economy, 19 ~ 23. Appeared in International Game Theory Review 9 (1): 377 ~ 409; Erratum reprint, 9 (2): 377 ~ 409 (2007)

van Benthem J. 2003. Logic and the Dynamics of Information. In: Floridi L ed. Minds and Machines, 13 (4): 503 ~ 519

van Benthem J. 2004a. Information as Correlation versus Information as Range. In: Moss L ed. Memorial Volume for Jon Barwise

van Benthem J. 2004b. What One What One May Come to Know. Analysis, 64 (282): 95 ~ 105

van Benthem J. 2006a. One is a Lonely Number. In: Chatzidakis Z, Koepke P, Pohlers W eds. 2006, Logic Colloquium '02, Wellesley MA: ASL & A. K. Peters. 96 ~ 129

van Benthem J. 2006b. Open Problems in Logical Dynamics. In: Gabbay D, Goncharov S, Zakharyashev Meds. Mathematical Problems from Applied Logic I. International Mathematical Series, Vol 4. Berlin: Springer.

van Benthem J. 2005b. The Epistemic Logic of IF Games. In: Hahn Led. Jaakko Hintikka, Library of Living Philosophers. Carus Publishers: Southern Illinois University

van Benthem J, ter Meulen A. 1997. Handbook of Logic and Language. Amsterdam: Elsevier

van Benthem J, Muskens R, Visser A. 1997. Dynamics. In: van Benthem J, ter Meulen A eds. Handbook of Logic and Language. Amsterdam: Elsevier Science Publishers. 587 ~ 648

Veltman F. 1996. Defaults in Update Semantics. Journal of Philosophical Logic, 25: 221 ~ 261

Williamson T. 2000. Knowledge and its Limits. Oxford: Oxford University Press

Wooldridge M. 2002. An Introduction to Multi-Agent Systems. Colchester: John Wiley

6 人们可以知道的事情*

张　君/译　王彦晶/校

6.1 证实主义与菲奇悖论

广义的证实主义论题认为，人们能够知道为真的事情，其形式化表示为：

$$\phi \to \Diamond K\phi \qquad VT$$

菲奇（Frederic Fitch）提出的问题具体化这一规则，其论点令人惊讶，也引发了很多争论。菲奇使用了一个弱模态认知逻辑来说明 *VT* 规则引起真值概念和知识概念的崩塌，这主要巧妙地采用了如下 ϕ 的替代情形：

$$P \wedge \neg KP \to \Diamond K(P \wedge \neg KP)$$

于是可得如下三条件链：

(a) $\Diamond K(P \wedge \neg KP) \to \Diamond(KP \wedge K\neg KP)$

在含有知识算子 K 的最小模态逻辑中，

(b) 模态逻辑 T 中有 $\Diamond(KP \wedge K\neg KP) \to \Diamond(KP \wedge \neg KP)$，以及

(c) 含有 < > 的最小模态逻辑中有 $\Diamond(KP \wedge \neg KP) \to \bot$

于是，由假设 $P \wedge \neg KP$ 可得矛盾，这就表明所有的 P 都蕴涵 KP，所以真的命题与其知识等价（因为 KP 蕴涵 P 是显然的）。

人们对这一悖论的补救，主要集中于两个方面（Brogaard，Salerno，2002；Wansing，2002）。其中一些人采用弱化论题中仍然起作用的逻辑方法。这就像调低收音机的音量以免听到坏消息一样，这样一来我们也不会听到好消息了。另一个补救方法是保持逻辑不变，弱化证实主义原则本身。这就像在审查消息一样：清楚地听到消息，但对消息不感兴趣。下面的论述属于后一种补救方法，我们采

* Johan van Benthem. 2004. What One May Come to Know. *Analysis*，64（282）：95 ~ 105

用了一种不同于单纯的调整证明规则或前提的视角。本文强调哪种 ***VT*** 规则为何无效，以及有时应该无效等积极的原因，因为这与我们得到新信息的方式有关。

6.2　可知的命题与学识

菲奇提出的替代情形揭示了一个有关知识的比较古老的问题——摩尔悖论（Moore's paradox），对如下陈述的观察中

"*P*，但我不知道 *P*"

这一陈述可能为真，但可能不为人们所知，如同 $K(P \wedge \neg KP)$ 明显蕴涵着矛盾一样。**

现在，在单主体认知逻辑中，命题 ϕ 的可能知识要求 $K\phi$ 在某个模型的某个世界中是可满足的，因此在所有这个世界的替代世界中，$K\phi$ 也是可满足的。这与普通的认识可满足性不同，后者仅仅要求某个模型下的某个世界中 ϕ 为真。坦南特（Tennant，2002）令人信服地指出，应该限制 ***VT*** 规则对命题 ϕ 的预期应用：

$K\phi$ 是一致的　　　　***CK***

在简化的认知 **S5** 模型中，这种特殊要求其实就是 ϕ 的普遍可满足性（global satisfiability）：例如 ϕ 在一个模型的任一可能世界中都为真。与普通可满足性一样，这一概念对于大多数模态逻辑来说是可判定的***（注释 1），所以我们至少能用一种有效的方法来公式化对可知性的约束。但是这个情境中还存在更多的状况！一开始对 ***CK*** 规则的考察，仅仅部分地捕捉了来自 ***VT*** 规则背后的想法。

6.3　一种动态的转向：一致的更新

考虑任一认知模型（*M*，*s*），其含有已标明的世界 *s* 来代表真实情境。这种设定下，从直觉上看，人们能够知道的事情，是受限于人们对现实情境的正确看法的。人们已经知道 *s* 是模型 *M* 中的世界之一。人们能够知道的是，这一模型仍然可能会进一步收缩，缩至 *s* 的境地。在此动态意义下，每个真陈述都可能被人们知道的证实主义原则变成了以下形式：

** 摩尔悖论更为人们熟知的版本，是信念（doxastic）形式"*P*，但是我不相信它"。而摩尔在 1962 年确实也讨论过知识的版本。

*** 普遍可判定性的计算复杂性，可能高于标准 **S5** 系统可满足性的复杂性。这如同增加所谓的"全称模态"一样（Blackburn et al.，2001）。

哪些为真的事情可能会为人们所知 **VT^***

显然，**VT^*** 仅适用于满足 **CK** 的命题 ϕ。但其还要求更多的限制条件。我们要求 $K\phi$ 不仅在某个模型中为真，而且还存在于当前模型中的某一子模型中。

事实 1 对所有命题 ϕ 来说，**CK** 并不蕴涵 **VT^***。

证明 令 $\langle\rangle\phi$ 为算子 K 的存在对偶（existential dual)，其表示认知（并非早先的模态）概念“持有 ϕ 为真的可能”。现在考虑陈述

$$\phi = (P \& \langle\rangle\neg P) \vee K\neg P$$

在 **CK** 规则那里这是可知的，因为 $K(P \& \langle\rangle\neg P) \vee K\neg P)$ 是一致的：其在仅包括一个 $\neg P$ 的世界的模型中成立，主体知道 $\neg P$。但在双世界的 **S5** 模型 **M** 中，ϕ 在现实世界中成立，即使没有真的宣告来让我们习得 ϕ。

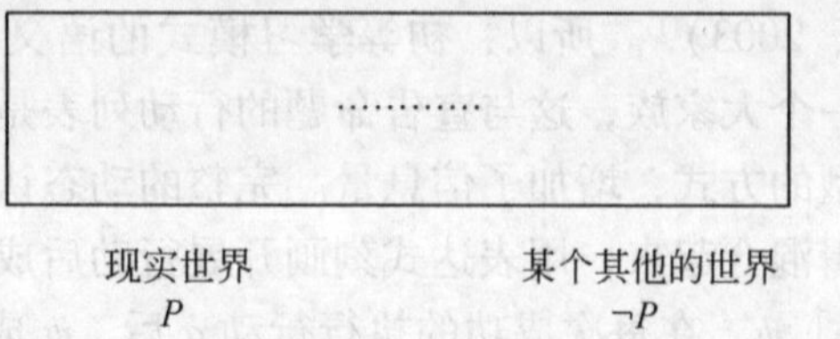

图 6-1

在现实世界中，$(P \& \langle\rangle\neg P) \vee K\neg P$ 成立，但在另一世界不成立。所以，$K((P \& \langle\rangle\neg P) \vee K\neg P)$ 在现实世界中不成立。对模型 M 来说，唯一适当的真的更新就是保持其现实世界。但是在含有为真的命题字母 P 的单一世界认知模型中，$K((P \& \langle\rangle\neg P) \vee K\neg P)$ 并不成立。证毕。

所以，如果我们希望在 ϕ 成立的任一模型中习得 ϕ，就像 **VT^*** 所表达的那样，那么 $K\phi$ 的一致性不一定足够充分。于是有本文主张的第一个观点：

在自然学习情景中，证实主义论题对命题的要求，高过目前文献中对命题的要求。

这种考察预示着我们要进一步关注 **VT^*** 的广义动态观点的基础。简言之，我们所知的事情都是学习行为的结果。

6.4 动态的认知逻辑

最简单的学习方式是被告知一个真实的新命题，它的作用是削减当前的认知模型。特别地，断定 ϕ 的一个公开宣告（public announcement）$\phi!$ 并不是仅仅评估当前模型 (M, s) 中的 ϕ 真值。更重要的是，它改变了模型，消除了其中

的所有不能满足 ϕ 的世界：

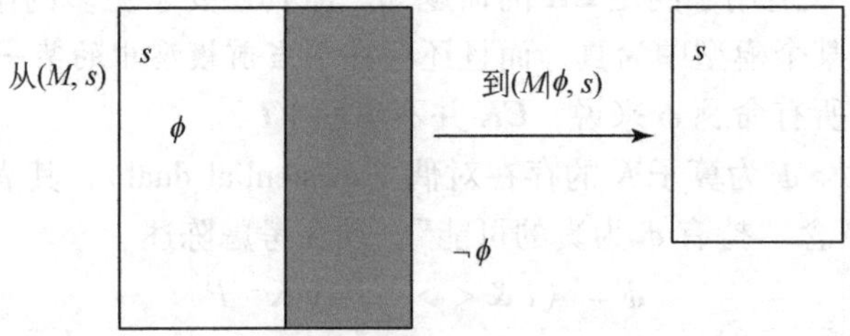

图 6-2

这一场景不但可用于简单的问题及回应，还能用于分析更复杂的知识与无知之谜（van Benthem，2003）①。所以，初等学习模式的语义背景是代表相关信息状态的认知模型的一个大家族，这与宣告命题的行动列表是相关的，通过从一个模型移向另一个模型的方式，增加了信息量。完整的动态认知系统，将标准认知逻辑与动态行动逻辑混合起来，用表达式刻画开展行动后成立的命题：

$[a]\ \psi$　在每次成功的执行行动 a 后，ψ 成立。

表达式可以是一个计算机程序，或者某个物理行动，或者一个言语行为。特别地，通过这种方式，人们能够表达和研究与成功交流的认知效果有关的系统陈述：

$[\phi!]\ K_j\psi$　真实的公开宣告 ϕ 后，主体 j 就知道 ψ。

这种丰富的语言以适当的行动规则来延伸认知 **S5** 系统，它也有完全的和可判定的逻辑演算系统。这主要包括公理，公理将有关行动结果的陈述，与先前为真的那些陈述关联起来。② 特别地，用于交流的认知逻辑注重考察说话人、听话人以及听众的多主体特性。相应地，这一逻辑的语言也能够迭加知识断定，正如在下式中：

$K_1\neg K_2P$　主体 1 知道主体 2 不知道 P。

另外也有关于主体的群体 G 的新概念，诸如公共知识

$C_G\phi$：每个人都知道 ϕ，并且他们也知道其他人知道，相互知识算子的任一有穷迭代亦如此。

关于认知迭代的问题我们稍后再谈，那些在单独认知者情形下看起来像悖论

① 那些更复杂的“积更新”形式，超出了简单消除的范围，需要模型化那些混合了公开行为和隐藏信息的复杂交流形式。这种更普遍的形式涵盖了博弈中的情景，以及现实中的交流背景。

② 作为例证，一个典型的有效规则，与此前必定为真的“相对化的知识”交流后，这个规则能够还原知识：$[A!]\ K_i\phi\leftrightarrow(A\rightarrow K_i\ (A\rightarrow[A!]\ \phi))$。

的主题，在群体知识情形中颇有意义。

6.5 动态学习逻辑

当前动态认知逻辑中活跃的主题是公开宣告的一般效果。这个问题看似简单。对于公开陈述 ϕ 的认知效果，有一个公认的、几乎是自明的学习规则(Learning Principle)。

在一个群体 G 中公开宣告 ϕ，就使得 ϕ 成为公共知识：

或者是一个动态认知公式：$[\phi!]\ C_G\phi$ **LP**

实际上，**LP** 在原子陈述 ϕ 及许多其他复杂公式中是成立的。但是即使如此，总体来说这一规则还是不成立。例如，如果某个人真诚地告诉你

"P，但是你不知道"，

这一结果是一个 P 处处成立的模型，你的无知也不存在了。当然，这又是摩尔型的悖论，但这是在一个动态认知背景中。先前第三部分所使用的模型中出现过这一更新，其强化了知识的一致性规则 **CK**。结合早先在第一和第二部分所做的工作，我们完成了本文所做的第二个主要考察任务：

VT 规则的这种"悖论"属性，紧密地反映出规则 ***LP*** 的相应属性。

但这种对比也只是为审视证实主义论题提供另外一种方法。就反映来说，学习规则看起来好像是有些过于草率的断定，而给出的反例看起来也很自然。实际上，宣告无知，并不只是哲学的谜题(conuncrums)。人们常常会做这样的事情，而这么做也非常有用。

举例来说，在人们熟知的谜题如泥孩问题中，正好就是关于无知的公开宣告，推动整个解决程序导向了事件真实状态的公共知识。在简单情形中，这个情节发展如下(van Benthem，2006)：

> 从屋外玩耍回来后，三个孩子中有两个孩子的额头上有泥巴。他们都能看见对方的额头上有泥巴，但是看不见自己的额头，所以他们不知道自身的状态。然后孩子们的父亲进来说："至少你们中间的一个人额头上有泥巴。"父亲接着问："你们知道自己额头上有泥巴么?"孩子们都如实做出回答。重复提问和回答，会有什么情况发生呢?

第一轮的提问和回答中，没有孩子知道是否自己额头上有泥巴。但是第二轮提问和回答中，每个泥巴孩子可以通过如下推理计算出自己的状态：

> 如果我头上没有泥巴，我看到的那个头上有泥巴的孩子本应该能看到她跟前的两个干净的孩子，因此她本该马上知道她额头上有泥巴。但是她没有这样做，所以我额头上肯定也有泥巴!

在相关的认知模型中，将世界 ***D*** 或 ***C*** 指派给每个孩子。现实世界是 ***DDC***。同时，一个孩子能看到其他孩子的额头，但看不到自己的额头。这可由下列图形中加标的不确定连线加以说明。第四部分所提到的信息更新，可以从父亲对世界 ***CCC*** 的消除开始：

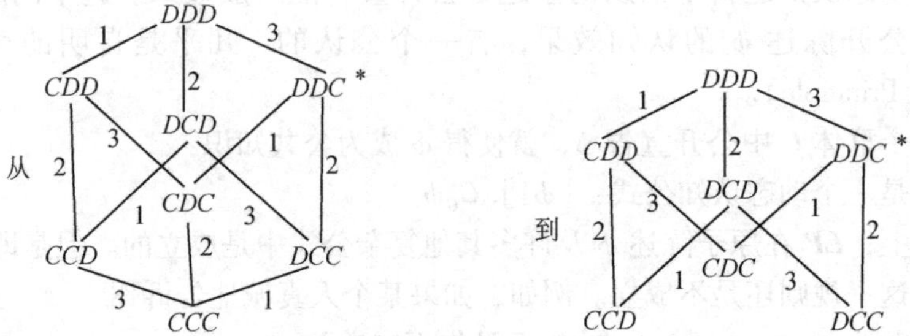

图 6-3

当没人知道自己的状态时，底层的世界可以消失：

最后的更新就是达到 ***DDC****

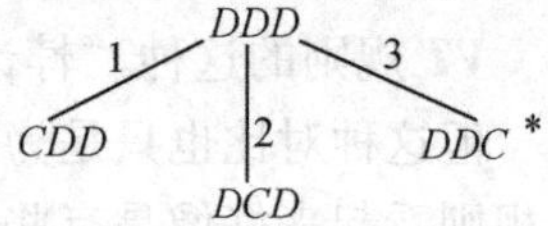

图 6-4

如果有 *k* 个泥巴孩子，那么就需要 *k* 轮的公开无知断言，来获得谁额头上有泥巴这样的公共知识，而泥巴孩子知道自己状态的那个宣告，就达到了整个情境的公共知识。于是，对无知的断定，可以推动信息收集这一积极的过程，而对自身无效的判断，反倒会推动整个事件的发展。最后这种对泥巴孩子无知的宣告，致使他们知晓了现实世界。

逻辑学家们早已适应了这种情境，并且一直把这类问题当做研究对象。我们看到，在类似泥孩难题的谜题中，交流的意义远大于假定成立的 ***LP*** 规则所揭示的事情。比方说，我们可以考察断定的特殊语法形式，是如何在宣告的基础上成为公共知识的。[①]这再一次揭示了更普遍的分类。对原子事实的陈述，可以被称为自实现的（self-fulfilling）：一旦其被宣告，相关的公共知识就会产生。另一方面，摩尔式的陈述，是自我反驳的（self-refuting）：一旦其被宣告，其否定情况就会成为公共知识。但是也有很多介于两种情况之间的陈述。给定规则 ***VT*** 和 ***LP***

① 举例来说，所有全称模态公式都是自实现的。这些公式由原子公式及否定、合取、析取、K_i 和 C_G 所构成。但是也有另外的陈述自证类型，如 $< >p$。20 世纪 90 年代中期以来，对这种自证类型的完全句法描述，就已经是认知动态逻辑中的开放模型论所研究的问题之一。

之间的类比情形，我们也可以构造出一种类似的证实主义逻辑，用来对不同类型陈述的各自作用做出区分。

在本文剩下的部分，我们将进一步研究这一技术问题。在动态逻辑背景下，命题的可知性或可学性（learnability）意味着什么呢？

6.6　研究可学性命题

就像通常人们对知者悖论（Knower paradox）的讨论一样，我们先考虑单主体情形，之后再考虑多主体的情况。定义可学性命题 ϕ，即通过宣告某个合适的真实公式 A，这个命题 ϕ 的真值就会为人们所知。也就是说，下面的蕴涵式对这种共识有效：

$$\phi \rightarrow \exists A \ \langle A! \rangle K\phi \quad \text{可学性}$$

这里，存在模态词 $\langle A! \rangle K\phi$ 对前面的 $[A!]K\phi$ 有双重约束，即是说，一个真实宣告 A 在当前的模型（$\boldsymbol{M}$，s）中是可能的，在相应的更新后这便能够产生知识 ϕ。当然也要注意，对于这一逻辑语言中所有公式 A 的无穷析取来说，后件 $\exists A \ \langle A! \rangle K\phi$ 只是一个简写式。

事实 2　可学习性在 **S5** 系统中是可判定的。

证明　众所周知，对于命题字母有限的 **S5** 语言来说，它的所有模型都可穷举的，那些与真值相关的选择，都是出现在世界的集合中的命题赋值。所以，对每个认知公式来说，我们都能在有穷列表中列举出所有与之相关的模型 $\boldsymbol{M}$，$s \models \phi$。前面强调 ϕ 是可学性的，列表中的每个模型（$\boldsymbol{M}$，s），一定有一个包含世界 s 的子模型 N（也在列表中），ϕ 在子模型的每个世界中都为真。对此，我们能够做直接有效的验证。证毕。

严格意义上的可学性形式，对系统的要求更为一致，即存在某个有穷的宣告集合 A，A 中的一个宣告，一定能在含有 ϕ 的任一给定模型中产生知识 ϕ。在有限的情形中，根据 **S5** 系统中的紧致性定理，或者简单说就是上述可数性论断，这种可学性与前面所说的情况相同。这里所要求的真实的均质形式，指的是存在单一的断定 A，使得如下公式有效：

$$\phi \rightarrow \ \langle A! \rangle K\phi \qquad \text{统一可学性（uniform learnability）}$$

事实 3　均质可学性要比可学性更强。

证明　考虑图 6-5 这个 4 世界的认知 **S5** 模型 M：

令 ϕ 为仅在如下最小情境中为真的认知公式：

（a）在上述 4 世界模型 M 中，ϕ 在世界 1 和 3 那里为真，在其他世界不为真。

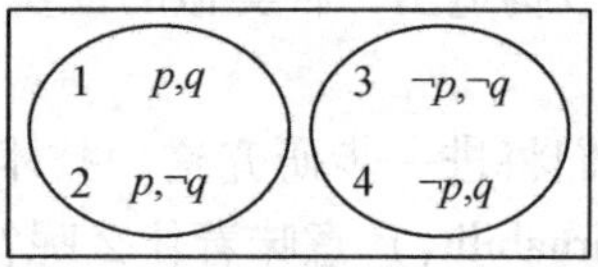

图 6-5

（b）在椭圆形所表示的两个较小的模型中，ϕ 在两个世界中都为真。

我们可以很容易很清楚地写出这一公式。[①]按照（a）和（b）的描述，ϕ 是可习得的：不论何时只要 ϕ 为真，就会有某个更新使 ϕ 为人们所知。显然，没有任何单一公式 A 能够均质地满足这一要求，因为 M 中子模型的选择，必须取决于两个 ϕ 世界中哪一个是出发点。证毕。

均质可学性的认知意义比可学性更强，指的是宣告 ϕ 本身就能产生知识。这即是前面自实现型断定的学习情境的单主体受限情况：

$$\phi\to <\phi!> K\phi \qquad \text{自实现}$$

事实 4　关于知识的陈述，在没有自实现的情况下，也可能是均质可习得的。

证明　考虑图 6-6 中模型 M，与前面所给条件一致：

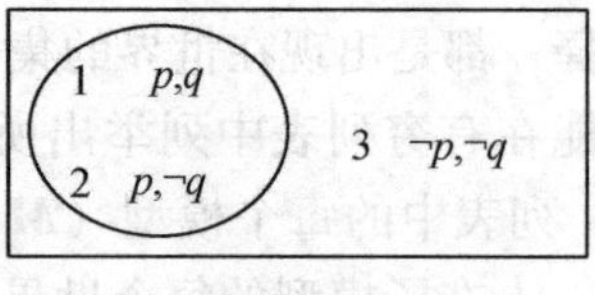

图 6-6

令 ϕ 仅在如下情形成立，

（a）模型 M 中，在世界 1 那里成立；

（b）M 的椭圆形双世界子模型中，在双世界中都成立。

这就满足均质可学性。在公式 ϕ 成立的每个模型（M，s）中，宣告真实的原子事实 p，便使得 ϕ 在整个模型中都为真。但是自实现性却是无法实现的。在 3 世界初始模型（M，1）中宣告这个真实的陈述，正好就遗留下单一世界子模型 p，q。原因是这样的：在更小的子模型中我们无法找到 ϕ 析取的那些部分，而这些

① 我们可以通过说明一个模型 M 中每种赋值的可能性，从总体上描述这一模型，这被看做是原子公式及其否定的合取，之后在析取上再加一个全称模态。由说明挑选出来的特定世界 s，可以与模型相结合。总括的公式是一个由局域性描述各类（M，s）所构成的析取式。

指称后者的部分是错误的。但在这个单世界子模型 {1} 中，按照定义 ϕ 是无法成立的。证毕。

对这一结果的详细分析如下：***VP*** 和 ***LP*** 某种程度上是相似的，但是两者的假定学习规则却并不相同。从这一结论我们可看到积极的一面，即用短语表达不同类型的可学性时，动态框架具有灵活性。完成对单主体认知更新和学习的背景说明后，我们想说明的第三个要点是：

VT，***VT****** 和 ***LP*** 规则都表明了一种很有意义的关于知识断定、宣告和学习行为的普遍逻辑。

关注上述研究角度可能的扩展，有利于问题的澄清。

6.7 细化问题

我们已经审视了认知行动意义下的证实主义论题和知者悖论。这并没有解决最初的问题，只是将问题置于一个更为广阔的主体互动的背景下来加以考察。特别是，最初的知者悖论，在不同意义下变成了一种特例。首先，即使对于单一主体，也会出现两种不同的可学性含义：一种是确定的断言方式，另一种是依赖语境的断言方式。另外，多主体背景也要求更加精细化的分析。单主体情境中，唯一所需的知识层次就是 $K\phi$。但在多主体情境中，一个主体也可以要求其他主体的知识：可能是某些方面的知识，也可能是所有的知识。例如，当别的主体 2 认识到

"P，但主体 1 不知道 P"，

正如迭代认知公式 $K_2\ (P\ \&\neg\ K_1P)$ 可以完全为真一样，这时摩尔悖论便不存在了。同样，在群体情境下，初始的知识条件 ***VT*** 可以被强化为：

如果 ϕ 为真，那么 ϕ 就可能成为公共知识。

或许群体的每个成员都发现了部分的真理，把这一信息汇聚起来，他们便得到公共知识 $C_G\phi$。例如，考虑图 6-7 中真实世界是（p，q）的模型 $\boldsymbol{M}$：

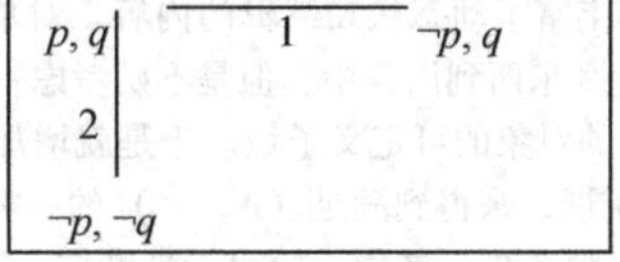

图 6-7

宣告 q 便会使得主体 2 知道摩尔式的陈述"p 但主体不知道 p"。但在群体

{1, 2} 中，这永远也不能成为公共知识。然而，当主体 1 宣告 q，主体 2 宣告 p 时，能够成为公共知识的是 p & q。

对于可知性（knowability）的互动情形，我们还可以做进一步区分。但是，获得这样的表述能力是要付出代价的，在上述有关可学性的结论中，这一表述力在多主体情形的形式化和证明中，会变得更加困难。[①] 同样，在认知更新的逻辑中，当不同的子群体得到有关事实的不同信息时，学习的场景就更加精细而具体了，这会涉及秘密、隐藏甚至误导等情况，读者可以参考（Baltag et al.，1998）的研究。最后，还得加上逻辑的动态成分这一因素。按时下的行话，短语“可知的”正遭受着“∃-症候”这一通病。这意味着，在有更多明确信息可用的情境中，使用一个存在量词概念，人们可以建立与其有关的逻辑系统。这里大家共同的症候是频繁使用“某某性”（-ility's）。我们可比较：可证明性与具体的证明，像“从前”一样的过去式与某个过去的特定情节，解决的可能性与算法的产生，博弈的可获胜性与具体的博弈策略，等等。一个发展成熟的动态逻辑，应该能够解决这个症候问题，对于那些特定的“可知性”情形，动态逻辑能够将学习行为及其属性，变成证实主义逻辑中明确的要素，尽管这还是构造的。[②]

6.8　结　论

本文指出，命题的可知性并不仅仅涉及一般理解的一致性，以动态的视角看待知者悖论，我们会发现学习行为会改变当前的认知模型。这样一来，证实主义论题便关系到公开宣告的学习规则。通过对这一关系的详细阐述，我们探讨了知识更新背景下不同情形的可知性，并将其延伸到多主体的学习情境中。这一交织的视角也反映出研究态度上的变化。许多研究菲奇悖论的文献，看起来都像要避

---

① 从技术上说，一种包含公共知识模态词的多主体认知语言，与素朴的 **S5** 系统并不一样。因此，对于单主体可学性的判定来说，类似的简化可数论证并不成立。对于其他模型论方法来说亦如此。特别地，我们不是十分清楚先前第 6.6 节有关可学性的那些结论在这种背景下是否行得通。

② 这也有一个附带的好处，即丰富了动态认知逻辑的内容。对单主体 **S5** 系统的考察表明，可学性断定是可以定义的，这无需再添加什么东西到语言中。但是不妨考虑一下一阶语言中的公开宣告 $A!$，公式 $A=A\ (x)$ 把整个全域限定为满足 A 的对象的可定义子域。于是就增加了系统的表述能力。例如，通过增加整数 Z 的复本来对自然数 N 进行扩展，来得到满足（N，$<$）的一阶理论的严格线性序。这里对象的唯一一阶可定义子集是有限子集和上有限子集。考虑一阶可学性断定：“一个真实的宣告令如下情形为真：当前考察的对象 n 是一个最大点，而与零点相异的每个对象都有一个前驱（predecessor）”。在模型中，只有对于那些与零点有一定有限距离的 n 来说，这才是可能为真的。这就构成了自然数集 N 的初始复本，其在一阶逻辑下是不可定义的。腾卡特（Balderten Cate）已经指出，在时态语言接近认知模态原本的研究中，也可以做相关的论证。

免这一问题，从而使大量的证实主义问题免遭不一致性的困扰。在我们看来，其中并不存在挽救 ***VT*** 规则的问题，情况也没有想象的那么糟糕。尽管丢掉了一个规则，但我们从逻辑学上对知识与学习行为，以及相关的微妙特征，进行了全面的研究。朴素证实主义的失效，正好突出了那些有意思的人类交流方式。

参考文献

Baltag A，Moss L，Solecki S. 1998. The Logic of Public Announcements，Common Knowledge and Private Suspicions. Proceedings TARK 1998. Los Altos：Morgan Kaufmann Publishers. 43～56

Blackburn P，de Rijke M，Venema Y. 2001. Modal Logic. Cambridge：Cambridge University Press

Brogaard B，Salerno J. 2002. Fitch's Paradox of Knowability. Stanford Electronic Encyclopedia of Philosophy，http：//plato. stanford. edu/entries/fitch-paradox/

Moore G E. 1962. The Commonplace Book 1919-1953. London：Allen & Unwin

Tennant N. 2002. Victor Vanquished. Analysis 62：135～142

van Benthem J. 2006. One is a Lonely Number. In：Chatzidakis Z，Koepke P，Pohlers W eds. 2006，Logic Colloquium '02，Wellesley MA：ASL & A K Peters. 96～129

Wan*sing* H. 2002. Diamonds are a Philosopher's Best Friends. The Knowability Paradox and Modal Epistemic Relevance Logic. Journal of Philosophical Logic，31：591～612

7 知识的几何学*

张　君/译　王彦晶/校

7.1　标准装扮下的认知逻辑

7.1.1　初等认知逻辑

目前，在哲学（Hintikka，1989）、计算机科学（Fagin et al.，1994；Wooldridge，2002）、博弈论（Binmore，1994）以及其他领域中，人们广泛使用认知逻辑来描述主体的知识和无知状态。本论文假定我们比较熟悉初等的命题认知逻辑的语言，这可依据多主体的 S4 模型来解释，可通达关系是自返的和传递的。当然也存在可供选择的模型类别，诸如多主体 S5 模型中每个主体的等价关系，但本文的讨论与此类选择模型无关。关于主体命题知识的关键语义条款，说的是 $K_i\phi$ 在世界 x 中成立，当且仅当，对于 i 来说在所有与 x 通达的世界 y 中，ϕ 为真。这即是，认知的知识模态，事实上是一种模态方块 $\Box_i\phi$。为了技术上的方便，此后我们用后一种符号来表示知识。当代认知逻辑的研究旨趣中，人们必须分析主体的迭代知识，即为了交流和互动，主体关于自身所知及他人所知的知识。参见文献（Baltag et al.，1998；van Benthem，2006）的系统，其结合了认知逻辑和动态逻辑来描述群组主体中的信息更新。图 7-1 中的模型，即是这种初等逻辑工作的简单例子。

本文的模型中，普遍有效的原则是多主体 S4 中的原则。在认知背景中，通常的模态公理有了一种特别的属性。举例来说，迭代公理 $\Box_1\phi\rightarrow\Box_1\Box_1\phi$ 现在表示“肯定内省”：知道某事的主体，知道自己知道。更明确地说，对于每个独立

---

* Johan van Benthem，Darko Sarenac. 2005. In：Béziau J Y，Costa Leite A，Facchini A eds. Aspects of Universal Logic，Centre de Recherches Sémiologiques，Université de Neuchatel，1 ~ 31

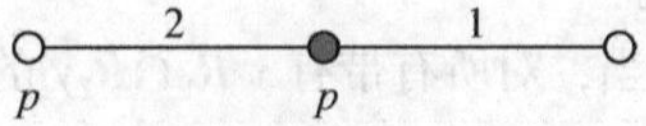

图 7-1

在中心的黑色世界，主体 1 不知道是否有 p，而主体 2 知道 p 在左边的世界中，
主体 1 知道 p，因此在中心世界里，主体 2 不知道主体 1 是否知道 p。

的主体，都具有 **S4** 的公理，但没有更多有效的“混合公理”来表示主体的迭代知识，诸如$\Box_1\Box_2\phi\rightarrow\Box_2\Box_1\phi$。实际上，后一蕴涵式在前面的例子中是不适用的。例如，在左边的世界里，主体 1 没有不确定性，所以主体 1 知道主体 2 知道 p。但是主体 2 不知道在这个世界中主体 1 知道 p，因为后一种断定在中心世界里是错误的。另一种描述有效原则集合的方法，是对每个主体独立的 **S4** 逻辑的一种融合（fusion），即 **S4** ⊕ **S4**，我们会回归到一种“合并逻辑”的视角。接下来，我们会处理两个主体的群体，即 $G=\{1, 2\}$，因为可以依此研究很多有趣的现象。有限 k 个主体情形的推广如下。

7.1.2 群体知识

互动认知的环境中，最有趣的话题可能就是人们所发现的各种所谓群体知识（group knowledge）的概念。下面是两个有名的例子：

（1）$E_G\phi$：群体 G 中每个主体都知道 ϕ；

（2）$C_G\phi$：ϕ 是群体 G 中的公共知识（common knowledge）。

其中（2）中的群体知识概念要强过（1）中的概念。在哲学、经济学和语言学的文献中，已有学者提议将这种群体知识作为主体间的协同行为的一个必要前提（Lewis，1969）。公共知识的一般语义学定义如下：

$M, x\models C_{1,2}\phi$，当且仅当，对所有带有 $x(R_1\cup R_2)^*y$ 的 y 来说，有 $M, y\models\phi$

这里，在连接 x 与 y 的两个可通达关系中，如果在任一关系上存在一个有限的连续序列，则有 $x(R_1\cup R_2)*y$。这种关系是两个主体间关系的并集的自返传递闭包。公共知识中最主要的有效原则是如下附加了的公理和规则：

均衡公理：$C_{1,2}\phi\leftrightarrow(\phi\wedge(\Box_1C_{1,2}\phi\wedge\Box_2C_{1,2}\phi))$

归纳规则：$\dfrac{\vdash p\rightarrow(\Box_1(q\wedge p)\wedge\Box_2(q\wedge p))}{\vdash p\rightarrow C_{1,2}q}$

这种逻辑被认为是 $S4_2^C$ 系统，文献（Fagin et al.，1994）中，经由命题动态逻辑的类似证明的一个简单变化，便表明上述逻辑是完全的和可判定的。

但还有更为有趣的有关群体知识的概念。一个有名的例子就是所谓的隐性知识（implicit knowledge）——$D_G\phi$，其刻画了群体成员决定合并大家的信息之后，这个群体所知道的情况：

$M, x \models D_{1,2}\phi$，当且仅当，对所有带有 $x R_1 \cap R_2 y$ 的 y 来说，有 $M, y \models \phi$

这里 $R_1 \cap R_2$ 是不同主体的可通达关系的交集。这一新概念，在技术与先前两个概念有些不同，它不像普遍的和公共的知识，它在认知模型的模态互模拟（modal bisimulations）下不是不变的。它也涉及一种全新的从认知角度本身讲很有意思（independent epistemic interest）现象，即混合不同主体所拥有的信息。后面的章节将会再谈及这些问题。

7.1.3　作为认知可通达关系的主体

我们也可以将这些新的群体知识概念当做引入了新的主体。例如，C_G 定义了一种新的 **S4** 主体，因为 $R^*_{(1\cup 2)}$ 在之前又是一种预定关系。需要注意的是，$R_1 \cup R_2$ 自身不是一个预定关系，因此与“每个人都知道”这个事实相对应的那个新“主体”就会拥有不同的认知属性。这个主体尤其缺少对自身所知事情的一种肯定自省。对比来说，D_G 中的关系，又是一种 **S4** 主体，因为霍恩条件（Horn conditions），诸如传递性和自返性的，在关系的交集中保留了下来。所以，给定一个由不同主体组成的群体，我们的逻辑模型便产生出新的主体。特别地，对于两个 **S4** 主体 1 和主体 2，两个附加条件接连施加于其上，一个使之更弱，另一个使之更强：

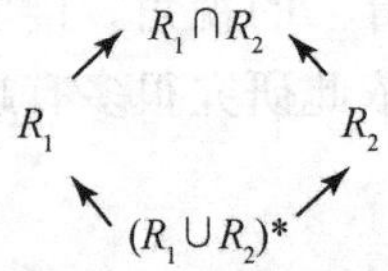

图 7-2

所有这些工作都展示出描述认知主体的丰富性。但是，有迹象表明这种框架对于完成解释任务来说，还不够灵活。

7.1.4　公共知识的其他视角

尽管标准认知逻辑框架的成就显著，但它的表达力和敏感性仍然受到人们的质疑。有一些经常性的牢骚针对逻辑方法本身特有的弊端，像争论不断的逻辑全知问题：主体自动地知道系统的所有规则。而一个更加严肃的话题是，标准模态环境中认知区分力（epistemic distinctions）的缺乏。特别是巴维斯（J. Barwise）在其著名的评论性文章（Barwise，1988）中提到，对公共知识的恰当分析，必须要区别我们所标明的三种不同的方法：

（1）单个主体知识模态词的可数无限迭代（infinite iteration）；

（2）将公共知识视作“均衡”的不动点视角；

（3）拥有一个共享的认知情境（shared epistemic situation）的主体。

巴维斯随后说明了如何在一个特定情境－理论框架中区分这三种方法。然而在后面会看到，假定我们建立一个更加广阔的认知语言下的拓扑语义学，其中涉及认知主体的模型乘积，那么巴维斯的区分，对于主流逻辑领域也是有意义的。但是，在做这项工作之前，我们首先来分析标准认知逻辑无法区分前两种选择的原因。而第三个概念“共享的理解”，在标准关系模态环境下，可能更显神秘并更加难以把握，对此我们会在文章第 7.2 节用更丰富的拓扑模型来做出分析。

7.1.5 计算认知不动点

前面所说公共知识算子 $C_G\,\phi$ 的均衡公理，表明可以把它看做定义了认知算子 $\lambda X.\phi\wedge\Box_1 X\wedge\Box_2 X$ 的一个不动点。它与归纳规则相结合，甚至可以被看做是标准模态 μ 运算（μ - calculus）中可定义的最大不动点（greatest fixed-point）：

$$C_G\,\phi:\ =\upsilon p.\ \phi\wedge\Box_1 p\wedge\Box_2 p$$

加上可能更相似的模态 μ 算子（μ- operator），其存在变量可定义为一个最小不动点：

$$\Diamond_G^C\phi:\ =\mu p.\ \phi\vee\Diamond_1 p\vee\Diamond_2 p$$

通常，人们将最大不动点定义为序数集合上的一个递减逼近（descending approximation）序列。这里用 $[\![\phi]\!]$ 来表示赋值的相关模型中 ϕ 的真值集合：

$C_{1,2}^{0}\phi:\ =[\![\phi]\!]$，

$C_{1,2}^{k+1}\phi:\ =[\![\phi\wedge\Box_1(C_{1,2}^{k}\phi)\wedge\Box_2(C_{1,2}^{k}\phi)]\!]$，

$C_{1,2}^{\lambda}\phi:\ =[\![\wedge_{k<\lambda}C_{1,2}^{k}\phi]\!]$，$\lambda$ 取极限序数。

最后，令 $C_{1,2}\phi:\ =C_{1,2}^{k}\phi$，这里 k 为近似步骤停止的最小序数，如 $C_{1,2}^{k+1}\phi:\ =C_{1,2}^{k}\phi$。在某个序数点上这种近似步骤必须停止，因为所用的算子 F 是单调的，这是在对 F 的定义中，由命题变量 p 的肯定出现所保证的一个事实。结果，最大不动点算子的近似序列，常常降低为子集，因此其最终必须停止。在一般的 μ 演算中，达到这一停止点，可能要经过很多序数段。一个标准的例子是最小不动点公式 $\mu p.\Box p$，它对模态二元可通达关系的所谓的“合式部分”做了计算。但在特定的情形中，稳定性的出现是由第一个无穷阶段来确保的。

事实 1 在每个关系的认知模型中，公共知识模态性的近似步骤稳定在 $k\leqslant\omega$。

通过观察知识模态$\Box_i$在任意无限合取上的分布，我们可以很容易地理解这一事实。因此，$\Box_i(\wedge_{n<\omega}C_{1,2}^{n}\phi)$，只是与 $\wedge_{n<\omega}C_{1,2}^{n}\phi$ 相等的 $\wedge_{n<\omega}\Box_i C_{1,2}^{n}\phi$。更一般地，公式 $\upsilon p.\phi(p)$ 的稳定性是由任一模型中的阶 ω 所保证的，其中定义单调逼近算子的句法限制如下（van Benthem，1996）。公式 $\phi(p)$ 必须为析取，这一析取的组成部分仅由下列情况所构造：

（1）任意字符（¬）q；

(2) 不包含 q 的任一认知公式；

(3) 合取和全称的模态词。

前面的事实1表明，公共知识的不动点方法，与重复知识模态的可数无穷合取，在标准环境中是等价的，像 $\nu p.\ \phi \wedge \Box_1 p \wedge \Box_2 p$ 就等于

$$K_{1,2}\, p:=\phi \wedge \Box_1 \phi \wedge \Box_2 \phi \wedge \Box_1 \Box_2 \phi \cdots$$

这一等值关系经常被认为是为了技术上的方便。但是它也许暗示着我们的标准模型太弱，不能做出相关的区分，还需要更通用的模型。如我们所看到的，公共知识这两个定义，在认知逻辑的拓扑模型中是不同的——使用类似于巴维斯的“共享情境”概念，我们甚至可以模型化更强意义的知识。

7.1.6 混合信息

更令人感兴趣的话题是多主体认知环境。特别是，多主体模型经常由不同主体或主体群的混合模型所构成，以致使整个群体的公共知识成为一种可能。最近模态逻辑整合的文献中，有把两个或更多主体的模型相结合的自然方法，强调使用其底层框架的乘积（products）。更精确地说有

定义1 两个框架 $\mathscr{F}_1=(W_1, R_1)$ 和 $\mathscr{F}_2=(W_2, R_2)$ 的积是含有 R_1 的框架 $\mathscr{F}_1\times \mathscr{F}_2=(W_1\times W_2, R_1, R_2)$，$R_1$ 定义为

$$(x, y)\ R_1\ (z, w)\text{，当且仅当，}x\ R_1\ z\ \&\ y=w$$

关系 R_2 也可作类似定义。

有时也可加入直接的乘积关系 $R_{1,2}$，这需要在两个关系构件中增加步骤。但在目前情形中，这被解释为 R_1 和 R_2 任意顺序的关系组合。

Gabbay 等（2003）仔细研究了这种整合模态逻辑的方法。很显然，乘积中保留了构件框架的独立逻辑。但是真正令人感兴趣的问题是，包含了能够表达认知主体间相互作用的模态词 $\Box_1$ 和 $\Box_2$ 在联合语言里的性质。如其所示，通过一个简单的变元，乘积框架自动证实了如下两个公理：

(*com*) $\Box_1\Box_2 p \equiv \Box_2\Box_1 p$

(*chr*) $\Diamond_1\Box_2 p \rightarrow \Box_2\Diamond_1 p$

Gabbay 等（2003）包含了有关上述原则的更多内容，比如通过框架乘积组合的逻辑何时具有完备系统之充分条件的一般性结果。但要注意的是，如早先我们所看到的，这两个原则在通用的认知主体的融合逻辑 **S4 ⊕ S4** 中并不是有效的。图7-1给出了一个 *com* 的形式化的反例。这一场景用语言表达为：学生可能知道老师知道考试的答案，而老师不知道是否学生知道答案。此外，如果公理有效的话，公共知识就变得无足轻重了，因为任意有限的知识模态序列，都将等于

$\square_1$，$\square_2$或$\square_1\square_2$中的三者之一。

目前，还有另外的有关认知模型的混合概念，依照这些运算上述公共知识的塌缩不会出现。人们常常会更自然地将混合单体或群体的信息，看做是模型之上的运算，而不是框架。在那种情形中，得到一致的对成对世界的原子赋值，可能会使上述乘积结构变得复杂，所以就妨碍了公理 *com* 和 *chr*。第 7.2.7 节会对此做简要讨论。对于分析公共知识来说，框架乘积很重要，它为一般化研究提供了一个更为广阔的拓扑学背景。在拓扑学情形下，两个不合要求的认知互动规则不再成立，并且能避免上述公共知识的平凡化。

现在我们已经积累了足够的理由，去寻找有关多主体语言更广泛的可替代语义学，其中应该有足够的细节来区分不同的公共知识概念，这能够为认知逻辑的似真版本提供充分的鲁棒性。我们会在下面的关系模型的数学一般化中发现这些优点。

7.2 拓扑语义学下的认知模型

7.2.1 从图到拓扑空间

替代模态逻辑关系语义学的大多数模型，以及过去更早的方法，都使用了拓扑模型。在论述认知模型之前，先来介绍一下这种语义学的一般解释。拓扑学是一种关于空间的抽象数学理论，其强调诸如开环境、闭包、边界或连通性等性质概念。

定义 2 一个拓扑空间χ是一对 (X, τ)，这里 X 为一个点集。X 中开集的集合 $\tau\subseteq\wp(X)$ 包含 X，ϕ，且在有限交和任意并运算下封闭。

例 1 一个典型的例子是如下的有理数结果：以$\mathbb{Q}$作为 X，带有$\mathbb{Q}$ 的集合 X 的关系结构，通过任意并集下的有界开区间的集合 $\{p \mid q<p<q'\}$ 而产生的标准度量拓扑封闭，其中 p，q，$q'\in\mathbb{Q}$。实数$\mathbb{R}$ 上的标准拓扑可以由同样的方式获得。

命题模态逻辑的语言 $\mathscr{L}$ 如先前所示，含有一个可数的命题变量集 *At*，以及递归定义的公式：

$$\phi:=p\mid\neg\phi\mid\phi\wedge\psi\mid\Diamond p\mid\square p$$

在拓扑解释下，可以把布尔逻辑解释为相应的集合运算，$\square p$ 看作指派给 p 的点集的拓扑内部，$\Diamond p$ 看作指派给 p 的集合的闭包。更严格地说，一个拓扑模型 $M=\langle X, \tau, V\rangle$，包括拓扑空间 $\langle X, \tau\rangle$ 和赋值函数 $V: At\to\wp(X)$。真值定义的关键子句为：

$\mathscr{M}, x\models\square\phi$，当且仅当，$(\exists U\in\tau)$ $(x\in U$ 且 $(\forall y\in U)$ $(M, y\models\phi))$，

$\mathscr{M}, x\models\Diamond\phi$，当且仅当，$(\forall U\in\tau)$ $(x\in U\Rightarrow(\exists y\in U)$ $(M, y\models\phi))$。

本文中所有的拓扑模态词，都满足模态逻辑 **S4** 中的公理，这反映了拓扑内部运算的主要特性。而令人感兴趣的认知细节在于这些模态词的互相作用中。为此，引用文献（McKinsey，Tarski，1944）中的人们所熟悉的两个结果。

定理 1　**S4** 是模态词□在任意拓扑空间解释下完全的公理化系统。

下面的结果更加显著和深刻。

定理 2　**S4** 是模态词□在任一稠密度量空间上完全的公理化系统。

这一定理表明，**S4** 是关于$\mathbb{Q}$，$\mathbb{R}$，$\mathbb{Q}^2$ 的完全逻辑，许多其他令人感兴趣的拓扑结构都接近于我们对空间的一般理解。

拓扑语义学是对标准模态模型理论的。一个基本的例子是对关系模型的互模拟（Aiello et al.，2002），它的普遍不变性形成了拓扑模型的一般概念。

定义 3　（拓扑互模拟）两个拓扑模型 $\langle X, \tau, V\rangle$ 和 $\langle X', \tau', V'\rangle$ 之间拓扑互拟，是一个非空关系 $E\subseteq X \times X'$，使得 xEx'，我们有：

（1）$x\in V(p)$，当且仅当，对所有的命题字母 p，$x'\in V'(p)$，

（2）（向前的条件）$x\in U\in\tau$ 必然有一个 $U'\in\tau'$，$x'\in U'$，并且对所有的 $y'\in U'$来说，都有一个 $y\in U$ 使得 yEy'。

（3）（向后的条件）$x'\in U'\in\tau'$必然有一个 $U\in\tau$，$x\in U$，并且对所有的 $y\in U$ 来说，都有一个 $y'\in U'$使得 $yE\,y'$。

命题 1　（互模拟的不变性）令 $\mathscr{M}=\langle X, \tau, V\rangle$ 和 $\mathscr{M}'=\langle X', \tau', V'\rangle$，为点 x 和 x' 的模型，点 x 和 x'由某一拓扑互拟相关联。那么 $\mathscr{M}$，$x\models\phi$，当且仅当，对所有的模态公式 ϕ 来说，有 $\mathscr{M}'$，$x'\models\phi$。

这一结果的特定情形是关系语义学中合成子模型的拓扑对应部分，其真值单纯地依赖于任意小的开邻域（open neighborhood）特性。

命题 2　［拓扑局域性（topological locality）］令$\chi=\langle X, \tau\rangle$ 为一个拓扑空间，其中 $x\in U\in\tau$ 且 v 为 X 之上的某个赋值。那么，对任一公式 ϕ，(χ, v)，$x\models\phi$，当且仅当，有 $(\chi\mid U, v\mid U)$，$x\models\phi$)。这里$\chi\mid U$ 为拓扑结构，通过如下方式得到：将 U 作为论域，令开集为所有 $U\cap U'\in\tau$ 的集合，而对于所有的 p 来说，$v\mid U=v(p)\cap U$。

拓扑互拟与标准的拓扑概念紧密相连。

定义 4　令$\chi=(X, \tau_1)$，$y=(Y, \tau_2)$ 为两个拓扑空间。从 X 到 Y 的映射 f：$X\to Y$ 有如下特征：

（1）开，若 τ_1 中任一开集的 f-映像在 τ_2 中也是开的，

（2）连续，若 τ_2 中任一开集的 f-原像在 τ_1 中也是开的。

很容易看出，连续的开映射保留了拓扑空间的模态理论，这正如“模态的 p-

态射”（p-morphisms）保留了关系框架理论一样。

这有利于说明模态或认知语言下的两类模态间的广义连接关系。标准关系模型可以视为上述概念下的一种特殊的拓扑空间。

定义 5 如果χ的开集的任意交集也是开的，那么这个χ拓扑空间是亚历山德罗夫（Alexandroff）拓扑。

任一亚历山德罗夫拓扑$\chi = \langle X, \tau \rangle$都能导出一个标准关系框架$\langle X, R \rangle$，以及自返传递关系$Rxy$，当且仅当，$y \in \cap \{U \in \tau \mid x \in U\}$。相反地，任意自返传递关系框架$\langle X, R \rangle$，通过将每个$x \in X$的集合$U_x = \{y \mid Rxy\}$看作$\tau$的基数，都能导出一个亚历山德罗夫拓扑。这里可以容易地说明，关系模型中模态公式的拓扑解释，在其相关的亚历山德罗夫空间中亦会产生同样的结果，反之亦然。用这样的方法，关系模型的模态逻辑便能够刻画拓扑模型的特定集合。但总的来说，拓扑模型还包括一些设定，在这些设定上缺少清晰的关系模型的对应部分。例如，$\mathbb{Q}$和$\mathbb{R}$上的标准拓扑显然就不是亚历山德罗夫拓扑：任一单元素集（非开）是包含这一集合的开区间的交集。

因为模态 **S4** 系统可以应用于空间推理，近年来人们再次引发了用这一系统解释拓扑空间的兴趣。Aiello（2002）和（Aiello et al.，2002）便从这一方面考察了 **S4** 系统的表达力和延展性，本文后面将会使用到这些研究成果。在引用这些成果之前，先来看看它们与我们主要关注的主体知识状况之间有何关系。

7.2.2 拓扑学与信息

早在 20 世纪 30 年代，人们已经运用了拓扑模型，即直觉主义逻辑（Troelstra，van Dalen，1988）。其中，开集更多地被认为是“证据的碎片”，如有关点的位置，这反映了可证性原理的直觉主义思想。我们可以将这种思路扩展到认知逻辑，将上述真值条件看做是一种知识模态 $\Box_i p$，即存在一个关于主体 i 的证据（也即 i 的拓扑学中的一个开集）使命题 p 有效。当然，还有另一种选择，我们也可以将拓扑学看做主体随意支配的理论群或数据库。这一思路在（Vickers，1989）中有更抽象的表达。正如我们所看到的那样，对认知语言基于信息的解释，其副作用之一便是公共知识出现于群体共享相同信息的情形。我们先来研究不同主体信息结构的混合问题。

7.2.3 拓扑积下的主体合成。

为了进行认知混合，我们需要利用（van Benthem et al.，2006）中空间推理理论中所得到的拓扑空间积的最新研究成果。

拓扑空间χ，γ的积经常出现，它们代表着许多新的拓扑结构。这里先以一种很简单的"提升"（lifting）方法开始，它将两个构件提升到格空间$\chi \times \gamma$上的一维拓扑结构，有时这在平面上被视为"水平的"和"垂直的"方向。

定义6　令$\chi = \langle X, \eta \rangle$和$\gamma = \langle Y, \theta \rangle$为两个拓扑空间。假设$A \subseteq X \times Y$。如果对于任一$(x, y) \in A$，都存在$U \in \eta$使得$x \in U$，$U \times \{y\} \subseteq A$，则$A$是水平开的（H-open）。相似地，如果对于任一$(x, y) \in A$，都存在$V \in \theta$使得$y \in V$，$\{x\} \times V \subseteq A$，则$A$是垂直开的（V-open）。如果$A$既是水平开，又是垂直开，则称之水平垂直开（HV-open）。对偶的闭集如常定义。

现在可以解释在命题字母的某个任意赋值下，积模型$\langle X \times Y, \tau_1, \tau_2 \rangle$中合成语言$\mathscr{L}_{\Box_1\Box_2}$的模态算子$\Box_1$和$\Box_2$。有两个关键条款如下：

$(x, y) \models \Box_1\phi$，当且仅当，$(\exists U \in \eta)$（$x \in U$且$\forall u \in U$：$(u, y) \models \phi$）

$(x, y) \models \Box_2\phi$，当且仅当，$(\exists V \in \theta)$（$y \in V$且$\forall v \in V$：$(x, v) \models \phi$）

为了图示这一语义学，我们可以想象一个有序对的"网格"，在网格上有一个沿着水平线的拓扑结构，也有另外一个沿着垂直线的拓扑结构。如果对于积空间$X \times Y$的所有赋值为$(x, y) \models \phi$，则称语言$\mathscr{L}_{\Box_1\Box_2}$中的一个公式在积空间中的$(x, y)$上有效。下一命题说明，构件拓扑（或称主体知识）的结构理论无需任何附加条件即可"提升"至积空间。与第7.1.6节关系框架积不同，拓扑积不会自动"成就"主体间新的互动规则。

命题3　一个由原子命题、布尔算子和模态算子$\Box_1$构成的公式ϕ在点$(x, y) \in \langle X \times Y, \tau_1, \tau_2 \rangle$有效，当且仅当，公式$\phi$在$\chi$中的$x$点有效。通过右投射，上述命题对含有$\Box_2$的语言亦为真。

这是主体各自子语言的结论。对于合成语言来说，可以看出先前的积互动规则*chr*和*com*在拓扑积上是不成立的。图7-2显示了这两个规则在二维实数平面上的合适赋值中不成立的情况：

在点(0，0)否证了规则*chr*。

$(\mathbb{R} \times \mathbb{R}, v), (0,0) \not\models \Diamond_V \Box_H p \rightarrow \Box_H \Diamond_V p$

$(\mathbb{R} \times \mathbb{R}, v'), (0,0) \not\models \Box_H \Box_V p \rightarrow \Box_V \Box_H p$

接下来是完全公理化。来自（van Benthem et al.，2006）的结果表明，拓扑积可以进行模态逻辑的最小混合，而不存在模态词互动的副作用。

定理3　融合逻辑**S4**$\oplus$**S4**在任意拓扑空间的积上是完全的。

如同单主体的情形，可以证明有关特定结构的更强的结论，即如下结论。

定理4　**S4**$\oplus$**S4**在$\mathbb{Q} \times \mathbb{Q}$上是完全的。

证明：（van Benthem et al.，2006）中详细给出了这一结论的证明，这里仅作简述。

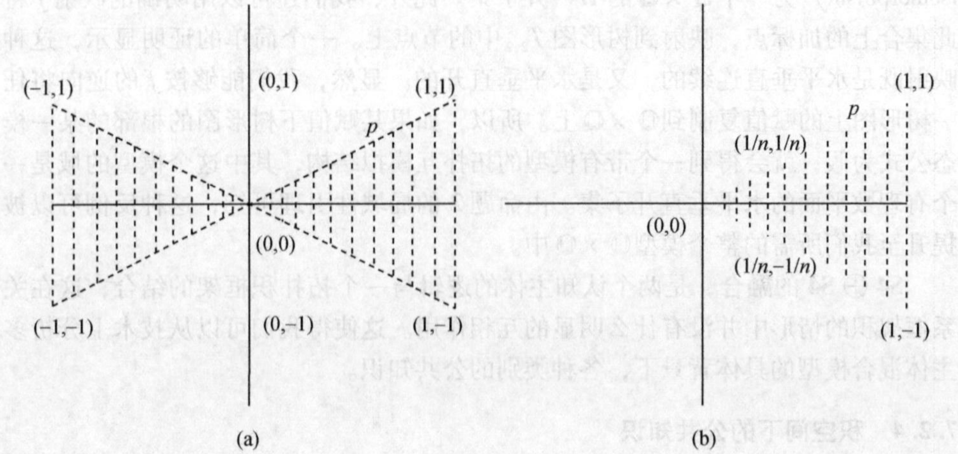

图 7-3

（a）中，赋值 $v(p) = (\cup_{x\in(-1,0)}\{x\}\times(x,-x))\cup(\{0\}\times(-1,1))\cup(\cup_{x\in(0,1)}\{x\}\times(-x,x))$ 在点 (0,0) 否证了规则 *com*；（b）中，$v'(p) = \cup\left\{\left\{\frac{1}{n}\right\}\times\left(-\frac{1}{n},\frac{1}{n}\right):n\in\square\right\}$在点（0，0）否证了规则 *chr*

这里首先要注意的是，运用可数关系模型的标准模态拆分方法，可得到**S4** $\oplus$ **S4**在无穷四叉树结构（infinite quaternary tree）$T_{2,2}$上是完全。为了将模态的对应情形从树形转换为拓扑积，我们需要进行第二步，证明 $T_{2,2}$是某个水平垂直连续和水平垂直开映射下，"关系平面" $\mathbb{Q}\times\mathbb{Q}$ 的水平垂直开子集的映像。容易看到，通过下面的方法可以逐步建立这样映射。令 $T^n_{2,2}$ 为 R-深度（R-depth）n 的 $T_{2,2}$的节点。重复为带有 $T_{2,2}$节点的$\mathbb{Q}\times\mathbb{Q}$的增长子集的一个序列加标，如下：

步骤 0：将树形 $T_{2,2}$的根 r 加标为（0，0）。

步骤 1：将紧随的左 R_1-后继加标为（−1，0），将 r 的紧随右 R_1-后继加标为（0，−1）；将紧随的左 R_2-后继加标为（0，−1），将 r 的紧随右 R_2-后继加标为（0，1）。将这四个点统称为距离$\frac{1}{3^0}$的环境点（environmental points at the distance）。

步骤 n：在 $n-1$ 步加标的环境点在距离上不小于 $\frac{1}{3^{n-1}}$。在距每个加标点 $\frac{1}{3^n}$ 的周围都建立四个环境点，其中两个点在垂直距离 $\frac{1}{3^n}$ 处，两个在水平距离 $\frac{1}{3^n}$ 处，并且在树形图上分别以紧随 R_1-后继和 R_2-后继对其加标。

这种方法将$\mathbb{Q}\times\mathbb{Q}$ 的一个子集加标，这个子集可以收缩（模同构，modulo isomorphism）为一个$\mathbb{Q}\times\mathbb{Q}$的 HV-开子集。此外，我们还可以用明确的映射$f$将此集合上的加标点，映射到树形图$T_{2,2}$中的节点上。一个简单的证明显示，这种映射既是水平垂直连续的，又是水平垂直开的。显然，我们能够按f的逆向将任一树形图上的赋值复制到$\mathbb{Q}\times\mathbb{Q}$上。所以，如果某赋值下树形图的根部的某一模态公式为假，就会得到一个带有模型的拓扑互模拟结构，其中这个模型的域是一个有理数平面的水平垂直开子集。由命题 2 的局域性引理可知，这种反例可以被提升至我们所需的整个模型$\mathbb{Q}\times\mathbb{Q}$中。

S4 $\oplus$ **S4** 的融合，是两个认知主体的逻辑与一个拓扑积框架的结合，这在关系框架积的情形中并没有什么明显的互相作用。这使得我们可以从技术上分析多主体混合模型的具体背景下，各种类别的公共知识。

7.2.4　积空间下的公共知识

之前拓扑模型中公共知识的定义仍然有效。例如，对于独立主体 1 和主体 2，其所有交互知识模态序列的可数无穷迭代如下：

$$K_{1,2}p := \bigwedge_n^{\omega} K_{1,2}^n p$$

其中 $K_{1,2}^n p$ 归纳定义如下：

$$K_{1,2}^0 p := p$$

$$K_{1,2}^{n+1} p := \Box_1(K_{1,2}^n p) \wedge \Box_2(K_{1,2}^n p)$$

不动点的定义亦如此：

$$C_{1,2}\phi := \upsilon p.\ \phi \wedge \Box_1 p \wedge \Box_2 p$$

在假定可以在不动点的计算中做适当调整的前提下，特别地，在命题p肯定出现的公式中，生成的单调运算与先前稍有不同。在关系模型中，算子$\Box_i$作用于集合X上为$\Box_i(X) = \{y \mid \forall x\,(R_i yx \to x \in X)\}$，为模态词添加了一个受约束的全称量词。但在拓扑语义学中，相关的算子是

$$\Box_i(X) = \{y \mid \exists U \in \tau_i \,\&\, \forall x\,(x \in U \to x \in X)\}$$

这里把模态词看做开集上的存在量词跟着这些集合元素的全称量词。这种双量词组合使得逼近最大或最小不动点的操作变得复杂了。实际上，不动点和可数无穷迭代下的公共知识的定义现在看起来有变化了。原因是，拓扑语义学证实了有穷 **S4**，但在无穷的行为上无法满足关系的有效性。

事实 2　拓扑内部结构相对于无穷合取并不满足分配率：

$$\Box_i \bigwedge_n p_n \text{ 并非始终等于 } \bigwedge_n \Box_i p_n$$

证明：取模型$\mathbb{Q}$上的标准拓扑结构。赋值υ定义为，对于所有的n，$\upsilon(p_n) = \left(-\frac{1}{n}, \frac{1}{n}\right)$。注意到这些开集的交集是单元集为 0 的，$\bigwedge_n \Box_i p_n$ 在 0 点为真，而

$\Box_{i_n} \wedge p_n$ 在任何一处都不为真。证毕。

这些结论尽管有启发意义，但没有给出公共知识分化的两个定义的证明。为此需要证明，给定一个集合 p，算子 $K_{1,2}p$ 并非始终能够在水平和垂直两个方向上来定义开集合。因为在这种情况下 $C_{1,2}p$ 的不动点始终是开的，两个方向不能趋同。

我们可以在水平收敛于初始点（0，0）的关系平面$\mathbb{Q}\times\mathbb{Q}$上，选取点的可数序列来给出相关说明。序列中的第一个点使得$\Box_1 p$ 为真，而使$\Box_1\Box_2 p$ 为假，第二点使得$\Box_2\Box_1 p$ 为真，而使$\Box_2\Box_1\Box_2 p$ 为假，等等。模态词$\Box_1$，$\Box_2$ 的逻辑中的定理 3 做出了可能的说明：融合逻辑系统 **S4 ⊕ S4** 中，知识的有穷迭代程度并不蕴涵着之后的情形，因此我们所刻画的情形必须在系统 **S4 ⊕ S4** 的适配模型中是存在的。特别地，序列中的每一点上，$K_{1,2}p$ 可能为假，所以$\Box_1 K_{1,2}p$ 在初始点也为假。剩下要说明的是，$K_{1,2}p$ 自身在点（0，0）上成立，事实确实如此，因为$\mathbb{Q}\times\mathbb{Q}$上 p 的赋值 $v(p)$ 是有意选择的。为此，我们进行了更精细的研究，也对相关公式做了稍许变换。

定理 5　$K_{1,2}p\rightarrow\Box_2 K_{1,2}p$ 在拓扑积空间中不是有效的。

令 ψ_n 表示公式 $\Box_1(K^n_{1,2}p)\rightarrow\Box_2(K^n_{1,2}p)$ 。

事实 3　（a）对于所有的 n，ψ_n 不是融合逻辑系统 **S4 ⊕ S4** 中的定理。

（b）$\mathbb{Q}\times\mathbb{Q}$上存在一个模型 M_n 使得 $M'_n(0,0)\not\models\Box_2(K^n_{1,2}p)$ ，并且对于所有的 $q\in\mathbb{Q}$, $M_n(q,0)\models K^n_{1,2}p$ 。

证明：（a）中，比较容易建立有穷的融合框架来证明任一给定规则 ψ_n 为无效。

（b）因为 **S4 ⊕ S4** 对于$\mathbb{Q}\times\mathbb{Q}$来说是完全的，根据（a），存在一个模型 M'_n 使得 $M'_n(0,0)\not\models\psi_n$，即

$$M'_n(0,0)\models\Box_1(K^n_{1,2}p)$$

亦有

$$M'_n(0,0)\not\models\Box_2(K^n_{1,2}p)$$

由此可得，存在一个开区间（open interval）（（$-q$，0），（q，0）），这一区间上的每个（q'，0）都满足 $K^n_{1,2}p$。由局域性（命题2）可知，在（$-q$，q）×$\mathbb{Q}$上，以及从M'_n到限于此空间的赋值上，$\Box_2(K^n_{1,2}p)$ 依然在（0，0）点为假，而 $K^n_{1,2}p$ 在每个（q'，0）点上都成立。由于（$-q$，q）×$\mathbb{Q}$与$\mathbb{Q}\times\mathbb{Q}$是同胚（homeomorphic）的，$M'_n$ 的赋值可通过同胚映射（homeomorphism）转换到$\mathbb{Q}\times\mathbb{Q}$上。

事实 4　存在一个收敛于 0 的正无理数序列，使得该序列中任一相邻两数 r 和 r'的距离之差 $r-r'$为有理数。

以$\sqrt{2}$, $\sqrt{2}-1$, $\sqrt{2}-1.4$, $\sqrt{2}-1.41$，…为例。对于每个有理数区间，我们在这些受无理数约束的区间上构造面积递减的方块S_1，S_2，…，来缩短由分立的无理数所约束的这些区间的距离（图7-4）。在上述例子中，第一个方块为（$\sqrt{2}$, $\sqrt{2}-1$）$\times\left(-\frac{1}{2},\frac{1}{2}\right)$，第二个方块为（$\sqrt{2}-1$, $\sqrt{2}-1.4$）×（-0.2, 0.2），以此类推。每一个平方仍然是同态于含有命题字母p的赋值的有理数平面$\mathbb{Q}\times\mathbb{Q}$。

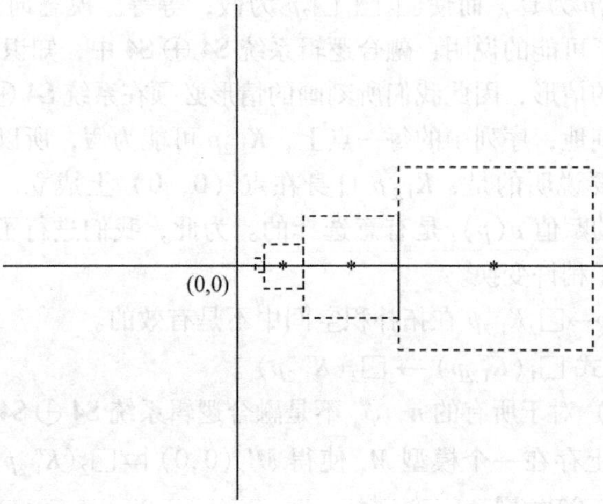

图7-4

下面在$\mathbb{Q}\times\mathbb{Q}$上建立一个新的较大模型$M$。在方块$S_n$的序列中，通过把$M_n$的水平轴变为方块$S_n$的水平轴，我们将先前的反例$M_n$嵌入$S_n$。这么做可以确保$K^n_{1,2}p$在$S_n$的$X$轴上处处成立，而$\Box_2(K^n_{1,2}p)$却在某处不成立。在方块之外，我们将整个有理数平面上的每个点都放置于V（p）中。这样可以证明先前的论断。

声明1 (a) $M,(0,0)\models K_{1,2}p$

(b) $M,(0,0)\not\models\Box_1K_{1,2}p$

证明：(a) 证明对所有的n，$K^n_{1,2}p$在（0，0）处成立。证明采用归纳法。y轴或其左侧上的任一点［除了点（0，0）］，都位于p处处为真的开圆面内。显然，圆内诸点满足所有的公式$K^n_{1,2}p$，根据局域性规则，这也在整个模型M中满足这些公式。

现在考虑初始点（0，0）。基本的步骤较为简单，根据v（p）的定义，$K^0_{1,2}p$为真。下面考虑归纳步骤$K^n_{1,2}p\Rightarrow K^{n+1}_{1,2}p$，其中$K^{n+1}_{1,2}p$为$\Box_1(K^n_{1,2}p)\land\Box_2(K^n_{1,2}p)$。这两个合取支各自均成立。若证$\Box_2(K^n_{1,2}p)$在点（0，0）成立，需要找到一个开集（(0，$y$)，(0，$-y$)），$K^n_{1,2}p$在此集合内的每一点上都为真。显然，根据归纳

假设，公式 $\Box_2(K^n_{1,2}p)$ 在点（0，0）成立。由前面对开 p-圆考察，这一公式在 Y 轴任一其他点上亦成立。

接下来证明 $\Box_1(K^n_{1,2}p)$ 在点（0，0）成立。需要划定一个形如（（$-y$，0），（x，0））的区间使得 $K^n_{1,2}p$ 在此区间内的每一点上都为真。这里，我们对（-1，0）（-1，0）开 p-圆考察再次涵盖区间（（y，0），（0，0））上的点，其初始点可根据归纳假设得出。接下来观察右边，根据方块 S_n，可知 $K^n_{1,2}p$ 在 S_n 水平轴上处处成立，对于 S_m（$m>n$）来说亦如此。这样，对于所需的右侧终点（x，0），可以选择平方 S_n 的水平轴上的任意一点。因为区间（（0，0），（x，0））上的每一点都在某个 S_m（$m>n$）中，所以我们就得到了所需的区间，故 $\Box_1(K^n_{1,2}p)$ 在初始点（0，0）为真。在这样的关联中，我们“黏合”方块的思路在于$\mathbb{Q}\times\mathbb{Q}$内部，所以这里不存在受限点的问题。

（b）为了证明 $\Box_1(K_{1,2}p)$ 在（0，0）为假，我们可以看到，围绕点（0，0）的任一水平开区间 I 中，都有一个 $K_{1,2}p$ 不成立的点。对于某个 n 来说，S_n 的水平轴是 I 的子集，通过建立小之更小的方块 S_n，使生成的区间内存在一个 $\Box_2(K^n_{1,2}p)$ 不成立的点，这样在一点上 $K_{1,2}p$ 亦不成立。

推论 1　拓扑模型下 $K_{1,2}p$ 与 $C_{1,2}p$ 不等价。

推论 2　$C_{1,2}X$ 的不动点的稳定化，可能在序数 ω 步之后出现。

在巴维斯所区分的前两种公共知识之间，用拓扑学方法得到了自然的分立。此外，这一方法也产生更多的问题。首先，这是比较“逻辑取巧的”（logicky），人们可能想得到有理数平面中具体的独立证成的点集，以使得上述分立发生。同样，在这一模型中判定认知不动点稳定下来的精确（可数）序数，也会让人感兴趣。

7.2.6 节将回归到巴维斯所说的第三种公共知识的定义——“共享情境”。

7.2.5　拓扑积下的公共知识的完全逻辑

何谓拓扑模型中最大公共点公共知识模态 $C_{1,2}$ 的逻辑呢？问题可能有点奇怪，大致的答案是：如同关系 **S4** 模型那样。理由是，一般的系统 $\mathbf{S4}_2^C$ 中已经包含了满足不动点定义的公共知识的规则了。此外，这一系统对于关系模型来说是完全的（Fagin et al.，1994），而关系模型同时也是亚历山德罗夫拓扑模型。本文的拓扑积模型更加有趣，实际上文中所说的逻辑并未做变化，但是需要仔细考虑其中的论证过程。

定理 6　对任意的拓扑积，$S4_2^C$ 是完全的。实际上 $S4_2^C$ 就是完全的$\mathbb{Q}\times\mathbb{Q}$逻辑。

完全性的证明可按照先前不含公共知识的语言进行：这也是我们略过定理3的详细证明步骤的原因。通过关系模型完全性的一般证明可知，$S4_2^C$ 中任一非定理在有穷根模态模型中都不成立。经过互模拟，这一模型可以解释为具有适当赋值的双二元分叉树 $T_{2,2}$。继续使用定理3证明中的加标方法，最后在给定的 $T_{2,2}$ 模型和关系平面 $\mathbb{Q}\times\mathbb{Q}$ 上的某个模型之间，便可生成一个拓扑互模拟结构。需要考察的是，这些拓扑互模拟结构并不只是保持了一般模态公式的真值，很显然它们也保持了任一模态语言中的公式的真值，这样的语言允许公式的无穷合取和析取。同时，后面的研究表明，需要将反例转换为认知语言中的公式，而公共知识可被看做不动点算子。

事实5　拓扑互模拟保持了任意不动点公式的真值。

证明：在任一给定模型 M 中，任一模态不动点公式 ϕ 等价于某个不含不动点算子的模态公式 $\phi(\alpha)$，使用无穷合取和析取来达到可由序数 α 判定大小的程度，以“展开”（unwind）近似序列。这里的 α 依赖于模型的大小。另外，如果展开至任一更高的序数，并不会对之产生影响。假设某一不动点公式 ϕ 在 M，s 上为真，E 是连接 s 和 t 的互模拟（t 在模型 N，t 中）。令 α^* 为模型 M，N 中 ϕ 的未展开序数的最大值。$\phi(\alpha^*)$ 在模型 M 中的 s 处为真，因此在模型 N 中的 t 处也为真。由此可得初始不动点公式 ϕ 在模型 N，t 中为真。证毕。

即便这样，倘若我们已经找到了公共知识 $C_{1,2}\phi$ 和 $K_{1,2}\phi$ 之间的差别，那还需要解决一个新的完全性问题。

问题　$K_{1,2}\phi$ 的完全逻辑是什么？

给定所有这些关于集合模型，比如有理数平面条件，我们能够确定地说明这些模型都是与认识论相关吗？上述讨论仅仅说明了抽象差别的一种可视化情形。$\mathbb{Q}\times\mathbb{Q}$ 模型是否包含更深刻的信息和意义，仍然需要进一步讨论。

本文剩余部分将讨论知识的拓扑语义学意义，这类似于第7.1节的讨论。

7.2.6　认知主体作为拓扑关系的意义

在关系语义学中，主体即为可通达关系。同样，在拓扑模型中，主体就是拓扑！如第7.2.2节所解释的，某一模型世界中主体所知的情况，是其拓扑关系的方块模态下成立的情况。与第7.1.3节中的情形做一比较，主体1和主体2至少产生两个以上的“内省共识的主体”，一个是产生公共知识的上确界关系 $R_{(1\cup 2)^*}$，另一个是产生群体“隐形知识”的下确界关系 $R_1\cap R_2$。拓扑语义学给出了这些运算比较有趣的对应解释。

评论　自省规则（introspection principles）。如果我们对逻辑的要求不那么严格，没有正自省，那么就会产生许多选择，正如有理数模型中那样。如果更严格的话，如包含否定自省规则的关系 **S5** 模型，那么必须使用能够满足公理 $\phi \to \Box \Diamond \phi$ 的拓扑结构。很容易看出来，T_0 空间中所有单元集合都是封闭的，加入这一规则令拓扑模型变得离散，令认知逻辑变得简单。但是，即使 T_0 中那样的弱分离公理，在认识上也并不为真。在广义空间中，公理 $\phi \to \Box \Diamond \phi$ 对应的属性是，每个集合都是其闭包内的一个子集。这进一步解释为：

$$\forall x,\ \exists U \in \tau:\ x \in U \ \& \ \forall y \in U,\ y \in V \in \tau:\ x \in V$$

这意味着这一空间是开集的一个并集，其中所有的点都有同样的开邻域——这是关系 **S5** 模型的一个拓扑对应结构。

研究新共识主体的最受欢迎模型是目前所用的积模型。作为最大不动点的公共知识，对应于单独主体的给定拓扑结构的自然运算。以先前积空间上的拓扑结构 τ_1 和 τ_2 的交集 $\tau_{1\cap 2}$ 为例，显然这也是一个拓扑结构：其满足所有的闭包条件。现在来考察下列关系。

事实 6　$\forall M \forall x, M, x \models C_{1,2}\phi$，当且仅当，$M, x \models [1 \cap 2]\phi$

证明：可以证明真值集合 $[C_{1,2}\phi]$ 与 $[\![[1\cap 2]\ \phi]\!]$ 在所有模型中都是相同的。首先，因为真值集是 $\nu p.\phi \wedge \Box_1 p \wedge \Box_2 p$ 的一个不动点，所以有 $[\![C_{1,2}\phi]\!] \in \tau_i, i \in \{1,2\}$。根据定义有 $[C_{1,2}\phi] \subseteq [\ [1\cap 2]\ \phi]$。其次，$[\ [1\cap 2]\ \phi]$ 满足 $[\![\Box_i\ [1\cap 2]\ \phi]\!] = [\ [1\cap 2]\ \phi], i \in \{1,2\}$。因此，$[\ [1\cap 2]\ \phi]$ 是一不动点。因为 $[C_{1,2}\phi]$ 是最大不动点，故 $[\ [1\cap 2]\ \phi] \subseteq [C_{1,2}\phi]$。证毕。

对于某空间上任意两个给定的拓扑结构，而不一定是积空间上的垂直和水平方向，上述证明通常都是成立的。事实上，在早先考察的模型到拓扑的转换中，拓扑交集是给定可通达关系的自返传递闭包的对应部分。

因此，我们希望得到一个先前的关系交集（relational intersection）运算的拓扑对应结构，用以建模隐性群体知识 D_G。这一结构应该是两个拓扑结构的并集，通过最小的闭包来形成拓扑结构。这个结构是和拓扑（sum topology）$\tau_1 + \tau_2$，它以两个拓扑结构的开交集对作为基础。后一个拓扑结构的作用不大。例如，在当前的拓扑积$\mathbb{Q} \times \mathbb{Q}$上，后一个拓扑结构是离散的，里面每一点都是开的。从信息的角度而言，这意味着在水平和垂直方向上混合我们所得的有关点的信息，唯一地确定了点的位置。

其结果也是一个包含关系图（inclusion diagram）：

再来考察 Barwise（1988）所做的三种区分。目前，我们已经区分了公共知识的可数无穷合取方案，以及最大不动点方案。那么第三种“共享情境”的方案是什么呢？从某种角度而言，交集拓扑可以看作是对第三种方案的一种模型化。开的拓扑结构正好就是认知主体都接受的信息知识。但这样一来，我们就无法区分第二种方案和第三种方案了。事实 6 也说明了这种情况。但是拓扑积模型

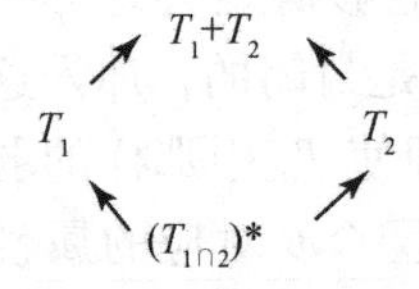

图 7-5

还说明了另外的信息，特别是目前我们还没有讨论拓扑学家们所称的空间 $X \times Y$ 上的“真”积拓扑（product topology）τ。这种拓扑学的定义是，集合 $U \times V$ 构成一个基，U 在 χ 中开，V 在 γ 中开。例如，声明 1 的证明中所用的 $\mathbb{Q} \times \mathbb{Q}$ 平面上自然度量拓扑结构，带有一个围绕邻域点的开圆。与这一新的群体概念 τ 相应的认知主体，仅仅那些接受很强意义的共识证据作为命题知识。对此，van Benthem 等（2006）提出两个相关的结论。

定理 7　积拓扑结构的认知方块模态词，在有分立的模态词 $\Box_1$、$\Box_2$ 的语言中是无法定义的，即使添加了不动点算子。

定理 8　包括真积拓扑的完全逻辑，在三模态词 $\Box$、$\Box_1$ 和 $\Box_2$ 的语言下，是包含如下公理的最小常规模态逻辑：（i）模态词 $\Box$、$\Box_1$ 和 $\Box_2$ 的 **S4** 系统公理；（ii）$\Box p \to \Box_1 p$ 和 $\Box p \to \Box_2 p$。

于是，我们可以得到一个更强的公共知识概念来刻画巴维斯的第三种分类。然而，这种方法也有一些问题。比如，与前面交集和并集闭包两种运算不同，真积拓扑方法并不能定义在我们语言的任意模型上，这种方法似乎在研究积结构的本质属性。这使得真值拓扑积方法特别有针对性，上述给定完全逻辑所描述情况的有限性也反映了这一事实。当然，这种情形也展现出很多有趣的逻辑特性。与公共知识的最大不动点读数所刻画的序列量化（sequential quantification）相对比，真拓扑积模态性更具 Barwise 和 Cooper（1981）所描述的分支量词（branching quantifier）特征。这种有趣类比的认识论意义还需进一步研究。

7.2.7　拓扑互模拟下安全的运算

为了进一步说明前面论述的知识和主体性的概念，我们对拓扑模型间的模拟做一探讨。

模态语言的关系语义学中，大部分自然运算 f（R_1，R_2）对于互模拟来说是可靠的，即

• 关于关系 R_1 和 R_2 的两个模型间的任一给定互模拟，也是这一关系的运算 f（R_1，R_2）的互模拟。

这说明，新运算在模型上的层次和以前的运算一样。这样一来，像二元关系上的常规运算，如合成、并集及迭代等，都是安全的，而一个典型的不安全运算就是交集。安全性（safety）是静态公式向动态转换中关系不变性的自然扩展［（van Benthem，1996）完整描述了所有一阶可定义的安全运算］。安全性限制了给定模型下的可定义转换关系的全部内容。在广义过程理论中，我们也可以从旧

的关系重新建构新的关系，同时建立新的模型，正如在进程代数（process algebra）那里对并发过程取积一样。由此可知，运算可靠性推广了互模拟方法，如果令$\cong$表示互模拟，则有：

• 如果 $M \cong M'$且 $N \cong N'$，那么 $f(M, N) \cong f(M', N')$。

大多数自然积运算说明了这种互模拟。为了检验上述新概念，我们用同样的方法来考察拓扑结构上的运算，用上述拓扑互模拟来代换一般的关系结构。

常规运算的内容中只有很少一部分与我们的考察有关。若仅仅集中于自返传递关系，合成和并集，其自身并不能算做运算，我们还需要采用*-闭包。对于自返-传递关系 R_1 和 R_2，$(R_1 \cup R_2)^*$和 $(R_1; R_2)^*$产生同样的关系。后一种运算的拓扑对应结构是如上所述的拓扑交 $\tau_1 \cap \tau_2$。事实 6 表明，这一结构的模态性与包含模态算子 $[\tau_1]$ 和 $[\tau_2]$ 的公共知识不动点模态性是相同的。由前可知，后者在拓扑互模拟条件下是不变的。由此有：

事实 7 拓扑交在拓扑互模拟下是安全的。

证明：令 E 为拓扑模型 M 和 M'之间的关系，这是两个分立的拓扑结构的拓扑互模拟，如图 7-6。

首先，令 sEt，且 $s \in U$，U 在 $\tau_1 \cap \tau_2$ 中。因为 E 是一个关于 τ_1 的互模拟，所以 M'中存在一个 τ_1-开集 V，使得的每一点 v（$v \in V$），与 U 中的某一点 u 都是 E-相关的。同样，M'中存在一个 τ_2-开集 W，使得每一点 v（$v \in W$），与 U 中的某一点 u 都是 E-相关的。其次，尝试将 V 与 W 在 t 点的交集，作为所需的 U 的匹配邻域，当然这在拓扑结构中不一定需要开结构。作为替代，我们可考虑 U 中 u 点和并集 $V \cup W$ 中的点 v 之间的每个 E-链环。再次运用互模拟属性，对于所有的点 u，都有 τ_1 和 τ_2-开邻域，满足向后朝向 U 的交错条件。连续的使用这一方法数次之后，M'的所有接连产生的子集的并集，都变成 τ_1 和 τ_2-开的，其仍然满足修正的后向条件，这与 M 中 s 点的初始开邻域 U 有关。相反方向的证明亦如此。证毕。

这一结论可能有点出乎意料，因为二元关系的交集产生了互模拟不变性。但是这种运算的拓扑对应结构，是上述定义的和拓扑 $\tau_1 + \tau_2$，其运算实际上是不可靠的。

事实 8 拓扑求和运算对于拓扑互模拟来说并不可靠。

这里的反例也来自关系结构。考虑图 7-7 中的两个三点模型，这是其拓扑结构加上一个各点之间的二元关系 E。

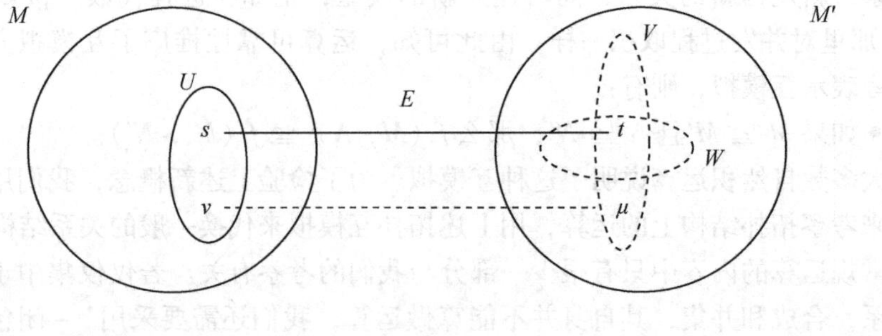

图7-6

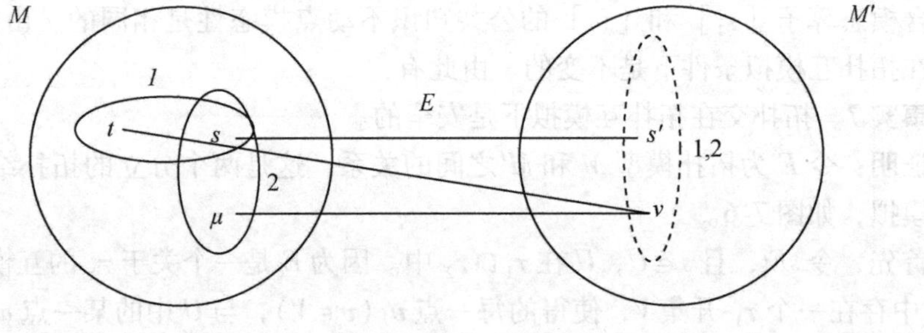

图7-7

需要注意的是，图7-7上左侧的和拓扑中有一个单元集 $\{s\}$ 是开的，而右侧的和拓扑中仅有二元素空间是非空开的。关系 E 是拓扑 τ_1 和 τ_2 的一个互模拟。接着，考虑左侧含有开子集 $\{s\}$ 的链环 sEt，右侧唯一与之匹配的开集是 $\{s', v\}$，但是这并没有满足后向交错条件，sEv 并不成立。

最后，更一般的运算也会在合成空间上产生新的拓扑结构。文中的典型例子正是如定义6中所描述的拓扑积。

事实9　拓扑积 $\tau_1 \times \tau_2$ 并不服从拓扑互模拟。

证明：令 E_1 为模型 M 和 M' 间与 τ_1 有关的互模拟，同样 E_2 为模型 N 和 N' 间与 τ_2 有关的互模拟。将 $M \times N$ 和 $M' \times N'$ 间的互模拟 E 做如下定义：

$$(s, t)\ E\ (s', t')，当且仅当，sE_1s' 且 tE_2t'$$

给定定义6，可以直接检验 E 是否为一个关于积拓扑的互模拟。证毕。

与上述论证相对比，取两个拓扑空间的积，以及之前引入的真积拓扑 τ，并不影响拓扑互模拟。理由是，先前的真值积模态□，对于两个构件拓扑结构来说，在拓扑互模拟下是不变的。

7.2.8 再次考察混合信息

最后，我们对混合认知情境问题做一评论。本文已经说明，拓扑空间的积，是不同主体混合知识的一个自然语境，其能够区分群体中所有主体的各种不同知识。但是如第7.1节所示，这一进路还有很多问题需要讨论。拓扑积只是信息混合模型的进路之一。混合认知模型的全部主题，远远超出了本文论及的范围［（van Benthem，2005）对这一问题有更广泛的讨论］。本文仅对关系语义学与拓扑模型之间的关联做了大致的探讨。

总体而言，当混合主体的信息时，我们需要根据自己的研究重点，来对主体的知识和无知状态做出*详细说明*。假设给定两个认知模型，群体 G_1 下的模型 M，群体 G_2 下的模型 N，群体 G_1 和 G_2 是互相交叠的。在这种情形下，我们可能需要设定，依照“混合模型” $M*N$，至少在这一交集群体的旧有语言的公式中，交集群体并没有习得知识。这一情景让我们想到，在基本模态语言插值定理（interpolation theorem）的语义证明中，展现关系模型的*合并*（amalgamation）过程［参考（Andréka et al.，1998）中的基本解释］。这样的证明常常从模型 M，s 和 N，t 间的*互模拟* $G_1 \cap G_2$ 开始，这一互模拟是关系模型和拓扑模型两种不同配置之间一个初始的连接关系。相关的混合模型 $M*N$，也被证明是*完全积* $M \times N$ 的*子模型*，即位于互模拟中的那些有序对。继而我们可以直接证明，从偶对到初始模型 M 和 N 的映射，是分立语言的互模拟。由此，两个语言交集中的公式保留了明确的真值：这是在互模拟结构下公式之前所保留的。在共享模态词的插值定理情形中，这种合并结构虽然比较复杂，但思路是一样的。群体知识的混合模型，可能预先假定了某种原始的关联，我们可以规定其在某些情况下对模态公式的影响。特别是，我们无需接受混合模型拓扑积中的所有偶对。这样做的话，拓扑模型和关系模型之间的联系就更加复杂了，正如本文对关系模型上子积结构的相关研究，那里参考了 Sarenac（2006）的详细研究。

7.3 结　论

认知逻辑的拓扑语义研究，是一般关系模型方法的自然扩展。这一研究所提供的方法，可以用于区分各种不同的公共知识概念，从而定义各种类型的共识主体。除此之外，通过运用积空间方法，拓扑语义学提出了分立群体认知模型的“低交互”（low-interaction）融合方法。所以，我们相信这一当前尚属边缘研究的领域将会得到进一步的发展。

参考文献

Aiello M. 2002. Spatial Reasoning: Theory and Practice. PhD dissertation. ILLC, University of Amsterdam

Aiello M, van Benthem J, Bezhanishvili G. 2002. Reasoning about Space: the Modal Way. Journal of Logic and Computation, 1 ~ 32

Andréka H, van Benthem J, Németi I. 1998. Modal Logics and Bounded Fragments of Predicate Logic. Journal of Philosophical Logic, 27 (3): 217 ~ 274

Baltag A, Moss L, Solecki S. 1998. The Logic of Public Announcements, Common Knowledge and Private Suspicions. Proceedings TARK. Los Altos: Morgan Kaufmann Publishers. 43 ~ 56

Barwise J. 1979. On Branching Quantifiers in English. Journal of Philosophical Logic, 8: 47 ~ 80

Barwise J. 1988. Three Views of Common Knowledge. Proceedings of TARK. Los Altos: Morgan Kaufmann Publishers. 365 ~ 379

Barwise J, Cooper J. 1981. Generalized Quantifiers and Natural Language. Linguistics and Philosophy, 4: 159 ~ 219

Binmore K. 1994. Game Theory and the Social Contract. Cambridge: MIT Press

Fagin R, Halpern H, Moses Y et al. 1994. Reasoning about Knowledge. Cambridge: MIT Press

Hintikka J. 1989. The Logic of Epistemology and the Epistemology of Logic: Selected Essays. Boston: Kluwer Academic Press

Gabbay D, Kurucz A, Wolter F et al. 2003. Many- Dimensional Modal Logics: Theory and Applications. Studies in Logic and the Foundations of Mathematics, Vol 148. Elsevier

Lewis D. 1969. Convention: A Philosophical Study. Cambridge: Harvard University Press

McKinsey J, Tarski A. 1944. The Algebra of Topology. Annuals of Mathematics, 45 (2): 141 ~ 191

Sarenac D. 2006. Modal Logic and Topological Products. PhD dissertation, Stanford University

Shehtman V. 1978. Two-Dimensional Modal Logics. Mathematical Notices of the USSR Academy of Sciences, 23, 417 ~ 424 (Translated from the Russian)

Troelstra A, van Dalen D. 1988. Constructivism in Mathematics. Vol 1 ~ 2. Amsterdam: North Holland

Vickers S. 1989. Topology via Logic. New York: Cambridge University Press

van Benthem J. 1996. Exploring Logical Dynamics. Stanford: CSLI publications

van Benthem J. 2005. Information as Correlation and Information as Range. To appear In: Moss L ed. Memorial Volume for Jon Barwise

van Benthem J. 2006. One is a Lonely Number. In: Chatzidakis Z, Koepke P, Pohlers W eds. Logic Colloquium'02. Wellesley MA: ASL & A K Peters. 96 ~ 129

van Benthem J, Bezhanishvili G, ten Cate B et al. 2006. Modal logics for products oftopologies. Studia Logica, 84: 369 ~ 392

Wooldridge M J. 2002. An Introduction to Multiagent Systems. New York: J. Wiley

8 认知逻辑的五个问题*

王 轶/译 刘奋荣/校

8.1 您最初是如何被吸引到认知逻辑的呢?

我最初根本就没有被“吸引”到认知逻辑，而是让它推了回来。跟我那一代（1970 年左右）的许多学生一样，我将认知逻辑视为基本模态逻辑的一个产业化版本，以同样的方法可以处理自然语言中的各种内涵算子，其本身并没有特别的吸引力。尤其是，认知逻辑与其所宣称的动机——知识的哲学概念——之间是否具有深入的联系，一直都不是十分明白。而对哲学影响力的缺失，并没有在技术上得到补偿。以认知为中心并不会带来有意思的数学问题：值得注意的是，20 世纪 70 年代关于模态逻辑基础问题的第一波技术研究的浪潮（那时候我是一个富有激情的年轻参与者），直接绕过了认知这一视角。这种批判性的态度依然为一些同行所持有和论道，尤其是在非正式场合。但对我而言，认知视角的否定成分已经逐步消亡，其原因我会在后面加以解释。到目前为止，认知逻辑已经成为我个人的主要兴趣——在接下来的时间里，读者依然可以选择的朴实而又浓烈的爱好。

让我首先介绍一些推动我心灵和思想之改变的外在影响。第一个就是 1980 年左右 TARK 的倡议。那时已经变得很明确的是，认知逻辑的多主体特征同即将出现的、理解“多个处理器的分布式计算”这个后图灵时代的挑战相谐合。而模态语言的稀疏抽象层次似乎刚好适用于将信息和交流的基本推理模式加以揭露。这种令人惊讶的转变在思想史中当然是频繁出现的：对一种现象解释不佳的模型却很好地适用于另一种现象，而且常常是以最初构造者完全没有设想过的方式出现。具体说来，多主体方式远离了最初的认识论动机，而现在这却对认知逻

---

* Johan van Benthem. 2010. Interview Five Questions on Epistemic Logic. Vincent Hendricks, Olivier Roy eds. Five Questi ons on Epistemic Logic. Copenhagen: Automated Press

辑的成功至关重要。事实上，在哈尔彭（Joe Halpern）及其同事的手中，TARK 已经在广义上将认知逻辑和计算变成一种可实施的、体面的努力，生机勃勃并仍在成长。该计划由于公共知识这一基本概念的出现而得到进一步加强。公共知识这一概念引出一个新的方向——将群体知识作为聚合实体的逻辑研究。于是，认知逻辑的需要远远超出基本模态语言的算子。它与行动的动态逻辑相联系，并最终生成新的数学问题，而其中一些问题至今未能解决。说点题外话，我将推进认知逻辑的念头也意味着跟许多哲学家说再见。他们曾觉得这门学科正落入一个不好的群体之手（程序员和工程师的油滑之手），远远偏离了所应当具有和保留的、最纯粹意义上的知识的真正议题。我们仍会提到方法上的这种致命分歧，但更多内容将放在后文之中。

认知逻辑更加引起我注意的时期是 20 世纪 80 年代中期。这一时期伴随着处理非单调推理的深入问题的“自认知逻辑”和作为其基础的反思均衡的出现，正如斯塔纳克（Bob Stalnaker）——他这些年来的工作当然也提升了认知逻辑的哲学高度——所分析的那样。几乎在同一时间，摩尔写出了一篇关于知识和行为的著名文章，阐述认知逻辑和动态逻辑的结合如何能够生成信息驱动行动的有趣而清楚的基础逻辑。其中，可以针对知道“在获得正确信息时何种计划可以实现目标”而提出一些根本性的问题。人工智能领域——哲学家们当时在进行探索的哲学和计算机科学之间的一个缓冲状态——之中同样也有哲学观点与计算观点的结合。至少，早年当学科分野一度被打破的时候，他们确实在斯坦福的语言与信息研究中心做过这些，而且似乎思想界从那时起被永久地加以重新定义。

令认知逻辑深入我心的第三个也是最后一个影响，则是当像我这样的逻辑学家开始了解博弈论——以 20 世纪 70 年代奥曼（Robert Aumann）为先驱——的认知基础。我开始明白，认知逻辑，即使仅限于其自身，在用于其他领域的时候也会得到令人振奋的创造性混合体。这大致上也是我如何将逻辑之角色视为更广泛智能发展的催化剂（或者是一种调料，如果你更喜欢用菜肴来作比喻）的方法。此外，这种博弈论工作改变了我对逻辑学在大学中位置的看法。在传统的与哲学和数学的联盟之外，在 20 世纪后半叶与语言学和计算机科学的联盟之外，逻辑学如今也成功延伸至经济学和社会科学——这对我而言是一个新的联盟。

然而仰慕尚未成钟爱。认知逻辑对我个人变得至关重要，则是在 1990 年左右开始发展自己的“逻辑动态学”项目之后。我将逻辑动态学作为一种驱动人类主体性的信息动态学研究（近年来信息动态学更加以此为中心）。不过，容我稍后再讲述那个故事。

8.2 在您或者他人的工作中，有哪个（些）例子展现了与认知逻辑的相关性？

首先，我并不认为认知逻辑主要研究知识的哲学概念乃至心理学概念。我仍然认同它确实有很多重要的东西与知识有关，但这一视角并不是看待它所取得成绩的最佳方式。很长时间积累之下，我逐渐开始将认知逻辑视为关于*语义信息*（semantic information）的理论。这里所谓的语义信息，是从卡尔纳普和巴尔－希尔（Bar-Hill）的意义上来讲的，归根结底其实是在绝大多数处理语义模型的严密科学的意义上来讲的。当然，所使用的模型都是极为简单的（下文会更多地提及），但那恰恰是我们能够理解本质结构并以清晰易懂的方式建立主要研究架构的原因。传统的认知逻辑自然只是这里的一个出发点而已。信息呈现出很多种类，由"硬"及"软"，而逻辑应该且能够帮助我们描绘出其基本的一些变体。

不过，只有当我们继续迈出决定性的一步——偏离这个学科原先发展的一步——之时，认知逻辑才会真正拥有一个独立学科的特质。这一步，同时也是我过去10年中的主要研究兴趣所在，就是*信息动态学*（information dynamics）：对行动、时间和改变主体信息状态的长期程序清晰的逻辑研究。这一"动态转向"是我过去20年中主要感兴趣的问题。我的两本专著见证了这一过程。它们是：1991年的《行动中的语言》（van Benthem，1991）和1996年的《探寻逻辑的动态性》（van Benthem，1996）。这两本书将行为置于驱动单主体的逻辑和语言表现（诸如推理行为、解释行为和断言行为）的中心位置。这一转变超越了逻辑的界限，因为以此观点来看，推理行为作为获取知识的一种途径并不具备优先地位：通过观察也同样可以获取知识（直接的感知甚至可能比数学证明更可靠，物理科学中的实验即是明证），而与可靠来源进行的交流也同样如此。因此，逻辑动态学对知识的来源采用了一个宽泛的视角：逻辑为描述知识的来源加以服务，而逻辑推理则并非唯一可接受的知识制造者。

甚至比这走得更远，我现在已经渐渐认为理性主体性的中心点依存于几个主体之间的对话、论述和其他形式的互动行为，而真正驱动这种主体性的认知逻辑版本并不是认知逻辑以"资本主义的"名称（**S4，S5，KD45**）的传统集会。相较之下，更应该是*动态认知逻辑*（dynamic epistemic logic）这个在过去15年中崭露头角的更为丰富的框架：通过观察和交流来研究信息流的简单而又强大的范式。认知逻辑的这种形态使其变得可以广泛应用于很多现象，而对知识和其他认知意向的常见的静态分析所无法阐释的一些现象，也可以用动态认知逻辑的形态加以刻画。动态认知逻辑对信息事件加以定义，允许我们明确地谈论什么是创造和修改着知识；并且它们将揭示这一如同关于闭包或自省的传统认知公理一样引人入胜的（或许更加）信息流的有效公理。不过这仍然处于认识论的核心位置，而我过去的一个主要的哲学主张是，我们只能够在对知识自然的、动态的处理过程中来理解知识的稳健性（van Benthem，2006a）。或者换用我最喜欢的计算机科学术语：“（知识的）一切表示都依赖于变形”。

然而知识和信息流不可能是理性认知的全部，甚至都不一定是最重要的部分。对我而言，理性最显著的方面并不是关于“正确性”的静止状态，而是关于修正（correction）的动态学，亦即，当我们修正被驳倒的信念时所做事情的能力。知识可能是哲学家的纯金，但信念则是整个认知事业运转的货币。对于数学研究，从登上火车到选择街道，都是信念在引导我们的行动。而理性的最高境界并不遵循某些在知识之间自动为我们接引的标准：它是一种越向新的信念并在不断学习过程中修正它们的能力。因此，欣蒂卡对知识和信念进行整体研究的做法是正确的，但当我们考虑动态学的时候，它们之间的相互作用会变得更为关键：形成信念和修正它们是危险生活的艺术，是大大优于盲目的正确性的认知技能。值得庆幸的是，最近发现信念修正（belief revision）的动态学和通过自我修正进行学习可以以动态认知的风格很好地加以研究。这使它们完全类似于信息流的动态学（van Benthem，2007）。顺便说一下，这么做也包含了对信息的更为丰富多彩的视角：从“硬”到“软”的各种变体以及与之相应的由信息驱动的各种修正行动（附带一提，我琢磨着如果20世纪80年代就有了这种动态逻辑的装置而不是保守的“信念逻辑”的话，那时候的信念修正研究会发生些什么）。

对于修正较之于正确性的这一问题，我的观点正变得相当激进。我现在认为对数学理论一致性证明的传统基本探索已经误入歧途，因为数学行为的本质之一是在旧理论行不通的时候构造新理论的能力。对于希尔伯特纲领（Hilbert's program）“一劳永逸地解决基础问题”的失败，我实际上应当感到解脱。这并不是说对数学理论的修正是我框架中大家都默许的现象。事实上，动态认知范式仍然挣扎于为处理推理的纯粹行为来寻找最佳模型。

我新出的专著《信息与互动的逻辑动态学》（van Benthem，2011）将所有这些进一步发展为信息驱动之主体性的逻辑研究，显示出动态意义上的认知逻辑为何活跃且兴旺。这里我多提几个在那本书中给出的主题，是表达扩充认知逻辑议程的主要步骤的。一个主题是关于在信息的精细种类（fine-grained sorts of information）（以及与之相关的，使我们明确意识到知识、信念乃至议题的、推理或自省的行为）上加入更多的语法观点。一个真正的动态认知逻辑对语法和语义信息都可以进行处理，另外也可以处理操纵这些信息的行动——这克服了研究知识的语义范式和证明论范式之间的传统壁垒。尤其是，更为关键的行动由此被摆在了中心位置：问问题，它为以后的探索提出议题。有断言称，若整个科学史顺着问题（而非答案）的线索写出来，会为我们提供更多的信息。就算不跑那么远，真正的动态认知逻辑也应该对问题和答案都能够处理。我当前观点的另一个非常重要的方面是长期信息程序（long-term information processes）（比如学习程序或是博弈中的信息驱动的策略行动）的角色。从静态瞬时知识到改变信息的许多单一事件，这样最初始的动态步骤仍然不够。我们还需要对更长期的动态加以论述——学习理论学家们早就看到了这一点。现代认知逻辑同样能够表达这些关联。我甚至已经在最近的文章（van Benthem，2009a）中断言：对于关注主体形成丰富观点的认识论而言，以上做法自成一格而且至关重要，可以帮助生成更深远的信息概念，亦即决定单一信息更新步骤"指"什么的"程序式信息"——它们在更长的事件历史中会具备意义。

在所有这些设定之下，甚至还可能有一个更传统的壁垒难以打破。我们都知道真实交流乃至对真的科学探究都是由价值（values）驱动的。我们所说所做的一切为了价值的认同和区分。与之捆绑在一起的还包括偏好和行动的目标。这个混合体常常被视为一种柏拉图式的不洁，但在我看来它对真实理性行动却是必不可少的。理性心灵在信息和赋值之间取得平衡。如果我们无法创建一种群体共鸣，则纯粹信息互动将会失败。这时，从事分享的行为本质上就是一种价值。我们是否能够保持这种赋值特征与信息特征的区分？我对此已有所怀疑，而事实上，看到为动态认知逻辑而开发的技术现在能够跨越到用于研究偏好、偏好改变以及改变义务和规范的道义逻辑（van Benthem，2009b），实乃一件趣事。同样地，这些研究也包含了语义和语法特征之间的微妙互动，因为赋值可能既依赖于内容又依赖于描述。

一些批评者可能发现，认识论朝向目标驱动之主体性的这种膨胀是对哲学中已经建立的区分肆无忌惮的不尊重。我个人倾向于认为，这里列出的行动中的知识程序代表了（动态）逻辑必须提供给哲学的一种典型贡献。它展示出一些常常被认为是不相干的研究领域之间的共同模式。

然而，主体性的动态研究并不局限于哲学。它也同样可以很好地应用于（并且吸收利用）计算机科学中主体系统（agent systems）的认知分析和博弈论中的认知－信念基础。这些例子也充分展示了认知逻辑以其现代外观所必须提供的东西。哲学逻辑的领域中没有几个分支具有类似的影响力。

8.3 联系到其他的学科，例如主流的认识论、博弈论、计算机科学或语言学，认知逻辑扮演着怎样的适当角色？

如我在以前的文献中提到的，我不喜欢这个问题，因为在我看来“适当角色”带有不正当的本质主义味道。不过正如我注意到一些成功的荷兰同行们在电台采访中的表现：回避掉不喜欢的问题，只要有一丝机会，就依然我行我素地说自己想说的。这样的话，对我而言，认知逻辑是一般性的逻辑信息理论（logical information theory），涵盖了静态信息结构、对此加以变形的动态程序以及其中所涉主体不断变化的态度。具体说来，我认为信息概念不可能在缺乏与之对应的信息行为和程序的情况下进行有效的分析，因此面对其他学科的应该是这种或那种动态认知逻辑。此外，从动态的观点来看，认知逻辑可以很自然地摆到信息驱动之理性主体性（rational agency）的一般论述之中，在通常意义上和科学意义上都是如此。于是，形式认识论的界线变得松软起来，而科学哲学的界线也是如此。

以这种新的方式继续，认知逻辑贯穿于哲学、计算机科学、博弈论和包括语言学在内的许多其他领域，讨论一些普遍性的主题。其中一个是作为信息使者：允许思想以彼此可以理解的术语在领域之间流动的交流媒介。另外一个是作为一种可以帮助已有讨论恢复生机的观点。以哲学家笔下的“知识”定义这个棘手的问题为例。如我所说，我个人认为它超出真信念的地方是独立主体——尤其是在交流的社会设定下，亦即柏拉图之《对话》（其中知识的定义首次成为议题）的竞技场中——的动态性。这与介于许多动态行动之间的稳健性有关。

然而这种“交叉学科性”是否仅仅是一种漫无目的的、不可预知的徘徊？我曾在其他地方讲过，思想史的连续性只有当被标准学科强行划分才会看起来变得不连续（van Benthem，2006b）。认知逻辑自身就是一个例子。从一种角度来看，它是来自哲学、计算机科学和博弈论的无关素材剪辑出来的奇怪影片。但如果从主题的自然发展来看，结论则全然不同：它可以看成是发挥多主体设定下的信息之语义学研究之潜力的不断努力。我认为最近十多年哲学家们未能挣脱窠臼以探究此类问题实乃错失良机，丢失了对计算机科学、博弈论和其他领域中出现的许多启发灵感的观念性见解。可惜我反而经常看到一些保守的回应，试图解释为何此类工作是“肤浅的”、“不相干的”云云，而同一时间分析哲学的某些领域却达到了经院哲学那种小圈子的高度，其优雅的晦涩连饱受指责的大陆哲学家们都无法企及。

与这个大背景相对，一些积极的首创精神就显得更为闪光。比如我前面提到过的TARK会议。自20世纪80年代早期开始，来自许多学科意气相投的参与者们在此相聚。这样的事件还有很多，比如 LOFT 会议，近年关于“理性和决策”的会议，或是最新的始于中国的关于“逻辑、理性与互动”的 LORI 会议。这些给我的印象是近年来形成的年轻一代的逻辑学家、认识论者和科学哲学家们不再那么介意传统的划分，对来自其他学科的外在影响力也比较开放。

现在回到认知逻辑在所有这些学科活动之中的角色问题。我将以一种告诫的口吻对此加以总结。我对此问题的回答是：将认知逻辑视为几种学科之间的公共利益，任何人都可以直接使用而不必宣称其所有权。作为逻辑的一名旗手，甚至根本就不应该宣称所有权。例如，越来越多地引起我好奇的一个主题是，处理逻辑理论及其应用中信息的两种主要方法的对偶存在。认知逻辑是关于信息的一个*外显论述*（explicit account）：它将用于知识之新算子加入普遍认可的经典语言之中。类似地，动态认知逻辑是在经典逻辑中加入用于信息行为之外显算子的保守扩充。而与之相对的是，比如，直觉主义逻辑是关于信息的*隐含论述*（implicit account），将经典语言的语义学加以改变以融入一些信息观念，然后再通过有效式的不同集合来生成“非标准逻辑”。这种对立无所不在。比如，阿姆斯特丹式的“动态语义学”对自然语言语义学中的一些意义加以变化，从而可以涵盖改变信息、议题或其他内容的行为。反过来，外显方式会保持旧有真值意义，但添加一些动态逻辑的上层结构以涵盖语言运用的实际行为。这两种灵魂可以在一颗心中同时存在。即使欣蒂卡在为自然语言中的表达构造“博弈论语义学”时也选取了隐含方式，其中关于步骤的信息甚为关键但依然是隐含的。而我使用欣蒂卡原有的概念，就玩家所知道的信息提出了一个外显的认知博弈逻辑版本（van Benthem，2006c），它可以讲清楚欣蒂卡的那些新概念。对某些人而言，隐含方式更加深奥，因为它似乎动摇了逻辑的基础，如微风吹入般给整个学科制造了不可预知的复杂涟漪，而外显方式则仅仅是整体上的稳健扩充。于我而言，两者都是很自然的观点，而它们的关系是逻辑哲学中的一个主要议题。

8.4 在20世纪末的认知逻辑中，那些主题和/或贡献本应获得更多的关注？

问题4（第8.4节标题所提问题）只不过是问题5（第8.5节标题所提问题）的情绪化版本，我不会直接给出答案。类似于前一个问题的结构，我首先说一点与这个问题似乎相关的一些观点。说认知逻辑遗漏了真实知识、认知和主体性的一些重要特征已经变成老生常谈。许多人似乎已经对此类批评印象深刻，但我却觉得它们相当轻率和索然无味。指出理性比一些已经提出来的形式模型更为复杂是很容易，谁都能做到这一点。但找到仍然保留重要特征的精简模型却很难，这仅对最具创造力的心灵敞开怀抱。设想你与会听一场演讲。即使你没有时间和意向认真地去思考演讲中所说的内容，最后你总还是可以提出一个涉及整个演讲但略掉某些细节的问题：这并不需要深入的思考，而你的问题也同样可以惊艳全场。然而要问一个有洞察力的问题，则需要真正的思考并进入到所提出的系统中来。我肯定会对小型系统构造者和他们所做的真正的事情表示同情。只有理解了有效的简化模型，我们才能够进一步寻找具有更多功能的关于信息和认知的有策略的扩充模型。

请回顾一下我上面提到的贫乏之德。简化模型或许可以引出令人惊讶的新应用和研究方向，远远超出原先的领域和原创者的设想。

8.5　认知逻辑中最重要的开放性问题是什么？对其进展有何预期？

在前面的问题中我已经提到不少议题。动态认知逻辑是一个全面展开的研究项目，在很长一段时间内都会不断有新问题出现。例如，各种信息之间的逻辑影响（硬信息相对于软信息，语义的角度相对于语法的角度）仍然有很多需要深入理解。主体的与这些相关的许多超出知识和信念的态度也同样有待探究。有充分理由相信动态认知逻辑需要一个比目前更丰富的理论主体性。此外，我觉得我们才刚刚开始了对信息驱动之知识如何与修正、自我修正和学习（learning）［或许，如果你赞同我前面的观点，甚至可以添加上赋值（evaluation）的动态学］牵扯在一起的严肃的逻辑研究。我已经举例说明了这些发展可能会导致认知逻辑、计算机科学中的主体性理论和哲学中的学习理论——以凯利（Kelly）和亨德里克斯（Hendricks）为先驱——之间，以及认知逻辑和博弈论之间的更强的联系。这里面，理性主体性更有意思的新模型可能可以通过在博弈中加入某个认知主体结构而获得。我们似乎正走向认知“游戏理论”而不仅仅是博弈论。

不过，更多的事情必然会发生，而时机似乎也已经成熟。我已经找到了信息知识的外显和隐含视角，并以认知逻辑和直觉主义逻辑为例。我们需要更好地理解这种对偶性，而且我相信我们能够做得到。进一步迫切需要处理的是将传统哲学逻辑中的基本主题［具体比如对象的谓语和量化（prediction and quantification）］重新整合，从而将命题知识与对象知识结合起来。从命题知识到对象知识的路径畅通之后，我会往前更进一步。考虑一下学习和讲授。最常出现的是，我们传授的准确命题知识仅仅是通往更重要目标——方法（method）知识（掌握能够适用于不同环境的技能）——的一种途径。当你可以把知识应用于不同于原初的设定环境时，那才真正表明你已经知道某些事情了。这正是我们最终的努力方向。

在更高阶的抽象层次，我可以预见不同领域之间由认知逻辑的现代发展而触发的新交叉。我已经举例说明了认知逻辑和学习理论或是认知逻辑和关于信息的逻辑理论在哲学中的自然结合。我也已经提到认知逻辑与计算机科学和博弈论之间不断激励“联合企业”的大量联系。但这还不是全部。依此脉络走下去的下一目标是融合概率论（probability theory），它是科学和哲学中用于分析信息和主体性的主要可选范式之一。只要你开始考虑信念的程度、关于认知过去的全局存储结构或者社会中多主体行为的混合策略，那么概率即使在认知逻辑中也自然地且频繁地被提及。不过这里没必要强行在“相互竞争的范式”中选择一个：我们应该去理解和鼓励它们的相互影响。最后，我预见认知逻辑和认知科学之间的结合，只要看看社会认知和智能互动的复杂性远远超过到目前为止在这种结合中占据主导的单主体推理的复杂性即可。

最后是总结。回顾一下我的观点，所有这些脉络都与哲学有关，因为它们形成了一个自然的智能整体，其中包括由传统的认识论和相关领域引发出来的有趣问题。还是回到本次访问一开始所说的。认知逻辑以作为分析知识之哲学概念及其标准问题的工具而出现，那里它可能并没有做得太好。而如今，它必须提供的是，认识论可能变成什么这样一个富于诱惑力的观点。当然前提是哲学家们肯放开成见，并且与动态学一样将认知逻辑放入其当下研究的范围之中来。

参考文献

van Benthem J. 1991. Language in Action. Amsterdam：Elseviem & Cambridge（Mass.）：MIT Press

van Benthem J. 1996. Exploring Logical Dynamics. CSLI Publications Stanford

van Benthem J. 2006a. Epistemic Logic and Epistemology：the State of their Affairs. Philosophical Studies，128：49～76

van Benthem J. 2006b. Logic in Philosophy. In：Jacquette D. ed. Handbook of the Philosophy of Logic. Amsterdam：Elsevier. 65～99

van Benthem J. 2006c. The Epistemic Logic of IF Games. In：Auxier R，Hahn L eds. The Philosophy of Jaakko Hintikka. Schilpp Series. Chicago：Open Court Publishers. 481～513

van Benthem J. 2007. Dynamic Logic of Belief Revision. Journal of Applied Non-Classical Logics，17（2）：129～155

van Benthem J. 2009a. The Information in Intuitionistic Logic. Synthese，167(2)：251～270

van Benthem J. 2009b. For Better or for Worse：Dynamic Logics of Preference. In：Grüne-Yanoff T，Hansson S O，eds. Preference Change. Dordrecht：Springer. 57～84

van Benthem J. 2011. Logical Dynamics of Information and Interaction. Cambridge：Cambridge University Press

第3部分

科学方法论

认知逻辑是关于信息如何驱动主体（如你和我）的行动。而对这种方法和推理风格的特别兴趣点也可在科学领域中发现。“科学的逻辑研究”是科学理论语义学中关于模型论方法的广泛综述和详细阐述。这一层面中的一个具体例示可以在文章《对理论间解释的一种数学刻画》中找到，它抓住了以新模型论定理形式表述的科学理论之间主要的归约概念。科学推理风格也是文章《推理、方法论和语义学》中的主要话题，此文还在抽象后承关系的逻辑研究和自然语言的广义量词之间建立了某些联系。最后，《再访经验理论的逻辑》一文把那些较传统的有关科学的逻辑结构研究和基于推论、观测和交流的广义主体动态认知逻辑联结起来，试图表明逻辑、认识论以及科学哲学可以形成一个自然的连续统。在本人2011年出版的专著《信息和互动的逻辑动态研究》（剑桥大学出版社，2011年）中可以找到一些关于上述主题更为详细的论述。

9 科学的逻辑研究*

刘新文　陈　珊/译　王　轶/校

9.1 引　言

9.1.1 逻辑与科学哲学

逻辑与科学哲学之间存在着密切的联系，这一点应该是明显的，因为事实是，这两个主题直到最近仍然是讨论的话题。博尔扎诺与穆勒（Mill）的工作就是例子；但是，即便在20世纪，诸如亨普尔（Hempel）关于科学的“假说-演绎”观点、波普尔（Popper）关于科学的“证伪主义”观点等主流思想都预设了一个与逻辑明显的联系，即使常常是含蓄的。对卡尔纳普关于科学的“逻辑重建”规划来说，这一事实甚至在更大程度上确是如此，而且在当代的研究如（Sneed，1971）中得到回应。那么，问题出在哪里?

从整体上看，这些联系都是相当表面的——不会比初等逻辑更深刻。卡尔纳普-苏佩斯-斯尼德（Carnap-Suppes-Sneed）传统是一个很好的例子；不过，同样是那里，逻辑的高等应用仍旧是孤例：只是偶尔碰到，例如1901年的波多阿方法（Podoa's method）、1953年的贝特定理（Beth's theorem）或者1953年的克雷格定理（Craig's theorem）。现代逻辑的最主要部分，如科恩（Cohen）的力迫法或者非标准模型论，根本就没有发现什么应用。[1]此外，正在进行的技术工作也常常是缺乏与实际科学的联系。

这些只是另一个前途光明的联姻中的成熟问题，还是存在着根本性的错误而需要立即分道扬镳?越来越多的人追随库恩（Kuhn）和费耶阿本德（Feyerabend）（特别是后者），认为这里存在着根本性的错误。在科学哲学中，他们说，

---

* Johan van Benthem. 1982. The Logical Study of Science. Sythese，51（3）：431～472

"逻辑观点"是不恰当的，或者说，最佳情况（就其无用性程度来说）也是不足胜任的。需要考虑的科学现实或者是太"动态"或者是太"复杂"而无法由形式工具所刻画。[2]

本文将不对这种类型的批评进行讨论。它或者等同于作者使用不同的途径（比如，科学的历史或社会学：这些确实是非常享有盛誉的事物）来陈述一般性的个人偏好，或者是，当明确的抱怨提出时，总是可以发现这些更多地说明了那些作者在逻辑上的不成熟而非逻辑本身的不胜任。[3]这里对这个问题的看法是，有着良好意愿的逻辑学家和哲学家还没有能获得成功的事业以能与数学中的基础研究相提并论。

在最后的分析中，对于这一失败——妨碍好的科学逻辑出现——或许会有深层（由此无疑可以说是难以理解的）原因。实际上，一些逻辑学家倾向于不作斗争而接受失败，并且有着种种策略作为掩护。比方说："逻辑是数理科学或者演绎科学的哲学，自然科学的哲学是哲学家的哲学。"或者说："由定义，科学哲学是（应用）逻辑的语用成分。"有了这两种方式，逻辑学家就可以躲在家里。然而，在我看来，这样的结论为时尚早。逻辑对于科学理论从未有过像样的尝试——本文致力于为这样的努力扫清道路。就像有个大胡子德国人曾经说过，重要的事情并非重新解释有问题的情境，而在于改变它。

9.1.2　逻辑学家与科学哲学家

把逻辑学家在数学中的冒险与形式的科学哲学家在他们自己研究领域中的冒险作比较，这会是一个很有意思的历史研究计划。除开某些私下的抱怨不提，数学对逻辑来说是心胸开阔的——甚至吸收了整个的逻辑子学科如集合论、模型论或递归论。但是，类似的情况并没有出现在诸如物理学或者生物学中。对此，逻辑学家不仅不要幸灾乐祸，还必须有所担忧——与从事基础研究或方法论研究的科学哲学家一起找出一般的原因。[4]这一点为什么没有在很久以前出现？虽然又可以推出历史作借口，但也不乏严重的方法论障碍。这些方面需要提出来，以便可以互相直接面对。

首先，逻辑学家与形式的科学哲学家之间存在着"心态"的不同。简而言之，逻辑学家在这些哲学家常常似乎满足于定义的地方需要定理。这一观察揭示的不仅仅是紧密相关的学科之间通常的学术敌意。为了明白这一点，把一本（杰出的）书如（Reichenbach，1956）与（Suppes，1973）做一番比较就足够了。莱兴巴哈（Reichenbach）讨论各种关于时间的形式主题，但从未以优雅的定理形式来表述允许演绎求解的问题。而在苏佩斯的书中，人们就可以找到概念分析，这些分析既可以得到漂亮的形式结论（也可能被这些结论所引导）——比如说，把罗布（Robb）对时空的因果分析与狭义相对论连接起来的表示定理。

这种心态上的差异或许可以反映目标上的不同：比方说，比较一下作为目的本身的卡尔纳普意义上的形式“解释”以及作为获得所需定理途径的形式定义。换句话说，弗雷格与希尔伯特并没有为了出版他们的论文《算术的逻辑结构》而阐述他们的形式理论概念，而是为了执行他们的规划（所有的算术命题由纯逻辑法则导出；协调性的证明）。但是，难道科学哲学也没有听过“科学的统一”这样的指导性规划吗？在某种意义上确实如此，但也有细微差别。上面提到的那些规划提出过可被推翻（falsifiable）的声明[5]；而这些声明也确实被否证了——参见哥德尔不完全性定理。主要就是这个特征使得它们硕果累累（比较“方形化圆形”中类似的情况）。相比之下，像科学的统一或者说执行如“把每个科学理论都融合到斯尼德形式系统”[6]这样的规划就根本很难看到如何被驳斥。谁将展开真正鼓舞人心的旗帜呢？

在某种意义上，前述各段也可以当做是对科学哲学家的一个客气的邀请：在技术性的逻辑理论方面多做一些投资。但是在另一方面，也隐约出现了同样糟糕的障碍：逻辑自愿接受的孤立。当然，今天许多一流的逻辑学家都在畅谈熟悉的数学领域之外的问题，尤其是自然语言语义学中的问题。不过，逻辑的边界应该“越来越宽广”，正如我将要讨论的那样。

9.1.3 大逻辑

当代逻辑是一个欣欣向荣的学科，无论是作为“数理逻辑”（Barwise, 1977）还是作为“哲学逻辑”来说都是如此。因此，与下面将要提出的类似组织模式或许是相当表面的——准确地说作为一个学科在其初始阶段的征兆（最庄严、宏大的逻辑观念都是在逻辑不景气的时候拟定的）。下述内容唯一的理由是其适当的目的，即为了让人们了解（或回忆）逻辑还会或可能是什么。

不管在何处以何种方式出现，逻辑，我都称之为是对推理的研究。由此，从原则上来说，一个理想的逻辑学家既要对这种推理行为也会对其结果深感兴趣，既要对推理的规范方面也会对其描述方面深感兴趣，既要对推理的归纳论证也会对其演绎论证深感兴趣。[7]在所有这些研究当中，逻辑寻找稳定的方式（如果愿意的话也可以称为“形式”）来研究是一件必然但单纯的事情：规律性假设构成了任何一门科学的基础。这些方式呈现出各种形态：一个推理句子的“逻辑形式”，一本书或者是一个理论的“逻辑结构”，演说或者辩论中的“逻辑规则”。

给定任何一个特殊的推理领域，理想的逻辑学家就会选择他的武器。哪种水平的复杂性将会受攻击？是句子、推理、文本、著作，还是理论？此外，从哪个角度进行最恰当？是句法、语义，还是语用？最后，既定角度又将要用到哪些工具：哪个形式语言？哪种类型以及具有哪种力量的推理理论？由此它可以决定，比方说，用带有克里普克“世界过程”语义学的时态化道义谓词逻辑来研究某些伦理学文本，或者以证实博弈来作语用解释的一种命题语言去研究量子力学理论。即便如此，所选领域的许多方面仍理所当然地不会为这些分析所触及。幸运的是，那样的话仍有各种具有兴趣的邻近学科可供参考。

由此看来，所谓的边界冲突显得毫无理由；逻辑学与哲学、数学以及语言学相互之间密切往来，而且与心理学、法学之间同样也是互利互惠。这些并不是漫无目的的推荐，而是重要的任务。如贝特这样的开明逻辑学家就认识到了把知识的起源（genesis）与其核证（justification）分离开来（由此把心理学移至逻辑地平线之外）这种标准开局中的智力呆板是危险的（Beth，Piaget，1966）。另一种类型，应该在逻辑学家之间受到人文上尊敬的计划是，推理的数学模式与司法模式的系统比较（Toulmin，1958）。但是，即使是数理逻辑本身也不能完全覆盖其所选领域的全部。像（Lakatos，1976）这样的书就清楚地显示，卓越的逻辑主题——从目前的逻辑观点看来——是如何在正统的数学 - 逻辑团体中不再流行了。

最后，或许已经有人注意到了这样的交叉连接还将会提供更多佳肴，毕竟，像“逻辑意识”之类的调味品是可以用来增添风味的。只有最迟钝的味觉才能容忍单一形式的佐料……

9.2　“理论”的形式概念

科学研究中最关键的概念似乎是“理论”概念。[9]根据第9.1.2节中的意见，我们将在本节探讨其形式研究，既有定义也有令人愉快的结论。首先是定义的一组简短的历史镜头（第9.2.1节），当然了，这就比大多数逻辑学家所意识到的还要丰富。需要特别说明的是，这并非一个有代表性的历史叙述，而是用于特殊目的的教学故事。接下来的评述显示了现代逻辑为这些定义的系统发展提供了多功能的、灵活的“武库”（第9.2.2节）。为了引出随后的结果，进一步的逻辑理论化就成了随后一节的主题（第9.2.3节）。如果顺利的话，此处所鼓吹的计划智力兴趣会随着我们的进展而明朗起来。

9.2.1　简短的历史：从希尔伯特到斯尼德

对很多人来讲，理论的“逻辑观点”是形式系统的观点，形式系统的成分是形式语言、一组公理以及由公理推出定理的演绎装置。早期现代逻辑学家令人惊异的成就之一，就是用这个不切实际的概念设法做出了许多工作。今天，利用这一概念与现实相比而显现出来的“贫乏”来非难形式主义者成为了一种时髦（他们从来没有否认这是容易忘记的）。但是，如果知道了他们的目的，人们就会因为他们高兴地选择了这一简朴而富于成效的概念而祝贺他们。与科学发展中经常遇到的那样，它需要为简化问题而付出代价。

然而，不同的目的或许会要求有更为具体的概念。例如，在许多情形当中就还要看到发展一个理论是证明和定义之间谨慎的相互作用。由此，可定义性就成了与可推演性同等重要的逻辑问题。但是这里需要考虑的各种复杂情况属于不同的种类——它们将依次出现，其主题为如何描述自然科学中经验理论额外的复杂性。同样，我们的故事完全从数学内部开始。

9.2.1.1 大卫·希尔伯特

众所周知，希尔伯特关于协调性证明的规划预设了上述的数学理论观点，这是几千年几何研究的过程中发展起来的。除此之外，它还基于对数学的一种全局观点：由一个“有穷论”核心以及数学分析与集合论等更抽象的外围理论环绕而成。核心包括对数的简单而具体的操作，比方说，编码到算术的某个片段。这些将威胁着变成超出人们的理解力，在其他方面，“更高的”理论（有可能加入无穷的对象）被发明出来去增进证明，确实地，还增进了算术发现的过程（Smorynski，1977）。

因此，可以把一个典型的数学理论形式化为一个两阶段的事情：一个“具体的”部分 T_1（其语言为 L_1）翻译到某个“抽象的超结构”（superstructure）T_2（其语言为 L_2），或者也可以包含在某个混合的理论 $T_{1,2}$（其语言为 L_1+L_2）。这两种构造是明显相关的：为便利起见，随后讨论后者。

对希尔伯特来说，T_1 的协调性是毫无疑问的：但 $T_{1,2}$ 却并非如此[10]——由此产生了在 T_1 的范围内来证明这一性质的尝试。事情的另一面由凯斯勒指出：希尔伯特假定，这些抽象的扩张并没有创造出具体的见解（它们只是使得发现它们的证明变得容易些）。形式上讲，这意味着 $T_{1,2}$ 是 T_1 的保守扩张（conservative extension）：

$$\text{对于所有的 } L_1 \text{ 句子 } \varphi\text{，如果 } T_{1,2}\vdash\varphi\text{，那么 } T_1\vdash\varphi$$

所有这些都为哥德尔所驳斥［取 T_1 为皮亚诺算术，而 $T_{1,2}$，比方说，取为策梅洛－弗兰克尔（Zermelo-Fraenkel）集合论，φ 则取为相关的说谎者句子］，即便如此，上述“理论”概念仍然是有意思的，特别是从随后的各种发展来看。

在转到叙述这些发展之前，先看希尔伯特观点的另一个方面。假定 T_1 以谓词逻辑为基础逻辑未免有点草率。首先，我们在这一层次上可能需要一个更具构造性的逻辑[11]——不过这并非此处话题。L_1 命题的复杂性是极其重要的。很明显，单个命题如 $7+5=13$ 都是“具体的”——但是，量化命题会如何呢？希尔伯特似乎接受了全称命题，如 $\forall xy\ x+y<x\cdot y$；但不是 $\forall x\exists y\varphi(x, y)$ 这样的量词组合——除非这些可以构造性重述。这些组合都是相当“抽象的”，这一点已经由斯科伦等式引入的理论函数

$$\forall x\exists y\varphi(x, y)\leftrightarrow\exists f\forall x\varphi(x, fx)$$

所揭示。只有当一个 f 可以构造地给出的时候——比方说 $\forall x\exists y\ x<y$ 是 $\forall x\ x<Sx$——这才是允许的。如此一来，在叙述 T_1 时，只用到了谓词逻辑的一个片段。

9.2.1.2 弗兰克·拉姆齐

希尔伯特对理论的看法是由数学所激发的。也许人们可以说，“有穷”部分引入的是经验考虑（具体符号的实际操作），不过只是在一种相当弱的意义上。稍晚，1929 年，拉姆齐（Frank Ramsey）撰写了一篇长期不为人知的短文《理论》（Ramsey，1978）。在这篇论文中，他描述了理论的作用，特别是经验理论。其过程如下：首先有所谓的“初始语言”，包含了对我们各种经验的初步印象的描述。这些描述可以是观察到的规律（原理）或者个别现象的报告（推论）。然后，为了把这一复杂领域系统化，就在更高层次的抽象水平上引入一种所谓的“次生的语言”（secondary language）。词典将把“初始”概念翻译成“次生”概念，而后者则由某个简单的公理集合组织起来，从这一集合出发，原先的原理和推论得以导出。

很明显，这与希尔伯特的观点有很多相似之处。值得注意的是，比方说，“原理”是如何对应到上述的全称命题的。对于经验理论来说，这一限制比起在原先的数学语境中甚至更为合理。例如，人们可能在某些位置上观察到粒子，或者由这些陈述全称的推断，像“这一轨迹上的每一位置至多可以占用三次”。但是，一条局部化原理如“每一粒子在每一时刻都位于某处”等于下述理论声明：存在一个位置函数。另一个类似在于可能使用各种条件到相关的斯科伦函数上。在希尔伯特的情形中，大家会希望这些都是“构造性的”，而在经验情形中，大家则希望它们都是连续的（由此通过构造性函数或可测度函数而可逼近的）。[14]

为了引出公设语言，拉姆齐强调，一个理论也许可看做是一个特称量化的二阶句子，即 $\exists Y(A(Y)\&D(Y,X))$——其中 Y 是该次生词汇，A 是其“公理”，D 是其联系 Y 与初始词汇 X 的“词典”。这样，并没有太多本体论实在赋予理论实体：一般来讲是对于拉姆齐哲学非常典型的方法论转向。注意，其要点基于下述简单的逻辑观察：

$$\text{如果 } A(Y),D(Y,X)\vdash S(X)\text{，那么 }\exists Y(A(Y)\&D(Y,X))\vdash S(X)$$

此处的 S 是任意一个初始命题。这里与希尔伯特纲领有联系（Smorynski，1977）：

如果你对于相信 $\exists Y(A(Y)\&D(Y,X))$ 具有“初始”理由（协调性），那么你对于相信这整个次生理论的任意初始推论 $S(X)$ 的真也具有初始理由（保持性）。

这一句法观点按照拉姆齐工作的精神来说是相当正确的，而它出现在现代逻辑的前语义学阶段。然而，如我们会在稍后看到的那样，其完整的影响需要在语义环境下才会显示出来。

插曲 在（Nagel，1961）这类权威的科学哲学教科书中，可以找到科学理论的所谓的“叙述观点”。在那里，这样的理论被认为既有观察的词汇表，又有理论的词汇表。前者由实际的观察、测量等来解释，后者通过所谓的“对应原则”而获得从前者推导出来的“部分”解释（在拉姆齐的著作中被认为理所当然的）。这种区分结果难于精确执行。例如，像理论词汇表到观察项的显式可定义性（“归约”）这样原先突出的设想就被证明是难以做到的。内格尔（Nagel）并非没有意识到相关的逻辑工作。他讨论了克雷格定理，该定理可以认为是说，如果可以为某个混杂的“观察的/理论的”理论找到一个递归的公理系统，那么也可以为其观察部分找出这样一个公理系统：一种较弱的归约。[15] 虽然在这一图卷中有某些“语义”成分，其主要强调的还是句法方面。

找到内格尔确实指的是拉姆齐的观点是有趣的，通过现实主义者（realist）的方式，他的理论工具主义者（instrumentalist）观点的讨论中，一直是这样。他的解释中，拉姆齐句子被用来将一个别的未能确定的理论陈述形式（毫无作用地意味着将观察报告的某个复合集作为一个“方便的小手”）转换成为一个确定的陈述（我们的评论用另一种方式转变了事物：其他的关于明确的理论实体的太强论述减弱为一个仅是存在的论述。虽然如此，内格尔在拉姆齐实用主义者方面的分类是正确的。而且，恢复的“语义”拉姆齐在日后的现实主义者变得流行是带有讽刺意味的）。

为了提取故事的主要线索，我们追溯到 1947 年，当时贝特提出了一个“理论的语义概念”的建议（Beth，1947），它仍旧在像苏佩斯或者范·弗拉森（B. C. van Fraassen）的作品中存在。简要地来说，按照塔尔斯基语义的模型，贝特提议将理论看作是来刻画特定结构（物理系统，“历史”或者你乐意的名称）的。因此，比如说，理论的规则可能被看做是乐于受同步空间系统接收的轨道上的限制。并且，在逻辑模型论的首次繁荣之前，这些都是带有预见性的思想。

传播类似的观点的一个更有影响的作者是苏佩斯，他关于理论“集合论谓词”方法被形式化并且已经在 20 世纪 50 年代使用（Suppes，1957；1960）。[16] 比如，牛顿粒子力学被定义为满足特定牛顿力学条件的集合论结构类（依赖于时间的系统），其中，这些条件在集合论术语中被形式化。这些可看作是力学的（语法）公理，集合论用作是下属的演绎工具，但是这一点通常不被明确阐明，更不用说给出一个充分的一阶谓词逻辑的公理化。关于这样的一个“语言无关”途径（像它有时被称作的一样），我们将在下面论述更多。从目前看，仅仅注意克莱因的“厄兰格纲领”的历史先例，在这一项目中，通过对几何空间转变的特定群的（恒定性的）研究，几何完全被“结构地”处理。

苏佩斯确实偶尔会用到模型论工具，比如，在他对马赫的讨论中的波多阿方法（Suppes，1957）。虽然如此，集合论谓词途径并不能顺利地与逻辑模型论的观点匹配，它在结构方面是片面的。所以，下一位作者在当下的解释中才更一致。

9.2.1.3　玛丽安·普谢温茨基（Marian Przełęcki）

科学理论的形式语义学方面，波兰传统是很强大的，（Przełęcki，1969）这本小册子就提供了一个很好的例子［它的灵感一部分是来源于一部更早的艾杜凯维奇（Ajdukiewicz）的著作（Giedymin，1978）］。其作者以下面的步骤给出了关于经验理论的模型论描述。首先，有一个观察语言 L_0，它的谓词是以明示（ostension）的方式在一个特定的具体论域 U_0 中被解释的（更确切地说，是通过典范的情形和从中得出的外推法的方式）。我们对这个论域 U_0 逐步扩张以至到一个“物理对象”的经验论域 U（所以，电子和银河系联接了菜肴和婴儿）。L_0-结构将是那些论域为 U 的所有结构，U 包含 U_0（以及它的特定解释）作为其子结构。其次，一个理论词汇表 L_t 被加进来，它要求 L_0-结构的恰当扩张。相关的模型论概念是：扩张，这样就产生了 L_0+L_t-结构，这些结构由一些 L_0-结构构成的，这些 L_0-结构添加了（并没有改变论域 U）L_t-项的解释。但并不是所有这样的扩张都可以：从 L_t-词汇表方面来看“有意义的公设”是必然的。最后，理论的句法部分是一阶的 L_0+L_t-句子集 T，它定义了某个 L_0+L_t-结构类。

这个框架产生了各种各样的逻辑问题，比如，利用 L_0-词汇对 L_t-词汇进行各种各样定义的问题。确实，这本书包含了大量的在这里不能作评析的概念和结果（回想一下这篇文章“并未打算成为一个综合的”历史概述）。可能最能引人注意的是普谢温茨基的努力，他试图将一个理论 T 分成“分析”部分 A 和“综合”部分 S：A 包含有意义的假设，但是并无经验输入，S 做着进行经验陈述的真正的工作（通过剔除某些 L_0-模型）。波兰人民共和国在这个难以理解的等式 $T=A+S$ 上做了很多年的研究，但是并没有找到满意的答案。虽然如此，关于这一点，一些有趣的问题被提出。比如，A 显然应该是“语义上无创造的”；在某种意义上说，它不应该排除 L_0-结构：每一个 L_0-结构都必须可扩张到 L_0+L_t-结构，它是一个 A 的模型。真正的模型论专家普谢温茨基试图找到其句法方面。由 A 得到的 L_0-句子是全部有效的句子，在这个意义上 A 是“句法上无创造的”吗？[17] 这一类型的问题是更一般的问题（被普谢温茨基在相关的出版物中探讨）的初期形式，现在我们转向这个更一般的问题。

L_0+L_t-理论 T 具有一个模型类 MOD（T）。因此，可以说它刻画了那些 L_0-结构类 MOD（T）$\upharpoonright L_0$，该结构类可扩张为 T 在其中成立的 L_0+L_t-结构类。注意拉姆齐的思想被贯彻的方式：这个 L_0-结构类以这种方式得到了一个“二阶存在”描述。让我们以下面的形式回到拉姆齐思想最初的语法版本。我们有一个包含在 L_0+L_t-理论 T 中的 L_0-理论 T_0；也就是：

（1）对于每一个 L_0-句子 φ，如果 $T_0\vdash\varphi$ 那么 $T\vdash\varphi$。（扩张）

那么，MOD（T_0）（那些是 T_0 的模型的 L_0-结构）和由 T 来刻画的类 MOD（T）$\upharpoonright L_0$ 之间的关联如何呢？很清楚的是，至少 T 没有排除 T_0 的模型是应该成立的：

（2）MOD（T）$\upharpoonright L_0$ 包含 MOD（T_0）。（拉姆齐扩张）

但是，上面的句法要求不能保证：可能在 T_0 之外 T 有 L_0-后承。现在，也有保守扩张的旧的希尔伯特要求，读作：

（3）对于每一个 L_0-句子 φ，如果 $T\vdash\varphi$ 那么 $T_0\vdash\varphi$。（保守扩张）

而且，很容易看到（2）蕴涵（3）［注意（2）并不蕴涵（1）］。这两个条件是恰好匹配在一起的吗？不幸的是，答案是否定的。

反例：令 T_0 是完备的一阶理论，它表达的是：时间有起点 0，由此通过一个 1－1 后继运算 S（“明天”）以致没有以环形的方式前行（需要无穷多的公理来确保这一点）。后一个现象在（有穷可公理化）理论 T 中得到解释，其有一个传递关系 B（“之前”）使得 $\forall xy$（$Sx=y\rightarrow Bxy$）也有一个性质 E（“早于”），使得 $E0$，$\forall x$（$Ex\rightarrow ESx$），$\forall x\exists y$（$Bxy\ \&\ \neg Ey$），$\forall x$（$\neg Ex\rightarrow\forall y$（$Bxy\rightarrow\neg Ey$））（时间由“早”到“晚”进行，从不返回）。自然数 $\langle N, 0, S\rangle$（形成一个 T_0 的模型，但是它不能扩张到一个 T 的模型。[18]（更多的“经验”反例在这里被充分地论述出来会占据太大的空间。）

因此，这个典型的、试图建立一个对偶性的模型论的尝试以失败告终。然而，有一个可以证明的结果，即，“保守扩张”和下面的弱拉姆齐扩张是等价的：

（4）每一个在 MOD（T_0）中的 L_0-结构，有一个对 MOD（T）中的某 L_0+L_t-结构的 L_0-初等扩张。

因此，原先的经验情况（L_0-结构）对于 L_0+L_t-结构（它们是 T 的模型）用恰当的理论实体是“可改善的”，这个条件现在和它们这样“可扩张”联系起来——增加个体也成为允许的。给定这样的一个事实：在物理学中（假设新的粒子，或者整个行星）这并不是一个不被知道的过程，对于拉姆齐的观点，模型论方面的好奇心会导致合理的修正。

这些考虑将已给出了关于普谢温茨基模型论精神的印象。最后，我们转向近几年在科学的形式哲学方面可能是最有影响的作者。

9.2.1.4 约瑟夫·斯尼德（Joseph Sneed）

斯尼德（Sneed，1971）运用形式化机制对于经典粒子力学给出了分析，这个形式力学在各种有趣的方面都超出了经典粒子力学。因为这本书（Sneed，1971）已经很著名［很大程度上是通过有关著作；参见（Stegmüller，1979）］，因此只提及那些和现在的讨论相关的思想就足够了。

在上面的理论图片中，有 T_0，MOD（T_0），T，MOD（T），它暗含假定非理论（如果你愿意，“经验”也可以）词汇表（L_0）和理论词汇表（L_t）的划分已经很满意地实现了。但是，这在实践中是一个难题，就像我们已经看到的一样；然而斯尼德给出了一个独创性的解决方案（在这里它的确切性质对我们来讲并不重要）。他的著作的另一个富有成果的实践观点是强调了将一个理论运用到给定的经验情况中意味着什么。斯尼德采用了拉姆齐的观点，将之变成：如何引入证明理论（“超自然”概念），将情况转变为对于整个理论 T 的模型。

这样总是可能的吗？更确切地说，任何一个 $T\upharpoonright L_0=\{\varphi\in L_0\mid T\vdash\varphi\}$（很清楚，是对于经验部分 T_0 的最“合适”的选择）的模型被扩张到一个 T 的模型吗？答案是否定的：显然，T 是这个 T_0 的保守扩张，而且，我们询问它是否也是一个拉姆齐扩张。因此，这个问题仍然像上一小节的情况一样。那么，在斯尼德的专用术语中，理论词汇表不需要总是从理论中“拉姆齐可消除的”。如果我们愿意这样，那么就必须假设它。[19]

接下来，从关于“至少”的问题转向于关于“至多”的问题。任意的理论扩张都可以吗？（回忆普谢温茨基在这点上介绍了“意义假设”。）这看起来是难以置信的。因此，恰当的限制是要阐述的。斯尼德考虑这样的要求：给定 T_0 的任意模型，存在一个它到 T 模型的唯一扩张。模型论给出了一个较大的语言类方案的“现金”价值。由贝特可定义性定理得出，这个“隐式定义”由 L_0（以 T 为基础）的 L_t 显式定义来表达。因此，旧形式的归约论会重新出现！

这一系列思想不应该继续，就像斯尼德认识到的一样，因为它太“局部”了。我们希望的这种限制是更“全局”的，主要关注不同的经验情况扩张之间的交叉联系。现实中为我们所有的是一个经验情况的类，并且特定“限制”是被遵从的，以这样的方式，这个情况被同时扩张。下面是两个如此限制的典型例子：

（C1）不同经验情况中的粒子应该通过不同的扩张得到相同的质量值（“质量”在斯尼德的分析中是一个理论函数）。

因此，地球在太阳系中和在银河系中一样都得到同样的质量。

（C2）两个粒子的物理连接得到它们各自的质量值的和（是否在考虑的情况中存在，在更早或更晚的时间）。

因此，一个经验理论的情况现在就变成：〈T_0，MOD（T_0），T，MOD（T），C〉，其中 C 是限制集。将这样的理论运用到经验情况类 E 中意味着找到一个满足 C 的 E 的同时扩张使得得出的类包含在 MOD（T）中［很明显，在 E 包含在 MOD（T_0）的意义上，E 将必须是一个“恰当的”候选］。

在后来的出版物中（Balzer，Sneed，1977/8），这个图片在它的语言学内容中被剔除，在苏佩斯传统中仅剩下一个集合论“无语言”的表述。比如，MOD（T）由 L_t-结构的任意的类 X 来替换，然而 C 变成了满足某些条件的 L_0+L_t-域的子类的类（在集合论包含下的封闭就是其中之一）。这个步骤将在第 9.2.2 节中讨论。

很清楚，从模型论的观点来看，是“限制”这个概念使得上面的图片复杂了。因此，推测一下可能的路径是值得的。事实上，存在着几个看起来有希望的解答途径，让我们开始更多的探究吧。第一是对于语言 L_0 有*唯一的论域*［已经被 Przełęcki（1969）提到］，将“经验情况”作为它的子域。拉姆齐扩张将运用到整个“普遍的”L_0-结构：直接保证了像上面（C1）的限制。[20]可能的非议会是：这变得太宽泛了，并且如何在不产生更多难题的情况下使得所有的限制被获得，这是不明显的。对于“全局性”，需要注意的是我们不需要想到一个直译的“普遍的”论域：只需考虑某个结构类就可以了，这个结构类是由模型论包含来做指引的，只是为了简便起见，介绍它们的*直接的并*。这个观察开辟了第二个途径，这也在概念上富有吸引力。

到目前为止，我们在将一个“独立的”L_0-结构的类 MOD（T_0）指派给一个理论 T_0 方面已经关注到了通常的模型论。但是，在数学实践中，我们通常会遇到这样的模型“结构”类，关系和运算将它们联系起来。因此，比如，用 T_0-模型的范畴 CAT（T_0）*加上*它们相联系的自然态射去代替 MOD（T_0），这样做会非常自然。对态射的独特选择将由所考虑的理论的必要性所要求。比如，我们可能想到同构嵌入（比如子结构）。在这一点上，需要引入如下的限制条件。我们希望*连并*范畴结构一起扩张 L_0-结构类：也就是说，扩张的类应该是一个 L_t-子范畴——原来的态射依然是态射。[21]我们给出一个流行的说法，当应用到 CAT（T）时*遗忘函子*应该产生 CAT（T_0）。想一想会发现，这也满足（C1）的限制条件。[22]正因为如此，这个要求在很多情况中甚至是太强的。比如，同构经验情况（譬如，并列的翻译看做是相互等价的）得到同构扩张；但是并不是每个单一的 L_0-同构需要保持 L_0+L_t 同构！［比如，当空间根据拓扑被度量化（metricized），不仅仅每个空间的拓扑自同构需要保持一个度量（metrical）同构］。第二个可能性对于它自身有很大的模型论方面的益处，不管它是否满足所有的限制（将在第9.5节的附录中给出一个例子。）

我们的历史概述结束了。“理论”的一个非常丰富而且富有希望的形式概念已经出现了——它的逻辑研究仍然处于初期。比如，这样的理论（通常在形式系统中定义）的通常性质和它们之间的联系仍将被研究。在第9.3节将找到一些相关的建议和讨论。最后，应该作评论的是这个概述绝不是当代理论逻辑观点的代表，这是由一个模型论观点引出来的问题。因此，在我们关注的范围（Wessel，1977）之外，还有一些不同但有趣的方法被保留了下来。对于逻辑学家来说有新的研究领域，这将变得非常清楚。它也是我们的目标。

9.2.2　一个系统的逻辑视角

像理论的“逻辑结构”这样的短语会误导我们认为它向科学研究建议单一的（或者按照我们的意愿）逻辑途径。当然，存在着单一的逻辑研究思想方法，但是确切地说，它的一个方面是可用的逻辑途径的大量性。因此，根据我们确切的目标，是有许多可用的选择（参见第9.1.3节）的。特别地，对于科学理论的研究，下面的观点应谨记不忘。

9.2.2.1　句法

在第9.2.1节中已经讨论，针对许多研究而言，一个形式系统的句法概念如何被证明是满意的选择。还提到这个概念产生于欧几里得几何的长期发展中——其中，演绎知识的公理系统证明了它作为一个充分的系统途径的价值和推动演绎知识快速发展的作用。尽管如此，我们有许多句法途径。比如，在埃因霍温（Eindhoven）自动数学（AUTOMATH）项目（van Benthem，Jutting，1979）的数学的实际计算机形式化中，我们需要句法文本逻辑，这个逻辑是由在自然演绎解释中的类型兰姆达演算（Lambda calculus）版本构成。除了提供一个真值目录，这样的系统也为实际的数学散文提供了模型（事实上，在逻辑中，现代计算机语言是在句法层面上自然有趣的扩张）。自然科学的类似项目将极其宝贵的实践经验仅仅投入到现有的关于它们形式化可能性的先验争论中。

9.2.2.2　结构

在19世纪之前，在几何学中，句法推导和空间直觉之间并没有作出区分。在非欧几里得几何学出现之后，这个划分引出了几何结构（“空间”）这一概念，它仅仅展示了几何学句子的特定的句法集。比如，在（Tarski，1959）中，这所造成的相互影响是可作为鉴戒地解释出来。但是，仅仅对于理论的“结构”观点来说，它也出现得非常早：有在第9.2.1节中提到的克莱因的“厄兰格纲领”

或者彭加勒对于几何学和力学的群论途径作证。

在自然科学中，为公理化理想花费很多时间其实是言而无实的；但是，在实践中，结构的观点更为便利。比如，牛顿力学可能非常容易被等同于真实的“力系统”的特定类。哪些“结构”是最适合在这一自然科学逻辑中运用的，这是带给我们的问题。

首先，让我们很快去掉一个“哲学”假对象。“数学是有关抽象结构的，是关于非形式现实的自然科学。”这是真的，只是它太正确了。自然科学家研究的是现实的模型或者描述，而且这些也走进了科学的逻辑研究。所以，是哪些模型呢？事实上，“结构”的通常模型论概念看起来对于容纳任意类型的系统的规则来说已经非常丰富了（Suppes，1960；Montague，1974）——但是，因为它们明确的时间独立解释（Arbib，Padulo，1974），在通常的系统理论意义上，它对于试图去处理系统也是非常自然的。比如，系统的描述理论包含了许多“逻辑”课程。[23]

在这一联系中，在量子力学的逻辑研究中，一篇经典的论文论述了它在结构的希尔伯特空间术语中“隐藏的变元”（a topic with a syntactical ring）方面的主要结果，而不是作为经典的和量子力学的公理化理论的结果，我们注意到这点是非常有益的（Kochen，Specker，1967）。

是不是所有的这些意味着语言学形式的途径可抛弃，我们可以在科学理论的背后到达结构“现实”呢？这个看起来像是先前讨论的“集合论观点”。而且，事实上，对于许多问题来说，这是一个要做的十足合理的事情——这有斯尼德和苏佩斯的许多工作为证。比如，很明显的一个问题，就是系统的那些论述，它们描述了相同“真实的”系统（比方说，在不同的坐标中）是一个有关恰当的同构类的结构问题。或者，当阿什比（Ashby）讨论有穷机器（Ashby，1976）之间的相似关系时，“相互同态的力是同构的”这个见解毫不归功于下属句法理论。但是，其他的有趣的问题将要求完整的结构-语言学观点，就像下面将要介绍的那样。

如果是这样的，那么为什么我们有时候会看到“集合论”和“模型论”途径的不合呢？（Przełęcki，1974）在这样的情形中，首先不可避免地要质疑对学术气氛的不良影响：谁的观点“更好”？[24]比如，在集合论方面，已经声明我们没有失去什么——除了可能的麻烦（用到数学理论的非标准模型，这是我们不希望的）。但是，这看起来太短见了。比如，对于“非标准力学”，当数学家只是找到了非标准分析的欣喜时，为什么不打开思维的大门呢？

将语言学途径永远抛弃，这意味着我们将自己从许多结构概念的最初激发点上给割舍了下来。[25]迪厄多内（Dieudonne）对数学家给出了类似的警告，这些数学家希望用到像超积这样的逻辑工具，而不用涉及他们所厌烦的逻辑－语言学渊源。这是可能的，当然，我们将无法理解它们的充分重要性，以及以同一种方式去发现启发性的刺激。

9.2.2.3　语义学

由于逻辑模型论是一个众所周知的领域（Chang，Keisler，1973），此处只需要关注几个相关要点即可。首先是一个短小的、与理论有关的问题清单，而这些问题仅从语义角度来讲很有意思。

（1）作为结构概念的机械“决定论”——即给定过去的历史，只有延续是可能进入将来的（in the relevant set of structures）——是否蕴涵作为语言学概念的“决定论”：即，在时间 $t+1$ 的相关状态变元——在力学公理的基础上——是否可以用时间 t 的那些状态变元而显式可定义的？（Montague，1976）

（2）在几何中，“一个点关系是客观的，如果它对每个自同构都不变。在这种意义上，基本关系都是客观的，并且由这些关系逻辑上定义的任何关系也是客观的。……每个客观关系是否可以如此定义就引出了逻辑完全性问题……”（Weyl，1963：73）：确切地说，是模型论问题（一些相关结果参见本文第9.5节）。最后，这一方向也可以反过来说，就像下面讲到的。

（3）语言学的“相对性原理”会像爱因斯坦的那样——即“物理方程”对洛伦兹转换不变——容许一个结构方面的刻画吗？

也许有人会提出大量类似的问题，比方说关于“线性”函数与“线性”多项式形式之间的关系，所有这些问题都说明了模型论的同一个特色：寻找句法观点和结构观点之间的系统的对偶。

另一常受关注的重点叙述如下。平实易懂的塔尔斯基语义学的巨大成功不应该使人忘记：原则上，语言和结构之间的任意联系都具有模型论意义。由此，比方说，力迫多样性（forcing variety）的非经典语义学或者（Fine，1975）提出的“模糊”语义学都同样值得尊敬。特别是，这样的话，对某个结构类的选择也不会为我们指定一个固定的演绎装置基础：经典的、直觉主义的或者其他。[26]顺便提一下，这一观察为我们提供了一个极佳的机会来理解（Quine，1951）中著名的“可修正性论题”更加精确的意义。[27]

9.2.2.4　语用学

句法和结构（由此：模型论）之间似乎就穷尽了理论上所有的逻辑视角。但除此之外，我们对上述概念的实际处理的语用主题可以由逻辑方式来研究。因此，作为科学行为而非这些行为的结果的理论并不是不可逆转地位于逻辑范围之外。下面提出一些例子来支持这一声明。

从纯句法视角来看，已经有了启发式证明这样的事物［参见在9.1.3节中提到的（Lakatos，1976），或者（Hintikka，Remes，1974）］。此外，意见分歧者之间的意见交换时对宣判的辩护或者攻击中的逻辑研究已经在（Lorenzen，Lorenz，1978）等工作中开始。

从语义视角来看也有语用研究的空间。例如，模型论预设了成功的解释已经发生。如何发生呢？这里是欣蒂卡型的“博弈论语义学”变得有用武之地（Saarinen，1979）。这里还有与实际测量的联系[15]，以及与贾尔斯（Giles）对物理理论研究的联系（Giles，1979）。实际上，（Hooker，1979）是物理理论研究中“逻辑-语用学”转向的一个信号。当然，这些文献很明显只是逻辑中一个充满希望的新领域的起步标志。

最后，语用视角提供了恰当的场合来陈述此处所考虑概念的结论性意见。专注于理论作为理智结果或许可以揭示“科学大厦”很多内容，但是它也可以产生出伪问题。例如，当其顶梁柱（beams）中的两个——如牛顿力学与爱因斯坦力学——并非完全一致时，科学理性是不是就处于危险之中？“持续发展”将是危险的吗？当然不会：科学的持续性由（再）构造工作者对通常的智力规则、策略和喜好的通晓所保证。放弃特殊语言、公理甚或整个理论：这只猫仍将保持其理性的露齿微笑。

9.3 理论的形式问题

以上诸节内容阐述了逻辑如何可以看作是非平庸科学理论的研究。[28]更确切地说，是评述了完整的逻辑考虑和工具的范围。一个理论应该总是带有特殊问题在头脑中而得以研究，这些就需要选择恰当的逻辑视角。由此回到第9.1.2节中的观察之一，即逻辑研究为即将出现的定理所诱惑而得到指导。下面处理一个相关的问题。当逻辑学家的学科被用于目前的语境中时，什么会成为他钟爱的定理？我们只看有些古怪又相当罕见的一个例子：林斯特龙定理在这个更为一般的领域有什么重要作用吗？就下述意义上来说是有的：这一定理（推及一般的抽象模型论）关注的是逻辑语言的一般性质加上语义学。已经证明，科学理论可以基于非常不同的逻辑之上；抽象模型论可以有助于为选择提供理由，方式是告诉大家在每一种情形中哪些有趣的元定理将成立或者不成立［抽象模型论在斯尼德框架中的应用可以参见（Pearce，1982）］。

更系统地说，逻辑研究所钟爱的、与一般的科学理论研究可能相关的主题和结论将（相当概括地）得到述评。这将是逻辑重新定位所要求角度的第一个测度。

诚然，许多重要的逻辑主题已然存在于经验理论的元科学中，如因果解释或分析性。我们的看法是，这些远远不够。

首先，数学基础的经典研究主要在下述领域得出了结果。

9.3.1 理论的性质

在句法传统中，大量逻辑概念可谓是源远流长。我们只需列出传统教科书上的清单：特殊的公理形式、可推演性、可定义性，然后是熟知的、三个一组的协调性、完全性、独立性，最后是可判定性（或者换成：定理集的复杂性）。逻辑的许多出名的标准结果都在这一领域中：克雷格定理、哥德尔定理、丘齐定理。予此以启发的许多原始问题似乎在经验理论中不那么急需。比方说，协调性将较少受关注——备受称赞的“物理直觉”在那里就可以让我们直截了当。[29]类似地，有人也许想要“中和”（neutralize）哥德尔的结果，比如更愿意寻求我们理论非数学的“部分（partial）完全性”。

结构传统中的问题本质上常常是数学问题，它们即使在现代逻辑蓬勃发展之前就受经验科学广为尊敬。下面即为例子：一个恰当的、本质上是“逻辑的”结果，是（Zeeman，1964）中的定理。该定理大意是说，物理参照框架（reference frames）之间保持因果联系的、仅有的那些映射都是洛伦兹群的那些映射。

第9.2.2.3节已经提到了一些相关的模型论主题。一个更为系统的清单就是上述主题的语义上对应的内容。[30]公理形式（更一般地说：定义的复杂性）都与逻辑学家所珍爱的保持定理联系在一起。结构闭包条件与显式可定义性之间关系这一主题似乎有着广泛的意义。在这一联系中，关键的结果如凯斯勒关于初等类的刻画，在同构和超积下封闭的角度来讲，它就像使玩把戏一样使得从结构数据中突然出现了一阶定义，应该具有极大的灵感价值。其次，把句法可推演性与结构后承联系起来的完全性定理保有明显的意味［一个极佳的例子就是（Giles，1979）的发现：某个“物理博弈论”的逻辑恰好就是卢卡西维茨的系统 $Ł_\infty$］。校准显式可定义性和结构测定的帕多阿方法和贝特定理已经在经验科学理论中反复应用（Suppes，1960；Montague，1974；Rantala，1977）。在上面提到的三个一组中，协调性退隐到幕后——模型论上预设了理论具有模型。此外，由于独立性的纯学术兴趣，上述方面（完全性）已不受逻辑学家们所关心。然而，完全性却与范畴性这一重要的结构现象密切相联，具有更为广泛的重要性。

从以上快速浏览中可以清楚地知道并不是所有这些逻辑结果仍保有它们所具有的意味——而只是说这类结果仍保有潜在的意味，如果它可以在第9.1.2节中那样的更为复杂的经济理论情境中被叙述并得以证明。下面是任意选出的例子。

取特南鲍姆（Tennenbaum）的漂亮定理：标准自然数是带递归的加、乘运算的皮亚诺算术仅有的可数模型。这一类型中更“经验的”例子是：线序时间仅有的、（在某种自然的意义上上）齐次的可数模型是有理数、整数以及它们（按照这一顺序的）字典式乘积（van Benthem，1980）。对于力学来讲，符合这一精神的结果是什么呢？

对科学大厦或者说对科学理论承续（“科学的进步”，如果你喜欢）的兴趣将立即引入到下述尚未固定的领域。

9.3.2 理论之间的关系

理论之间的一些句法关系已在第 9.2.1 节得到讨论，特别是扩张（extension）和保守扩张。重要的相关结果有（Craig，Vaught，1958）中的定理：（一个带等词的语言中）每一递归可公理化的理论通过使用额外谓词都是有穷可公理化的；或者是，哥德尔的非保守结果。这些问题也可以恰当地过渡到经验科学。例如，经典力学是经典分析的保守扩张吗？（如果不是，这就是从应用到应用理论的有趣的“反馈”例子）。

这些扩张概念或许可（分别）视为可解释性（interpretability）和可嵌入性关系的特例，其形式定义如下。（L_1 中的）T_1 在（L_2 中的）T_2 中是可解释的，如果存在某个 L_2 公式 U（带一个自由变元，即其“论域”）以及某个从 L_1 中的非逻辑常项到合适的（可能复杂的）L_2 表达式的能行翻译 τ，使得对于 T_1 的每一个公理 α 都有 $T_2 \vdash (\tau(\alpha))^U$［其中，$\tau(\alpha)$ 是把 α 中每一个非逻辑常项替换成它的 τ-匹配对象而得的结果；而上标“U”显示的是随后的、$\tau(\alpha)$ 中所有量词到 U 的相对化］。由于技术原因，也要求 $T_2 \vdash \exists x U(x)$。由此可以得出，对于 T_1 的每一条定理 φ 来说，$(\tau(\alpha))^U$ 变成在 T_2 中是可推演的。如果这一蕴涵也可以反过来说，即只有 T_1 定理在 T_2 中是（通过 τ，U）可证的，T_1 就已经嵌入到 T_2 中。这些在欧几里得几何对非欧几何的早期历史中就已经出现。比方说，要知道克莱因的“内圈”（circle interior）模型建立了从双曲几何到欧几里得几何的一个保守扩张中的解释（通过为一个圆添加一个个体常项而获得）。作为相关逻辑结果的一个例子，下面是某种“内模型的紧致性定理”（van Benthem，1980a）：“如果（L_1 中的）理论 T_1 和（L_2 中的）理论 T_2 使得 T_1 的每一个有穷部分是在 T_2 中可解释的（$L_1 \cap L_2$ 中的常项作相同翻译），那么 T_1 的整个理论是在 T_2 的某个保守扩张中可解释的。”[31] 一般来说，与这些概念相关的有大量结果。但是，最近逻辑学家们已经在研究上述特殊情形的问题。例如，对于皮亚诺算术的各种扩张，我们有了更强的“奥雷紧致性定理”（Lindström，1979）。

从结构上说，经验科学充满了需要逻辑分析的“归约现象”：热力学对统计力学、经典力学对相对论或量子力学等。常常是没有一致满意的逻辑概念锻造好了来好好掌握这些［尽管如此，还请参见（Pearce，1981）］。

为了阐明这一点，下面是关于时间的小例子。假设人们总是使用稠密时间——比方说以有理数〈ℚ，<〉方式。现在，时间在较深层次上以整数〈ℤ，<〉方式是离散的，这已经是很明显了。所获得的结构会是字典式乘积ℚ×ℤ，包含一个稠密的、未受限的、线性的、整数副本序列。注意，这一结构的理论就是离散时间的理论！大家就可以说原先的可归约到新的、“更丰富的”ℚ×ℤ吗？——而且，如果可以，又是在何种意义上？有各种各样的关系可供选择。比方说，ℚ很明显可以同构嵌入到ℚ×ℤ中。反过来，很明显的收缩映射是一个从ℚ×ℤ到ℚ上的≤-同态映射，在其向后的方向上满足模态逻辑的“*p*-态射”条款（Segerberg，1971）。（注意，该收缩并不是一个<-同态映射）。然而，这一情景的正确看法似乎是，在下述意义上ℚ可归约到ℚ×ℤ的某个层次上：ℚ同构于ℚ×ℤ在某个恰当等价关系下的一个商（注意，上述等价关系在模型论意义上并不是同余）。这一归约概念似乎具有广泛的应用潜力。[32]

第三个来自于对前述两个概念集合的模型论视角。句法“保守扩张”和结构“拉姆齐扩张”之间的对偶关系在第9.2.1节已经处理。至于可解释性，一个有趣的对偶结果将在（van Benthem，Pearce，1984）中找到，循此也能找到许多有用的技术文献（即便如此，强有力的标准仍然缺乏用来否证给定情形中的可解释性或者可嵌入性的证据）。一个部分结果是紧致性定理下述容易的推论：“有穷可公理化的理论 T_1 在 T_2 中是不计析取地可解释的[33]，当且仅当 T_2 的每一个模型都会包含一个由 L_2-可定义的论域和谓词组成的子结构，该结构是 T_1 的模型。”因此，结构的“局部”可定义性等价于不计析取的“全局”可定义性。一个简单的句法技巧可让我们去掉短语“不计析取”：任何“析取的”解释都可以替换为“单个”解释——且由此我们有了第二个关于可解释性的对偶结果。遗憾的是，其“结构”条款具有∀∃-形式，这不容易给出反例（不像在哥德尔定理或贝特可定义性定理等情形中）。参见附录（第9.5节）以查看更多相关结果。

即使在这不满意的状态中，仍会观察到有意思的现象，即“方向倒置”现象。这在语义学中是普通事件：像斯尼德关于如何“应用”一个理论等情况（其中内容和可应用性扬言要变成反比）对老练的读者来说，已经深思熟虑过了。在当前的情况中，有关观察是，从 T_1 到 T_2 的句法“可归约性”等同于从 T_2 的模型到 T_1 的模型的结构“可归约性”。[34]因此，打个比方说，结构关系如正交模希尔伯特空间格到布尔代数的非可嵌入性（Kochen，Specker，1967）并不是顺利地对应于量子力学公理化理论到经典力学理论中的非可解释性！类似地，在 (Suppes, 1960) 中，生物学可以归约为物理学这一论题的结构表述如下："对于一个生物学理论的任意一个模型，在物理学理论中可以构造出一个同构的模型 [是] 可能的"，对这一表述就很难用句法术语来了解。

在如此初等水平上就给出了这些不确定的事物，我们将不再赘述第 9.2 节所阐述是更为丰富的"理论"概念中引出的相当复杂（而且不胜枚举的）"可归约性"概念。当然，从许许多多斯尼德式提议（Balzer, Sneed, 1977/8）中挑选一些富于成效的部分将是逻辑学家的首要任务之一。

最后，让我们再次回到上述的时态例子。$\mathbb{Q}$ 与 $\mathbb{Q}\times\mathbb{Z}$ 之间的结构归约关系是等价关系作出的划分关系，其中等价关系是指"相互之间只隔有穷多步离散的步骤"。它相应的句法表述怎么样呢？乍看之下，这似乎是无望的，这两个句法理论是不协调的：稠密性对离散性。因此，难道需要一场科学革命？那看起来是引人入胜、最终其实是浅薄之议。一个更好的描述如下：从无界稠密线性时间的理论（T_1，语言为 L_1），人们前进到二种类理论 T_2，使得一方面 T_2 容纳了 T_1，另一方面又具有无界稠密线性时间的理论——还具有这两个种类之间的一些明显的"过渡原则"。进一步的模型论问题可以考虑下述事情：当"较上的种类"是由"较下的种类"显式可定义之时（本例中，对于那一点明显过于贵族化了）。

9.4 哲学结果

就其背景因素（第 9.1 节）及其技术发展（第 9.2、9.3 节，以及第 9.5 节）来说，这篇论文已经相当一般了。纵使如此，恰恰相反的是，更多具有逻辑概括性的结果并没有在此提供（本文作者已经允诺本文是其原则的最后一次违背）。回顾第 9.1.2 节的观察：逻辑研究需要由意欲获得的特殊结果来引导。现在经常注意到的是，理论主题的内部动力及其应用的需求这两者都可以设定这样的目标。后一个灵感来源在目前值得特别强调：也可以参见（Suppes, 1973）中苏佩斯的编辑劝诫，把对空间、时间各运动学的研究旗帜从数学夺到逻辑来。当然，行军路线与目标不尽相同；但是，这就是我们通过一般规划所能提议的全部。本文的其余部分就是要谈谈我对于这个规划的范围等的一些看法。

9.4.1 什么是"应用"

第 9.1.1 节已经讨论了在科学研究中寻找逻辑可以带领我们走多远的唯一方式就是亲自去尝试。这一点是为了反对逻辑在演绎上不恰当的支持者。不过，为了避免不必要的幻想破灭，关于逻辑的"应用"意味着什么这样一些预先的思想是恰当的。非常一般地说，它在科学话题中的经常性使用——以及它在科研经费获取中的有用性——不能隐藏下述事实："应用"是一个相当散漫的、急需澄清的词。但这样的澄清工作的确需要专文（甚或一本专著）：这里只能提出一些相关要点。

在一门科学理论的研究中，"应用逻辑"说的是使用逻辑工具：简洁但提供不了多少信息的说法。因为，这些"工具"可以是方法、定理，或者仅仅是概念甚至于记法等任意东西。有时候，仅有的"工具"甚至是那种称为"逻辑玄妙"（sophistication）、只有内行才懂的（虽然真实的）素质——由努力工作而到的其他任何事情。这种情况与任何形式科学中的情形并无原则上的区别。或许有的工程师可以把数学"应用"到某类魔术棒的问题中去——但大多数应用需要就地创造新的数学。

上一段不要误解为有下述意思：某个模糊的"逻辑观点"就是至关重要的所有内容。例如，如果在科学研究中人们仅仅使用逻辑概念，那么，又从何区别于用标签替代分析从而毒害了如此众多尚在萌芽的新兴科学是信息论酱汁？（亚里士多德主义复兴的危险请参见注6。）逻辑在科学中的应用不能仅止于此：概念需要与（已有或者专门为此目的而创造的）"规范性的"定理紧紧联系起来；这才是第9.1.1、9.1.2节的准确观点。此外，能够达到这些的秘密的逻辑玄妙需要在技术性逻辑中有脚踏实地的训练……

问题由此而出：应用逻辑定理究竟是什么意思？而这些经常不过是作为"按部就班的交通灯"。例如，递归论告诉我们，某些语法太弱而无法生成所给的语言，但其他语法值得一试［参见（Chomsky，1957）中著名的上升谱系］。同样，贝特定理警告我们的是，第9.3.1节中那些限制的某种表述为还原论（reductionism）铺平了道路。注意，通常所说的波普尔观点在这里是一种典型：失败是成功仅有的最后方式。[35]正面的结果或许无助于增益知识，因为它们成功的原因尚属朦胧（参见注27关于演绎的"经典"演算的成功）。

一件有意思的事情或许是看到现代逻辑的批评家们如何疏忽了这一点。例如，有重大争议的（Perelman，1976）建立了形式逻辑在下述那样通过例子来研究法律推理的基本不恰当性。在《拿破仑法典》之后的法国法律传统中，预设法典既不包含"冲突"也不包含"漏洞"，在此基础上，法官被要求给出他们的判决。同时，一个判决可以以一种简单的、方法论上客观的方式来达到（顺便提一下，这一严密性背后值得尊敬的动机是把诉讼程序的任意性减到最低；由此得以保护公民。纵使如此，这一理想在实践中还是很难维护：在法官的部分仍然遗留了一个不可归约的解释成分）。现在，佩雷尔曼（Perelman）就这一理想的方法论背景（准确地）谈到，方法上等于要求法律应该是协调的、完全的以及可判定的理论：一个甚至在数学中也稀有的物种，因此……这又是逻辑不充足性的一个例子。不过，根据上一段落的内容，逻辑的一个应用已然给出，证明了法律某些构想固有的局限；因此为更为玄妙的方法论构想或者为追加内容（而非仅仅是形式）考虑创造了空间。

正面结果为什么可能具有可靠的可应用性的另一个原因是它们（必然）一般的性质。例如，拥有了一般的递归论就要求与实践有某些距离——这就导致了“可构造性”的变化表，如原始递归函数很容易变成物理上不可计算的。许多逻辑上已有的定理都是通过非常不现实的“构造”而得以证明的，就像已经在克雷格定理相关方面注意到的[15]。因此可以说（正像在这些证明中所展示的那样），逻辑方法主要是鼓舞人心的。

但是，按照本文作者的经验，乐观地寻求可处理的例子在具体情况中通常是成功的策略。现实或许是残酷的，但它并不刻毒。

9.4.2 礼赞形式主义

任何缺乏“逻辑悟性”的人都不会通过为形式方法道歉而转变。因此，应该永远不要把他们凑成无动于衷的听众（当然了，除非是为了生计不得已而为之）。由于无须使他们成为引起共鸣的听众，从而有下面似乎无语的结论……

对任何关心的人来讲，“形式研究”的一些优点仍将于此颂扬，在主流文化趋势中，（不管是反对者还是捍卫者）对它们都称道得太少了。我不将“形式”或“精准”哲学看做是通向即刻推理和底层（rock-bottom）洞察力的道路。若能稍有把握地说出来，它是重新安装我们的筏子（在诺伊拉特的海洋上不牢靠地漂流）的一种方法。估量我们的知识下无知的深度。所以，对这一类型工作的选择（取代所有围绕哲学的东西）对我来说似乎总是知识忠诚而非匮乏。

忠诚是一种美德，当然，它并不是特别刺激的东西。所以，让我对形式和准确的优点更为明确——或者，更好地来讲，是对于使得事物更形式和更准确的表述。首先，它迫使我们变得对珍贵的直觉更清楚——教会我们错误是无价艺术（说世界是一个“有机的整体”就意味着冒险和学习，仅此而已；说它是有限的国家机器，这是一个夸大的、有启发性的错误）。此外，就像没有解释我们的概念一样，它们真正的财富是公开，而且，迄今为止，未解释的可能性是开放的。因此，形式精准是创造性想象的促进因素——就像已经在（Piaget，1973）中强调的那样。对“创造自由”和“逻辑盔甲”流行的反对没有公平对待逻辑（正如人们担心的一样，对于创造也不是公平的）。

这里也是逻辑任务出现的地方，我认为这一任务对于科学哲学有极大的重要性。它应该提供一个“概念实验室”，在其中，思想在想象的情况下得到检验。

同样也非常重要的是，应该有一个“概念圣堂”（或者“精神避难所”?），在其中，旧的、被丢弃的科学思想依然是存活的[36]——就像谷物花粉银行中的品种，在未来的某一时刻，人们可能又需要它们。但愿，以这种方式，逻辑可以在封闭强加于己的空缺上有很大的帮助，这个空缺是介于公共感受的世界和科学两者之间的；而在科学中，我们的文化正在受损。

9.5 技术附录

本文的主要部分相当简略，详细的技术证明都没有述及。为了提供至少是某些逻辑根据，下面是一些与我们一般性主题相关的技术性工作的例子。

I. 从模型论角度看不变性

一个典型的模型论研究方向如下所述。开始研究某个论域的时候，比如离散的二维格$\mathbb{Z}\times\mathbb{Z}$，赋有某种结构，比方说三元关系“或更进一步”。首先遇到的是结构问题。这个格的哪些双射是关于这一结构的自同构？（本例中，答案刚好就是平移、旋转以及反射的群）这些自同构引出不变量：论域中由这个群的所有自同构映到其本身之上的n元关系（参见前面关于克莱因规划的注记）。这些不变量构成一个很有意思的类，该类对补、交或者投射等运算封闭。那么，所有不变量都可以用某个恰当的语言从语言学上进行刻画吗？很明显，至少原先的关系是一个不变量，它在谓词逻辑上可定义的所有关系也都是［参见早前从（Weyl, 1949）而来的引文］。反过来也成立吗？这是一个困难的问题，需要一些（相对于某个母结构）“内部”可定义性结果，而非“外部”可定义性结果如凯斯勒初等类刻画。下面是一些有关的结果［也可参见（Rantala, 1977a)］。

命题1 在有穷结构中，自同构的不变性蕴涵一阶可定义性。

证明：令$\mathfrak{D}$是有穷结构，$A\subseteq D^n$是一个不变量。一个直接的组合论证将得出一阶定义。不过，这里我们只是观察到结论也可以从将要证明的命题3推出，如果我们能够、也只需证明（$\mathfrak{D}$, A）是（$L+A$）-饱和的。因此，令$\vec{x}$是任意多个（比方说s个）变元的序列，$\sum=\sum(\vec{x})$是（$L+A$）-公式的集合，其中包含D中有穷多个参数，而该集合又是在$\mathfrak{D}$中有穷可满足的。饱和性需要$\sum$是同时可满足的；假设它不是这样。那么，对于D^s中的每个s-序组$\vec{d}$，在$\sum$中都存在某个公式$\sigma_{\vec{d}}$，使得$\sigma_{\vec{d}}$对于$\vec{d}$为假。但是，由于只有有穷多这样的s-序组，因此可以得出$\sum$的某个有穷子集在$\mathfrak{D}$中不是可满足的：与原来对$\sum$的假设矛盾。证毕。

然而，在无穷结构中，命题1可以不成立。反例：由自然数－整数按照通常顺序组成的结构$\mathbb{N}\oplus\mathbb{Z}$中，$\mathbb{N}$是对自同构不变的，而就序关系而言并非一阶可定义的。

情况常常是，只有当单独的结构替换成它们的理论之时，才会引出模型论结果。由此，令T是语言$L+A$的一阶理论，其中A是n元关系符。不变性与可定义性之间一个真正的对偶即如下述：

命题2 $A^{\mathfrak{D}}$在T的每一个模型中都是L-自同构不变量，当且仅当，不计析取，A是在T中显式可定义的。

证明：从右到左很明显，如果

$$T\vdash\forall\vec{x}(A\vec{x}\leftrightarrow\delta_1(\vec{x}))\ \vee\ \cdots\ \vee\ \forall\vec{x}(A\vec{x}\leftrightarrow\delta_m(\vec{x}))$$

其中δ_1，…，δ_m都是L-公式——那么，在T的每一个模型中，A被某个δ_i所一阶定义。因此，它在上述意义上是一个不变量。

其次，对于相反的方向，斯韦诺纽斯（Svenonius）定理可以用上（Chang，Keisler，1973，定理5.3.3）。令$\mathfrak{D}$是一个L-结构，带有T的模型的（$L+A$）-同构膨胀（$\mathfrak{D}$，A），（$\mathfrak{D}$，A'）。由A的不变性，有$A=A'$［（$L+A$）-自同构都是L-自同构］。由前述提到的定理，这蕴涵了不计析取的显示可定义性。证毕。

为了把这样一些改变后的结果应用到“内部的”问题如原先的几何问题，就需要已经证明下述这样的结果：例如，$\mathbb{Z}\times\mathbb{Z}$中任意给定的不变量$A$给出了一个理论$T=\mathrm{Th}$（（$\mathbb{Z}\times\mathbb{Z}$，$A$）），在这理论的每个模型中，$A$的解释是不变量。我们于此并不解决这一问题。

最后，确实存在着一种结构，在这种结构中，不变性蕴涵显式可定义性而无需进一步费心——一个下面将要用到的观察。

命题3 如果A在（$L+A$）-饱和结构$\mathfrak{D}$中是L-自同构不变量，那么它是在$\mathfrak{D}$中一阶可定义的。

证明：令A是一个n元关系。考虑A中对象的任意n元序列$\vec{a}$。现在，$\mathfrak{D}$中$\vec{a}$的L-类型不能在A外得到满足。否则的话，（作为刚才所给饱和性的推论的）L-齐次性将提供一个并不把A映到本身之上的、$\mathfrak{D}$的L-自同构。换句话说，由$\vec{a}$的L-类型与公式$\neg A\vec{x}$组成的（$L+A$）-集合在$\mathfrak{D}$中不是可满足的。因此它的某个有穷子集将不是可满足的——$\mathfrak{D}$是（$L+A$）-饱和的。比方说，

$$\{\tau_1(\vec{x}),\cdots,\tau_s(\vec{x}),\neg A\vec{x}\}$$

在$\mathfrak{D}$中不是可满足的；其中τ_1，…，τ_s都是对$\vec{a}$为真。等价地说，

(1) $\forall\vec{x}$（$\tau_{\vec{a}}$（$\vec{x}$）（$A\vec{x}$）在$\mathfrak{D}$中为真；其中，$\tau_{\vec{a}}=_{def}\tau_1\ \&\cdots\&\ \tau_s$。

此外，由于A中每一个$\vec{a}$都将满足某个这样的L-公式$\tau_{\vec{a}}$，（$L+A$）-集合

$$\{\neg \tau_{\vec{a}} \mid \vec{a} \in A\} \cup \{A\vec{x}\}$$

也在$\mathfrak{D}$中不是可满足的。因此，再次由饱和性可得，存在有穷多个 A 中的序列 $\vec{a}_1$，…，$\vec{a}_t$，使得

(2) $\forall \vec{x}\ (A\vec{x} \to \tau\ (\vec{x}))$ 在$\mathfrak{D}$中为真；

其中，$\tau = \text{def}\ \tau_{\vec{a}_1} \vee \cdots \vee \tau_{\vec{a}_t}$。

与 (1) 一起，可以推出

$$\forall \vec{x}\ (\tau\ (\vec{x}) \leftrightarrow A\vec{x})\ \text{在}\mathfrak{D}\text{中为真}$$

也就是说，A 已经是 L-可定义的。证毕。

II. 范畴思考方式

与斯尼德的限制联系起来提到的范畴视角或许可以用来为某个结构中的一阶可定义性提供刻画。为了明白这一点，令$\mathfrak{D}$是某个 L-结构，A 是其中的一个 n 元不变项。现在，$\mathfrak{D}$属于所有 L-结构的范畴 CAT (L)，其中的态射为 L-同构嵌入(不必是满射)，超积构造作为特征运算（遗憾的是，我并不知道超积与它们的"射学的"(morphdogical) 行为有关的任何范畴定义)。

命题 4 A 在$\mathfrak{D}$中是一阶可定义的，当且仅当 CAT (L) 是同时可膨胀到包含 ($\mathfrak{D}$, A) 的、CAT ($L+A$) 的某个子范畴，使得 CAT (L) 所有的态射和运算在 CAT ($L+A$) 中仍然相同。

证明：如果 A 是一阶 L-可定义的，比如 $A = \varphi^{\mathfrak{D}}$，那么每一个 L-结构$\mathfrak{D}'$到 ($\mathfrak{D}'$, $\varphi^{\mathfrak{D}'}$) 的明显膨胀就可以了。原因在于，L-同构由于它们的基本保持性质仍然是 ($L+A$) -同构，而沃斯 (Łoś) 定理保证了超积也是如此。

反过来，假设 CAT (L) 已经如需而膨胀。令 U 是某个标记集 I 上的任意一个可数不完全的、α-好的超滤；其中 $|I| = \max\ (\aleph_0,\ |D|)$，$\alpha = |I|^+$。考虑 CAT ($L+A$) 中膨胀的超幂 $\prod_U \mathfrak{D}$——由假设，它等于 $\prod_U$ ($\mathfrak{D}$, A)。注意，由 (Chang，Keisler，1973) 中的定理 6.1.8，这一超积是 ($L+A$) -饱和的。此外，A^* (其中 $* = \prod_U \mathfrak{D}$) 在该超积中是不变的：由假设，这一结构的 L-自同构都自动地是 ($L+A$) -自同构。因此，所希望的结果立即从命题3 可得。证毕。

我们希望，这一思想进路将能产生更多的结果 [本文初稿中的这一推测在 (van Benthem，Pearce，1984) 中得到了证实]。

III. 归约的多样性

第 9.3.2 节已经说明了"归约"概念允许作多种逻辑解说和分析。首先，这里要证明的是该节中一个句法方面的结果。

令 $T_1(T_2)$ 是语言 $L_1(L_2)$ 中的一阶理论。从 L_1 到 L_2 的翻译 τ 将指派（可能复杂的）L_2-谓词给 L_1-初始符号——$L_1 \cap L_2$ 中的则恒等地映射（这样就实现了下述思想：预先给出了一个部分对应）。T_1 在 T_2 中的“解释”意味着某个翻译 $\tau(T_1)$ 可以在 T_2 中（可能相对于表示某个子域的一元 L_2-谓词）得到证明。由于 T_1 是可以无穷公理化的，这里用得上“紧致性定理”。但是，实际上如注 31 中所示，没有这样的结果可以一般地成立（Lindström，1979）。我们所拥有的为下述内容。

命题 5 如果 T_1 的每个有穷子集是在 T_2 中可解释的，那么 T_1 的整个理论在 T_2 的某个保守扩张中可解释。

证明： 取一个既不在 L_1 中出现也不在 L_2 中出现的、新的一元谓词常项 U。现在，考虑 $T_2 \cup T_1{}^U$（其中出现在 T_1 中的所有量词都相对化到 U）。T_1 在这一新理论中是平凡可解释的。这样，只需证明后者是 T_2 的保守扩张。为明白这一点，令 φ 是任意一个 L_2-句子，使得 $T_2 \cup T_1{}^U \vdash \varphi$。可以推出，对于有穷多的 $\alpha_1, \cdots, \alpha_k \in T_1$，$T_2 \cup \{\alpha_1^U, \cdots, \alpha_k^U\} \vdash \varphi$。等价地，取 α 为这些公式的合取，$T_2 \vdash \alpha^U \to \varphi$。那么，由于 U 和 α 的（$L_1 - L_2$）-词汇都不在 T_2 中出现，可以推出，对于全称二阶闭包 $\forall(\alpha^U \to \varphi)$——关于 U 和 $L_1 - L_2$ 而被取定——来说，$T_2 \vdash \forall(\alpha^U \to \varphi)$。

然后，由对 T_1 和 T_2 的假设，存在从 L_1 到 L_2 中的某个解释 τ，以及某个一元的 L_2-谓词 β，使得 $T_2 \vdash (\tau(\alpha))^\beta$，根据上一段，可以得到 $T_2 \vdash (\tau(\alpha))^\beta \to \varphi$，从而有 $T_2 \vdash \alpha$。证毕。

第 9.3.2 节中提到了下述对于有穷可公理化理论 T_1 的模型论解释结果。

命题 6 T_1 是在 T_2 中不计析取可解释的，当且仅当，T_2 的每一个模型都包含一个带有 L_2-可定义谓词的 L_2-可定义的子域，而且 T_2 的每一个模型是 T_1 的模型。

证明： 从左到右是很明显的。反过来，如果 T_1 如说明的那样并不是可定义的，那么 T_2 并上 T_1（相对于所有可能的 L_2-可定义的论域）的 L_2-可定义翻译的所有否定构成的这个集合是一个有穷可满足的公式集。那么，由紧致性，它也将是同时可满足的。换句话说，T_2 拥有一个模型，其缺乏适合于 T_1 的、任何可定义的子模型。证毕。

然后要用到第 9.3.2 节中提及的“句法手段”，这由下述特殊情形例示。假设

$$T_2 \vdash (\tau_1(T_1)^{U_1} \land \exists x\, U_1) \lor (\tau_2(T_1)^{U_2} \land \exists x\, U_2)$$

称第一个析取支为 α，置

$$U(x) =_{def} (U_1(x) \wedge \alpha) \vee (U_2(x) \wedge \neg \alpha)$$

注意，$T_2 \vdash \exists x\, U(x)$。那么，对于任意的 L_1-谓词 P，置

$$\tau(P)(\vec{x}) =_{def} (\tau_1(P)(\vec{x}) \wedge \alpha) \vee (\tau_2(P)(\vec{x}) \wedge \neg \alpha)$$

关于 T_2 模型的一个简单的论证就可以说 $T_2 \vdash \tau(T_1)^U$。

使用前述Ⅱ中的“跨结构”范畴条件而做的进一步改良，就可以“简短地”得出可解释性的一个对偶结果。然而，我们不追随这一过程，而是从一个不同的角度（即理论组合的角度）来综观这整个主题。

首先有了两个一阶理论（L_1 中的）T_1 和（L_2 中的）T_2，也可以共享某个词汇表 $L_1 \cap L_2$。我们假定，两者都准备用来描述相同种类的对象。最弱的组合形式似乎是：

(1) T_1 和 T_2 的演绎并乃是在 $L_1 + L_2$ 中协调的。

罗宾逊联合（joint）协调性定理告诉我们，只有当 $T_1 \upharpoonright L_1 \cap L_2$ 和 $T_2 \upharpoonright L_1 \cap L_2$ 不包含互相矛盾的定理的时候，上述情况才会出现。注意，$T_1 \cup T_2$ 不必是 T_1 或者 T_2 的保守扩张：两个理论都可能在过程中已经习得。对罗宾逊论证的一些反思可以证明，例如，$T_1 \cup T_2$ 是 T_2 的保守扩张，当且仅当 $T_1 \upharpoonright L_1 \cap L_2$ 包含在$T_2 \upharpoonright L_1 \cap L_2$ 之中。

[从左到右的方向是明显的。反过来，对于任意的 L_2-句子 φ，如果 $T_2 \nvdash \varphi$，那么 $T_2 \cup \{\neg \varphi\}$ 就有模型$\mathfrak{D}$。而由假设，$\mathfrak{D}$的（$L_1 \cap L_2$）-理论并上 T_1 将是有穷可满足的——且由此它有模型$\mathfrak{D}'$。从$\mathfrak{D}$和$\mathfrak{D}'$出发，可以构造出交互的初等链，它们的并可以一起并入到一个证实 $T_1 \cup T_2$ 但使 φ 为假的（$L_1 \cap L_2$）-结构（Chang & Keisler, 1973）中。]

然而，T_1 和 T_2 之间较强的联系可以通过诸如下述的额外条件而得：

(2) $T_1 \cup T_2$ 包含在 T_2 的某个定义扩张之中。

即，给定（$L_1 - L_2$）-词汇的某个 L_2-定义，T_1 变成是可以从 T_2 推导的。这是“解释”的较早定义——更确切地说，忽略可能的、到子域的相对化这一复杂情形。在这种情况之下，$T_1 \cup T_2$ 自动地就是 T_2 的一个保守扩张（参见前述命题5 的证明），不过不一定是 T_1 的保守扩张。后者甚至不必发生在更强的联系上，即“定义可归约性”出现。

(3) $T_1 \cup T_2$ 与 T_2 的某个定义扩张一致。

与我们所知的、保守扩张与拉姆齐扩张之间的不相匹配相反，理论之间的后一个联系允许漂亮的结构刻画：

命题7　T_1 可归约定义到 T_2，当且仅当，T_2 的每一模型允许刚好一个到 T_1 模型的膨胀。

证明：首先，假设 T_1 是可归约定义到 T_2 的——也就是说，$T_1 \cup T_2$ 由 T_2 加上如上所述的 L_2-定义 δ 来公理化。现在，考虑 T_2 的任意一个模型$\mathfrak{D}$。通过由 δ 来解释（$L_1 - L_2$）-词汇，$\mathfrak{D}$被膨胀到一个（$L_1 + L_2$）-结构$\mathfrak{D}^+$，这一结构（满足 T_2 加上 δ 因此也）满足 $T_1 \cup T_2$。由此，$\mathfrak{D}^+$ 更是 T_1 的模型：并且"至少"这一要求已经考虑到了。然后，考虑"至多"。如果$\mathfrak{D}^+$、$\mathfrak{D}^{+\prime}$是$\mathfrak{D}$的任意两个膨胀到 T_1 的模型，那么（$T_1 \cup T_2$，且因此）δ 将在两者中都成立。所以，（$L_1 - L_2$）-词汇的相应解释一定是一致的：即$\mathfrak{D}^+ = \mathfrak{D}^{+\prime}$。

反过来，假设上述结构条件成立。其"至多"方面意味着贝特定理的隐式可定义性条款得到满足——且因此（$L_1 - L_2$）-词汇的显示 L_2-定义 δ 都在 $T_1 \cup T_2$ 中是可推导出来的。这就可推出可以（重新）公理化成它的 L_2-部分（$T_1 \cup T_2$）$\upharpoonright L_2$ 与 δ 的并。原因很明显，因为这两者都是可以从 $T_1 \cup T_2$ 推导出来。此外，反之亦然，如果 $T_1 \cup T_2 \vdash \varphi$（$L_1$，$L_2$），那么，$T_1 \cup T_2 \vdash \varphi$（$\delta$（$L_1$），$L_2$）——其中"$\delta$（$L_1$）"指的是恰当的、通过 δ 的 L_2-置换——因此 L_2-公式 φ（δ（L_1），L_2）属于（$T_1 \cup T_2$）$\upharpoonright L_2$。与 δ 一起，后一个理论再现了原先的公式 φ（L_1，L_2）。

因此，为了证明 T_1 定义扩张到 T_2，只需要证明（$T_1 \cup T_2$）$\upharpoonright L_2$ 与 T_2 一致就足够了。换句话说，要证明的是 $T_1 \cup T_2$ 是 T_2 的保守扩张。而这又可以从上述结构条件的"至少"方面推出。原因在于，如果 φ 是任意一个 L_2-公式，使得 $T_2 \nvdash \varphi$，那么 $T_2 \cup \{\neg \varphi\}$ 将有一个模型：这一模型可以膨胀到 $T_1 \cup T_2 \cup \{\neg \varphi\}$ 的某个模型——因此 $T_1 \cup T_2 \nvdash \varphi$。证毕。

这些都是让人高兴的概念——但是相当的不现实。因为在具体实践中，需要添加的理论通常指称不同种类的对象。例如，适于 T_1 的、以初始的（三元的）"之间性"（betweenness）和（四元的）"等距离"（equidistance）的初等几何（Tarski，1959），适于 T_2 的、实数（$\mathbb{R} = \langle R, 0, 1, +, \cdot \rangle$）的代数理论。第 9.3.2 节已经提到，一个二种类组合更为恰当——可能的分种类联系成为主题。例如，在这一情况下，等距离导出介于成对的点之间的等价关系，它们允许"长度"的一个桥梁的概念，而且这一概念满足"加"等特定的桥梁规则。在归约的如此更为复杂的语法概念以及通常陈述的定理之间的关系将不在这里研究。

注

＊感谢大卫·皮尔斯（David Pearce）和韦科·兰塔拉（Veikko Rantala）的建设性意见。

1. 这一规则的例外是兰塔拉的论文"Correspondence and Non-Standard Mod-

els：A Case Study”，载 *Acta Philosophica Fennica* 30（1979），第366～378页。至于“普通的”应用，当然有罗宾逊本人以及他与合作者的很多出版物。

2. 遗憾的是，失败主义（或杰出的）逻辑学家们已经用过类似的借口来核证他们对纯数学的关注。

3. 通常批判的是静态的逻辑基础课本。比如，在另外一个非常有趣的著作《推理心理学》（Batsford，伦敦，1972），该书作者［沃森（P. C. Wason）和约翰逊·莱尔德（P. N. Johnson-Laird）］给出如下例子以证明“实际推理超出任何形式化模型”。这两个句子“如果价格上升，那么公司将倒闭”，和“价格上升，公司才倒闭”被理解为“逻辑等价”，即有同样的逻辑形式“$I \to B$”。但是，事实上，人们感觉到了区别，由于增加的当下的或者表示原因的内容，等等。作者似乎没有感觉到像这样的观察恰好是现代逻辑语义的基础这个事实。比如，在时态逻辑中，这两个逻辑形式应分别是**“$I \to$将来B”**和**“$I \to$过去B”**。

4. 并且，并没有期望红地毯。似乎在这样的科学哲学家中有一个增长的趋势，他们将逻辑看做只是在集合论、拓扑学、博弈论、系统论等中辅助的一个学科。

5. 这是波普尔的主要见解——应用到科学哲学本身。

6. 在这一联系中，有时候会担心一种新亚里士多德主义在起作用，在每个人的思想中把标记现象和理解现象混淆起来。

7. 并没有说他的兴趣将也包括非常不同的推理目的：合理化、核证、非形式化的抽离、反驳、解释，但事情依然这样。特别地，后两个用亨普尔式或者波普尔式科学哲学明显有联系。

8. 注意，在这种观点之下，从（自然）语言的逻辑研究到科学理论的逻辑研究如何才能有一个连续的范围。

9. 尚有更复杂的实体提出来，如“理论网”（斯尼德）或“研究纲领”［拉卡托斯（Lakatos）］。但是，即使这样，理论的层次仍然是方便法门。

10. 从历史上来讲，这一观点可能受了康德教条的影响：只有与（可能的）经验相关的知识才免于矛盾，而“纯粹理性”遭受二律背反的不变风险。

11. 或者有人会提出相反的意见：对于构造性给出的论域来说非构造性逻辑是无害的：一旦（在直觉主义者立场）考虑到非构造性论域就得更加小心谨慎？常常的情况是，隐喻指向任何一方都可以。

12. 这里可能有一个问题。如果 T_1 被全称命题所公理化，而且在证明中只允许用全称命题，那么，因为某些全称定理的谓词逻辑证明要求较高的量词复杂性而使得它们变得不可证，这（难道）是不会出现的吗？幸运的是，回答是否定的：例如，运用语义表列就可以看到。

13. 一个有趣的界限情形有如哥德巴赫猜想，大意是说，每一个大于2的偶自然数是两个素数之和。我们并不知道任何明显的、只得出素数的函数f、g，使得每一个偶数n等于$f(n)+g(n)$。但是，存在着（平凡的）递归函数f、g，使得：如果n可以被写成是两个素数的和，那么$f(n)+g(n)$将是这样的和。这会使哥德巴赫猜想成为一个可接受的“具体”命题吗？或者人们需要原始递归的斯科伦函数？

14. 一个相关的例子（A. S. Troelstra）如下：在实数中，方程$y^3-3y+x=0$对于参数x的每一个值都有解，这是构造性可证的。但是，不存在连续函数f：$\mathbb{R}\to\mathbb{R}$使得

$$\forall x(fx)^3-3(fx)+x=0$$

［一个“锥尖形突变（cusp catastrophe）”出现了］。

15. 顺便提一下，这里是下述声明的一个有启发性反例：哲学家们只把逻辑结果作为知识而没有觉察。因为，碰巧的是，克雷格的证明方法为可观测的子理论产生“棘手的”公理集合，而没有任何实际运用。这样，尽管幸好知道了原则上“归约”存在，但需要做大量工作来得到有说服力的、有意思的例子。

16. 这一贡献绝没有完全说出苏佩斯在科学哲学中的重要工作。这里只提另外一个例子，他关于（计量）测度理论（measurement theory）的多篇论文对于“可观测”术语的语义学有着明显的兴趣。

17. 或许让人吃惊的是，答案是否定的（Przełęcki，1969）。

18. 注意，在这一情形中，对于每一个L_0-句子φ，$T\vdash\varphi$，当且仅当$T_0\vdash\varphi$（T_0是完全的）。因此，该例子也拒斥下述猜想：（1）和（3）的合取将是结构条件MOD（T_0）等于MOD（T）$\upharpoonright L_0$的句法匹配者。

19. 原先希望的是，至少它是一个可判定的事情（给定理论T），如果它的理论词汇表是拉姆齐可消除的。然而，这一猜想在（van Benthem，1978）中被否定（证为）。

20. 至于C2，需要被分解成一条法则

$$\forall xy\ m(x\cup y)=m(x)+m(y)$$

（其中“∪”表示的是物理上的连接）加上恒等限制C1。

21. 对于这一要求类型的来自非常不同领域的一个例子，可以参见H. Ehrig，H. -J. Kreowski & P. Padawitz：“Stepwise Specification and Implementation of Abstract Data Types”，载*Proceedings ICALP* 5（1978），*Springer Lecture Notes in Computer Science* 62，第205~226页。此处的态射都是代数同态。

22. 令p都出现在D_1和D_2中。现在，D_1和D_2将有一个包含p的、共同的

经验超结构 D。由于这一关系必须在理论水平上被保持，p 将在 D、D_1 和 D_2 的膨胀中得到相同的理论函数值。

23. 大家也会愿意看到科学理论的语义学中应用现代时态逻辑的克里普克结构［沃西基（R. Wojcicki）最近工作的“经验结构”就属于这种类型］。

24. 关于自然法则的地位有一些平行的讨论：语言表达式还是结构“序列化关系”？（Suppes，1976）

25. 例如，斯尼德集合论限制上的“子集条件”是清楚的（甚至是正确的），仅当该限制具有（“曾有”？）全称明显的表述。“全称－特称”限制如“任意两个在至少一个经验情景中出现在一起”并不满足该条件。

另一种情形是（Sneed，1971）中天平上有穷多个对象平衡的例子：有的结构主义者将把有穷性（以及由此而来的这一简单类型的经验情景）的谓词逻辑不可定义性看做是一阶形式系统的最终裁决。但是，这样分析为我们所做的就是强迫大家去考虑这一特殊情形中“有穷”的现金价值。例如，上述例子简单的一阶形式系统将会包含一个对象数目上的递归，以一种自然的方式对应于天平上砝码的连续添加。

最后，（van Benthem，Pearce，1984）中讨论了把语言学方面合并到斯尼德框架将会使得它“仍然更具表达力、更加全面”。

26. 甚至不必付诸关于塔尔斯基语义学的经典逻辑。参见（Vaught，1960），其中公式类在带可判定谓词的所有可数结构中都经典地真被证明是非递归可公理化的。

27. 例如，经典逻辑的首选角色可能大部分是因为从前提到结论中分析出的一种方式中它的超大能量，这使得人们忽略同样的理论用更弱的逻辑方式来组织的可能性，包括产生的更细微的区别。一个传统的例子是直觉主义亨廷算术，这使得我们可以导出原子命题的排中律作为（数学）定理。最近的一个令人兴奋的例子是在邓恩（M. Dunn）中的证明：皮亚诺算术用量子逻辑公理化的“量子数学”（哲学系，布鲁明顿，1980）产生了所有的附加的作为数学定理的传统逻辑规则。

28. 大家也许愿意去看至少一本围绕这一主题而组织的模型论教材。

29. 尽管如此……就在微分方程的定理出现不一致被发表之后，你愿意登上火箭去火星吗？

30. （Chang，Keisler，1973）的组织原则，即模型构造的各种方法的组织原则，从目前的角度来看似乎不太恰当（参见注28）。尽管如此，意识到这样的“增值原则”还是会感觉到结构论域的本体论丰度。

31. 后一个添加是必需的：没有了它，就可以给出很多反例。例如，取 T_2 为 $\langle N, O, S\rangle$ 的一阶理论，取 T_1 为：T_2 加上 $\{c \neq s'0, i=0, 1, 2, \cdots\}$（所需的计算并非如乍看之下那么的不足道）。

32. 为了更好地熟识这种种概念，注意ℤ是同构可嵌入到ℚ的，也同构于它的一个商［对于所有的 n，缩约所有的“识别码”$(n, n+1)$］。两者都不能反过来。至于下文将要引入的可归约性这一模型论概念，ℤ并不同构于ℚ的任何可定义的子结构——反过来也不成立。

33. 即存在着 L_2-公式 U_1，…，U_k 以及 L_1 中的非逻辑常项到 L_2 中的翻译 τ_1，…，τ_k，使得 $T_2 \vdash ((\tau_1(T_1)^{U_1} \wedge \exists x\, U_1) \vee \cdots \vee (\tau_k(T_1)^{U_k} \wedge \exists x\, U_k))$。

34. 有人或许会通过阐述关于可嵌入性而非可解释性的对偶以设法恢复对称性。例如，“对于每一个 L_1-句子 φ，$T_1 \vdash \varphi$，当且仅当 $T_2 \vdash (\tau(\varphi))^U$，等价于：［MOD (T_1)、MOD (T_2)、τ、U 上的某个对称条件］”。

35. 就像著名的荷兰加尔文主义者首相克里安（Colijin）有一次评论他政治对手说：“否定中蕴藏着我们的力量。”

36. 主要的例子是莱布尼茨关于空间和时间的“关系”看法（Suppes，1973）。

参考文献

Arbib M，Padulo L. 1974. System Theory. Philadelphia：Saunders

Ashby W. 1976. Introduction to Cybernetics. London：Methuen

Balzer W，Sneed J. 1977/8. Generalized Net Structures of Empirical Theories. Studia Logica，36：195～211；37：167～177

Barwise J. 1977. Handbook of Mathematical Logic. Amsterdam：North-Holland

Beth E，Piaget J. 1966. Mathematical Epistemology and Psychology. Dordrecht：Reidel

Beth E. 1949. Towards an Up-to-date Philosophy of the Natural Sciences. Methods，1：178～185

Chang C，Keisler H. 1973. Model Theory. Amsterdam：North-Holland

Chomsky N. 1957. Syntactic Structures. Den Haag：Mouton

Craig W，Vaught R. 1958. Finite Axiomatizability using Additional Predicates. Journal of Symbolic Logic，23：289～308

Fine K. 1975. Vagueness，Truth and Logic. Synthese，30：265～300

Giedymin J. 1978. K. Ajdukiewicz：The Scientific World-Perspective and other Essays. Dordrecht：Reidel

Giles R. 1979. Formal Languages and Physics. In：Hooker C ed. Physical Theory as Logico-Operational Structure. 19～87

Henkin L，Suppes P，Tarski A. 1959. The Axiomatic Method with Special Reference to Geometry and

Physics. Amsterdam：North-Holland

Hilbert D. 1899. Grundlagen der Geometrie. Leipzig：Teubner

Hintikka J，Remes U. 1974. The Method of Analysis，Its Philosophical Significance and Geometrical Origins. Dordrecht：Reidel

Hooker C. 1979. Physical Theory as Logico-Operational Structure. Dordrecht：Reidel

Kochen S，Specker E. 1967. The Problem of Hidden Variables in Quantum Mechanics. Journal of Mathematics and Mechanics，17：59～67

Lakatos I. 1976. Proofs and Refutations. Cambridge：Cambridge University Press

Lindström P. 1979. Some Results on Interpretability. Department of Philosophy，University of Göteborg

Lorenzen P，Lorenz K. 1978. Dialogische Logik. Wissenschaftliche Buch gesellschaft，Darmstadt

Montague R. 1974. Formal Philosophy. New Haven：Yale University Press

Nagel E. 1961. The Structure of Science. New York：Harcourt，Brace & World

Pearce D. 1981. Some Relations between Empirical Systems. Epistemologia，4：363～380

Pearce D. 1982. Logical Properties of the Structuralist Concept of Reduction. Erkenntnis：18：307～333

Perelman C. 1976. Logique Juridique. Paris：Jurisprudence Générale Dalloz

Piaget J. 1973. Principles of Genetic Epistemology. London：Routledge and Kegan Paul

Przełęcki M. 1969. The Logic of Empirical Theories. London：Routledge and Kegan Paul

Przełęcki M. 1974. A Set-theoretic versus a Model-theoretic Approach to the Logical Structure of Physical Theories. Studia Logica，33：91～105

Przełęcki M，Szaniowski K，Wójcicki R. 1976. Formal Methods in the Methodology of Empirical Sciences. Dordrecht：Reidel

Quine W. 1951. Two Dogmas of Empiricism. In：Quine. 1963. From a Logical point of view. New York：Harper and Row. 20～46

Quine W. 1963. From a Logical Point of View. New York：Harper and Row

Ramsey F. 1978. Foundations Essays in Philosophy，Logic，Mathematics and Economics. London：Routledge and Kegan Paul

Rantala V. 1977a. Aspects of Definability. Amsterdam：North-Holland

Rantala V. 1977b. Definability in Empirical Sciences. Acta Philosophica Fennica，29：213～222

Rantala V. 1980. On the Logical Basis of the Structuralist Philosophy of Science. Erkenntnis，15：33～53

Reichenbach H. 1956. The Philosophy of Space and Time. New York：Dover

Saarinen E. 1979. Game-theoretical Semantics. Dordrecht：Reidel

Segerberg K. 1971. An Essay in Classical Modal Logic. Filosofiska Studier 13，Uppsala

Smorynski C. 1977. The Incompleteness Theorems. In：Barwise. Hand book of Mathematical Logic. Amsterdam：North-Holland 821～865

Smullyan R. 1977. The Tao Is Silent. New York：Harper and Row

Sneed J. 1971. The Logical Structure of Mathematical Physics. Dordrecht：Reidel

Stegmüller W. 1979. The Structuralist View of Theories. Berlin：Springer

Suppe F. 1976. Theoretical Laws. In：Przełęcki，Szaniowski，Wójcicki . 1976. Formal Methesd in the Methodology of Empirical Sciences Pordrecht：Reidel. 247 ~ 267

Suppes P. 1957. Introduction to Logic. New York：Van Nostrand

Suppes P. 1960. A Comparison of the Meaning and Uses of Models in Mathematics and the Empirical Sciences. Synthese，12：287 ~ 301

Suppes P. 1973. Space，Time and Geometry. Dordrecht：Reidel

Tarski A. 1959. What is Elementary Geometry? In：Henkin，Suppes，Tarski. 1959. The Axiomatic Method with Special Reference to Geometry and Physics. Amsterdam：North-Holland. 16 ~ 29

Toulmin S. 1958. The Uses of Argument. Cambridge：Cambridge University Press

van Benthem J L. 1979. Checking Landau's "Grundlagen" in the AUTOMATH System，Mathematical Centre Tracts 83，Amsterdam

van Benthem J，Pearce D. 1984. A Mathematical Characterization of Interpretation between Theories. Studia Logica，43：295 ~ 303

van Benthem J. 1980a. Modeltheorie voor Wetenschapsfilosofen. Filosofisch Instituut，Rijksuniversiteit，Groningen

van Benthem J. 1980b. The Logic of Time. Filosofisch Instituut，Rijksuniver siteit，Groningen.

van Benthem J. 1978. Ramsey Eliminability. Studia Logica，37：321 ~ 336

Vaught R. 1960. Sentences True in All Constructive Models. Journal of Symbolic Logic，25：39 ~ 53

Wessel H. 1977. Logik und empirische Wissenschaften. Berlin：Akademie Verlag

Weyl H. 1963. Philosophy of Mathematics and Natural Science. New York：Atheneum

Zeeman E. 1964. Causality Implies the Lorentz Group. Journal of Mathematical Physics，5：490 ~ 493

10 对理论间解释的一种数学刻画*

郭佳宏　于　畅/译　阮　吉/校

逻辑学文献中有各种关于归约的概念，塔尔斯基等人（Tarski et al.，1953）意义上的相对解释性似乎是最核心的一个。在本文中，这种语法概念是从语义角度刻画的，主要通过模型上适当归约算子的存在性来实现①。后者的数学条件自身也表明了一个自然的概括，可以证明它的语法等价式是与（Ershov，1965）、（Szczerba，1977）和（Gaifman，1981）的理论相当接近的一种可解释性概念。

10.1　简单可解释性刻画

我们将分别考虑一阶系统 T_1，T_2 在语言 L_1，L_2 中相应表达。为方便起见，我们假定：语言中涉及的非逻辑常项只有谓词符号；此外，L_1，L_2 不相交。于是，称 T_1 是在 T_2 中可解释的，如果存在一个从 L_1-谓词到合适的（或许是复杂的）L_2-公式这样的转换 τ，以及某个固定的一元 L_2-公式 $D(x)$，它们满足以下条件：

1）$T_2 \vdash \exists x D(x)$，

2）对所有满足 $T_1 \vdash \varphi$ 的 L_1-公式 φ，有 $T_2 \vdash (\tau(\varphi))^D$。

这里可以把 $\tau(\varphi)^D$ 理解成从 φ 中产生的，具体通过 L_2-定义替换所有的 L_1-谓词，并且使 φ 的所有量词相对化为 $D(x)$ 中的元素。换言之，T_2 证明了：相对于某个非空论域 D，某个 T_1 的翻译（转换的）是有效的。因此，所有 T_1 中的

---

* Johan van Benthem，David Pearce. 1984. A Mathematical Characterization of Interpretation between Theories. *Studia Logica*，43（3）：295～303

另一作者大卫·皮尔斯。第二作者的贡献主要在荷兰高级研究院做研究助理时（1982-3）完成。两位作者都感谢威尔弗里德·霍奇斯对本文的早期版本富有价值的评论和建议。

① 一阶理论下有穷可公理化理论中有关解释的另一种描述，请参见蒙塔古［Montague，1965］。

定理可以（在某种伪装下）在 T_2 的定理中作出区分。

从语义结构的角度看，具体可以理解成：有序对（D，τ）产生了一个从 T_2-模型到 T_1-模型的函子 F，它对每一 L_2 中的结构 A 进行赋值使得 $F(A)$ ＝（D^A，τ（L_1）^{A}）。此外，这个函子还遵守一阶模型上的以下基本数学运算：

（i）如果 f 是 A_1 与 A_2 之间的 L_2-同构（isomorphism），那么 f 自动是 F（A_1）与 F（A_2）之间的 L_1-同构。

（ii）对于 L_2-结构的任意超积（ultraproduct）$\prod_U A_i$，F（$\prod_U A_i$）＝$\prod_U F$（A_i）。

［事实上，第 ii 条稍有一些不准确，因为 $\prod_U A_i$ 与 $\prod_U F$（A_i）可能含有不同的论域。但是，这二者之间却存在着自然的、独一无二的同构。这一点在接下来的论证中并不是核心，我们会在第 10.2 节中重新讨论］。

现在，给出我们第一个观察结果：上面可解释性的两种公式化表述（一种句法，另一种语义）是等价的。

定理 1[①]　T_1 在 T_2 中是可解释的，当且仅当，存在从 T_2-模型到 T_1-模型的函子 F，F（A）满足下述条件：

（i）F 遵守 L_2-同构，

（ii）F 遵守 L_2-超积，

（iii）F（A）的定义域包含在 A 的定义域中。

证明　从左边到右边，由上面的说明可得。从右边到左边，一般来说是个更困难的方向，我们分两步进行。

首先，考虑模型类

$$K =_{\text{def}} \{ (A, F(A)) \mid A \in Mod(T_2) \}$$

这里（A，F（A））是 $L_1 \cup L_2 \cup \{D\}$-模型（D 是新的一元谓词常项），它是由 A 扩充得到的：A 是通过设置 D 与 F（A）定义域等值而得到扩充的，并且正如 F（A）中规定的那样，只在 D 中解释 L_2。

引理 1　K 在 $L_1 \cup L_2 \cup \{D\}$ 中是 Δ-*初等*（elementary）的。

通常，可以证明 K 的一阶理论下的任意模型已经属于 K（那么，那个理论定义了 K，即为所需）。通过一个标准论证，任意这样的模型 B 与 K 中组成部分的某个超积 A 是初等等价的。于是通过条件（ii），可以得出后者属于 K。然后可以运用凯斯勒－薛拉（Keisler-Shelah）定理。我们已经知道，一些超积幂 $\prod_U B$ 与 $\prod_U A$ 是同构的。正如前面提到，后者（模型）已经在 K 中，因此根据上文中的

① 这一定理是对（Kochen，1961）中结果的一般化。

条件（i），与它同构的$\prod_U B$也在K中。所以接下来的证明只剩一步：证明$B \in K$。

现在证明$B \in K$。为了方便起见，假设B有形式（B_1，D，R），这里B_1是某个L_2中结构，D是它论域中的某个子集，R是D上的用来解释$L_1 = \{R\}$的某个二元关系。然后我们需要表明的是：

（a）D等于$F(B_1)$的定义域，

（b）R等于$R^{F(B1)}$。

不难知道，超幂$\prod_U B$已经是我们需要的形式。这种联系正是由关于超积的沃斯（Łoś）定理所提供：

在B_1的定义域中的所有a，

$a \in$ D 当且仅当（$<a>_i)_U \in D^{\prod UB}$（Łoś定理）

当且仅当（$<a>_i)_U$在F（$\prod_U B$）的定义域中（上面的证明步骤）

当且仅当（$<a>_i)_U$在$\prod_U$（F（B））的定义域中［条件（ii）］

当且仅当a在F（B_1）的定义域中（再次用Łoś定理）。

类似的论证可以推广到谓词R。

现在，所要证明的有关从理论T_1到T_2的外在解释可由下述著名的模型论结果给出。

引理2　在K中，D和所有的L_1中的谓词都是L_2中可定义的。

这一陈述可由关于可定义性的贝特（Beth）定理（某个适当的变种）得到。这里所依赖的观察是：在K中，L_2-谓词指称的确定，自然也就决定了$L_1 \cup \{D\}$中的那些。但那样的话，在每个T_2-模型A中，不难通过检查（A，F（A））$\in K$看到，T_1的相关翻译版本成立。因此，我们已经恢复了从T_1到T_2的外在句法解释。

下面对以上证明给出更细微的两点评论作为结束。首先，这一结果可以扩展至覆盖L_1和L_2有重叠的情形，那里可以事先把$L_1 \cap L_2$当做翻译的固定部分。在这种情况下，函子F必须满足附件的条件：A_1，F（A）在$L_1 \cap L_2$-谓词上相一致。另外，我们有时忽略的一个问题是τ（φ）^{D}没有把给定的L_1-谓词的定义相对化到D；而前面发现的事实表明，相对于整个A，L_1在L_2中是可定义的。关于两者不同的例子如下：令$L_1 = \{\leqslant\}$，$L_2 = \{+, 1\}$，并且$T_1 = \{\forall x \exists y\, x \leqslant y\}$，$T_2$是皮亚诺算术。这种情况下：

$$\tau(x \leqslant y) = \exists z(x + z = y)$$

$$D(x) = \text{“}x\text{是奇数”}(\exists y\, x = y + y + 1)$$

T_2确实在上述意义上证明了τ（T_1）^{D}，尽管它没有证明充分的相对主义原则

$$\forall x_{奇数} \exists y_{奇数} \exists z_{奇数} x+z=y$$

再次表明，更强的相对化条件能够与函子 F 上适当的结构限制相匹配。

10.2 广义的解释

上述关于解释的概念虽然重要，但它不能覆盖一阶理论之间存在的许多其他归约的例子。例如，即使它能够描述了算术到集合论的归约，它还是不能说明一种极其简单的涉及前序（自返的，传递的）和偏序之间的对应情况，那里通过等价类建立一个典范结构把前序对应偏序。但是，偏序公理（T_1）在上面提到的句法意义上不可在前序理论中得到解释。因此，这导致我们从句法和语义的两个角度去重新思考上文中提到的概念的一般性概括。

首先，等价类建构和其他相关例子建议了下面关于归约的更广义的语义概念：即放弃 F（A）的论域包含于 A 之中这样的条件，我们允许从 T_2-模型到 T_1-模型的任何种类函子，只要它是充分地“典范”。于是，就有了下面的表述。

从 *Mod*（T_2）（T_2-模型类）到 *Mod*（T_1）（T_1-模型类）的一个*归约函子*（reduction functor）是映射 F，它对每一个 T_2-模型 A 赋予某个二元组（f, f（A）)，其中 f 定义在 A（也可能是 A 的部分）上，它的像 f（A）是一个 T_1-模型，这样的二元组取决于*典范性*（canonicity）和*对超积的遵守*（respect for ultra-products）的限制性条件（此外，为了方便，我们假定 A 的论域和 $f(A)$ 是不相交的；在某种情况下可以取消上述限制，这将会在后文中看到）。

这种典范性限制实际上概括了前文提到了同构条件：

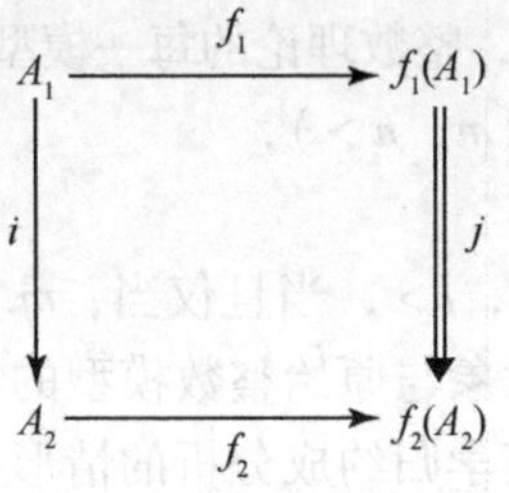

图 10-1

对每一个从 A_1 到 A_2 的 L_2-同构 i，存在从 f_1（A_1）到 f_2（A_2）唯一函数 j，使得上述的图表可交换（commute）（注：此为数学范畴论概念，指的是图中所有具有相同端点的有向路径可以通过复合得到同样的结果，例如图 10-1 $f_1 \circ j = i \circ f_2$），而且此函数是一个 L_1-同构。

另外，早先提到的超积保持现在可以变为图 10-2 的形式：

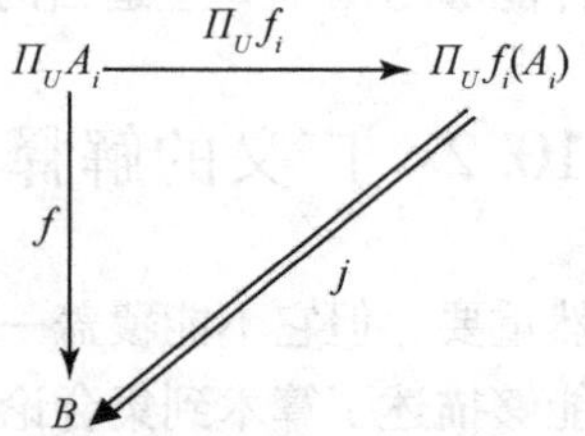

图 10-2

对每一个 L_2-超积 $\Pi_U A_i$ 及相应的 F-赋值（f，B），存在唯一的函数 j，使得上面的图表可交换，而且此函数是一个 L_1-同构。这里，$\Pi_U f_i$ 是一个明显的“分段”映射，它定义于个体集（$(<a_i>_i)_U$ 之上（其中 $\{i \in I \mid f_i$ 定义于 a_i 上$\} \in U$)，并且设定

$$\Pi_U f_i\left(\left(<a_i>i\right)_U\right) =_{\text{def}} \left(<f_i\left(a_i\right)>_i\right)_U。$$

文献中有许多归约构造能够满足上述限制。接下来我们再指出一些可能的改进。

首先，在某些情形下，可以取消 A 和 F（A）不相交的条件，在那些情形中，归约模型和归约后模型可能会共享个体（通常情况下不是这样），我们认为这是重要的。那么就要求对典范限制性条件进行修改，因为在上文的图中，i 和 j 可能碰巧在 A 和 F（A）的共同部分上不一致。于是在这种情况下，j 可能会被要求在 A 论域上和 i 相一致。

还有一种概括于我们产生熟悉的例子中，如把有理数理论转化成整数的归约。在这种情况下，通过如下运算，整数理论的每一模型可以产生某个有理数理论：

笛卡儿积（所有有序对 $<m, n>$），

子论域（$n \neq 0$），

等价类（$<m, n> \sim <k, l>$，当且仅当，$m.l = n.k$）。

因此，有理数模型中的对象与原始整数模型的笛卡儿积的某些可定义子集上的等价类相对应。这与把几何学归约成分析的情形类似。

以现在的观点来看，这种可能性可以理解为：给函子 F 赋值成非一元的，而是二元或者 n 元的映射（n-ary maps）F。因为本文余下部分的所有论述会立刻概括到这些情况，为了解释的简单性，我们坚持用上文提到的一元范例。

接下来考虑与上述概念相对应的句法问题。在提出实际陈述结果之前，让我们通过可定义关系重新描述语义情形。

考虑 T_2-模型 A 以下述方式“推导出”T_1-模型 $f(A)$：

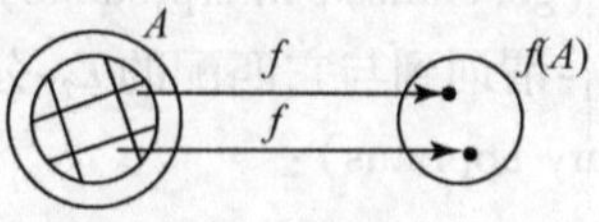

图 10-3

$f(A)$ 中的对象是对应到 A 中的对象集合，即它们的 f 像的逆（可看作是给出某种对 T_1-模型的“微观”分析）。这些集合可通过下述方式在 A 中得到界定：

（i）$\lambda x.\ \exists y f(x) = y$　　　　　　是 L_2-可定义的（‘d_f’）

（ii）$\lambda x_1 x_2 . f(x_1) = f(x_2)$　　　　　是 L_2-可定义的（‘$=_f$’）。

除了对象（objects）之外，我们也想认识 A 中关于 $f(A)$ 的 L_1-结构，也就是在其论域内的 L_1-谓词必须对应于 A 中涉及相关逆像的可定义（L_2-）谓词。一般来说，这将会建立一个更高阶的对应；但是在许多情况下，存在一个一阶可定义联结的坍塌（对于 L_1-谓词 Q、$f(A)$-对象 $y = f(x)$ 和 L_2-公式 φ）：

$$Qy \text{（在 } f(A) \text{ 中），当且仅当，} \varphi(x) \text{（在 } A \text{ 中）} \quad (*)$$

如什切尔巴（Szczerba，1977）发现的那样，这正是“一阶解释”的本质。

注意，这里的联结处在 y 和它逆像中的任意对象 x 之间。人们可以认为它确实很弱，因为显然有更“全局的”涉及所有 $f^{-1}[y]$ 的可能性，如

$$Qy \text{（在 } f(A) \text{ 中），当且仅当，} \forall x(f(x) = y \rightarrow \varphi(x)) \text{（在 } A \text{ 中）。}$$

然而，上述概念表达力展示了下面的归约性：

$$\forall x(f(x) = y \rightarrow \varphi(x)) \text{ 等价于（对于 } y = f(x_0)\text{）}$$

$$\forall x(x_0 =_f x \rightarrow \varphi(x))$$

通过等值式（$*$），我们能够得出，对于所有 L_1-公式

$\psi(y_1, \cdots, y_k)$，以及 $y_1 = f(x_1), \cdots, y = f(x_k)$，有

$\psi(y_1, \cdots, y_k)$［在 $f(A)$ 中］，当且仅当，$(\tau(\psi)^{d_f}(x_1, \cdots, x_k)$（在 A 中）。

这里 $\tau(\psi)^{d_f}$ 通过对 ψ 用 L_2-定义来代替 L_1-谓词（相同的变元），并且把 ψ 的量词相对化到 d_f 而得到［如果 f 曾经是 n 元的，那么将 L_2 中的 n 个变元与 L_1 中的一个相匹配：关于变项的乘积研究在什切尔巴和盖夫曼（Gaifman，1981）中是很著名的］。τ_2 的另一个显著特征是：L_1 的同一性（identity）将会翻译成 L_2 中的关系 $=_f$，而不是 $=_{L_2}$。事实上对于闭句子（closed sentences），这是唯一与上面第一节的翻译显著不同的地方。

最后，在上述背景下，T_2 确实能推导出作为 T_1-定理的 L_1-句子 φ 的每一个翻译［$\tau(\varphi)_f^d$］。

因此，最终我们能够得出一个纯粹的句法表述：

T_1 在 T_2 中广义可解释（generalized interpretable），如果存在 L_2-公式 $\delta(x)$、$I(x, y)$和一个从非逻辑的 L_1-谓词到与它匹配的 L_2-公式的翻译 τ，使得它可以满足以下“辅助装置”（auxiliary appratus）：

（i）$T_2 \vdash \exists x\delta(x)$，

（ii）$T_2 \vdash$“I 是在 δ 上的一个等价关系”。

对于所有 L_1-谓词 Q，$T_2 \vdash \forall x_1x_2((\delta(x_1) \wedge \delta(x_2) \wedge I(x_1, x_2)) \rightarrow \tau(Q)(x_1) \leftrightarrow \tau(Q(x_2))$；同时 T_2 推演出理论 T_1：

（iii）对所有 T_1-定理 φ，并且把 $=_{L_1}$ 理解成 I，有 $T_2 \vdash ((\tau(\varphi))^{\delta}$。

10.3　广义解释的刻画

本文的第二个主要结果如下。

定理 2　T_1 在 T_2 中是广义可解释的，当且仅当，存在从 *Mod*（T_2）到 Mod（T_1）的归约函子。

证明　先证“必要性”（only if）。首先，如果 T_1 在 T_2 中广义可解释，那么如上文所述，可以用明显的方式定义函子 F，从而在 δ 中 I 的等价类之上创造出一个 T_1-模型。在这种的情形下，其中的某些等价类也会出现在 A 中，我们通过常规的技巧用 $<A, y>$ 替换 $f(A)$ 中的对象 y，使得它们的论域不相交。L_1-结构通过下列条件来设置，例如，

$$Q[x]_I，当且仅当，\tau(Q)(x)$$

根据对 I 所作的假设之一可以说明以上表述是良定义的。值得注意的是，这涉及上节中提到并且用到的等值式（*）。

剩下仍需检验的是，如此定义的函子 F 是否遵守（ii）的条件？这里我们举一个典范性的例子。

考虑下面的情况：

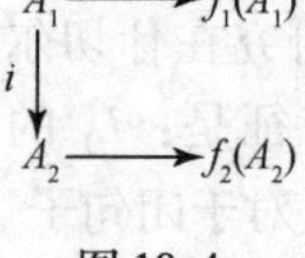

图 10-4

我们的任务是找到一个从 $f_1(A_1)$ 到 $f_2(A_2)$ 的唯一函数 j，使得上述图表可交换。事实上，这里只有一种自然选择，几乎可以立即得出它是 L_1-同构（正如要求的那样）：对于 $f_1(A_1)$ 的定义域中的 y，考虑在 A_1 中的任意 x，$f_1(x)=y$，

传递到 A_2 中的 $i(x)$，然后将 y 送到 $f_2(i(x))$（从 L_2 的可定义性 “d_f”、“$=_f$” 以及 i 是 L_2-同构可以推出这是良定义的）。例如，对于 L_1-谓词 Q，根据前面的等值式（$*$）可得 Qy，当且仅当，Qj（y）。

再证“充分性”：接下来，在假定归约性函子 F 存在的基础上，设法得到句法可定义性。其中的一个方法是概括第 10.1 节中涉及的论证，把它应用至现在的新情况。它是本文早期版本得到的一个结果。但是，威尔弗里德·霍奇斯指出了一种实际可以把上述问题归约成定理 1 中一个实例的方法，我们应该采用他的捷径。

首先，令 $L_1{}^*$ 是 L_1 的符号变项，通过对 L_1 中所有谓词（包括同一性谓词）加 $*$ 来实现。令 $T_1{}^*$ 是 T_1 新语言中改述后的理论，$=^*$ 是在 $L_1{}^*$ 中等价性概念符号［参阅广义可解释性的定义的第（ii）条］。

现在，任意 T_2-模型 A 可扩充为 $T_2 \cup (T_1^*)^D$ 的模型 A^* 如下：对于 D，选择 f 的定义域（用 F 来表示）；$=^*$ 解释为 $=_f$，并且谓词 Q^* 在 A 中的 x 上成立，当且仅当，Q 在 $f(A)$ 中的 $f(x)$ 上成立。一种简单的归纳于是建立了：$f(A)$ 的真值与 A^* 的真值相匹配，使得（T_1^*）^{D} 在 A^* 上有效。

仍需要证明的是，从 T_2-模型到 T_1-模型的新函子 F^* 定义后需满足定理 1 中出现的相应的两个条件。但这仅仅要求一个直接的演算。

因此，我们得出，在原初意义上 $T_1{}^*$ 在 T_2 中是可解释的——于是 T_1 本身在 T_2 中是广义可解释的。证毕。

再次，我们以这个结果的一些说明作为结尾。首先，如果我们采用更强版本的典范性限制，其中 A，$f(A)$ 允许交叉。如果 j 遵守这一原则，那么额外的可定义性将出现于句法层面上，于是以下加强性条件是必要和充分的：

在 A 内部，$\lambda xy.\, y=f(x)$ 是 L_2-可定义的。

本质上说，这个条件出现在盖夫曼的文献中（Gaifman，1981）。

接下来表明这种不相交条件并不是过多的限制，它已经在第 10.1 节中由相关解释的先前表述给出了说明。它可能被当做刚刚提到的简要说明，也可由以下情况得到重新解释：一些不相交的 T_1-模型的论域同构地嵌入 T_2-模型论域。而在这两种情况下的翻译是相同的［因为 f 是 1-1 映射，$\tau(=_{L_1})$ 恰好将是 $=_{L_2}$］。

最后，目前的观点再次表明了进一步概括的可能性。根据前文中的函子，我们可以考虑这样的情况：f 只是 T_2-模型与某个 T_1-模型之间的某个关系（relation）。可能更具建设性的想法是，根据前面提到的组合模型类 K，我们可以转换至一个基于归约理论的全新视角。对于任意的两个系统 T_1、T_2，可以形成它们的“不相交并”，即 $T_1{}^A \cup T_2{}^B \cup \{\forall x\ (Ax \leftrightarrow \neg Bx)\}$。归约（*reduction*）的第一步是

通过增加论域 A、B（和它们的 L_2，L_1-结构有联系）之间的一些函数联结词 G，从一个可能的整合（integration）到一个更融贯的整体。然后，通过 G 的中间过渡，从一个理论到另一个理论，其中的归约可能以可定义性的不同程度出现。

参考文献

Ershov Y L. 1965. Undecidability of certain fields（in Russian）. Doklady Akademii Nauk SSSR，161：27～29

Gaifman H. 1981. Characterizations of uniqueness and rigidity properties，Unpublished lecture，Meeting of Model Theorists，Bedford College

Kochen S. 1961. Ultraproducts in the theory of models. Annals of Mathematics，74(2)：221～261

Montague R. 1965. Interpretability in terms of models. Indagationes Mathematicae，27：467～476

Szczerba L W. 1977. Interpretability of elementary theories. In：Butts，Hintikka eds. Logic，Foundation of Mathematics and Computability Theory. Dordrecht：Reidel

Tarski A et al. 1953. Undecidable Theories. Amsterdam：North-Holland

11 推理、方法论和语义学*

郭佳宏　陈　征/译　阮　吉/校

11.1　分　　裂?

过去，现代逻辑和方法论或科学哲学之间一直是联盟关系。著名的哲学家和逻辑学家，如卡尔纳普、贝特或莱兴巴哈填补了这两个学科之间的空隙。事实上，他们所关注的东西，在他们的工作中已经形成连续体系。然而现在，公平地说，这样的联系似乎已经远离了公众注意的中心，逻辑学与语言学或计算机科学之间的新联系正在成为新的关注热点［值得注意的是，著名的《哲学逻辑手册》(*Handbook of Philosophical logic*）对上述联系的贡献不只是限于最后一卷上的一篇文章］。

在许多人的眼中，这里确实有一个明显的分裂。科学关注的是我们周围表面现象背后深层的事实，而语言学研究自然语言；初步看来，它仅仅是从表面上表达世界前科学“常识”观点的媒介。此外，计算机科学也不过为此增加了机械实现的具体细节。所以，逻辑学合作伙伴的改变不算是什么特别例外，剩下要做的主要事情是把它们按照风格分开。

但是，本文的观点不同于上述说法：也就是，在科学方法论的早期关注与那些在新的潮流下所追求的东西之间，仍然有许多内在的连续性。

这种重叠是再简单不过的事实，它可能被许多具体的研究课题关注过。一个主要的例子是关于条件句（conditionals）的研究，古德曼（Goodman）、刘易斯（Lewis）、亚当斯（Adams）相继为此作出过贡献：条件推理、因果关系和规律性问题全都交织着出现。所以，很难说科学哲学在哪里结束，以及逻辑学或语言

---

* Johan van Benthem. 1996. Inference, Methodology and Semantics. In: Bystrov P I, Sadovsky V N eds. Philosophical Logic and Logical Philosophy. Kluwer Academic Publishers. 63 ~ 82

学在哪里开始（Sosa，1975）。明显的是，这条研究线索只在目前计算阶段受到了较强的推进支持，请参阅嘎登佛斯（Gärdenfors，1988）或梅金森（Makinson，1989）的研究。另一个值得关注的例子是对科学理论（theories）的逻辑结构研究，主要贡献者是拉姆齐、卡尔纳普、苏佩斯（Suppes）和斯尼德（Sneed）。同样，相似的结构出现于计算背景中。

在许多方面，这样的理论很像数据库、知识库或者抽象数据类型。也许会在文献（Gärdenfors，1988）中再次看到上述做法，文中把理论积累和修正的分析证明也可以同样用于数据库中的真值维护。另一例子来自（van Benthem，1989c），此文展示了科学理论中有关“观测的”和“理论的”词汇相对地位的经典探讨，表明了它们是如何重新出现在关于抽象数据类型的语义学文献中的；文中还区分了“可见的”和“隐藏的”谓词和函数的若干层次。

但是，我们还可以从更一般的层次上来理解这种连续性。如同上面三个例子，20世纪还保持存活的一个观念是把逻辑作为推理一般方法论这样宽泛的概念，超越了数学基础中出现的更狭窄的“数学转变”的制约（不论在其本身范围内有多成功）。这一更广泛的概念很自然包括了认知活动的范围，包含从常识领域到科学领域的所有路径。不足为奇的是，逻辑实证主义所做出的众所周知的逻辑结构的分析，即使不是对科学推理的复杂性做出公正判断，也可以作为诸如解释、确认或反驳等这些（也在通常理性生活中）普遍存在现象的一般特征的不错模型。

接下来，我们将力图更详细地展示这个连续性，并尝试对由此导致的对方法论者和科学哲学家的挑战进行评估。这里只是一种提高证据权重的尝试，并未提供完整的调研。此项工作将在以下三个标题下完成，按顺序分别强调：推理的一般模型、它们背后的本体论结构以及它们的可计算性方面。

在这本特殊的书中选择上述特殊题目的原因与我长期对斯米尔诺夫（Smirnov）教授的兴趣有关：即填补当代逻辑和一般方法论之间的空白（Smirnov，1987）。此外还有个人的原因，这就是在我自己的研究中，我从把科学哲学看做是逻辑学“最好的贸易伙伴”（van Benthem，1982），转移到了上面概述的更广阔的图景中（van Benthem，1986）。数年之后再回首，这种分裂可能没有第一眼看上去那么激进。在许多方面，人们可以通过不同的手段追求相同的目的。

11.2　推理的种类

现代逻辑的经典成就之一是它形式化地明确了有效后承的两种观念：一种是

弗雷格（Frege）和希尔伯特型的公理化演绎推理（$\vdash$），另一种是塔尔斯基型的语义学推理（$\models$）。关于两者的相互关系问题的探讨首次引出了真正有意义的元逻辑结论，也就是哥德尔（Gödel）完全性定理，它陈述的是，两者（后承）宣告了相同推理，正如初等谓词逻辑一样，这种结果对许多形成系统成立。因此，在考虑有效推理步骤这样的概念时，我们有标准的描述形式：

从前提 P_1，…，P_n

到某个结论 C。

但在实际推理中，这仅是许多合理论证形式中的一个组件。对于更加复杂的推理模式，让我们先看看科学哲学中的一个中心议题。

11.2.1 解释作为一种推理模式

何时一个现象 B 能被特定的事实或观察 A 所解释？或许最简单的回答是展现某个演绎推理关系 $A \vdash B$。但有许多原因表明这是不够的。首先，解释往往发生于某个理论的背景中，允许从 A 转换到 B：

$$T \wedge A \vdash B$$

此外，为了避免解释的平凡性，A 对这个推演来说是必须的，即

$$T \nvdash B$$

最后，解释的内容至少应该与理论的背景相一致，即

$$T \nvdash \neg A$$

即使上述对解释的这种理解仍旧存在一些直观问题，但至少，它可能是现有的方案中相对较为接近实际的模型；而且我们可以为它提供相应的补充，使它更加接近实际。在许多情况下，A 和 B 之间的联系没有像演绎后承那么刚性。通常，即使在科学解释中，人们不得不做出某些“辅助假设”，表达在其他条件不变（ceteris paribus）的情况下，排除许多不寻常的无效情况后出现的结果。一个经典的例子是爆炸事件。鉴于物理学定律，人们可能这样解释该事件：在一个充满汽油蒸汽的房间里早先划了一根火柴；在辅助假设下，如氧气存在，而且火柴不是次品，等等。因此，解释可以出现于推理的各种演绎强度中。

上述单个例子已经展示出许多逻辑议题。例如，这里出现的是更丰富的逻辑推理图景，而不仅是以下推理模式：

$$\frac{P_1, \cdots, P_n}{C}$$

事实上，我们经常想到图尔明（Toulmin）的例子（Toulmin，1958）。这是一份具有较大争议的文献，通过提出以下有关人类推理的核心模式，作者试图弱化传统逻辑：

数据 ——→ 合格者(qualifier) 主张(claim)
正当理由(warrant) 反驳(rebuttal)

但是，这一声称的对于早期标准推理模式的竞争理论实际上几乎和前面提及的解释模式一一对应，不妨请看下面的表述：

"演绎强度"
解释项(explanans) ——→ 待解释项(explanandum)
背景理论 "辅助假设反驳"

另外，还会由此产生更重要的技术问题。两个值得注意的例子是有关推导解释中对演绎推理和缺省推理的选择，以及解释性前提对于结论的相关性。

然而，我们现在重点关注的是另一个问题，即前面提到的有关解释概念的更传统的"逻辑"：设定一个背景理论 T，我们可能会用逻辑有效后承关系的一般性质的观点来考察从 A 到 B 的转换。不难发现，它们与较为简单的标准模式有些不同。例如，一方面它仍有传递性（'解释的传递'）：

如果 A 在 T 下解释 B 并且 B 在 T 下解释 C，那么 A 在 T 下解释 C。

但是另一方面，其他的基本性质却丢失了，例如，前提或结论中的单调性（monotonicity）丢失了。这一点可以通过下述例子很容易得到说明。

如果 A 在 T 下解释 B，那么既没有 $A \wedge C$ 在 T 下解释 B，也没有 A 在 T 下解释 $B \vee C$。

当然，再次从肯定的角度讲，解释所保留的是经典后承关系的另外两个显著特点，即结论的合取和前提的析取性质。

因此，不难理解各种推理模式可以表现出不同的形式化性质。遵照伯纳德（博尔扎诺有关逻辑的历史方法的精神，我们应该系统研究这样的性质［（van Benthem，1985），文中也指出了博尔扎诺的逻辑程序是如何满足他的科学理论的］。换言之，我们需要一个真正的一般推理理论。

11.2.2　推理的一般理论

接下来，主要关注有关后承关系和它们的逻辑性质的广泛研究。

此类研究的一个新推动力来自最近人工智能的发展，那里不难发现，那些不同于标准后承关系的各种大量推理模式在专家系统或智能计划系统的设计中已经出现。这种精神下的系统计划研究可以在（Makinson，1989）中找到，文中用前面提到的逻辑性质界定了各种类型的非标准推理［一种相关的、更传统的波兰方法请参阅（Wojcicki，1989）］。

这里，历史再次需要扮演角色。在以上关注的议题与哲学逻辑的早期研究路线（即关于反事实条件句和一般条件句的研究）之间存在一个有用的类比。正如在（van Benthem，1989c）中解释的那样，许多有关非标准推理的有趣性质可在条件句逻辑（conditional logic）中得到说明。值得注意的是，后者的推理方式不仅仅丢掉了来自标准系统相似的特征（有关非单调逻辑的当前负面名声被过分夸大）。在刘易斯、斯塔纳克（Stalnaker）和波洛克（Pollock）的传统中已经发现所谓的"极小条件句逻辑"，它可以为经典性质的丢失提供各种替换版本。下面是有关左向单调性的比较微妙的例子，它也支持以上对于解释概念的理解：

$$\text{如果 } A \Rightarrow B\text{，那么 } A \wedge (B \vee C) \Rightarrow B$$

直观的意思是，前提仍然可以通过结论的标准后承的任意命题得到加强。

然而，这里我们应该追求的不是证明论方向，而是自然语言语义学提议的模型论方式，具体来说，就是对于所谓的"广义量词"的研究（van Benthem，1986）。

在深入到技术细节之前，让我们先考虑一些一般类比。在自然语言语义学中，人们研究表达的范畴时，不但考虑它们自身，而且还有它们之间的相互关系。所以对任意给定的语法范畴进行语义学分析的第一步是为它的解释确定某个合适的语义学模式。例如，有关限定词表达的典型情况，如"每个"、"三"、"最"或者"无"，可以表明它们实际上是一元谓词之间的二元关系。然后，在上述模式下，具体的真值条件可以为相关范畴的个体词汇条目提供说明。不过，更令人感兴趣的语义学任务可能是为上述表达的某些自然族寻找广阔的语义学特征，如"量词"或"方位词"或"纯形容词"。它们经常以所谓的指称的限制（denotational constraints）形式出现，用来管辖族中表达的可接受意义。例如，所有语言学限定词似乎都遵守"驻留性"（conservativity）的要求，对它们的左侧论元表达一种"论域限制"：

$$Det\ AB\text{，当且仅当，}Det\ A(B \cap A)$$

更狭义的逻辑限定词还需满足话语论域的"置换不变性"π 的附加要求：

$$QAB\text{，当且仅当，}Q\pi[A]\pi[B]$$

这使得它们成为纯粹"量化的"，即仅仅依靠它们论元谓词内部的个体词的数量。

可见，我们提交的关于推理语义学的研究，位于一个类似分析的中间"层面"：要求对具体候选者的特定解释和作为一个整体"族"之上的广义语义学限制之间有相互作用。具体的例子将进一步说明上述观点，阐明至少什么是带限定词情况的形式类比。

11.2.3 一个语义学视角

关于后承关系的逻辑揣度的一般语义学设置可以用文恩图的形式表述，如图11-1：

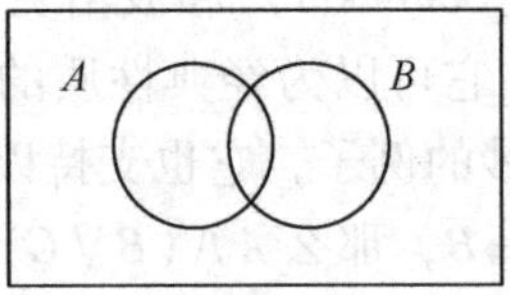

图11-1

这里 U 是相关模型的论域（其中的元素称作“世界”、“情境”或“状态”），A 表示前件成立的模型，B 表示后件成立的模型。

接下来，可以通过在 A 和 B 的可接受的位置上施加各种语义学限制对“条件性”的直观进行实验，这是为了在两者之间建立条件性的联系。例如，在后件中可能有向上的单调性，于是扩大 B 的面积将不会影响上述条件句陈述的真值。更一般地说，在支持 $A\cap B$ 的“例子”压倒“反例” $A-B$ 的情况下，相应图中的任意改变都是允许的。具体细节以及一些技术性结果参见（van Benthem，1984），这些技术性结果在许多语义学限制中划分了所有可能的条件句［碰巧的是，后文中的分析利用了来自语言学和科学哲学的结果：更准确地说，是卡尔纳普对于科学理论中特征陈述（dispositional statements）作用的分析］。

需要强调的是，既然不一定用一个单独的条件性质或后承关系的定义来一劳永逸地把握上述概念的本质，目前的方式似乎可在我们的哲学思考上提供一个合适的一般性层面。例如，前面提到的，人们可能试图形式化一般性语义学限制，从而看到哪些精确的候选者仍然是可接受的。而且，他们还可以从特定的候选者开始，试图在它的一般性质和特殊性质之间做出区分，例如，集合论包含关系（inclusion）$A\subseteq B$ 与经典的塔尔斯基式的蕴涵是相对应的。

• 接下来让我们展示上述思想路线，首先是另一个来自于方法论的著名术语“确证”，即通过特定的证据确证（confirmation）某个假设。

如同解释，这里也有相关的背景理论，它引导着从后者到前者的转换。因此，“确证”相关的模型论术语可以表述为模型类之间的三元（ternary）关系，可用文恩图（图11-2）表述如下：

可见，上述三元关系是上下文无关的（context independent），也就是它并不真正依赖于全集 U。从逻辑语义学中引入一个概念，我们可以把它陈述为一条上下文中立性（context neutrality）原则：

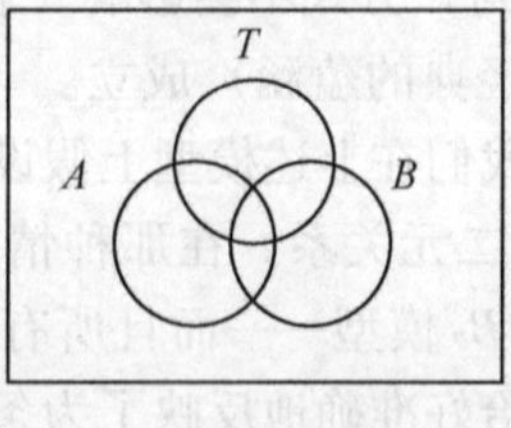

图 11-2

如果 $U \subseteq U'$，那么 $\mathbf{conf}_{U}\, TAB$ 当且仅当 $\mathbf{conf}_{U'}\, TAB$

而且，这里奠定基调的不是 U 而是背景理论 T。这可用类似于前面提到的驻留性限制（管辖自然语言的限定词）来说明，这是“论域限制”的一般语义学现象的一个例子：

$\mathbf{conf}_{U}\, TAB$ 当且仅当 $\mathbf{conf}_{U'}\, T(T \cap A)\ (T \cap B)$

综上，目前提到的两个限制允许我们像下面一样重新表述“确证”：

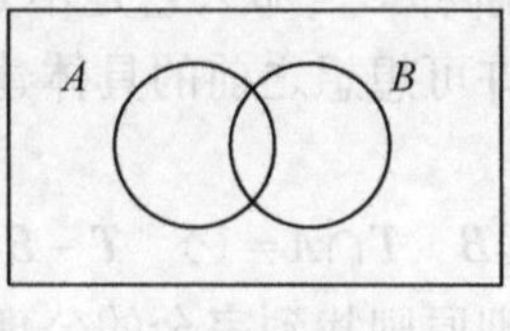

图 11-3

接下来，“确证”直观上满足进一步的语义学限制，这使得它与之前的“条件性”概念极为相似。特别是，要求在假设中的单调性得到验证看上去是合理的：

如果 $\mathbf{conf}_{T}\, AB$，那么 $\mathbf{conf}_{T}\, A(B \cup C)$

此外，减少反例的区域将不会对“确证”造成任何伤害——因此，我们有下面的谨慎持续性（cautious persistence）：

如果 $\mathbf{conf}_{T}\, AB$ 并且 $X \supseteq B$，那么 $\mathbf{conf}_{T}(A \cap X)B$

最后的问题是关于“确证”在不同情况下哪些组合是可接受的。以下考虑可能的两种情况：

假设的合取（conjunction of hypotheses）

如果 $\mathbf{conf}_{T}\, AB$ 并且 $\mathbf{conf}_{T}AC$，那么 $\mathbf{conf}_{T}A\ (B \cap C)$

证据的析取（disjunction of evidence）

如果 $\mathbf{conf}_{T}\, AB$ 并且 $\mathbf{conf}_{T}BC$，那么 $\mathbf{conf}_{T}\ (A \cup B)\ C$

在上述限制范围内，用范本特姆（van Benthem，1984；1986）的技术可以研究“确证”的可能具体定义的范围。特别是，模型“贫集”（bare sets）的情况［其中单个模型的置换（排列）方式不会影响 A 和 B 之间关系的确证］，它们在本质上仅允许包含关系（即经典的蕴涵）成立。

更有意思的概念，只有当我们在上述模型上假设某些附加结构后才出现，比如，偏好（preference）这样的二元关系。在那种情况下，一种合理的表达是要求所有“最偏好的”A-模型是 B-模型——而且所有前面提到的形式原则仍然成立。有意思的是，后者的策略恰好准确地反映了为条件句逻辑而引入的著名的可能世界语义学，正如由刘易斯和斯塔纳克发展的一样［（van Benthem，1989c）也确立了与新近的“限定”（circumscription）计算理论的联系，试图追本溯源（Hempel，1965）中提出的有关“确证”的语义学］。

• 现在让我们返回“解释”（explanation）的概念。之前的“上下文中立性”和“驻留性”限制看上去仍然有用，所以依然存在它到三元关系 $\mathbf{exp}_T AB$ 的还原。但是想想之前具体的提议，可以发现，似乎没有直观的证据要求三个论元中的任何一个具有“单调性”。或许更合理的是两个组合原则：合取和析取。例如，如果某个观测既解释 B 又解释 C，那么它是不是也解释 $B \wedge C$？为了对上述可能性有更好的理解，我们或许可想想之前的具体建议，这相当于在文恩图上要满足下列要求：

$$T \cap A \subseteq B \quad T \cap A \neq \varnothing \quad T - B \neq \varnothing$$

如果能够为描述上述概念的推理原则找到完全的公理化系统，那将是很有意思的事情。

看待这一情况的一种方法如下。对于仅仅用第一个语义条件表示的经典衍推（entailment），我们知道其中的特征性质：即“自返性”、“传递性”、“左单调性”和“右单调性”（以及结论的合取和前提的析取）。补充第二个条件让我们想到了博尔扎诺的有效逻辑推理的概念。对于此概念，（van Benthem，1985）记录了“自返性”和“左单调性”的损失，取而代之的是更加谨慎的变种，比如

$$\frac{A \Rightarrow B}{A \Rightarrow A} \qquad \frac{A \Rightarrow B}{B \Rightarrow B} \qquad \frac{A \Rightarrow B \quad A \wedge C \Rightarrow A \wedge C}{A \wedge C \Rightarrow B}$$

第三个语义要求是保留这些新变种，同时用类似谨慎的规则代替“右单调性”：

$$\frac{A \Rightarrow B \qquad B \vee C \Rightarrow B \vee C}{A \Rightarrow B \vee C}$$

最后，把上述研究方式最终传递到携带偏好二元关系的更结构化模型的论域中似乎是合理的。那么例如，涉及少于100%演绎确定性的解释可以通过只要求“在 T-论域中最偏好的 A-模型是 B-模型”这样的方式建模。

• 作为此类分析的最后一个例子，我们提及理论 T 和它们的两个竞争的逼近理论 A、B 之间似真（verisimilitude）的概念。其中有一著名的具体解释是米

勒－库伊帕斯（Miller-Kuipers）的“对于 T 的逼近而言，A 至少像 B 一样好”的概念：

$$T\cap B\subseteq T\cap A \text{ 并且 } A-T\subseteq B-T$$

在上述背景下，有关此概念的相关类型在（van Benthem，1987）中得到了详细分析。这种情况下，语义限制是很不同于我们前面提到的，可由下列表述见证：

$$\mathbf{ver}_T\, AB \text{ 当且仅当 } \mathbf{ver}_T\ (A-B)\ (B-A)$$

$$\mathbf{ver}_T\, AB \text{ 当且仅当 } \mathbf{ver}_B\, AT$$

但是，此种研究的一般精神仍然同前面提到的类似。

11.2.4 结论

到目前为止，我们有如下讨论结果。方法论关注的是各种认知过程，其在更广泛的意义上是可推导的。这要求对各种自然的选项以及它们的理论性质的系统化逻辑研究。而且合适的视角或观点将只有在科学哲学、哲学逻辑和逻辑语义学之间的自由合作中才能产生。

这一研究最终也应该包括各种其他方法。一个重要例子是前面提到的条件句。关于“反事实条件句”其中一个合理的观点是：为了一致地接纳前件假设，它们涉及从原先被修正的（revised）前提的推理。但我们应该用相同的一般性术语来分析前提或信息状态的修正过程［（Gärdenfors，1988）中优美的形式理论］。当我们用当前出现的“动态的”观点来看待特定的信息类型时，比如，概称陈述或者其他缺省规则，这样的修正仍起作用。这相当于改变人们在模型论域上的期望或偏好模式的指令［有关后者的形式语义学理论，参见（Spohn，1988；Veltman，1989）］。

11.3 本体论的多样性

逻辑语义学和科学方法论之间的联系并不局限于推理或更一般的认知过程这样的概念。它们也延伸到这些过程所能操作的认知结构，以及它们的底层本体论。

值得指出的一种情况是，自然语言和计算性方面有关时间（temporal）结构的研究。为了作出随着时间推移的事件的陈述以及关于它们的推理，我们需要一个多样性的本体论图景，用来反映各种时态表达以及它们的联系（Kamp，1979）［有关文献综述，参见（van Benthem，1983；1989a）］。这直接导致我们进入到科学哲学中的问题。在自然语言中，有关时态意义的恰当描述似乎既涉及较符合科学的“基于时间点”概念，又涉及较符合常识的“基于时间段”这样的约定。

上述有关各种时态本体论之间的对偶观在计算机科学中也是突出的（Allen, Hayes, 1985）或（Lamport, 1985），这与实际的物理时间和我们计算模型表征时间之间的相互影响有密切关系。

这不过是更一般主题的一个例子。事实上，可以把类似测度论（Krantz et al.，1985）的学科看做是密切相关的，它们准确地在自然语言常识世界下较定性的表征结构和科学定理结构之间建立了桥梁。但这一广义视角仍然与完备相去甚远，并且在本体论地图中保留了它的未知领土。例如，在自然语言中另一吸引人的是广阔的二元性，其与一般推理和科学理论形式的系统联系还没有得到研究。这正是描绘世界中所谓的*可数术语*（count terms）和*不可数术语*（mass terms）之间的区别［文献综述参见（Pelletier, Schubert, 1989）］。前者是指有关世界的具体可数表达，如"枪"、"天"、"杯"，而后者涉及连续的量，像"酒"、"时间"或"耐心"。上述两者都有各自表示量的形式，如"许多时间"（much time）相对于"许多枪"（many guns），或"十天"（ten days）相对于"十杯酒"（ten glasses of wine）。尽管我们仍旧不理解它准确的认知目的，但这种平行系统的存在在常识世界里是有意义的。

考虑另一类型的例子，我们返回之前提到的自然语言的量词系统，以此说明纯粹语义学问题是怎样显然地把人们带回到科学的基础中去的。

11.3.1　量词和概率

请看一个普通非标准的限定词表达式："几乎所有的 A 是 B"，它告诉我们仅仅非常少的例外可能出现在文恩图 $A-B$ 的范围里。对于足够大的论域 A，这个关系 Q 的直观逻辑应该满足下列明显的性质（公理）：

1）QAB 蕴涵 $QA\ (B\cup C)$　　　右单调性

2）QAB，QAC 蕴涵 $QA\ (B\cap C)$　　　合取性

3）$QA\ (A-\{x\})$　　　非原子性

4）非 $QA\varnothing$　　　非平凡性

此外，回想之前有关逻辑限定词排列的不变性要求，这使得它们仅仅对文恩域里的个体数量敏感。最后三个性质蕴涵着左论域 A 必须是无限的。例如，满足所有要求的候选量词是"至多含有有限多例外的全部"。最后，一旦我们考虑复合量词的组合，也包含二元或更高元的谓词，会有另一种自然的情况出现，如"几乎所有"与全称量词具有相同的"辖域自由"。这体现在下面一个特别的记法中：

5）$Q^A x\cdot Q^A y\cdot Rxy$，当且仅当，$Q^A y\cdot Q^A x\cdot Rxy$

上述公理化系统事实上已经由哈维·弗里德曼（Harvey Friedman）提出，作

为对概率化量词（probabilistic quantifier）“最多0度例外集”（with at most a measure 0 set of exceptions）的主要性质描述（van Lambalgen，1990）。具体而言，上面提到的最后一条公理其实是概率论中著名的富比尼（Fubini）定理的一种表现形式。而且事实上，我们还可以说明在个体域中上述条件的全体是如何满足特定的概率结构的。这需要通过迫使我们离开上述意义上纯粹的数量逻辑限定词的领域做到［在（van Benthem，1989b）中有相关证明］。

命题1 对所有集合论元（set arguments），没有逻辑全称量词满足弗里德曼公理。

证明 考虑特殊情况，当左论元是整个论域时，Q 成了一元量词，本质上它是一个集族。于是只要证明下面的主张就足够。

申明1（AC） 这样的量词在子集形式下封闭。

因为，如果 $A\in Q$（根据公理3，这对某些 A 是成立的），那么 $\varnothing\in Q$，这与公理4矛盾。

申明1的证明 通过归纳 B 的基数（预设选择公理成立），我们证明下列表述形式成立：

$$A\in Q,\ B\subseteq A \text{ 蕴涵 } (A-B)\ \in Q$$

具体证明分情况考虑：

情况1：B 是有穷的（finite）。

通过公理3和公理2，可以减掉有穷部分。

情况2：B 是无穷的（infinite），并且 $|B|=\mathrm{m}$。

归纳假设如下：

$$\forall A\in Q\,\forall B\subseteq A:\ |B|<\mathrm{m}\Rightarrow (A-B)\ \in Q$$

现有良序 A 如下：

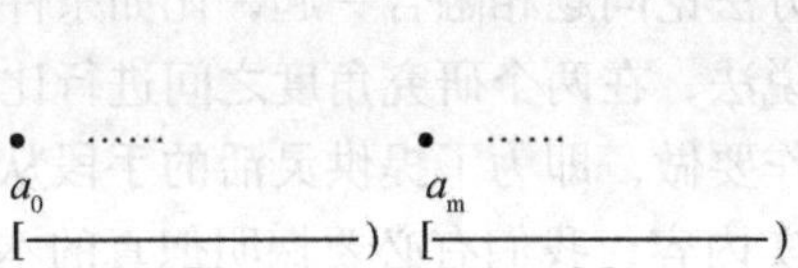

接下来通过下列结构在 A 上定义一个二元关系 R。

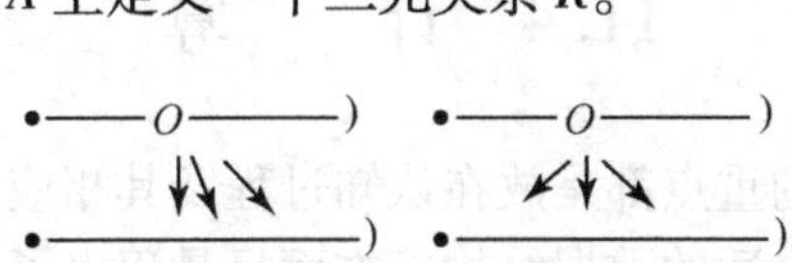

其中，$Ra_\alpha y$，当且仅当，①$\alpha\geqslant \mathrm{m}$ 并且 $y\in A$ 或者

②$\alpha<\mathrm{m}$ 并且 $y=\alpha_\beta$（满足 $\beta\geqslant\alpha$）

然后我们有：$\forall x \in AQy \cdot Rxy$。
此结果可从下述观察可得到：

如果 $x = a_\alpha$，$\alpha \geqslant m$，那么 $(R)x = A$：它在 Q 中。

如果 $x = a_\alpha$，$\alpha < m$，那么 $(R)x = A - \{a_0 \cdots a_\alpha\}$：既然减掉的集合具有的基数<m，于是 $(R)x \in Q$；而根据归纳假设，A 也是。
于是，由于 $A \in Q$，公理1蕴涵

$$Qx \cdot Qy \cdot Rxy$$

再应用公理5，一定可以得到 $Qy \cdot Qx \cdot Rxy$。

或者详细地表述：$\{y \mid \{x \mid Rxy\} \in Q\} \in Q$。于是，哪个个体 y 满足 $_y(R) \in Q$？

如果 $y = a_\alpha$ 且 $\alpha < m$，那么 $_y(R) = (A - B) \cup \{a_\beta \mid \beta < \alpha\}$。

如果 $y = a_\alpha$ 且 $\alpha \geqslant m$，那么 $_y(R) = A$：它在 Q 之中。
再次考虑：$\{y \mid {}_y(R) \in Q\} \in Q$。
情况1：此集合等于 $A - B$，我们已经有：$(A - B) \in Q$。
情况2：此集合超出 $A - B$，并且至少存在一个 $y \in B$，使得 $_y(R) \in Q$。
通过上面的结论，可得 $_y(R) = (A - B) \cup$“基数<m的某个集合”。应用归纳假设于 $_y(R)$：$(A - B) \in Q$，就可以得到想要的结果。

因此，对量词一般形式的语义分析很自然地引导人们去研究那些方法论问题，比如像概率推理中的逻辑起源。加上来自狭义语言学范畴的一些例子，我们也能够在整体上看待自然语言的范畴结构。例如，（Mundy，1989）展示的是语言学式渗透启发人们把“范畴语言”引入到科学理论的分析中去。

11.3.4 结论

于是，我们可以再次得出某些一般的结论。关于表达狭义语言学范畴的语义分析很自然地会与一些方法论问题相融合一起，比如条件句、时态表达式和量词等例子。按照更一般的说法，在两个研究角度之间进行比较是有用的。特别是我们还有公共的系统化工作要做，即为了提供灵活的手段从而在各种“粒度”（精细程度）层面上表征事实内容，我们有必要探明似真的本体和它们之间的联系。

11.4 计　算

到目前为止，我们的重点都是放在认知过程及其相应的结构上。但是，在与计算实际相关的事情和合适的数据结构等方面只是迈出了很小一步。因此，见到一些在科学方法论中得到了发展的理论也允许有更好计算性的解释就不足为奇了。

至于数据结构，我们已经提到了科学理论与数据库（或者更一般地说，知识状态）之间的类比，正如（Gärdenfors，1988）中发展的那样。比如，有关科学理论结构化为更“容易磋商”和“牢固”层次的著名描述表明，在近期有关知识库牢固程度的理论中有与之相对应的结构。并且，有关科学理论词汇中的理论术语和观测术语的传统区分，可在抽象数据类型的理论中得到精确类比（van Benthem，1989c）。最后一例子是在（Doyle，1983）的计算性背景中卡尔纳普有关理论结构工作的应用。

至于更加程序化的方面的研究，与知识结构上的算法操作相关的计算性关注在一般方法论意义上也具有自然的基础。一个相当实际的例子是，在像梅森（Mycin）那样著名的专家系统中，采用卡尔纳普有关归纳逻辑的规则。这样我们还可以发现更深层次的联系，例如，最近在（Shoham，1988）的计划系统中对知识和因果关系有影响力的处理方式。

在方法论和逻辑自身范围内也存在计算性问题的内在基础。例如，日常意义下对“解释”这个术语的理解是与实际上的论证（argument）不甚相同的陈述。并且在这一实际的方向上更进一步后，不难发现系统化的含糊性：在人们使用诸如“解释”、“判断”和“演绎”这些术语时，它们可能既表示活动（activity）又表示结果（products）。为了保留这种直观性，还需提及许多相关内容［（Toulmin，1958）中可找到有意义的论题：即逻辑应该关注程序化的“形式”（formalities），就如语言学的“形态”（form）一样多］。这样的倾向可以追溯到它的源头，即长期的数学构造观，其中证明和计算总是纠结在一起的。不过它也与自然科学的明显特征相一致，其中测量、测试和实验都是要素。关于沿着这些线索而发展的早期逻辑范式请参见（Medvedev，1962），而物理理论中一般“可操作性”视角的例子请参阅（Hooker，1979）［还有类似的有关科学理论可操作的斯科伦函数方法在（Suppes，1973）中可以找到］。以下问题会使上述内容更加耐人寻味：有没有一个不可计算的“解决方案”，使得它在所有科学中（纯数学除外）都被接受？

11.4.1 复杂性和精细结构

这里所包括的至少有对之前涉及的概念复杂性（complexity）的关注，可作为它们逻辑状态的一个内在特征，也为了一般意义下再认算法的发展。

备注（方法论概念的复杂性）事实上，前面提到的概念由于此方面复杂性的缺陷而受困，例如：

- 谓词逻辑公式的“解释”是不可判定的，甚至是不可公理化的概念。

原因在于下面的还原。设 $T=$ TRUE，$\mathbf{exp}_T AA$ 成立，当且仅当，A 是谓词逻辑的一个偶然（contingent）公式。而这样公式类不是递归可枚举的。

另一种说明来自可定义性理论，如在（Smirnov, 1987）中它是相当突出的。贝特的可定义性定理具有核心重要性，但它也有较黑暗的一面：

- 对于可有限公理化的一阶理论 $T(\mathbb{P}, Q)$ 和谓词 Q，Q 在 T 中是否明确地$\mathbb{P}$-可定义这样的问题尽管递归可枚举，却是*不可判定的*（undecidable）。

这可以看做是有效地把谓词逻辑中的普遍有效性（自身是不可判定的概念）还原成一个可定义性问题，具体如下：

证明：令 A 是词汇$\mathbb{P}$ 中的公式，选择某个新的 A 中不出现的命题字母 q（0元谓词）。那么下列两断定是等价的：

1）A 是普遍有效的。

2）q 在理论 $\{A\to q\}$ 中明确地$\mathbb{P}$-可定义。

先证从1到2：在这种情况下，对 $\{A\to q\}$ 中的 q 来说，TRUE 是一个明确的定义。

再考虑从2到1：对不含 q 的某个公式 B，假设 $\{A\to q\}\models q\leftrightarrow B$。那么，(i) $q\models q\leftrightarrow B$，即 $q\models B$。因此有$\models B$（既然 q 在 B 中不出现）。另外还有（ii）$\neg A\models q\leftrightarrow B$。(i) 和（ii）相结合，可以得到$\neg A\models q$。并且由于$\neg A$ 也不包含 q，所以有$\models A$。证毕。

这些“负面”的结果并不意味着应该把计算性的关注从我们的方法论中剔除，那就如鸵鸟一样把头埋在沙里面。更积极地讲，尽管这一问题很复杂，但广义的计算性视角也可导致真正的丰富。例如，一个自然有用的主题是考虑*精细结构*（fine-structure）。在计算中，考虑一般用途形式理论中的句法和语义架构的精微细节，并寻求它们各种层次的表达力和计算能力是至关重要的。这样的例子，如逻辑程序设计中限制成谓词逻辑片段的霍恩子句（Horn clause）形式理论，它的算法行为在实践中相当容易处理。有趣的是，在有关科学理论的传统描述中也有类似的区分，那里“理论法则”可以具有任意谓词逻辑的复杂性［尽管原则上可还原成全称斯科伦（Skolem）形式］，而“经验概括”常常看似全称的*霍恩子句*，它们接纳可操作的过程。另一例子是前面提到的可定义性理论，人们可能对落入谓词逻辑的某些简单自然片段之中的定义相当感兴趣（即与内涵形式理论相对应的有限变元片段）。特别的，对*负面*（negative）结果的兴趣至少有对正面结果的兴趣那样多，例如，当需要阐明某个方法论概念而进行的表达力中内在跳跃的定位时。

11.4.2 模型对证明：相关性情况

为了得到结论，我们考虑之前讨论时的另一思路。许多大学教授有关科学哲学的“标准历史”是向着启蒙的方向连续不断前进。首先有哲学家专门关注于句法和公理化的推演（如卡尔纳普和亨普尔）。随后，出现了模型论的观点，提出了语义学结构（如贝特预言的那样）。后来，苏佩斯和斯尼德实现了上述想法：我们可以直接关注集合论结构，像普通科学家的做法那样扔掉语言形式中的固定负载（dead weight）。但是，随着计算性相关问题的发展，历史的车轮带来另一场革命：人们需要代码（code）来施行计算。因此，经典的“句法”阶段得到了平反。

当然，对经典的讨论也有新的变化，尤其是像上面观察到的那样，我们将对句法加证明（proof）之类结构进行强调。例如，有关解释的或者确证的各种关键特征在之前的语义分析中似乎还不能正确地得出。值得注意的问题是，证据和假说的相关性，或者说是从解释项（explanantia）到待解释项（explanada）的相关性。为了建立它们之间的联系，我们似乎有必要提出实际论证（argumentation）的参考背景。

于是这里就有非常普遍的问题出现。通常的传统一直把分析解释和类似的推理连接模式作为陈述（statements）之间的关系。但是，人们也可以把此概念更自然地应用于论证。第 11.2 节里中有关爆炸发生所作的解释不仅是对那个事件充分先决条件的陈述，而且是从这些条件到待解释现象的完整论证。若以不同方式理解，通常的说明相当于逻辑中一般程序的例子，可称之为∃策略（strategy）：

“用存在量词限制某个未固定的参数。”

例如，我们可以说“B 从 A 中来”指的是存在一个证明；或者如果存在一个过去的时刻，A 在那里发生，那么就说 A 是过去的——然而在实践中，人们心里通常有某个特定的起源或者特定的参照时间。这些贫瘠的概念（其中“隐藏”更多特定可用信息）有它们不可磨灭的作用。但人们应该时刻记住，还有更多信息可用于逻辑分析［这在（Barwise，Perry，1983）中提及］。

例如，相关性（relevance）现象在方法论文献中扮演着重要角色（Glymour，1980），由此产生一个很重要的任务是仔细考察它所涉及的实际论证。到目前为止，我们在第 11.2 节中用全局的方法来操作，考虑从前提到结论的通常后承，然后“过滤出”那些不想要的情况。也许，这就是在附加约定条件下（如前提的一致性和结论的偶然性）背后的要点。或者，一定程度上已更接近于有关前提的实际句法表达，一个显而易见的全局过滤将会是：

$\mathbb{P}\models C$，但没有$\mathbb{P}$ 的真子集蕴涵 C　　*

不过，这样的过滤计算代价很大［例如，（van Benthem，1985）表明后者的检测使得相关后承关系不是有效可公理化的］。但是，在实际的论证层面施加相关性的有效条件也是可能的，而且在直觉上甚至更加合理。比如，B 的某个特定（specific）推演已可从 A_1，…，A_n 中呈现；现在的问题是它是否本质（真正）地使用了所有的前提。这样对方法论反思后会有些明显的问题产生。

题外话（全体和局部的相关性）。刚刚论及的两个视角不是显然等价的，这可以通过对前面提到的语义概念 * 和自然推理演算（那里记录实际使用的假设这样的操作是简单的）中的推演（derivation）的比较得到。一方面，一个推演可能用到某个确定的前提集中的所有元素，并且在用一种非冗余的方法［在根岑（Gentzen）“范式”中］无需确立 * 关系，如：

$$\dfrac{\dfrac{A\ (A\rightarrow\ (C\rightarrow B))}{(C\rightarrow B)}\qquad \dfrac{(A\rightarrow B)\ (\ (A\rightarrow B)\ \rightarrow C)}{C}}{B}$$

这里，本来使用两个前提（如 A，$A\rightarrow B$）已经足够。在另一个方面，不是每个 * 关系允许非冗余的自然推理，请看转换 $A\models(B\rightarrow A)$：它能含有一个涉及“真空条件化”（vacuous conditionalization）的推演。

当然，要说的问题还有很多——这包括对引进某种形式的相关性逻辑的可行性探讨。但现在来看，展示以上内容已经足够。

11.4.3　结论

于是，我们得出这一节结论：从方法论到计算性关注的转换很自然。或者，甚至更极端地说，计算性关注已成了方法论研究的其中一个必不可少的部分。

11.5　共　　存？

本文并不是对科学哲学和信息学的逻辑语义之间存在的联系进行全面研究。例如，我们还没有像斯塔周（Stachow）和米特尔施泰特（Mittelstaedt）在（Hooker，1979）中那样把博弈论方法深入到物理理论中去。我们也没有像（Osherson et al.，1986）中学习理论那样考虑更多的算法转向，该理论对上述联系假说和理论的构成、修正的方法论等内容的探讨提供了全新的视角。逻辑的语言学和计算性应用已为逻辑机制本身提供了更复杂的观点，在表达力和计算复杂性的精细结构中产生许多新的启示，这些似乎是不可以否认的。也许，科学理论的逻辑研究将从相同灵敏度、降低单纯形式化（例如，像卡尔纳普和斯尼德的理论那样潜伏在广阔的背景后面）的危险中获益。此外，所有这些努力将肯定会在不失本身价值的情况下完成。并且，在相反的方向，人们希望方法论学者加入到语言、逻辑和计算层面进行辩论，比如在经典物理和常识物理的各种形式之间进行选择。对他们专长的需要程度，就如同需要纯逻辑学家一样急迫。

参考文献

Allen J, Hayes P. 1985. A Common-Sense Theory of Time. Proceedings IJCAI 1985. 528 ~ 531

Barwise J, Perry J. 1983. Situations and Attitutes. Cambrdige, MA: The MIT Press

Doyle J. 1983. Some Theories of Reasoned Assumptions: an Essay in Rational Psychology. Department of Computer Science, Carnegie-Mellon University, Pittsburgh, PA

Gabbay D, Guenthner F eds. 1989. Handbook of Philosophical Logic, Vol IV. Dordrecht: Reidel

Glymour C. 1980. Theory and Evidence. Princeton: Princeton University Press

Gärdenfors P. 1988. Knowledge in Flux. Modelling the Dynamics of Epistemic States. Cambrdige, MA: Bradford Books/MIT Press

Hempel C. 1965. Aspects of Scientific Explanation. Glencoe, IL: The Free Press

Hooker C. 1979. Physical Theory as Logico-Operational Structure. Dordrecht: Reidel

Kamp H. 1979. Intervals, Events and Temporal Discourse. In: Bäuerle R et al eds. Semantics from Different Points of View. Berlin: Springer. 376 ~ 417

Krantz D, Luce D, Suppes P, Tversky A. 1985. Foundations of Measurement. New York: Academic Press

Lamport L. 1985. Inter-processor communication. Final report. SRI Inernational, Menlo Park

Makinson D. 1989. General Non-monotonic Logic. In: Gabbay D, Hogger C, Robinson J eds. Handbook of Logic in Artificial Intelligence and Logic Programming. Oxford: Oxford University Press

Medvedev Y. 1962. Finitnie Zadachi. Dokladi Akademia Nauk USSR, 142: 1015 ~ 1018

Mundy B. 1989. Elementary Categorical Logic, Predicates of Variable Degree and Theory of Quantity. Journal of Philosophical Logic, 18: 115 ~ 140

Osherson D, Stob M, Weinstein S. 1986. Systems that Learn. Cambrdige, MA: The MIT Press

Pelletier J, Schubert L. 1989. Mass Terms. In: Gabbay D M, Guenthner F eds. Handbook of Philosophical Logic, Vol IV. Dordrecht: Kluwer Academic Publishers

Shoham Y. 1988. Reasoning about Change: Time and Causation from the Standpoint of Artificial Intelligence, Cambridge, MA: The MIT Press

Smirnov V. 1987. Logicheskije Metodi Analiza Nauchnowo Zanija. Moscow: Publishing House "Nauka"

Sosa E ed. 1975. Causation and Conditionals. Oxford: Oxford University Press

Spohn W. 1988. Ordinal Conditional Functions: a Dynamic Theory of Epistemic States. In: Harper W, Skyrms B eds. Causation in Decision, Belief Change and Statistics, Vol III. Dordrecht: Reidel. 105 ~ 134

Suppe F. 1977. The Structure of Scientific Theories. Urbana, IL: The University of Illinois Press

Suppes P. 1973. Some Ppen Problems in the Philosophy of Space and Time. In: Suppes P ed. Space, Time and Geometry. Dordrecht: Reidel. 383 ~ 401

Toulmin S. 1958. The Uses of Argumen. Cambridge: Cambridge University Press

van Benthem J. 1982. The Logical Study of Science. Synthese, 51: 431 ~ 472

van Benthem J. 1983. The Logic of Time. Dordrecht: Reidel

van Benthem J. 1984. Foundations of Conditional Logic. Journal of Philosophical Logic, 13: 303 ~ 349

van Benthem J. 1985. The Variety of Consequence, according to Bolzano. Studia Logica, 44: 389 ~ 403

van Benthem J. 1986. Essays in Logical Semantics. Dordrecht: Reidel

van Benthem J. 1987. Verisimilitude and Conditionals. In: Kuipers Th ed. What is Closer-to-the-Truth? Amsterdam: Rodophi. 103 ~ 128

van Benthem J. 1989a. Logic, Time and Computation. In: de Bakker J W et al eds. Linear Time, Branching Time and Partial Order in Logics and Models for Concurrency. Berlin: Springer. 1 ~ 49

van Benthem J. 1989b. Polyadic Quantifiers. Linguistics and Philosophy, 12: 437 ~ 464

van Benthem J. 1989c. Semantic Parallels. In: Ebbinghaus H-D et al eds. Logic Colloquium, Granada 1987. Amsterdam: North Holland. 331 ~ 375

van Lambalgen M. 1990. The Axiomatization of Randomness. Journal of Symbolic Logic, 55: 1143 ~ 1167

Veltman F. 1989. Update Semantics for Defaults. Institute for Language, Logic and Information, University of Amsterdam

Wojcicki R. 1989. Aksiomaticheskaja traktowka nemonotonnich rassyzjdenij. In: Smirnov V et al eds. Neklassicheskije Logiki i ich Primenenija. Institute of Philosophy, Academy of Sciences of USSR, Moscow. 140 ~ 144

12 再访经验理论的逻辑*

刘奋荣　俞珺华/译　刘叶涛/校

12.1 逻辑和科学哲学的简史

回顾19世纪的著名学者，我们通常很难把现在称之为逻辑学家的人从科学哲学家中区分出来。博尔扎诺（Bolzano）的《科学理论》（*Wissenschaftslehre*）（Bolzano，1837）主要是一部有关逻辑推理的经典，而穆勒（Mill）的名著《逻辑系统》（*A System of Logic*）（Mill，1843）则基本是一部有关科学方法论的经典。同样，亥姆霍兹关于经验科学基础的转换与不变量的理论（Helmholtz，1868），不但联系着认知心理学和数学，也深深地影响着可定义性逻辑研究。但是到了19世纪末，这种状况发生了改变。现代逻辑学经历了一个趋向数学基础问题研究的议程（agenda）紧缩。我们来比较一下作为逻辑学领域范本的弗雷格的《概念文字》（*Begriffsschrift*）（Frege，1879）与同时代的皮尔士的文集（Peirce，1933）。前者是对一小集问题的研究，后者则是一部包含了从形式到非形式论题，从常识推理到科学，至今仍然被挖掘的合集①。

这个基本转向使得数学成了逻辑方法的范例（到现在为止依然如此），而且也成为逻辑方法的主要研究领域。即使这样，还是有部分科学哲学家很快适应了这个新发展。20世纪里，许多主要的哲学家在这两个方面都有贡献，例如，卡尔纳普、贝特（Beth）、刘易斯（Lewis）、欣蒂卡和范·弗拉森（van Fraassen）。来自基础层面上的主要思想与方法都关注了数学证明和形式系统。但是到了20世纪30年代，维也纳学派和其他组织的成员把这些现代工具同样转用到经验科

---

* Johan van Benthem, Sonja Smets. 2011. The Logic of Empirical Theories Revisited. *Synthese*, DOI: 10.1007/s11229-011-9916-6

① 尽管我们仍然将弗雷格认作是现代逻辑的奠基人（他狭小的关注范围为其思想的流行提供了巨大力量），但皮尔士更为广泛的讨论范围看起来更加接近当今逻辑的范围。

学，莱兴巴哈（Reichenbach）和波普尔（Popper）就是著名的例子。研究兴趣在两个领域里同时发展着，例如，卡尔纳普就在那个时代的逻辑讨论中扮演了重要的角色（van Benthem，1978a）。直到20世纪50年代，逻辑的方法仍然支配着“新实证主义（neo-positivism）”。

这种联姻在20世纪60年代受到了来自于几个方面的攻击。来自库恩（Kuhn）《科学革命的结构》（*The Structure of Scientific Revolutions*）（Kuhn，1962）的外部批评似乎表明，逻辑为作为科学实践和进步之基础的推理描绘了一幅相当错误的图景。除此之外，像苏佩斯（Suppes）这样有影响的内在批评家认为，逻辑中的形式语言方法和科学实践并不相关；在科学实践中，人们会使用任何方便记号的相关结构，而不去考虑逻辑学家乐于讨论的类似一阶语言－高阶语言区分的系统化问题①。

不过，联系并没有中断。哲学逻辑保留了许多主题，例如条件句推理和因果关系这些在逻辑和科学哲学间游走的课题。但是在20世纪70年代，逻辑和语言在其中扮演中心角色的学科之间的关系，变得更加紧密，特别是计算机科学和语言学②。同时，许多科学哲学家则转换到概率的方法上。两个领域之间的联系变得萎缩了，有时甚至能观察到某种敌意。

然而，在20世纪80年代和90年代，往往是以对计算的共同兴趣为动力，一些新出现的问题再次被两个领域共享。本文将讨论一系列这样的论题，以及一些更早的论题，并且指出新的联接是怎样流行的。我的重点不是说科学哲学家应该使用新的逻辑工具，而是要更对等地去讨论共同感兴趣的问题。

12.2 科学理论的逻辑结构

逻辑学家所说的“理论”，可以仅仅是某个形式语言中的一个句子集，或者更粗略地抽象掉语法细节，就是和这个句子集对应的模型类 $MOD(X)$③。有时，从演绎结构（deductive apparatus）的角度上（公理、推演规则、可证性⊢的概

① 后来，逻辑在斯尼德的重要著作（Sneed，1971）里进入了“结构主义”（structuralism），而这一点在（Pearce，Rantana，1983）关于用来分析科学理论的多种抽象逻辑的著作里变得更为显著。

② 一个被广泛认可的看法是，逻辑研究的大部分内容或许都和计算机科学交界。

③ 一个折中的方法是将集合 X 与一个语义对象类 $\{MOD(\varphi) \mid \varphi \in X\}$ 结合起来。van Benthem（2005）对这个概念及其当下方法论论争中的地位进行了讨论。

念、定理）可以得到更“计算化”（computational）的视角①。

除了少数一些例外，关注纯语法和语义方面的运算角度（operational aspect）在逻辑和科学哲学的联系中只有很小的作用②。但自从20世纪80年代与计算机科学建立新的联系以来，借助不时出现的令人吃惊的跨领域呼应，计算的影响又出现了（van Benthem，1989）。

12.2.1 关于理论的演算和理论间关系

一个早期的联系是由塔尔斯基和他的学生于20世纪30年代在华沙学派中提出的“理论的演算”。数学包含了一个由代数运算关联起来的形式理论之网，还有像扩张（extension）这样的简单关系，以及像相对的解释（relative interpretation）这样的复杂关系。在经验科学中也是如此，尽管理论间关系在中会有许多不同变化。特别地，关于经验理论之间相互还原（reduction）的概念，存在丰富的传统，其中许多都和逻辑相关（Kuipers，2000）。还原与科学的整体建构相关，并有助于巩固它的成长。

12.2.2 经验词汇与理论词汇

关于“科学理论”形式概念的一个出色的历史概要是由祖佩（Suppe，1977）作出的，而我们只会提到一些重点。最早在物理学等经验科学研究中使用理论的现代语义概念的提议，是在（Beth，1948）中提出的。一个更丰富的关于科学理论的语法-语义图景是在（Hempel，Oppenheim，1948；Quine，1951）中提出的，具有理论法则、经验规则和简单观察事实构成的层级结构③。

对于这幅图景至关重要的，是一种未在数学理论中发现的划分，即关于观察性（observational）词汇与理论性（theoretical）词汇的划分。前者直接指涉可观察的现象，后者则添加了使得理论得以统一的理论概念，并且提供它的计算能力。用来逻辑上的结果分析这一情况，例如，由（Craig，Vaught，1958）给出的结果：任何可递归公理化的观察句的集合都能通过增加新的理论谓词［比如，通过描述某种枚举图灵机（enumerating Turing machine）的内部结构］被有限公理化。在语义方面，普谢温茨基（Przełęcki）和沃西基的开创性著作（Przełęcki，

① 这是计算性的（computational）“运算”（operational）方面，在现代背景下，它得到了扩宽。一个有用的逻辑系统总是具有完成关键任务的算法程序。例如，在模型中检测公式的真，为给定公式寻找模型，或检查模型间的结构相似性，等等。

② 参见（Mittelstaedt，1978）根据洛伦兹对话（Lorenzendialogue）从逻辑-运算视角对测量（measurement）的讨论。

③ 在应用中，同样存在着科学家们倾向于提出的标准“辅助性假设”（auxiliaryassumptions）。

1969）把这些转化成了下面的简单的图景。与数学理论不同，经验理论有两个不相交的词汇表：L_0 和 L_t，而且这样两个结构类是相关的：一个是其相似类型与 L_0 匹配的结构，另一个是匹配全语言 L_0+L_t 的更丰富的结构①。理论 T（L_0，L_t）的公理可以完全处在这些作为组成部分的语言之内，也可以是经验词汇表和理论词汇表之间的“桥接原理”（bridge principles）。

借助这个双层图景，科学哲学中的一个古老讨论进入了逻辑，即理论词项的本体论地位（ontological status）。这些东西指示独立的实体（entities）和谓词吗？或者，它们只是虚构出来的理论润滑剂，而原则上可以靠定义消去？拉姆齐 20 世纪 20 年代提出一个的著名论题（Ramsay，1960）是：经验理论 T 陈述了关于 L_0-结构 M（表示满足当前数据的经验状态）存在性的二阶论断：存在解释理论语言 L_t 的谓词，使理论 T 在扩充了新谓词的模型 M 上为真。

在语法上，关于观察谓词 P 和理论谓词 Q 的序组，理论 φ（P，Q）的“拉姆齐语句”（Ramsey sentence）就被定义为二阶公式 $\exists Q\cdot\varphi$（P，Q）。这就达到了目的。任何由公式 φ（P，Q）通过基本逻辑得出的纯 P-句子，也可以从其量化形式 $\exists Q.\varphi$（P，Q）得出。

这个简单的图景显示了许多逻辑问题［参见（van Benthem，1982）中的总结］。我们举一些例子，来显示经验科学的哲学和逻辑模型论是怎样能够交叉，并得到许多成果的。首先，一阶理论 T 的“经验内容”（empirical content）经常被刻画成使其拉姆齐句子的模型，或者等价地说，受限制的模型类 MOD（T）$|L_0$。这个概念和 T 中所有 L_0-后承 $T|L_0$ 之间的关系是什么：该理论更语法意义上的“经验部分”？（可以把后者当做当前 T 中已知的经验事实和规则）很容易看到下面的包含关系成立：

$$MOD(T)\ |L_0 \subseteq MOD(T|L_0)$$

反向包含关系 MOD（$T|L_0$）$\subseteq MOD$（T）$|L_0$ 成立时，即这些满足经验知识的情形能够通过假定理论的超结构（superstructure）来解释时，我们说这些理论词项就是拉姆齐可消除（Ramsey eliminable）的。但是这个反向的结论并非总是成立［（van Benthem，1978b）中有一个反例］② ——而纯逻辑必须给出的最一般结论是：

① 纯粹是方便起见，我们此后假设所有这些语言都只有谓词。

② 我们来考虑增加对直接后继和直接前继封闭的一元非空谓词的自然数（N，<）的一个一阶序理论 T。这个理论是一致的，因为当这个谓词在“超自然数”（supernaturalnumbers）上成立时，这个理论在所有 T 的非标准模型上成立。然而自然数模型自身不能扩充成整个理论的一个模型。Ketland（2004）在对拉姆齐化（Ramseyfication）的现代研究中重新发现了一个类似的例子。

对一阶理论 T，每个 $T\mid L_0$ 的模型 M 有一个 L_0-初等扩张，扩张结果是 T 在全语言中的一个模型，即一个包含可能的新对象的，其中 M-个体序组仍然像在 M 中那样满足同样一阶公式的模型 M^+。

因此，有时为使给定的经验条件归入一个理论之中，我们需要假定的不仅是新的谓词（和函数），而且也包含新的对象①。

但是在逻辑－经验理论的交界（interface）上有更多的东西。正如我前面提到的，经验科学中一个显著的主题是转换和不变性（invariance）②。那么，在理论 T 中对理论项地位的一个自然理解，可能就是它们在下面的意义上"被附加"（supervene）于观察性词汇表之上：

如果一个理论的两个模型间有"经验的" L_0-同构 f 联结它们，那么 f 自动就是相对于 L_0 中理论谓词的同构。

至少对一阶理论而言，贝特的可定义性定理证明和理论项借助观察性词汇表在 T 中所下的显式定义（explicit definition）的存在性是等价的③。因此，这种不变性判据比拉姆齐可消除性强得多，而理论项可能仅仅是缩写④。它们的主要功能可能是把人们的注意力引导到特殊样式的研究上，并且帮助实现计算——就像数学理论中定义的概念一样。

观察词汇表与理论词汇表二者之间的这种区分，在总体意义上与逻辑相关。例如，（van Benthem，1984）已经指出，"形式语义"很大程度上就是寻找理论项并借以解释给定语言或推论上的实践艺术——以普通的表示证明（representation proofs）支持作为这些理论项的一种拉姆齐消去的逻辑完全性定理⑤。同样的，在有关主体性（agency）的逻辑中，唯一的可观察词汇都针对主体的行动，而普遍存在的关于信念和偏好的概念则是理论项。它们的作用是基于类似"根据现有的信念，追求最大可行的收益"的合理性假定（postulates of rationality），得到关于主体性的简单理论。这让人想起了在力学中是怎样为经验情形添加理论谓

---

① （Demopoulos，2009）评论了从这些模型论结果角度对理论项进行的讨论。

② 举个例子，考虑相对论力学中洛伦兹变换的关键作用。

③ 作为一个特例，这蕴涵着贝特意义上的隐式可定义性（implicitdefinability）。令理论 $T(P, Q)$ 有两个论域都为 D，有观察谓词（observational predicates）P 和理论谓词 Q，Q' 的模型 (D, P, Q)，(D, P, Q')。D 上的恒同映射 f 对于观察谓词是一个同构，所以也保持理论谓词，但这意味着 Q 和 Q' 相等。在一个有谓词序组的明显版本中，贝特的定理表述为：在 T 中，Q-谓词都是借助 P-谓词可定义的。

④ （Schurz，2009）就经验的成功和理论性概念的角色有一个新的看法。

⑤ 作为例子，考虑模态可及关系和通常的适应（matching）亨金－样式的完全性证明。

词以适应牛顿定律①，并以此得到更好的计算程序的②。

12.2.3　理论间关系

但是经验理论的模型论包括了许多更深的问题。科学哲学中一个重要的问题是理论间的比较。给定上面刚刚讨论过的更强的结构，借助理论间还原（reduction）的不同概念，相对于在数学领域中的情况，这种比较在科学哲学中可以通过更多方式进行。在逻辑中，对这个问题的研究很少。一个例外是（van Benthem，Pearce，1984）提供的相对可解释性（relative interpretability）概念的一种数学刻画③。这个结果扩展了塔尔斯基、什切尔巴（Sczcerba）和马凯（Makkai）原来的分析，并证明了：

T 在 T' 中语法相对可解释（syntactically relatively interpretable），当且仅当，存在算符（functor）F，将 T'-结构 M 映射到 T-结构 F（M），其中模型 F（M）的论域是 M 论域的子域，并保持 T' 语言中的模型同构，且和这些模型上的超积可交换。

作者把这个概念和科学哲学中关于还原的结构主义（structuralist）（在斯尼德集合论的意义上）形式相关联。（Pearce，Rantala，1983）中有一项有意思的工作，即用有光速的无限值的非标准模型分析了经典力学和相对论力学间的“近似（逼近）”（approximation）关系——一种常见的在数学领域中没有显然对应物的关系）。

更复杂的考虑不同层次词汇表的理论演算出现在计算机科学中。（van Benthem，1989）考察了拥有“可见的”（visible）和“隐藏的”（hidden）词汇表的抽象数据类型的理论是怎样反映上述关于“拉姆齐可消除性”问题的。同时，

---

① 在有最短路径（shortest-path）和最小努力（least-effort）的力学版本中，这个对应体现地特别好。在合适序上的最小化，是在从常识到科学的范围内广泛存在的逻辑样式（pattern）。

② 另见（vanBenthem，2010）关于如何从大量的观点中或科学理论中去除观察到的矛盾结构策略的讨论，这个讨论一直追溯到（Weinberger，1965）。这种策略可能引入新的“理论”谓词，以便在原有谓词上增加主目位置，或者把个体重新分组。此文献也讨论了通过把不同的信念归于意见不同主体的方法来平息矛盾的更具交谈性的策略。这看上去也引入了理论项，因为对于参加争论的人的心灵，我们并没有直接的观察手段。

③ 对理论 T，T'，这是说存在 T'语言中的一元谓词 A，和从 T-谓词到可能更复杂的 T'-谓词翻译 τ，使得 T'可以证明 $\exists xAx$，加上其语法相对化（syntacticallyrelativized）版本（τ（T））^{A}，即“T，但将其中的谓词翻译和相对化（relativized）到满足 A 的 T'-对象的‘子模型’上”。一个典型的例子是自然数理论到集合论的相对解释（relativeinterpretation），其中，数被解释成有限序数，像 $<$ 这样的算术谓词被解释成像 $\in$ 这样的集合论谓词。一个更复杂的概念是有理数理论到整数理论的解释，其中有理数被解释为整数序对模掉一些可定义等价关系而形成的等价类。

（Bergstra et al.，1990）中所谓“模代数”（module algebra）是一种在这种双层设置下的模理论结构的细致说明①。事实上，这只是计算机科学与科学哲学核心问题相遇的一个例子。我们在下一节将会看到很多更深层的呼应②。

12.2.4 具体理论的基础

但是，数学基础领域的主要成就在经验科学哲学中很少有回应，即没有借助元逻辑手段对具体的重要理论进行持续的研究。后者在20世纪30年代的里程碑是皮亚诺算术的哥德尔定理以及塔尔斯基对“初等几何”的分析（Tarski，1959）。这些工作在这些系统的表达力和复杂性方面提供了惊人洞见，超出了当时数学家们自己所认识到的程度。在物理学理论，例如力学中，我们没有得到同等惊人的结论，只在关于因果时空（causal space-time）基础的问题上有一小部分逻辑的工作［由（Robb，1914）开端，也参见（van Benthem，1983）单独对时间进行的形式化研究］，其所讨论的问题记录在《空间逻辑手册》（*Handbook of Spatial Logics*）（Aiello et al.，2007）和《量子逻辑》（*quantum logic*）（Dalla Chiara，1992）的不同章节中。只是到最近，才似乎出现了对物理科学进行逻辑研究的新潮流，见证了（Andréka et al.，2007）关于狭义和广义相对论的一阶公理化，（Baltag，Smets，2008a）中对信息和量子力学量度（measurement）的动态逻辑的研究，以及（Abramsky，Coecke，2004）对量子信息理论中的证明论/计算方法的讨论。

12.3 科学活动的逻辑结构

但是，在科学哲学和逻辑交界上的许多问题并不是关于静态理论结构的，而是关于科学活动的，甚至是两个层次上的科学活动。首先，用固定的背景理论从事科学推理的使用者的“局部动态”（local dynamics），其次，还有关于由科学先锋进行的大规模理论变革的“全局动态”（global dynamics）。这里，我们列举二者的实例。

① 一个较早的例子是（Maibaum，1986）关于结构化程序（structured programs）中的逻辑内插定理的讨论。

② 这里有许多更进一步的例子。（Doyle，1983）包含了一个讨论，表明在《世界的逻辑构造》（*Die Logishe Aufbauder Welt*）（Carnap，1928）中的哲学探讨是怎样自然地回到人工智能当中的。（Glymour，1992）说卡尔纳普“写下了第一个人工智能的计划”。

12.3.1　带着理论去工作：推理的种类

科学哲学文献的一个显著特征是关于主体进行的（广义的）推论活动的更加丰富的观点。例如，除了从理论得出推论，还有从观察数据确证（confirming）给定假设的过程①。但是，科学中更为常见的推理类型也许是对观察事实的解释。解释不仅仅是从理论中推演出被观察的事实。下面我们对（Hempel，Oppenheim，1948）“演绎-法则模型”（deductive-nomological）做一个粗略的介绍。这里，我借助由下面理论支持的一个假说，大胆地赋予它皮尔士式的溯因变形［参考（Aliseda，2006）对获得最好解释的推论解释］：

给定理论 T，如果（a）$T\&H$ 蕴涵 E，（b）T 单独不能蕴涵 E，（c）H 单独不能蕴涵 E，我们说假说 H 解释证据 E。

这个概念的几个特征都超出了经典逻辑后承所能描述的范围。首先，这种类推理是三元的，而不是二元的：它不仅包含了前提和结论，而且包含了第三方的背景理论成分。② 其次，这个新概念的结构特性被证明与经典逻辑类似而并不等同。例如，这种类型的解释性推理对 T 和 H 的主目都是非-单调的：与标准的经典逻辑后承不同，增加理论或者假设显然可以违反条款（b）或（c）。

因此，解释是后承的一个非经典概念，它的结构规则展示了与20世纪80年代在AI中出现的“非单调逻辑”的某些相似之处，而且它仍然是当前研究中的主要课题。这样的逻辑允许有效的推论 $P\Rightarrow C$，即，从假设的集合 P 推导出结论 C，但是，在更强的前提 P，R 下这一推理则可能失效。出现这种现象的原因通常是我们在检验结论时没有考虑假设的所有模型，而仅仅考虑了根据某个序关系最相关或最小的模型子类（McCarthy，1980）。在AI中，这由常识问题的解决所驱动，在那里仅仅考虑最合理的情境。但是这个限制也与下面的事实吻合：科学中许多的经验推理都有一个（经常是隐藏的）“正常环境下”③ 的附带条件。单

① 关于确证理论、归纳及相关问题的概览，参见（Vichers，2006）。

② 有趣的是，关于推理究竟是什么这一问题的更为丰富的形式与图尔明（Toulmin，1958）关于论证的分析十分相像。图尔明的理论拒斥现代逻辑，继而成为现代“论证理论”的主要源泉。按照图尔明的建构，“数据”支持“断言”，由“理由”提供桥梁，而理由本身有某种“支持”。而且，每一结论都有一个“限定词”指出它的作用力，这一特征让人想到当前非单调逻辑中结论的多样性问题。就历史考察而言，超越标准逻辑推理的简单形式有两条出路：一条是亨佩尔和奥本海姆最终走向更丰富的逻辑和更有表达力的语言，一条是图尔明走向的非-逻辑非形式的论证理论。这两种传统能否再次碰面，会是一个有趣的问题。例如，图尔明强调“形式化”（formalities）（即程序）的作用，而不是推理中的“形式”，这听起来更接近近来对逻辑的动态研究，这些我们将在后面讨论。

③ 我那生动有趣的高中化学老师总是告诉我们，对于化学，人们应该理解的主要事情不是它的规律，而是“在正常环境下”这个短语的意思——因为每一条他要教给我们的规律都承认有许多的例外。

调性可能失败的原因是：更强前提的最小模型不一定是原初前提的最小模型。①②

尽管这些解释通常被看做是命题之间的静态关系，逻辑学家们过去就是这样认为的，但确证和解释同时也肯定是认知主体的动态活动，我们在下面的讨论中将会重点突出这一点。

12.3.2 更多的例子

在科学推理中存在着很多本质上有逻辑倾向的主题，而且许多重要的问题还涉及经验理论的精细结构。一个例子是支持反事实（counterfactual）推理的科学规律的典型特征（Goodman，1955）。如果你点燃火柴，爆炸就会发生，即使事实上你并没有点燃火柴。初等物理规律确保了这一强反事实结论——至少在“正常环境下”：这个普通的限定把数学上的确定性与日常的确定性区分开来。但是这种联结只是开始：反过来，科学哲学家们也一直尝试着依据科学规律的反事实或模态本性，去描述它们在“偶然的真概括”之外多出的规律。③（van Benthem，2006）讨论了这一主题和其他主题，其中，逻辑和哲学有着共同的历史，在回归各自之前有许多跨越多个领域的研究课题，包括语言学、计算机科学或经济学。

接下来回到更早的一个话题，伴随关于推理活动的一种更为丰富的观点，也应注意到，出现了科学理论的一个更为丰富的图景：这不仅仅体现于观察词汇和理论词汇的分层，而且也体现于多次－分层语言中关于原则的组织方式（Quine，1951）。就后者而言，它包括从经验规则的模态“偏向表达”（dispositional statements）被牢牢确立的核心规律到赤裸裸的观察事实，所有这些由一层有用的假设包围着（Rescher，1970）。毫不奇怪，根据下面的讨论可见，这也是在当前信念修正逻辑中发现的那种结构（Rott，2007），其中个人的信念可能或多或少是“根深蒂固的”（entrenched），因而对修正或多或少是敏感的。因此，我们的讨论自然回到了关于理论结构的全局问题。

12.3.3 发展一种科学理论

我们可以使用给定的科学理论去解释观察事实，特别地，可以提出一些假说来遮蔽理论自身的问题以防止被驳倒。但是，有时候现实的压力变得太强大，以

① （Hempel，1965）关于确证的研究甚至包含了限定（circumscription）的一个明确先例，也就是后来在AI中通过（McCarthy，1980）变得非常出名的非单调逻辑概念。

② （Aliseda-Llera，2006）对科学推理形式与非经典后承关系的结构规则作了进一步的比较，特别关注了皮尔士的溯因观念。（vanBenthem，2003）指出了这与博尔扎诺区分出的各种后承概念的联系，并为这些推理形式找到了一些关于结构规则的完全集。

③ 一个著名的混合了物理学和逻辑的“模态力学”在（Bressan，1972）中得到了发展。

致于我们想要去改变理论本身。理论改变也是科学哲学中的一个重大主题，而且重构理论的最佳方法已得到了广泛的研究，包括历史的和系统的研究。波普尔十分强调这个过程，他宣称，科学通过驳斥它的猜想，鼓励提出大胆的论断，并通过试错学习法进行学习。就此存在着各种各样的研究思路。其中之一是有关似真性（verisimilitude）的研究，在这项研究中，我们试图定义什么时候可以说一个理论比另一个“更接近真”（Zwart，2002），以便就科学进步的合理性与特征进行评估。这种研究与信念修正理论也有很强的关联，这在（Gärdenfors，1988）中已经有明确的表述。一个更具计算性的思路是在科学探究和理论改变的研究中使用来自形式学习理论的概念和方法，（Kelly，1996）做了开拓性研究。那里，“学习者”被看做是一种计算装置，当面对外来的证据时，他能够不断地提出假说；而我们试图去理解朝向识别关于世界正确理论的长期集中行为。回过头来，我们看到逻辑、科学哲学以及信息学是如何形成一个自然的统一体的。

12.3.4 题外话：计算性类似物

正如我们经常看到的那样，在逻辑和科学哲学接触面上的主题在计算机科学中都有对应。非单调逻辑和信念修正的类似就是恰当例子，它们与人工智能相关联。但是，也存在着与更标准的计算机科学的类似物。例如，“结构理论”在数据库和知识库的研究中是很重要的（Ryan，1992），而且我们可以找到更多的例子。即使这样，科学哲学家在讨论问题解决中计算装置理论的基本功能时，也很少有什么可以说的。不过，到现在为止，有一部文献试图把科学中的进步与计算性的学习机制联系起来（Osherson et al.，1986；Glymour，1980；Bod，2006）。最后，关于现代计算机科学典型的多主体系统观点将会在下一节中讨论。

12.4 常识与科学主体性

本文最后一个话题从我的个人观点谈起。著名的经典著作《科学的结构》（*The Structure of Science*）（Nagel，1961）解释了科学怎样从以下几个方面与“常识”相区分：严格性的标准、组织的程度和其他许多特征。当我还是学生时，我曾很用心努力牢记这些标准。不过现在对我而言，它们似乎不可信了——它们基于对常识的细微运作方式的无知。常识的工作原理只在20世纪70年代以来通过逻辑学家们的工作才为大家所熟悉。① 现在我会认为，科学是对常识推理的某些

① 重读早期科学哲学家们的著作，我被他们关于“科学家”的理性没有批判的理想化观点惊呆了；与这些观点成对出现的，还有对标准哲学家的愚蠢毫无根据的蔑视。

优长的运用，只不过它是在孤立的情形下进行的，而且，重要的是，它是被简化了的，因为实际推理和交流的许多微妙特征都未讨论。因此，与内格尔相反，我认为，科学和常识的边界线是很小的，在我看来这是一件好事：既有利于文化的统一，又不会“让科学失去控制”。①

特别是，我认为将科学哲学的议程与关于理性主体性和理智互动的现代逻辑进行比较是很有价值的（van Benthem，2011b）。这将改变我们对这两个领域的相互关系的看法。我认为，逻辑学是有关信息流的进程，以及由这些进程所支持的理智活动的研究。

12.4.1 信息来源的多样性：观察与推理同等重要

首先，从逻辑刚起步的时候开始，我们就已经观察到，在常识的世界里，具有理性技能的主体至少操控着三种主要的信息来源，即观察、推论和交流。而且，这促使我们从把纯粹数学的推理和证明作为逻辑规范的想法向经验科学的现实迈出了伟大的一步；在经验科学中，观察是同样重要的。② 因此，通过对逻辑的定义而不是某些外在“应用”的推动，逻辑从把它的研究课题从先验的范围转到了后验的领域，使得经验理论，而不是数学理论的具体个案，成为研究的范例。

事实上，这里难理解的部分不是观察的逻辑原理，而是数学证明的作用。尽管我们都同意数学证明在科学中扮演着重要的角色，但并不容易说清楚究竟在何种意义上，有效的证明步骤产生出信息。在科学哲学中，这一直是个问题：参考（Fitelson，2006），该文探讨了如何解释爱因斯坦从广义相对论所做的著名推演所具有信息性的问题。同样的“推演丑闻”在当代逻辑中也被广泛讨论：参见（Hintikka，1973）（一种早期的逻辑信息观），（Abramsky，2007）（在计算的基础讨论中涉及同样的问题），（van Benthem，Martinez，2008），以及［van Benthem & Velazquez-Quesada，2010］所作的与一般的科学推理直接相关的最新工作。

12.4.2 更多的态度，其他的信息性行为

关于主体性的逻辑的最典型特征是，主体可能具有信息更宽泛的态度谱系，

① 使用一个不是很严肃的语言学论证：“研究”这一术语本身在我听来是动态的，而且比它那些不可变的知识和确定的理论“产品”更丰富。科学的核心似乎在于其运作方法：那些产生其产品的过程，而不是“被证实的理论”的博物馆。

② 牛顿的《自然哲学的数学原理》似乎包含着主要的数学公理，但是阅读他的《光学》你会发现，实验，也就是自然说话的声音，也得到了同等重要的看待。

从知识、信念到其他的态度，譬如中性的“抱持”，甚至怀疑。我的同事韦斯利（Peter Wesly）曾在20世纪70年代讨论科学活动的时候也持类似的观点：科学不仅仅包括我们所知道的，而且包括研究者们所相信的，甚至，更一般地说，我们目前“抱持”的东西。我也认为，关于科学理论是什么的问题，我们需要根据周边从信念开始的认知态度所表达的更为丰富的观点①，因为正如波普尔正确指出的，在理解科学的时候，理性的信念修正作为一个学习的引擎似乎至少与知识的默默积累与回流一样重要。

更进一步，我们应当把研究议程本身作为研究对象进行考虑。拉卡托斯与其他科学哲学家就此所说的，与目前我们对问题、议题和议程动态学的逻辑研究兴趣非常吻合（Hintikka et al.，2002；Girard，2008；van Benthem，Minica，2009）。②

12.4.3　信息流的长时动态学

到目前为止，我所提到的大部分是在以下意义上的“局部动态学”，即信息更新、信念修正或学习都是单个的步骤，涉及议程变化的也是单个的问题和步骤。但是，科学是一个长期的过程，有些特征只有在长期过程中才能显现出来。因此，动态逻辑自然会与关于主体的时态逻辑会面。我们知道，时态逻辑也可以处理历史的一些长期特征，可以建立用来调节获取证据的那些可行或可容许方式的“协议”。这也是形式学习理论应用到科学哲学中的一个方面（Kelly，1996），有人正试图融合逻辑和学习理论这两个视角（Dégrémont，Gierasimczuk，2009）。

12.4.4　“其他”：再谈科学的社会方面

我们知道，逻辑学科在包含多个主体的对话和论辩中产生，因此，可以说，最早逻辑学家提到的信息的基本来源是交流。同样，科学也本质地包含不同的主体。事实上，不少作者都主张利用“人类”和“自然”之间的博弈来描述经验的探究（Giles，1974；Hintikka，1973；Lorenz，Lorenzen，1978；Mittelstaedt，1978）。但人类主体之间的交流和辩论对科学而言似乎也是十分重要的：毕竟这

① （van Benthem，2007；Baltag，Smets，2008b）就信念修正的步骤提供了完备的动态逻辑学。（van Benthem，2010）甚至探讨了纯演绎的数学理论的信念修正问题。

② 事实上，我如今的看法是，更早时候强调常识和科学中的非单调的后承关系是错误的。需要理解的实质过程是信念的形成和修改，而非单调特征将其分解成了信念修正的动态逻辑或者在经典的基础逻辑之上的学习。（vanBenthem，2008）里给出了细节，并标明了这是如何“分解”了“逻辑多元论”以及麦卡锡在AI中的成就的。除了非经典的“量子逻辑”和关于量度行动的动态逻辑，类似的转变也在（Baltag，Smets，2008a）中出现了。

是最成功的社会发明之一。事实上，辩论的内部结构似乎是它进步的主要发动者。在逻辑学中，博弈论与逻辑的交互正在发展当中（van Benthem，1999；de Bruin，2004；Baltag et al.，2009；Dégrémont，Roy，2009）。在科学哲学中，这样的交互更多是在进化博弈论领域展开的（Skyrms，1990）。正如计算机科学一样，博弈论也许会成为逻辑和科学哲学再次会面的地方。

但是，关于科学的“社会方面”，还有更多的问题可以讨论，而不仅仅只是将其看做是个体间的交互。科学理论通常是共同体的创造，而它们的发展倾向于成为一种群体活动。但如果事情就是这样，我们还需要在今天的逻辑中进一步对此进行可见的研究，也就是去研究独特的作为认知行动者的群体，以及群体连同他们的信念和行动是如何形成、进化的。

12.4.5 科学和价值

最后，关于主体性的一个重要方面是以下这一点。除了信息流的动态学，还有第二个重要的认知系统，它渗透在所有的理性行动中，即评价的动态学。我们的所作所为都是有价值倾向的，受到自己对情景的评价方式的驱动，据此设定我们的目标。事实上，若没有在可获得的信息和欲望之间的合适平衡，我们不会把一个决定或行动叫做“理性的”。这样的评价系统也是动态的：人们的偏好可以随着时间变化而变化，它们与可获得的信息发生互动。通常，对科学来说，这一点被说成是“价值中立的”，大家应该仅仅考虑纯信息性的事实。而事实果真如此？忽视科学的目标，甚至随时间变化而变化的目标，我们难道不是错过了科学活动的一个关键的方面吗？

12.4.6 一个研究计划

显然，这个部分只是轻松地提出了很多不同的问题。但是，在我给出的例子背后有一个非常严肃的一般性计划，这个计划在我看来是非常有发展前途的。我提议从动态认知逻辑的角度重新审视科学哲学中的一些传统问题。动态认知逻辑明确地研究产生新信息的事件，例如，观察和交流，主要是从语义的角度，近来的研究也有语法的角度。在我看来，使得科学运转的很多因素因此而为人所知。

12.5 结　　论

逻辑和科学哲学都拥有悠久连贯的历史，很难说什么时候它们中的其中一个停止，另一个开始，不管是就研究主题还是就研究者而言。[①] 不过，这两个领域已经分离很多年了。它们真的有不可调和的差异吗？

12.5.1　结构、语言或二者都有

我们已经看到逻辑学家们的做法有一些典型的特征，它们在科学哲学家们看来有些奇怪（他们同大多数做实际工作的科学家是格格不入的）：逻辑学家使用形式语言、寻求完全的形式系统，并且发展元理论，其结果是相对于形式化的特征而言的。依赖于语言表达常常被科学哲学家看做是一个缺陷。[②] 我个人认为这样的辩论是徒劳的。“语言焦点”是科学活动结构语义方法的一个自然对偶立场，它构成科学哲学研究的一个自然补充。更进一步说，没有对语言足够的重视，我们就不能理解科学的一个关键计算性方面，它作用于符号，而不是模型。

但是，对于这样的语言意识要采取哪种形式，我的态度有点矛盾。逻辑学家们完全的形式系统是一个完整的程序包，也许可以作为科学活动最终的代替品。但是，这错过了科学最有趣的一个特征：能够创造新概念、新符号，并且把它们植入到现存的推理实践中。结果得到的是一个自然语言和常识实践与新符号和证明方式的进化混合物。正是这个混合物，而不是对纯粹常识或数学构建的某种投射，使得科学事业获得成功。也许我们都应当调整我们的焦点，以便更好地理解这个现象，使科学变成我们文化和生活的一部分。

12.5.2　从静态结构到作为动态社会主体性的科学

与此一致，我在前面说过，我们应该从主体性的动态逻辑角度审视科学。其中一部分仍旧与传统很接近，即强调驱动科学家们的信息动态变化。但是，还有关于相互合作的不同主体的社会性方面、在科学研究中，常常也相互竞争，而且利用不同的策略。对于很多同事而言，科学恰恰是通过抽掉常识世界中的这个社会性方面，贬低其价值才得到发展的。因此，激进的批评者如库恩和顽固的逻辑证实主义者发现，他们站在同一阵营：逻辑与社会活动没有任何关系。在我看来，这似乎大错特错了。尽管科学家们普遍可以单独与上帝进行直接对话，但科学主要还是一项成功的社会性事业，它基于理性的合作和竞争，具有极强的历史凝聚力（比我们所知道的现存任何帝国或宗教的历史都长）。就主体性的逻辑而言，后者是其主要的关注点。

---

① 我在《逻辑哲学手册》中写的那一章（van Benthem，2006），给出了关于这些关联的许多更进一步的阐述，其中包括像因果性和或然性这样的主题。

② 参考关于似真性研究中关于“对翻译的依赖”的幽灵（Miller，1974）。

事实上，库恩自己的工作就是很好的例子。它区分了“常规科学”和“科学革命”。但是，这不是与逻辑决裂的理由：相反，它与现代逻辑具有相同有趣的研究课题。常规科学是指，我们面对信息流时进行一些小的调整以改变原有的知识和信念，同时保持背景理论和思想框架不变。但是，也有更为激进的信念修正，除了其他的方面，我们的知识和信念赖以表达的语言会发生变化。关于这个方面，还没有很多逻辑的研究［参阅（Rott，2007；van Benthem，2011a）提出的一些想法］。我认为，语言和框架的变化自然是逻辑的研究课题。它们不是离开逻辑的理由，我们应当认真研究这些问题，给出新的逻辑。

当阐述完自己的理由之后，我发现早期那些最忠实的逻辑哲学家也承认这一点。卡尔纳普和内格尔说过，科学的主要功能是通过把事物变得具有主体间性（intersubjective）从而把事物变成客观的（objective）。但是，如果不是一种通过理性互动创造、打磨和保持的美德，什么是主体间性呢？①

过去，逻辑学常常受科学哲学家所推崇，有时以一种屈尊的方式，逻辑被认为是他们应该尊重、应用和仿效一个领域，特别是其追求的绝对严格和深度方面。即使像卡尔纳普这样的科学哲学家也极为崇拜逻辑学家的深度，就像他们也会对“科学家”的合理性着迷一样——忽视了实际例证的负面特征。② 我有时也可能表达了类似的说法，但这并非我有意为之。③ 我的确认为，只有当智力对称的时候，学术界才会有好的合作。无论如何，我想为逻辑和科学哲学的相遇带来的，不是用具体的逻辑概念或洞见进行说教，表明它们应该被消化吸收、崇拜和合并。我更想做的是传达逻辑好玩的方面，即把它作为一种思考理性认知活动的方式，有创造力的逻辑学家们把玩他们的课题和结果，而不是鼓吹和宣传它们。

致谢　感谢汉内斯·莱特格布（Hannes Leitgeb）、简·威勒姆·罗梅因

① 斯塔尔（Staal）提供了一种很好的历史性阐述（即将面世），他表明了，自中世纪以来，数学符号是如何将欧洲科学“大众化”的，这允许更大的群体参与对论证进行评价并发现新的论证。就此观点看，在其他文明中，其与科学的不同不在于更强的理智能力或更强烈的好奇心，而是更大的参与度。尽管这不是唯一的起因［参考（Huff，1993）对社会性维度如法律的稳定性的讨论］，但有一点是值得发现的，即形式化并不是进行“远离世界的抽象”（Barendregt，2008），而是相反：增强主体间性。

② 译者注：这个句子的翻译征求过作者的建议。作者建议可以做以下理解：“they are admiring the logicians too much as a general kind of people，just like they are admiring scientists in general too much as role models. In doing so，they ignore the reality that these people are often much less rational than they think in their admiration”

③ 关于这个句子的翻译，曾经咨询过作者。作者认为可以理解为：“I，too，may have sounded as if I am telling the philosophers of science that they should just listen more to the logicians. But，I did not mean to say that”——译者注

(Jan-Willem Romeijn)和索尼亚·斯梅茨(Sonja Smets)提供的友善且有益的评论。

参考文献

Abramsky S, Coecke B. 2004. A Categorical Semantics of Quantum Protocols. In: Proceedings of LiCS04, IEEE Computer Science Press

Abramsky S. 2008. Information, Processes and Games. In: Adriaans P, van Benthem J eds. Handbook of the Philosophy of Information. Amsterdam: Elsevier Science Publishers. 483 ~ 549

Aiello M, Pratt-Hartman I, van Benthem J. 2007. Handbook of Spatial Logics. Heidelberg: Springer

Aliseda A. 2006. Abductive Reasoning: Logical Investigations into Discovery and Explanation. Dordrecht: Kluwer

Andréka H, Madarász J, Németi I. 2007. Logic of Space-Time and Relativity Theory. In: Handbook of Spatial Logics. Heidelberg: Springer. 607 ~ 711

Baltag A, Smets S, Zvesper J. 2009. Keep "Hoping" for Rationality: A solution to the Backward Induction Paradox. Synthese, 169 (2): 301 ~ 333

Baltag A, Smets S. 2008a. A Dynamic-Logical Perspective on Quantum Behavior. In: Horsten L, Douven I eds. Special issue on Applied Logic in the Methodology of Science, Studia Logica, 89: 185 ~ 209

Baltag A, Smets S. 2008b. A Qualitative Theory of Dynamic Interactive Belief Revision. In: Bonanno G, van der Hoek W, Wooldridge M eds. Texts in Logic and Games, Vol 3. Amsterdam University Press. 9 ~ 58

Barendregt H. 2008. Buddhist Models of the Mind and the Common Core Thesis on Mysticism. In: One Hundred Years of Intuitionism (1907-2007), Publications des Archives Henri-Poincaré. Basel: Birkhäuser. 131 ~ 145

Bergstra J, Heering J, Klint P. 1990. Module Algebra. Journal of the ACM, 37 (2): 335 ~ 372

Beth E. W. 1948. Analyse Sémantique des Théories Physiques. Synthese, 7: 206 ~ 207

Bod R. 2006. Towards a General Model of Applying Science. International Studies in the Philosophy of Science, 20 (1): 5 ~ 25

Bolzano B. 1837. Wissenschaftslehre, Buchhandlung Seidel, Sulzbach. Translated as Theory of Science by R. George. Berkeley & Los Angeles: University of California Press, 1972

Bressan A. 1972. A General Interpreted Modal Calculus. New Haven: Yale University Press

Carnap R. 1928. Die Logische Aufbau der Welt. Leipzig: Felix Meiner Verlag

Craig W, Vaught R. 1958. Finite Axiomatizability using Additional Predicates. Journal of Symbolic Logic, 23: 289 ~ 308

Dalla Chiara M-L. 1992. Quantum Logic. Journal of Symbolic Logic, 57 (2): 753 ~ 754

de Bruin B. 2004. Explaining Games: on the Logic of Game Theoretic Explanations. Ph. D dissertation, ILLC, University of Amsterdam

Demopoulos W. 2009. Three Views of Theoretical Knowledge. Department of Philosophy, The University of Western Ontario, London, Ontario

des Dialektischen Denkens' Prague: Nakladatelství Ceskoslovenské Akademie Ved

Doyle J. 1983. What Should AI Want from the Supercomputers? AI Magazine, 4 (4): 33 ~ 35

Dégrémont C, Gierasimczuk N. 2009. Can Doxastic Agents Learn? On the Temporal Structure of Learning. In He X, Horty J, Pacuit E eds. Proceedings LORI II Chongqing. Heidelberg: Springer. 90 ~ 104

Dégrémont C, Roy O. 2009. Agreement Theorems in Dynamic Epistemic Logic. In: Heifetz A ed. Proceedings of the 12th Conference on Theoretical Aspects of Rationality and Knowledge, New York. 91 ~ 98

Fitelson B. 2006. Old Evidence, Logical Omniscience, Bayesianism. Lecture ILLC Workshop Probability and Logic, Amsterdam & Department of Philosophy, University of California at Berkeley

Frege G. 1879. Begriffsschrift, eine der arithmetischen nachgebildete Formelsprache des reinen Denkens. Halle a S: Louis Nebert

Gärdenfors P. 1988. Knowledge in Flux. Cambridge (Mass): Bradford Books/MIT Press

Giles R. 1974. A Non-Classical Logic for Physics. Studia Logica, 33: 399 ~ 417

Girard P. 2008. Modal Logic for Belief and Preference Change. Ph. D. dissertation, Department of Philosophy, Stanford University ILLC Amsterdam

Glymour C. 1980. Theory and Evidence. Princeton: Princeton University Press

Glymour C. 1992. Android Epistemology: Computation, Artificial Intelligence, and the Philosophy of Science. In: Salmon M H et al. eds. Introduction to the Philosophy of Science, Hackett, Indianapolis/Cambridge. 364 ~ 403

Goodman N. 1955. Fact, Fiction, and Forecast. Cambridge (Mass): Harvard University Press

Hempel C, Oppenheim P. 1948. Studies in the Logic of Explanation. Philosophy of Science, 15 (2): 135 ~ 175

Hempel C. 1965. Aspects of Explanation and Other Essays in the Philosophy of Science. New York: The Free Press

Hintikka J, Halonen I, Mutanen A. 2002. Interrogative Logic as a General Theory of Reasoning. In: Gabbay D, Johnson R, Ohlbach H, Woods J eds., Handbook of the Logic of Argument and Inference. Amsterdam: Elsevier. 295 ~ 338

Hintikka J. 1973, Logic, Language-Games and Information. Oxford: Clarendon Press

Huff T. 1993. The Rise of Early Modern Science: Islam, China, and the West. Cambridge: Cambridge University Press

Kelly K. 1996. The Logic of Reliable Enquiry. Oxford: Oxford University Press

Ketland J. 2004. Empirical Adequacy and Ramseyfication. British Journal for the Philosophy of Science, 55: 287 ~ 300

Kuhn T S. 1962. The Structure of Scientific Revolutions. Chicago: University of Chicago Press

Kuipers Th. 2000. From Instrumentalism to Constructive Realism. Dordrecht: Kluwer Academic Publishers

Lorenz K, Lorenzen P. 1978. Dialogische Logik. Wissenschaftliche Buchgesellschaft, Darmstadt

Maibaum T. 1986. Modular Construction of Logics for Specification. In: Proceedings 4th Workshop on Abstract Data Types, University of Braunschweig, Department of Computer Science, Informatik-Bericht Nr. 86-90

McCarthy J. 1980. Circumscription—a Form of Non-Monotonic Reasoning. Artificial Intelligence, 13: 27 ~ 39

Mill J. S. 1843. A System of Logic, London: Parker

Miller D. 1974. Popper's Qualitative Theory of Verisimilitude. The British Journal for the Philosophy of Science, 25: 166 ~ 177

Mittelstaedt P. 1978. Quantum Logic. Dordrecht: Reidel

Nagel E. 1961. The Structure of Science. Indianapolis: Hackett

Networks. Heidelberg: Springer

Osherson D, Stob M, Weinstein S. 1986. Systems that Learn. Cambridge MA.: The MIT Press

Pearce D, Rantala V. 1983. New Foundations for Metascience. Synthese, 56: 1 ~ 26

Peirce C S. 1933. Collected Papers, Edited by Charles Hartshorne and Paul Weiss. Cambridge: Harvard University Press

Przelecki M. 1969. The Logic of Empirical Theories. London: Routledge and Kegan Paul

Quine W V O. 1951. Two Dogmas of Empiricism. The Philosophical Review, 60: 20 ~ 43

Ramsey F P. 1960. The Foundations of Mathematics and Other Logical Essays. In: Braithwaite R B ed. Paterson N J: Littlefield, Adams

Rescher N. 1970. Scientific Explanation. New York: The Free Press

Robb A A. 1914. A Theory of Time and Space. Cambridge: Cambridge University Press

Rott H. 2007. Information Structures in Belief Revision. In: Adriaans P, van Benthem J eds. Handbook of the Philosophy of Information. Amsterdam: Elsevier Science Publishers. 457 ~ 482

Ryan M. 1992. Ordered Presentations of Theories: Default Reasoning and Belief Revision. Ph. D. dissertation, Department of Computing, Imperial College, London

Schurz G. 2009. When Empirical Success Implies Theoretical Reference: A Structural Correspondence Theorem. British Journal for the Philosophy of Science, 60: 101 ~ 133

Skyrms B. 1990. The Dynamics of Rational Deliberation, Cambridge (Mass): Harvard University Press

Sneed J. D. 1971. The Logical Structure of Mathematical Physics, Dordrecht: Reidel

Staal F. 2006. Artificial Languages Across Sciences and Civilizations. Journal of Indian Philosophy, 34: 89 ~ 141

Suppe F. 1977. The Structure of Scientific Theories. Urbana: University of Illinois Press

Tarski A. 1959. What is Elementary Geometry? In: Henkin L, Suppes P, Tarski A eds. The Axiomatic Method, with Special Reference to Geometry and Physics. Amsterdam: North-Holland. 16 ~ 29

Toulmin S. 1958. The Uses of Argument. Cambridge: Cambridge University Press

van Benthem J, Martinez M. 2008. The Stories of Logic and Information. In: Adriaans P, van Benthem J eds. Handbook of the Philosophy of Information. Amsterdam: Elsevier Science Publishers. 217 ~ 280

van Benthem J, Minica S. 2009. Dynamic Logic of Questions. In He X, Horty J, Pacuit E eds. Proceedings LORI II Chongqing. Heidelberg: Springer. 27 ~ 41

van Benthem J, Pearce D. 1984. A Mathematical Characterization of Interpretation between Theories. Studia Logica, 43 (3): 295 ~ 303

van Benthem J, Velazquez-Quesada F. 2010. Inference, Promotion, and the Dynamics of Awareness. Knowledge, Rationality and Action. Synthese, 177 (1): 5 ~ 27

van Benthem J. 1978a. Four Paradoxes. Journal of Philosophical Logic, 7: 49 ~ 72

van Benthem J. 1978b. Ramsey Eliminability. Studia Logica 37 (4): 321 ~ 336

van Benthem J. 1982. The Logical Study of Science. Synthese, 51: 431 ~ 472

van Benthem J. 1983. The Logic of Time. Dordrecht: Reidel

van Benthem J. 1984. Possible Worlds Semantics: a Research Program that Cannot Fail? Studia Logica, 43 (4): 379 ~ 393

van Benthem J. 1989. Semantic Parallels in Natural Language and Computation. In: Ebbinghaus H-D et al. eds. Logic Colloquium. Granada 1987. Amsterdam: North-Holland. 331 ~ 375

van Benthem J. 1996. Inference, Methodology and Semantics. In: Bystrov P, Sadofsky V eds. Philosophical Logic and Logical Philosophy. Dordrecht: Kluwer Academic Publishers. 63 ~ 82

van Benthem J. 1999. Logic in Games, Lecture Notes, ILLC Amsterdam, Department of Philosophy, Stanford.

van Benthem J. 2003. Is there still Logic in Bolzano's Key? In Morscher E ed. Bernard Bolzanos Leistungen in Logik, Mathematik und Physik, Bd. 16, Sankt Augustin: Academia Verlag. 11 ~ 34

van Benthem J. 2005. A Note on Modeling Theories. In Festa R, Aliseda A, Peijnenburg J eds. Confirmation, Empirical Progress and Truth Approximation. Essays in Debate with Theo Kuipers. Amsterdam: Rodopi. 403 ~ 419

van Benthem J. 2006. Logic in Philosophy. In: Jacquette D ed. Handbook of the Philosophy of Logic, Amsterdam: Elsevier

van Benthem J. 2007. Dynamic Logic of Belief Revision. Journal of Applied Non- Classical Logics, 17 (2): 129 ~ 155

van Benthem J. 2008. Logical Pluralism Meets Logical Dynamics? The Australasian Journal of Logic, 6 (17): 28

van Benthem J. 2010. Logic, Mathematics, and General Agency. In: Bour P E, Rebuschi M, Rollet L eds. Construction. London: College Publications. 281 ~ 300

van Benthem J. 2011a. Horror Contradictionis. In: Hales S ed. A Companion to Relativism. Oxford:

Wiley-Blackwell. 511 ~ 525

van Benthem J. 2011b. Logical Dynamics of Information and Interaction. Cambridge: Cambridge University Press

Vickers J. 2006. The Problem of Induction. Stanford Encyclopedia of Philosophy, http://plato. stanford. edu/

von Helmholtz H. 1868. über die Thatsachen, welche der Geometrie zu Grunde liegen. In: Nachrichten von der Königl. Gesellschaft der Wissenschaften zu G? ttingen, No. 9 (3 June)

Weinberger O. 1965. Der Relativisierungsgrundsatz und der Reduktionsgrundsatz—zwei Prinzipien

Wheeler G, Haenni R, Romeijn J-W, Williamson J. 2010. Probabilistic Logic and Probabilistic

Zwart S. 2002. Refined Verisimilitude. Dordrecht: Kluwer

第4部分

时空基础

在20世纪80年代早期，我的兴趣点主要是把逻辑作为工具，不但用它来分析解释已经获得的科学实践或常识世界，而且还用它发明和发展其他可能的本体论和语言。《时态逻辑和时间》一文是对时间逻辑趋势的简短综述，展示自然语言中时态话语的传统分析和它的某些“本体行动主义”变迁。本文有些像我的《时间的逻辑》这本书（Reidel，Dordrecht，1983）的广告小册子。关于时间逻辑领域的一个扩展综述延伸至许多其他领域，它出现在我为《人工智能和逻辑编程手册》所写的《时间逻辑》一章中。从时间的兴趣点出发，大约在2000年我又开始对“空间”感兴趣。文章《跨越空间的模态漫步》主要展示模态逻辑如何带出意想不到的结构：它的一些结构体现在新的空间博弈、拓扑学、几何学甚至是数学形态学的新领域等形式中。另一篇文章《空间的模态逻辑》是较为详细和扩展的相关综述，包括上述拓扑和几何研究的经典层面。它出现于《空间逻辑手册》（Springer，Heidelberg，2008），该手册是与几个同事共同合作的，它试图把相关的研究领域整合在一张地图上。

13 时态逻辑和时间*

阮　吉/译　郭佳宏　张朝霞/校

新一波的时态逻辑研究正在进行，它不同于传统的时态本体论，灵感来自于不同寻常的逻辑方面的考虑。能够显示这一趋势的近期文章是（Humberstone，1979）、（Kamp，1979）、（Roper，1980）、（Thomason，1979）和（van Benthem，1982）。本文的目的是系统地检验一些逻辑研究时间方面的重要问题，以及展示有希望能够增强新研究方向的部分新结果。

13.1　传统时态逻辑

由普莱尔（Authur Prior）所设置的典型时态逻辑模式已经成为哲学逻辑中的经典。推理研究用一些形式逻辑语言和某种（时态）算子，使用一种合适的真值定义（truth definition）使得这种语言在时间结构上得到解释。对于三种概念上“不同程度的自由”中的每一种，各种选择的动机源于不同的地方：哲学的、语言学的，还有纯逻辑的。相应的，对普莱尔研究项目的批评也来自这些来源（van Benthem，1977）。

如果此文背后有对传统时态逻辑任何的批评，那么不是因为这个事业有什么错，而是因为它的范围得扩大，成为一个真正对时间的逻辑研究。时态逻辑学家常常介绍它们的结构〈T，<〉（“时间点”，“早于”）作为一个主要形式，而语义的行动发生于另外的地方。但是在时间本体论的一个系统化逻辑研究中，这个最先的行动已经体现了多种选择的系统研究：关于时间的个体（individuals）、关系（relations）和公设（postulates）的选择。是否这些个体应该是时间点、时间片断或者甚至是事件？哪些又是基本关系：优先、同时、重叠、包含？基本的时

* Johan van Benthem. 1984. Tense Logic and Time. Notre Dame Journal of Formal Logic，25（1）：1～16

态公设是否能够从这些—比如线性—逻辑地推导出来？我们拥有很多有关时态的想法和直觉，逻辑应该能够帮助我们组织和联系它们。

13.2　修正主义者时态逻辑

传统时态逻辑常使用科学上没有长度的时间点，由优先关系（“早于”，“之前”）排列起来组成时态结构。但是即使假设这样的基本结构，有启发的普莱尔方法也可能会考虑更多选择。下面对由此导致的结果做一番概述。

13.2.1　时间结构

传统的模型是点结构（point structures）$\langle T, <\rangle$，其中 $<$ 是集合 T 上的二元关系。初步的例子如数轴结构 **Z**（整数）、**Q**（有理数）和 **R**（实数）。为什么选择优先关系作为基本关系？某个“逻辑童话”可以解释它的诞生，用上下文相关的时间安排（迟/不迟于）引入了一个上下文无关的时间比较词（“后来”），这能够在（van Benthem，1982）中找到。我们在后面能看到这个分析能够走多远。为什么选择优先关系作为唯一的基本关系？对此动机的回答更加困难，至少人们把更加非经典的时间结构考虑在内，例如具有“可能的因果优先”关系的闵可夫斯基空间（这个关系在某个点和所有在它的前向光锥内部的点之间成立）。例如，同时性概念（“空间般的分离”）也许看上去同样重要。然而事实上，即使这样，优先关系也丰富到足以用来定义其他重要的（空间和）时间关系（Winnie，1977）。

13.2.2　时间公设

并不是每个时间点结构都可以作为可能的时间模型。很显然，我们的直觉，尽管很散，却规定了一些基本的限制。这些限制有很多种，有些更具体些，有些则更多变。

直接公理　优先关系的部分明显条件是比较级公理。它们由前面的上下文结构方法在（van Benthem，1982）中推导出来。它的一些性质 $\langle T, <\rangle$ 满足：

传递性（transitivity）：$\forall xyz(x<y<z \rightarrow x<z)$

禁自返性（irreflexivity）：$\forall x(\neg x<x)$，

以及

连接性（connectedness）：$\forall xyz\ (x<y \rightarrow (x<z \vee z<y))$。

（连接性的另外一种理解可以从非优先关系的传递性得出。）这种结构能够表示为点集合的一个线性序，其中集合内部所有的点都不相互优先（“同时”）。

还有什么样的其他时间结构条件能够通过逻辑本身提供动机？注意到这里给出的所有原则都是全称形式。也许逻辑的分析至少应给我们提供所有这类基本的时间公设——剩下的存在性原则要求关于具体世界的知识。下面是有关上述方面的一种明显的加强版本：

线性（linearity）：$\forall xy\ (x<y \vee y<x \vee x=y)$，也就是同时性塌缩成为等同性。

我们好像跨越了一个界限。线性以及连接性，排斥了刚才提到的相对的时间结构。对于时间的本质，我们是否想要逻辑来做物理限制的选择？这看上去好像超越了上面所谓严格偏序的前两个要求，所有将来的增加都表示了一些对时间的“维度限制”，限制了物理而不是逻辑空间。从文献（van Benthem，1982）提两个相关的观点：

命题1 严格线性序是经典时间的普遍理论。

猜想 严格偏序是所有有限维度闵可夫斯基空间和时间的普遍理论。

（事实上，普通四维相对空间－时间的普遍理论包含了一定的普遍“空间”原则，外加时间上的严格偏序；但它将不会成为这里的关注点）

全局的直觉 概念的逻辑语义分析并不总是导致明显的直接公理。人们的直觉也许更加全局化，同时也非常确切。对于哪种结构可作为时间模型，一种经常出现的想法是“齐次性”：时间的模式是在所有地方都一致的。严格地说，这能够用遵守齐次性（homogeneous）的点结构 $\langle T, <\rangle$ 来刻画：

对于每两个 $t, t' \in T$，存在某个 $\langle T, <\rangle$ 的 $<$-自同构，从而把 t 对应为 t'。

注意经典的结构，例如 **Z** 或者 **Q**，和相对论的，例如闵可夫斯基空间－时间，都满足上述公设（然而它在广义相对论中也许不成立）。

在“激进选择”的形式下，齐次性的确有直接的后果。对于每两个点，将显示同样的优先行为；因此我们有诸如隔离或连续，离散或稠密：或者所有点都是分离的，或者存在优先序的对（因此所有点具有时间前驱和后继）；或者所有点都有一个立即的前驱（因为一个点具有），或者序是稠密的。

即便如此，很多点结构是齐次的严格偏序。这些齐次直觉能否得到加强，使得它能把领域限制到可以综述的部分？毕竟，空间看上去似乎满足某个强得多的限制，也就是，任何两对不同的点能够被某个自同构所连接。的确，只要两个数对都在同一个序里面，**Q** 满足上述类似的原则。另一方面，**Z** 没有通过这个测试，因为中间的数字可能会不同。然后，某种反思可以得出如下合适的概括，即不可区分（indistinguishability）原则：

对于每两个有限的序列 $t_1, \cdots, t_n$；$t'_1, \cdots, t'_n \in T$，如果它们具有一样的类

型（也就是，验证同样的一阶公式），则存在某个〈T，<〉的<-自同构，把 t_1 对应到 t'_1，…，t_n 对应到 t'_n。所以，在我们的语言里不能分辨的时间中的点序列则完全不能得到分辨。这是熟悉的模型论的“齐次性”概念，有关它的很多结果都是已知的。因此，非平凡的模型论原来是和时间的逻辑研究有关的。例如，“每个可数模型具有一个满足不可区分原则的初等扩张”这个定理（Chang, Keisler, 1973）告诉我们，后面的公设没有“直接”后承。

对于一种重要的特殊情况，我们现在可以界定所有可能的时空模型。

定理1 满足齐次和不可区分性质的可数连通严格偏序由同步点集的（所有都同样大小）线性序所组成，其模式是以下四种：1，Q，Z，$Q\odot Z$。

其中，**1** 是单一的孤点，**Q⊙Z** 是由 **Q**（在其宏观层面的稠密时间）的每个点都由一个 Z（在其微观层面的离散时间）的副本所代替的结构组成。

证明 同步集合的线性模式之前我们已经考察过。这些都具有相同的尺寸是从齐次（加可数）所得到的。现在正如前面提到的那样，全局序或者是**1**，或者是所有它具有前驱和后继的点。此外，它是稠密或者离散的。在前者情况下，全局序是一个可数无界稠密线性序；由康托尔的定理，这只能为 **Q**。在后一种情况下，论证可知，全局序由一组可数的整数副本所组成。现在，或者只存在一个这样的副本 **Z**，它是上述四种可能性之一，或有更多，形成一个线性序 L。L 必须同构于有理数，这一点还有待证明，它说明了第四个情况 **Q⊙Z**。

假设 L 具有一个以上元素。那么由齐次性，它不能有终点（现在必须讨论关于移动整数副本的情况）。此外，它是稠密的。因为如果 $1_1 < 1_2$，那么再考虑 $1_3 < 1_1$。请注意，在离散线性序中，从不同的整数副本的所有点对验证相同的一阶公式。因此，这个事实在（任选自）点对（1_1，1_2），（1_3，1_2）上成立（因为我们所关心的是自同构，移动一点意味着严格地移动包围它的 **Z** 副本）。然后，通过不可区分性，一些自同构映射 1_3 至 1_1，让 1_2 固定，即 1_1 在其原来的位置和 1_2 间移动。因此，一定已经有某个点在 1_1 和 1_2 之间。所以，L 还是一个无界稠密并且可数的线性序，即是一个 **Q** 的同构。

问题1 给没有假设连通性的可数时间结构一个类似的刻画。

时间的全局直觉和经典模型论概念之间的联系值得进一步探索。

13.3 革命性的时态逻辑

从前面一节中的点结构，时态逻辑的正统道路开始由时间点到时间区间（from points to intervals），从而到事件（events，即为时间区间加上对于这段时间所发生的事情的语言描述）。但是，由于种种哲学和语言学的原因，正确的分析顺序很可能是相反的。事件构成了我们的主要经验库存，时间段已是同时发生的事件下的抽象下层，而时间点是时间段的极限情况。因此，从事件到时间段再到时间点这样的奇怪道路值得仔细审视。

本文不打算研究有关“事件”更丰富的时空甚至可能有因果关系这样的概念。但我们会考虑基于扩展的“时间段”，以此作为基本个体的一种时间本体论。和构建基于现有普莱尔模式“间隔时态逻辑”不同的是，我们会考虑这个新的本体论本身，并关注由此产生的新类型的问题。

13.3.1 时间结构

选择了个体之后，接着就要选择适当的初等时间关系。正如在前面的情况下，优先关系似乎是一个基本的概念。但更进一步说，时间段的扩展属性现在应该出现在关系模式中。对这个问题，文献中已表示出各种偏好，体现在两个主要候选中：包含（inclusion）和重叠（overlap）。本文选择了前者。因此，时间段结构将是一个三元组 $\langle I, <, \sqsubseteq\rangle$。主要的例子有 $INT(\mathbf{Z})$，即所有具有全关系和集合包含的整数闭区间，和 $INT(\mathbf{Q})$，即所有具有相同的关系的（并有有理界限）的有理数开区间。当然，对于本体论的纯粹主义者而言，他们应该忘记下面的点集结构。

在这些各种可以讨论的基本元素之间，存在几个定义上的联系。比如，显然有下面的结果

$$xOy\ (\text{“}x\text{ 和 }y\text{ 重叠”}) \leftrightarrow \exists z\ (z\sqsubseteq x\ \&\ z\sqsubseteq y)$$

（考虑非空的时间段），以及

$$x\sqsubseteq y\leftrightarrow \forall z(zOx\to zOy)。$$

但是，有争议的是，包含也可用优先关系来定义。还有什么比其子区间更坚定的追随着它的超区间的优先级关系呢？

$$x\sqsubseteq y\leftrightarrow \forall z((z<y\to z<x)\ \&\ (y<z\to x<z))\qquad (*)$$

按照这样的方式，我们将看到哪些限制会加在包含关系上。

13.3.2 时间公设

对时间区间结构条件的研究是一个崭新领域的探索，人们过去没有专门研究这种关系模式。尽管如此，13.2.2 节的一般研究过程仍然建议了这种研究本身。

直接公理 严格偏序（strict partial order）的极小约束同样适用于区间的优先关系。至于包含关系，偏序公理显然成立：即有传递性，连同

自返性：$\forall xx\sqsubseteq x$

反对称性：$\forall xy(x\sqsubseteq y\sqsubseteq x\to x=y)$。

由于每个偏序可表示为一种标准的集合包含结构，这三个条件构成了一套完整的集合包含一阶理论［顺便说一句，也许可以用对称性（$\forall xy(xOy \to yOx)$）和半自返性（$\forall xy(xOy \to xOx)$）证明集合重叠的完全理论］。

除了这些纯原则，还有一些混合原则用来确保优先和包含模式的某种整合。首先，与前面提到的包含定义相一致，我们有单调性原则。

$\forall xyz(x \sqsubseteq y < z \to x < z)$

$\forall xyz(z < y \sqsupseteq x \to z < x)$。

另外一个是凸性原则，指出区间应该是非间断的延伸：

$\forall xyzu\ (u \sqsupseteq x < y < z \sqsubseteq u \to y \sqsubseteq u)$。

可以进一步作出存在本性的添加，但新的纯粹一般性限制并不那么容易做到。造成这种现象的一种逻辑解释（逻辑哲学的优点正是在于它可提供精确的答案）可在下面的结果中找到。

定理2　在严格偏序〈I，<〉下，由（*）所定义的有关一般区间结构〈**I**，<，⊑〉的完全普遍理论可由下列性质公理化：传递性，自返性以及单调性和凸性。

证明　第一个方向仅需简单推演，所有四个原则都可得到［例如，凸性，假定 $u \sqsupseteq x < y < z \sqsubseteq u$。假设 $v < u$。然后 $v < x$（由（*）得到），所以 $v < y$（传递性）。$u < v$ 的情况类似可得］。

另外的方向涉及一个初等表示论中的论证，这里我们只提主要步骤。考虑任何结构〈I，<，⊑〉（其中<是一个严格偏序）以及⊑满足上述四个条件。首先，通过确定双方包括的共同区间来收缩结构。这个收缩相对于前面的<，⊑-理论是强同态；但是，此时⊑还是反对称的。其次，把上述结构表示为一个基于严格偏序集（具有全优先和集合包含关系）的非空凸集（可在13.4.2节找到相应的方法）。最后，把这个结构扩大使得它满足等式（*）（因为单调性，其中一半是自动的）。现在，我们通过加入合适的点让非包含关系显示不满足“媚态”这样的性质。

假设某个关于<，⊑的普遍性原则不满足我们的公理。那么通过完全性定理，它在某个上述模型中不可满足。既然这一不满足只是涉及某个固执的有限图的存在，此原则在上述模型的各种扩展中都不成立，特别的，在上述构建的遵守（*）模型中也是如此。证毕。□

当考虑超出纯粹的普遍性原则时，各种候选就会出现，其中（van Benthem，1982）里面作出了一个详尽的研究，导致了有关 $INT(\mathbf{Z})$ 和 $INT(\mathbf{Q})$ 的一阶理论刻画。这里值得一提的有三个例子。首先是

线性*：$\forall xy\ (x < y \lor y < x \lor \exists z\ (z \sqsubseteq x \ \&\ z \sqsubseteq y))$。

这是之前对于点的线性公设的明显类比，它的普遍有效性是非常令人怀疑的(Kamp，1979)。请注意，如果从重叠的角度看，这将是一个纯粹的普遍原则。事实上，它发生在坎普（Kamp）的为 $<$，O 的主要公理集合中。

问题 2 这个坎普公理集合是否演绎等价于上述的极小公设集加上线性 * ?

如果考虑更高的量词复杂性，可在文献的各种表述中发现两个关于非包含和非优先的原则。

自由（freedom）：$\forall xy(x \sqsubseteq y \vee \exists z \sqsubseteq x \neg zOy)$

许可（liberty）：$\forall xy(x < y \vee \exists z \sqsubseteq x \exists u \sqsubseteq y \neg zIy)$

其中“zIy”为 $\exists z' \sqsubseteq z \exists u' \sqsubseteq uz' < u'$。

自由概念是说如果 $x \not\sqsubseteq y$，则仍然可以把 x 减少到某个并不和 y 相交的 z。对于给予最终时间点的信息区间来说，这是一个合理的公设（也在其他领域出现，例如，在集合论的力迫条件领域）。许可概念表达与非优先类似的意思。然而我们也可能对它作出更正面解读，例如

$$\forall xy(\forall z \sqsubseteq \forall u \sqsubseteq y \exists z' \sqsubseteq z \exists u' \sqsubseteq u\ z' < u' \rightarrow x < y)$$

即“共尾优先意味着全优先”（Roper，1980）。在一般情况下，我们将坚持使用较早提到的时间段结构上的极小公理。自由和许可概念的可能用途，稍后显现。

全局直觉 再次，时间段结构的图景可能包含自身更多全局性的内涵。之前的齐次性公设是否仍然成立是值得商榷的：它不再在具有多样性间隔的原子时间段结构 *INT*（**Z**）中有效。另一方面，在 13.2.2 节中有关公式化的不可区分性的多参数原则，似乎也适用于时间间隔。

时间间隔的本体论也构成了新的全局直觉。举例来说，在这个更“持续”的时间观念里有一种形而上学的倾向，即在更加纵深的方向去公设齐次性：每一个时间段反映了宇宙！从形式上看，它成了反射（reflection）公设：

对于每个时间段 $i \in I$，把它作为时间段结构 $\langle \{j \mid j \sqsubseteq i \ \& \ j \neq i\}, <, \sqsupseteq \rangle$ 考虑时，可见它同构于整体结构 $\langle I, <, \sqsupseteq \rangle$。

于是，著名的镜子序列出现，范围从无限大到无限小。

反射的“直接”效果要比那些齐次的更加难以衡量。无论如何，这一原则明显排除了原子的、不可分割的时间段。

从某种意义上说，“垂直”的反射与“水平”的齐次似乎相关联。下列的时间段结构将表明上述两个直觉仍然是独立的。

例 1 反射性并不蕴涵着齐次性。考虑所有有理数区间（-1，$+1$）的开子区间，它具有通常的优先和包含关系。易见反射性成立，但没有齐次性，例如，（-1，0）不能通过自同构映射到（0，$+1$）。

例 2 齐次性并不蕴涵着反射性。考虑所有具有有理数边界的无理数区间

$(-\sqrt{2}, +\sqrt{2})$ 的开子区间（注意，没有任何子区间“达到”边界）。齐次性成立，但是没有反射性，如 $(-1, +1)$ 不和整体结构同构，因为它完全可以被分为两个部分 $(-1, 0)$，$(0, +1)$，而整个区间不能。

看来还有许多问题需要研究。

问题3　对满足不可区分性和反射性的可数线性 * 结构进行分类。

13.4 和平共存

当一个范式像时间点方法成功得那么长久，或像时间段方法这样的竞争对手那样顽强，那么挑起范式间的敌对是一种哲学上的颠倒。逻辑分析的任务应该是展示两个本体论有何关系，而不是制造争论的弹药。事实上，对时间点和时间段之间相互作用的兴趣有两大原因。我们要明白科学中的“离散”和“持续”的观点之间的联系；但同时，也想了解的是，前者更“科学的”概念是怎样和后者更“常识”的看法相联系的？

13.4.1　从时间点到时间段

给定一个严格偏序 $\langle T, < \rangle$，最明显可以导出的时间段是 T 的非空凸（convex）子集 X，它满足以下非中断性条件：

对于所有 $t_1, t_2 \in X$，$t \in T$，$t_1 < t < t_2$，仅当 $t \in X$。

每个单元素集合都是凸，而后者则对相交形成的结果封闭。凸集的有穷并（并不一定是凸的）形成一个布尔代数（van Benthem，1982）。因此，人们可能要么选择时间段作为单一事件的基础，要么在允许“重复事件”的情况下，用一种简单、优雅的方式增加这个类别。

总体来说，不必假设所有凸集是事件的底层，我们将考虑凸区间结构（convex interval structures）$\mathcal{J} = \langle \mathbf{T}, <, \mathscr{L} \rangle$，含一个点结构 $\langle T, < \rangle$ 和某个凸集的集合 $\mathscr{L}$。导出的时间段结构（induced period structure）$\mathbf{P}(\mathcal{J})$ 就是三元组 $\langle \mathscr{L}, <, \sqsubseteq \rangle$，其中如果 $\forall t \in X$，$t' \in Y$，$t < t'$，那么 $X < Y$（全优先）。

可以检验，所有之前的时间段结构公理都在这里可满足。此外，第13.4.2节中的证明方法将产生一个推论，表明上述这些其实都是有效的原则。

定理3　凸区间结构产生的区间结构可由极小时间段原则上完全一阶公理化。

因此再次表明，上面的极小选择原来有一个稳定的动机。

当我们考虑“完整的”凸区间结构时，它们包含所有可能的凸集，于是额外的有效性产生了。例如，自由和许可成为有效的（由于合适的单元集存在），而且原子性（atomicity）也同样有效。

问题 4 完整导出的凸时间段结构可以由上述原则共同完全一阶公理化吗？

13.4.2 从时间段到时间点

当时间段成为时间个体的主要库存，没有长度的点可以作为对越来越小的时间段覆盖的衔接链的极限而出现。经过一些反思后，适当的概念，与其说是“链”，不如说是“漏斗”。从技术上讲，滤（filter）是满足以下两个条件时间段的集合 F：

（i）如果 $x, y \in F$，则存在某个 $z \in F$ 具有 $z \sqsubseteq x$，$z \sqsubseteq y$（即 F 中的所有对子是兼容的），以及

（ii）如果 $y \sqsupseteq x \in F$，那么 $y \in F$。

在某个近似的阶段，人们可以把滤作为“部分点”。现在，任给时间段结构 $\mathcal{L} = \langle I, <, \sqsubseteq \rangle$，定义它的滤表示（filter representation）$\mathbf{T}(\mathcal{L})$ 为凸区间结构的 $\langle T, <, \mathscr{L} \rangle$，其中 T 是在 $\mathcal{L}$ 上的滤的集合，$F_1 < F_2$，当且仅当，$\exists x \in F_1 \exists y \in F_2 x < y$，以及 $\mathscr{L}$ 等于 $\{\{F \in T \mid x \in F\} \mid x \in I\}$。

如果 $\mathbf{T}$（$\mathcal{L}$）确定是一个凸区间结构，需要检查两件事情：

（1）$\langle T, < \rangle$ 是严格偏序。先验证传递性：如果 $F_1 < F_2 < F_3$，那么，设 $x < y_1$，$y_1 < z$ 并且 $x \in F_1$，y_1，$y_2 \in F_2$，$z \in F_3$。由“滤”的定义，某个 $y \in F_2$ 包含在这两个 y_1，y_2 之中。然后由单调性，$x < y < z$，再由传递性得到 $x < z$。因此，$F_1 < F_3$。禁自返性证明类似。

（2）$\mathscr{L}$ 包括 $\langle T, < \rangle$ 的凸子集。如果 $F_1 < F_2 < F_3$，那么如上可得，对于某个 $x \in F_1$，$y \in F_2$，$z \in F_3$ 有 $x < y < z$。现在，如果 $u \in F_1$，$u \in F_3$，再次由于滤的兼容性，我们可以选择 $x \sqsubseteq u$，$z \sqsubseteq u$。于是由凸性得到，$y \sqsubseteq u$；所以 $u \in F_2$。

事实上，这个程序为我们提供了一种把时间段结构表示为凸区间结构的方法。

定理 4 把 $x \in I$ 映射到 $\{F \mid x \in F\}$ 的函数是一个在 $\mathcal{L}$ 和 $\mathbf{PT}(\mathcal{L})$ 之间的同构。

这一简单结果的证明可以在（van Benthem，1982）中找到。

一种对滤表示的反对意见是，滤不必要是对点的最细或极大逼近（在某个彻底的部分（partial）观点中，新的时间段仍然可以发现有意想不到方向上的扩展滤，当然这样的谨慎实际上是一种额外奖励）。因此，我们还可能考虑极大的滤表示（maximal filter representation）$\mathbf{T}^+$（$\mathcal{L}$），这里只采用极大滤，即不能被真扩展到非平凡滤的滤。

定理5　把 $x \in I$ 映射到 $\{F \mid x \in F\}$ 的函数是一个在 $\mathcal{L}$ 到 $\mathbf{PT}^{+}(\mathcal{L})$ 的同态。

关于证明请比较定理4中的证明。

只有当自由和许可在 $\mathcal{L}$ 成立，这个同态才保证成为同构。但话又说回来，并不是所有的形式为 $\mathbf{PT}^{+}(\mathcal{L})$ 的时间段结构满足这两个限制条件。

问题5　寻找使得极大滤表示成功的必要和充分的公理。

即使在这种状态下，两者表示都是有用和有益的。例如，滤定理中有第13.4.1节的完全性定理可以作为直接的推论。

以下两个极大滤表示的例子可能对理解有帮助，它们涉及第13.3.1节的两个主要例子。

例3　$\mathbf{T}^{+}(INT(\mathbf{Z}))$ 同构于 $\mathbf{Z}$，其中 $\mathbf{Z}$ 含有它的有界凸子集。

因此，这种情况下的构造具有一个不动点。

例4　$\mathbf{T}^{+}(INT(\mathbf{Q}))$ 同构于 $\mathbf{R}$，其中 $\mathbf{R}$ 含有它所有被离散跳跃（对应于"瞬时变化"）所取代的有理数点。

有关证明也可以在（van Benthem，1982）中找到。最后，一个本体论的担心是，目前这样的表示在迭代后可能产生更大的结构。但实际上，上述文献中很容易找到一个能实现稳定性的保证：

$\mathbf{PT}^{+}(\mathcal{L})$ 同构于 $\mathcal{L}$，

$\mathbf{P}^{+}\mathbf{T}(\mathcal{J})$ 不必同构于 $\mathcal{J}$；但是

$\mathbf{T}^{+}\mathbf{PT}^{+}\mathbf{P}(\mathcal{J})$ 总是同构于 $\mathbf{T}^{+}\mathbf{P}(\mathcal{J})$

13.4.3　信息的转移

现在一个明显的问题是，是否一个本体论领域中时间结构的某些性质或之间关系在它们的另一个本体论对应部分上得到保留。下面是一些相关的意见。

由点到时间段，一阶等价性质（first-order equivalence）并不需要得到遵守。例如，$\mathbf{Z}$ 和 $\mathbf{Z} \oplus \mathbf{Z}$（即连续两个 $\mathbf{Z}$ 的副本），有相同的优先关系一阶理论，但它们完整的凸区间结构不是初等等价的。$\mathbf{Z}$ 的结构能给每个具有上界的时间段提供一个最终原子，而 $\mathbf{Z} \oplus \mathbf{Z}$ 没有。另一个有关非转移的例子牵涉全局的性质，即齐次性。正如之前所说，$\mathbf{Z}$ 是齐次的，而 $INT(\mathbf{Z})$ 或其完整凸区间结构并非如此。但是，正如我们将会看到的那样，转移并不一定导致等同的性质。

从时间段到时间点，转移问题已隐含在文献中。哪些时间段结构上的条件能保证它的时间点表示具有某些所需的性质？下面请看目标对应（target correspondence）的例子。

$\mathbf{T}^{+}(\mathcal{L})$ 是线性的，当且仅当 $\mathcal{L}$ 本身是线性 *。至于证明，由右至左的方向

可直接遵循前面那种类型的证明。然而，反方向要求 $\mathbf{T}^+$ 表示的有效性，如利用自由性和许可性的帮助（证明仍然是例行的）。就我们所知道的而言，在缺乏后者（$\mathbf{T}^+$ 表示的有效性）的情况下，上述等价性质可能不有效。

其中一个甚至可以排斥任何一阶对应的例子是 $\mathbf{T}^+(\mathcal{L})$ 的离散性。因为，如 $\mathbf{T}^+(INT(\mathbf{Z}))$ 是离散的，可以表明之前结果的正确性。但现在，不妨考虑 $INT(\mathbf{Z})$ 的初等等价伴侣，它包含凸时间段和 $\mathbf{Z}\oplus\mathbf{Z}$ 的终结点。由序列（左 0，右 0），（左 +1，右 −1），（左 +2，右 −2）等产生的滤是极大的。但是尽管它在 $\mathbf{T}^+$ - 表示上具有后继和前驱（对应于右边和左边的 $\mathbf{Z}$ 副本原子滤），它不具有直接的后继和前驱，即离散性不成立。因此，一般来说，$\mathbf{T}^+$ 无法保持时间段结构的初等等价。

两个本体论层面之间的一阶直接公理的对应被证明是稀少的——这是可以理解的，因为毕竟极大滤表示把（复杂）时间点（即 I 的子集）的（简单）一阶语句转换到（简单）时间段的（复杂）高阶语句。

那么，有别于直接的性质，全局的性质的转换是如何呢？值得注意的是，极大滤的构造似乎“平均出”了时间段的个体差异；由此产生的“匿名”时间点的齐次性似乎有道理。然而上述文本中其实已经提供了一个反例：$INT(\mathbf{Q})$ 是齐次的，而其极大滤表示显然不是。在另一个方向来看，不难注意到，$INT(\mathbf{Z})$ 的极大滤表示的确是齐次的，而 $INT(\mathbf{Z})$ 本身并不是。事实上，思考 $\mathbf{T}^+(\mathcal{L})$ 的齐次性的必要条件，我们便可达到如下更弱的条件：

对于每个 x，$y \in I$，存在 $\langle I, <, \sqsubseteq\rangle$ 上的某个 $<$，$\sqsubseteq$ 自同态，把 x 映射到某个和重叠 y 的时间段。

问题 6 寻找在时间段结构上的充分必要条件，使得它们的极大滤表示是齐次的。

这样，对时间点结构的全局直觉可以最终间接地在时间段结构上施加影响。

13.4.4 本体论的对偶性

时间结构可能在不同的方面相互联系，而这些联系是令人感兴趣的，因为那里的极小公设给相当多种类的时间点或时间段结构留下了空间。在后者的领域，可以发现一个明显的关系：当我们了解更多的事件后，发现底层的时间段的数量增加了（当然，这又是一个合乎逻辑的寓言）。例如，从 I_1 通过到达 I_2。此外，我们原来的那部分知识可能会增加；例如，由于作了新的优先或包含关系的判断。因此，如果满足

$$I_1 \subseteq I_2,\ <_1 \subseteq <_2 \restriction I_1 \text{并且} \sqsubseteq_1 \subseteq \sqsubseteq_2 \restriction I_1$$

那么 $\mathcal{L}_2$ 是 $\mathcal{L}_1$ 的一个正扩展（positive extension）。

之前的表示在相对的本体论中为这种关系产生对应。举例来说，如果 $\mathcal{L}_2$ 是的正扩展，则在 $\mathbf{T}^+(\mathcal{L}_1)$，$\mathbf{T}^+(\mathcal{L}_2)$ 的极大滤之间的扩展关系 $\boldsymbol{E}$ 具有下列性质。$\boldsymbol{E}$ 有域 I_1，因为在 $\mathcal{L}_1$ 的每个极大滤在 $\mathcal{L}_2$ 中仍然是一个滤（$\sqsubseteq$-关系仍然有效），因此可以扩展到 $\mathcal{L}_2$ 的一个极大滤。此外，$\boldsymbol{E}$ 在保持优先关系的意义上是同态的（homomorphic），现在的理由是结合滤上优先关系的定义，<-关系继续有效。

另一种看待此情况方式是考虑从 I_2 到 I_1 的限制映射，以此作为从 $\boldsymbol{E}$ 的定义域到它的值域的函数。因此，这个函数是一个从 $\mathbf{T}^+(\mathcal{L}_2)$ 到 $\mathbf{T}^+(\mathcal{L}_1)$ 之上的部分映射；在（映射的）像优先关系蕴涵初始优先关系的意义上，它是一个反同态（注意，其中的限制并不一定是普通的同态）。

例5　从 $\mathbf{Q}\odot\mathbf{Z}$（参见第13.2.2节）到它的“宏观结构”$\mathbf{Q}$ 的收缩映射是一个反同态，它并不是同态。事实上，$\mathbf{Q}$ 不可能是离散结构 $\mathbf{Q}\odot\mathbf{Z}$ 的同态象，因为它无法验证以下的正语句

$$\exists x \exists y(x<y \wedge \forall z(z<x \vee z=x \vee z=y \vee y<z))。$$

限制至 I_1 的要求不必是全函数。一方面，在 $\mathcal{L}_2$ 中的极大滤的 I_1 部分并不需要在 $\mathcal{L}_1$ 中也极大。另一方面，它甚至不必是一个滤：之前不相交的时间段可能在正扩展中已经收到了共同的子时间段。

最后，部分限制映射具有以下的连续性（continuity）属性。在 $\mathbf{T}^+(\mathcal{L}_1)$ 中区分的凸集逆像（由 I_1 中的某个时间段导出），是在 $\mathbf{T}^+(\mathcal{L}_2)$ 中区分的凸集和映射定义域的交集。

因此，从时间段到时间点，在正的扩展和部分连续反同态之间存在着一个类比。对其准确性的检验需要通过再次改变我们的视角来实现。

假设上述的一些功能从时间点结构 $\mathcal{J}_2=\langle \boldsymbol{T}_2,\ <_2,\ \mathscr{L}_2\rangle$ 对应到 $\mathcal{L}_1=\langle \boldsymbol{L}_1,\ <_1,\ \mathscr{L}_1\rangle$。那么存在从时间段结构 $\mathbf{P}(\mathcal{J}_1)$ 到 $\mathbf{P}(\mathcal{J}_2)$ 的典范映射，它发送每个 $X\in\mathscr{F}_2$ 到它在 $\mathscr{F}_2$ 的逆像（为方便起见，$\boldsymbol{T}_2$ 应该是在这里函数的整个定义域）。很容易检查这个典范映射保持包含关系（由逆像的自然性质），以及优先关系（由反同态语句和全优先序的定义），而且它也是一一映射。因此，我们已经获得了（一种嵌入）一个正扩展。

命题2　在时间段结构上的正扩展和时间点结构上的反同态连续满射之间存在一个确切的对偶。

当我们对它们的需求上升的时候，类似的对应也能够由两个本体论中的其他重要关系所开发。

13.5 示　　例

正是两个时间本体论之间的相互作用，在上述逻辑考虑的应用中证明是有用的。和现在任务的双重动机一致，我们会考虑一些更具哲学味道的以及更语言学的例子。第一个来自（Thomason，1979），第二个来自（Kamp，1979）。随后，受（Winnie，1977）启发，我们将展示一个相当程序性的例子，从而体现出更多的物理本性。

13.5.1　从私人到公共时间

伯特兰·罗素对常识观念和科学观念联系的兴趣使得他认为事件或者时间段结构更典型地体现在前者（即常识观念）中，而把时间点结构保留给后一种观念（即科学观点）。他对（科学的）公共时间起源的重建是这样的：有一个私人经验的增长序列 $\mathcal{L}_1$，$\mathcal{L}_2$，…，都被连接在一起汇合成经验的公共基金，它可以表示为一个时间点结构，非常类似于前面的极大滤表示［精确的引用以及完整的故事，请参考托马森的文章（Thomason，1979），其中使用了戴德金（Dedekind）有关“切”的表示方式］。

还有一种更生动的方法如下：$\mathcal{L}_1$ 是一个个人经验的时间段结构。下一步是第二个人与她的私人经验，这两者（如果兼容）都将连接入扩展 $\mathcal{L}_2$。第一个人的所有优先和包含关系的判断都由这种方式保存，但第二个可能已经为共同部分增加了她自己的内容。因此，$\mathcal{L}_2$ 变成了在第 13.4.4 节意义上的一个 $\mathcal{L}_1$ 的正扩展。这个过程不断重复，可形成正扩展链 $\mathcal{L}_1 \subseteq \mathcal{L}_2 \subseteq \cdots$。公共时间的创造于是等于这个链的合取的点表示形成：$\mathbf{T}^+(\cup \mathcal{L}_i)$。

但也存在由一下子表示有限阶段 $\mathcal{L}_i$ 所获得的私人时间。这些私人时间 $\mathbf{T}^+(\mathcal{L}_i)$ 和上面创建的公共时间之间的关系是什么？虽然罗素本人并没有考虑这个问题，它似乎是相当自然的一个问题。

前面章节的本体论对偶告诉我们如何叙述答案。事实表明，两条道路“私人经验、公共经验、公共时间”和“私人经验、私人时间、公共时间”是有关联的，但并不等同。考虑之前的上升链：随着它的生长，反同态连接在相应的私人时间之间得到建立，如第 13.4.4 节。见图 13-1。

在时间链中，部分反同态从上到下运行。因此，时间链上很明显的限制结构包括考虑的所有“历史”。也就是说，在一定层次上由点开始，人们可以沿反同态到下一个较大的时间结构跟踪它的各种后续的发展，如此等等。也就是，在极

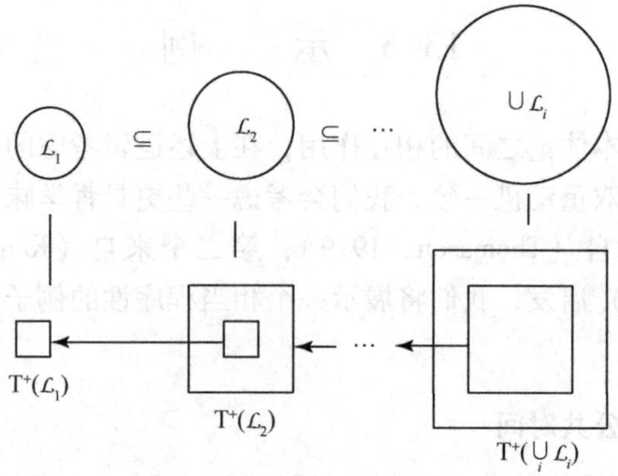

图 13-1

限上的点将是从时间结构到其中的点的函数 t，由某个有限的阶段开始，使得两个相继的阶段 $t(i+1), t(i)$ 由相关的态射所连接［这样的函数结构通常被称为*逆极限*（inverse limit）］。如果在某个阶段 i，$t(i) <_i t'(i)$ 成立（因而在更高阶段总是如此），那么优先关系将自然地由设置 $t<t'$而得到。

显然，每个这样的函数 t 在公共时间里创建一个极大滤。但是，这个构造并不需要穷尽后者的域。因为在 $\cup\mathcal{L}_i$ 上存在极大滤，它在层次 i 上的限制并不必然是极大的，甚至可以不是滤（原因和之前的观察类似）。因此，在罗素意义上的公共时间由如下组成：一个通过连续私人时间组成的核心，其四周由来自其整个公共经验结构时间点的球形外壳所包围。

13.5.2　时间话语的表示

常识图景和更科学的世界观的另一相遇地点是当代形式语义学。特别是坎普已经发展出一种办法，其中自然语言的时态为事件或话语的时间段表示提供了系统性的线索，只需稍后和标准时态逻辑的通常时间点结构连接即可。这里的指导思想是，除去一些技术细节，如果相应的事件表示能够被*嵌入*（embedded）于凸有界实数开区间，那么简单的时态化话语实际上是真的。

什么时候一种有限的时间段结构能这样嵌入？（话语表述总是*有限*的对象）这个问题和本文前面的关注正好吻合（显然，这只是由话语表示角度产生的相关逻辑问题中的一个）。

首先，如果一个时间段结构在规定的意义上可嵌入，那么第 13.3 节中所有极小时间段假设是有效的，全称句子的性质在转换到子模型时得到保持。然而，这里还有额外的有效性。对于纯包含关系，现在有“一维”（或“平面”）性质：

$$\forall xyz(B_x yz \vee B_y xz \vee B_z xy) \tag{1}$$

其中，“$B_x yz$”（“之间性”）是指，“$\forall u$（$(y \sqsubseteq u \,\&\, z \sqsubseteq u) \to x \sqsubseteq u$)”，纯优先关系的加是相关的“可比性”：

$$\forall xy(\forall z(y < z \to x < z) \vee \forall z(x < z \to y < z))$$

$$\forall xy(\forall z(z < y \to z < x) \vee \forall z(z < x \to z < y)) \tag{2}$$

最后，一个新的混合全称公设产生，它类似于第2节的连通性（请注意凸性可以从这个原则得出）：

$$\forall xyz(z < y < z \to \forall u(x < u \vee u < z \vee y \sqsubseteq u) \tag{3}$$

猜想 最小时间段公设的有效性连同（1）、（2）、（3），对于结构可嵌入到坎普的实数区间结构中的时间段而言是必要和充分的条件。

其实，我们很容易给出上述结果的纯优先关系部分的证明，但因为组合的复杂性，这里省略。

所有上述出现的公理是普遍的，这并非偶然。

观测事实 一个有限的时间段结构可以嵌入到凸有界实数开区间结构，当且仅当，它验证了后者的通用一阶理论。

因此，我们实际上要求一个完全性定理；而且认识到，哲学逻辑中的旧主题可能出现在新的语义设置中，并以完全自然的方式出现。

13.5.3 来自事件的时间－空间

在展示这些更具哲学和语言学味道的例子之后，人们也期待获得一些对物理基础的启发。其实，这种研究方向在目前的视角下还没有发展出来。因此，我们只能提供一个建议，说明哪一种问题可能受益于本文所推进的理论。

在文献（Winnie，1977）中有一个莱布尼茨的项目介绍：该项目假设可能因果优先的基本关系，从基本时空的事件结构中构建出时间和空间。简单来说，这个想法是这样的：优先关系是一个连通的严格偏序（一种连通的形式称为“莱布尼茨公设”），可以作为同时性类（“空间”）的线性序列表示（“时间”），就如上述第2段所说的那样。韦尼（Winnie）指出，在这些空间中，所有点序列满足同样的优先关系陈述，因此没有结构能留下来定义基于它们的非平凡几何。所以，莱布尼茨的项目对于经典牛顿时间来说是失败的。只有当采用不同的原则作为主要的因果结构，故事才能继续；也就是说，沿着罗布的“因果论”时空路线，的确可以找到相应的结构，可以产生熟知的狭义相对论意义上的闵可夫斯基时空。

现在，时间段的观点可能为莱布尼茨的项目提供一条出路，因为早先的结构加上时空包含可以很容易地重新解释为事件结构。甚至上面考虑的公设将仍然具有合理性。因此，莱布尼茨的项目可以从时间段而不是时间点的结构开始，利用其双重优先/包含关系结构来摆脱韦尼的反驳。

问题7 通过给同时性（simultaneity）、之间性（betweenness）和等距性（equidistance）生成适当定义，从时间段结构中提取可行的测时方法和几何。

这项任务并不容易。例如，第13.5.2节的之间性概念（可证地）只能产生如下几何原则：

$$\forall xyz(B_x yz \to B_x zy)$$

$$\forall xy B_x xy$$

$$\forall xyzuv((B_x yz \ \& \ B_y uv \ \& \ B_z uv) \to B_x uv)$$

这离哪怕是此概念的极小逻辑都还很远。但是，也许上述办法并不是正确的看法。古典（或闵可夫斯基）时空是建立在点上，而不是时间段层次上的数学构造。因此，只要产生出自类似这些时空的准时表示 $\mathbf{T}^+(\mathcal{L})$ 就足够了。是否这样的做法相对韦尼只通过点和优先关系的直接方法有一些优势，还有待观察。

13.6 结 论

本文旨在说明逻辑如何可以有助于探索各种时间本体。在这个过程中，出现了多种类型的逻辑问题，一些高等的，一些初等的，但其中大多数在传统时态逻辑的范围之外。指导性的哲学兴趣并不在于时间范式的冲突中，而一直在于它们之间关系的研究中。然而背景中也有比较雄心勃勃的哲学目标。当代哲学逻辑具有两个主要方面：一个指向于语言哲学，另一个指向科学哲学。有关时间的主题同时出现在两者的传统中，先作为时态逻辑（Prior，1967），然后再作为时间的哲学（Winnie，1977）。这一不幸的分离在这里并没有被视为理所当然；关于上述两者的兴趣同时在本文出现。最后，我们希望，这样的两个传统将可以在一个综合的时间逻辑中得到整合和交融。

参考文献

Chang C C，Keisler H J. 1973. Model Theory. Amsterdam：North-Holland

Humberstone I L. 1979. Interval Semantics for Tense Logics. Journal of Philosophical Logic，8：171～196

Kamp J A W. 1979. Events，Instants and Temporal Discourse. In：Bauerle R et al. eds. Semantics from Different Points of View. Berlin：Springer

Prior A N. 1967. Past, Present and Future. Oxford: Clarendon Press

Roper P. 1980. Intervals and tenses. Journal of Philosophical Logic, 9: 451 ~ 469

Thomason S K. 1979. Possible worlds, time and tenure. Manuscript, Simon Fraser University, Vancouver

van Benthem J. 1977. Tense Logic and Standard Logic. Logique et Analyse, 80: 395 ~ 437

van Benthem J. 1982. The Logic of Time. Dordrecht: Reidel

Winnie J A. 1977. The Causal Theory of Space-time. In: Earman J S et al. eds. Foundations of Space-Time Theories. Minneapolis: University of Minnesota Press. 134 ~ 205

14 时间逻辑*

阮　吉/译　郭佳宏　杨召富/校

14.1　时间逻辑的起源

时间逻辑学科有不同的历史渊源。含时间观念的话语（temporal discourse）和含时间观念的论证（temporal argument）展示了重要逻辑结构。此洞见自然地产生于人类推理的实证研究，且已成为设计机械推理系统的必备。可用以下几个特例开始我们的研究。

在哲学里，自古以来长期存在着对含时间观念的论证结构的兴趣。一种具有影响力的哲学观点认为，有关变动的推理必定是矛盾的。传统中，有关此争论的著名例子有两个。一是狄奥多罗斯·克洛诺斯（Diodorus Cronos）的“主论证”（master argument）（Prior，1967），它意在推导出所谓的“丰富原则”（principle of plenitude），具体表述为，所有可能的事件必定在真实历史进程中的某个时刻发生。二是亚里士多德（Aristotle）的“海战之争”　（sea battle argument）（Kneale，Kneale，1962），是从排中原则应用到将来时态的陈述中获得的将来决定论。正如在18世纪后期，康德（Immanuel Kant）在他的《纯粹理性二律背反》（*Antinomien der reinen Vernunft*）中提出的时间悖论显示了有关时间全局结构的推理必然导致逻辑问题。因此，20世纪发展时间逻辑的哲学动机之一是设计一个精确的工具，以此陈述和分析传统知识，消除悖论。

在语法方面，这意味着存在一种形式理论（formalism）使我们能够精确的陈述论证模式，同时显示它们公式化中模糊性的潜在来源。例如，在亚里士多德的辩论中，一个关键的模糊性源自句子中的两种“范围序数”，像：

---

* Johan van Benthem. 1995. In：Gabbay D，Hoggar C，Robinson J eds. Handbook of Logic in Artificial Intelligence and Logic Programming. Vol 4. Oxford University Press，241～350

“如果‘一场海战将在明天发生’现在为真，

那么‘一场海战在明天发生’必然为真。”

在“必然”的广义下，这的确为真，并且不存在什么戏剧化的推论；而从狭义角度解读“必然”时，则导致戏剧性的确定结论，且已从一开始回避了这个问题。作为更现实的做法，无论是否用于传统，一个精确的逻辑形式论具有更现实的好处，即有助于人们对时间论证模式作出更系统化的研究。例如，明显的问题是时间算子与布尔（George Boole）命题联接词如何互动：

将来时态与命题的合取是否可交换?

将来时态与命题的析取是否可交换?

在语义方面，通过更系统地观察此形式理论下的时间模型，可以进一步增加精确性。例如，一旦数学上可以对选作时间优先序的各种序的种类作出区分，那么康德有关时间的开端或结尾的问题就会消失。此时，时间推理的语义触碰了时间结构的物理直觉，例如它的“反对称性”（时间流不可逆）或者“齐次性”（整个时间流具有相同的模式）。

时间逻辑的另一个来源存在于语言学中。人类语言最普遍的特征之一是倾向于把每一个陈述放在时态中：过去，现在或将来。此外，在自然语言中，时间表达式的语法和语义呈现出许多周期性的模式；对于系统化的抽象研究，它可以再次出现，并使用便捷的逻辑形式。这里存在一个主要的描述性问题，即在自然语言中，设计出可以描述时间性的丰富词汇及语法的工具，其中包括多种不同的机制，如时态、语体、时间量化、时间状语、时间联结词等。然而，另一个更棘手的问题是，如何给予描述增加解释力。为什么某些时间模式被普遍词汇化?这是否与结构的某种最优有效性有关，或者至少关系到自然语言的认知功能?因此，时间“设计”问题产生了，而且计算机科学和人工智能之间研究兴趣的边界线变得模糊了。

在计算机科学中，程序执行的描述自然涉及有关时间推移的推理。因此，时态逻辑形式理论广泛应用于程序验证，例如，为计算过程结束时的断言或某个计算本身的中间（如公平性或者非死锁性）断言的正确性提供证明。在这个运动中已经有不同的分支，有些模型涉及计算事件发生的“全局时间”，而另外一些则涉及直接产生于计算行动本身的“进程时间”。而且，用在该领域的逻辑技术范围广泛，从语义的模型检验到纯粹的语法推演。在这个过程中，现存的时间形式论中可以发现一些令人吃惊的新用途，例如，自动生成的程序满足所欲求的时间行为的某些规范（Emerson，Srinivasan，1988；Goldblatt，1987；Manna，Pnueli，1989）。

最后，作为在这一领域的新秀，人工智能已加入上面的发展，既有老的也有新的关注。它不仅对设计计算便利的时间形式理论有明显的关注，还对时间表示的更基础的理解颇感兴趣。一旦考虑智能任务，例如在动态的环境中规划理性的行动，或者为可移动的机器人建造常识推理，那么，维护时间知识以及构造时间谓词是必要的（McDermott，1982；Shoham，1986）。此外，一个出众的人工智能研究计划，如发展"常识物理"，已经把有关时间建模的问题作为它最喜欢的试验场之一（Allen，Hayes，1985）。

时间逻辑的人工智能在本质上的表现并未与上述其他领域不同。例如，各种相似性存在于常识物理与逻辑相关联的哲学研究、感官经验世界与理论科学世界之间（Russell，1926）。另外，找到一个最方便的计算进程的时间表示问题可能会在人工智能和计算机科学中非常类似（Lamport，1985）。同样的，认知主体的时间知识及无知并非与多处理器分布式协议行为的认知推理有太大不同（Halpern，Moses，1985）。因此，在以下对时间逻辑的"计算用途"，我们应采取一种随心所欲的态度，同时利用现有文献中的多种资源。

关于这一章　在本册*中，这一章有意要提供最技术性的贡献。在目前的手册中，其他的内容为模态逻辑提供了一种独立的、一般性的介绍［即费丁（Melvin Fitting）给予第一册的贡献］。与此同时，它包括各种更详尽的关于时间逻辑在哲学和计算方面研究的动机（参见 Galton，Richards，Farinas del Cerro & Herzig 对本册的贡献）。在此背景下，我们的目的是双重的。

一方面，我们展示关于时间逻辑技术状态的小型最新综述。这将通过强调主题和方法，而不是强调大量定理来完成。此综述的出发点基于普赖尔（Arthur Prior）在 20 世纪 50 年代发明的范式（参见第 14.2 节），然后载入一些它的后续发展和修改，包括模型论及较强形式的阶梯状证明论（参见第 14.3，14.7，14.8 节）。一些特殊的具体问题值得在这里指出。首先，我们想表明，最初的范式依然具有生命力，证据来自许多具有挑战性的开放问题。这些问题是对过去的回顾，甚至对已有的最成功的时间逻辑系统的反思。其次，有一种态度需要传递。与标准逻辑相比，时间逻辑通常被表述为新的、离经叛道的东西。为了对付这种误导性表述，我们应该指出它与标准扩展的逻辑系统类似，以致人们尽可能从经典逻辑的见解从事此研究（在第 14.2 节，对于这个主题有一些技术细节的详细说明，并且在首次阅读中，大部分可以跳过，但不损内容的连贯性）。在所有这一切中，我们也有意识地偏离另一种可接受的做法。大部分的文献在于一遍又一遍地证明同样的结果（表达力，公理完全性），从而形成日益增多的"时间

* 这里指的是手册"*Handbook of Logic in Artificial Intelligence and Logic Programming*"——译者注

逻辑”。然而，我们想在这里强调的是更普遍观点的使用：研究不变性和可定义性的方法，设计新时间系统的方法（通过限制或者扩展现有的系统），不同时间演算的联系，诸如此类。我们甚至可以使用一些想象力，离开已经探索的道路，以试图发展新的关于时间推理的问题。在技术模型论中作一些投资研究对于上述目的的证明是必要的，我们认为这必将会有收获。即便如此，许多工作可以在一个已广泛建立的逻辑研究项目的范围内做到。

另一方面，我们也想强调从现有的逻辑机制退一步的重要性，并且问一些来自时间推理描述领域的普遍问题，还有在计算应用中遇到的某些现象。这一主题将通过考察基本普赖尔范式的后续修改来发展，几乎这个范式设计的每个方面在七八十年代都遭遇挑战。所导致的当前图景是“逻辑多样性”的一个表现，作为以上领域现代文献的一个突出特征，尤其包括计算机科学和人工智能。语义上，人们感兴趣于关联同一现实在不同“粒度”的时间表示［在一处使用时间“点”（points），在另一处使用时间“区间”（intervals）］。当人们从一个时间模型转到另外一个（视情况而定，从离散到连续时间）时转移不同的解释，甚至在一种模型中，对于单一的标准形式采用不同的解释机制［一些更具“陈述性”（declarative），另一些更具“命令性”（imperative）］。更演绎地说，“多元化”意味着存在着从时间推理中找出连接不同逻辑演算的演绎关系的兴趣，事实上，甚至在应称为有效的时间推理的各种不同种类的描述中（甚至在结构规则的层面可能存在不同点，如单调性或传递性）。我们将在第 14.4，14.5 和 14.6 节中展示一些与此有关的最新进展，从而显示逻辑工作在人工智能中的一个主要优点：重新审视标准逻辑中的预设以及惯例。例如，我们甚至试图破坏通常“逻辑的”和“描述的”方法的等同，指出时间逻辑的可能命令式版本，给予人的智能不可拒绝的动态本质更多公正性。

14.2 基本系统

时间逻辑作为一个独立严格的研究领域是在 20 世纪 50 年代由普赖尔开始的［（Prior，1967）是最好的概述］。在本节中，我们描述他的时间逻辑基本系统。这一系统是该领域大多数后续工作的出发点。

14.2.1 命题时态逻辑

在普通命题语言中，公式在不变的环境中得到真值解释，其组合由布尔联结词所反映。现在我们引入一个时间的视角。此后，公式代表真值会因不同的时间情景而改变的那些陈述，例如，“正在下雨”，“这块砖放在桌子上”，或“寄存

器 x 的当前值是3”。

14.2.1.1　语言

于是，基于和超越上述标准命题形式的最基本附加算子描述某一情景的瞬间状态的时间环境，（大致）相当于自然语言的将来时和过去时：

$F\phi$　在将来至少一次，ϕ 会如此

$P\phi$　在过去至少一次，ϕ 已经如此

这些都是所谓的“存在”概念，从这些我们导出两个对偶“全称”算子：

$G\phi$ 从现在开始到将来 ϕ 总为真

$H\phi$ 从过去直到现在 ϕ 总为真

后者定义如下：

$$G = \neg F \neg \qquad H = \neg P \neg$$

这里存在一个明显的与标准逻辑的存在和全称量词的类比。我们将在下面的第14.2.7节更系统地探究。

这个简单的形式理论通过迭代时间算子自身以及它们与布尔算子之间的交互，已经生成很多有趣的时间表达形式：

$GF\phi$　　ϕ 总在以后的某个阶段将成为真

$PH\phi$　　从以前某时间开始，ϕ 一直为真

$F\phi \wedge F\psi$　　ϕ 将为真，ψ 也将如此

$F(\phi \wedge \psi)$　　ϕ 和 ψ 将会在同一个时刻为真

$\phi \rightarrow G\psi$　　如果 ϕ 真，则 ψ 从现在开始永为真

$G(\phi \rightarrow \psi)$　　ϕ 为真将永远‘确保’ψ 为真

$G(\phi \rightarrow F\psi)$　ϕ 为真将永远“使得”ψ 在将来为真

只用 F，G 算子，人们能够讨论“纯粹将来”的公式；若只用 P，H，则只能够讨论“纯粹过去”的公式。

这种极其简单的形式同样存在着有趣的“语法”。例如，我们将遇到各种自然“片断”，它们通过限制可以出现的算子或者命题变元来定义，并导致特殊的时间行为。此外，下面的表达复杂性的语法测度会变得有用。公式 ϕ 的时间深度（temporal depth）$d(\phi)$ 是出现在 ϕ 中的最大长度的嵌套时间算子的数量。

14.2.1.2　模型与真值

语言的解释发生在时间框架（frames）$\mathbb{F} = (T, <)$ 中，其中包括二元优先关系 $<$（“早于”）所限制的“时间点”的非空集合 T。此外，“赋值”函数 V 映射命题变元 p 到集合 $V(p)$，包含此变元为真的所有点（它们的“生命时间”）。三元组 $\mathbb{M} = (T, <, V)$ 称为时间模型，可以看作是由历史所装点的时间流。这样的流可以是任意类型，包括线性（linear）和分支（branching）模式。给定这

些结构，基本真值定义解释了“在模型$\mathbb{M}$中，公式ϕ在时刻t为真”的概念，其中$\mathbb{M}$提供了整个时间环境（图 14-1）：

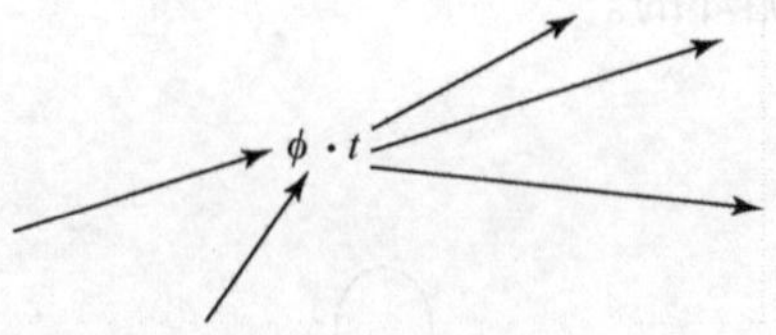

图 14-1

- $\mathbb{M}$，$t \models p$，当且仅当，$t \in V(p)$
- $\mathbb{M}$，$t \models \neg \phi$，当且仅当，并非$\mathbb{M}$，$t \models \phi$
- $\mathbb{M}$，$t \models \phi \wedge \psi$，当且仅当，$\mathbb{M}$，$t \models \phi$并且$\mathbb{M}$，$t \models \psi$

其他的布尔联结词可以类似定义

- $\mathbb{M}$，$t \models F\phi$，当且仅当，对于某个t'并且$t < t'$，$\mathbb{M}$，$t' \models \phi$
- $\mathbb{M}$，$t \models P\phi$，当且仅当，对于某个t'并且$t' < t$，$\mathbb{M}$，$t' \models \phi$

到目前为止，这些时间模型是完全普遍的，并且只包含了一个承载点集合上的任意二元关系，其中一些一元谓词在以上定义中。但是很明显，“真实时间”满足额外的限制性条件，反映了序的某些数学性质。下面是一些著名的例子，其中最简单的例子可以用一阶谓词逻辑来表达：

传递性　$\forall x \forall y \forall z \ ((x < y \wedge y < z) \rightarrow x < z)$

禁自返性　$\forall x \neg \ x < x$

线性　$\forall x \forall y \ (x < y \vee y < x \vee x = y)$

然而，一些所提议的有趣限制本质上是二阶的（second-order），主要涉及在时间点集合上的量化，例如：

连续性　“任何一个具有上界的子集都有一个上确界（也就是，一个最小上界）”

同质性　“任何一点都可以通过某种时间框架的序同构映射到任何其他一点”。

在一般情况下，没有出现一套独特的约束条件适用于所有例子。事实上，人们想把时间表示的选项留给具体的应用，例如，时间是否是稠密或离散的，是否有结束点，等等。

另一个多样性的源头出现在计算的视角。在初始较哲学的思维方式下，构建模型主要基于实际的时间模式，某些系统的历史可能伴随该模式发生。但在最近的一些应用中，同时也出现了另一种观点，它把时间框架看成“状态图”，也即机器运行过程中所制造的历史记录。由此可见，在这两个视角下，正式约束的“时间模式”不必要是相同的。特别是，一个机器图可能包含循环，即使与其关联“展开的时间”是非循环的。

例 1　历史与机器。

机器图（图 14-2）

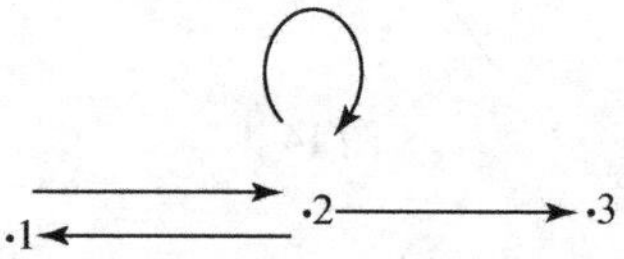

图 14-2

能够被“展开”到一棵由它所制造的可能历史的树（图 14-3）

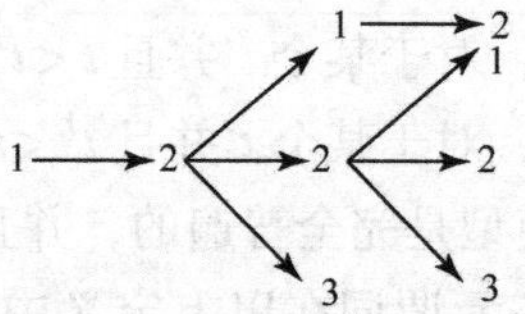

图 14-3

鉴于这种对“时间流”的兴趣，人们可能也想完全通过时间序为时间逻辑公式定义真值概念。因此，我们引入在一个框架（frame）中，公式在某点的真值：

$\mathbb{F}=(T, <)$，$t\models\phi$，当且仅当，对于所有的赋值（for all valuations）V，$(T, <, V)$，$t\models\phi$

模型中的真值是一阶概念，这将在第 14.2.7 节详细展示。与此相反，通过命题变元赋值的量化使得框架中的真值成为二阶概念，并潜在具有更高的复杂性。

14.2.1.3　*有效性及其逻辑后承*

使用上面的语义结构，现在可以引入有效逻辑后承（valid consequence）的概念，它陈述结论 ψ 来源于确保“真值传递”的假设 Σ：

$\Sigma\models\psi$，当且仅当，对于每个模型 $\mathbb{M}$ 和每个点 t，如果对一切 $\phi\in\Sigma$，$\mathbb{M}$，$t\models\phi$，那么 $\mathbb{M}$，$t\models\psi$。

在单个时间点上，这个推理概念 $\models$ 依赖于公式的“局部”真值。一个合理的变种 $\models^{*}$ 仅仅使用相关时间公式 ϕ，ψ 的“全局”真值，也即，它们在模型 $\mathbb{M}$ 的所有点上（at all points）的真值。但是，通过如下手段，后者可以归结为前者。

事实1 $\Sigma \models^{*} \psi$，当且仅当，$\{\underline{A}\phi \mid$ 所有的 $\phi \in \Sigma$ 所有的 $\underline{A}\} \models \psi$，其中 $\underline{A}$ 是任何最多拥有长度 $d(\psi)$ 的 G，H 算子的序列。

在没有前提的特例中，这两个后承概念都规约到所谓公式 ψ 在所有模型的所有点（'$\models \psi$'）上的普遍有效性（universal validity）。例如，回到一些先前的例子，在上述意义上，从 $F(\phi \wedge \psi)$ 可以得出 $F\phi \wedge F\psi$，而反过来不成立。见证如下语义反例（图 14-4）：

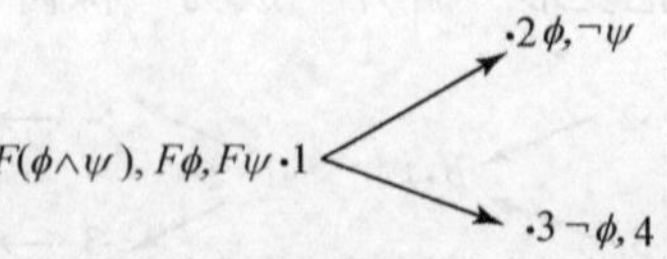

图 14-4

与此相反，一个简单的论证展现了 $F\phi \vee F\psi \leftrightarrow F(\phi \vee \psi)$ 是普遍有效的。普遍有效性具有许多有用的一般性质，我们列出其中一些典型的，并略去证明。

将来对过去的镜像性质

如果 $\models \phi(F, P, G, H)$，则 $\models [P/F, F/P, H/G, G/H]\ \phi$ 也成立

对于纯将来公式的析取性质

如果 $\models G\phi \vee G\psi$，则 $\models \phi$ 或 $\models \psi$

虽然不是完整的语言，见证

$\models G\neg p \vee GPFp$，$\not\models \neg p$，$\not\models PFp$

插补性质

如果 $\models \phi \vee \psi$，则存在一个公式 χ 使 $\models \phi \vee \chi$ 与 $\models \neg \chi \vee \psi$ 成立，并且它的原子（不包括 $\perp$ 和 $\top$）都出现在 ϕ 或者 ψ 中

14.2.2 模型论

上述时间语义具有一些一般的逻辑性质，这些性质通常在民间科学中不被直接指出，这里特别引出它们的通用功能。

14.2.2.1 基础不变性：Z 字形

也许形式理论表达力最基本的衡量标准是通过模型诱导出的“同一标准”。对于基本时态逻辑，回答涉及以下“不可区分的筛子”。

定义1 两个时间模型 $\mathbb{M}_1 = (T_1, <_1, V_1)$ 和 $\mathbb{M}_2 = (T_2, <_2, V_2)$ 之间的二元关系 C 是一个 Z 字形（也称为“互模拟”），如果它关联了在 T_1 和 T_2 中的点，并且在这些点中相同的原子命题分别在赋值 V_1，V_2 下为真，同时具备下面的向前向后条件：

- 如果 $t_1 C\, t_2$ 且 $t_1 <_1 t'_1$，则在 T_2 中存在 t'_2 使得 $t_2 <_2 t'_2$ 且 $t'_1 C\, t'_2$
  如果 $t_1 C\, t_2$ 且 $t'_1 <_1 t_1$，则在 T_2 中存在 t'_2 使得 $t'_2 <_2 t_2$ 且 $t'_1 C\, t'_2$
- 相反的方向同样如此。

这个定义直观地说来就是，在 $\mathbb{M}_1$ 中追查的任何历史或计算的路径都可以在 $\mathbb{M}_2$ 中通过某个路径一步步地相匹配，反之亦然；而且任何一方的自由选择都是如此。例如，较早的机器图和它的潜在的历史树之间的展开映射就是一个 Z 字形。另一个例子是下面的把菱形"解开"成为一棵树（图 14-5）：

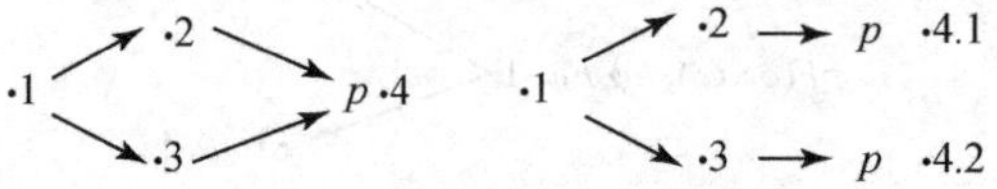

图 14-5

通过在时间公式上的简单归纳，基本的普赖尔形式理论不能区分下面两种情形：

命题 1　时间公式 ϕ 在 Z 字形下具有不变性，具体为：

如果 $t_1\ C\ t_2$，那么 $\mathbb{M}_1$，$t_1 \models \phi$，当且仅当，$\mathbb{M}_2$，$t_2 \models \phi$

前面结果的特殊情形来自于对 Z 字形关系 C 的特殊选择。从 $\mathbb{M}_1$ 到 $\mathbb{M}_2$ 的等同包含映射产生了模态逻辑文献中所谓的"（模型）生成定理"（generation theorem），而从 $\mathbb{M}_1$ 到 $\mathbb{M}_2$ 满射则给出了"p-态射定理"（p-morphism theorem）。还存在一个更深层的反向结果（van Benthem 1985；1991），说的是基本时态逻辑由如下不变性所获取：

命题 2　如果 $\mathbb{M}_1$，$t_1 \models \phi$，当且仅当，对于所有的时态逻辑公式 ϕ，$\mathbb{M}_2$，$t_2 \models \phi$，那么在两个基本扩展 $\mathbb{M}_1^*$（$\mathbb{M}_1$ 的扩展）与 $\mathbb{M}_2^*$（$\mathbb{M}_2$ 的扩展）之间，存在一个 Z 字形关系 C，使得 $t_1\ C\ t_2$。

对于有限（finite）时间模型，这些基本扩展必须等同于 $\mathbb{M}_1$，$\mathbb{M}_2$ 自身，这导致了"存在互模拟"与"时间理论等同性"的完全一致。然而，一般来说，后者的符合只能在于具有任意合取和析取的无限时间语言中。

通过对比前面的方式，对于更丰富的时间陈述，Z 字形的不变性不再得到保证，例如，对于时间拓扑上的之间性（betweenness）。

例 2　进行时态与互模拟

超越 P，F 形式的自然时间算子叫做进行时态（如句子"玛丽正在哭"发生的情况）：

$\mathbb{M}$，$t \models \Pi\phi$，当且仅当，$\exists t_1 < t\ \ \exists t_2 > t\ \ \forall u\ (t_1 < u < t_2 \Rightarrow \mathbb{M}, u \models \phi)$

这项陈述并不在以下互模拟中成立，其中相应的数字显示需要标记的点（"折叠左手模型”）（图 14-6）：

图 14-6

在这两种情况下，集合 $V(q)=\{4\}$ 。然后，Πq 将在左边模型的第 4 点为真（考虑上层的点 2 和斜对面的点 3），但是，它未能在其对应的右侧点 4 为真。

在以后（第 14. 2. 7 节）我们应当考虑表达力更强的时间形式理论适合的不变性概念。这里我们指出一个在目前分析中还没有捕捉到的基本时态逻辑的语义方面作为结尾。

点评 赋值判定的局部性

在某种意义上，Z 字形还太粗糙，因它们相对语言中的所有公式保持真值。但是对于特定的时间公式 ϕ，在某个模型$\mathbb{M}$中，任一给定的时间 t，只需要考虑那些在$\mathbb{M}$中，通过关系 > 和（或）者 < 最多 $d(\phi)$ 步就能够通达的点就可以。因为，只有这个“环境”才与 ϕ 在 t 上的赋值判定有关。

14. 2. 2. 2　林德斯特伦性质（Lindström properties）

现在我们转到更加一般的模型论。通过林德斯特伦的一阶谓词逻辑刻画（Hodges，1983），后者的两个特征属性是紧致性定理与洛文海姆 - 斯科伦定理（Löwenheim-Skolem theorem）。对时间模型的真值而言，这些结果也成立：

紧致性　如果公式集 Σ 的每个有限子集可满足（在某个模型$\mathbb{M}$的某个点 t），那么整个集合 Σ 也是可满足的。

洛文汉姆 - 斯科伦性质　如果集合 Σ 可满足，那么它在某个可数（countable）模型上也可满足。

然而，对于时间框架中的真值，情形有所不同。紧致性定理不成立（Thomason，1972），洛文海姆 - 斯科伦定理也不成立。这些不成立反映了其二阶逻辑的一般特征。我们会在下面的第 14. 2. 7 节回到这样的标准视角。

14. 2. 2. 3　模型上的保持行为

对于逻辑思考方式来说，最典型的是句子的语法形式与语义性质之间的系统化互动关联。现在，除了已解释的语言的一般语义行为，还有特殊的语义行为。它们在特殊情况下有用，由语法表达形式的限制所指示。重要的例子出现在时间语句的“持续性”现象中，它在语义中或者跨越语义情境。在应用中，这些情况是相当频繁的，例如在某个指导我们行动的时间数据库里考虑陈述的“永久性”时：

什么样的数据在超出它们的“起源时间”时仍将为真?

什么样的数据在数据库修改时仍将有效？

各种模型论问题在上述和类似的实际主题中出现，我们考虑相关的三个实例。

• 时间的持续性

虽然时间陈述可能会在时间过程中任意改变它们的真值，但有一些在特定的时间更稳定，这让人特别感兴趣。例如，我们把一个语句 ϕ 称为“向前持续”，如果一直有：

$$\mathbb{M},\ t\models\phi \text{ 和 } t<t' \text{ 蕴涵着 } \mathbb{M},\ t'\models\phi$$

这种语句的例子如“从今以后，每个逾越将受到惩罚”或“之前有一次地震”。对于任意公式 ϕ，向前持续是可判定的，因为它可以归结于 $\phi\to G\phi$ 的普遍有效性（普遍有效性是可判定的，参见第14.2.5节）。然而，其明确的语法描述不是很简单的。我们这里只列出一个简单的观察事实，以显示向前性的味道。

事实2　在传递（transitive）的模型中，通过原子⊥，⊤，以及 P，G，∧，∨所构成的所有公式都是向前持续的。

问题1　在传递模型中，向前持续性的必要和充分的语法条件是什么？对于任意模型呢？

• 信息的持续性

第二种持续性的出现，不伴随模型内部的时间旅行，而是与时间模型自身的变化相关：例如，当获得需要表示的时间对象进一步的信息时。称模型 $\mathbb{M}_2$ 扩展了（extends）$\mathbb{M}_1$，如果 T_2 包含 T_1 以及 $<_2$ 包含 $<_1$，且在 T_1 的所有点上 V_2 和 V_1 一致。进一步在这里有一个明显的信息持续性（informational persistence）概念，对此简单的归纳建构如下

事实3　所有通过只使用 F，P，∧，∨，从命题原子公式和它们的否定式构造的“肯定存在性”公式都具有信息持续性。

也就是说，通常持续性语句将描述像“有一个舞蹈，在它之前有晚宴，之后有一般的斗争”这样的模式。这个刻画的反方向也同样成立，这将在以下第14.2.7.1节使用标准模型论的方法给予证明。

• 逼近（approximation）下的持续性

最后，再考虑一个略微不同的情况。有时我们可以通过明确定义的方式描述事件的模式，如在等价式中：

$$p\leftrightarrow\phi\ (q_1,\cdots,q_n) \text{ 其中 } p \text{ 不出现于参数 } q_i$$

但也常常出现只有一种隐含定义可用的情况。例如，当在查询数据库关于‘递归’编程的时间命题时（例如，通过某个逻辑程序的子句），你可能得到一个如下形式的描述：

$p\leftrightarrow\phi$（p，q_1，…，q_n）其中 p 自身出现在它自己的描述中。例如，对一段时间的天气描述可能如下：

“阳光”当且仅当（¬“温暖”∧G“阳光”）∨（“温暖”∧HP“阳光”）。

把空集作为 p 的外延第一个逼近值，何时这个递归查询将 p 稳定在某个固定的时间范围内？下面是一个例子。

例 3 计算不动点。

假设时间点的谓词 p 由递归公式 $p\leftrightarrow(F(p\wedge q)\vee Gp)$ 定义在以下初始模型（图 14-7）：

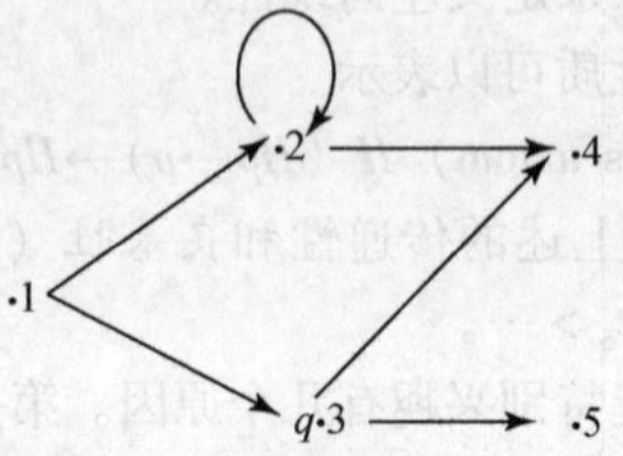

图 14-7

对 V（p）逐次逼近可以计算如下：

ϕ（5，4）（5，4，3）（5，4，3，1）

这里的一般机制类似于普通谓词逻辑的机制。稳定的自然条件是由 ϕ 定义一个从旧逼近 P 到命题 p 的新逼近的“单调”（monotone）操作：

$\lambda P\cdot\{t\in T\mid (T,\ <,\ V[p\rightarrow P]),\ t\models\phi\}$

因此，我们称一个公式 ϕ 在 p 上是单调的，当从一个模型传递到另一个新模型（新的模型对原子 p 有更大的扩展）时，它在任何点的真值从不丢失。这个刻画相当于标准逻辑中的“林登定理”（Lyndon's theorem）：

定理 1 公式 ϕ 在 p 上是单调的，当且仅当，它在语义上等价于 p 在其中只以正的语法出现的公式。

更普遍的是，时间逻辑有类似于标准计算形式的固定点理论［（参见 Stirling，1990）关于所谓的“μ-演算”］。

14.2.2.4 时间框架的对应性和可定义性

到目前为止，所有话题都与时间模型上的真值相关。现在，让我们看看时间框架，其中时态逻辑公式反映时间的纯序性质。再次，基本形式理论的特征的优点和弱点显现出来了。在文献中，有许多分散的类似于下面的观察结果。

例 4 框架对应。

这里，从早期的名单里提取一些时间模式的一阶性质：

• 传递性（transitivity）

$\mathbb{F}$，$t \models$　$\forall y \forall z\ ((x<y \wedge y<z) \to x<z)$，当且仅当

$\mathbb{F}$，$t \models$　$FFp \to Fp$

• 禁自返性（Irreflexivity）

没有时态逻辑对应。

• 右向线性（rightward linearity）

$\mathbb{F}$，$t \models$　$\forall y \forall z\ ((x<y \wedge x<z) \to (y<z \vee z<y \vee z=y))$，　当且仅当

$\mathbb{F}$，$t \models$　$(Fp \wedge Fq) \to (F\ (p \wedge q) \vee F\ (p \wedge Fq) \vee F\ (q \wedge Fp))$，

以及类似使用p来定义左向线性。

但是，不仅仅是一阶性质可以表示：

• "勒布公理"（Löb's axiom）$H\ (Hp \to p) \to Hp$ 是一个时间原则，对应于，在框架$\mathbb{F}$中的每一个点t，上述的传递性和良基性（well-foundedness）：没有从t开始向下的链 $t=t_1 > t_2 > t_3 > \cdots$。

在这里，一阶例子引起特别兴趣有几个原因。第一，关于表示，它们可作为描述时间结构的简单明了的媒介。而且在计算上，不像一般的二阶例子，它们允许使用众所周知的完全性证明系统。

在文献中找到的很多框架对应例子的背后，其实存在着更系统的对应理论（correspondence theory）（van Benthem 1984a；1985），它可以作为分析表达力和公理化问题的一般工具（Kracht，1990；Venema，1991a）。从一个方向，人们可以问哪个时间原则定义一阶框架的性质，以及后者是否能有效地获得。有一个抽象的模型论可以回答前一个问题，其将会在第14.2.7节中介绍。至于更具体的算法信息，事实上，时态逻辑公理的某些特殊形式保证令人愉快的行为。一个无处不在的例子是：

萨尔奎斯特形式（Sahlqvist forms）$\phi \to \psi$

其中，前件ϕ由命题原子附加F，P，$\wedge$，$\vee$所构建，也可能添加前缀G，H算子；后件ψ是语法正性公式（其中也可能包含G，H）。

上面的传递性和线性公理是萨奎斯特形式。以下是一个示例结果，在许多模态和时间逻辑上都很有用。

定理2　对于所有萨尔奎斯特形式，存在一个有效算法计算它的一阶框架等价式。

在相反方向，人们也能够从一阶框架条件开始，追问哪些是时态逻辑可定义的。然后必要的语义条件涉及某些在时间框架上的"保持性质"，不同于之前在Z字形下模型间的不变性：

事实4　时态逻辑公式的框架真值能够在生成子框架、不相交并，以及框架

的 p-态射像（*p-morphic images*）中得到保持。

在这里，省略了有关这些构造的详细资料（van Benthem，1983，1984a；Stirling，1990；或者第 14.2.7 节）。这条思想脉络的一个例子足以体现普赖尔形式的一个众所周知的弱点。

例 5 禁自返性的不可定义性。

收缩到单点是一个"p-态射"（p-morphism），如从整数（$\mathbf{Z}$，<）的非自返框架到自返的单点框架。

尚有更多的框架操作保持真值，例如从某个框架的*超滤扩展*（ultrafilter extension）返回到它自身（Stirling，1990；van Benthem，1989b）。同样，这里还有算法方面关于承认时间定义的语法一阶形式的显式描述。这里可以证明（van Benthem，1983；1985）：

享有所有时态逻辑保持属性的一阶句子必须把它们的量词都限于 < -继承，或 < -前驱，否则只允许正原子。

关于从一阶框架条件到时态逻辑原则的更系统翻译，也可参见（Kracht，1990）。

在框架领域中，对形式理论表达力的另一种测量在于具有相同"时态逻辑理论"的定位逻辑框架

$$Th_{\text{tense}}(\mathbb{F}) = \{\phi \mid \mathbb{F} \models \phi\}$$

例 6 比较时态逻辑的框架。

下面是一个简单的试点。关于时间的良序，所有序数框架（α，<）对于 $\alpha < \omega.\omega+\omega$ 具有不同的理论。之后，$\omega.\omega+n$（$n \in \omega$）的理论再次出现（van Benthem，1989b；de Jongh et al.，1988）。

然而在实践中，时间框架之间的比较可能需要更多微妙的手段。例如，离散整数框架（$\mathbf{Z}$，<）和有理数的稠密框架（$\mathbf{Q}$，<）有明显不同的理论。时态逻辑公理 $F\phi \rightarrow FF\phi$ 事实上对应于优先关系的"稠密性"，因此它仅在后者框架上成立。然而，当考虑物理现象的转换模型建构时（比如，从抽象的"计算时间"到"真实时间"），人们可能需要用离散的时间角度交换稠密的时间角度。但是，相关问题是，尽管不是直接地，通过*翻译的方式*（way of translation）能否至少使得旧启示保留下来？

问题 2 是否存在（计算的）映射 τ，使得对于所有时态逻辑公式 ϕ，$\phi \in Th_{\text{tense}}(\mathbf{Z}, <)$，当且仅当，$\tau(\phi) \in Th_{\text{tense}}(\mathbf{Q}, <)$？反之亦然吗？

估计两个方向的答案都是否定的。一个简单的正向例子是下面的"时间转移"，这里我们只是陈述而没有证明。

事实5　Th_{tense}(**Z**，<）和 Th_{tense}(**N**，<）彼此间能有效地翻译到对方。

14.2.3　证明论

时间逻辑作为一个推理领域，也可以从证明论的角度研究。有各种方式可为以上普赖尔系统组织一个演绎装置，以描述其有效的推理（Fitting，1983）。这些格式有其设计的特殊性，以使它们或多或少适合不同的计算任务。我们将只展示主要可能性的一个草图。

14.2.3.1　公理化演算和自然演绎

也许，最古老的演绎格式是公理化的。最小时态逻辑（minimal tense logic）K_t 包括以下原则。

公理

命题重言式的所有实例（all instances of propositional tautologies）

$G(\phi\to\psi)\to(G\phi\to G\psi)$　$H(\phi\to\psi)\to(H\phi\to H\psi)$　分配

$F\phi\leftrightarrow\neg G\neg\phi$　$P\phi\leftrightarrow\neg H\neg\phi$　对偶

$\phi\to GP\phi$　$\phi\to HF\phi$　转换

规则

从 ϕ 和 $\phi\to\psi$ 推出 ψ　　分离规则

如果 ϕ 可证，那么 $G\phi$，$H\phi$ 也可证　　时间化

这个系统在内涵逻辑的其他领域很有名。事实上，它是相当标准的双模态演算，具有一个特性。在其最一般的装饰下，两个算子有两个替代关系 R_F 和 R_P。这两个关系成为集合论上的互逆，两个转换公理的效果一起配合时间的两个方向。根据上述证明论格式，我们将给出一个定理的证明，以此作为贯穿全文（句法证明）的例子。

例7　合取分配 I

下面的分配原则在时间模型上是普遍有效的：

$$G(\phi\wedge\psi)\leftrightarrow(G\phi\wedge G\psi)$$

从左至右，这表达了一般将来时态的“单调性”；由右至左，是它的“合取性”。下面是一种关于它公理推演的大纲：

(1) $(\phi\wedge\psi)\to\phi$　　命题重言式

(2) $G((\phi\wedge\psi)\to\phi)$　　时间化规则（1）

(3) $G((\phi\wedge\psi)\to\phi)\to(G(\phi\wedge\psi)\to G\phi)$　分配公理

(4) $(G(\phi\wedge\psi)\to G\phi)$　　分离规则（2，3）

这个“演绎子程序”真正表明，当某个蕴涵 $\alpha\to\beta$ 是可推演的，那么它的时间化形式 $G\alpha\to G\beta$ 也是可推演的。因此，$(G(\phi\wedge\psi)\to G\psi)$ 必然也是定理。反

向来看，从 $(\phi\rightarrow(\psi\rightarrow(\phi\wedge\psi)))$ 开始，一个类似的可推演建立所期望等价式的另一个方向。

时态逻辑推理的第二种方法是通过自然演绎（natural deduction），构建几何证明树。那么，对于经典布尔联结词的应用，通常所说的消去和引入的命题规则仍有效，除此之外我们还有：

如果 T 是从前提 ϕ_1，…，ϕ_n 到 ψ 的一个推演，

则 T 能够从 $G\phi_1$，…，$G\phi_n$ 推演出 $G\psi$，

H 也类似。

这概括了分配公理和时间化规则。

例 8 合取分配Ⅱ。

有关的自然演绎树可能如下所示：

$$\frac{\phi\wedge\psi}{\phi} \quad \rightarrow \quad \cfrac{\cfrac{G(\phi\wedge\psi)}{G\phi} \quad \cfrac{G(\phi\wedge\psi)}{G\psi}}{G\phi\wedge G\psi} \quad \leftarrow \quad \frac{\phi\wedge\psi}{\psi}$$

$$\frac{\phi\psi}{\phi\wedge\psi} \quad \rightarrow \quad \frac{G\phi\, G\psi}{G(\phi\wedge\psi)} \quad : \quad \cfrac{\cfrac{G\phi\wedge G\psi \quad G\phi\wedge G\psi}{G\phi \qquad G\psi}}{G(\phi\wedge\psi)}$$

在这里及以后，从这个阶段到我们的等价文字蕴涵形式。我们省略明显的最后“条件化的步骤”。

14.2.3.2 矢列演算和语义列表

另一演绎方法采用矢列演算（calculus of sequents）$\Sigma\Rightarrow\Delta$，其意图解释是，Σ 中所有假设的合取蕴涵 Δ 中所有结论的析取。现在，从“公理化后承”开始，逻辑算子将有左和右的导入规则，并且“公理化后承”的结论之一已经在前提中出现。对于命题算子，这些导入规则像往常一样，而时间算子又需要类似之前的分配 - 时间化（注意这里的结论只是一个公式）

从 ϕ_1，…，$\phi_n\Rightarrow\psi$ 推出 $G\phi_1$，…，$G\phi_n\Rightarrow G\psi$

对于 H 类似。

例 9 合取分配Ⅲ。

（1）
$$\cfrac{\cfrac{\phi,\ \psi\Rightarrow\phi}{G\phi,\ G\psi\Rightarrow G\phi}}{G\phi\wedge G\psi\Rightarrow G\phi}$$
以及 $G\phi\wedge G\psi\Rightarrow G\psi$ 类似可得。

（2）
$$\cfrac{\cfrac{\cfrac{\phi,\ \psi\Rightarrow\phi \quad \phi,\ \psi\Rightarrow\psi}{\phi,\ \psi\Rightarrow\phi\wedge\psi}}{G\phi,\ G\psi\Rightarrow G(\phi\wedge\psi)}}{G\phi\wedge G\psi\Rightarrow G(\phi\wedge\psi)}$$

矢列方法非常相似于语义导向的方法，即**语义列表**（semantic tableaux）。在这里，朝着可能的证明树的反方向看，由于语义反例的潜在构造，可以得到。再次，在相关规约过程中的命题规则是标准的，也就是在语义列表中，每个节点必须标记为研究中的某个时间点。时间算子的两个分解规则，在这里以 G 作为例子进行展示：

$G\phi$　在节点（true at node）t 为真：在"迟于" t 的所有节点 t' 上，
使得 ϕ 为真。

$G\phi$　在节点 t 为假：构建一个"迟于" t 的新节点 t'，
使得 ϕ 在 t' 为假。

封闭语义列表，反映了尝试在建构反例上的完全失败；可以用一个清晰的方式定义它。它们将和在前面意义上顶部矢列的成功推演一一对应。

例 10　合取分配Ⅳ。

合取分配的语义列表看上去可能如下。首先，我们有：

$G(\phi\wedge\psi)$　　$\cdot 1$　$G\phi$

$1<2$

$\cdot 2$　ϕ

$\phi\wedge\psi$　　$\cdot 2$

ϕ（!），ψ　　$\cdot 2$

导致世界 2 的封闭。

对于来自相同前提下的一个被尝试的结论 $G\psi$，这一结果是相同的。

接着，在等价式相反的方向，我们有：

$G\phi\wedge G\psi$　　$\cdot 1$　$G(\phi\wedge\psi)$

$G\phi$，$G\psi$　　$\cdot 1$

$1<2$

$\cdot 2$　$\phi\wedge\psi$

ϕ，ψ　　$\cdot 2$

现在对于假合取有一个命题选项：

$\cdot 2\phi$（!）　　　　$\cdot 2\psi$（!）

这两个分支都是封闭的。

有关证明技术的进一步详情，请参阅本手册第一卷费丁的"基本模态和时间逻辑"的章节中找到。

14.2.3.3　**证明论的等价性**

在下面的强意义下，这里涉及的不同推理类型都支持相同的有效推理规则。

定理 3　对于任何给定的时态逻辑公式，在公理化证明、自然推演和封闭语义列表之间存在有效的对应。

这个结果的直接组合证明并不是一件可以忽略的小事。公理化证明和自然推演确实存在直接关系，而且封闭语义列表和矢列演算中的推演也直接相关。但在两个族之间，存在着一个有趣的转变。特别的，可证明的矢列满足看似无伤大雅的分离规则（该矢列只通过上述介绍的规则存在一个推导），需要“切割消去法的”的完整根岑（Genten）程序（Prawitz, 1965；Schwichtenberg, 1977）。

尽管在可证的转换下，“外延式”的等价产生了，但是，在逻辑行为上上述各种各样的证明论方式显示了很多“内涵的”不同点。例如，矢列推演的优点在于它们含有更多的构造性信息，因为它们的结论只从它的子公式逐步建立起来的。它们充足性的一个有用推论是保守性（Conservativity）。

保守性

有效的纯将来推理总能够直接地用含有 P 或者 H 的规则来证明。这对纯过去推理和 F，G 也同样成立。

然而，从计算的角度看，在不同证明论方式之间的现实选择可能会再次涉及完全不同的标准［参见本手册本卷由法里纳斯（Luis Fariñas）和赫齐格（Andreas Herzig）矢列的关于模态定理证明的章节］。举例来说，至少在逻辑的通常系统中，无切割后承的证明往往是相当困难的，其涉及由于广泛地复制相同部分的组合爆炸，然而自然推演可能要快得多（Boolos, 1984）。

14.2.3.4　时态逻辑的格

到目前为止，已经描述的仅仅是时间逻辑最小的演绎装置，而未强加任何特殊结构在基本模型上，或任何特殊性质在时间算子上。但事实上，文献显示了一系列不同的更弱或更强的“时态逻辑”，其取决于在 F，P，G 和 H 上采用哪些进一步的原则。具体而言，最小时态逻辑并不能区分任何两个不同的时间算子字符串，而更强的系统往往可以。例如，在实数上，汉布林（Hamblin）有一个简单的结果，即只存在15种不同的“时间性”。作为结论，可知存在一个完整的时间逻辑的图景，形成一个包含下的格，它对于不同预期的应用代表不同的“推理引擎”（van Benthem, 1983；Bull, Segerberg, 1984；Blok, 1980）。

这种演绎图景仍然可以由各种方式组织。时态逻辑的标准描述是在上述最小逻辑基础上采用附加公理。但最近也对试验不同的附加推理规则（rules of inference）有不断增长的兴趣。例如，最小的时态逻辑 K_t 对于纯将来公式 ϕ 也有下面的推演规则：

如果 $G\phi$ 是一个定理，那么 ϕ 本身也是定理　去时态化

但在所有地方加上这一规则将显然改变可接受的时间逻辑家族。例如，由早先的勒布公理（对于将来算子 G）所公理化的系统不符合这一原则。对非自返的

框架类进行公理化的更多规则已经在（Gabbay，1981a）中提出［（Venema，1989）甚至展示了其必要性］。同样的，通过在证明格式上强加一些根岑风格的矢列系统化，可供选择的可能性将大大减少（Fitting，1983；Dunn，1986）。因此，时间推理规则正作为逻辑本身兴趣的对象出现，即看似反映了时间推理的真实情况的行动。

此外，特别强调构造论元（arguments）的证明论观点在这些年走在了前列，特别是因为对"资源敏感"的推理风格越来越感兴趣，例如范畴逻辑（van Benthem，1991）或者线性逻辑（Girard，1987）等。后者的系统放弃了标准的"结构规则"。此规则在前面展示中已经被认为理所当然的了，如

单调性（Monotonicity）

$X, Y \Rightarrow C$　蕴涵（implies）　$X, P, Y \Rightarrow C$

（插入任意新前提）

收缩（Contraction）

$X, P, Y, P, Z \Rightarrow C$　蕴涵（implies）　$X, P, Y, Z \Rightarrow C$ 和 $X, Y, P, Z \Rightarrow C$

（认准等同的前提）。

取代它们的是用于具体推理步骤的更忠实的出现记录。第 14. 5. 1 节将展示对时间推理采取这样更细致计算角度的语义动机。

14. 2. 4　公理的完全性

14. 2. 4. 1　一般完全性

在最小时态逻辑中的可证明性和普遍有效性是可以共存的概念。

定理 4　对于所有时态逻辑公式 ϕ，$K_t \vdash \phi$，当且仅当，$\models \phi$。

可靠性部分直接成立，因为所有可证的公式明显有效。至于完全性部分，对这个结果有许多众所周知的证明。我们勾画一个特别简单的方法。考虑一个固定的有限公式域，即 ϕ 连同其所有子公式，定义一致（consistent）公式集 Σ：它所有元素的合取在 K_t 中无可辩驳［即 $\neg(\wedge\Sigma)$ 不是定理］。极大一致（maximally consistent）集 Σ 采用通常的定义（总是相对于我们所限制的公式域）。如通常极大一致集，Σ 满足以下分解性质：

- $\phi \in \Sigma$，当且仅当，$K_t \vdash \wedge\Sigma \rightarrow \phi$
- $\phi \wedge \psi \in \Sigma$，当且仅当，$\phi \in \Sigma$ 和 $\psi \in \Sigma$
- $\neg\phi \in \Sigma$，当且仅当，并非 $\phi \in \Sigma$。

接下来，在这样的集合 Σ，Σ' 上，我们通过以下约定，定义一个二元关系 $<$：

$\Sigma < \Sigma'$，当且仅当，每当$\phi \in \Sigma'$时，$F\phi \in \Sigma$，而且每当$\phi \in \Sigma$时，$P\phi \in \Sigma'$

于是我们有进一步的分解性质（再次在所限制的公式域中）：

- $F\phi \in \Sigma$，当且仅当，存在某个Σ'使得$\Sigma < \Sigma'$并且Σ'包含ϕ，
- 对于过去公式$P\phi$也类似。

因此，人们可以定义有限模型$\mathbb{M}$，它的点都是关联公式的极大一致集，并且具有<序关系，以及来自Σ自身的相关命题变元的赋值。通过对相关公式ϕ作简单归纳，在下面的意义上，这个模型是“典范的”：

$\phi \in \Sigma$，当且仅当，$\mathbb{M}$，$\Sigma \models \phi$

特别是，如果某个时间公式ϕ在$\boldsymbol{K}_t$上不可推导，那么它的否定形成一个一致集$\{\neg\phi\}$，并且它能扩展成为极大一致集：在模型$\mathbb{M}$中的此点，ϕ不成立，因此它不是普遍有效的。

这个构造的一个副作用是所谓的

有限模型性质

公式是普遍有效的，当且仅当，它在所有有限模型上都是有效的。

在模型上通过之前的Z字形方法做一些手术（或通过上面提到的语义列表分析反例的有效性），这些有限模型甚至可能成为特殊的形式，其中优先关系<是非传递的，不具有循环或者汇流性质的。后者的结果也可通过直接的语义分析得到，即相对于相关公式的有限子公式的域，利用所谓的过滤（filtration）技术（Gabbay，1976；Bull，Segerberg，1984；Goldblatt，1987；de Jongh，Veltman，1990）。

除了一般的完全性定理，在14.2.3.4节推演系统图景中，关于系统许多特殊的完全性结果，在有关时间逻辑的文献中均有所涉及。它们的证明要求更复杂的数学论证。

14.2.4.2　从逻辑到框架

在第一个方向，对于时间推理给定一些特殊的公理集合，我们想要找出它的定理在一些特殊的时间框架类上是否刻画了有效性。换句话说，我们希望给予某个“时间推理的风格”一个充分的模型构建。这种结果数量巨大，这里只提如下几个。

（1）相对于在如下框架下的一般有效性包含最小的演算K_t，以及更早的传递性原则的时态逻辑是完全的：

i 所有的传递（transitive）框架类；

ii 所有的传递禁自返（transitive irreflexive）框架类。

（2）相对于所有具有严格线性关系序的框架类（strict linear orders）给上面的系统增加之前两个线性公理的时态逻辑是完全的。

（3）如果勒布公理也添加到前面提到的过去时态形式 H，那么对于所有良序框架类而言，由此得到的逻辑也变成完全的。

（4）一般情况下，更多公理的语义效果常常由它们在 14.2.2.4 的框架对应中所预测。举例来说，加入允许直接分析的萨尔奎斯特风格的“汉布林公理”（Hamblin's axiom）$\phi \rightarrow FH(\phi \vee F\phi)$，将导致一个明显的对应框架条件：时间框架的向前离散性（forward discreteness）。

14.2.4.3 从框架到逻辑

在相反的方向，从一定的时间框架类开始（在某些应用里也许事先给出），我们想要找到某个它所支持有效原则集合的明晰公理化。因此，现在的问题是确定对于一些已经存在的本体论“时间观念”的完全证明理论。著名的例子有整数、有理数或者实数这样的线性结构的完全理论（Burgess，1984），或分支型的像闵可夫斯基空间 - 时间（Minkowski space-time）（Goldblatt，1980；Shehtman，1983）。举例来说：

- 有理数轴 **Q** 的完全时态逻辑是由上面的严格线性序公理加上紧密性（也就是更早的原则 $Fp \rightarrow FFp$）和时间的前驱和后继（也就是，两个公理 PT 和 FT）所给定。
- 实数 **R** 的时态逻辑扩展了 **Q** 的时态逻辑，通过加上进一步的戴德金连续性原则得到，

$$(FHp \wedge F\neg p \wedge G(\neg p \rightarrow G\neg p)) \rightarrow F((p \wedge G\neg p) \vee (\neg p \wedge Hp))$$

这种完全性结果可以大致通过如下方式得到：相关逻辑的非定理可以通过某种像前面已概述的一般完全性的句法方法而得到，然后可以获得一个在目标框架类范围内的反例，或者用某种适宜的方式通过一开始的转换获得模型，或者通过改变典范模型构造来创建需要的结构特征［各种策略的例子，参见（Burgess，1984；Doets，1987；Goldblatt，1987；de Jongh，Veltman，1990）。这些方法涉及一般的一元二阶逻辑的混合，具有特殊的模态特征，正如早先的 Z 字形不变性］。

14.2.4.4 病理：不完全性和不可公理化

虽然完全性问题的事业在时间逻辑（和一般的内涵逻辑）中一直享有巨大的成功，但这不是由于任何特殊宿命。因为，在它之前的两个方向都存在它目标的反例。首先，从逻辑到框架的方向，存在着自然的非完全公理化的时态逻辑，它们不能匹配任何框架类的时态逻辑理论。

例 11 不完全的时态逻辑。

考虑之前的“勒布公理”$H(Hp \rightarrow p) \rightarrow Hp$，和下面的“将来稳定”原则 $GFp \rightarrow FGp$。在传递框架上，后者对应于终点（end-points）存在，$\forall x \exists y(x < y \wedge \forall z\ (y < z \rightarrow z = y))$（“将来稳定”不是萨尔奎斯特形式，因此在这里必须直接证

明）。这两项原则一起形成的逻辑是一致的，但它们不在任何时间框架上有效（Thomason，1973；van Benthem，1989d）。

不过，也有一些普遍的结果保证这类框架完全性，至少对于只涉及特殊公理的时态逻辑。

定理5 对于那些遵守它们相关的一阶条件框架类来说，早先提到的萨尔奎斯特形式定义了演绎完全的时态逻辑。

在（Sambin，Vaccaro，1989）中有这一结果及其证明的现代展示［对于扩展时态语言的一般版本也可参见（Venema，1991a）］。

其次，往另一方向走，则不能确保自然时间框架的时态逻辑理论一定可有效公理化的。事实上，既然只有可数（countably many）的有效公理化存在，并且有更多的非同构（甚至可数）时间框架存在，那么这两者之间的不匹配注定会发生。不过，在现实中找到的很多自然框架类证明可控制也有一般性的原因。例如，一阶可定义（first-order definable）框架类的完全时态逻辑可有效公理化（van Benthem，1989a）。此外，对于许多特殊的可数结构，它们的时态逻辑甚至可能被降低到所谓的自然数有限序列的"拉宾结构"（Rabin structure）的可判定（decidable）一元二阶理论［首次在（Gabbay，1976）引入的技术］。

14.2.5 可判定性与复杂性

尽管当前的综述主要倾向于语义的、表示性的，但在各种演算中，对时间推理的实际算法复杂性的计算兴趣是明显的并最终不可避免的。作为开始，从一般逻辑学家的角度，基本时间推理的复杂性不是非常高。

事实6 时间公式的普遍有效性（或者等价地说，最小时态逻辑的定理）是一个可判定的（decidable）概念。

其原因揭开先前的"有限模型性质"。通过上面的完全性定理，普遍有效性形成一类递归可枚举的公式：但是，非定理也如此（通过检查所有有限模型）。因此，波斯特定理（Post's theorem）给出可判定性。相反，并非所有可判定的时态逻辑具备有限模型的性质，（Gabbay，1976）提出了一个反例。

至于在可判定性水平以下的计算复杂性，最小的时态逻辑代表从纯命题逻辑（co-NP完全）更上一步。为方便起见，下面我们将按照通常的做法考虑可满足性（satisfiability）而不是有效性，从（Spaan，1991）中，记录一些结果（已作为复杂性理论的补充写入到当前的综述）：

- 在 K_t 中，可满足性是PSPACE-完全的。

后面的复杂性在时间逻辑中是相当频繁的。例如，涉及一些早期的例子，我们也有：

- 在 K_t4（传递非自返序）中，可满足性是 PSPACE-完全的，
- 在勒布逻辑（良序）中，可满足性是 PSPACE-完全的。

但某些进一步的限制可能会降低复杂性：

- 在 $K_t4.3$（严格线性序）中，可满足性是 NP-完全的。

到目前为止，更高的复杂性只在其他类型的时间逻辑中找到，即具有 EXPTIME 复杂性的分支演算（branching calculi）（Emerson，Srinivasan，1989）。

当然，这里关键不是类似这样的时间逻辑的绝对复杂性，而是对于形式理论的表达资源以及导致一定复杂行为的特殊框架之间的互动洞察。比如，在线性序上具有更强表达力的形式可能导致更高的复杂性：

- 线性序上全一元（full monadic）一阶语言的可满足性至少是 PSPACE-完全的［这来自（Sistla，Clarke，1982）］。

在这方面有许多悬而未决的问题。例如，在时间甚至单模态逻辑中，复杂性类之确切分布是未知的，而事实上，迄今没有一般性结果［最近的进展是对于单模态逻辑中"布尔定理"（Bull's theorem）的改进（Spaan，1991），它指出所有对 **S4.3** 的普通扩展是 NP 完全的］。此外，关于从子组件中"构造"多模态逻辑，存在许多开放的系统性问题。举例来说，时间逻辑来自于用适当的"桥梁原则"合并"将来"和"过去"两个组件 。然后，自然有以下的问题。

问题 3　综合两个单算子时间逻辑的复杂性类，什么将是它们明显的"最小时态组合"的复杂性？特别的，它将始终是这些组件的复杂性中最大的吗？

（一般情况下，合并两个都是 NP 完全的模态 **S5** 逻辑，将给出一个含有"双主体"的双模态逻辑，它是 PSPACE-完全的。）这个问题实际上是当设计多模态逻辑时，对复杂性跳跃的一般性研究例子（参见第 14.8 节）。

事实上，除了定理在计算复杂性上扮演了一定的角色外，还有很多其他的问题。作为上面观察的一个结果，基本时态逻辑的许多进一步语义性质变得可判定，甚至在一些例子里它们的一阶逻辑对应部分并不可判定［比较（Gurevich，1985）］。例如，全一阶谓词逻辑的单调性是不可判定的，而在这里，我们有以下结果：

例 12　单调性的可判定性。

在某个命题原子 p 中，时间公式 ϕ 的（较早提到的）语义单调性（monotonicity）是可判定的（参见第 14.2.2.3 节）。原因如下。单调性相当于如下推理的语义有效性，它从一个有限的前提集到结论：

$\{\underline{A}\ (p \to p^+)\ \mid \underline{A}$ 由 G，H 算子组成，长度不超过 $d\ (\phi)$ 的任何序列$\}$

$\models \phi(p) \to \phi(p^+)$，

因此相当于明显相关蕴涵的普遍有效性。

对有效可计算性的思考也可在其他点进入时态逻辑。例如，有限模型性质对有限模型提出了一个有趣的限制，以其作为具体可计算性的首要设置。事实上，在这样的结构上，已经对时间公式的"模型检验"问题进行了很多研究（Stirling，1990；Halpern，Fagin，1991；以及下文第14.5节）。对于我们的形式理论，有可能存在系统性的"有限模型论"，就如标准一阶逻辑已经出现的那样（Gurevich，1985）。我们以陈述这条脉络上的两个典型模型论问题作为结束，继而回到早先的一些担忧问题中。首先，相对于一般语义工具，我们的特例不需要比一般例子更加行为端正。

- 当限于有限模型的域，紧致性是否仍然成立？

对于某些特殊的框架类，如有限传递非自返序，紧致性不成立：有限可满足的公式集 $\{F^n T \mid n \in N\}$，在后者类中不存在有限的可满足模型。

另一例子是关于较早前的保持现象（第14.2.2.3节）。在一阶谓词逻辑的有限模型理论中，"存在性的可定义性"和"扩展下的可保持性"之间的著名等价关系，结果是分裂了有限模型的域。但是，特殊时态例子在这方面可能表现更好。

- 肯定存在时态逻辑公式是否仍捕获所有有限模型域内模型扩展下的所有形式语义保持性质?

这两个问题是相关的。对第一个问题的肯定回答，可能被视为蕴涵了对第二个问题的肯定答案。但事实上，第一个问题至今仍然悬而未决，而第二个将用下面第14.2.7节的方法给以正面解决。

14.2.6 时间代数

另外，还存在时态逻辑的数学角度。它用一种不同的方式绑定语法和语义（Thomason，1972）。可以在时态代数（temporal algebras）上解释我们的语言，也就是布尔代数 $\mathbf{A}=(A,0,1,+,\cdot,-)$ 加上两个满足下列条件的一元算子 f 和 p，对应于最小时态逻辑的公理：

$f(x+y)=f(x)+f(y) \quad p(x+y)=p(x)+p(y)$

$f(0)=0 \quad p(0)=0$

$f(-p-(x))\leqslant x \quad p(-f-(x))\leqslant x$

在时间代数中，解释开始把命题符号赋给代数元素，之后布尔算子递归地解释公式中的布尔组合，以及额外的操作 f，p，它们是使用时态算子 F，P 形成的组合。然后，赋值下的一个代数公式的"真"意味着在这个计算下获得的值为1。我们将只大致列出时态语义的这种可选择路径的一些特性。

很容易证明一个公式在最小时态逻辑 K_t 上是可证明的，当且仅当，在所有时间代数的所有赋值下它的赋值都为1。可靠性可直接得到；至于完全性，人们可以经由时间的林登鲍姆代数（Lindenbaum algebra）直接构造进行；通过识别模数可证明等价的项，它驳斥所有不可导出的等式。

更有趣的问题是这个代数角度如何与之前的模型论角度取得联系。这里的一个方向是显而易见的。时间代数的主要例子是之前时间框架上的幂集代数，加上额外的集合论的操作 f, p，定义如下：

$$f(X)=\{t\in T \mid \exists t'\in X t<t'\} \quad p(X)=\{t\in T \mid \exists t'\in X t'<t\}$$

但是在相反的方向，通过著名的斯通超滤表示（Stone ultrafilter representation），时间代数 $\boldsymbol{A}$ 也许可以表示为时间框架。也就是说，存在一个框架 $\mathbb{F}$（$\boldsymbol{A}$），其点 T 是 A 上的超滤，关系为二元优先关系 <（其定义同之前的完全性证明中的定义），以及 T 子集的特殊族 P，形成一个同构于 $\boldsymbol{A}$ 的时间代数［对于这种表示方法的一般计算参见（Abramsky，1989）］。那么，这里真正得到的不是一般的全幂集代数，而是具有“明显范围”的子集框架，在集合论的布尔操作以及上述 f 和 p 操作下封闭。让我们称这样的结构（T，<，P）为广义框架（general frames）。由此可见，再次在反方向上，广义框架 $\boldsymbol{F}$ 已经足以产生相应的时间代数 $\mathbb{A}(\boldsymbol{F})$。

当配备了之前提到的“p-态射”的适当版本、时间代数框架，以及与其相应的同态（Goldblatt，1976；van Benthem，1984；Sambin，Vaccaro，1988），在所有广义框架之间存在一个完全的范畴对偶。这种数学的连接已经被文献所探索过，从通用代数到内涵逻辑可转移基本结果与方法，因而也可转移到时态逻辑中。一个例子是伯克霍夫（Birkhoff）著名的等式变种刻画，已被用到获取这些广义框架类的模型论描述，这些广义框架类是“时态逻辑可定义的”，并可作为使某个时态逻辑公式集有效的所有框架类（Goldblatt，Thomason，1975；van Benthem，1984a；另见下文第14.2.7节）。

广义框架本身也挺有意思。它们可能被视为一种“二类”版本（“two-sorted” version）的时间框架，同时有时间“点”的域和合理的时间“命题”。时间公式在广义框架的某个点 t 上的真值相当于它在框架上的所有模型中的真值（此框架通过区分命题范围 P 上的集合赋值给命题原子）。这种结构在应用中有独立的意义，相关的时间命题通常满足某些限制，例如“凸”（van Benthem，1986b；Blackburn，1990），具体的例子可以在第14.3节找到。此外，通过对之前完全性证明的略微修改，广义框架的局部后承可以为下面的最小推演的似然扩展概念提供了一个完整的语义。

ϕ 可以从 $\sum$ 推演，使用最小时态逻辑 K_t 的所有原则和一条添加规则：对命题元素的公式代入。

广义框架的模型理论接近于一阶逻辑的模型理论。实际上，它们本质是高阶逻辑中亨金（Henkin）著名的“广义模型”（Enderton，1972；Doets，van Benthem，1983），具有规定幅度的谓词量词，并且它使二阶逻辑在本质上变成了二类的（two-soited）一阶系统。

14.2.7 标准逻辑的视角

目前为止，时间逻辑的许多特性让人回忆起标准一阶谓词逻辑。这个观察可以通过从时间形式到合适的一阶对应的直接（direct）翻译获得支持。逻辑学家已经知道后者具有规约的可能性好久了（van Benthem，1977），虽然它后来被计算机科学家重新发现［参见（Moore，1980）关于认知逻辑的规约，或（Ohlbach，1991）的各种模态定理证明规约方法的综述］。这些翻译可视为对时间算子语言的语义真值条件的形式化。从实际的观点看，这允许我们从各种角度考虑时间的规约：或者是作为算子的直接操作（参见第 14.2.3 节），或者作为一阶定理证明的亚种（参见这一卷里面 Fariñas del Cerro & Herzig 的章节）。

例 13 再访合取分配。

人们可以证明 $G(p\wedge q)\leftrightarrow(Gp\wedge Gq)$ 的有效性，通过对它所对应的公式 $\forall y(t<y\rightarrow(Py\wedge Qy))\leftrightarrow\forall y(t<y\rightarrow Py)\wedge\forall y(t<y\rightarrow Qy)$ 做单纯的一阶推演。

更理论地说，这一规约为时态形式理论的长处和弱点提供了更系统的理解，就如将在下面看到的那样。具有相关联的两个有用观点已经证明了一个富有成果的总体策略。

14.2.7.1 时间逻辑作为模型上的一阶逻辑

前面论述中提出的各种类比给时态逻辑形式理论建议了“一阶规约”的观念，也就是吸收时间算子成为量词。这可以通过如下标准翻译（standard translation）完成，翻译到具有如下方式的谓词逻辑：时间点上的变元，二元关系符 <，以及对应先前的命题元素 p，q，…的一元谓词 P，Q，…。在这里，每一个时态逻辑公式 ϕ 转变为一阶公式 $\tau(\phi)$，此公式具有代表“当前赋值点”的自由变元 t_0：

$\tau(p)=Pt_0$

$\tau(\neg\phi)=\neg(\tau\phi)$

$\tau(\phi\#\psi)=\tau(\phi)\#\tau(\psi)$ 对于所有二元布尔联结词#

$\tau(F\phi)=\exists t'(t_0<t'\wedge[t'/t_0]\tau(\phi))$

$\tau(P\phi) = \exists t'(t' < t_0 \wedge [t'/t_0]\tau(\phi))$

时间模型也直接可被看做是这个一阶语言的结构，然后在时态逻辑公式 ϕ 和它的翻译 $\tau(\phi)$ 之间，均用标准的方式赋值，那么我们在每个点将有一个明显的等价。在内涵逻辑中，这种翻译已经成为很多类似逻辑的范本。

备注　对象语言和元语言。

在计算文献中，上述翻译有时描述如下。时间形式理论是一个“对象语言”，而一阶形式理论是其语义的“元语言”。相应的，对原子 Pt，人们常常发现更巴洛克式的（Baroque）概念，例如 TRUE(p，t) 或 AT(t，p)。然而，通过后者概念人们一无所得，它甚至建议了一个那里根本不存在的塔尔斯基奥秘。

本翻译把许多关于一阶逻辑的结果直接转换到时态逻辑。特别是，人们获得了之前提到的有关语言的紧致性和洛文海姆－斯科伦性质，以及普遍有效性的可递归公理化。然而并非自动产生的结果是，如之前普遍有效性的可判定性：因为它不是全一阶语言的性质，而是它更小“时态逻辑片段”的一个特性。

有关转换的更微妙例子出现在之前的“保持结果”中，它清楚地说明了在受限的一阶片段工作的特点。例如，如果时态逻辑公式 ϕ 在模型扩展下得到保持，那么其谓词逻辑的对应部分 $\tau(\phi)$ 也是如此（在标准模型论的意义上）。因此，沃施的通常保持结果适用于此：而且 $\tau(\phi)$ 必须逻辑等同于某些肯定存在性一阶公式。但是，在一般情况下，这也不能保证后者自身将是某个时态逻辑公式的翻译！因此，尚有工作要做，以显示在时态逻辑中，可以发现特征形式。我们将继续用这个例子说明，以证明一般情况的微妙，它不能用有关“模态逻辑”与“标准逻辑”的简单口号来解决。两者之间的区别一个例证如下。

例 14　扩张下的保持。

由于它们算子 F 和 P 的“肯定出现”（positive occurrence），时态逻辑中的肯定存在性形式（positive existential forms）也有另一个保持性质：

如果$\mathbb{M}$，$t \models \phi$，以及$\mathbb{M}^+$是向$\mathbb{M}$ 增加对子到其关系 < 的某个扩展，

则$\mathbb{M}^+$，$t \models \phi$。

这不是在扩展下保持的一个自动结果。例如，一阶公式 $\exists y(\neg\, t < y \wedge Py)$ 在后者意义上得到保持，而不是在前者。但是，它不在时间逻辑片段的内部。

不过，下面的模型论结果成立。

定理 6　一个时态逻辑公式在模型扩展下保持，当且仅当，它等价于某个正的存在时态逻辑形式。

我们将给出证明，既为了其内在的意义，也因为它很好演示了在受限制的形式理论上工作的奇特性。有时，我们可求助于一阶逻辑的一般特点，也有时则求助于时态逻辑公式的特殊行为。

证明 首先，肯定存在性时间公式明显具有在模型扩展下所描述的保持性质。

反方向开始于一个标准的模型论方法。假设 $PE(\phi)$ 为所有的肯定存在性后承的集合，我们证明 $PE(\phi)\models\phi$。因此，由紧致性，某个 $PE(\phi)$ 的有限子集必须已经蕴涵了 ϕ，其合取将被要求肯定存在性等价的。

设$\mathbb{M}$, $t\models PE(\phi)$。然后，很容易证明下面的公式集是有限可满足的：$\{\phi\}\cup\{\neg\psi\mid\psi$ 是肯定存在公式，并且$\mathbb{M}$, $t\models\psi\}$。继而通过紧致性，它甚至在某个模型$\mathbb{N}$上的 t'点同时可满足。尤其是，在$\mathbb{N}$ 上的 t'点为真的每一个肯定存在性公式在$\mathbb{M}$ 上的 t 点也为真。

下一步，采用任意一个$\mathbb{M}$ 的 ω-饱和（ω-saturated）基本扩展$\mathbb{M}^*$［参见（Chang，Keisler，1973）中这一概念。技术细节在这里并不是最重要的，但是这一步省略了通过$\mathbb{N}$ 特殊"图表"的一个很长论证］。然后，点之间的二元关系 C 定义如下：

Cxy，当且仅当，"y 验证一切在 x 的肯定存在性公式"用下面这种方式连接模型$\mathbb{N}$ 和$\mathbb{M}^*$：

- $Ct't$
- C 在$\mathbb{N}$ 中的域在 $<$ - 后继与 $<$ - 前驱下封闭，于是 Z 字形的一半条件对 C 来说成立，即从$\mathbb{N}$ 到$\mathbb{M}^*$。

现在，我们通过从$\mathbb{N}$ 到其 t'的解开（unraveling），即结构$\mathbb{N}^\$$。其定义域包括所有在$\mathbb{N}$ 中从 t 开始的有限序列点，满足每个序列中的下一个点是 $<$ - 后继或 $<$ - 前驱，并且该序列具有明显的结合序和值判定性质。通过映射序列到它们最后一个元素，可以获得从$\mathbb{N}^\$$ 到$\mathbb{N}$ 一个明显的 Z 字形。此外，通过$\mathbb{N}^\$$ 上序列长度的递归，可以很容易定义一个从$\mathbb{N}^\$$ 到$\mathbb{M}^*$ 的 Z 字形函数 Z。

然后，我们扩展$\mathbb{N}^\$$ 到新的模型$\mathbb{N}^£$，使得有一个双向的 Z 字形链接到$\mathbb{M}^*$（Z 的扩展）。这个想法如下：加入一个$\mathbb{M}^*$ 到$\mathbb{N}^\$$ 的同构拷贝，然后由这个明显的同构扩展 Z 得到。此外，在$\mathbb{N}^\$$ 中的 x 点和$\mathbb{M}^*$ 拷贝中的 y 点之间提供下列新的 $<$ 连接：

如果 Zxy'，$y'<y$，则放入 $x<y$

如果 Zxy'，$y<y'$，则放入 $y<x$

很容易检验，这定义了一个扩展模型$\mathbb{N}^£$ 和$\mathbb{M}*$之间的 Z 字形关系。

把所有的构造放一起，就可以获得论证结果：

$\mathbb{N}$, $t'\models\phi$　　（构造）

$\mathbb{N}^\$$, $t'\models\phi$　　（Z 字形不变性）

$\mathbb{N}^{\pounds}$，$t' \models \phi$　　（扩展下保留）

$\mathbb{M}^*$，$t \models \phi$　　（Z 字形不变性）

$\mathbb{M}$，$t \models \phi$　　（基本子模型）

14.2.7.2　刻画时态逻辑片段

从时态逻辑公式能导出全一阶语言的什么片段呢？答案之一可以在（van Benthem，1977；1984a）中找到，它表明之前根据 Z 字形不变性的语义分析切中了目标。

定理 7　上面语言中的一阶公式 $\phi = \phi(t_0)$ 等价于一个时态逻辑公式的翻译，当且仅当，它在时间模型之间的 Z 字形关系下是不变的。

证明　不变性自身已经如上所示。相反的，假设 $\phi(t_0)$ 是任意具有这种不变性的一阶公式，$TL(\phi)$ 为它所语义蕴涵的时态逻辑公式翻译的所有公式的集合。我们证明 $TL(\phi) \models \phi$，从而通过紧致性可以推导出所要的等价式（此论证让人想起之前扩展下保留性的证明）。

所以，设$\mathbb{M}_1$，$t_1 \models TL$（ϕ）。然后，很容易看到下面的公式集必须是有限可满足的：$\{\phi\} \cup \{\tau(\psi) \mid \psi$ 是在模型$\mathbb{M}_1$ 点 t_1 上为真的任意时态逻辑公式$\}$，因此，通过紧致性，这个集合有一个模型$\mathbb{M}_2$，并且在点 t_2 上 ϕ 成立，并与所有时态逻辑公式在 t_1 上完全一致。现在，分别取模型$\mathbb{M}_1$，$\mathbb{M}_2$ 的任何两个 ω-饱和的基本扩展$\mathbb{M}_1^*$，$\mathbb{M}_2^*$。然后，通过应用饱和性的一个简单论证，在时态逻辑公式上都一致的关系必须是连接分别在$\mathbb{M}_1^*$ 和$\mathbb{M}_2^*$ 中的 t_1 与 t_2 之间的 Z 字形。因此，我们有：

$\mathbb{M}_2$，$t_2 \models \phi$　（构造）　$\mathbb{M}_2^*$，$t_2 \models \phi$　（初等扩展）

$\mathbb{M}_1^*$，$t_1 \models \phi$　（不变性）　$\mathbb{M}_1$，$t_1 \models \phi$　（初等缩减）

但也可以从一个不同的观点分析情况，通过涉及它们公式表示真值条件的变元数目或“语义寄存器”，强调时间算子的语义复杂性。重新审视上面的翻译，对于基本时间形式理论，它的复杂性是低的。

事实 7　每一个时态逻辑公式，通过正确的循环再用，可以转化为一个仅有两个变元的一阶公式。

例如，迭代 $GFPq$ 可以翻译为 $\forall t > t_0 \exists t_0 > t \exists t < t_0 \, Qt$，而不是更常见的结果 $\forall t_1 > t_0 \exists t_2 > t_1 \exists t_3 < t_2 Qt_3$。由此开始，（Gabbay，1981）提出了更一般的观察。

命题 3　下面两者之间存在有效对应：具有一阶定义的有限数量算子的命题时间逻辑，以及一阶语言上所称的 k-变元片段（有固定数量 k 的变元，此变元可受限或自由）。

因此，一个具有“功能完全性”的时间形式理论可以看做是已经产生了整

个一阶语言的某个 k 变元片段的存在。我们在下面第 14.3 节会回到这个问题。

于是，基本时态逻辑存在于 $k=2$ 的低变元水平。不过，这不是故事的全部，因为在谓词逻辑的 2 变元片段中也存在公式，此片段在 Z 字形关系下没有不变性。然而，我们至少决定了“表达复杂性”的正确水平。

备注 完全的二变元片段

为了获得完全的 2 变元片断，人们必须至少添加一个“时间无殊”（temporal indifference）的算子 I（van Benthem，1989a），定义如下：

$$Iq = \exists t(\neg t < t_0 \wedge \neg t_0 < t \wedge Qt)$$

存在着 k 变元片段的几种语义刻画。值得注意的是，（Immerman，Kozen，1987）使用了模型论的技术［模型比较的“埃伦芬赫特（Ehrenfeucht）博弈”］，并对此技术做出了适当的修改，即通过增加“圆石”记录博弈过程中选择的对象。第 14.3 节将提出另一个分析，把早先的 Z 字形延伸到在抽象模型论中可找到更一般的模拟。

14.2.7.3 什么是好的片段？

在哲学和计算的文献中，可以看到在时间算子形式理论的用户和喜欢具有明确的时间点上量化标准谓词逻辑形式理论的用户之间，存在着一定的张力。在这里不对这个问题进行裁判，只记录其中几点。

首先，时间算子形式理论作为一种形式化时间推理的方法是相当明晰的。此外，不能排除这种可能性——它可能会找到其他的合理解释，超出在目前的一阶翻译中已编码的解释，所以增加了它的独自意义。其次，从模型论的角度重新考虑上述标准片断，它既有优势也有劣势。我们所注意到的一个优势是对于各种重要语义属性的更好行为，比如单调性，或者其他形式的持续性。缺点包括缺乏像斯科伦化（Skolemization）那样有用的技术：算子语言并没有提供前束的形式，把时间算子拉到前面，然后显示函数依赖。例如，在前面模型扩展下持续性例子中，在标准意义上，所有存在性正时态逻辑形式的翻译显然是存在的，但大多数相关的前束形式没有时态逻辑对应，请看一个这样的例子

$$Fp \wedge Fq \quad \exists t(t_0 < t \wedge Pt) \wedge \exists t(t_0 < t \wedge Qt)$$

$$和\ \exists t \exists t'(t_0 < t \wedge t_0 < t' \wedge Pt \wedge Qt')$$

［但是，用于缓解这种情况的各种方法已经提出，参考（Fitting，1989）］。更普遍的，这个问题是在作为整体的谓词逻辑下成立的经典定理下，k-变元片段在何种程度上是封闭的。对于许多标准的结果，如福斯（Voss）风格的持续性定理，至今没有一般的答案。

对于证明论的关心使得图景再一次多样化。考虑一般情况的谓词逻辑，已知的是 k-变元片段的完全演绎系统可能有必要通过更高的片断走“弯路”。于是，

早先的完全性定理的部分内容将不会发生在基本时态逻辑里。然而，停留在片段里这样的做法的确剥夺了我们有用的演绎技术，如一般推理（比较法里纳斯和赫齐格在此卷上关于模态定理证明的贡献）。另一方面，演绎中的算子操作十分明晰，就如许多人在实践中发现的那样［参见布洛斯（Boolos，1979）关于模态“可证性逻辑”的例子］。所以再一次说明，这里没有任何明确的赢家。也许，两个研究角度应该一起保持：就如它们已经一同存在好久了的那样。

14.2.7.4　作为高阶逻辑的时态逻辑

当从时间模型改变到时间框架时，时态逻辑真值获得了一个二阶的味道。因为，先前的$\mathbb{F}$，$t \models \phi(p_1, \cdots, p_n)$ 等同于以下“一元普遍的”（*monadic universal*）二阶公式的真值：

$$\forall P_1 \cdots \forall P_n \tau(\phi)$$

这一视角和前面的一阶视角是同样基本的，因为许多表达力和可公理化的讨论主要是关于框架类的。而且，通过这个“标准转录”，为了时间逻辑的目的可以征集现有二阶逻辑的正知识。但是，这里也有一个不确定性的来源，即给定已知二阶逻辑的复杂性（Doets，van Benthem，1983），获得它的表达力需要付出一定的代价，例如，不能对后承概念能行可公理化。因此，往往有一个微妙的问题，就是是否以及何时给予了时间逻辑这个“世袭祖传罪”。

我们从模型论开始，也就是早先的可定义性概念。在肯定的方面，van Benthem（1985）和其他人的工作证明了通过二阶逻辑的一般模型论推理，前面对应的一个方向可以有如下刻画。

命题4　一个时态逻辑公式定义了框架的一阶性质，当且仅当，它在超幂形式下持续。

在另一个方向，也有一个肯定的结果（Goldblatt，Thomason，1975）。

定理8　一阶可定义框架类可由一组时间逻辑公式定义，当且仅当，它在下列形式下封闭：不相交并、生成子框架和p-态射像，同时它的补集是在超滤扩展形式下封闭。

在否定性结果方面，比如，一元二阶公式的一阶可定义性是一个不可判定的（undecidable）概念（van Benthem，Doets，1983），以及（Chagrova，1991）得出基本的普赖尔时态逻辑蕴涵了同样的情况。

其次是语义后承和公理推演的事务。至于一般的复杂性，（Thomason，1975）已经证明，一般来说，基于框架类的时间逻辑后承就如二阶后承一样复杂。然而，也有许多积极的结果，如在特殊框架或框架类上的有效性。一个很好的例子来自（Doets，1987）。虽然像整数 $\mathbf{Z}=(Z, <)$、实数 $\mathbf{R}=(R, <)$ 这样结构的完全二阶逻辑是极其复杂的，它的普遍一元片段可以用自然的方式

得到有效公理化，涉及这些框架的完全一阶理论以及“归纳”、“连续”原则明显的模式形式［以及对于 **R** 所谓的“苏斯林（Suslin）性质”］。它为许多自然时态框架的时态逻辑公理化的极大成功提供了另一个解释。也许这类中最棒的结果还可以在（Burgess，Gurevich，1985）中找到，他们甚至证明了所有线性框架以及所有戴德金连续的线性框架的完全一元二阶理论是可判定的。

因此，时间逻辑也可能被视为时间框架上的高阶逻辑的可选择片段研究。这些片段虽然有合理的可表达力，但当应用它的完全普遍性时，它设法摆脱一般的复杂性和逻辑性质的稀缺性这个问题使后者的形式理论遭受苦恼。

14.3 范式的扩展

14.3.1 附加时间算子

也许基本的时态逻辑从几个观点来看是自然的，但它仍然在许多应用中严重缺乏表达力。因此，为了处理更多复杂的时间关系，哲学和计算科学的文献已经出现了一定数量的方案来扩展这个形式系统。这里将考察各种可能的增强，我们从一些比较温和的方案开始。

• 差异（difference）

第一个添加到基本形式系统的是“在不同世界的”真值，它由几个作者独立地提出（Sain，1988；Goranko，1989；Koymans 1989），其目的是创建更平滑的时间表示语言：

$\mathbb{M}, t \models D\phi$ 当且仅当存在某个 $t' \neq t$ 使得 $\mathbb{M}, t' \models \phi$

这克服了旧形式系统的很多限制。举例来说，关于框架，时间序的禁自返性现在可以通过原则 $F\phi \to D\phi$ 获得定义。事实上，我们很容易看到，甚至在时间序上所有普遍的一阶条件变成在时间差异逻辑框架上可定义。由此产生的模型论变化了，但不会超出理解［（de Rijke，1992a）第一次系统性的探索］。

至于公理化，最小的逻辑现在增加了一些原则，使得相关关系 R_D 尽可能符合实际“不相等”关系的语义直观：

$D\neg D\neg\phi \to \phi$ 对称性

$DD\phi \to (D\phi \vee \phi)$ 伪传递

$F\phi \to (D\phi \vee \phi)$ $\forall x \forall y$：$x < y \to (RDxy \vee x = y)$

在此基础上进一步公理化更多的逻辑，往往需要启用新的推理规则，即

如果 $(p \wedge \neg Dp) \to \phi$ 是定理（p 不出现在 ϕ 中），那么 ϕ 本身也是定理。

在语义上，这条规则表达了关系 R_D 上的禁自返性，是无法被基本时态语言定义的。

备注　另一种分析。

禁自返性还可能用另一种对基础语言的扩展来实现，即通过命题量化（quantification over propositions）。例如，上面的规则在其演绎效果上相当于增加了一条公理 $\exists p\ (p \wedge \neg Dp)$，它是建立在对于命题量词标准演绎的基础上。在下文我们将不考虑后面这种扩充。

不管什么样的方式，这里有个一般性的问题：让时间形式理论变得更丰富也使我们之前的演绎工具得到扩充。

• 进行时态（progressive tense）

即使在自然语言里，除了普赖尔式的过去和未来，还有其他时态。一个著名的例子是英语的进行时（“be-ing”，参考 14.2.2.1 节），其含义可以通过一个“拓扑的内部”算子来达到近似：

$\mathscr{M}, t \models \Pi\phi$，当且仅当，存在 $t' < t$，$t'' > t$，使得，对于所有在 t 与 t'' 之间的 x，$\mathbb{M}, x \models \phi$

这个算子通常比早先的 14.2.7.2 节中 k-变元层次更高一步，因为它在陈述中需要三个变元。现在变成可表达的是“之间”的时间模式，而早先它是被 Z 字形无视的。这个逻辑在线性序上的完全公理化结果最近已经在（Shehtman，1989）中发现（最后进行时应视为“语态算子”而不是时态。这使得它成为超越普赖尔核心，比它大得多的语言结构的家族，进一步的细节见第 14.6 节）。

• 下一步时（next time）

另一个在这个复杂性层次的有用算子是“下一步时”（N），在离散线性序上任何时间点 t 的即刻后继 $t+1$：

$$\mathbb{M}, t \models N\phi，当且仅当，\mathbb{M}, t+1 \models \phi$$

我们再次用纯 < 符号表示序关系，这里本质上需要三个变元。注意：此添加如何跨越传统语言模式的分类：“下一个”或“明天”不是时态，而是一个所谓的“时间副词”。文中最后的例子也会涉及这样的副词。

• 自从和直至（since and until）

也许增强的时间逻辑在计算科学界最著名的例子是由（Kamp，1966）所引入的二元（binary）时间算子“自从”（S）和“直至”（U）：

$\mathbb{M}, t \models S\phi\psi$，当且仅当，对于某个 $t' < t$，$\mathbb{M}, t' \models \phi$ 以及对于所有的在 t' 和 t 之间的 x，$\mathbb{M}, x \models \psi$；

$\mathbb{M}, t \models U\phi\psi$，当且仅当，对于某个 $t' > t$，$\mathbb{M}, t' \models \phi$ 以及对于所有的在 t 和 t' 之间的 x，$\mathbb{M}, x \models \psi$。

它们普及的原因之一在于稍后将讨论的一个函数完备性结果。它说的是，在某种意义上，这两个算子标示了最终的意义尽头：到目前为止，我们已取得了一阶语言在时间模型上的全部表达力（至少，只要坚持连续线性序）。{S，U} 逻辑在各种框架类上的完全公理化已经在（Burgess，1982；Goldblatt，1987；Gabbay，Hodkinson，1989）中给出。

基本时态逻辑构架中的其他变种也是可能的，不一定使用上面的时间算子。值得注意的是，可以考虑限制到一类特殊的时间命题类中，享有某些特殊语义性质。例如，在描述物理事件时，人们可能会把注意力集中到那些生存时间是凸（“不间断”）的时间间隔，或者最多是这些的有限并集。对命题字符的赋值所带有的限制性时态逻辑，已经在（van Benthem，1986b）中得到研究。此外，(Blackburn，1990）引入了“名称”（nominals）到时态逻辑语言中，就是特殊命题字符的外延只能是时间域中的单元素集合。这些作为日期，即特定时间点的名字。

14.3.2 时间形式的逻辑理论

上面的扩展同样可用之前发展的模型论和证明论的技术来研究。当然，基本例子的具体定理可能会转换过来，或转换不过来。这种转换的一般理论至今还理解不够充分。我们只是给一些可以发生转换的例子。

例 15 萨尔奎斯特定理（Sahlqvist's theorem)。

早先在第 14.2.2.4，14.2.4.4 节的萨尔奎斯特定理在其对应的一部分推广至 D-逻辑。但是，它的完全性部分未能成立。例如，只有单一萨尔奎斯特公理 $\phi \to D\phi$ 的逻辑是演绎一致，但并不在任何框架上成立［（de Rijke，1992a)；当添加了早先的“非自返规则”后，（Venema，1991）证明了一个更一般的情况］。现在，一些形式理论可能不适合带出类似早先结果的内容。例如，不能用 S 和 U 算子把上述定理概括至一个显然成立的命题。然而，许多新的一阶可定义的时间算子可用于包括原始形式的各种萨尔奎斯特形式。对其证明的进一步考虑实际上显示：

在前件里，任意连续（continuous）m 元的模态是可采纳的（而不是仅仅是 F，P)，它和它命题参数的任意交集是可交换的——然而由此产生的后件可能包含任何除了 F，P，G，H 之外的单调（monotonicity）模态。

因此，萨尔奎斯特形式将会出现在许多更丰富的模态形式理论中，其增加的算子常常是单调的，或者甚至是连续的。后者关于时间算子的一个典型例子是“存在”的二元概念，如

$\mathscr{M}, t \models \phi + \psi$，当且仅当，$t$ 是某些点 t_1，t_2 的上确界，

使得$\mathbb{M}, t_1 \models \phi$ 和 $\mathbb{M}, t_2 \models \psi$

此外，这种连续属性可以扩展至前件所允许的某些 S 和 U 的出现中（de Rijke，1992b）。

这个例子实际上说明的是一个更一般的研究课题。在许多情况下，有关基本模态和时间逻辑的经典结果证明是具有“数学核心”，能够独立于原来形式理论的描述。然后，进一步的模态系统的推广变得相对简单［相同研究课题的另一个实例是在（van Benthem，1987）中找到的模态可证性逻辑不动点定理的一般分析，它的依赖很少，除了在良序上类似量词算子的“向前保持性”］。本研究课题还有待进一步发展到一般性。

也许一般设置下最明显的结果是一个关于丰富化过程的“极限点”，即时间形式理论的函数完全性（functional completeness）。

坎普定理（Kamp's theorem） 在连续线性序上，任意具有自由变元的一阶命题在 $\{S, U\}$ 形式理论下是可定义的。

证明见（Kamp，1966）。自那时起这一结果又被乔纳森·斯塔维（Jonathan Stavi）扩展（Gabbay，1981b）；他提供了两个额外的时间算子使得命题时间逻辑在任意（arbitrary）线性序上是完全的。现在的问题是：对于出现在普遍一阶描述语言之下的各种时间算子，一个更系统的角度是什么？这里有几种可能的观点，我们继续前面第 14.2.7 节的讨论。

分析完整一阶语言的逐步增强片段的一个光明语义之路是从之前的 Z 字形或者“互模拟”的概念开始的，和它所导致的在时间形式理论上的不变性。存在一个自然的越来越细的“模拟”概念层次，更加符合比较的时间结构模型，如三个点的“之间性”或在优先序的上确界和下确界。在语法方面，存在一个更多与复杂的时间算子相对应的阶梯，仍然在适当灵敏的模拟下保持不变性。在（van Benthem，1989a）中，对一般模态逻辑在更多技术性细节方面进行了发展，而它也适用于这里。

另一个有用的视角使用前面对应到时间算子形式理论的有限变元片段的观察中（参见第 14.2.7.2 节），它只包括到一些固定的有限数量时间点设置上的语义计算。P 和 F 的基本时间逻辑位于两个变元的层面，而 S 和 U 本质上涉及三个变量。坎普定理然后可以理解为，在有利的情况下，这三个变元足够用来定义整个时间一阶语言。人们还必须分析有限变量层次结构的更多逻辑细节，以便更好地了解这种情况。

插叙 有限变元片段和部分同构。

对于完整的一阶语言，在两个模型之间有一个著名的概念叫部分同构（partial isomorphism)，是指存在非空的有限同构族，它们的定义域是同构的，相对于双方个体对象增加满足向后以及向前扩展性质（Hodges，1983）。这个族中的部分同构将符合作比较的两个模型对象的有限序列；这些对象验证了在完全描述语言下相同的一阶公式。现在，当描述后者的 k-变元片段时，这个概念可能会受限于“k-部分同构”的使用，也就是存在一个长度至多（all with at most finitely many exceptions）为 k 的部分同构的非空族，它的向后和向前性质只是扩展到长度为 k，同时对于它的同构到更小长度下子同构的限制下封闭。

例 16 线性序之间的部分同构。

匹配所有等同长度的有限序列以及相对位置给出了有理数和实数的部分同构。不过，比较有理数和整数模型发现，只有2-部分同构可以被建立（通过匹配类似对和“单点”），3-部分同构不存在：作为密度的数学属性，两个模型之间的特征性差异会遇到问题。当然，在一般情况下，结果也可能受线性序上的原子命题模式所影响。

改变 k 的 k-部分同构下的不变性提供了一个更细筛子，它是用来区分完整一阶语言内部的不同命题种类。通过举例方式可知，在第14.2节的基本时态逻辑形式理论只需要长度最多为2的部分同构：最大长度甚至没有参与往后－向前的过程（本质上讲，这解释了为什么它的Z字形的特征概念能够只通过匹配单个时间点而得到）。现在，这里有一些对上述概念的一般模型论结果，证明了常规情况下 $k=3$（但我们的结果其实具有相当强的一般性）。

命题 5 只用变量 x_1，x_2，x_3 构造的公式 $\phi=\phi(x_1, x_2, x_3)$，在以下意义上对3-部分同构保持不变。

设 $\boldsymbol{P}$ 是长度最多为三的部分同构族，在两个模型 $\mathbb{M}_1$，$\mathbb{M}_2$ 之间建立了3-部分同构。然后，$\boldsymbol{P}$ 上任意匹配序列的对子将给两个模型中这样的公式以相同的真值。

证明 对 ϕ 进行一个简单归纳。假设部分同构映射 $a_i \to b_i$（$1 \leqslant i \leqslant 3$）属于 $\boldsymbol{P}$。这是在归纳过程关键步骤中量词情形的一个方向（布尔表达式的情况很显然的，故略去）：$\mathbb{M}_1 \models \exists x_1 \phi(x_1, x_2, x_3)[a_1, a_2, a_3]$ 蕴涵着 $\mathbb{M}_1 \models \phi(x_1, x_2, x_3)[a, a_2, a_3]$ 对于对象 $a \in A$（由真值定义）。由于限制 $a_i \to b_i$（$2 \leqslant i \leqslant 3$）也属于 $\boldsymbol{P}$，应用到 a 的往后－向前性质可得到一个部分同构 $\{(a, b), (a_2, b_2), (a_3, b_3)\} \in \boldsymbol{P}$，对于某个 $b \in B$。所以（通过归纳假设）$\mathbb{M}_2 \models \phi(x_1, x_2, x_3)[b, b_2, b_3]$。再次通过真值的定义，可得 $\mathbb{M}_2 \models \exists x_1 \phi(x_1, x_2, x_3)[b, b_2, b_3]$，于是 $\mathscr{M}_2 \models \exists x_1 \phi(x_1, x_2, x_3)[b_1, b_2, b_3]$。

由于下面的反方向结果，上述分析实际上提供了一个完美的结论。

定理9　任何3-部分同构不变的全一阶语言公式 $\phi=\phi(x_1, x_2, x_3)$（可能使用除了 x_1，x_2，x_3 的其他约束变量），在逻辑上等价于一个只使用这3个变元构造的公式。

证明　这个定理的证明和第14.2.7.2节的基本时态逻辑片段的刻画基本上类似。关键部分仍然是最终引进一个合适的Z字形关系。这里有用的是这样的观察结果：长度最多为3的部分同构 $a_i \to b_i$ 的族 $\boldsymbol{P}$ 可以被定义在饱和基本扩展 $\mathbb{M}_1^*$ 和 $\mathbb{M}_2^*$ 之间（我们只显示最长点序列的情形）：

对所有三变元的公式 ψ，

$\mathbb{M}_1^* \models \psi[a_1, a_2, a_3]$，当且仅当，$\mathbb{M}_2^* \models \psi[b_1, b_2, b_3]$。

前面的两个命题合计为全一阶语言的3-变元片段提供了一个完整的模型论刻画，事实上对于一般情况下的 k-变元片段也是如此。此外，我们的分析还有以下推论。

推论1　对于全一阶语言的3-变元片段的表达完全性，以下条件是充分的：

如果两个模型通过某个 $\boldsymbol{P}$ 族是3-部分同构的，

那么它们对某个 $\boldsymbol{P}$ 的扩展也是部分同构的。

证明　在全一阶语言中的任何公式（最多有自由变量 x_1，x_2，x_3）在有限部分同构下是不变的。然而，它必须对3-部分同构保持不变，因为在“3族” $\boldsymbol{P}$ 中的任何映射都属于一个部分同构的完整族。因此，之前的定理适用于此。

通过这个分析，以前提到的在线性序上的一元一阶语言的3－变元片段的函数完全性现在可以理解为如下命题。

命题6　在线性序上，3-部分同构蕴涵真正的部分同构。

证明　设 $\boldsymbol{P}$ 是建立两个线性模型 $\mathbb{M}$ 和 $\mathbb{N}$ 之间的3-部分同构的族。定义新的族 $\boldsymbol{P}^*$ 如下：

取 $\mathbb{M}$ 和 $\mathbb{N}$ 之间一切有限的部分匹配 $a_i \to b_i$，使得每当 a_i，a_j 是在一个序列上的直接＜－邻居，则 $\{(a_i, b_i), (a_j, b_j)\}$ 属 $\boldsymbol{P}$。

为获得所需的结论，需要证明：在线性序上，$\boldsymbol{P}^*$ 具有往后和向前的性质。

上述刻画还有两个方面额外值得注意。对于“积极”的一面，对应于有限变元片段的时间形式理论的更具体信息，它能够由各种“扩展模式”所提供，用来引出必要长度以内往后和向前性质。这些都表明对函数完全的算子集合一个明显的选择，在相应的无变元时间概念中（虽然不一定停留在只有一个自由变元的“一元”形式理论之中）。对于“消极”的一面，一般的时间模型允许分支模式，没有函数完全性定理可对整个一阶语言都成立。原因是，对于每一个 k，分支至少有 $k+1$ 个不可比较的后继，这在一阶语言上是可表达的，但不是在其 k－

变元片段上：单一的顶级节点与 k 不可比较的后继，以及另外一个有 $k+1$ 不可比较的后继，形成两个可区分的框架，仍然承认一个明显的 k-部分同构。这个简单的反例建立了非常一般性的结论。

命题 7 对于任意传递禁自返序上的全一阶语言来说，不存在有限的时间算子的集合是函数完全的。

因此，一旦承认分支时间（参见第 14.3.4 节），所有框架上的时间逻辑总体图景变成了结尾开放的：存在真正的无限可能时间算子的*时间层次*，涉及更复杂点的配置以制订其真值条件。

注 高阶时间算子。

当然，这里仍然有一个对一阶可定义时间算子的限制。当我们考虑高阶（higher-order）扩展，逻辑的图景变得更加多样化。后者可能性的一个有趣例证是（Wolper，1983），其通过在模型上合适的有限自动机上可计算算子丰富了基本时间逻辑。

14.3.3 多维时态逻辑

到目前为止，基本系统扩展关注的是加强的算子。但是，上述观点也提供了另一个设置时间逻辑的选择，它与解释的机制有关。从一般一阶描述语言的角度看，没有令人信服的理由使我们必须坚持使用只有一个自由变元的公式。也同样可以有任何有限数量，以及相应的，*在时间点的序列上*确定公式的真值：

$\mathbb{M}, t_1, \cdots, t_n \models \phi$。

存在各种应用领域使得上述做法有意义。例如，在时态的语言学研究中，存在有影响力的评估系统，使用所谓的“辅助参考点”，为此，更多维的时态逻辑已经被提出来。（Reichenbach，1947）是这个领域上的开拓性研究，其中时间陈述的值判定涉及三个时间点，一个是“演说”（S），一个是“事件已描述”（E），还有一个是“参考”（R）：

“我正在犯罪”	E, R, S
“我已经有罪”	E R, S
“我过去是有罪的”	E R, S
“我过去已经有罪的”	E R S。

另外至少还有“双索引”（double-indexing）的实例发生在对索引的研究，类似时间表达式“现在”（Kamp，1971），其语义既指向某个运行的赋值点，又指向一个固定的“现在”的角度。此外，在基于间隔的时间研究上（参见第 14.4 节），也已经证明这对时间点对子“开始、结尾”中的时态逻辑形式理论的解释工作是方便的。最后，这个观点也出现在我们描述空间方向的类似逻辑中

(Segerberg，1973；Venema，1989)，其中对空间坐标的对子（x，y）形成了赋值的自然单位。

在这个过程中，新时间算子将产生，用来操作点的序列，或者至少有序的对。例如，坎普的“现在”计算如下：

$$\mathbb{M},\ t_1,\ t_2 \models N\phi，当且仅当，\mathbb{M},\ t_1,\ t_1 \models \phi$$

而且早先的进行时现在也可以被理解为一个二维算子：

$$\mathbb{M},\ t_1,\ t_2 \models \Pi\phi，当且仅当，对于所有\ t_1\ 和\ t_2\ 之间的\ t，\mathscr{M},\ t,\ t \models \phi$$

或在空间上，存在类似“往北移动”的地理移动：

$$\mathbb{M},\ t_1,\ t_2 \models \Uparrow\phi，当且仅当，对于某一个\ t，t_2 < t\ 并且\ \mathbb{M},\ t_1,\ t \models \phi$$

可以提出更多的技术组合算子，如“移位”（shifter）：

$$\mathbb{M},\ t_1,\ t_2 \models \otimes\phi，当且仅当，\mathbb{M},\ t_2,\ t_1 \models \phi$$

后者的辅助概念没有任何明显的时间意义。事实上，这里真正有意义的是一个技术走向，是全谓词逻辑在时间模型上的无变元重新描述，沿着（Quine，1966）技术线路，通过辅助算子操作谓词参数，如“转换”和“等同”的实现。后者系统确实是一个可代替涉及谓词逻辑紧凑概念的普赖尔式的时间逻辑（尽管管辖它组合算子的约定把它放到上述有限变量分析之外）。

多维形式理论能够用同样的模型论技术分析，如同上面的“一维的”系统（尽管迄今还没有对于早先理论普遍系统化的工作）。实际上，一个多维的做法已隐含在第14.2节。例如，模型论的“k-部分同构”清楚地表明，更自然的k-变量片段是那些允许最多到k个自由变量的，而不是只有一个。因此，（van Benthem，1989a；1990b）认为，这将导致类似如时间“Z字形”或者“互模拟”这样的语义概念的更自然的推广，以此作为关联点的序列，而不是模型中的单点。如果认真对待这条道路，那么相应背景逻辑的进一步变化将成为可取的。值得注意的是，有了点对，自然意义上存在的逻辑已经不再是命题逻辑的布尔代数，而是某种形式的关系代数。这种转化的进一步独立情况可以在下面第14.5.1节找到。

14.3.4　线性时间（linear time）与分支时间（branching time）

我们最后的扩展从时间模型本身出发，而不是从时间语言或解释机制。到目前为止，时间的线性和分支结构已经被考虑，但“分支”所参与的意义一直是保守的。时间框架可以向过去和未来分支出去，对我们以前的形式理论没有任何重大影响。但在计算文献中，“线性时间”和“分支时间”之间的选择经常指向一个更深层次的决定，即是否要留在一个纯粹的时间轴线，或引进一个更“模态”的分支历史图景，在其上时间命题可以进行赋值。在后一种情况下，也需要更丰富的语言，因为真正的模态应该是可用于比较沿不同的历史发生了什么

（Thomason，1984；Stirling，1990）。我们将要展示这个领域一些可能的语义形式，已知具有一定的技术复杂性。

时间框架（frame）现在也许可以被识别为所熟悉的“可能历史”的分支模式，例如，形式化为三元结构

$$\mathbb{F} = (S,\ R,\ C)$$

这里 S 是时间状态的集合，R 是时间的后继关系，C 是“计算路径”或者某个描述系统的可能历史 σ 的集合：也就是一个可数的状态序列，其中每个状态 σ_{i+1} 是 σ_i 的 R-后继（为方便起见，我们假设 C 中的历史尾巴也总是出现在 C 中）。加上赋值，把状态集赋给每个命题变元；那么，就成了分支时间模型 $\mathbb{M}$，可以由此定义真值。我们只展示其作为将来时间形式理论工作的部分，有“时间”和一个“模态”算子，它们的相互作用提供了人们对分支系统特殊兴趣的大部分：

- $\mathbb{M},\ \sigma \models p$，当且仅当，$\sigma_0 \in V(p)$
- 布尔连接词具有通常的真值条件
- $\mathbb{M},\ \sigma \models G\phi$，当且仅当，$\mathbb{M},\ \sigma' \models \phi$ 对于 σ 所有合适的尾巴 σ'
- $\mathbb{M},\ \sigma \models \Box\phi$，当且仅当，$\mathbb{M},\ \sigma' \models \phi$ 对于所有和 σ 共享初始状态的 σ'

由这种模型验证的某些分支时间逻辑的完全公理化，参考（Stirling，1989；1990）、（Zanardo，1985；1990；1991）以及其中所引用的参考文献。

然而，对于之前第 14.2 节的语义结果比较的目的是重新将时间分支结构定义为“两类”框架：具有一个状态（state）的定义域，由一个可能的优先二元关系序，以及历史（histories）——其中两类交互如下：状态能够在历史中出现。在一般情况下，有可能存在原子命题指向状态，而且指向历史：在众多的选项中，上述系统只用了前者。然后，给予适当的赋值形成模型 $\mathbb{M}$，真值的定义使用如下模式

$\mathbb{M},\ s,\ h \models \phi$：“在模型 $\mathbb{M}$ 中，公式 ϕ 在历史 h 的状态 s 上为真”。

以及如下核心条目（这里再次只给出未来的方向）（图 14-8）。

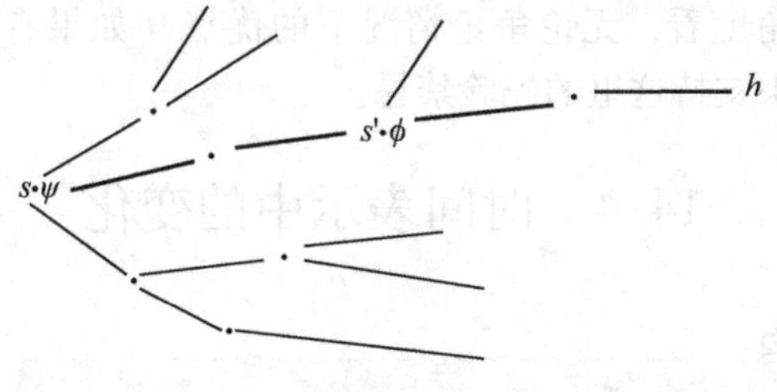

图 14-8

- $\mathbb{M}$, s, $h \models F\phi$，当且仅当，在 h 上存在某个 $s' > s$ 使得$\mathbb{M}$, s', $h \models \phi$
- $\mathbb{M}$, s, $h \models \Diamond\psi$，当且仅当，存在某个 h' 其上存在 s 使得$\mathbb{M}$, s, $h' \models \psi$

对于这两个算子，存在明显的向下对偶 P 和 $\Diamond^*$。在此修改后的格式中，分支时间逻辑变得更经得起先前的分析风格。特别是，“框架对应”本质上类似于第14.2.3.4节而定义，它会记录时间原则在这些结构里的历史和状态相互作用上的效果。

例17　分支框架对应。

作为开始，纯 F，P 原则将在单一历史上表示结果。例如，之前的线性公理会迫使它们成为状态的线性集合。接下来是组合语言中的一个“混合原理”，如

$$(\Diamond Fq \wedge \Diamond Fr) \rightarrow \Diamond(F(q \wedge \Diamond F \Diamond^* Pr)$$

将为历史的网络表达“合流”（汇流），正如从分支 h 中的任意状态 s 角度看所看到的：

$$\forall s_1 \forall s_2 \forall h_1 \forall h_2 \ ((Osh_1 \wedge Osh_2 \wedge Os_1h_1 \wedge Os_2h_2 \wedge s < s_1 \wedge s < s_2) \rightarrow \exists s'(s_1 < s' \wedge s_2 < s' \wedge \exists h_3 \exists h_4 \ (Os_1h_3 \wedge Os'h_3 \wedge Os_2h_4 \wedge Os'h_4)))$$

反过来可以考虑一个有趣的框架性质，如（Stirling，1989）的“融合闭包”（fusion closure）——其中规定，对于任何发生在两个历史的状态，它所在的过去和另一个未来可以被黏在一起，以至于形成新的历史——原来是可以被以下的时间萨尔奎斯特形式所表达：

$$(\Diamond(Hp \wedge Gq) \wedge \Diamond(Hr \wedge Gs)) \rightarrow \Diamond(Hp \wedge Gs)$$

对于以计算目的的“线性”与“分支”时间相对的优点，文献中一直有持续的争论。我们不想在这里加入这个辩论，而是指给读者一些激烈的讨论文献：（Lamport，1980；Emerson，Srinivasan，1989；Manna，Pnueli，1989）。导致事情混淆的往往是因为我们缺乏一定的术语精度。“分支时间”是为联合时间模态或者时间认知框架的一个名字；它们的底层“纯时间”也许最终是线性的。此外，“线性时间”有时候用来表示所有线性序，然后只是为一个特定的框架，通常是自然数。从应用的角度看，无论争论情况下的优点（如果有的话）是什么，时间逻辑的并不能用来支持这里的先验禁忌。

14.4　时间表示中的变化

14.4.1　区间的结构

虽然没有长度数学点的图片一直是时间的主流形象，一直存在发展替代直觉

的持续尝试，把时间看作由延长的“期间”（periods）或“区间”（intervals）作为主要的组成部分。这样做的动机部分来自哲学：人类首先通过延长的事件来体验时间，而且基于点的非延长的时间单位似乎是一个较晚的抽象，产生于它的基本本体论。因此，哲学家们考虑了两者以及它们的相互作用（Russell，1926；Wiener，1914）。此外，朝“区间”方向走也由语言学所提倡，它为自然语言中的论断提供直观的、技术上更合适的“赋值的指数”（Dowty，1979；Kamp，1979）。例如，之前的进行时态可以更加自然理解为描述区间的性质，而不是时间点。而这种语言的属性不需要任何明显的规约到时间点上响应的“瞬时性质”分布。最后，计算文献已经有基于区间时间逻辑的各种提案。一个例子是（Lamport，1985），他使用事件结构反映并行计算中的子进程长度，作为一个更适当的定性模型为分布式进程提供不同的“观点”。另一例子是（Hayes，1979；Hobbs，1985）的“朴素物理学”，其中描述物理现象更常识导向的模型被开发出来，用来作为简单算法计算的基础，而不是通常的“科学世界形象”以及它衍生的数学工具。时间结构一直是这个人工智能行业的一个主要例子。

因此，我们现在要介绍区间框架（interval frames），它的对象是延长的时间区间，以适当的关系连接。后者导致多个方案产生，涉及时间顺序和时间包含，如：

$i<j$　　i 完全优先于 j

$i\subseteq j$　　i 包含于 j

iOj　　i 重叠于 j

沿着这个直观走的熟悉图片显示区间是作为线性的延伸，或者有时候也是作为扩展的空间区域（图 14-9）：

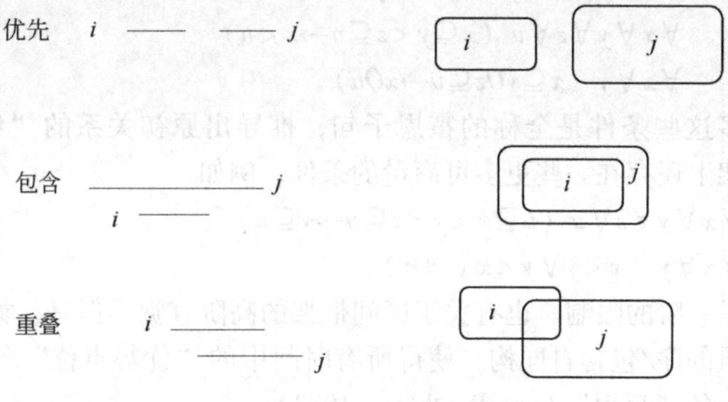

图 14-9

在此背景下，可以引入更加复杂的关系，例如一个区间正好是其他两个的

“和”，或相应的区间算子（operator），例如两个重叠的区间的“并”。目前，领域中对初始关系或者算子似乎没有统一认可的选择。一个系统的观点认为，表示至少所有可能的有限线性区间之间的相对位置关系共有 13 个，就如可能在上述线段图中显示的通过列出 i 和 j 的可能关系。

这种结构的具体例子作为点框架上的区间的族出现，如凸集 X 在序中，即：

$$\forall t_1 \in X \forall t_2 \in X \forall t \in T((t_1 < t \wedge t < t_2) \rightarrow t \in X)$$

这里可以想象成线性序上的区间，也可以想象成在一个二维平面上的凸集，等等。另一方面，“区间框架”完全不必通过参照底层点框架而得到定义，它们也可能被当做主要的时间图片，和点框架相提并论。

至于加到这样的框架上的结构条件，使它们算作真正的时间结构，这在文献中也是有很多描述。区间框架的公理可在如下文献找到：（Russell，1926；Kamp，1979；Thomason，1979；van Benthem，1983；Allen，Hayes，1985；Lamport，1985；Ladkin，Maddux，1987；Schulz，1987）或者（Anger，Rodriguez，1990）。我们只是制定一些合理的候选者，显示区间之间的各种不同初始关系可能的交互情况：

$<$，O　$\forall x \neg x < x$

$\forall x\ xOx$

$\forall x \forall y\ (xOy \rightarrow yOx)$

$\forall x \forall y\ (xOy \rightarrow \neg\ x < y)$

$\forall x \forall y \forall z \forall u\ (x < yOz < u \rightarrow x < u)$

加上 $\subseteq$　$\forall x\ x \subseteq x$

$\forall x \forall y \forall z\ (x \subseteq y \subseteq z \rightarrow x \subseteq z)$

$\forall x \forall y\ (x \subseteq y \subseteq x \rightarrow x = y)$

$\forall x \forall y \forall z \forall u\ (x \subseteq y < z \subseteq u \rightarrow x < u)$

$\forall x \forall y\ (x \subseteq yOz \subseteq u \rightarrow xOu)$

其中很多这些条件是全称的霍恩子句，推导出原初关系的“组合表”。此外，区间框架上还存在一些更多可商量的条件，例如

凸性　$\forall x \forall y \forall z \forall u\ (u \supseteq x < y < z \subseteq u \rightarrow y \subseteq u)$

线性　$\forall x \forall y\ (x < y \vee y < x \vee xOy)$

这些都是一阶的限制。也有关于区间框架的高阶直觉。但是，如之前的齐次性，通过合适的序/包含自同构，使得所有时间中的“优势点位”等价，或更大区间在更小上的“反射”（van Benthem，1983）。

在这一领域的逻辑模型理论一直关注在诱导的点序区间框架之间，以及特殊结构的全一阶区间理论的完全公理化问题，如所有整数区间，或所有实数区间

(van Benthem, 1983; Ladkin, Maddux, 1987; Schulz, 1987)。

14.4.2 时间区间逻辑

14.4.2.1 基本系统

早先的基本时态逻辑可能会扩展到这些新的区间结构（为命题字符提供适当的赋值)，并且利用新扩展结构的优势加入合适的算子。举例来说，有两个原始的关系 $<$ 和 $\subseteq$，可以补充两个新的“模态”到旧的 G 和 H 中：

$\Box_{down}\phi$　ϕ 在所有子区间上成立

$\Box^{up}\phi$　ϕ 有所有超区间上成立。

当然，有明显的存在性对偶算子 $\Diamond^{up}$ 和 $\Diamond_{down}$ 了。然后，一个多模态逻辑产生，通常的技术是可以研究的。例如，前文列表中包含的标准属性在这里反映如下：

- 自返性（reflexivity）　$\Box_{down}\,p\rightarrow p$
- 传递性（Transitivity）　$\Box_{down}\,p\rightarrow\Box_{down}\Box_{down}\,p$
- 反对称性（Asymmetry）　这里没有对应［但在一个有差异（difference）算子的版本里具有这个性质，如第 14.3.1 节］
- 以及可选的，区间序列的原子性将反映如下：
- $\Box_{down}\Diamond_{down}p\rightarrow\Diamond_{down}\Box_{down}\,p$。

至于时间优先的相互作用，例如

- $Fp\rightarrow\Box_{down}\,Fp$　表示　右单调性（right monotonicity）
- $Pp\rightarrow\Box_{down}\,Pp$　表示　左单调性（left monotonicity）

早先第 14.2 节的理论再次返回到这样的一个区间逻辑。这里存在适当的“Z 字形”或“框架对应”的语义概念，同时通常的公理化证明方法以及其相应的完全性论证仍然有效（van Benthem，1983）。

然而在实践中，这个系统提出了几个有趣的新问题。举例来说，在语言学和计算文献中，一个共同的主题是时间信息可能的“持续性”，不只是对于时间的过去和未来，而且还涉及沿着区间的包含或者扩展。(Dowty，1979）讨论了各种这样的自然语言里动词的“体貌”行为（aspectual behaviour)，而（Kowalski，Sergot，1985）考虑在维护时间数据库中的类似现象。例如，在一个时间的知识库中，陈述可能已经储存，它的最初指向特定的时间区间，这不一定是那些之后要查询的内容。在那种情况下，人们希望知道哪些语句在某个区间真，也将继续在之后的区间保持，或将持续到子区间（例如，一个时间段内的雇员是否还是它子时间段内的雇员，或者在其之后的时间段呢?)。持续性可能部分是一个词汇问题（考虑“活着”与“死亡”的时间持续性行为），但它往往也是由时间断言一定语法形式所触发。而这些触发也许可以在上面的逻辑系统中系统化地研究。例如，在上述区间框架中，可以很容易地显示下面“向下持续”的常见形式。

事实8　使用∧和∨，从任意公式$P\phi$，$F\phi$，$\Box_{down}\phi$以及$\Diamond^{up}\phi$构建的所有公式的真值，沿着包含关系向下传播。

一个能够解释上述结果的方法如下。在自然语言中，有一定的‘体貌算子’可以修改语言学表达式的“时间组成”（temporal constitution）。举例来说，进行时“be ϕ-ing”把一个“事件描述”变成“状态描述”，其含义在一级近似下通过上述算子$\Diamond^{up}$获得捕捉：因此，它创建了“向下持续”的命题。同样，一个完成时算子“have ϕ-ed”把一个“事件描述”变成向下持续的“状态描述”，它事实上反映在上面算子P的行为中。因此，像现在这样的区间时间逻辑给语言学家所寻求的提供了一个形式化的工具，即精确的“时间体态演算”（calculus of aspect）。类似的演算也已经为了计算的目的而提出［再次参见（Kowalski，Sergot，1985）；也参考第14.6节合乎逻辑的改进］。当然，在这个演算中，复合语句也可能会失去其部件的持久性行为（想想否定），或至少对其进行修改：在未来持续和过去持续断言的交叉路口仅仅是“凸”。

尽管所有之前这些基于点的方法已得到顺利推广，它们仍对于很多已提出的区间时间逻辑有一个新的技术特性。这通过之前“翻译”到标准逻辑的角度所表明。描述目前模型的一个适当一阶语言，具有区间上的变元，以及它包括优先和包含的初始关系。于是，

$$Fq\to\Box_{down}Fq$$

可转化为下面的语句，对于某个当前区间i：

$$\exists j(i<j\wedge Qj)\to\forall k(k\subseteq i\to\exists j(k<j\wedge Qj))$$

这些都是非常像第14.2.7节的标准角度提到的那样，而且同样的考虑和以前一样也适用。但是，许多作者在这里把注意力限制到那些特殊的区间框架，由其底层的点框架所引发。例如，假设区间可以被有序点对（t_1，t_2）所区分，其中$t_1\leqslant t_2$。那么，上面的翻译可以进一步“展开”，因为它们是用这些点框架来表达的。例如，混合公式

$$Fq\to\Box_{down}Fq$$

可理解为，某个环境区间［t_1，t_2］具有以下性质：

$$\exists t_3\exists t_4(t_2<t_3\wedge Q(t_3,t_4))\to\forall t_5\forall t_6(t_1\leqslant t_5\leqslant t_6\leqslant t_2\to$$
$$\exists t_3\exists t_4(t_6<t_3\wedge Q(t_3,t_4)))$$

因此，命题字符（以前代表间隔的一元属性）此时代表点之间的二元关系— 于是我们的标准翻译不再是一元二阶逻辑（monadic second-order logic），而是

二元二阶逻辑（dyadic second-order logic）。后者比前者复杂得多，例如，甚至对于像整数这样的简单框架也会出现更少的完全性定理。此外，相对于第 14.3.2 节的情况，也没有函数完全性可对任何有限时间算子的集合成立，即使只有线性区间（Venema，1989）。

插叙 点基框架和区间框架。

区间框架和其底层的点框架之间的相互作用提出了一些有趣的逻辑问题。例如，一般区间框架的任何一阶可定义性质，通过上述转录也将成为点框架的一阶可定义性质。但反方向似乎至今悬而未决：

表达点框架的一阶性质的时间区间逻辑公式也能表达区间框架的一阶性质吗?

14.4.2.2 丰富的区间逻辑

但在区间上的时间逻辑采用比现在已经出现的更大范围的算子进行试验。首先，逻辑常量在目前设置下可以取得新的意义的时间色调。因此，（Humberstone，1979）提出了否定的一个更宽泛的理解，作为“在所有子区间上真值缺乏”：即在我们形式理论中的$\Box_{down}\neg p$。并且克雷斯韦尔（Cresswell，1985）声称，在一个区间设置下，普通合取（conjunction）$\psi \wedge \phi$ 得到时间继承的味道：“目前的区间是两者定向的和，其中之一 ϕ 成立，另外一个 ψ 成立。”因此，也有研究各种新算子的兴趣。其中这类丰富的系统之一是，（Halpern，Shoham，1986）的区间逻辑，它工作于基于点的区间上，然后，通过引入下面这样的算子创建了整个时间体态演算：

BEGIN ϕ 在 $[t_1, t_2]$ 为真，当且仅当，存在 $t_3 < t_2$ 使得 ϕ 在 $[t_1, t_3]$ 为真

START ϕ 在 $[t_1, t_2]$ 为真，当且仅当，存在 $t_3 > t_2$ 使得 ϕ 在 $[t_1, t_3]$ 为真

BEFORE ϕ 在 $[t_1, t_2]$ 为真，当且仅当，存在 $t_3 \leqslant t_1$ 使得 ϕ 在 $[t_3, t_1]$ 为真

它们的反方向也显然成立。后者系统表现力的一个标志是，它可以在线性框架上定义四个斯塔维算子（第 14.3.2 节）：所以它至少有和这里最强的点为基础的时态逻辑一样的表达力。[但是（Venema，1988）也显示了它如何在区分可数的线性框架能力上超出了后者]。这个可表达能力的代价，就如人们指出的那样，是缺乏完全性结果。对于众所周知的时间框架，如整数或实数，其时间点是有效可公理化的，甚至是可判定的。事实上，哈尔彭（Halpern）和索哈姆（Shoham）证明，他们的逻辑在实数上具有 Π_1^1-hard 的复杂度，并在整数上是 Π_1^1-compete 的复杂度。这些有点令人生畏的结果是基于点的区间上很多区间逻辑的特征（对于

这个“保守”的方式，参见早先的评价）。（Spaan，1991）证明，即使是点区间上的纯包含逻辑也是PSPACE-compete的复杂度。

即便如此，在合适的更大区间框架类上，情况可能改善：（Venema，1988）在这个词汇表上公理化了一个合理的基本逻辑，在更抽象的意义上抓住了普遍可靠性。这里一个有用的辅助技巧是对此逻辑的拓扑重新解释，正如各种“指南针算子”（compass operators）描述二维平面上旅行的方向一样。然后，最相关的公理变成属于一个完整的语言里更容易处理的片段，即与第14.2节的“萨尔奎斯特形式”的多模态近似。例如，与以前遇到类似的遵守“合流”自然公理的地理方向。

在超越Halpern-Shoham系统的区间模型上仍然存在有用的时间算子。（Venema，1989）对它增添了二元“切削”（chop）算子，说的是一个区间能够被分成左部分（其中一个断言成立），以及一个相邻的右部分（另一个断言成立）（参见上面克雷斯韦尔的提案）。后一系统演示了在区间时态逻辑和关系代数（relational algebra）之间的有趣相似（Németi，1990）。正如上面观察到的那样，用命题代表区间，视为有序对的集合，公式用来表示点之间的二元关系。但是，关系的算子结构发挥了作用。例如，切削算子只不过是众所周知的关系组合算子。后者的结构是从程序语义上为人所周知的：有趣的是看到它也在一个时间计算的设置中出现。

二元算子似乎很适合许多区间时态逻辑的应用。例如，在自然语言的时间组成的语义上，一种很常见的情况是“可加性”（additivity）：某些命题具有时间的外延，在区间的加上形式封闭。一个例子是所谓的“活动”，就如写作：如果我在一个区间上以及另外一个上写作，那么我在两者的并集上写作——以及同样的在“状态”上成立，如“在恋爱中”。（该条件的重要性由其在其他语言学的领域的出现而加强。例如，“集合名词”，像“水”，“悲伤”——甚至“时间”本身！一有类似累加的行为）。因此，有以下进一步的二元时间算子

$\phi \oplus \psi$：在所有ϕ区间和ψ区间的加和区间上为真

这样的理解似乎是有用的。命题ϕ在上述意义上可“累加”意味着推理$\phi \oplus \phi \models \phi$是有效的。现在，很少命题在一般情况下具有后者性质。但时间体态演算至少可以再次告诉我们，当从它已经具有的基本词汇表达式开始，此属性如何得到保持（preservation）的。

事实9　如果ϕ，ψ是累积性的陈述，那么它们的合成物$\phi \wedge \psi$，$\Diamond_{down}\phi$，$\Diamond_{up}\phi$，$P\phi$，$F\phi$也是如此；但$\phi \vee \psi$不一定。

最后，我们提到由（Richards，Bethke，1987）所提出的时间区间的“IQ”系统，它带来时间区间逻辑上的一个有所不同的角度。IQ在上述精神上混合了

时间算子和直接指向特殊区间的指示语表达式（deictical expressions）。因此，它可以被看做是结合了以下两种想法，一是来自标准时态逻辑形式理论，二是来自它们底层允许直接指向时间点或者区间的一阶语言。

14.4.3 不同的视角和表示

两个不同的时间模式可以通过数学相互联系。这样做从理论和应用方面有各种不同的动机。在哲学上，基于区间的“常识时间”以及基于点的“科学时间”，两者的联系本身形成了一个兴趣的焦点［（Smith，1982）提供了与布伦塔诺的现象学（Brentano's phenomenology）的关系，（Thomason，1979；1987）重新构造罗素的观点，用于比较这些项之下的“私人的”（private）和“公共的”（public）时间］。类似二元观点也出现在语言学中，其中区间模型作为话语处理的临时表示结构，这些话语最终关系到我们周围真实世界中物理的点时间（Kamp，1979；Kamp，Rohrer，1988）。最后，在计算机科学和人工智能中也往往需要针对同一个系统的不同观点，从具有长度事件的更高层次描述到机器中实际物理进程的细节（Allen & Hayes，1985；Lamport，1985；Joseph，Goswami，1988）。

• 点框架直接诱导区间框架

每个点框架（T，$<$）产生与它相关的非空凸子集的族，具有优先关系和包含关系的集合论定义（图 14-10）：

$X<Y \; \forall t_1 \in X \; \forall t_2 \in Y : t_1 < t_2$

$X \subseteq Y \quad \forall t \in X : t \in Y$

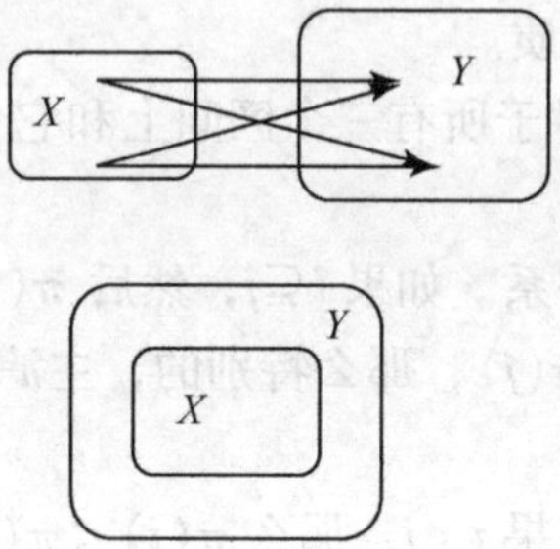

图 14-10

（van Benthem，1983）公理化了这样的区间框架的完全一阶理论，它建立在传递禁自返的序结构上。值得注意的是，所有之前的霍恩原则在这个区间的点集描述上是有效的。

在两个观点之间还存在一个逆向转化

• 每个区间框架可能被数学地表示为某些底层点框架之上的凸区间族（图

14-11）。

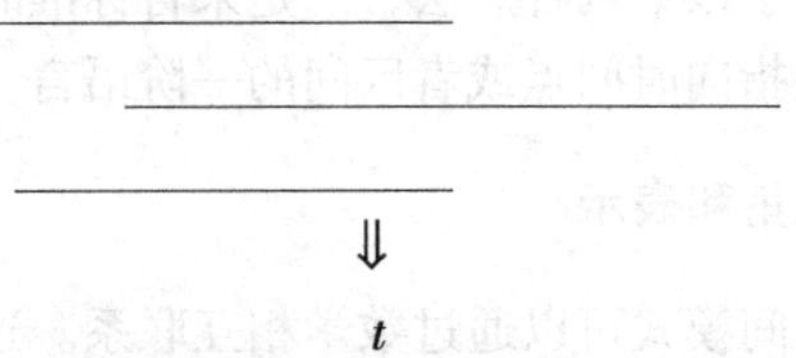

图 14-11

这可以通过下面任何一个数学构造引入“点”来实现，如“滤”或者“极大滤”（van Benthem，1983；1984b），“戴德金削减”（Dedekind cuts）（Burgess，1984b；Thomason，1979）或其他方法，其中一些在（Whitrow，1980）中得到考察。有了适当的“离散”区间框架，甚至是以非常简单的方式存在，即把时间点和不可分割的原子时期等同。这里一个上述表示运作情况的小例子。假设我们有一个区间框架具有三个原始关系 <，O 和⊆。现在，让时间“点”t 成为所有此框架上的“滤”，定义如下：

一个“滤”是一个区间的集，在⊆下向上封闭

以及其中每隔一个区间通过 O 重叠。

一个滤之中的优先关系序然后可以定义如下

$t_1 < t_2$，当且仅当，$\exists i \in$ （！）t_1 $\quad \exists j \in t_2\ i < j$

现在，有自然映射 π 把区间 i 送到所有它自己中的点的集合，即到 $\{t \mid i \in t\}$，它具有以下性质。

事实 10 π 对于所有三个区间上和它们点集上的集合论类比上的初始关系，是一个强同态。

证明 包含关系。如果 $i \subseteq j$，然后 $\pi(i) \subseteq \pi(j)$（由向上封闭滤）。在相反方向，如果 $\pi(i) \subseteq \pi(j)$，那么特别的，主滤 $UP(i) = \{k \mid i \subseteq k\}$ 属于$\pi(j)$：于是 $i \subseteq j$ 。

优先关系。如果 $i < j$，那么 $\pi(i) < \pi(j)$，通过 < 在点上的定义。相反方向，如果 $\pi(i) < \pi\ (j)$，然后 $UP(i) < UP(j)$：所以某个 $i' \supseteq i$ 优先于某个 $j' \supseteq j$，所以根据单调性 $i < j$。

重叠关系。如果 iOj，那么滤 $\{k \mid i \supseteq k \text{ or } j \supseteq k\}$ 是集合 $\pi(i)$ 和 $\pi(j)$ 的集合论交集。如果，在另一方面 $\pi(i) \cap \pi(j) \neq \emptyset$，那么区间 i 和 j 一起出现在某个滤：所以 iOj。

如果想要点上导出的序 < 拥有上述表示下进一步的特殊性质，那么原始区间框架的额外特性将必须得到利用。例如，一个区间传递性和单调性将使得点序具

有传递性，而早先的原则$\forall x \forall y(xOy \rightarrow \neg x<y)$ 确保其具有禁自返性。

最后，在时间建模上的两个角度也可以汇集，确保它们在同一逻辑系统中共存

- 适当定义的点框架和区间框架的类别之间存在一个完全的范畴对偶（categorical duality）

对于后者而言，框架之间合适的态映射（morphisms）将被引入，而且通过我们的表示建立联系。例如，（van Benthem，1983）联系了：

（i）区间框架（interval frames）中的正扩展：

即（同时在新的和旧的区间上）域和关系的扩展

（ii）在点框架之间反态射满射（Anti-morphic surjections）：

即部分映射f从F_1满映射到F_2使得$\forall x \forall y(f(x)<f(y) \rightarrow x<y)$ 也满足在凸子集上一个合适的连续性条件。

直观上看，前者概念描述了某个时间状况的信息增长，同时引入新事件和已经存在的事件之间的新时间连接。后者则描述了明显的限制映射，从时间“点”（也就是在上述意义上的滤，其来自于导致它的更丰富结构）到那些在旧的已经构建的时间点上。请注意在这过程中，所有旧点都与新的是如何相联系的（尽管反方向并不总是成立！），有时甚至多于一个：“分裂”可能发生，而且沿着建设的逐步阶段（数学上，这个过程创建了一个“逆极限”），我们必须跟踪发散的时间点的“历史”。

如果你想要为之前不同“粒度”的相同计算过程建模，以范畴的角度出发变得不可避免。一个例子是（Lamport，1985）里面的事件理论，其描述具有三个初始关系的区间：

“全优先关系”　$<$

“重叠关系”　O

“部分优先关系”　$X<<Y$，当且仅当，$\exists t_1 \in X \quad \exists t_2 \in Y \; t_1<t_2$。

这些概念在凸区间上的完全公理化在（Anger，1986；van Benthem，1989d；Ben-David，1987）中给出。在相关结构之间的似然态射（plausible morphisms）包括：

（i）从一个系统观点到另一个的嵌入（embedding），

同时遵守全部和部分的事件优先关系

（ii）由满射f导出，从一个层面到另一个层面的更高层次观点，

同时满足两个蕴涵$\forall x \forall y(x<y \rightarrow f(x)<<f(y))$ 和$\forall x \forall y(f(x)<f(y) \rightarrow x<y)$。

这些态射可以再次从模型论的角度来研究，指出时间框架的哪个结构性质是

从系统的一个视角到另一个视角的关系“转移”（van Benthem，1989d）。

最后，正如到目前为止在许多术语中已经隐含的那样，在最近的区间理论和事件理论之间往往存在一条模糊界线。原则上，后者是更丰富的概念，包括的不只是时间结构，而且还有空间范畴，甚至因果力。相应的，扩展上述模式更丰富的事件理论，已同时在语言学的传统（Krifka，1989；Link，1987）和计算文献中（Winskel，1989）得到发展。那里事件带来的至少是一个测度（measurement）概念：为具有一定可测量长度的事件构造时间子层，该层可以被这样的表达式所指向，如“整个晚上”或者“几秒之间”。（van Benthem，1983）从相关的测度论（measurement theory）角度探索了从时间框架到点框架的表示，（Michon，1985）具有一个更具心理学的设置。这个更具量化的角度从本综述的纯粹拓扑时间逻辑（purely topological temporal logic），最终导致了一个度量时间逻辑（metric temporal logic）。目前，很少有人知道后一种系统［见（Burgess，1984）关于后一种很少的历史，以及（Koymans，1989）关于有趣的应用形式理论］。

14.5　时间过程中的改变

14.5.1　动态解释

最近在时间语义上的工作中有一个引人注意的计算倾向。这个计算倾向来自不同的角度。例如，在语言学中，已经有一些“动态的”提议，其中有些提议假设时间量词或者时间状语从句的处理包含类似于自动机的动作，它检查时间的有序序列（Löbner，1986；de Swart，1991）。自动机理论的类似角度已经被使用于线性时间逻辑的可判定性技术的探索上（Wolper，1983；Thomas，1989；Stirling 1990）。此外，（Gabbay，1989）最近强调了前面时间形式理论一种非标准的重要解读的可能性，这种可能性作为预期系统行为的可执行标准［这个观点实际上也体现在（Moszkowski，1986）中 TEMPURA 系统的设计中］。语句 $F\phi$ 不仅可以描述未来，还可以作为带来 ϕ 的执行指令，而像 $GF\phi$ 的组合相当于一个不断使得 ϕ 成立的序。最后，在人工智能中最近一个使人感兴趣的事是所谓可以改变它们环境的“时间自动机”（Lavignon，Shoham，1990）。

这些提案是一个更为普遍现象的例子：“动态处理”（dynamic processing）的想法弥漫在今天的逻辑氛围中。最近几年存在很多为建模某些解释和信息流的动态方面的设计，在这些设计中，命题不再作为陈述句子，而是作为改变认知和（或者）物理状态的指令［参考（Gärdenfors，1988），或者在（van Benthem，

1990b；1991）中的综述]。本节在下列按顺序的选项中探索诸如此类更具计算背景的想法是如何影响我们对于基本时间逻辑自身的理解的：解释（interpretation）、推理（inference）、模型结构（model structures），甚至语法设计（syntactic design）。

一个有趣的动态解释系统产生于转换自逻辑-语言学文献关于自然语言中的代助词到时间表达式领域（Heim，1982；Barwise，1987）的某种想法。这些想法自身是由命令式编程语言的语义的类比所启发而得到的。从直观看，时态逻辑公式在模型中的赋值过程是带领我们沿着各种赋值点而前进的过程（比较第14.2节的“多维”系统，其中记录了它的“痕迹”）。在最简单的分析中，我就建议不再把公式的外延看成是时间点的集合（也即，作为一元时间点的性质），而是作为二元的通达关系（也即，有序对的集合）。以下是这个想法的一个简单实施，它使用了由（Groenendijk，Stokhof，1991）提出的谓词逻辑的动态语义学线索。

固定一个标准的时间模型$\mathbb{M}=(T, <, V)$。每个公式ϕ将代表T上的一个二元关系$[\![\phi]\!]$，由下面的归纳所构造而成：

- 原子命题（atoms）函数作为瞬时测试：

$$[\![p]\!]=\{(t,t)\mid t\in V(p)\}$$

- 合取（conjunction）变成两个连续任务的序列构造：

$$[\![\phi\wedge\psi]\!]=\{(t, t')\mid \text{对于某个}\ t'',\ (t, t'')\in[\![\phi]\!]\ \text{以及}\ (t'', t')\in[\![\psi]\!]\}$$

- 未来性涉及向右走一步，然后再从那里开始：

$$[\![F\phi]\!]=\{(t, t')\mid \text{对于某个}\ t'',\ t<t''\ \text{以及}\ (t'', t')\in[\![\phi]\!]\}$$

并且，对于过去算子P的解释是和左边的式子相类似的。

- 否定的一种合理形式是如下对“强失败”（strong failure）的测试：

$$[\![\neg\phi]\!]=\{(t, t)\mid \text{不存在}\ t',\ (t, t')\in[\![\phi]\!]\}$$

在这个描述下，“过程的”差异将出现在基本逻辑上曾经等价的公式之间。例如，$Fp\wedge q$现在读作为一个指令：首先移动到某个未来的点，其中p为真，然后测试是否q为真。其净效果是移动到某个未来的点上，其中p和q两者都为真。这个结果类似于前面并不等价的指令$F(p\wedge q)$；这个命令告诉我们移动到某个未来的点，在这个点上，前后连续测试p和q都是成功的。于是，看上去似乎算子F已获得了相对于前者公式向右的更广范围。另一方面，否定并不导致这个范围的变化。例如$\neg Fp\wedge q$告诉我们首先测试是否存在通到未来的路径，使得p为真，然后在其返回之后再测试是否q为真。这并不和$\neg F(p\wedge q)$等价，它说的是到未来路径上不存在点使得p和q两者同时为真。和前面的例子的区别在于：公式 Fp 强失败的测试（而不是真值）不改变现在时间的点。这里有一个更加复杂的例子，使得最终的转换如图 14-12 所示：

$Fq\wedge r\wedge PFq$:

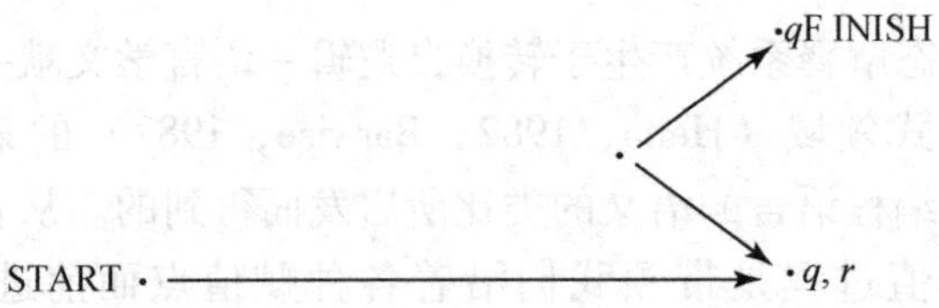

图 14-12

和第 14.2 节中时间逻辑的标准描述相比之下，两个新的逻辑特征对这个系统而言是显然的。

- 逻辑后承的多样性

在动态背景下，从前提 ϕ_1，…，ϕ_n 到结论 ψ 的有效推理的合适概念不存在单一的更好候选者。也许经典的塔尔斯基概念最直接的推广可以如下所示：一个动态命题 α，如果 α 在 t 的测试是成功的：$(t, t)\in [\![\alpha]\!]$，则可以认为 α 在某个模型的某个时间点 t 处成立（换句话说就是，t 是一个关系 $[\![\alpha]\!]$ 的“不动点”）。于是我们可以要求：

真值传递

在每个模型中，如果所有前提在某个点成立，那么结论也成立。

但是更真实的后承动态概念将反映这样的直觉思想：在推理的赋值中，前提按照它们的正确顺序处理，接着是对某种结论的检查。也许最直接的候选者可理解如下：

目的的获得

在每个模型中，按顺序处理前提将给出一个转换序列，使其也为结论所接受。

更加形式化地描述如下：

如果在所有模型中 $[\![\phi_1\wedge\cdots\wedge\phi_n]\!]\subseteq[\![\psi]\!]$，那么 ϕ_1，…，$\phi_n\models\psi$

后面的后承概念和标准的后承概念十分不同。这已经在基本的结构规则中有所说明，这种基本的结构规则定义了它的“推理风格”。标准后承诸如遵守前提的置换，或者在前提增加的情况下的单调性（参考第 14.2.3.4 节）这样的结构规则。而动态后承却两者都不具备。首先，当前提的顺序被视作连续指令的时候，现在它就重要了：

$$Fp,\ q\models F(p\wedge q)\quad 但是\quad q,\ Fp\not\models F(p\wedge q)$$

而且前提的增加会产生一个新的进程，其效果可能和旧的明显不同：

$$Fp \models Fp \quad \text{但是} \quad Fp, F\neg p \not\models Fp$$

这并不意味着没有任何结构的规律可循。例如，下面的来自于标准系统的强传递原则仍然成立：

剪切规则　如果 $\Phi \models \psi$ 以及 $\Sigma, \psi \models \chi$，那么 $\Sigma, \Phi \models \chi$

我们会在第 14.5.3 节中回到“推理过程”和“结构规则”之间的关系上来。

• 逻辑常量的快速增加

动态解释中第二个显而易见的特征是为引入逻辑常量而导致的新选项的产生，它反映了赋值过程的各种“控制模式”。例如，除了上面“序列的”合取之外，如果带上所有那些对于两个动作同时成功的转换，那么还有一个似乎合理的“平行的”合取。这实际上就是布尔相交：

$$[\![\phi \cap \psi]\!] = [\![\phi]\!] \cap [\![\psi]\!]$$

而且还有关于进一步的合取平行概念，它们允许“交织”。

新逻辑常量在动态背景下的出现在（van Benthem, 1990b; 1991）中被详细讨论，它探讨了什么是自然候选者的问题。它们的多样性也许可以理解如下。这里我们已经做的是考虑从标准语义学到某个现代口号中称作“把命题作为程序”的转换。也就是说，以前的时间规约语言现在也作为程序语言：这是一个事实上甚至可以为自然语言自身辩护的观点。作为后者观点最简单的逻辑是关系代数，或者更普遍的，“动态逻辑”（Harel, 1984）。而且后者的确是由于它比标准命题的布尔代数拥有更多逻辑算子的资源库而著称［事实上对动态时间逻辑有各种代数的解决方法（Gurevich, 1991）］。

为了详细展示，这里有一个合理的更广义的“动态时态逻辑”系统，具有下列 指令表：

语法

命题字符　$p, q, \ldots$

时间算子　F, P

连接词

布尔代数　$-$，$\wedge$，$\vee$

关系代数　$\circ$（组合）　$\breve{}$（逆）　Δ（“对角线的”）

语义　命题字符表示原子测试，如上面所示，

布尔算子表示相应的在二元关系上的集合论的操作：补，交，并

$\circ$ 是关系合成的二元操作

$\breve{}$ 是一元的操作，取关系的逆

Δ 是区分的等同关系

作为它表达力的一个例子，之前的强失败¬ ϕ 可以由-ϕ 的形式定义，其中“模态” ϕ 表示“存在性测试”：

$$\{(t,\ t)\mid \text{对于某个}\ t' \in T,\ (t,\ t') \in [\![\phi]\!]\}$$

但是后者可以在关系代数中定义如下：$\Delta \cap (1 \circ [\![\phi]\!]^{\smile})$。最终，我们也可以给框架增加更多的自然算子，例如关系的无限传递闭包［也即著名的“克里尼星号”* (Kleene star)］。

那么从布尔代数到关系代数变化的复杂性是什么呢？例如，上面展示的初始动态系统是可判定的［（van Benthem，1989d）有效地把它规约到标准时态逻辑 K_t］。但是现在的演算要嵌入到二元关系上的完整代数中，它已经被认为是不可判定的。所以，问题在于它的各种“时间片段”会变成什么。

评论　语法的重组。

这个系统一个典雅的重组是通过改变它的语法来实现的。注意之前公式 $F\phi$ 的子句具有序列合取“$F\wedge\phi$”的效果。所以人们也可以使用下面的指令表。原子动作将包括原子测试（由命题变元所命名），还有三个固定的二元关系：

$<$（由 F 表示）；$>$（由 P 表示）；$=$（由 Δ 表示）

程序指令将是下面的控制操作：

互补　相交　选择　组合　求逆

14.5.2　与标准逻辑的联系

尽管上面的系统有它的异国风味，它们仍然可以用第 14.2 节的技术里来研究。特别地，（van Benthem，1989d；1991）给出了一个简单的翻译，即从动态解释的时态逻辑公式 ϕ 到更早的一阶谓词语言公式 τ（ϕ）（t_0，t_1）的翻译（此一阶谓词语言公式具有两个自由变元的模型）。这个简单的翻译明确地描述了它们对应的一阶可定义转换关系。所以，动态形式理论的语义复杂性能够根据早先的层次结构（第 14.2.7.2 节）所测量：所有的翻译也许都能被这样构造，使得最终形成在模型上的完整一阶模型描述语言的三个（自由或者限制）变元的片段。此外，人们能够形式化出所有相关的一元句子，关于这些转化在第 14.2.1 节时间的 {Since / Until} 形式里有所涉及。

例 18　动态命题的静态翻译。

这里有两个简单的归纳从句：

$\tau(q) := Q\ t_0 \wedge t_0 = t_1$

$\tau(\phi \wedge \psi) := \exists t(\tau(\phi)(t_0,t) \wedge \tau(\psi)(t,t_1))$

于是，以前的公式 $Fq \wedge r \wedge PFq$ 将最终翻译成

$\exists t(t_0<t \wedge Qt \wedge Rt \wedge \exists t'(t'<t \wedge t'<t_1 \wedge Q\, t_1))$

它也可以重写为三个变元的形式

$\exists t(t_0<t \wedge Qt \wedge Rt \wedge \exists t_0(t_0<t \wedge t_0<t_1 \wedge Qt_1))$

同样的，例如，公式$\neg Fq \wedge r$将变成为

$\neg \exists t\ (t_0<t \wedge Qt) \wedge Rt_0 \wedge t_0=t_1$

这些翻译所依据的至少是对动态后承的递归可公理化（recursive axiomatizability），而且还有各种其他标准的逻辑性质。然而，对于特殊的结论，例如对于特殊片段的可判定性（decidability），我们仍需要进一步的论证。

这里也有明显的关于逻辑模型论的问题。例如，和以前在保持（preservation）上的兴趣相一致，人们喜欢在不同模型之间联系对关系⟦ϕ⟧的计算。例如，如果模型M_2扩展M_1，哪些公式ϕ将把它们在子模型中计算的外延作为在扩展模型中相应的限制？［在之前意义上的“生成子模型”将保证这种联系：任意子模型只是为了说明非常简单的“时间无关”情况（non-temporal cases）］。

然而，最终对标准形式理论的“规约”看上去并不是关于这里进展如何的最有成果的视角。我们想要的是一个共存的框架。我们以一个可能的模式结尾，这个可能模式再一次来源于程序语义中的类比计算，也就是上面提到的时间动态逻辑。

定义 2　最强的后置条件和最弱的先决条件。

考虑任何时间模型$\mathbb{M}$。对于每一动态时态逻辑的公式ϕ，以及每个标准公式A来说，ϕ相对于A在$\mathbb{M}$中的最强后置条件表示为所有点集合⟦A⟧的像，其中A是从标准陈述性的意义之上、在转变关系⟦ϕ⟧之下两个方面来考虑的。更为普遍的是，人们将SP（A，ϕ）写成能够被用在以下状态最强的语句：在这种状态下，我们从一个满足前提条件A的状态出发，以处理ϕ结束。对称地，对于ϕ的某个“后置条件”B的最弱先决条件是$WP(\phi, B)$，它表示⟦B⟧在⟦ϕ⟧下的逆像。

现在，下面的递归方法将有效地计算这些动态过程中的“陈述性预测”：

事实 11　最弱的先决条件遵守下列递归：

$WP(p,B)=p \wedge B$

$WP(\phi \wedge \psi,B)=WP(\phi,WP(\psi,B))$

$WP(F\phi,B)=F\quad WP(\phi,B)$

$WP(P\phi,B)=P\quad WP(\phi,B)$

$WP(\neg\phi,B)=B \wedge \neg\ WP(\phi,T)$

例如，$WP\ (Fp \wedge q,\ B)=WP\ (Fp,\ WP\ (q,\ B))=F\quad WP\ (p,\ q \wedge B)=F\ (p \wedge q \wedge B)$。

关于最强后置条件的类似递归如下：

$SP(A,p)=A\wedge p$

$SP(A,\phi\wedge\psi)=SP(SP(A,\phi),\psi)$

$SP(A,F\phi)=SP(PA,\phi)$　(!)

$SP(A,P\phi)=SP(FA,\phi)$　(!)

$SP(A,\neg\phi)=A\wedge\neg WP(\phi,T)$　(!)

评论　转换。

通过转换操作ˇ，前面的两个概念成为对偶：

$SP(A,\phi)=WP(\phi^{\vee},A)$

$WP(\phi,A)=SP(A,\phi^{\vee})$

这里通过有效的等价式，提供了另一种计算方法：

$p^{\vee}=p$　$(\phi\wedge\psi)^{\vee}=\phi^{\vee}\wedge\psi^{\vee}$　$(\neg\phi)^{\vee}=\neg\phi$

$(F\phi)^{\vee}=\phi^{\vee}\wedge PT$　$(P\phi)^{\vee}=\phi^{\vee}\wedge FT$

这些概念创立了一个“两级层次”的时间逻辑系统，它们不仅通过连续的步骤执行动态解释，而且还保持了更多经典的静态信息内容；这些静态信息内容即便在详细的指令已经被遗忘之后仍然存在着。

例 19　计算连续信息状态。

下面是一些从某个先决条件 A 开始，利用合取的结合性特点来忽略分段的 SP 计算的连续阶段，

- $(F\quad q)\quad\wedge\quad r$

A：PA　　$PA\wedge q$　　$PA\wedge q\wedge r$

- $r\quad\wedge\quad(F\quad q)$

A：$A\wedge r$　$P(A\wedge r)$　$P(A\wedge r)\wedge q$

- $(\neg\quad F\quad q)\quad\wedge\quad r$

A：由　$A\wedge\neg WP(Fq,T)\wedge r$　至　$A\wedge\neg Fq\wedge r$

- $F\quad q\ \wedge\ r\ \wedge\ P\quad F\quad q$

（比较之前的相关转变的画面）

A：PA　$PA\wedge q$　$PA\wedge q\wedge r$　$F(PA\wedge q\wedge r)$　$PF(PA\wedge q\wedge r)$　$PF(PA\wedge q\wedge r)\wedge q$

这种对最弱先决条件和最强后置条件的递归并不容易扩展到其他程序操作当中去，如早先的布尔合取。但对于更丰富的形式理论来说，上述对标准谓词逻辑的一般翻译仍然可行，而且它可以作为一种保持跟踪“静态内容”的替代方式。

最后，更加丰富的动态语义也同样是可行的。例如，人们可以将命题和处理

过程中遇到的所有参考点的有限“痕迹”联系到一起。上述语义从句将通过明显的方式转换。这更接近于对含时间观念话语的真实理解。在这个过程中，来自于时间域不断增加的有限点“样本”在赋值当中“得到访问”。或者人们可以将某些关于“进程代数”更加细腻的形式（Bergstra，Klop，1986）流传下来。此外，最终人们可能会从惯常的计算做法出现，甚至还包括“过程控制”的过程信息到达这样的“时间状态”里（Pnueli，1981）。

14.5.3 推理的多样性

动态视角并不局限于逻辑形式理论的语义解释。它同样适用于信息处理，以及它的推理、修正等诸如此类的特征性现象。这一次，将会有认知上的转换，不是在模型中的点（或更一般的，赋值）之间，而是在一些合适的认知空间中的“信息状态”之间的转换。

14.5.3.1 时间网络

一个例子是在（Allen，1983）中发现的维护时间知识的机制。信息状态是网络的状态；这个网络由时间间隔和携带关于（13 种可能）时间关系的信息箭头所构成。例如，我们可能知道，时间间隔 i 先于或者真包含于时间间隔 j 里，等等。现在，一个更新的程序可以被定义，即对于每个新的时间事实来说，将那个事实增加到适当的位置，然后计算这个额外的信息是如何传播到其他的节点和箭头上的。

例 20 一个时间网络。

令下面的故事为一个已知的有四个事件 i，j，k 和 l 的故事：“i 或者优先于 j，或者重叠于 j；j 本身完全优先于 k。此外，i 或者完全在 l 后面或包含 l。”在图中表示如下，

i ——— $\{<, O\}$ ——— j ——— $\{<\}$ ——— k

$\{>, \supseteq\}$

l

给定任意两个时间关系 R_1，R_2，可以计算出所有可能的相对位置在它们关系组合时间区间里序对所组成的集合 $R_1 \circ R_2$ 的值。例如，将它应用到上述 l，i，j 上，人们可以计算下面箭头 l —— —— j 的可能性标签：

$$\{>\circ<, >\circ O, \supseteq\circ<, \supseteq\circ O\} = \{<, O, \subseteq\}$$

然后，任何新“箭头” x —— A —— y 到网络的添加将有下列效果。这个效果是用非确定性算法描述的。

选择任何“适合的”链接 y —— B —— z（或 z —— B —— x）；

计算像 $A \circ B$，作为 x —— —— z（或 z —— —— y）的新标签；

将后者和它已经具有的（如果有的话）标签取交集；

重复这些步骤，直到不再出现新的标签为止。

这是一个会终止的算法，它更新网络状态，从而揭示新的信息。例如，添加新的链接

$$l —— \{\subseteq, \supseteq\} —— j$$

到上述网络，将取代其之前由｛$\subseteq$｝计算的标签｛<，O，$\subseteq$｝，再次之后产生进一步的传播，例如，i ——｛O｝—— j 的传播。

同样，更新时间网络显示了许多较早的动态特征：它产生了状态之间的转变关系，并且它的特征操作是关系代数的特征操作，例如组合、交叉或选择等。

14.5.3.2　时间界限

人工智能中提出的许多种推理和时间相关。举例来说，对时间变化上维护信息"框架问题"的反思已产生出各种新的"非单调逻辑"，它们在本手册第二卷本里有详细的记录。一个显而易见的候选对象是麦卡锡的*限定理论*（John McCarthy's circumscription），它允许人们对某些特殊命题施加"最小生命时间"，从而支持了系统未来行为的某些可撤销的推理。我们再次回到基本时态逻辑，它仍然是对新思路有用的"实验室"。下面是一个命题限定的非常简单形式，它只是为了说明这种移植是可行的。

定义3　命题最小化。

考虑模型$\mathbb{M}$与一个突出的有利点t。（$\mathbb{M}$，t）是时态逻辑公式ϕ的P-最小模型，如果

- $\mathbb{M}, t \models \phi$
- 不存在这样的$\mathbb{M}'$，只和$\mathbb{M}$不同于$V'(p)$的扩展完全包含于$V(p)$里面，使得$\mathbb{M}', t \models \phi$成立。

这个定义类似于同时最小化不同命题变元的例子。

例如，设p表示这样的特殊情况："在荷兰有严重霜冻"，以及q表示句子："荷兰人在滑冰"。公式$G(q \rightarrow p)$的模型允许任何这样的未来，其中一般滑冰场合也是严重霜冻场合，同时也在没有滑冰的情况下允许出现严重霜冻的场合。但p-极小模型将使滑冰场合作为严重霜冻的唯一实例：充分条件已经变成必要条件。现在，让我们看一下，限定推理如何进行：

$\Sigma \models p\text{-min}\ \psi$，当且仅当，在$\Sigma$所有的$p$-极小模型中$\psi$为真。

这证实了先前的所有标准后承，而且还有新的标准后承，如

$G(q \rightarrow p) \models p\text{-min}\ G(p \rightarrow q)$　　$F(q \wedge p) \models p\text{-min}\ G(p \rightarrow q)$。

同样，由此产生的系统是不同于标准系统的系统，因为甚至像单调性这样的基本结构规则一样会失效，而且这时候即使是切规则也是如此：

$G\ (q\to p) \models p\text{-min}\ G\ (p\to q)$，但是

$G\ (q\to p),\ G\ (r\to p),\ \not\models p\text{-min}\ G\ (p\to q)$

$G\ (q\to p),\ G\ (r\to p) \models p\text{-min}\ G\ (q\to p) \models p-\text{min}\ G\ (p\to q)$　但是

$G\ (q\to p),\ G\ (r\to p) \not\models p\text{-min}\ G\ (p\to q)$

然而，时态限定可以由第 14.2 节的逻辑技术来分析。例如，有一个和标准翻译明显相似的翻译，它现在可以把限定公式 $\mu p \cdot \phi\ (p)$ 带到二阶公式里去，这些二阶公式明确地阐明之前对应于 p 的最小化一元谓词 P 的定义［正如在（Lifschitz，1985）中，人们可能研究这些更简单的例子，其中“一阶规约”是可行的：一个明显的例子是，所有 ϕ 只具有 p 语法上的肯定出现。然而，这种规约在一般情况下不成立（van Benthem，1989c）。例如，对于简单的时态逻辑公式 $Fp \wedge G\ (p\to Fp) \wedge G\ (p\to Hp)$ 来说，没有一阶限定存在］。这里，一个明显的问题是关于限定推理在基本时态逻辑下的复杂性：是否这个概念至少可判定？由于这个系统处在一元谓词逻辑（其中的限定是可判定的）和一般二元谓词逻辑（其中的限定不可判定）之间，这个问题是不平凡的。自从本文的原始版本写作以来，对它否定回答已经由查格罗夫（Alexander Chagrov）宣布（个人通信）。

上述风格下的时间最小化仍然是一个粗略的第一近似值。在实际的时间推理中，可能更现实的是不在命题上扩展，而是在 p 到 $\neg p$ 时间变化上的最小化，反之亦然。此外，许多时间默认规则似乎引发一些明确的动态过程，它不只是在一些偏好的固定模式中选择“最小的模型”，而是在可能的历史进程中改变这些偏好［（Spohn，1988）和（Veltman，1990）提出在一般可能世界模型上偏好变化的具体系统］。最后，（Shoham，1988）令人信服地论证了传递到一个更复杂的对极小化的时间 - 认知描述的必要性，既涉及活动过程也涉及我们对它们的了解或者无知，这些问题都是由著名的“耶鲁（Yale）射击问题”来说明。现在模型必须在不同的认知替代品上涉及并行的时间结构（参见 14.3.4 节中关于“分支时间”的讨论）。它允许人们在某个历史的某个时间点上，通过拥有那里持续的尽可能多的不同认知替代品来渲染最大的无知。一个完整的处理方法超出了本综述的范围。

14.5.3.3　再访动态推理

逻辑推理行为具有来自人工智中一般非单调推理中标准模式的一些知名的偏差（Makinson，1989），其中限定理论是一个著名的例子。指出这个可能会是有意思的：早先动态风格的推理提供不服从经典单调规范的自然推理做法的新例子。事实上，推理动态行为往往是完全可以通过结构规则包所刻画的。因此，（van Benthem，1991）证明：

“目标的达成”完全取决于自返性（reflexivity）和切削的结合。

但其他候选项体现标准规则的修改版本，我们再次发现，在一般非单调推理中，比如说，（Shoham，1985）的优先后承只遵守所谓的“谨慎单调”和“谨慎切削”。因此，有进一步的动态推理风格，例如

实现一个效果

处理前提将导致一个结论成立的状态，这种状态被证明可以通过两个修改的结构规则所刻画（van Benthem，1995）：

左单调（left monotonicity）　$X \Rightarrow C$　蕴涵　$P, X \Rightarrow C$

左切削　$X \Rightarrow P$　和　$X, P, Y \Rightarrow C$　蕴涵　$X, Y \Rightarrow C$

有关的论证采取一般表示定理的形式，使得动态推理关系满足这种结构性规则。

返回到限定脉络中的非单调逻辑，这个类比也暗示了更进一步的研究课题。动态系统自然涉及更丰富的逻辑常项集合，这些逻辑常项集合产生于对过程设置中适当操作符结构的兴趣。相比之下，限定理论研究一直在这方面有所保守，只集中于一个老形式语言后承的新概念上。

不过，当然，你也可以问哪些新的逻辑常量将对具有模型上优先最小化的模型论宇宙是适当的。

例如，至少引入一算子 μP，它将命题 P 带到它的最大优先的模型上似乎是合理的［对于这个特殊的新常量 μ 逻辑见（van Benthem，1989c）］。在前面的条件中，“各种推理”和“常数扩散逻辑”必然一同出现在人工智能逻辑的新系统中。

14.5.4　部分模型和信息

对信息处理的强调预设了对信息状态的结构感兴趣，其中涉及这些状态上的过程运行。当前在语义上一个普遍趋势是：为了上述目的，将信息处理切换到一个更具信息倾向的概念模型上，这种趋势现在被看作我们知道或者忽略的部分记录。在部分模型中，谓词将用一个更精细的选项网格定义，区分“正”、“负”和“未知/未定义”部分。相应地，公式现在可能成为“真”、“假”或者“未定”。最终，该网格也可以被其他“真值”所扩展。特别是，许多作者还使用了第四种“过度定义”的情况，用于表示谓词的矛盾信息状态。（Blamey，1985）对于这样的模型提出过各种哲学、语言学和数学的动机。计算的动机可以在（Fitting，1985）中关于逻辑编程，或者在（Tan，Treur，1990）中关于“双模块”专家系统的设计里找到。关于部分性在内涵逻辑中的一般性综述可以在（van Benthem，1988）中找到。

局部模型的一个早期的时间应用是在（Kamp，1979）中提出的，他假设这

些局部模型是记录自然语言处理过程中时间信息的适当结构。他分析的一个有趣结果如下所述：假设我们有一般意义上的框架类$\mathbb{K}$，它是由一阶公式的某个集合Σ定义的。它显然部分对应$\mathbb{K}_{\text{part}}$类，该类是基于所有框架具有不相交的部分扩展$<^+$，$<^-$对于优先关系仍然可以由标准的关系“$<$，$(TxT)-<$”所完成的，最终归结于$\mathbb{K}$。$\mathbb{K}_{\text{part}}$则也被证明具有一个一阶的定义，这个定义可有效地从Σ获得。

例 21 公理化部分框架类。

传递禁自返框架类的部分对应定义如下：

$\forall x \neg x <^- x$

$\forall x \forall y \forall z((x <^+ y \wedge y <^+ z) \rightarrow \neg x <^- z)$

不仅可部分化时间模型，时间语言在它们上的解释也同样可以部分化。通过示例，这里有一个基本时间逻辑的部分变种。模型现在指派肯定扩展V^+（p）以及否定扩展V^-（p）给命题字母。为了方便，优先关系$<$在这里将继续是全关系(虽然这在我们对时间算子的处理中也能被部分化)。根据这种原子的初始模式，任意公式能够在时间点中被“验证”或“反驳”，其中这些“肯定”和“否定”概念的处理通过下面的同时归纳得到：

- $\mathbb{M}$，$t \models^+ p$，当且仅当，$t \in V^+$（p）
  $\mathbb{M}$，$t \models^- p$，当且仅当，$t \in V^-$（p）
- $\mathbb{M}$，$t \models^+ \neg\phi$，当且仅当，$\mathbb{M}$，$t \models^- \phi$
- $\mathbb{M}$，$t \models^+ \phi \wedge \psi$，当且仅当，$\mathbb{M}$，$t \models^+ \phi$和$\mathbb{M}$，$t \models^+ \psi$
  $\mathbb{M}$，$t \models^- \phi \wedge \psi$，当且仅当，$\mathbb{M}$，$t \models^- \phi$或$\mathbb{M}$，$t \models^- \psi$
- $\mathbb{M}$，$t \models^+ \phi \vee \psi$，当且仅当，$\mathbb{M}$，$t \models^+ \phi$或$\mathbb{M}$，$t \models^+ \psi$
  $\mathbb{M}$，$t \models^- \phi \vee \psi$，当且仅当，$\mathbb{M}$，$t \models^- \phi$和$\mathbb{M}$，$t \models^- \psi$

关于时间运算符，这里有几种可能选项中的两种选择：

- $\mathbb{M}$，$t \models^+ F\phi$，当且仅当，对于某个$t' > t$，$\mathbb{M}$，$t' \models^+ \phi$
  $\mathbb{M}$，$t \models^- F\phi$，当且仅当，对于每个$t' > t$，$\mathbb{M}$，$t' \models^- \phi$
- $\mathbb{M}$，$t \models^+ F\phi$，当且仅当，对于某个$t' > t$，$\mathbb{M}$，$t' \models^+ \phi$
  $\mathbb{M}$，$t \models^- F\phi$，当且仅当，不存在$t' > t$，$\mathbb{M}$，$t' \models^+ \phi$

这与过去操作符P的情况类似。

选择第一种方法有以下逻辑效果：

事实 12 我们语言中的所有公式是持久的。因为，由一个“更多信息”的模型替换任何一模型［在这个具有“更多信息”的模型中，只有在前者的“真值间隙”$T-(V^+(p) \cup V^-(p))$中才有更进一步的决定］将保持所有以前关于

$\models^+$和$\models^-$的断定。

持久性显然成立，这让人想起之前的关注（参见14.2.2.3节）。然而，它排除这样一种可能性，即在语言中，某些的语句将表达一定程度的无知而不是知识。后者能够通过引入进一步的否定符号"¬"到语言中，以此来表达"肯定信息的缺乏"：

$\mathbb{M}$, $t\models^+ \sim\phi$，当且仅当，并非$\mathbb{M}$, $t\models^+\phi$

$\mathbb{M}$, $t\models^- \sim\phi$，当且仅当，$\mathbb{M}$, $t\models^+\phi$

通过这种方法，早先关于未来运算符的非持久性阅读 • • 于是可定义为 $\sim\sim F\phi$。

部分逻辑已经有点处于尴尬的境地，因为它可以被有效规约到古典逻辑。例如，如果我们在上面的设置中对p^+，p^-替换所有命题p，那么下面的翻译源于保罗·吉尔摩（Paul Gilmore），它将减少公式ϕ的部分赋值，于是上面的肯定和否定对应部分$(\phi)^+$和$(\phi)^-$的标准赋值在第一种意义上：

$(p)^+=p^+ \quad (p)^-=p^-$

$(\neg\phi)^+=(\phi)^- \quad (\neg\phi)^-=(\phi)^+$

$(\phi\wedge\psi)^+=(\phi)^+\wedge(\psi)^+ \quad (\phi\wedge\psi)^-=(\phi)^-\vee(\psi)^-$

$(\phi\vee\psi)^+=(\phi)^+\wedge(\psi)^+ \quad (\phi\vee\psi)^-=(\phi)^-\wedge(\psi)^-$

$(F\phi)^+=F(\phi)^+ \quad (F\phi)^-=G(\phi)^-$

$(P\phi)^+=P(\phi)^+ \quad (P\phi)^-=H(\phi)^-$

以上归纳的进一步详情可在（Langholm，1988；Muskens 1989）中找到。然而，部分逻辑也引发了它本身内在兴趣的问题，其中许多是与信息的持久性相关的。例如（van Benthem，1988；Langholm，1988；Thijsse，1990）为持续运算符提供各种"函数完全性定理"。

14.5.5 附录：改变模型

前面的子节绝没有穷尽当前逻辑语义的计算化使用中的内在动态。例如，近来一个有趣的发展已将模型中的赋值（"模型检验"）作为除了演绎推理（"定理证明"）之外的信息来源。通常情况下，有用的信息可以存储在模型图以及在前提集合中。在许多情况下，前者的处理过程的效率要高于后者的处理过程［参见（Stirling，1990）以及在（Halpern，Vardi，1990）中激烈的争论］。一般的图景就变成了已在哲学文献中通过像欣蒂卡这样的作者主张的那样。实际的信息处理不追求方法的纯粹性：人们通过手头的任何技术让其本身受益，既在可能的时候查询模型（比较自然中的"实验"），又从高阶信息（比较"规则、法则、限制"）中演绎有用的后承。通过人们肉眼"看"到的结果常常如同用心灵的眼睛看到的东西一样好！显然，这种混合活动削弱了到目前为止所做的大多数便捷方法上的区别。同时，这也与总是被人工智能设计师所设想的“智能系统”的认知多样性符合得非常好。

最后，还存在实践中产生的“动态”另外一个方面，至今为止这一直是我们审视中的一股暗流。在形式或自然语言的通常语义中，以及在很多编程语言中，对通过定义单个模型来验证一些完整文本的意义有一个专门的强调。但在现实中，这只是工作的开始。因为，“话语的论域”（universe of discourse）在自然语言的使用中是不断变化的。此外，当人们扩展一个程序，或者把它嵌入到更大的编程环境中，目标模型也将不断随之变化。因此，同样重要的是模型宇宙的全局结构。哪一种“扩展”、“收缩”或“表示”的自然形式，当其从一个走到另一个，连接同一语言的不同模型或相关的语言，以及它们断言的真或假如何受影响？这个主题已经出现在我们论述的多处地方。它出现在第 14.2 节中的保持定理以及前面的持久性概念（第 14.5.4 节）里，或者贯穿于用时间表示的系统中不同“观点”下的句子可能转移（第 14.4 节）之中。无论如何，似乎可以公平地说，这个话题在逻辑中是一直被忽略的。

仅仅为了方便，这里引入一个“元模型”，它同时体现局部和全局的语义观点。考虑结构 $\boldsymbol{M}$，其论域由第 14.2 节所有时态逻辑模型 $\mathbb{M}$ 组成，它是按照早先的模型扩展关系 $\subseteq$ 进行排序的（同时允许新的个体和新的事实）。我们引入一个双模态语言，同时拥有早先的时间算子 $\boldsymbol{F}$，$\boldsymbol{P}$ 和模态 $\Diamond^{\mathrm{up}}$ 和 $\Diamond_{\mathrm{down}}$，它们在如下的模型和它们中的某个时间点上得到解释：

- $\boldsymbol{M}\models p\ [\mathbb{M},\ t]$，当且仅当，$\mathbb{M}\models p\ [t]$
- 布尔连接符按照通常的方式进行解释
- $\boldsymbol{M}\models F\phi\ [\mathbb{M},\ t]$，当且仅当，对于某个在 $\mathbb{M}$ 的点 $t'>t$，$\boldsymbol{M}\models\phi\ [\mathbb{M},\ t']$
- 过去时间算子的解释与前面类似
- $\boldsymbol{M}\models\Diamond^{\mathrm{up}}\phi\ [\mathbb{M},\ t]$，当且仅当，对于某个扩展 $\mathbb{M}'\supseteq\mathbb{M}$，$\boldsymbol{M}\models\phi\ [\mathbb{M}',\ t]$
- 向下模态解释也是如此。

注意它与第 14.3 节的分支时间结构在解释上具有明显的形式相似性。这种结构的模态逻辑具有一定独立的意义。例如，在它的模态算子和时间运算符之间的相互作用过程中，反映出模型扩展和模型持久的许多特性，参考下面关于“融合”的 $\boldsymbol{M}$-有效原则

$$(Fq\wedge Fr)\rightarrow\Diamond^{\mathrm{up}}F\ (Pq\wedge Pr)$$

由于只能将注意力限制到扩展模式，所以，我们有一个关于 $\Diamond^{\mathrm{up}}$ 的 **S4.2** 模态逻辑，和一个关于 $\Diamond_{\mathrm{down}}$ 的 **S4.1** 逻辑。到目前为止，对于这种天然元模型还没有任何已知的完全公理化逻辑：

问题 4　元模型 M 的完全双模态逻辑（bi-modal logic）是什么？

14.6　更丰富的时间框架

时间逻辑的标准形式语言具有它们自身的习惯设计，具有其不可避免的盲点。因此，时间表达式的独立来源也值得关注，其中我们会考虑以下两个方面。

14.6.1　从语言学视角分析

自然语言的时间系统中富有大量的独立直觉。在过去的十年中，已经出现了有趣的逻辑系统，从后者领域应用了更多的线索，一个明显的例子就是（Galton，1984）的时间体态演算。自然语言背后的本体论图景是郁郁葱葱的，不像在大多数逻辑形式理论背后的斯巴达精神（Spartan spirit）。我们生活在一个丰富的常识世界，不只是有个人和事件，还有“过程”，“状态”等。在高尔顿（Galton）的形式理论中，状态和事件作为基本时间实体共同出现。由此导致的双层系统中，早先的时态 F，P 成为从状态到状态的算子，而进行式（PROG）以及完成式（PERF）则把事件改变为状态。但也有运算符把状态变成时间，如 INGR（“开始”）或 PO（“花了一段时间”）。高尔顿接着进行公理化，指出了大量的似然直觉（plausible intuitions）。一个不错的样本如下：

PERF INGR $q \leftrightarrow (P(P\neg q \wedge q) \vee (P\neg q \wedge q))$

PROG PO $q \leftrightarrow (P\neg q \wedge q \wedge F\neg q)$

PERF $q \rightarrow G$ PERF q

在随后的工作中他也提供了一个匹配的模型论语义。

另一个值得注意的是，语言学上更忠实的时间演算是在（Kamp，1979；Hinrichs，1981；Kamp，Rohrer，1988）中发现的时间话语表示系统。在那里，一种特殊的表示形式理论作为语言文字和最终的实际情况（其中这些文字能够为真或者假）之间的中介。从本质上讲，话语表示的是对有关事件、进程或状态的原子陈述模式的注释，话语表示包括它们时间联系的部分信息（以及它们之间某种照应性的连接）。当一种话语或文本正在被处理，此种关系逐渐进入图景：或者含蓄地，作为推动叙述前进的某种时态的一个副作用；或者明确地，遵循体现在这样的时间连接词——如“之前”、“自从”、“期间”——之中的指令。后者方法的优点在于它解释了某些棘手语言的微妙之处。有时候，自然语言包含两种时态，而在时间意义上看没有任何区别；所以，看同一种情形，就会给不同的指令。举例来说，法语“imparfait”是过去时态，把事件呈现作开区间，在此期间可能会发生很多事情：“她改变了‘玫瑰人生’”（elle chanteait “La Vie en

Rose”)。相比之下，“passé simple”，可能会作为一个不可分割的整体去展现那个同样的过去事件，从而围绕着其他可能组合在一起的事情：“她唱了‘玫瑰人生’”(elle chanta“La Vie en Rose”)，担任一个标记的角色。在这里，由于这种差异，我们就不能认为后者的过程是瞬间的，而前者不是：我们指的是同一事件，这是需要经过实际物理时间的延伸时间段。但是可以这么说，两个指令在“安排”它周围的进一步时间信息上是不同的。而且类似的备注还可用在语言的“体”方面，它反映了事件的时间构成（temporal constitution)。

同样的事件可以被描述为需要时间的“活动”，或者构建为不可分割的“成就”。从技术上讲，后一种选择使事件作为话语表现中的原子间隔被描述：尽管当后者在实际的时间中被表示的时候，它们可能最终将对应到扩展的点集时间段。这些观察也许可以提供线索，就如同对人类处理时间信息中使用的实际机制一样，而这些区别可能具有了一些计算方面的优势。

然而时至今日，实际的人类时间解释很大程度上仍然是神秘的。例如，关系相当密切的语言如英语和德语，已经在它们的时态系统中显示相当多的分歧。因此，从表面上看，语言上的时间系统对历史事故的影响很脆弱，而艺术则是要找到它更深的“不变性”。在该领域中，目前更多的计算研究正在直接针对界定在话语表示上的推理算法，其预期比那些通过迂回翻译再到标准逻辑形式理论获得的效率更高［参考（Kamp，Reyle，1993)，或者（Oversteegen，1989)，它们采用了之前第 14. 5. 3 节的时间网络］。另一个对自然语言语态方面有希望的语言 - 计算方法是在（Moens，Steedman，1988）中语体变化的动态演算中形成的。

它从一个相对自由理论的观点来看自然语言的时间表达的实际系统，将展示上面的叙述如何不同于目前所发展的时间逻辑。

• 第一种主要的时间结构是*时态*，如过去、现在或未来。这些时态把事件放在时间里。同样的作用由一定的*时间助词*所发挥，如“有”（have）或“会”(will)。因此，存在一个系统，它把时间排序在现在时刻周围，也在它们自己之间［包括时态的叠加如“会”（would）或“将会”(will have)］。

• 另一种定位由*时间联结词*所完成，如“自从”、“直到”、“之前”、“之后”、“期间”、“当…时候”。请注意，这些能连接各种类别的表达式，也包括句子和名词短语：

“［贝琳达与他分手］之后，乔治完全变了一个人”，

“［发生冲突］之后，乔治完全变了”。

• 具体时间位置可能由*时间索引*或“代词”来命名，如“现在”、“然后”等，它可以用来指称上下文相关的时间点（尽管变量贯穿上下文)。在语法上，这些词语属于更宽泛的时间状语类，其中还包括一些完全不同的形式，例如，特

殊的日期（“五月的第一天”），以及其他尚未提及的形式。

• 除了“定位”，还有时间“结构”问题：所描述事件的特别指称性质是什么？这是语体的领域，拥有如“终结”，“发端的”或“重复的”这样的可能性。语体可以由某些动词词汇性质所触发，但它也可以被先前的时间算子（如进行时）以及甚至非时间语言结构所影响，例如将一个及物动词放入一个直接宾语，或应用否定这样的情况（Verkuyl，1989）。请注意，不同的时间副词是如何提供语体信息的：例如，关于延续性（“一小时”，“在一个星期内”）。顺便说一句，关于语体语义方面的语言理论化，已经导致（Bach，1986）中称为“自然语言形而上学”的请求，这一规划在精神实质上相当接近于较早提到的人工智能中的常识物理项目。

• 最后，存在时间实体上的复杂的定量系统，它具有这样的表达式，例如“总是”、“经常”、“有时”、“一次”、“从来没有”，其表现出了与广义量词的逻辑理论有着惊人的类似（van Benthem，1986）。将后者联系在一起，我们应当观察到的是时间上的量化往往指向一个更宽泛的概念，即“情况”或“场合”，而不是时间点（Lewis，1975）。还有，其他与已知的一般量化的区别，如在“基数”和“序数”的方式计数上的区别也会发生。后者的一个例子发生在这样的句子里，如“他在每两个击键中犯一个错误”。有关这个技术方面的一个透彻调查是在（Swart，1991）中做的。

在我们先前的逻辑系统里，切蛋糕的方式在某种程度上有所不同。举例来说，上述众多的差别在第 14.2 节模型上的时间谓词逻辑中坍塌了。后者在命题上的一元算子包括时态，语体算子，一些时间量词，以及它的各种时间连接词在内的二元算子。此外，语体信息将在一些有语言公式定义点集的特定结构性质上获得，例如凸性，或者其他时间闭包的语义形式等。然而，一些必要的语言现象仍然摆脱了这个分析。突出的例子就是时态的上下文相关性，它可能会为将来话语引入参考点。这已使一些逻辑学家们制定全新的时间系统，例如，在“情境语义学”的传统下（Barwise，Perry，1983）。

一些时态和时间量化的指示特征，实际上可能在第 14.5 节勾勒的动态解释模式下，由我们的标准时态逻辑形式理论所带出。然后，时间量词和在（Partee，1984）中指出的单个对象上的普通量词之间的各种语言学类比可以被人们利用（Dekker，1990）。所有这一切不只限于以点为基础的一阶形式理论。例如，可以做一个类似于在第 14.4 节一阶时间区间语言中的指示或者动态分析，又如允许指示语的区间逻辑上对时态处理的一个样本（Fenstad et al.，1987）。另一种超出标准做法的现象是时间量词的非一阶特性，如“大多数”、“总是”、“经常”或“偶然”等（但是，这些也仍然存在于较早提及的广义量词逻辑理论的范围内，这种理论并不是本质上一阶的）。

迄今为止，我们一直建议，来自于自然语言的类比可能在时间表示的设计上是有用的。但目前的语言学研究也可以提供有趣的线索给时间推理机制［（Kamp，Reyle，1990；Sánchez Valencia，1990）中参考各种接近语言学形式的“自然逻辑”演算］，它也可以特殊化成更加适度的语言学时间“子程序”［由Guenthner（1989）所提倡］。

14.6.2 从数学角度分析

一些先前的观察建议使用另外更加独立于语言的时间算子。例如，广义量词自身也是数学对象，它们不需要依赖与实际人类语言的词汇化而存在。而且一个类似的数学角度可以使用在时间算子上。考虑第14.2节里的任意框架（T，$<$）。时间命题和T的子集相对应，因此时间算子可以看做是在T的幂集上的一元操作。但是，并非所有的先验可能性都是看似有道理的：某些“时空的限制”规则必须被遵守。但是，这可以通过不指定任何形式的语言而做到。一开始，它可能要求，真正的时间算子f对时间顺序的“细微变化”是不敏感的。

自同构不变性

$\pi[f(A)]=f(\pi[A])$对于所有$A\subseteq T$和$(T,<)$的所有$<$-自同构π。

这引起了转换f在行为上的某种统一性。例如，在实数轴R上，单命题集$\{t\}$的f像必须通过一个由三个相关区域$\{t\}$，$\{t'\mid t'<t\}$，$\{t'\mid t<t'\}$的并集的统一选择来实现。其次，更进一步的限制也是可能的。例如，一个“局部可计算”的强要求由下列概念所表达：

连续性

f和它的所有参数的任意并集可交换。

对于这样的时间算子，$F(A)$值的计算相当于取在单元集$f(\{t\})$（其中$t\in A$）上一切值的并集。到目前为止，事实上以上两个要求（合在一起）就是基本普赖尔算子的特征（van Benthem，1986b）。

事实13　在实数上，自同构不变连续时间算子正是普赖尔时态F，P加上所有这些时间算子的析取。

一个自然的不变非连续时态是早先的进行时态。区间内部的构成不和任意交集相交换：参考例子$\mathrm{int}((0,1))=(0,1)\neq\bigcup\{\mathrm{int}(\{x\})\mid 0<x<1\}=\varnothing$。无论如何，后者仍然是在如下意义上“弱连续”的：在A的所有凸子区间的值的基础上计算它的值。弱连续算子对于它们的参数的集合包含来说，至少保持单调性。

因此，针对一元时间算子的可能语义行为的时间层次体系就产生了。人们能够这样研究它，比如对有吸引力的候选对象进行可能的词汇化。此外，类似的分析对其他类型的时间算子也是可能的。一个例子是时间命题上的二元谓词 R，如上述量词，通常其内容仅仅局限于某个定义域："总是在时间片段 A，B 上发生"。另一个例子是前面提到的时间连接词，如"当…时候"，"在…期间"，"之前"。在这里，同构不变性还是有意义的：

$R(A,\ B)$，当且仅当，$R(\pi[A],\ \pi[B])$ 对于所有的 A，$B \subseteq T$ 来说。

而且对于先前的关于连续性和单调性的概念也是如此。事实上，实数上所有同构不变的连续候选，可像以前一样被有限地分类。再则，上述非一阶时间量词，就如一阶时间量词一样，也属于一般的模型。这表明，时间逻辑或许可以从一个更加数学的角度发展而来，这种更加数学化的视角作为所有可能时间算子的理论，而时间逻辑却无视这些时间算子是否可以在某些特定的逻辑语言上定义的问题。公正地说，到目前为止，这种观点在时间文献中仍然是微不足道的。

14.7 时间谓词逻辑

14.7.1 设计系统

在前面的章节中，因为主要的倾向是把重点放到时间算子上，所以，时间推理是在相对弱的命题逻辑形式系统基础上进行研究的。然而，从逻辑观点来看，考虑添加额外的时间算子到一个更丰富的谓词逻辑中，也是很自然的。这里，我们应当从一些标准谓词逻辑语言出发，像以前那样添加两个算子 F 和 P，并加上由其定义的普遍对偶算子 G 和 H。然而，一些新问题出现了。在语言的语法中，时间算子和个体量词开始互动，同时我们必须要考虑不同组合之间的可能区别，诸如"每个人都将永远是愚蠢的"和"永远，每个人都将是愚蠢的"。事实上，对新的形式理论是否承认任何一致解释的怀疑已在哲学文献中出现了。下面是改编自（Quine，1947）的一个例子。虽然这些语句回想起来相当愚蠢，但它的确强调了对精确度的需要：

"数学家总是理性的，但并不总是两足动物。

自行车运动员并不总是理性的，尽管他们总是两足动物。

现在，考虑数学家车手兹维尔（Paul K. Zwier）：

他是一个数学家，所以他总是理性的，

但他也是一个骑自行车的，因此，他并不总是理性的。

并且他的腿也同样矛盾。"

对这个故事的一个系统描述，以及其意义上潜在的一般语言，如对这个语言的适当语义结构一样，预设了各项决定。事实上，这章将比前面章节更加零散，因为该领域富含多种选择，而这些选择尚未达成共识。我们首先从什么是最普遍的方法开始。

定义 4 时间谓词逻辑的模型。

模型（model）是时间框架（T，$<$）的结构$\mathbb{M}=(T, <, \{D_t \mid t\in T\}, \{V_t \mid t\in T\})$，其中，每个时间上的点具有一族非空个体“域”$D_t$（“存在”于$t$的个体中），以及“赋值”$V_t$在$T$中每个点$t$处解释语言中所有的谓词和函数符号。

这里给出了普通谓词结构的一个模式，这些结构按时间优先级排序，可以把它视为宇宙的瞬间“快照”，并且在不同的时间里可能出现重复的快照（图 14-13）：

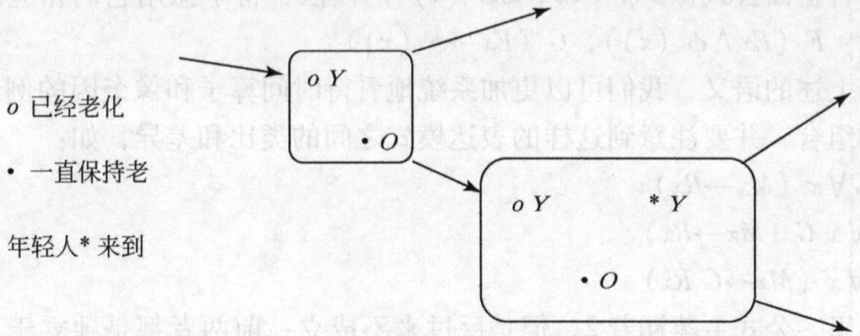

图 14-13

其次，存在一个合适的真值定义的问题。像以前一样，公式ϕ解释于时间点t上，但是现在也加上一个“赋值”A，从它们的（自由）个体变元到存在于t的对象们：

$\mathbb{M}, t\models\phi\,[A]$。

这里，真值归纳过程中所有的非时间条款如同往常一样，其原子指向由V_t提供的事实。特别的，我们规定个体量词的定义域是在t上的论域

$\mathbb{M}, t\models\exists x\phi\,[A]$，当且仅当，存在某个$d\in D_t$

使得 $\mathbb{M}, t\models\phi\,[A^x_d]$

但是，时间算子的情况要求做更进一步的决定。问题是，论域可能从一个时间点到另一个时间点发生改变，所以决定是否，例如，$\mathbb{M}, t\models G\,Rxy\,[A]$，要求计算$Rxy$的赋值，相对于不同于$t$处的其他时间的$A$：当$A(x)$，$A(y)$完全不需要存在。不同的作者已经在这里为不同的选择辩护。例如，人们可以决定在任何时间来赋值所有的原子命题，把涉及非存在的对象原子认定为假［在（Kripke，1963）中倡导］或“未定义”［如（Hughes，Cresswell，1968）所做的］。

在这里我们选择另一条道路：

设 ϕ 有自由变量 x_1，…，x_n：

$\mathbb{M}$，$t \models F\phi\ [A]$，当且仅当，存在某个 $t'>t$ 在它的域 D'_t（$1 \leqslant i \leqslant n$）的全部 A（x_i）上使得 $\mathbb{M}$，$t' \models \phi\ [A]$

同样的，对于过去时 $P\phi$ 的定义也与此相类似。

因此，当相关的时间对象实际上是当下的时候，普遍对偶只会指向那些未来或过去的时间。这是自然常识，其中句子“拿破仑始终坚持速度”描述的是，拿破仑是他所处时代的一个坚定的行动者。这不是唯一可行的政策。一个完美的替代办法其实是，使用拥有所有时间点的一个通用的域，以及明确的存在性谓词 E 来丰富语言，它只在每个点 t 在 D_t 上的个体为真。然后，赋值将是完全直截了当的。而且上面公式像 $F\phi$（x），$G\phi$（x）的读法，将宁愿用它们相应的限制形式来表示：F（$Ex \wedge \phi$（x）），G（$Ex \rightarrow \phi$（x））。

运用上述的语义，我们可以更加系统地看待时间算子和像奎因的例子中出现的量词的组合，并要注意到这样的表达模式之间的类比和差异，如：

1　$G \forall x\ (Mx \rightarrow Rx)$

2　$\forall x\ G\ (Mx \rightarrow Rx)$

3　$\forall x\ (Mx \rightarrow G\ Rx)$

在这里，公式 1 蕴涵着 2，但是反过来不成立；前两者都是独立于 3 的。声明 1 有时也被称为“de dicto”（从言）：它给有关闭句子的一个普遍的时间声明，而另外两个是“de re”（从物）：它们给个体赋予普遍的时间属性。

其实上，对于这个领域中的语义选项，这还不是结束。迄今我们已取得的对时间依赖的东西是谓词和函数。个体在 T 的不同 t 中可能获得或失去某些性质（考虑“正年轻”），以及函数可能会产生不同的值（考虑“苏联的总统”）。但潜在的个体本身在时间点上一直保持相同。但是在其他语义版本中，跨越不同世界中的个体充其量是对方的“对应”（Lewis，1968）。而在（Hintikka，1969；Kripke，1963）中，个体甚至成为高阶时间相关的实体，即由时间点到对象的函数，与“世界线”在 T 的不同 t 上假设不同的外延非常相像［我们再来比较在（Montague，1974）中提到的相关“个体概念”的使用，其中这样两个高级个体能够在一段时间是相同的，然后各自分叉出去］。时间谓词逻辑的后者设计具一定的复杂性（Garson，1984）；尽管相关的想法将由于技术原因在本节结束的时候再返回来，但是，我们将不在这里深入研究它。最后，回到先前第 14.4 节中去，从不妥协的哲学角度来看，人们甚至可以声称，个体根本不属于世界的基本本体论工具。对于人类来说，主要的数据是事件，当有足够的“不变式”跨越一定数量的不同经验时（Barwise，Perry，1983；Seligman 1990），个体只作为这些事件中上的构造出现。再次在这那种情况下，我们的时间语义，就如它所代表的那样，则是过于天真。因此，“时间谓词逻辑”实际上是一个多元化的领域名称，具有许多可能的形式系统，其相对优势也许依赖于对哲学直觉、数学优雅，以及计算功用的考虑。

14.7.2 探索逻辑

• 公理

通过上述模型验证得到的最小推导演算可能看起来大致如下：

• 来自标准谓词逻辑的所有有效原则

• 先前最小时态逻辑的所有原则。

但是，就如它代表的，由于各种原因它还不会是这样。

问题 5 时间分布。

在上述语义上，并不是时间分布公理的所有实例是都有效的。例如，存在很简单的反例：

$$(G\, Px \wedge G(Px \rightarrow Qy)) \rightarrow G\, Qy$$

该反例由上述关于变元赋值的出现所致［考虑这样的情况：两个对象 $A(x)$，$A(y)$ 永远不会共同出现在任何域 D_t，使得 $G(Px \rightarrow Qy)$ 因为无关紧要的原因为真］。在这里，标准的补救措施一直是实施对模型的进一步限制，即随着时间的推移，没有个体会消失（也就是说，它们仍然“出现”，虽然不一定是“活的”——就像中国人家里的祖先）：

域累积（domain cumulation）

对所有的 $t, t' \in T$，$t < t' \rightarrow D_t \subseteq D_{t'}$

这也将为时态算子和量词验证几个交换原则，如

$\exists x\, G\, Px \rightarrow G \exists x Px$

$G \forall x Px \rightarrow \forall x\, G\, Px$

从证明论的角度来看，这些也是合理的，在上述建议的最小公理系统中见证下面的推导：

$Px \rightarrow \exists x Px$ （普通谓词逻辑）

$G(Px \rightarrow \exists x Px)$ （时间化）

$G\, Px \rightarrow G \exists x Px$ （分配律！）

$\exists x\, G\, Px \rightarrow G \exists x Px$ （普通谓词逻辑）

问题 6 个体常量和函数符号。

这个问题更隐秘。在谓词逻辑中，有这样一个明显的原则：

存在概括

给定 t 对于 ϕ 中的 x 是自由的，那么，$[t/x]\ \phi\to\exists x\phi$

但对于时间谓词逻辑，仅仅因为个体常量的存在将会破坏这个结论。例如，公式 $G\ La\to\exists x\ G\ Lx$ 不是普遍有效的，因为“输家将永远输”的事实并不意味着存在任何我们现在意味上的特定个体将永远是输家。这一次不存在通过限制域的简单补救措施：合适的语法限制将被施加于存在概括原则上，在时间算子的范围内，排斥它对个体常项的使用（或者更普遍地，对函数符号项的使用）。最后，由于这些附带条件，对于修改后的时间谓词逻辑公理系统，的确存在一个普遍的完全性结果（Hughes，Cresswell，1968；Garson，1984）：

定理 10　最小时间谓词逻辑中的可证性和满足域累积模型中的普遍有效性等价。

其次，进一步的时间谓词逻辑可能会在这之上被发现。许多这样的结论都是先依靠任意命题逻辑系统 L，然后在给出的最小工具之上再形成进一步的发展，通过读取所有它的命题公理作为替换的一般模式，形成它的最小谓词逻辑版本“LQ”。但是因为涉及没有任何对应命题的公理，发展而来的其他系统是独特的。一个著名的例子是最小逻辑加上所谓的巴坎公理（Barcan axiom）

$\forall x\ G\ Px\to G\forall x Px$

可以证明对于所有拥有一个恒定时间点论域的模型类来说，它是完备的。

问题 7　等同（identity）和区别（distinctness）的持久性。

这里，对个体本性作出的决定反映在我们语言中的等同行为中。在标准对象语义中，以下两者都是普遍有效的：

$\forall x\forall y(x=y\to G\ x=y)$

$\forall x\forall y(\neg\ x=y\to G\neg\ x=y)$

这看起来相当强，但拒绝它们往往需要转移到之前类似高阶函数的个体上，这似乎是一个很高的代价。我们在这里不会去调查走出困境一切可能的方法。

• 模型论

给时间谓词逻辑赋予适当的语义会面临不可简化的概念多样性，所以存在对于技术性逻辑理论的特殊需要，使我们更加系统地描述和理解可用选项。特别地，较早的模型论（model theory）主题上存在一些明显的扩展。再次举例来说，基本不变量（invariants）可以通过第 14.2 节的时间 Z 字形以及和谓词逻辑“埃伦芬赫特博弈”的组合（Doets，1987）为时间谓词逻辑的语言所定义。在这些概念的背景中，又存在从时间谓词逻辑到更加标准的“二类”谓词逻辑的翻译，该翻译为时间点和个体对象引进了不同种类的变量。在一般情况下，个体的 k 元谓词在翻译下获得了相应的时间变量，成为（$k+1$）元谓词。此外，除了点之间的“优先关系” $<$ 之外，还存在新的区分跨分类的“局部存在”谓词：

$Ext\ \ x$ 属于 D_t。

例如，上述巴坎公理读作如下：

$\forall x\ G\ Px \to G\ \forall x Px$：

$\forall x(\ Ext_0 \to \forall t'((t_0 < t' \wedge Ext') \to Pxt')) \to \forall t'(t_0 < t' \to \forall x(Ext' \to Pxt'))$

而且，就如第 14.2 节一样，翻译的二阶版本也是存在的，普遍量化了除了 < 和 E 的所有谓词以后，以此来表达所谓的“居住时间框架”的性质。

例 22 框架对应。

在框架上，巴坎公理 $\forall x\ G\ Px \to G \forall x Px$ 对应于‘域包含’的一阶条件：

$$\forall t'(t_0 < t' \to \forall x(Ext' \to Ext_0))$$

它的逆 $G \forall x Px \to \forall x\ G\ Px$，作为较早“域累积”的局部版本定义了逆包含。框架上的一个非一阶原则的例子是交换法则 $G \exists x Px \to \exists x\ G\ Px$ (van Benthem, 1985)。

与其对应的命题部分相比较，谓词逻辑技术理论研究得更不彻底［一个值得称赞的例外是（Fine, 1978)］。部分原因可能是由于人们普遍感觉这里没有真正的新发现等待发掘。还有部分原因是，这个领域似乎是负面发现的莫名其妙的来源，例如经典性质像*内插性质*（interpolation）的失效，等等。也许，到目前为止，这反映了我们的模型理论的某种“不稳定”，人们对此的不满已经引发了一些有希望的最新进展，请看下一小节。

14.7.3 不完全性与功能建模

最近，已经清楚的是，上面温和的时间谓词逻辑框架是严重“不完整”的，它呈现出合理的推演与语义有效性之间的不匹配。前者通常是太弱而无法产生所有有效的推论。作为一个积极的副作用，这一发现已经产生了一些有趣的新模型。

● 不完全性结果

部分问题和之前的公理完全性定理中“从框架到逻辑”的方向有关。例如，已经有一个老的结果［由林斯特龙和斯科特（Dana Scott）在 20 世纪 60 年代各自独立贡献］，说的是具有可有效公理化的命题时间逻辑框架在一阶逻辑的情况下可能急剧改变它们的行为。

定理 11 整数或实数上的完整时间谓词逻辑（每个点附加任意域）是不可公理化的。

事实上，真值算术可以有效地嵌入到任何逻辑当中去。原因是在框架里的标准时间序，能够通过某种适当有效的编码，可以为基本算术运算执行标准解释所利用。这个不完全现象可以通过上述框架的翻译得到理解。从本质上讲，一个框架类的时间谓词逻辑是一个片段，后者的一元二阶逻辑（monadic second - order logic）不再和第 14.2.7 节所讲的一样。但是，正如我们已经指出的，它的多元二阶逻辑中，后者系统的复杂性一般大大高于前者。

公理完全性结果的另外方向，即从“逻辑到框架”，也存在问题。可以肯定的是，这里确实存在一些积极的成果，涉及此类如上面所定义的 **S4Q**（**S5Q**）的自然模态谓词逻辑，这些逻辑对寄居（inhabited）前序（寄居等价关系）是完全的。事实上，下面的猜想在一段时间里似乎是有道理的（Hughes，Cresswell，1984）：“每当一个命题时态逻辑 *L*，相对于某个框架类来说是完全的，它如上定义的典范谓词逻辑版本 *LQ* 将对同一类寄居框架是完全的。” 不过，这种说法已经被证明是错误的（Ono，1983）。由此产生的情况已经在（Shehtman，Skvortsov，1988；Ghilardi 1989）中进行了更一般的分析。我们陈述吉拉尔迪（Ghilardi）的一个模态逻辑及其漂亮的结果，即“纯未来”时态逻辑 。

定理 12　在 **S4** 的扩展中，其相应的谓词版本 *LQ* 是完全的，命题逻辑 *L* 必须具有 $L\supseteq$**S5** 或 $L\subseteq$**S4.3**。

这排除了对此类自然的模态谓词逻辑如 **S4.1Q** 或 **S4.3GrzQ** 的框架完全性。（作为命题逻辑，**S4.1** 对于原子偏序是完全的，**S4.3GrzQ** 对于所有有限自返线性序的类也是完全的）。这个不完全性现象的总范围可能更大。肯定框架的完全性结果只在一些边界上知晓［它们是由克里普克（Kripke）、吉拉尔迪、科尔西（Corsi）和其他人研究出来的］。

定理 13　对于命题逻辑 L = **S4**，**S4.2**，**S4.3**，**S5** 和它的所有的扩展，*LQ* 是框架完全的。

这些结果是有暗示性的，但尚未确定。例如，当谓词逻辑 *LQ* 被重新定义，以此来包含巴坎公理时，我们不知道上面的图景在何种程度上已经改变了［志村（Shimura）在后者方向作出的正面完全性结果已经由小野宽晰（Hiroakira Ono）所公布］。此外，吉拉尔迪已经宣布进一步的肯定结果：*LQ* 对哪些“典范”的模态命题逻辑 *L* 是框架完全的（也就是说，对它们的典范亨金框架完全）。

- 函数模型

在分析上述不完全性现象中，出现了一个有趣的语义问题。“不完全性”的意思是必须存在逻辑 *LQ* 的框架后承，使其不能从这样的逻辑中用公理推导出来的。所以，问题就变成要设计一套更普遍的语义来表明这种不可推导性。这里有来自从前面的工作的一个优雅建议，它似乎具有独立兴趣，值得发展成为这个领域正在进行的开创性研究的一个说明。［吉拉尔迪自己的表述是没有采取妥协的范畴理论的说明：接下来我们展示的是取自（van Benthem，1990a）使用标准词汇更友好地重新表述］。

定义 5 函数模型。

函数框架（functional frames）是二元组（D，F），其中 D 是一个域的族 $\{D_t \mid t \in T\}$，F 是在这样域之间的映射族（即每个 $f \in F$ 由某个 D_t 映射到某个 $D_{t'}$，其中 t，$t' \in T$）。这些框架再加上诸如以前的赋值函数 V 之后，就变成函数模型（Functional models），其中 V 在每个 $t \in T$ 上，它解释语言的所有谓词和函数符号。

在这样的结构上，真值定义描述一个公式在一个模型的点上为真，即在一定的赋值下：$\mathbb{M}$，$t \models \phi[A]$。于原子和命题连接词以及量词而言，其条款基本上与以前的相同。但对于时间算子，我们现在设定：

$\mathbb{M}$，$t \models G\phi[A]$，当且仅当，对于所有具有定义域 D_t 和值域 $D_{t'}$ 的映射 f：$\mathbb{M}$，$t' \models \phi\ [f \circ A]$，

$\mathbb{M}$，$t \models H\phi[A]$，当且仅当，对于所有具有定义域 D_t 和值域 $D_{t'}$ 的映射 f，以及所有的赋值 A' 使得 $f \circ A' = A$：$\mathbb{M}$，$t' \models \phi[A']$。

因此，在进一步的时间点和可能不同“表现”的个体上，有一个普遍的量化。请注意，谓词时间逻辑的原模型代表这个设置的特殊例子，在这里，所有涉及的映射都是等同函数。

例 23 额外的时间情形。

与之前语义的差别之处已经在具有从 D_t 到 D^t 映射族的单点模型 $\{t\}$ 上显示出来了。从命题的角度来看，这些只是单点自返框架，通常会验证以下公式的有效性，如

$$\phi \rightarrow G\phi$$

在之前的谓词逻辑语义上，只能附加一些个体域 D_t 到这里；所以模式公式

$$\phi(x_1, \cdots, x_n) \rightarrow G\phi(x_1, \cdots, x_n)$$

也将对 x_1，…，x_n 的所有赋值均为真。但是，对于额外从 D_t 到 D_t 的不同映射，后者的模式将不再有效。想看到这一点，只需考虑具有两个个体的情形，其中一个具有性质 ϕ，另一个没有该性质，于是出现的不仅是等同映射而且还有一个识别它们的映射如下：

$o\phi \quad \cdot \neg\phi$

t

$$f_1 = \{\langle o, o\rangle, \langle \cdot, \cdot\rangle\} \quad f_2 = \{\langle o, \cdot\rangle \langle \cdot, \cdot\rangle\}$$

即便如此，新的更广泛的模型类对我们的基本公理演算仍然是可靠的。

命题 8 最小时间谓词逻辑的所有原则在函数模型的解释下都是可靠的。

该领域迄今仍然缺乏的是重要的逆向结果，即对于函数框架自然类的完全性定理。

备注 先驱。

上述语义在时间逻辑的历史上也不是完全没有先例。举例来说，这里产生的“个体”观点似乎非常类似于早先提到的“世界线”（world lines）；因为，各种不完全性的现象已经由克里普克在 20 世纪 60 年代指出（Garson，1984）。此外，还一直存在民间传说的思想，甚至在模态命题逻辑的文献上，那就是，世界之间的可通达关系也可能由一个到另一个的映射诱导。于是“框架”将是（T，F）组成的，其中 F 是 T 上的一个函数集合使得公式 $F\phi$ 在 t 上真，当且仅当 ϕ 在某个可达的世界 $f(t)$ 为真，其中 $f\in F$［参见（Auffray，1989；Anonymous，1988）或（Ohlbach，1991）］。于是，众所周知的模态逻辑可以通过在映射上施加自然的数学限制来建模。值得注意的是，**S4** 要求它们在复合（composition）构造下封闭，而 **S5** 要求它们在*逆*（inverse）下也封闭。虽然技术上相当于标准的关系语义，但这种函数的视角传达了它自身一些有趣的数学直觉。

备注　竞争者。

不完全性研究中，也出现了其他对时态逻辑谓词的有趣建模。一个贴切的例子是（Shehtman，Skvortsov，1988）中的“克里普克束”。在最简单的表述中，通过“个体”上引入“类似”的二元关系后，这些可能与我们原来的标准模型相关；然后再通过对合适的多元组副本语句 ϕ 的阐述，来解释关于一定个体对象时间可能性的语句 $F\phi$。这个建模，让人想起（Lewis，1968）的“副本理论”，也可通过普通的语义方法来研究，其中也包括框架对应（Cepparello，1991）。

• 技术分析

函数模型并不是神秘实体：它们可以用之前章节的标准模型论技术来研究。特别是，“框架对应”再次对它们上面提出的各项方案上是有意义的：可以精确地看到什么条件被强加在时间模式所携带的映射类上。

例 24　基本公理的框架对应。

下面是两个众所周知的模态公理结果。一个函数框架在所有赋值验证下具有特征 T-公理 $\forall x(GAx\to Ax)$，当且仅当，对于每个 $t\in T$ 和每个 $d\in D_t$，存在某个定义域和值域都等同于 D_t 的映射 $f\in F$，使得 $f(d)=d$。所以，所表达的也许可称为*局部等同映射*的存在性。类似现象发生在 **S4** 公理的模式化形式 $\forall x(GAx\to GGAx)$ 中，它原来对应于 F 中函数的“*局部组成*”［这些结构性条件的“全局”版本（如全等同映射或者全复合仿函数的存在)，只有当某些统一性条件施加到函数空间 F 上才会出现，它指出模型中“映射”黏结只产生于已经在它里面的映射之中］。对应的两个更进一步的例子涉及先前时间化和量化的交换。公式 $G\forall X\phi\to\forall X\,G\,\phi$ 是普遍有效的，因此它在函数框架上没有定义特殊条件。但在另一方面，巴坎公理再一次定义“逆包含”的形式。因为，$\forall x\,G\phi\to G\,\forall x\,\phi$ 的框架有效性表达了，在每个点 t，$\forall f: D_t \to D_{t'}\ \forall d \in D_{t'}\ \exists d' \in Dt\ \exists g: D_t \to D_{t'}\ g(d') = d$。

下一个明显的问题是关于函数模型和第 14.7.1 节中原始语义之间的关系。上述单点的例子表明，如果将框架命题时态逻辑和它的谓词逻辑版本添加个体域之后，不必然有一个明显的关系。即便如此，一个稍微复杂的规约也还是存在的：

从任意函数模型$\mathbb{M}$ 出发。定义时间框架 $\boldsymbol{F}(\mathbb{M}) = (T, <)$，其中它的（时间）点是$\mathbb{M}$上的映射，由如下关系排序：

$f < g$，当且仅当，存在某个映射 h 使得 $g = h \circ f$ 。

然后，下面的连接关系成立。

事实 14 如果对于某个命题时间公式 ϕ，$\boldsymbol{F}(\mathbb{M}) \models \phi$ 成立，

则对于 ϕ 的每个谓词逻辑的替换实例 $\sigma(\phi)$，$\mathbb{M} \models \sigma(\phi)$ 成立。

证明 为了方便，这里只讨论纯未来公式的情况。假设在某个点 $t\mathbb{M}$，$t \not\models \sigma(\phi)[A]$。然后通过如下定义 $\boldsymbol{F}(\mathbb{M})$ 上的一个赋值

$V(p) = \{f \mid \mathbb{M},\ t' \models \sigma(\pi)[f \circ A]$，其中 $f: D_t \to D_{t'}\}$

然后一个简单的归纳表明，对于所有映射 $f: D_t \to D_{t'}$：

$$((\boldsymbol{F}(\mathbb{M}),\ V),\ f \models \psi，当且仅当，\mathbb{M},\ t' \models \sigma(\psi)\ [f \circ A]$$

所以，$\boldsymbol{F}(\mathbb{M}),\ id_t \not\models \phi$。

（Ghilardi，1989）也证明了这一定理的逆定理。最后，我们用更具体的函数模型运作的例子作为结尾，读者可以不受影响地跳过它阅读下文。

题外话 函数模型推理。

作为发展至今的工具例子，这里有上面提到的吉拉尔迪结果稍弱版本的证明概要，它的主要思路可能使人产生更宽泛的语义兴趣。

定理 14 在 **S4** 的扩展中，命题时态逻辑 L（其相伴的 LQ 是框架完全的）必须有 $L \supseteq$ **S5** 或 $L \subseteq$ **S4. 3Grz**。

证明 设 LQ 为任意框架完全的模态谓词逻辑，使得 L 扩展 **S4**。现在，考虑公式 $\phi =$

$$G \forall x(Ax \to GAx) \to F \forall x(FAx \to Ax)$$

这个特殊选择的原因将在下面变得更明确。

情形 1 $LQ \not\vdash \phi$

然后，通过框架完全性，存在某个 LQ-框架$\mathbb{F}$ 使得其中 ϕ 为假。现在从一个点 t 开始，其中 $G \forall x(Ax \to GAx) \wedge G \exists x(\neg Ax \wedge FAx)$ 成立，这样的框架将有无限个严格递增连锁点。考虑从起点 t 生成的子框架$\mathbb{F}[t]$：逻辑 L 将仍然使它成立。此外，使用“测度”连锁，后者的框架可以由一个 Z 字形的态射满射到任

何有限的线性序上。因此，通过 p-态射引理，再由后者通过 **S4. 3Grz** 的框架完全性：$L \subseteq$ **S4. 3Grz**，L 对所有的有限线性序是有效的。

情形 2　$LQ \vdash \phi$

在这种情况下，我们将有 $L \supseteq$ **S5**，因为可以证明 $L \vdash FGp \rightarrow p$ 是成立的。又因为 L 作为一个命题时间逻辑是框架完全的，对于后一个目的，证明以下断言足矣。

断言　每个 L 框架是对称的。

为了证明这个断言，先假设它不成立，那么某个 L-框架 $\mathbb{F}$ 必须有一个如图 14-14 的子情况：

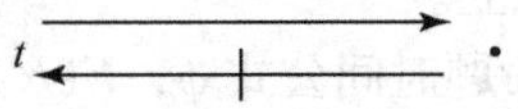

图 14-14

同样，逻辑 L 仍然在生成的子框架 $\mathbb{F}[t]$ 上成立，而后者可以通过 Z 字形态射满射到框架（图 14-15）。

图 14-15

因此，L 必须在后面两个点框架上也成立。这就产生了一个极其重要的想法，$\mathbb{F}_2$ 是对时间谓词逻辑一个更早的函数模型 $\mathbb{M}$ 的框架表示 $\boldsymbol{F}(\mathbb{M})$：

点　　　$\{t\}$

域　　　$D_t = \{1, 2\}$

函数　　$\{f_1, f_2\}$　其中 f_1 是在 D_t 上的等同映射

以及 $f_2 = \{<2, 2>, <2, 1>\}$。

然后通过一般的规约，将它应用到事实 $\mathbb{F}_2 \models L$，我们就有：

$$\mathbb{M} \models LQ$$

由以前的可靠性定理可知，结论 $\mathbb{M} \models \phi$ 成立。但是，这是矛盾的，因为 M 显然使得后者公式为假：

设 $V_t(A) = \{1\}$。于是，因为没有函数离开 $V_t(A)$，所以我们有 $G\ \forall x(Ax \rightarrow GAx)$ 在 t 上为真。但是，因为 $\forall x(F\ Ax \rightarrow Ax)$ 被对象 2 所否决，$F\ \forall x(FAx \rightarrow Ax)$ 在 t 上为假。

请注意，这里的论证只涉及只有一元谓词的一元（monadic）时间谓词逻辑。不完全性已经在后一个领域产生。前面的结果及其论证，提出了许多更进一步的问题。例如，作为完全性（completeness）本身，有这样的问题：

是否在某种原则的方式上有可能加强最小时间命题逻辑，从而获得一个更强的典范谓词版本“*LQ*”，它允许来自命题情形的更多框架完全性的转移？

最重要的是，上述负面结果将单点有限（finitely）框架完全的命题逻辑 *L* 也排除了。而且至少，后一类结构上的全时间谓词逻辑总是可以被有效公理化的[甚至为可判定（decidable）]。

我们就在这初生状态中（in statu nascendi）结束时间谓词语义的逻辑之旅。

14.8 相互作用：时间性和有关现象

在许多最近的计算应用中变得清晰的是，时间逻辑很少能够独自发挥作用。它需要到嵌入其他概念的环境中，如知识、行动或通信等，这些与它交织发生在智能系统的行为中（Halpern，Moses，1985；Shoham，1988）。从技术上讲，这里最直截了当的办法包含加入一些组件到一个大的多模态逻辑中去，添加诸如模态、动作、时间性的算子，等等（Moore，1980；Rosenschein，Kaelbling，1986）。然而在实践中，正是在各个组件之间的相互作用中出现了许多新问题。为了结束这一章，这里我们只是确定一些方向和问题，其更宽泛的调查属于本手册的其他部分。

我们先从一些技术性的观察开始说起。乍一看，多模态逻辑的系统看上去明显是其部分的总和。组件的属性可能“集中”了，而且还有一些有趣的，但本质上简单的组件之间“交互”现象。

例 25 混合时间算子和其他内涵算子。

在时间认知逻辑中，它们有可能的相互作用，如

“如果我将知道 p 为真，那么我知道 p 将为真”

“如果我知道 p 将为真，那么我将知道 p 是真的”。

在相关的框架$\mathbb{F}$上，具有时间优先关系 $<$ 和认知选择性关系 R，上述原则的前者表达了这两个关系的如下连接：

$\mathbb{F}\models FKp\rightarrow KFp$，当且仅当，$\forall x\ \forall y\ (x<y\rightarrow\forall z\ (Rxz\rightarrow\exists u\ (z<u\wedge Ryu)))$

这种看法事实上是之前“萨尔奎斯特定理”的一个明显多模态版本的实例（de Rijke，1992b）。正如从（van Benthem，1984）中关于纯时间公式 $GFp\rightarrow FGp$ 结果所得出的一样，第二个原则不是一阶可定义的；但与 $<$ 和 R 上适当的传递性要求一起，它会成为一阶可定义。

但实际上，多模态逻辑是一种初看起来更不直截了当的逻辑。例如，有一个著名的问题称为

多模态转移：

单算子模态或时态逻辑中什么样的已知结果可以推广到多模态组合？

这个问题的实例出现在上面框架对应的例子中。第 14.2 节的萨尔奎斯特定理本来是关于一个简单模态逻辑的结果：其原来可以直接推广到多模态逻辑。而且对上文第 14.2 节中其他的模型论主题，许多类似的结果也可能获得。相比之下，这里是一个关于重要完全性结果转移失败的例子。在单模态逻辑中，“布尔（Bull）定理”说的是 **K4.3** 的所有模态扩展（即非自返的线性框架的完全逻辑）具有有限模型性质；因此它们都是框架完全的。但是，那里存在扩展 **K4.3** 之后的框架不完全逻辑。更普遍的，在把各种组件放在一起以便保持需要的性质中存在有趣的问题。例如，在积极的方面，最近才证明的是

两个框架完全的逻辑明显的双模态“保守相加”仍然是框架完全的（Kracht，Wolter，1990；Goranko，1990）。

这一结果可以被扩展到处理其他重要的语义或公理属性，如内插性质、贝特可定义性或有限模型性质等。但对于复杂性有一些微妙的问题产生：值得注意的是，单模态的 **S5** 的复杂性是 NP-完全（NP-complete），但“**S5 + S5**”是 PSPACE-完全（PSPACE-complete）（Spaan，1991）。此外，这些结果的大部分仍对满足额外的不同模态之间“相互作用假设”的多模态组合是未知的，其中我们的基本时态逻辑本身就是一个例子！再次对于复杂性而言，关于多模态组合，至少有很多“分类”信息，这些信息涉及多模态逻辑，参考（Halpern，Vardi，1986）中的表格，它表明添加时间算子的多模态系统的复杂性可能会增加很快。不过，似乎可以公平地说，对多模态转移的一般理解目前还没有实现。

最后，对于具有特别实际重要性的时间组合的特殊领域，我们仅仅列出一些有用的参考，而不试图对它们的逻辑理论进行任何研究。

时间和模态

这里的设置是第 14.3 节的分支时间，即可能历史的一把扇。对于早期的研究，请参阅（Prior，1957）；对于有许多哲学应用的系统，参考（van Eck，1981）；对于一般性综述，参考（Thomason，1985）；对于一系列的技术结果，参考（Burgess，1984）。

时间和知识

（Halpern，Vardi，1986）研究时间和认知逻辑的组合［也见（Halpern，Moses，1990）中的综述］；（Shoham，1988）年给出了更一般而且非常有影响力的关于（根据人工智能的需要调整的）知识和无知在时间上的变化的论述。

时间和因果关系

（Lewis，1973）是有关因果关系和时间依赖的条件句之间关系的早期研究。另外，与此相关的是（Gupta，Thomason，1981）关于时间条件句的研究。这种

类型的互动可返回至第 14.4 节中提到的“事件的理论”中去了解。

时间和行动

在行动和时间流逝之间有明显的联系。因此，时间逻辑和动态逻辑的组合（Pratt，1976；Harel，1984）非常顺手。事实上，两种方法论在一些计算的文献中一直被认为是竞争对手：逻辑是应该关心我们的行动（在途中“生成”时间），还是关心“整体的舞台”使得这些行动在上面发生？（Galton，1987）在这方面讨论了很多重要的问题。

许多关于时间逻辑的普遍“环境问题”也将渗透到本手册当前卷的其他文献当中去。

参 考 文 献

Abraham U，Ben-David S，Magidor M. 1990. On Global Time and Inter-Process Communication. In：Semantics for Concurrency. Proceedings of the International BCS- FACS Workshop，Leicester. Berlin：Springer. 311～323

Abramsky S. 1989. Domain Theory in Logical Form. Department of Computing，Imperial College. Also appeared in Annals of Pure and Applied Logic，51：1～77

Abramsky S，Gabbay D，Maibaum T. 2001. Handbook of Logic in Computer Science，Oxford：Oxford University Press

Allen J. 1983. Maintaining Knowledge about Temporal Intervals. Communications of the ACM，26：832～843

Allen J，Hayes P. 1985. A Common-Sense Theory of Time. Proceedings IJCAI 1985，528～531

Anger F. 1989. On Lamport's Interprocessor Communication Model. ACM Transactions on Programming Languages and Systems，11：404～417

Anger F，Rodriguez R. 1990. F-Complexes：a set-theoretic approach to temporal modelling. Department of Computer Science，The University of West-Florida，Tallahassee

Anonymous. 1988. Diodorean Modality and Determinism. Paper submitted to Notre Dame Journal of Formal Logic

Apt K ed. 1985. Logics and Models of Concurrent Systems，Springer，Berlin

Auffray H. 1989. Résolution Modale et Logique des Chemins，Dissertation，Department of Informatics，University of Caen

Bach E. 1986. The Algebra of Events. Linguistics and Philosophy，9：5～16

Bakker J，de Roever W P，Rozenberg G eds. 1989. Linear Time，Branching Time and Partial order in Logics and Models for Concurrency. Berlin：Springer

Bartsch R，van Emde Boas P，van Benthem J. 1989. Semantics and Contextual Expression. Dordrecht：Foris

Barwise J. 1977. Handbook of Mathematical Logic. Amsterdam：North-Holland

1987. Noun Phrases, Generalized Quantifiers and Anaphora. In: P. Gärdenfors 1987. 1 ~ 29

Barwise J, Perry J. 1983. Situations and Attitudes. Bradford Books / Cambridge (Mass): The MIT Press

Bäuerle R, Schwarze C, von Stechow A. 1979. Semantics from Different Points of View. Berlin: Springer

Ben-David S. 1987. The Global Time Assumption and Semantics for Concurrent Systems. Department of Computer Science, Technion, Haifa

Bergstra J, Klop J W. 1986. Process Algebra: Specification and Verification in Bisimulation Semantics. In: Hazewinkel M et al. eds. 1986, 61 ~ 94

Bernsen N O, Schnelle H. 1989. Logic and Linguistics, Research Directions in Cognitive Science, (European Perspectives, Vol II), Erlbaum L. Hove (UK)

Bird S, Blackburn P. 1991. A Logical Approach to Arabic Phonology. Proceedings 5th EACL Meeting, Berlin

Blackburn P. 1990. Nominal Tense Logic. Report LP-90-05, Institute for Language, Logic and Information, University of Amsterdam

Blamey S. 1985. Partial Logic. In Gabbay D, Guenthner F eds. 1985, 1 ~ 70

Blok W. 1980. The Lattice of Modal Logics: an Algebraic Investigation. Journal of Symbolic Logic, 45: 221 ~ 236

Boolos G. 1979. The Unprovability of Consistency. Cambridge: Cambridge University Press 1984. Don't Eliminate Cut. Journal of Philosophical Logic, 13: 373 ~ 378

Bull R, Segerberg K. 1984. Basic Modal Logic. In: Gabbay D, Guenthner F eds. 1984, 1 ~ 88

Burgess J. 1982. Axioms for Tense Logics I: "Since" and "Until". Notre Dame Journal of Formal Logic, 23: 367 ~ 374

1984a. Basic Tense Logic. In: Gabbay D, Guenthner F eds. 1984, 89 ~ 133

1984b. Beyond Tense Logic. Journal of Philosophical Logic, 13: 235 ~ 248

Burgess J, Gurevich Y. 1985. The Decision Problem for Linear Time Temporal Logic. Notre Dame Journal of Formal Logic, 26: 115 ~ 128

Cepparello G. 1991. Comparing Semantics for Modal Predicate Logic. Master's Thesis, Department of Philosophy, University of Pisa

Chagrova L. 1991. An Undecidable Problem in Correspondence Theory. Journal of Symbolic Logic, 56 (4): 1261 ~ 1272

Clarke E, Emerson E. 1981. Synthesis of Synchronization Skeletons for Branching Time Temporal Logic. Proceedings Workshop on Logics of Programs. Yorktown Heights NY. 52 – 71. Berlin: Springer

Copeland J ed. 1991. Proceedings Prior Memorial Conference. Christchurch 1989. Oxford: Oxford University Press

Cresswell M. 1985. Adverbial Modification. Interval Semantics and its Rivals. Dordrecht: Reidel

Crossley J. 1975. Algebra and Logic. Berlin: Springer

Dekker P. 1990. Existential Disclosure. Institute for Language, Logic and Information, University of Amsterdam

Doets K. 1987. Completeness and Definability: Applications of the Ehrenfeucht Game in Second-Order and Intensional Logic. Dissertation, Mathematical Institute, University of Amsterdam

Doets K, van Benthem J. 1983. Higher-Order Logic. In: Gabbay D, Guenthner F eds. 1983, 275～329

Dowty D. 1979. Word Meaning and Montague Grammar. Dordrecht: Reidel

Dunn M. 1986. Relevance Logic and Entailment. In: Gabbay D, Guenthner F eds. 1986, 117～224

Ebbinghaus H D et al. 1989. Logic Colloquium. Granada 1987. Amsterdam: North-Holland

van Eck J. 1981. A System of Temporally Relative Modal and Deontic Predicate Logic. Dissertation, Philosophical Institute, Rijksuniversiteit, Groningen (Also appeared in Logique et Analyse 1983)

Emerson E, Srinivasan J. 1989. Branching Time Temporal Logic. In: de Bakker J et al. eds. 1989, 123～172

Enderton H. 1972. A Mathematical Introduction to Logic. New York: Academic Press

Farinas del Cerro L, Herzig A. 1990. Resolution for Epistemic and Temporal Logic. In: Gabbay D, Hoggar C, Robinson J. Handbook of Logic in Artificial Intelligence and Logic Programming. Vol 4. Oxford University Press

Fenstad J E, Halvorsen K, Langholm T, van Benthem J. 1987. Situations, Language and Logic. Dordrecht: Reidel

Fine K. 1978. Model Theory for Modal Logic I: The 'de re' / 'de dicto' Distinction. Journal of Philosophical Logic, 7: 125～156

Fitting M. 1983. Proof Methods for Modal and Intuitionistic Logics. Dordrecht: Reidel

1985. A Kripke-Kleene Semantics for Logic Programs. The Journal of Logic Programming, 2: 295～312

1989. Modal Logic Should Say More Than It Does. Department of Mathematics and Computer Science, Lehman College (SUNY), New York

Gabbay D. 1976. Investigations in Modal and Tense Logics, with Applications to Problems in Philosophy and Linguistics, Reidel, Dordrecht

1981a. An Irreflexivity Lemma with Applications to Axiomatizations of Conditions on Tense Frames. In Mönnich U ed. 1981, 67～89

1981b. Expressive Functional Completeness in Tense Logic. In Mönnich U ed. 1981, 91～117

1989. The Declarative Past and Imperative Future. Department of Computing, Imperial College, University of London

Gabbay D, Guenthner F. 1983. Handbook of Philosophical Logic. Vol I (Elements of Classical Logic). Dordrecht: Reidel

Gabbay D, Guenthner F. 1984. Handbook of Philosophical Logic. Vol II (Extensions of Classical Logic). Dordrecht: Reidel

Gabbay D, Guenthner F. 1985. Handbook of Philosophical Logic. Vol III (Alternatives to Classical

Logic). Dordrecht Reidel

Gabbay D, Guenthner F. 1989. Handbook of Philosophical Logic. Vol IV (Topics in the Philosophy of Language). Dordrecht: Reidel

Gabbay D, Hodkinson I. 1989. Axiomatization of {Since/Until} Logic over the Reals. Logic Computation, 1 (2): 229 ~ 259

Gabbay D, Hodkinson I. 1990. Temporal Logic in Context. Department of Computing, Imperial College, London

Gabbay D, Pnueli A, Shelah S, Stavi Y. 1980. On the Temporal Analysis of Fairness. 7th ACM Symposium on Principles of Programming Languages, 163 ~ 173

Galton A. 1984. The Logic of Aspect. Oxford: Clarendon Press

Galton A. 1987. Temporal Logics and their Applications. Lodon: Academic Press

Gärdenfors P. 1988. Knowledge in Flux: Modelling the Dynamics of Epistemic States. Bradford Books / Cambridge (Mass.): The MIT Press

Gärdenfors P. 1987. Generalized Quantifiers: Logical and Linguistic Approaches. Dordrecht: Reidel

Garson J. 1984. Quantification in Modal Logic. In Gabbay D & Guenthner F eds. 249 ~ 307

Ghilardi S. 1989. Incompleteness Results in Kripke Semantics. Department of Mathematics, University of Milano (Also appeared in the Journal of Symbolic Logic, 56 (2): 517 ~ 538

Girard J Y. 1987. Linear Logic. Theoretical Computer Science, 50: 1 ~ 102

Goldblatt R. 1976. Metamathematics of Modal Logic. Reports on Mathematical Logic, 6: 41 ~ 78/7: 21 ~ 52

1980. Diodorean Modality in Minkowski Space-Time. Studia Logica, 39: 219 ~ 236

1987. Logics of Time and Computation. CSLI Lecture Notes 7. Chicago: The Chicago University Press

Goldblatt R, Thomason S. 1975. Axiomatic Classes in Propositional Modal Logic. In: Crossley J ed. 1975, 163 ~ 173

Goranko V. 1989. Modal Definability in Enriched Languages. Notre Dame Journal of Formal Logic, 31: 81 ~ 105

1990. Transfer to Poly-Modal Logics. Institute of Mathematics, University of Sofia

Groenendijk J, Stokhof M. 1991. Dynamic Predicate Logic. Linguistics and Philosophy, 14 (1): 39 ~ 100

Groenendijk J, de Jongh D, Stokhof M. 1986. Studies in the Theory of Discourse Representation and Generalized Quantifiers. Dordrecht: Foris

Guenthner F. 1989. Discourse: Understanding in Context. In: Bernsen N O, Schnelle H eds. 127 ~ 142

Gupta A, Thomason R. 1981. A Theory of Conditionals in the Context of Branching Time. In: Harper W et al. eds. 299 ~ 322

Gurevich Y. 1985. Logic and the Challenge of Computer Science. Report TR-10-85, Computing Research Laboratory, The University of Michigan, Ann Arbor

Gurevich Y. 1991. Evolving Algebras: A Tutorial Introduction. Bulletin European Association for Theoretical Computer Science, February 1991, 264 ~ 284

Halpern J. 1986. Theoretical Aspects of Reasoning about Knowledge. Proceedings First TARK Conference. Asilomar 1986. Los Altos: Morgan Kaukmann Publishers

Halpern J, Moses Y. 1985. Towards a Theory of Knowledge and Ignorance. In: Apt K. ed. 1985, 459 ~ 476

Halpern J, Moses Y. 1990. A Guide to the Modal Logics of Knowledge and Belief. Research Report RJ 4753 (50521)/Revised. IBM Almaden Research Center, San José

Halpern J, Shoham Y. 1986. A Propositional Modal Logic of Time Intervals. Proceedings Symposium on Logic in Computer Science. Boston: IEEE

Halpern J, Vardi M. 1986. The Complexity of Reasoning about Knowledge and Time: Extended Abstract. Proceedings 18th ACM Symposium on the Theory of Computing, 304 ~ 315. Berkeley

Halpern J, Vardi M. 1990. Model Checking: A Manifesto. IBM Almaden Research Laboratory, San José

Harel D. 1984. Dynamic Logic. In: Gabbay D, Guenthner F eds. 497 ~ 604

Harper W L, Stalnaker R, Pearce G. 1981. Ifs. Conditionals, Belief, Decision, Chance, and Time. Dordrecht: Reidel

Harper W L, Skyrms B. 1988. Causation in Decision, Belief Change and Statistics. Vol II. Dordrecht: Kluwer

Hayes P. 1979. The Naive Physics Manifesto. In: Michie D ed. 1979

Hazewinkel M, Lenstra J, Meertens L. 1986. Mathematics and Computer Science II. CWI Monograph 4, Centre for Mathematics and Computer Science, Amsterdam

Heim I. 1982. The Semantics of Definite and Indefinite Noun Phrases. Dissertation, Department of Linguistics, University of Massachusetts, Amherst

Hinrichs E. 1981. Temporale Anaphora im Englischen. Zulassungsarbeit, Universitätt Tübingen

Hintikka J. 1969. Models for Modalities. Dordrecht: Reidel

Hobbs J ed. 1985. Commonsense Summer. Final Report. Report 85-35. Center for the Study of Language and Information, Stanford University

Hodges W. 1983. Elementary Predicate Logic. In Gabbay D & Guenthner F eds. 1983, 1 ~ 131

Hughes G, Cresswell M. 1968. An Introduction to Modal Logic. London: Methuen

1984. A Companion to Modal Logic. London: Methuen

Humberstone L. 1979. Interval Semantics for Tense Logics. Journal of Philosophical Logic, 8: 171 ~ 196

Immerman N, Kozen D. 1987. Definability with Bounded Number of Bound Variables. Proceedings IEEE 1987, 236 ~ 244

de Jongh D, Veltman F. 1990. Intensional Logic, Lecture Notes. Institute for Language, Logic and Information, University of Amsterdam

de Jongh D, Veltman F, Verbrugge R. 1988. All Logics of Dense and Discrete Time. Institute for Language, Logic and Information, University of Amsterdam

Joseph M, A. Goswami. 1988. Relating Time and Computation. Department of Computing, University of Warwick, Coventry

Kamp H. 1966. Tense Logic and the Theory of Linear Order. Dissertation, Department of Philosophy, University of California, Los Angeles

Kamp H. 1971. Formal Properties of "Now", Theoria, 37: 227 ~ 273

Kamp H. 1979. Instants, Events and Temporal Discourse. In: Bäuerle R et al. eds. 1979, 376 ~ 417

Kamp H, Rohrer Ch. 1988. Tense in Text. Institut für Computerlinguistik, Universität Stuttgart

Kamp H, Reyle U. 1993. From Discourse to Logic. Dordrecht: Kluwer

Keenan E. 1975. Formal Semantics of Natural Language. Cambridge: Cambridge University Press

Kneale W, Kneale M. 1962. The Development of Logic. Oxford: Clarendon Press

Kowalski R, Sergot M. 1985. A Logic-Based Calculus of Events, Department of Computing. Imperial College, University of London

Koymans R. 1989. Specifying Message Passing and Time-Critical Systems with Temporal Logic. Dissertation, Department of Computer Science, University of Eindhoven

Kracht M. 1990. Internal Definability and Completeness in Modal Logic. Dissertation, Mathematical Institute II, Free University, Berlin

Kracht M. 1991. How Completeness and Correspondence Theory Got Married. In: de Rijke M ed. 161 ~ 185

Kracht M, Wolter F. 1990. Completeness of Bimodal Logics, Mathematisches Institut II, Freie Universität Berlin

Krifka M. 1989. Nominal Reference and Temporal Constitution: Towards a Semantics of Quantity. In: Bartsch R et al. eds. 75 ~ 115

Kripke S. 1963. Semantical Considerations on Modal Logic. Acta Philosophica Fennica: Modal and Many-Valued Logics, 83 ~ 94

Kuhn S. 1989. Tense and Time. In: Gabbay D, Guenthner F eds. 513 ~ 552

Ladkin P. 1987. The Logic of Time Representation. Dissertation, Department of Mathematics, University of California at Berkeley

Ladkin P, Maddux R. 1987. The Algebra of Convex Time Intervals. Kestrel Institute, Palo Alto / Department of Mathematics, Iowa State University at Ames

Lamport L. 1980. "Sometime" is Sometimes "Not Never" —On the Temporal Logic of Programs. Proceedings 7th Annual ACM Symposium on Principles of Programming Languages. Las Vegas 1980, 174 ~ 185

Lamport L. 1985. Interprocessor Communication. Final Report. SRI International, Menlo Park

Lamport L. 1990. A Temporal Logic of Actions. SRC Report 57. DEC Systems Research Center, Palo Alto

Langholm T. 1988. Partiality, Truth and Persistence. CSLI Lecture Notes 15. Chicago: the Chicago University Press

Lavignon J F, Shoham Y. 1990. Temporal Automata. Department of Computer Science, Stanford University

Lewis D. 1968. Counterpart Theory and Quantified Modal Logic. Journal of Philosophy, 65: 113 ~ 126

Lewis D. 1973. Counterfactuals. Oxford: Oxford University Press

Lewis D. 1975. Adverbs of Quantification. In: Keenan E ed. 3 ~ 15

Lifschitz V. 1985. Computing Circumscription. Proceedings IJCAI 85: 1, 121 ~ 127

Link G. 1987. Algebraic Semantics for Event Structures. Seminar für Philosophie, Logik und Wissenschaftstheorie, Universität München

Löbner S. 1986. Quantification as a Major Module of Natural Language Semantics. In: Groenendijk J et al. eds. 53 ~ 85

Makinson D. 1989. General Non-Monotonic Logic. In: Gabbay D, Hoggar C, Robinson J eds. Handbook of Logic in Artificial Intelligence and Logic Programming. Vol II. Paris: UNESCO

Manna Z, Pnueli A. 1989. The Anchored Version of the Temporal Framework. In: de Bakker J et al. eds. 201 ~ 284

McDermott D. 1982. A Temporal Logic for Reasoning about Processes and Plans. Cognitive Science, 6: 101 ~ 155

ter Meulen A. 1990. English Aspectual Verbs as Generalized Quantifiers. NELS 20, GSLA, University of Massachusetts

Michie D. 1979. Expert Systems in the Micro-Electronic Age. Edinburgh: Edinburgh University Press

Michon J. 1985. Temporality and Metaphor. In: Jackson J, Michon J eds., 288 ~ 296

Michon J, Jackson J. 1985. Time, Mind and Behaviour. Heidelberg: Springer

Ming Xu. 1988. On Some Until/Since Tense Logics. Journal of Philosophical Logic, 17: 181 ~ 202

Moens M, Steedman M. 1988. Temporal Information and Natural Language Processing. Report EUCCS/RP2. Centre for Cognitive Science, University of Edinburgh

Mönnich U. 1981. Aspects of Philosophical Logic. Rordrecht: Reidel

Montague R. 1974. Formal Philosophy. New Haven: Yale University Press

Moore R. 1980. Reasoning about Knowledge and Action. Technical Note 191. Artificial Intelligence Center, SRI, Menlo Park

Moszkowski B. 1986. Executing Temporal Logic Programs. Dissertation. Cambridge: Cambridge University Press

Muskens R. 1989. Meaning and Partiality. Dissertation, Philosophical Institute, University of Amsterdam. Dordrecht: Foris

Németi I. 1990. Algebraizations of Quantifier Logics. An Introductory Overview. Institute of Mathematics, Hungarian Academy of Sciences, Budapest

Oberlander J. 1987. Temporal Reference and Quantification: an IQ Perspective. Centre for Cognitive Science, University of Edinburgh

Ohlbach H J. 1991. Semantics Based Translation Methods for modal logics. Journal of Logic and Computation, 1 (5): 691 ~ 746

Ono H. 1983. Model Extension Theorem and Craigs Interpolation Theorem for Intermediate Predicate Logics. Reports on Mathematical Logic, 15: 41 ~ 58

Oversteegen L. 1989. Tracking Time. Dissertation, Nederlands Instituut, Rijksuniversiteit Utrecht

Partee B. 1984. Nominal and Temporal Anaphora. Linguistics and Philosophy, 7: 243 ~ 286

Pnueli A. 1981. The Temporal Semantics of Concurrent Programs. Theoretical Computer Science, 13: 45 ~ 60

Pratt V. 1976. Semantical Considerations on Floyd-Hoare Logic. Proceedings 17th IEEE Symposium on Foundations of Computer Science, 109 ~ 121

Prawitz D. 1965. Natural Deduction. A Proof-Theoretical Study. Stockholm: Almqvist & Wiksell

Prawitz D, Skyrms B, Westerståhl D. Proceedings 9th International Congress of Logic, Methodology and Philosophy of Science. Uppsala 1991. Amsterdam: North-Holland

Prior A. 1957. Time and Modality. Oxford: Oxford University Press

1967. Past, Present and Future. Oxford: Clarendon Press

Quine W. 1947. The Problem of Interpreting Modal Logic. Journal of Symbolic Logic, 12: 43 ~ 48

1966. Variables Explained Away. In: Rauszer C ed. Selected Logic Papers. New York: Random House. Also in Proceedings Banach Semester. Autumn 1991. Warsaw: Polisg Academy of Sciences

Reichenbach H. 1947. Elements of Symbolic Logic. New York: The Free Press

Reiter R ed. 1989. Knowledge Representation 89. Department of Computer Science, University of Toronto

Richards B, Bethke I. 1987. The Temporal Logic IQ. In: Oberlander J ed.

Rosenschein S, Kaelbling L. 1986. The Synthesis of Digital Machines with Provable Epistemic Properties. In: Halpern J. 1986. 83 ~ 98

Russell B. 1926. Our Knowledge of the External World. London: Allen & Unwin

de Rijke M. 1992a. The Modal Theory of Inequality. Journal of Symbolic Logic, 57/2: 566 ~ 584

de Rijke M. 1992b. Abstract Versions of the Sahlqvist Theorem. Institute for Logic. Language and Computation, University of Amsterdam

de Rijke M. 1991. Colloquium on Modal Logic. Dordrecht: Kluwer

Sain I. 1988. Is "Some Other Time" sometimes better than "Sometime" in the Temporal Logic of Programs? Studia Logica, XLVII (3): 279 ~ 302

Sambin G. 1980. A Simpler Proof of Sahlqvists Theorem on Completeness of Modal Logics. Bulletin of the Section of Logic 9, 50 ~ 56. Polish Academy of Sciences

Sambin G, Vaccaro V. 1988. Topology and Duality in Modal Logic. Annals of Pure and Applied Logic, 37: 249 ~ 296

Sambin G, Vaccaro V. 1989. A New Proof of Sahlqvists Theorem on Modal Definability and Completeness. Journal of Symbolic Logic, 54: 992 ~ 999

Sánchez Valencia V. 1990. Studies on Categorial Grammar and Natural Logic. Dissertation, Institute for Language, Logic and Information, University of Amsterdam

Schulz K. 1987. Event and Interval Structures: a Mathematical Comparison. Seminar für Natürlich ~ Sprachliche Systeme, University of Tübingen

Schwichtenberg H. 1977. Proof Theory: Some Applications of Cut Elimination. In: Barwise J ed. 867 ~ 895

Segerberg K. 1973. Two-Dimensional Modal Logic. Journal of Philosophical Logic, 2: 77 ~ 96

Seligman J. 1990. Perspectives in Situation Theory. Centre for Cognitive Science, University of Edinburgh

Shehtman V. 1983. Modal Logics of Domains on the Real Plane. Studia Logica, 42: 63 ~ 80

1989. Logics with Progressive Tenses. lecture. Congress New Problems of Logic and Philosophy of Science. Italian Association of Logic and Philosophy of Science, Viareggio

Shehtman V, Skvortsov D. 1988. Semantics of Non-Classical First-Order Predicate Logics. In: Proceedings Heyting 88. Chaika. New York: Plenum Press

Shoham Y. 1985. Reasoning about Change: Time and Causation from the Standpoint of AI. Cambridge (Mass.): The MIT Press

Sistla A, Clarke E. 1982. The Complexity of Propositional Linear Temporal Logics. Proceedings 14th Annual ACM Symposium on Theory of Computing, San Francisco, 159 ~ 168 (Also in Journal of the ACM, 32: 3 (1985), 733 ~ 749)

Smith B. 1982. Parts and Moments. Studies in Logic and Formal Ontology. München: Philosophia Verlag

Spaan E. 1991. The Complexity of Propositional Tense Logics. In: de Rijke M ed. 239 ~ 252. Also In: de Rijke M ed. Diamonds and Defaults, 287 ~ 307. Kluwer, 1993

Spohn W. 1988. Ordinal Conditional Functions: A Dynamic Theory of Epistemic States. In: Harper W et al. eds. 105 ~ 134

Stirling C. 1989. Expressibility and Definability in Branching and Linear Time Temporal Logics. Department of Computer Science, University of Edinburgh

Stirling C. 1990. Modal and Temporal Logics. In: Abramsky S, Gabbay D, Maibaum T eds.

de Swart H. 1991. Adverbs of Quantification. Dissertation, Department of Romance Languages, University of Groningen

Tan Y, Treur J. 1990. A Bi-Modular System for Non-Monotonic Reasoning Based on Heuristic Information. Proceedings NAIC 90. [Revised version in Proceedings of the ECAI90 Workshop on Partial Deduction, Partial Evaluation and Intelligent Reasoning. Norwegian Institute of Technology, Trondheim]

Thijsse E. 1990. Partial Modal Logic. Instituut voor Taal-en Kennistechnologie, Katholieke Universiteit Brabant, Tilburg

Thomas W. 1989. Computation Tree Logic and Regular-Languages. In: de Bakker J et al. eds. 690 ~ 713

Thomason R. 1984. Combinations of Tense and Modality. In: Gabbay D, Guenthner F eds. 135 ~ 165
Thomason S. 1972. Semantic Analysis of Tense Logics. Journal of Symbolic Logic, 37: 150 ~ 158
Thomason S. 1975. Reduction of Second-Order Logic to Modal Logic. Zeitschrift für mathem at 150 ische Logik und Grundlagen der Mathematik, 21: 107 ~ 114
Thomason S. 1979. Possible Worlds, Time and Tenure, Department of Mathematics, Simon Fraser University, Burnaby, B C
Thomason S. 1987. Free Construction of Time from Events. Department of Mathematics, Simon Fraser University, Burnaby, B C
van Benthem J. 1977. Modal Correspondence Theory. Dissertation, Mathematical Institute, University of Amsterdam
van Benthem J. 1983. The Logic of Time. Dordrecht: Reidel (Second revised edition: 1991)
van Benthem J. 1984a. Correspondence Theory. In: Gabbay D, Guenthner F eds. 1984, 167 ~ 247
van Benthem J. 1984b. Tense Logic and Time. Notre Dame Journal of Formal Logic, 25 (1): 1 ~ 16
van Benthem J. 1985. Modal Logic and Classical Logic. Bibliopolis, Napoli and Atlantic Heights (N. J.)
van Benthem J. 1986a. Essays in Logical Semantics. Dordrecht: Reidel.
van Benthem J. 1986b. Tenses in Real Time. Zeitschrift für mathematische Logik und Grundlagen der Mathematik, 32: 61 ~ 72
van Benthem J. 1987. Toward a Computational Semantics. In Gärdenfors P ed. 31 ~ 71
van Benthem J. 1988. A Manual of Intensional Logic. CSLI Lecture Notes 1. Chicago: The Chicago University Press (second revised edition)
van Benthem J. 1989a. Modal Logic as a Theory of Information. Report LP-89-05, Institute for Language, Logic and Information, University of Amsterdam. Also In: Copeland J ed. 1991
van Benthem J. 1989b. Notes on Modal Definability. Notre Dame Journal of Formal Logic, 30: 20 ~ 35
van Benthem J. 1989c. Semantic Parallels in Natural Language and Computation. In: Ebbinghaus H D et al. eds. 331 ~ 375
van Benthem J. 1989d. Time, Logic and Computation. In: de Bakker J et al. eds. 1989, 1 ~ 49
van Benthem J. 1990a. A Note on Functional Models. Institute for Language, Logic and Information, University of Amsterdam
Revised version under the title Beyond Accessibility in de Rijke M ed. 1991, 1 ~ 14
van Benthem J. 1990b. General Dynamics, Theoretical Linguistics, 17 (1 ~ 3): 159 ~ 202
van Benthem J. 1991. Language in Action: Categories, Lambdas and Dynamic Logic. Amsterdam: North-Holland
van Benthem J. 1993. Modal Frame Classes Revisited. Fundamenta Informaticae, 18: 307 ~ 317
van Benthem J. 1995. Logic and the Flow of Information. In: Prawitz D, Skyrms B, Westerståhl D eds. Studies in Logic and the Foundations of Mathematics. Vol 134. 693 ~ 724. Elsevier: Amsterdam
Veltman F. 1990. Defaults in Update Semantics, Institute for Language. Logic and Information, Uni-

versity of Amsterdam [Also in Journal of Philosophical Logic, 25 (3): 221 ~ 261]

Venema Y. 1988. Expressiveness and Completeness of an Interval Tense Logic. Report 88-02, Institute for Language, Logic and Information, University of Amsterdam

Venema Y. 1989. Two-Dimensional Modal Logics for Relation Algebras and Temporal Logic of Intervals. Report LP-89-03. Institute for Language, Logic and Information, University of Amsterdam

Venema Y. 1991a. Many-Dimensional Modal Logic. Dissertation, Department of Mathematics, University of Amsterdam

Venema Y. 1991b. The Sahlqvist Theorem and Modal Derivation Rules. Department of Computing, Imperial College, University of London

Verkuyl H. 1989. Aspectual Classes and Aspectual Composition. Linguistics and Philosophy, 12: 39 ~ 94

Whitrow G. 1980. The Natural Philosophy of Time. Oxford : Clarendon Press

Wiener N. 1914. A Contribution to the Theory of Relative Position. Proceedings Cambridge Philosophical Society, 17: 441 ~ 449

Winskel G. 1989. An Introduction to Event Structures. In: de Bakker J et al. eds. 364 ~ 397

Wolper P. 1983. Temporal Logic Can Be More Expressive. Information and Cont, 56: 72 ~ 99

Zanardo A. 1985. A Finite Axiomatization of the Set of Strongly Valid Ockhamist Formulas. Journal of Philosophical Logic, 14: 447 ~ 468

Zanardo A. 1990. Axiomatization of Peircean Branching-Time Logic. Studia Logica, 49: 183 ~ 195

Zanardo A. 1991. A Complete Deductive System for Since-Until Branching-Time Logic. Journal of Philosophical Logic, 20: 131 ~ 148

15 跨越空间的模态漫步*

王　轶/译　刘新文/校

15.1 空间的逻辑

对空间的研究已经成为数学基础研究中的推动力，并见证着形式证明、公理化理论或者传统的几何构造问题的历史。在逻辑的发展过程中，对空间的研究一直是较为边缘化的主题，仅有一些零散的结论。尤其是尽管有一个公认的关于知识表示、进程分析和其他有用目的的“时间逻辑”领域，但却没有类似的“空间逻辑”。不过，空间模式的逻辑系统在当下吸引着越来越多的注意力——部分是由于计算机科学和人工智能的影响，因为空间表示和图像结构是目前主要的课题。本文尝试以更广的视角看待这些研究进展，从而特别说明模态结构如何出现于一系列空间分析之中。我们并不提供新的结论，甚至并不自诩给出一个完全的综述。

如同时间一般，空间也可以从许多角度加以研究：数学的、物理学的、语言学的、心理学的。其文献存在着两种主要的方法。一种方法是将空间视为已给定物，然后研究其本体论结构：初始对象是什么，关系又是什么？这里并不存在唯一的问题。仿射几何学、度量几何学、拓扑学、线性代数等每个都具有各自的空间结构——这种扩散持续到今天，例如在“数学形态学”（mathematical morphology）之中（Matheron，1967；Serra，1982）。此外，哲学家们已经为数学的主流提供了可选的不同理论，比如“分体论”——他们仍在探索那些甚至根本未被数学化的空间模式（Casati，1999）。这里“逻辑”的角色如同在其他数学分支一样。我们设计逻辑语言从而在相关结构——比如区域的空间模式——中描述一

* Marco Aiello，Johan van Benthem. 2003. A Modal Walk through Space. Journal of Applied Non-Classical Logic，12（3/4）：319 ~363

系列对象和事实；并且也设计用于对这些——适当的“几何学”——进行有效推理的系统。这提供了两个目的：（a）对领域内现存的全部理论的分析，和（b）设计一个自然的“片段”（fragments）以达到表达能力和计算复杂性的平衡。这种微细结构，在其模态外观下，是下文中的红线①。

另一方法并非始于某个独立存在的空间概念，而是某个存在的人类实践，例如带有空间表达式（比如说处所介词）或采用图表方式构想事物的语言。然后我们在满足实际情形的意义上确定“合适的”极小空间结构。比如，自然语言中空间表达式的清单可视为空间中通常如何放置事物的记录——而逻辑系统可以以某种整洁的方式将其给出。特别地，这种系统的逻辑语义学将提供“时间模式”（spatial patterns）。它可能类似于空间的独立本体论研究上出现的结构，但也可能不是如此。这并非我们这里要做的，即使它肯定是一个合理的视角且接近于空间表达式、地图和图表（Hammer，1995；Kerdiles，2001）在当下的重要研究。

使用逻辑来研究空间就相信了一种做事风格。这包括语言设计和语义表达、适合该语言的模型间的结构模拟、对断定结构类型的一般逻辑有效式、对应于空间结构的特殊目的的公理、各种逻辑任务（模型检测、相似性测试、可满足性）的复杂性以及更方法论式地在表达同一结构不同系统间的翻译。在这些一般性的关注之余，有鉴于对时间研究方面的更久长的经验，时间逻辑（van Benthem，1983b；Gabbay et al.，1994）领域为空间研究提议了更为深入的主题。这些逻辑问题不是关于空间的常见数学理论的标准特征，且它们所增添的价值必须在实践中得以证明。反过来，要这么做，我们必须看到什么样的空间内容可以跟抽象逻辑计算结合起来。虽然没有穷尽所有这些特征，我们还是认为如下综述显示出所有这些保证都可以在模态视角下做得很好。

15.2 拓扑学

关于空间的最粗化数学观点是仅仅关注区域的内部、外部和边界。拓扑学是在20世纪早期发展起来的，作为对空间结构在弹性变形下保持不变的常有性质的极好推广。拓扑空间是一个有序对（X，O），其中 O 是 X 的包含空集和其本身、对有穷交和任意并封闭的子集族。拓扑空间之间的相似性结构保持概念是连

① 希腊神话中，特修斯（Theseus）杀死牛头人（Minotaur）并凭借阿里阿德涅（Ariadne）送给他的一团红色循线而返逃出了迷宫。“阿里阿德涅之线”（或称“红线”）由此表示脱出困境之法。亦有相关的计算机算法以此命名。——译者注

续映射。这个概念来自于数学分析的 ε-δ 形式，但其定义只需要开集。由此得到的理论是很一般的：常常可见的外在的弱，实际上却是一种力量。拓扑结构起源于比空间大为广阔的舞台，其中包括计算和信息等模式。20 世纪 30 年代发现模态逻辑 **S4** 描述所有这些的一个很小的部分，亦即基本的内部和闭包代数。这就是模态逻辑的“拓扑语义学”（topological semantics）。这一名称将语言放在主要位置，而将空间解释置于次要地位。而我们这里却对相反的方向感兴趣。在第一节中，我们回顾一些相关的结果，并说明模态逻辑如何能够用于更弱或更强的、关于空间的拓扑理论。

15.2.1　拓扑的基本模态语言

我们从模态逻辑 **S4** 的语言的拓扑解释的基本概念开始（Tarski，1938；Mckinsey，Tarski，1944）。该语言跟通常一样，由命题字母的一个可数集合、布尔（Boolean）联结词（$\neg$，$\wedge$，$\vee$，$\rightarrow$）和模态词（$\Box$，$\Diamond$）构成。模型是一个拓扑空间附带上一个赋值函数 v：$P\rightarrow\wp(X)$，其中 P 是命题字母的集合。结构 $M=\langle\langle X, O\rangle, v\rangle$，其中 $\langle X, O\rangle$ 是拓扑空间，称为*拓扑模型*（topomodel）。下面是准确的（以现代模态逻辑术语叙述的）语义定义。

定义 1（基本的拓扑语义学）　模态公式在模型 M 中的点 x 上的真，归纳定义如下：

$M, x\models p$	当且仅当	对任意 $p\in P$，$x\in v(p)$
$M, x\models\neg\varphi$	当且仅当	并非 $M, x\models\varphi$
$M, x\models\varphi\wedge\psi$	当且仅当	$M, x\models\varphi$ 且 $M, x\models\psi$
$M, x\models\Box\varphi$	当且仅当	$\exists o\in O\ (x\in o\ \&\ \forall y\in o$：$M, y\models\varphi)$
$M, x\models\Diamond\varphi$	当且仅当	$\forall o\in O\ (x\in o\Rightarrow\exists y\in o$：$M, y\models\varphi)$

与通常一般，我们采用一些符号约定，比如将 $\varphi\vee\psi$ 定义为 $\neg(\neg\varphi\wedge\neg\psi)$、将 $\Diamond\varphi$ 定义为 $\neg\Box\neg\varphi$。我们将会这么做以图便利。

该语言的任一公式表示该模型所模拟的拓扑空间的某个区域。例如，取实平面 $\mathbb{R}^2$ 及其上的标准拓扑。考虑将命题字母 p 映射到某个形如汤匙的区域（如图 15-1a 所示）的赋值函数。于是，公式 $\neg p$ 表示没有被汤匙占据的区域（亦即背景）；公式 $\Box p$ 表示汤匙区域 p 的内部；如图 15-1 所示。

拓扑解释带来了对常见可能世界语义学在观念上的显著转变。比如，局部性（locality）现在是指：一个公式在 M，x 上为真，当且仅当它在 M 中 x 的任意开邻域（视为一个子模型）上为真。因此，区域（regions）是基本概念，或者更一般地说，模态方法提供了关于区域的一个演算，同时弱化了区域是一群点的观念。这样它就接近于时空理论中的“区域相较于点”运动（Allen，1983；van

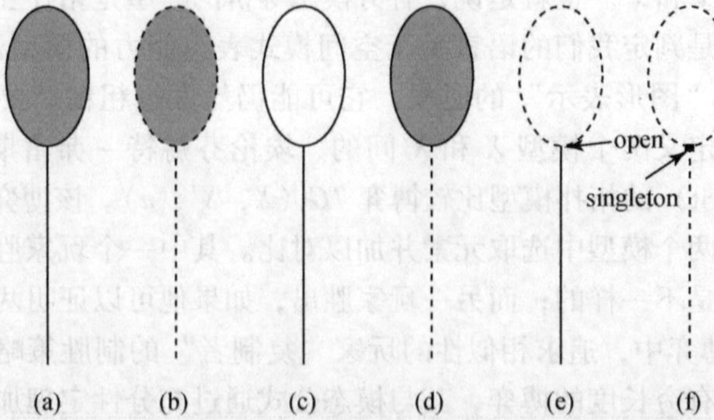

图 15-1 一个 **S4** 公式确定拓扑空间中的一个区域

（a）汤匙：p；（b）汤匙的容器部分：$\Box p$；（c）汤匙的边界：$\Box p \wedge \Diamond \neg p$；（d）容器部分加上边界：$\Box\Diamond p$；（e）汤匙的柄部：$p \wedge \neg \Diamond\Box p$；此情形下柄部不包含其与容器部分的连接点；（f）汤匙柄部与容器部分的连接点：$\Diamond\Box p \wedge \Diamond (p \wedge \neg \Diamond\Box p)$ ——拓扑空间中的单点（singleton）

Benthem，1983b；Allen，Hayes，1985；Randell et al.，1992）。

要理解模态语言的表达能力，需要一个适当的互模拟概念。下面的定义反应了模态算子的语义定义，并可以视为由两个子步骤组成：其一将点加以关联，另一将包含该点的邻域加以匹配。

定义 2（拓扑互模拟） 两个拓扑模型 $\langle X, O, v\rangle$ 和 $\langle X', O', v'\rangle$ 之间的拓扑互模拟（topological bisimulation）是一个非空关系 $\rightleftharpoons \subseteq X \times X'$，使得如果 $x \rightleftharpoons x'$，则：

（1）$x \in v(p) \Leftrightarrow x' \in v'(p)$（对任意命题字母 p）

（2）（向前）：$x \in o \in O \Rightarrow \exists o' \in O'$：$x' \in o'$ & $\forall y' \in o' \exists y \in o$：$y \rightleftharpoons y'$

（3）（向后）：$x' \in o' \in O' \Rightarrow \exists o' \in O'$：$x \in o$ & $\forall y \in o \exists y' \in o'$：$y \rightleftharpoons y'$

称一个拓扑互模拟是完全的（total），如果它的个体域是 X 且其值域是 X'。如果仅仅原子条件（1）和向前条件（2）成立，则称第二个模型模拟（simulates）第一个。

拓扑互模拟足以得到 **S4** 在拓扑解释下的“模态等价”。证据可由如下两个结论得到（Aiello，2002c）。

定理 1 令 $M = \langle X, O, \nu\rangle$ 和 $M' = \langle X', O', \nu'\rangle$ 为两个模型，$x \in X$ 和 $x' \in X'$ 为互模拟的两点。则对任意模态公式 φ，$M, x \models \varphi$，当且仅当，$M', x' \models \varphi$。也就是说，模态公式在拓扑互模拟下是不变的。

定理 2 令 $M = \langle X, O, \nu\rangle$ 和 $M' = \langle X', O', \nu'\rangle$ 为两个有穷模型，$x \in X$ 和 $x' \in X'$ 使得对任意 φ 都有 $M, x \models \varphi$，当且仅当，$M', x' \models \varphi$。则存在 M 和 M'

间的互模拟连接 x 和 x'。也就是说，有穷模态等价的模型是拓扑互模拟的。

拓扑互模拟是判定我们的语言关于空间模式表达能力的模型论工具。然而，当比较诸如两个"图形表示"的时候，它可能仍然太过粗糙。要完善这种相似对比，我们可以定义两个模型 X 和 X'间的、埃伦芬赫特－弗雷斯风格（Ehrenfeucht-Fraïssé spirit）的拓扑模型比较博弈 TG（X，X'，n）。该博弈的大意是两个玩家彼此挑战在两个模型中选取元素并加以对比。其中一个玩家胜出，如果他可以证明两个模型是不一样的；而另一玩家胜出，如果他可以证明两个模型是"相似的"。在无穷博弈中，追求相似性的玩家"复制者"的制胜策略得到拓扑互模拟。此外，对于有穷长度的博弈，其与模态公式通过充分性定理加以联系。

定理3　复制者在拓扑博弈 TG（X，X'，n，x，x'）中拥有制胜策略，当且仅当 x 和 x'在它们各自的模型 X 和 X'中满足相同的模态度不超过 n 的公式。

博弈的形式定义，以及对玩家和策略的讨论（图15-2），可以在（Aiello，van Benthem，2002）中找到。而使用拓扑博弈对由图形描述所得模型的比较在（Aiello，2002b）中加以解释。前一篇文章还指出，拓扑互模拟是更传统的拓扑映射的粗化版本。

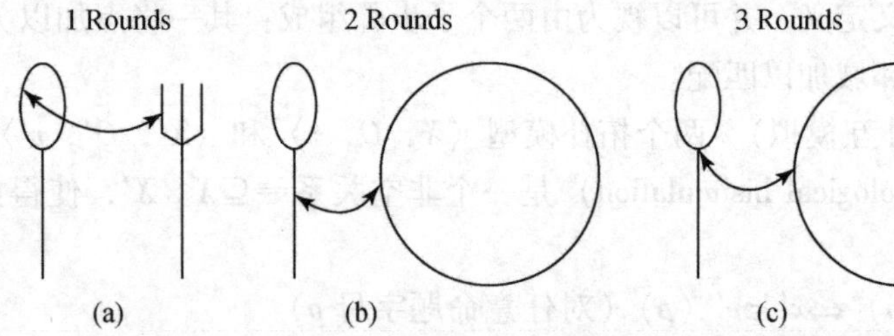

图15-2　区分形状所需的博弈回合

定理4　令〈X，O，ν〉和〈X'，O'，ν'〉为两个拓扑模型。如果〈X，O〉和〈X'，O'〉同态，则在这两个拓扑模型间存在着非平凡的拓扑互模拟。

平凡的互模拟，亦即模型中所有点都与另一模型的所有点相连接，总是存在的。上面定理中的非平凡互模拟，是指点与点通过同态映射相连接。其证明以及与结构相似的其他拓扑概念［如同伦（homotopy）］之间的联系可以参见（Aiello，van Benthem，2002）。

现在考虑逻辑有效性以及该语言中的空间推理的一般演算。逻辑 **S4** 由 **KT4** 公理与分离规则和必然化规则定义而来。在拓扑设定下，这些关键原则罗列如下，右边添加上了非形式的解释：

$\Box\top$　　　　（N）整个空间是开集

$(\Box\varphi \wedge \Box\psi) \leftrightarrow \Box(\varphi \wedge \psi)$ (R) 开集对有穷交封闭

$\Box\varphi \to \Box\Box\varphi$ (4) 内部算子是幂等的

$\Box\varphi \to \varphi$ (T) 任意集合的内部都包含于该集合。

使用上面这些公理，推演规则是分离规则和模态方框算子的单调性。拓扑解释下的普遍有效公式恰好是 **S4** 的定理。但（Mckinsey，Tarski，1944）证明了一个较之大为突出的结论。

定理 5 **S4** 对任意不带孤立点的度量空间都是完全的。

于是，**S4** 还是任意带有标准拓扑空间 $\mathbb{R}^n$ 的逻辑。（Mints，1998）以一种极为漂亮的方式证明了康托尔集的完全性。

通过添加更多的限制，可以刻画有意思的具体空间结构。以带标准拓扑的实数轴 $\mathbb{R}$ 为例，考虑如下的额外公理：

(Grz) $\Box(\Box(p \to \Box p) \to p) \to p$

(BD_2) $(\neg p \wedge \Diamond p) \to \Diamond\Box p$

(BW_2) $\neg(p \wedge q \wedge \Diamond(p \wedge \neg q) \wedge \Diamond(\neg p \wedge q) \wedge \Diamond(\neg p \wedge \neg q))$

这些对实数轴的持续集（serial sets）（凸区间的有穷并）是完全的（Aiello et al.，2003）。图 15-3 给出了一个直观印象，其中一个持续集以 p 表示，然后阅读公理 BD_2。

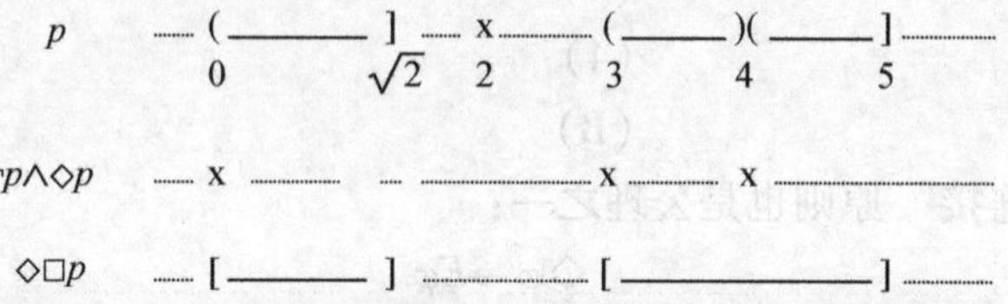

图 15-3 $\mathbb{R}$ 的一个持续集和公理 BD_2 所定义的子公式

在克里普克语义学中，这条公理将模型的深度限制到 2。在拓扑语义学中，它是说既在一个区域的补 $\neg p$ 中又在其闭包 $\Diamond p$ 中的点，必然在该区域自身的正则封闭部分 $\Diamond\Box p$ 中。

类似地，我们可以观察有趣的二维拓扑空间。这是对 $\mathbb{R}^2$ 有效的公理：

(BD_3) $\Diamond(\Box p_3 \wedge \Diamond(\Box p_2 \wedge \Diamond\Box p_1 \wedge \neg p_1) \wedge \neg p_2) \to p_3$

它在克里普克语义学中将模型的深度限制到 3，表达平面的"矩形持续"集的性质（仍然包括集合的边界点，如同在 $\mathbf{BD_2}$ 的一维情形中一样）。（Aiello et al.，2003）和（van Benthem et al.，2002）中对这些特殊结构进行了研究。后面这篇文章提供了任意维度的这类实数空间逻辑的公理系统。

15.2.2　扩充的模态语言

现代模态逻辑中的一个极为有用的技术是通过添加模态算子来提升表达能力，同时又不失去可判定性。例如，要在克里普克语义学中表达与状态等价相关的概念，需要添加区别算子 $D\varphi$ 以表达“存在不同于当前状态的状态满足 φ”。同样的改变对于空间也有意义。基本模态语言无法刻画的拓扑关系可以通过适当的添加新模态算子可靠地加以表达。我们已经进入了扩充模态语言的领域（de Rijke，1993；van Benthem，1991b）。

15.2.2.1　全称引用和全局性质

在拓扑空间上加以解释的基本语言 **S4** 具有世界的“局部”视角。全局视角来自于添加表达及至任意点的可通达性的全称模态词（Goranko，Passy，1992）。全称模态词在（Bennett. 1995）中被引入到空间推理领域。为此目的，添加：

$$M, x \models E\varphi\text{，当且仅当，}\exists y \in X\text{：}M, y \models \varphi$$

$$M, x \models U\varphi\text{，当且仅当，}\forall y \in X\text{：}M, y \models \varphi$$

更系统化的是，相关的新原则是 **S5** 的那些：

$E\varphi \leftrightarrow \neg U \neg \varphi$　（对偶）

$U(\varphi \to \psi) \to (U\varphi \to U\psi)$　（K）

$U\varphi \to \varphi$　（T）

$U\varphi \to UU\varphi$　（4）

$\varphi \to UE\varphi$　（B）

此外，如下“连接”原则也是公理之一：

$$\Diamond\varphi \to E\varphi.$$

使用这些原则，我们注意到 $\mathbf{S4}_u$ 允许一个范式：

命题1　$\mathbf{S4}_u$ 的任意公式都等价于一个没有 E，U 嵌套出现的公式。

拓扑互模拟的定义可以很直接地加以扩充。它仅仅要求拓扑互模拟是一个全关系。

定理6

- $\mathbf{S4}_u$ 中扩充的模态公式是全互模拟不变的。
- 有穷 $\mathbf{S4}_u$-模态等价的模型是全互模拟的。

在拓扑设定中，该语言的片段可能也是相关的。例如，连续映射仅有拓扑互模拟的进退项中的一个。现在，考虑仅仅使用原子公式及其否定、∧、∨、□、E 和 U 构成的“存在”模态公式。

推论1　令→为从 M 到 M' 的模拟，使得 $x \to x'$。于是对任意存在模态公式 φ，$M, x \models \varphi \Rightarrow M', x' \models \varphi$。用常话说，存在模态公式保持模拟。

这里有一个例子，参考（Shehtman，1999；Aiello，van Benthem，2002）。称一个拓扑空间是连通的（connected），如果仅有空集和空间全集本身为既开又闭的集合。这条性质可以在 $\mathbf{S4}_u$ 中表达如下：

$$U(\Diamond p\to\Box p)\to Up\vee U\neg p \tag{1}$$

另一个例子是：不存在两个不交开集，其并集覆盖全空间。这也可以在 $\mathbf{S4}_u$ 中表达：

$$U(\Diamond p\vee\Box q)\wedge Ep\wedge Eq\to E(p\wedge q) \tag{2}$$

一个数学事实使逻辑转向：连通的拓扑空间在连续满射下保持。为什么？考虑一个非连通的空间 X' 使得 $\varphi=U(\Box\neg p\vee\Box p)\wedge Ep\wedge Eq\neg p$ 在某个点 x 上为真。令 f 为从 X 到 X' 的连续映射。将 p 复制到 X 并满足 f 是从 X' 到 X 的全模拟，这保持了存在模态公式 φ 的成立。于是 X 也不是连通的。最终，这条性质可以用于得到连续映射的更一般的保持性结论。

通过对区域连接演算（RCC）（Randell et al.，1992）的一个片段在语言 $\mathbf{S4}_u$ 中进行编码，贝内特（Bennett）证明了该语言表达区域的空间安排能力。我们可以表达的区域间相关初等关系都是关于部分域与连通性的。表 15-1 展示了该编码，这是计算机科学和人工智能中适当演算的基础。

表 15-1　通过 $\mathbf{S4}_u$ 表达 RCC 关系

RCC	$\mathbf{S4}_u$	描述
DC（A，B）	$\neg E(A\wedge B)$	A 与 B 不连通
EC（A，B）	$E(\Diamond A\wedge\Diamond B)\wedge\neg E(\Box A\wedge\Box B)$	A 与 B 是外部连接的
P（A，B）	$U(A\to B)$	A 是 B 的部分
EQ（A，B）	$U(A\to B)$	A 与 B 等价

15.2.2.2 "直到"一个边界

扩充基本拓扑语言表达能力的另一初衷来自于时间形式系统。考虑（Kamp，1968）的自从（since）和直到（until）逻辑。对时间行为的抽象以及将空间的模态词多维地加以解释，我们可以得到表达到某个边界为止（up to a certain boundary）的区域内有效的一个算子，这个边界类似于包含当前区域的围墙。这是关于拓扑模型中空间"直到"的一个很自然的概念：

M，$x\models\varphi\mathcal{U}\psi$，当且仅当，$\exists A$：$O(A)\wedge x\in A\wedge\forall y\in A.\varphi(y)\wedge$
$\forall z$（z 在 A 的边界上$\to\psi(z)$）

以通常方式定义对偶模态词 $\varphi\mathcal{U}^D\psi$ 为$\neg(\varphi\mathcal{U}\neg\psi)$：

M，$x\models\varphi\mathcal{U}^D\psi$，当且仅当，$\forall A$：$O(A)\wedge x\in A\to(\exists y\in A.\varphi(y)\vee$

$$\exists z\ (z \text{ 在 } A \text{ 的边界上} \wedge \psi\ (z)))$$

使用基本模态语言的记法，我们回忆一下集合 A 边界的拓扑定义：

$$\text{边界}\ (A)\ = \Diamond A \wedge \Diamond \neg A$$

直到（until）算子的图形化解释如图 15-4。其表达能力强于关于空间的基本模态语言。例如，我们可以在连通区域中表达全局性质：

$\mathcal{U}\varphi\bot$，当且仅当，在当前点周围的某个开区域都满足 φ

在连通空间中，这等价于全称模态词 U。

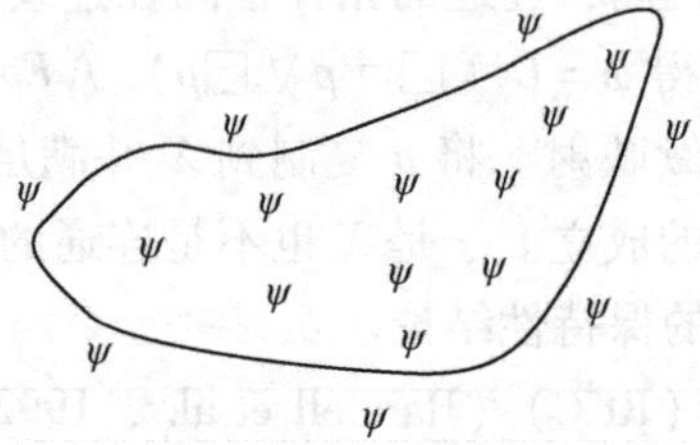

图 15-4　包含于 $\varphi\mathcal{U}\psi$ 的区域

在ℝ 中有效的时间原则可以适用于多于一维的情形么？我们并不提供一个完整的公理系统，而是来看一看时间公理在空间中情形如何且有哪些新公理可能出现。一维情形下获取时间范式的两个关键等值式是：

$$t\mathcal{U}\ (p \vee q) \leftrightarrow (t\mathcal{U}\ p) \leftrightarrow (t\mathcal{U}\ q)$$

$$(p \wedge q)\ \mathcal{U}t \leftrightarrow (p\mathcal{U}\ t) \wedge (q\mathcal{U}\ t)$$

在二维空间设定下，第一个等值式失效：图 15-5（a）反驳了蕴涵→。但另一方向则依然是有效的单调性原则。第二个等值式的方向→却仍是一个广义单调性原则。相反，我们甚至有一个更强有效定律：

$$p_1\mathcal{U}\ q \wedge p_2\mathcal{U}\ t \rightarrow (p_1 \wedge p_2)\ \ \mathcal{U}\ (q \vee t)$$

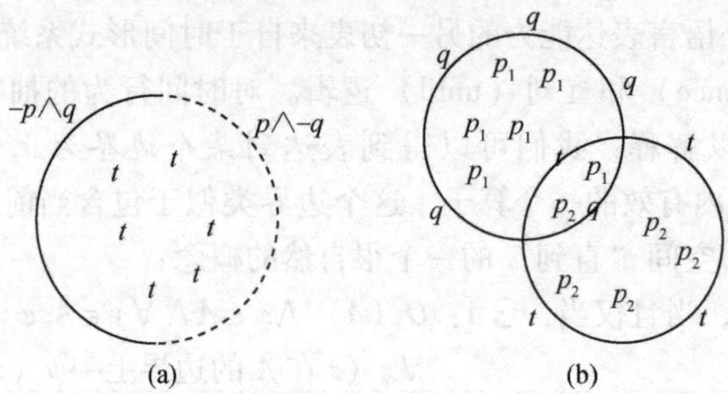

图 15-5　直到模型的例子

在（Aiello，2002a）中包含了对伯吉斯（Burgess，1984）的$\mathbb{R}$完全的直到（Until）逻辑的空间内容的一个更长的分析，其中带有一个辅助性的算子 G：

$$Gp \leftrightarrow p\mathcal{U}\bot$$

这些是在（Burgess，1984）中找到的公理：

$$G(p \rightarrow q) \rightarrow (r\mathcal{U}p \rightarrow r\mathcal{U}q) \wedge (p\mathcal{U}r \rightarrow q\mathcal{U}r) \quad (3)$$

$$p \wedge r\mathcal{U}q \rightarrow r\mathcal{U}(q \wedge r\mathcal{S}p) \quad (4)$$

$$q\mathcal{U}p \leftrightarrow (q \wedge q\mathcal{U}p)\mathcal{U}p \leftrightarrow q\mathcal{U}(q \wedge q\mathcal{U}p) \quad (5)$$

$$(q\mathcal{U}p \wedge \neg r\mathcal{U}p) \rightarrow q\mathcal{U}(p \wedge \neg r) \quad (6)$$

$$(q\mathcal{U}p \wedge s\mathcal{U}r) \rightarrow ((q \wedge s)\mathcal{U}(p \wedge r) \vee (q \wedge s)\mathcal{U}(p \wedge s) \vee (q \wedge s)\mathcal{U}(q \wedge r)) \quad (7)$$

确定哪条直到定律可以从实数轴推广到其他$\mathbb{R}^n$空间，是研究从时间逻辑原则转换为空间设定这个一般性问题的一个很好的例子。最后，对于这个更丰富语言的拓扑互模拟，我们将需要符合（Kurtonina，de Rijke，1997）之建议的扩充；该建议是针对处理空间直到之真值条件的∃∀-复杂性的。

15.2.3 标准逻辑分析

拓扑语言的模态谱系具有一个共同的根源。全部所给算子在对点与点集都进行量化的二阶语言中都具有真值条件。例如，$\Box p$ 是说 $\exists A: O(A) \wedge x \in A \wedge \forall y (y \in A \rightarrow P(y))$。这个语言具有如下词汇表：

$\forall x$　点上的量化

$\forall A$　点集上的量化

$x = y$　等词

$x \in A$　点与几何间的属于关系

$O\ (A)$　描述集合开性的谓词

所有的基本拓扑概念在这个形式系统中皆可表达。下面是两条相关的结论。

事实 1　不含自由谓词变元的二阶语言的公式在拓扑同态下保持。

其证明可通过简单的归纳进行。

事实 2　所有的拓扑可分公理 T_i（$0 \leqslant i \leqslant 4$）在该二阶语言中都可表达。

例如，我们可以表达 T_2 公理［定义豪斯多夫（Hausdorff）空间］如下：

$$\forall x, y: (x \neq y \rightarrow \exists A, B: (O(A) \wedge O(B) \wedge \neg \exists z(z \in A \wedge z \in B) \wedge x \in A \wedge y \in B))$$

当然，这个很强的语言具有很多更易处理的片段，而“模态拓扑学”的目的就是发现这些片段。但是这种分析的二阶性或许有点虚假。我们可以通过一点点的“解构”来看待这一点。内部模态词$\Box\varphi$将不同种类的元素混杂在一起。$\Box\varphi$在点 x 上为真，如果存在包含点 x 本身的开集使得该集合中的所有点都满足

φ。另一种方法是将点和开集分开放到两个不同的模态量词中。德布罗斯基（Dabrowski，1996）和乔加托斯（Georgatos，1993）对由此得到的模态逻辑进行了研究。这么做的主要动机是对知识的分析，但是那些作者将其视为可视化推理的一个潜在工具。在此系统中，$\Box\varphi$ 被定义为 $\langle S\rangle[p]\varphi$[①]，也就是 $M, x, o \models \exists o' \subseteq o \in O: x \in o' \wedge \forall y \in o': M, y, o \models \varphi$。

暂且不管那些认知关切，如同在上述二阶语言的一般性解释中一样（van Benthem，Doets，1983），我们可以采用一个一般的二种类方法。

$$M, x \models \langle S\rangle\varphi，当且仅当，\exists A: x \in A \wedge M, A \models \varphi$$

$$M, A \models \langle p\rangle\varphi，当且仅当，\exists x: x \in A \wedge M, x \models \varphi$$

这里的模型具有两种对象，亦即点（points）和集合（sets），其中后者并不需要穷尽前者的整个幂集。这就允许了通常的互模拟，只需适当修改以用于连接模型间的同种类对象。与基本模态语言更为相近的是，我们还可以考虑将第二种对象视为开（open）集，于是原初的拓扑 $\Box\varphi$ 变成了 $\langle A\rangle[p]\varphi$，其中 A 可在开集上变化。

在这些解构之下，基本的拓扑空间逻辑不再是 **S4** 了。例如，自返性 $\Box\varphi\rightarrow\varphi$ 变成了

$$\langle A\rangle[p]\varphi\rightarrow\varphi$$

这表达点和集合之间的可通达关系是逆关系。类似地，传递性变成了

$$\langle A\rangle[p]\varphi\rightarrow\langle A\rangle[p]\langle A\rangle[p]\varphi$$

这可由

$$[p]\varphi\rightarrow[p]\langle A\rangle[p]\varphi$$

得到，也就是（$\psi\rightarrow[p]\langle A\rangle\psi$）的一个极小有效的推论。点和任意集合以属于关系相联系的极小逻辑就是带逆算子的时间逻辑。拓扑的更多性质，例如交封闭和开集，变成定义开集的命题常元的额外公理。它们更易懂的形式系统需要扩充模态语言，更多细节参见（Aiello，2002a）。

不管哪种方式，二阶的或者二种类一阶的，都存在着一个界限：可能的模态语言用于刻画其本质无法理解的拓扑模式的界限。例如，我们希望理解适于模拟的很自然的精选语言是什么，以及语言及其在此范围之内的逻辑之间复杂性跳跃（complexity jumps）是什么。

① 原文中的存在模态词使用了小写的 s，亦即写成“$\langle s\rangle$ $[p]$ φ”。但为了突出 $\langle s\rangle$ 是针对集合的模态词，我们使用大写的 S，这也与下文（包括原文和译文）中的符号保持一致。——译者注

15.2.4 相关文献

两条研究路线在本节关于拓扑模态逻辑处交汇。其一是纯数学和逻辑的，另一则是更哲学的，以及一个人工智能的转向。前者诞生于塔尔斯基——以及后来与麦金西（McKinsey）合作——的关于模态逻辑 **S4** 的语义的研究工作（Tarski，1938；Mckinsey，Tarski，1944）。这是对此逻辑最早的完全性证明：早于可能世界语义学。但是这种空间解释后来被边缘化，除了在（Rasiowa，Sikorski，1963）中以外。

研究的另一路线具有更早的起源。哲学家们，比如怀特海（Whitehead），对形式化部分域这样的基本概念很感兴趣（Whitehead，1929；Lesniewski，1983）。这是后来称为分体拓扑学（mereotopology）——关于部分域和区域连通性的理论——的种子，即其数学基础的发源地，例如由克拉克（Clarke，1981）或阿舍、维厄（Asher，Vieu，1995）所发展得来。分体拓扑学也引起人工智能社区的注意。兰德尔（Randell et al.，1992）发展了基于连通和部分域的一个有影响力的区域系统：区域连接演算（RCC）。贝内特（Bennett. 1995）发现的 RCC 在 $\mathbf{S4}_u$ 中的可判定的编码，是拓扑模态逻辑和分析拓扑学走向空间表示和推理真正相交的关键点。

15.3 仿射几何学

对空间模态逻辑表达能力的扩充可能超出纯粹逻辑能力的范围。我们也可以通过赋予空间更多结构来丰富几何能力（geometrical power）。第一个初等例子是点在几何凸闭包中的性质。也就是，存在包含该点的线段，其端点都在该集合中。凸性的概念在与空间有关的许多领域［比如计算几何学（Preparata，Shamos，1985）］中都很重要，在抽象认知设定［例如，概念空间（Gärdenfors，2000）］下同样也很重要。模态地刻画凸性涉及一个标准的相似型，它关于点加三元“之间性”关系的框架：

$M, x \models C\varphi$，当且仅当，$\exists y, z$：$M, y \models \varphi \,\&\, M, z \models \varphi \,\&\, x$ 落在 y 和 z 间 (8)

这个定义与凸闭包的通常概念稍有不同。它是一步凸性（one-step convexity）算子，其可数叠置产生了标准的凸闭包。两个定义直接的差别可从图 15-15 中看到。左边是三个点表示一个区域。标准凸闭包算子给出右边的完整三角形。而一步凸性则给出三角形的框架，且只有当两次应用时才产生完整的三角形。另一个例子在图 15-6 中给出。一步凸性给出存在二元模态词的一个模态模式：

$$\exists yz{:}\beta(yxz) \wedge \varphi(y) \wedge (z)$$

其中$\beta(yxz)$是表示点x介于点y和z之间的三元关系，如图15-13。从现在开始，我们将使用凸性算子这个词在表示（8）中定义的一步凸性算子。

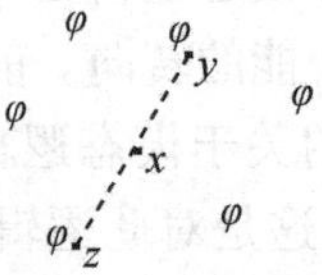

图15-6　点x在φ的一步凸闭包中

15.3.1　基本几何学

几何模态逻辑始于数学的标准的一部分，亦即仿射几何学（Blumenthal，1961）。为后文的使用，这里在带有点和直线两种类型和由戈德布拉特（Goldblatt，1987）给出的入射角关系的语言中给出仿射基础公理：

A1 任意两个不同的点位于恰好一条直线上。

A2 至少存在三个不共线的点。

A3 任给点a和直线L，恰好存在一条直线M过a并平行于L。

此外还有一些进一步区分仿射平面的性质。特别地，一个仿射平面是帕氏的（Pappian），如果其中任意两条直线的有序对具有如下帕普斯（Pappus）性质：

一个仿射平面中的直线L，M的有序对具有帕普斯性质，如果：一旦有a，b，c是L上的三个点，且a'，b'，c'是M上的三个点，使得ab'平行于$a'b$且ac'平行于$a'c$，则$b'c$平行于bc'。

仿射空间具有浓厚的模态风味，正如（Balbiani et al.，1997；Balbiani，1998；Venema，1999；Stebletsova，2000）所展示的那样，其中采用了两条路线。其一是将点和直线结合为一种有序对〈点，直线〉中并配以两个入射角关系。另一路线则有点和直线两种对象，并配以区分类型的模态算子。

然而还有更具表达能力的刻画仿射结构的经典方法。在（Tarski，1959）中，塔尔斯基给出了使用三元之间性谓词$\beta(xyz)$（解释为y落于x和z之间）和四元等距性关系$\delta(xyzu)$（解释为x与y的距离等于z与u的距离）定义初等几何完全的一阶公理系统。我们将其列在下面作为一个“上限”，并使用塔尔斯基原先采用的公理名字：

A1 $\forall xy(\beta(xyz)\rightarrow x=y)$，之间性的恒等性公理

A2 $\forall xyzu(\beta(xyu)\wedge\beta(yzu)\rightarrow\beta(xyz))$，之间性的传递性公理

A3 $\forall xyzu(\beta(xyz)\wedge\beta(xyu)\wedge x\neq y\rightarrow\beta(xyu)\vee\beta(xuz))$，之间性的连通性公理

A4 $\forall xy(\delta(xyyx))$，等距性的自返性公理

A5 $\forall xyz(\delta(xyzz)\to x=y)$，等距性的恒等性公理

A6 $\forall xyzuvw(\delta(xyzu)\wedge\delta(xyvw)\to\delta(zuvw))$，等距性的传递性公理

A7 $\forall txyzu\,\exists v(\beta(xtu)\wedge\beta(yuz)\to\beta(xvy)\wedge\beta(ztu))$，帕施（Pasch）公理

A8 $\forall txyzu\,\exists vw(\beta(xut)\wedge\beta(yuz)\wedge x\neq u\to\beta(xzv)\wedge\beta(xyw)\wedge\beta(vtw))$，欧几里得公理

A9 $\forall xx'yy'zz'uu'(\delta(xyx'y')\wedge\delta(yzy'z')\wedge\delta(xux'u')\wedge\delta(yuy'u')\wedge\beta(xyz)\wedge\beta(x'y'z')\wedge x\neq y\to\delta(zuz'u'))$，五线段公理

A10 $\forall xyuv\,\exists z(\beta(xyz)\wedge\delta(yzuv))$，线段构造公理

A11 $\exists xyz(\neg\beta(xyz)\wedge\neg\beta(yxz)\wedge\neg\beta(zxy))$，低维公理

A12 $\forall xyzuv(\delta(xuxv)\wedge\delta(yuyv)\wedge\delta(zuzv)\wedge u\neq v\to\beta(xyz)\vee\beta(yzx)\vee\beta(zxy))$，高维公理

A13 形如 $\forall vw\cdots(\exists z\forall xy(\varphi\wedge\psi)\to\beta(zxy))\to\exists u\forall xy(\varphi\wedge\psi\to\beta(xuy))$ 的所有语句，其中 φ 表示任意公式使得除 y，z，u 以外的任意变元 x，v，w，…都自由出现，ψ 的条件是将 φ 的条件中的 x 和 y 对调；初等连续性公理。

为什么这个很漂亮的、完全且可判定的公理系统尚不是我们想知道的全部？从模态的立场来看，该系统中有两点不当之处。其公理太强，而我们想观察其更易处理的片段。首先，该公理系统具有很高的计算复杂性。另外，该公理将之间性和等距性杂糅在一起，而我们倾向于分开来理解仿射和度量结构。

15.3.2 之间性的一般逻辑

我们对仿射空间初始概念的选取仍然是之间性，其中 $\beta(xyz)$ 是指点 y 落于点 x 和 z 之间，并允许 y 作为端点之一。直线解构可以通过使用之间性来定义共线性（collinearity）来获得：

$$xyz\text{ 共线，当且仅当，}\beta(xyz)\vee\beta(yzx)\vee\beta(zxy)$$

这种"几何扩充"甚至可以定义"扩充的模态词"，亦即前面所说的"逻辑扩充"。首先定义一个二元的之间性模态词 $\langle B\rangle$：

$M,x\models\langle B\rangle(\varphi,\psi)$，当且仅当，$\exists y,z$：$\beta(yzx)\wedge M,y\models\varphi\wedge M,z\models\psi$。

而后我们可以定义存在（existential）模态词"在某个点上"：

$$E\varphi\text{，当且仅当，}\langle B\rangle(\varphi,\top)\qquad(9)$$

这将可以达到要求，如果要求之间性满足：

$$\forall x\forall y\beta(xxy)$$

如果没有这个要求，我们所定义的模态词将只会在赋值当前点的连通区域上取值。

我们用于解释模态语言的一些很自然的结构包括了$\mathbb{R}^n$（对任意 n）。但是仿射空间实际上形成一个大为一般的结构类。限制这些的很自然的、一般性的框架条件是什么？如同对于时间逻辑而言，通常的实数空间的全称一阶理论（universal first-order theory）提供了很好的候选。仅仅考虑塔尔斯基初等几何的之间性部分。公理 **A1** ~ **A3** 用于恒等性、传递性和线性是全部可行的一般仿射性质。尽管它们并不足够，因为我们显然还需要传递性和线性的一些变体使得其他位置上的点被更清楚地加以描述。纯仿射初等几何的完全的一阶公理系统在（Szczerba，Tarski，1965）中给出。从塔尔斯基的系统来看，后面系统中的很多公理是定理，但其证明却需要使用包含等距性的其他公理。在实数空间中成立的更多的全称一阶断言将表达空间的维度（dimensionality），这从广义上来讲似乎并不是一个可行的限制条件。

在语法完全性的下一层次上，我们于是可以找到存在公理和全称存在公理，它们要求空间具有充裕的点。全称存在公理表达典型的几何性质，其证据包括帕施公理 **A7**（图 15-7）和前文的帕普斯性质（图 15-8）：

$$\forall xx'yy'zz'\,\exists jkl(\beta(xyz)\wedge\beta(x'y'z')\wedge\beta(xjy')\wedge\beta(yjx')\wedge\beta(xkz')\wedge\beta(zkx')\wedge\beta(ylz')\wedge\beta(zly')\rightarrow\beta(jkl))$$

转到几何结构的反面极端，考虑一维实数轴$\mathbb{R}$。其全称一阶理论包含强维度定律

$$\forall xyz:\beta(xyz)\vee\beta(yxz)\vee\beta(xzy) \qquad (10)$$

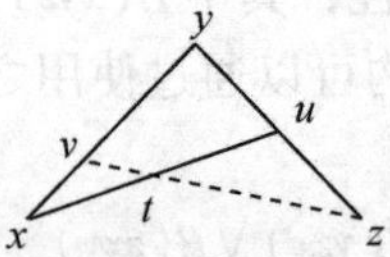

图 15-7　帕施性质

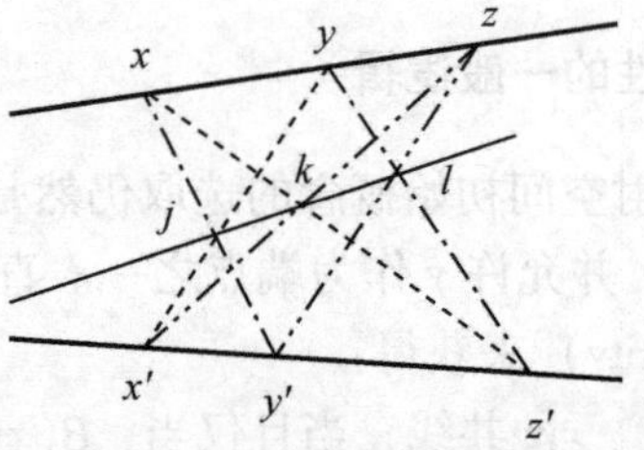

图 15-8　帕普斯性质

15.3.3　之间性的模态语言

我们现在转向仿射空间上的模态逻辑。

15.3.3.1　基本语言

三元之间性模拟二元之间性模态词〈B〉：

M，$x\models\langle B\rangle(\varphi,\psi)$，当且仅当，$\exists y$，$z$：$\beta(yxz)\wedge M$，$y\models\varphi\wedge M$，$z\models\psi$

注意，这跟前面的拓扑模态词相比是一个更标准的模态概念：我们在框架上讨

论，且在其语义中没有掩藏着的两步量词。〈B〉具有相当的表达能力。比如它可以定义一步凸闭包如下：

$$\text{convex}(\varphi)，当且仅当，\langle B\rangle(\varphi,\varphi) \tag{11}$$

两个点经过“介于其间”的点产生凸闭包，仅在反复应用该算子之后，如图 15-13 所示。详细地说，我们效仿动态逻辑为之间性谓词添加一个克里尼叠置（Kleene iteration）算子——这跟三元“复合”在动态箭头逻辑中叠置极为相似［参考（van Benthem，1996）第 8 章］。然后，存在模态词具有一个很明显的对偶全称版本：$[B]\varphi\psi\leftrightarrow\neg\langle B\rangle\neg\varphi\neg\psi$，亦即

$$M, x\models[B](\varphi,\psi)，当且仅当，\forall y, z: \beta(yxz)\rightarrow M, y\models\varphi \vee M, z\models\psi$$

该定义的一个蕴涵式变体有时候也有帮助：

$$M, x\models[B](\neg\varphi,\psi)，当且仅当，\forall y, z: \beta(yxz)\wedge M, y\models\varphi\rightarrow M, z\models\psi$$

读者也许认为应该存在一个独立的合取变体，表达所有两个端点具有某些性质。但其实这个已经可以定义了——该语言表达能力的又一标志：

$$[B](\varphi,\perp)\wedge[B](\perp,\psi)$$

15.3.3.2 多方位的扩充

之间性是很自然的，但却朝线段的“内部位置”偏离。给定两个点 x 和 y，我们还可以考虑所有的点 z 使得 x 落于 y 和 z 之间，或者考虑所有的点 w 使得 y 落于 x 和 w 之间。通过这种办法，两点确定了一个方向和关于方向性的两个弱概念。有两个显然的存在模态词与之相对应。与〈B〉一起，它们在（Venema，1992）的意义上形成了一个“多方位的”三元组。这样的三元组放到一起常常比孤立开来更易于公理化。作为一个例子，考虑图 15-9 中的桌子，依照我们在前面章节中的设定。使用多方位模态词，该桌子的脚及其桌面确定了可视场景的重要分区，这些分区在自然语言中也有名字，比如“在桌子正上方的”所有东西。

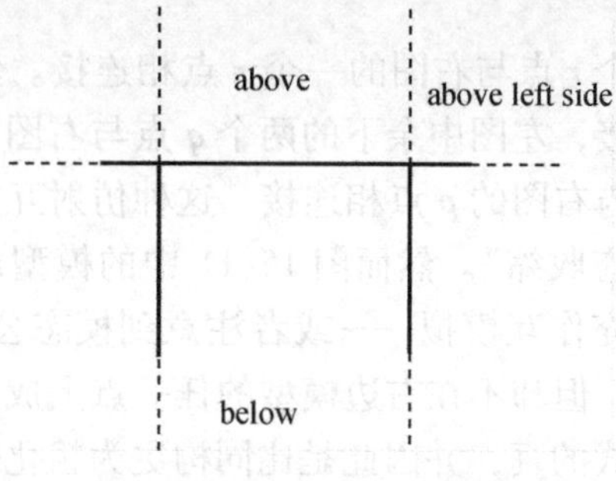

图 15-9　一张桌子以及多方位之间模态词之区域
“above”表示“在……正上方”、“above left side”表示
“在……右上方”、“below”表示“在……正下方”

15.3.3.3　仿射变形

仿射变形是仿射几何的不变映射。其模态对应物为，将满足相同命题字母的点联系到一起，同时保持之间性关系的仿射互模拟（affine bisimulations）。我们仅仅给出原先的“内部”之间性的定义——因为多方位扩充的定义也是相当直接的。

定义3（仿射互模拟）给定两个仿射模型 $\langle X, O, \beta, \nu\rangle$ 和 $\langle X', O', \beta', \nu'\rangle$，仿射互模拟是一个非空关系 $\rightleftharpoons \subseteq X \times X'$，使得如果 $x \rightleftharpoons x'$，则：

（1）x 和 x' 满足相同的命题字母

（2）（向前条件）：$\beta(yxz) \Rightarrow \exists y'z' : \beta'(y'x'z')$ 且 $y \rightleftharpoons y'$ 且 $z \rightleftharpoons z'$

（3）（向后条件）：$\beta'(y'x'z') \Rightarrow \exists yz : \beta(yxz)$ 且 $y \rightleftharpoons y'$ 且 $z \rightleftharpoons z'$。

其中 $x, y, z \in X$ 且 $x', y', z' \in X'$。

在（Goldblatt, 1987）中，同构被认为是仿射模型间唯一有意义的映射。然而事实上，正如拓扑互模拟与同态的差别（定理4）一般，仿射互模拟是比空间情形更粗化的很有意思的方式。在真正的模态理念下，它们仅仅考虑点在局部线环境中的表现。分别考虑由6个点和4个点组成、在两个三角形边界上或内部中的两个模型，其中一些原子命题性质已经标出（图15-10）。这两个模型显然不是同构的，但却存在一个仿射互模拟。

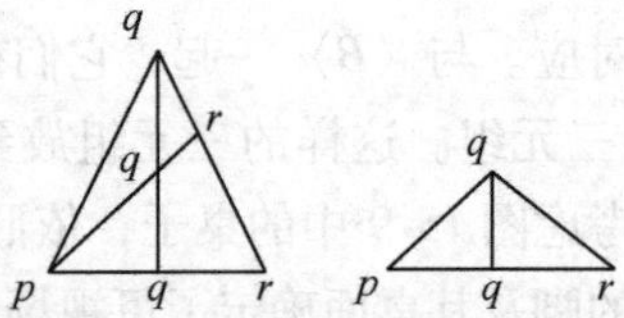

图15-10　仿射互模拟模型

简单地将左图的两个 r 点与右图的一个 r 点相连接。然后将左图上面的 q 点与右图上面的 q 点相连接，左图中余下的两个 q 点与右图中余下的一个 q 点相连接，最后将左图的 p 点与右图的 p 点相连接。这种仿射互模拟可视为到相同结构的最小模型的一种“模态收缩”。然而图15-11中的模型却不是互模拟的。读者可以验证没有关系可以充作互模拟——或者注意到模态公式 $q \wedge \langle B\rangle(r, r)$ 在左边模型的点 q 上成立，但却不在右边模型的任一点上成立。仿射互模拟以一种明显的方式保持模态公式的真，并因此是比同构更为粗化但却仍然可以给出有意义的几何不变性的映射。这刚好类似于与我们所发现的拓扑互模拟与同态之间的关系。

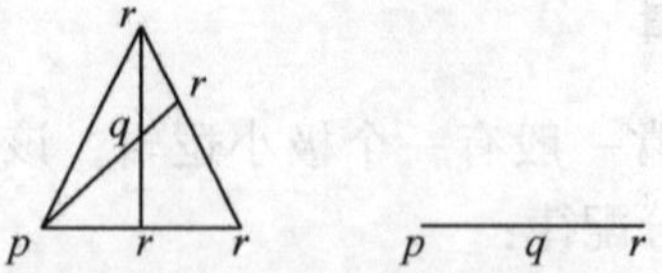

图 15-11　非仿射互模拟归约

顺便说一下，图 15-10 中左边的三角形有一个更小的仿射互模拟收缩。原因在于并非其所有的点都可以在我们的模态语言中唯一地加以定义。点 p 和 q 是唯一可定义的，但边界上的所有点 r 满足相同的模态断言。其收缩看起来将会类似于右边的图形，但中间的点“介于”右边的点和其自身之间（这并非一个标准的二维“图形”，否则，如果坚持在二维平面上，则重复的点并不总是能够被收缩）。这种情形将会由于使用一个*真之间*（proper betweenness）模态词而得以改变。然后两个中间的 r 点变成唯一可分的点，因为它们是真介于不同的点对之间的点。不过上面和右下角的点仍然不可区分，除非我们添加多方位算子。这是很好的练习以说明：在原先语言中，如果将上端点和中间底部点的原子命题改为 q，将右部边中间点的原子命题改为 p，则三角形的每个点确实都可以唯一地加以定义。考虑图 15-12 中新的赋值：在这种情况下，并不存在一个互模拟收缩。三角形的每个点都可由某个不在其他任意点上为真的公式加以区分（表 15-2）。根据点如何在几何图形中加以标记，这暗示着唯一模式的理论。最后，几何设定甚至还暗示了收缩的两个概念。上文中定义的互模拟并不保证收缩仍是*平面*（planar）图形。如果强行要求后面这个条件，这标准的结论和算法也会改变。

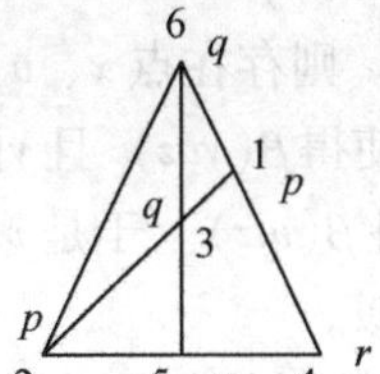

图 15-12　一个不可归约的仿射模型

表 15-2　在图 15-12 中的模型的点上为真的公式

点	公式
1	$\varphi_1 = p \wedge \langle B \rangle (q, r)$
2	$\varphi_2 = p \wedge \neg \varphi_1$
3	$\varphi_3 = q \wedge \langle B \rangle (\varphi_1, \varphi_2)$
4	$\varphi_4 = r$
5	$\varphi_5 = q \wedge \langle B \rangle (\varphi_2, \varphi_4)$
6	$\varphi_6 = q \wedge \neg \varphi_3 \wedge \neg \varphi_5$

15.3.4　之间性的模态逻辑

上面给出的语言如通常一般有一个极小逻辑，该逻辑尚未具备许多几何内容。它的关键公理是两条分配律：

$$\langle B\rangle(\varphi_1 \vee \varphi_2,\psi) \leftrightarrow \langle B\rangle(\varphi_1,\psi) \vee \langle B\rangle(\varphi_2,\psi)$$

$$\langle B\rangle(\psi,\varphi_1 \vee \varphi_2) \leftrightarrow \langle B\rangle(\psi,\varphi_1) \vee \langle B\rangle(\psi,\varphi_2)$$

这个极小逻辑本身具有所有通常的模态性质，包括可判定性。其他的基本原则可以表达一些基本的通用关系条件，比如在端点和所有位于“介于它们自己之间”点上对称的之间性：

$$\langle B\rangle(\varphi,\psi) \to \langle B\rangle(\psi,\varphi)$$

$$p \to \langle B\rangle(\varphi,\varphi)$$

这些是通常模态意义上简单的*框架对应*（frame correspondences）。更有趣的例子是前文提到的关系条件 $\forall x \forall y \beta(xxy)$。这并不如其本身那样可以定义，但是模态公理

$$(\varphi \wedge \langle B\rangle(\top,\psi)) \to \langle B\rangle(\varphi,\psi)$$

对应于相关的原则

$$\forall x \forall y \forall z: \beta(zxy) \to \beta(xxy)$$

更一般地，特殊模态公理可能对应于更为复杂的、具有几何意义的性质。这里给出一个例子。考虑之间性模态词的*结合性*（associativity）：

$$\langle B\rangle(\varphi,\langle B\rangle(\psi,\xi)) \leftrightarrow \langle B\rangle(\langle B\rangle(\varphi,\psi),\xi)$$

事实3　模态结合性对应于帕施公理。

证明：我们给出简单的对应论述以说明模态公理和几何定律之间的对应可以是如何地简单。考虑塔尔斯基列表中的帕施公理**A7**（图15-7）。假设

$$\forall txyzu \exists v(\beta(xtu) \wedge \beta(yuz) \to \beta(xvy) \wedge \beta(ztv))$$

在一个框架中成立。假定点 t 满足 $\langle B\rangle(\varphi, \langle B\rangle(\psi, \xi))$。则存在点 x、u 使得 $\beta(xtu)$ 且 $x \models \varphi$ 且 $u \models \langle B\rangle(\psi, \xi)$。因此也就存在点 y、z 使得 $\beta(yuz)$ 且 $y \models \psi$ 且 $z \models \xi$。现在由帕施公理，必然存在一个点 v 使得 $\beta(xvy)$ 且 $\beta(utz)$。于是 $v \models \langle B\rangle(\varphi, \psi)$，并因此 $t \models \langle B\rangle(\langle B\rangle(\varphi, \psi), \xi)$。另一方向类似。

反过来，假定 $\beta(xtu)$ 且 $\beta(yuz)$。定义空间上的一个映射使得 $v(p)=\{x\}$，$v(q)=\{y\}$ 且 $\nu(r)=\{z\}$。因此，$u \models \langle B\rangle(q, r)$ 且

$$t \models \langle B\rangle(p,\langle B\rangle(q,r))$$

根据模态结合性的有效性，

$$t \models \langle B\rangle(\langle B\rangle(p,q),r)$$

因此，必然存在点 v、w 使得 $\beta(vtw)$，且满足 $v \models \langle B\rangle(p, q)$ 且 $w \models r$。由 ν 的定

义，后者蕴涵 $w=z$，前者蕴涵 $\beta(xuy)$。所以 u 确实是所需要的点。证毕。

上面的对应也许可以自动计算（computed automatically），因为它们具有“萨尔奎斯特形式”。因此，更一般的替换方法也可用于找到几何对应物（Blackburn et al.，2001）。

15.3.5 空间逻辑

空间模型的仿射模态逻辑也可能被公理化，这方面可以进行额外的考虑。一个例子是实数轴$\mathbb{R}$，它在拓扑设定中也是引人注目的。这次的任务很简单，因为可以利用二元序 < 来定义

$$M,x\models\langle B\rangle(\varphi,\psi)\text{，当且仅当，}\exists y,z:M,y\models\varphi\wedge M,z\models\psi\wedge z\leqslant x\leqslant y$$

用这个我们可以定义时间逻辑的两个模态词：将来和过去（都包括现在）。

$$F\varphi:=\langle B\rangle(\top,\varphi)$$

$$P\varphi:=\langle B\rangle(\varphi,\top)$$

反过来，这两个一元算子足以定义$\mathbb{R}$ 上的 $\langle B\rangle$：

$$\langle B\rangle(\varphi,\psi)\leftrightarrow P\varphi\wedge F\psi$$

因此，$\langle B\rangle$-语言的完全且可判定的公理系统可以通过使用广为人知的$\mathbb{R}$ 上的关于将来和过去的时间逻辑来找到（Segerberg，1970）。

空间模型也会产生特殊的问题。我们已经看到全称公理 10 定义一维性。好的高维版本又将如何？关于这个问题的更多信息不妨参考（Aiello，2002a）。此外，我们还将在下一节中再次谈到这个问题。

15.3.6 凸性的逻辑

三元框架关系的二元模态词提供了极大的适应性。然而，考虑到凸性本身的几何重要性，这里定义一步凸闭包的一元模态算子：

$$M,\ x\models C\varphi\text{，当且仅当，}\exists y,\ z:\ M,\ y\models\varphi\wedge M,\ z\models\varphi\wedge x\in y—z$$

这是前文模态语言的一个片段：

$$C\varphi\leftrightarrow\langle B\rangle(\varphi,\ \varphi)$$

不过其公理化表现却不相同。尤其是，分配律失效了。公理

$$C(\varphi\vee\psi)\leftrightarrow C\varphi\vee C\psi$$

中仅有从右到左的单调性（monotonicity）蕴涵是有效的。但两个不同的点集合的一步凸闭包是介于两点之间整个区间，而两个点单独一步闭包的并却仅仅是这两个点本身。

此前已经提到，一步凸闭包需要有穷叠置以产生通常的几何凸闭包。这也可

以通过在一个带有额外模态词 C^* 的语言中得到，其中的 $*$ 表示克里尼叠置。动态逻辑的这个有趣的空间运用并不会在这里继续，其原因解释如下。首先，需要注意 C 的非幂等性本身就为其带来了额外的表达能力。事实上，它帮助我们区分维度！方法是这样。原则

$$CC\varphi \leftrightarrow C\varphi$$

在$\mathbb{R}$ 上成立，但在$\mathbb{R}^2$ 上不成立。$\mathbb{R}^2$ 上的反例如图 15-13。区域 p 由三个非共线的点给出。$C\varphi$ 则刚好是一个三角形：凸性已加上了边。再次应用凸性，$CC\varphi$ 定义了一个不同的区域，也就是整个三角形及其内部。这里读者可能会马上想到结论：下面的

$$C^{n+1}\varphi \leftrightarrow C^{n}\varphi \tag{12}$$

原则对所有的 n 确定了空间$\mathbb{R}^n$ 的维度。然而事实却令人惊讶。

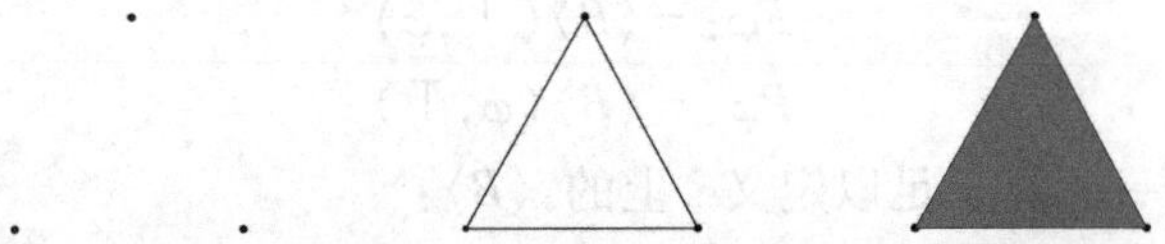

图 15-13　在一个二维空间中，对不共线的三点连续应用凸性算子可以得到两个不同的区域：三角形（仅仅是边和角）和内部填充的三角形

定理 7　原则 $CCC\varphi \leftrightarrow CC\varphi$ 在$\mathbb{R}^3$ 中成立。

证明：这是证明的概要。它将帮助读者使用图 15-15 中的四面体将其情形可视地加以理解。

$C\varphi$ 由介于两个 φ-点之间的所有的点组成。$CC\varphi$ 则由介于 $C\varphi$-点之间的所有的点组成，而蕴涵式 $CC\varphi \rightarrow C\varphi$（照字面理解，在模态框架理论的意义上）对应于介于性：

$$\beta(yxz) \wedge \beta(uyv) \wedge \beta(szt) \rightarrow \bigwedge \{\beta(ixj) \mid i,j \in \{u,v,s,t\}\}$$

这在一维中为真，尽管对于高维并不成立。

在平面上，$C\varphi$ 有同样的点组成。但我们可以对 $CC\varphi$ 做另一叙述。如果 x 落于两个 $C\varphi$-点之间，比如说分别落在区间 $y-z$ 和 $u-v$ 之间，则 x 落于三角形 yzu 或 yzv 之中或之上。因此 $CC\varphi$-点落在 φ-点的三角形之上。现在考虑 $CCC\varphi$ 中的任意点 r，即介于 $CC\varphi$ 之中或之上的点 s 和 t 之间。用两个三角形的边界与线段 $s-t$ 相交，我们得到 r 落于一个 φ-点组成的四边形中，并因此二分后，r 已经是在 φ-点的一个三角形之上或之中，也就是说，r 已经在 $CC\varphi$ 中。

在三维中，对 $CC\varphi$ 的叙述有所不同，因为 $C\varphi$-点的两条线段不需要落于相同平面内。结果是这些点落于 φ-点的一个四面体之中或之上。现在考虑 $CCC\varphi$ 中的

一个普通的点 r。它将落于这样的四面体中的点之间。这种情形更容易画出：取过点 r 的这条线段，将其与四面体的相应的面相交。不难发现点 r 落于以 φ-点为顶点的六面体之中。但这样一来，将其切割若干次以后，仍旧存在 φ-点的一个四面体使得在其中或其上可以找到 r，并因此它已在 $CC\varphi$ 之中。证毕。

在（Aiello，2002a）中，我们通过射影平面上的矩阵表示证明上述结论（认为该证明可以推广至更高维的情形）。作为推论，对于实数空间，我们终究可以在我们的语言中使用 CC 组合来定义凸闭包。于是一个完整的动态语言，无论其本身多么有趣，都不是严格必须的。不过在目前的情况下，我们仅需注意下述事实。

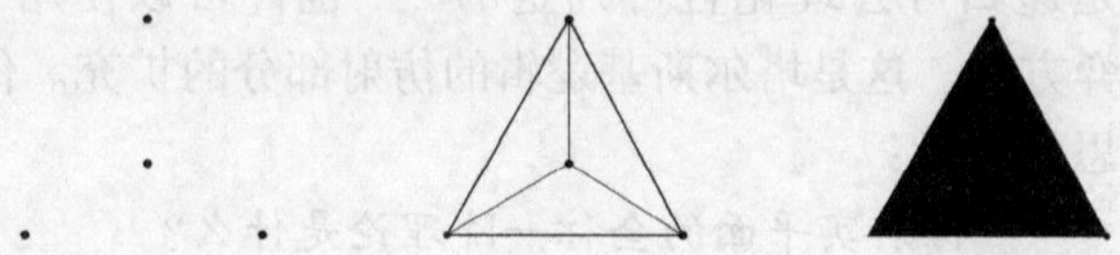

图 15-14　在一个三维空间中，对不共面的四点连续应用介于性算子可以得到两个不同的区域：四面体的线框和内部填充的四面体

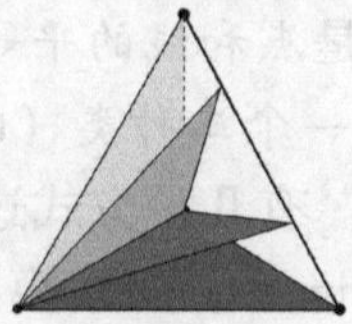

图 15-15　对线框应用凸性算子可以得到完整的四面体

事实 4　C^n 是 $\mathbb{R}^n$ 中的一个凸集。

现在我们的语言中终究有了描述维度的语句。几乎百年前的一个古老的定理（Helly，1923）也前来帮忙：

定理 8　如果 K_1，K_2，…，K_m 是 n 维欧氏空间 E^n（$m>n+1$）中的凸集，且如果任选 $n+1$ 个集合 K_i，都存在一个点属于所有选定的集合，则存在一个点属于所有的集合 K_1，K_2，…，K_m。

这个定理确实拥有一个模态版本：

$$\bigwedge_{f:\{1,\cdots,n+1\}\to\{1,\cdots,m\}} E\left(\bigwedge_{i=1}^{n+1} C^n\varphi_{f(i)}\right)\to E\left(\bigwedge_{i=1}^{m} C^n\varphi_i\right)$$

其中 E 是（使用公式 9 中的之间性定义的）存在模态词，C^n 是 n 次应用的凸性（事实 4），且 f 是从｛1，…，$n+1$｝到｝1，…，m｝的函数。

15.3.7　一阶仿射几何

上面的模态语言在标准翻译之下仍是一阶语言的一个片段。然而相关的一阶语言并不完全是塔尔斯基关于$\mathbb{R}^2$的初等几何，因为还表示区域的一元谓词符号。事实上，我们尚未能解决的一个开放性问题就是这个。公式$\varphi(\beta, P, Q, \cdots)$是有效的，比如说在实平面中，如果它对区域$P$，$Q$，…等任意区域的解释都成立。于是，我们将观察一元二阶逻辑（monadic second-order logic）的一个全称片段：

仿射实平面的完全一元Π_1^1理论是什么？

我们怀疑它是递归可公理化且可判定的——也许可以使用（Doets，1987）的埃伦芬赫特博弈方法。这是塔尔斯基逻辑的仿射部分的扩充。但前面的讨论也确定了一个有意思的片段：

仿射实平面的全称一阶理论是什么？

如同我们对拓扑的讨论那样，区域仿射一阶语言是模态仿射语言通过各种逻辑扩充所能达到的自然极限。从几何学的角度来看，我们可能还希望以这种模态方式对通常语言的“分层”揭露一些有趣的新几何事实。

标准几何学的另一主要特征是点和线的平等地位（equal status of points and lines）。这建议将模态逻辑重整为一个二种类（two-sorted）的语言，用于表述视为独立语义对象的点和线段性质。有几种方式这样做。其一是在（Marx，Venema，1997）精神下的二维（two-dimensional）模态语言，使用各种跨越类型的模态词处理点和点对。另一方法是将两个对象都是为初始对象，然后使用跨越类型的模态词“在一个顶点上”、“在一个中间点上”、“在附近的线段上”等。我们将后者视为最终走下去的最佳方法，因为它具有代之以三元关系来谈论的有用特征，这很难通过易于表示的二元关系来设想（这当然是几何学家处理点和线之习惯的关键优势）。此外，二种类的转向还符合其他的模态趋势，如箭头逻辑（arrow logic）（van Benthem，1996；Venema，1996），其中点之间的迁移本身在点之外也成为语义对象。这给了我们对语义结构和复杂性推理的更多控制。它也将体现出从仿射几何导向射影几何的那种对偶原则。

15.4　度量几何学

在仿射点-线模式之外还有更多的几何结构。塔尔斯基的等距性还刻画了度量（metric）信息。对此可以采用不同的初始概念。塔尔斯基使用了四元等距性——而三元等距性（x、y和z等距）也同样可以做得很好。本节这里选择一个不同的初始概念，以强调度量结构的比较特征。

15.4.1 相对近性的几何学

相对近性是在（van Benthem，1983b）中引入的（图 15-16）：

$N(x, y, z)$，当且仅当，y 比 z 更接近于 x，即 $d(x, y) < d(x, z)$，
其中 $d(x, y)$ 是任意距离函数

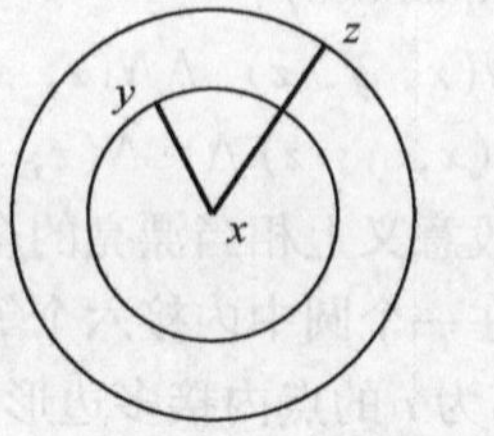

图 15-16 从点 x 来看，点 y 比点 z 更近

这应该是非常一般性的定义。函数 d 可以是一个几何度量，或是可视近性的某个更具认知特征的概念［范本特姆的最初兴趣；还可参考嘎登福斯（Gärdenfors）的"概念空间"］，或者是一个具有度量表现的实用函数。在（Randell et al.，2001）中，兰德尔等出于机器人导航的目的发展了相对近性的理论，与前面提到的区域演算 RCC 有关。

相对近性定义了等距性：

$$Eqd(x,y,z) : \neg N(x,y,z) \wedge \neg N(x,z,y)$$

塔尔斯基的四元等距性也可以用 N 来表达。具体细节推迟到第 15.4.3 节的一阶度量几何学再进行介绍。

仿射之间性也可以由 N 来定义，至少在 $\mathbb{R}^n$ 中是如此（参考第 15.4.2 节）。最后即使是点的恒等性 $x=y$ 也是可以用 N 表达的：

$$x=y，当且仅当，\neg N(x, x, y)$$

在 18 世纪晚期，数学家马斯凯罗尼（Lorenzo Mascheroni）在他的论文《圆规几何》中证明，可以通过圆规和直尺作的图都可以只用圆规而作出。我们可以将马斯凯罗尼的全部构造推广为 N 的一阶逻辑，并因此得到几何学。例子在（Aiello，2002a）中给出。

对此结构进一步的分析可以在与仿射几何学几乎相同的路线中进行。尤其是作为基本限制的源泉，我们对相对近性的全称一阶理论（universal first-order theory）很感兴趣。其完全描述目前仍是一个开放性问题，但这里有一些例子说明其趣味性。首先相对近性引出一个标准的相对排序问题。一旦确定点 x，则二元序

$N(x, y, z)$ 是禁自返的、传递的且近乎连通的：

$\forall x \forall y \forall z \forall u$：$N(x, y, z) \wedge N(x, z, u) \rightarrow N(x, y, u)$　（传递性）

$\forall x \forall y$：$\neg N(x, y, y)$　（禁自返性）

$\forall x \forall y \forall z \forall u$：$N(x, y, z) \rightarrow N(x, y, z) \vee N(x, u, z)$　（近乎连通性）

这些类似于反事实逻辑语义学中的相对顺序原则（Lewis，1973）。然而额外的有效原则却更是真正几何意义上的味道，将距离与不同的立场联系起来。这些是如下的三角不等性（triangle inequalities）：

$$\forall x \forall y \forall z \forall u: N(x, y, z) \wedge N(z, x, y) \rightarrow N(y, x, z)$$

$$\forall x \forall y \forall z \forall u: \neg N(x, y, z) \wedge \neg N(z, x, y) \rightarrow \neg N(y, x, z)$$

这些看起来是相对近性在一般意义上相当漂亮的全称限制。N 的更多全称一阶性质可以反映平面的二维性。在一个圆中内接六个等边三角形，可以看到在半径为 r 的圆上，最大的可以由距离为 r 的点内接多边形具有6个顶点。

这个上界可以在全称一阶形式中加以表达，因为我们可以用 N 来表达等距性。这一形式的其他原则关注点在于圆上的安排：

在圆 C 上，任意点在它 C 上的每个"等距层级"上拥有至多两个点且不同心的圆至多在两点相交。

为了在欧氏几何$\mathbb{R}^2$ 中得到相对近性的完全全称一阶理论，我们不得不保证一个平面嵌入。一般性的公理，包括三角不等性，是否足以公理化所有（all）欧氏空间$\mathbb{R}^n$ 的完全的全称理论？

15.4.2　近性的模态逻辑

相对近性的三元关系本身可进行模态描述，就跟三元之间性类似。我们仅仅概述由此得到的逻辑，如同对于仿射系统也只是粗略地列出要点。N 的直观意义却也为其自身增加了一些新的问题。

15.4.2.1　近性的模态语言

首先，我们设定

$M, x \models \langle N \rangle(\varphi, \psi)$，当且仅当，$\exists y, z$：$M, y \models \psi \wedge M, z \models \varphi \wedge N(x, y, z)$

其全称对偶也有其空间意义：

$M, x \models [N](\varphi, \psi)$，当且仅当，$\forall y, z$：$N(x, y, z) \wedge M, y \models \neg \psi \rightarrow M, z \models \psi$

去掉否定后可以得到如下直观内容的通用版本：

如果在当前点 x 附近的任意点 y 都满足 φ，则所有更远的点 z 都必须满足 ψ。

此外，这些模态算子还存在着显然的多方位（versatile）版本，它们以不同的方式看待同一情形。例如，使用其中任意一个全称版本，我们还可以表达如下的动人命题：

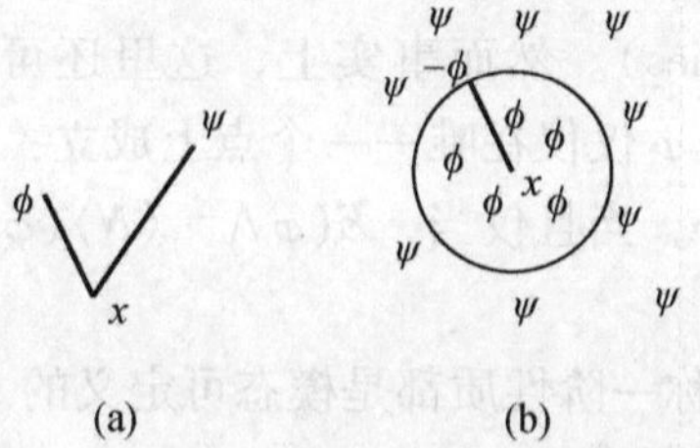

图 15-17 对近性模态算子及其对偶的解释

如果在当前点 x 附近的任意点 y 都满足 φ，则所有靠近 x 的点 z 都必须满足 ψ。

例子参见图 15-18。最后，注意这个语言定义了一个存在模态词［假定一个可行的条件 $\forall y$：$N(x,\ \chi,\ y) \vee x=y$］：

$$E\varphi，当且仅当，\varphi \vee \langle N \rangle\ (\top,\ \varphi)$$

如果没有这个条件，则模态词只能在连通的区域上选择。

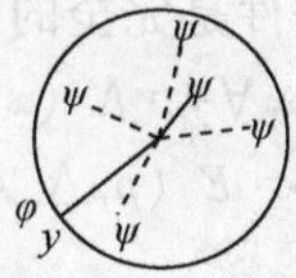

图 15-18 近性模态算子之对偶的多方位解释

15.4.2.2 近性的模态逻辑

近性的模态逻辑仍然从全称有效的原则开始，以分配律作为主要的例子：

$$\langle N \rangle(\varphi \vee \psi,\xi) \leftrightarrow \langle N \rangle(\varphi,\xi) \vee \langle N \rangle(\psi,\xi)$$

$$\langle N \rangle(\varphi,\psi \vee \xi) \leftrightarrow \langle N \rangle(\varphi,\psi) \vee \langle N \rangle(\varphi,\xi)$$

前面提到的全称限制以特殊公理的形式重现。这是一个例子：

$$\langle N \rangle(\varphi,\psi) \wedge \neg \langle N \rangle(\varphi,\varphi) \wedge \neg \langle N \rangle(\psi,\psi) \wedge \langle N \rangle(\psi,\xi) \rightarrow \langle N \rangle(\varphi,\xi) \quad （传递性）$$

在上面的定义中，两个短语$\neg \langle N \rangle\ (\varphi,\ \varphi)$ 和$\neg \langle N \rangle\ (\psi,\ \psi)$ 都必须保证 φ 和 ψ 只能在与当前点固定距离之处为真。去掉这个条件就会导致不有效的原则，因为如果 φ 在与当前点不同距离处为真，则很可能出现 $\langle N \rangle\ (\varphi,\ \psi) \wedge \langle N \rangle\ (\psi,\ \xi) \wedge \neg \langle N \rangle\ (\xi,\ \varphi)$ 的情形。全称限制的另一个例子是近乎连通性：

$$\langle N \rangle(\varphi,\psi) \wedge \neg \langle N \rangle(\varphi,\varphi) \wedge \neg \langle N \rangle(\psi,\psi) \wedge E\xi \rightarrow \langle N \rangle(\varphi,\xi) \vee \langle N \rangle(\xi,\psi)$$

（近乎连通性）

禁自返性似乎比较难以定义（通常在模态逻辑中亦是如此），但可参见下面的内容。

近性的特殊逻辑通过观察特殊的结构，或至少通过引入更多的特殊限制而出现。这些仍然可由对应技术加以计算。以类似的方式，我们可以模态地表达三角不等性（triangle inequalities）。然而事实上，这里还可以得到更一般性的结论。注意我们的语言可以定义 φ 仅仅在唯一一个点上成立：

$$E!\ \varphi\text{，当且仅当，}E(\varphi \wedge \neg \langle N\rangle(\varphi,\varphi))$$

现在注意到如下：

命题2　N 的任意全称一阶性质都是模态可定义的。

证明：任意全称一阶性质都形如

$$\forall x_1 \cdots \forall x_k:\ BC(N(x_i,\ x_j,\ x_k))$$

其中 BC 代表近性原子命题的任意布尔组合。现在选取命题字母 p_1，$\cdots p_k$ 并记

$$E!\ p_1 \wedge \cdots \wedge E!\ p_k \to BC\ (N^{\#}\ (x_i,\ x_j,\ x_k))$$

其中 $N^{\#}(x_i,\ x_j,\ x_k)$ 定义为 $E(p_i \wedge \langle N\rangle\ (p_j,\ p_k))$。显然这对应于一个模态框架。证毕。

该证明中的技术来自于大家熟悉的带名字或差别模态词的、扩充的模态逻辑，这样的逻辑对定义全称框架条件是完全的。这也解释了三角不等性的定义。此外，禁自返性（其一阶定义为 $\forall x \forall y \neg N\ (x,\ y,\ y)$）最终可以通过

$$E!\ p_1 \wedge E!\ p_2 \to \neg E\ (p_1 \wedge \langle N\rangle\ (p_2,\ p_2))$$

来定义。

15.4.2.3　模态扩充

基本语言有用的模态扩充部分类似于仿射情形。不过也还是有其新鲜之处。在对空间模式的描述之中，我们可能常常想说如下的话：

对 x 旁边的每个 φ-点，都存在（there exists）某个更近的 ψ-点。

这在我们当下的语言中无法定义，因为它只使用 EE 和 AA 式的量词组合。将全称量词和存在量词混合使用更像时间“知道”语言。一般地说，我们想要一个新的算子：

$$M,\ x \models \langle N^{\exists\forall}\rangle\ (\varphi,\ \psi)\text{，当且仅当，}$$

$$\forall y\ (M,\ y \models \varphi \to \exists z(N\ (z,\ y,\ x) \wedge M,\ z \models \psi)).$$

三元关系上这个额外模态词的一般逻辑就其分配性和单调性而言稍有些复杂——但它至少可以对所有抽象模型、极小地完全公理化。

事实上，这种全称 - 特称模式让人想起一些很自然地涉及三元框架关系的其他模态逻辑。一个例子就是自从（since）和直到（until）的时间逻辑（temporal logic），它包含了转移到当前时间点附近的某个点，然后谈论两点之间所有点上的事情。上述模态词的一个特称 - 全称变体事实上就是一种空间直到，是说当前点周围一个圆圈上的某个点满足 φ，而该圆圈内部的所有点都满足 ψ。这几乎就

是第 15.2.2.2 节中拓扑直到算子的度量相似物，只不过那个算子是要求整个圆圈边界满足 φ 而要求，同时还要求等距点上的一个全称模态词。

另一个非常有趣的相似在于相对近性的典型模态逻辑，即*条件句逻辑*（conditional logic）。该逻辑主要以与反事实句和缺省推理的联系而闻名（Lewis，1973；Nute，1983；Veltman，1985）。在广义条件句逻辑中，关键性的二元模态词读作

$\varphi \Rightarrow \psi$，当且仅当，所有最接近的 φ-世界都是 ψ-世界。

这满足以“嵌套球面”表述的条件句语义学中常见的刘易斯（Lewis）公理（van Benthem，1983a）：

$$\varphi \Rightarrow \psi \to \varphi \Rightarrow \psi \lor \xi$$
$$\varphi \Rightarrow \psi \land \varphi \Rightarrow \xi \to \varphi \Rightarrow \psi \land \xi$$
$$\varphi \Rightarrow \psi \land \varphi \Rightarrow \xi \to \varphi \land \psi \Rightarrow \xi$$
$$\varphi \Rightarrow \psi \land \xi \Rightarrow \varphi \to \varphi \lor \xi \Rightarrow \psi$$
$$((\varphi \lor \psi) \Rightarrow \varphi) \lor (\neg((\varphi \lor \psi) \Rightarrow \xi)) \lor (\psi \Rightarrow \xi)$$

这里有意思的开放性问题是关于 $N(x, y, z)$ 关系的额外几何内容的模态条件句反馈。刘易斯的完全系统仍然仅仅关注从某个固定优势点进行比较的排序性质。这事实上说明，要求转换优势点的*叠置条件句*（iterated conditionals）事实上并不存在有意义的公理。那么三角不等性的条件句逻辑又包括什么呢?

15.4.3 近性的一阶理论

关于相对近性的完全一阶理论，我们并没有特殊结论可以提供，而只是涵盖前文提到的证明。

事实 5 在一阶逻辑中，相对近性的单一初始概念定义了塔尔斯基初等几何的两个初始概念。

证明：如下定义了之间性（图 15-19）：

$\beta(yxz)$，当且仅当，$\neg\exists x'$：$N(y, x', x) \land N(z, x', x)$

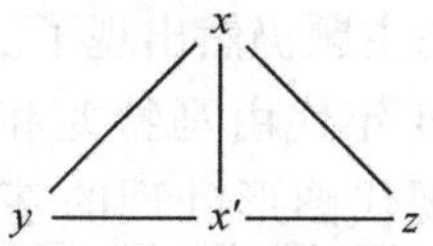

图 15-19 通过近性定义介于性

这使我们可以以通常的方式把平行线段定义为在它们的延伸直线上没有交点。

$xx' \parallel yy' \quad \leftrightarrow \quad \neg\exists c: \beta(xx'c) \land \beta(yy'c) \land$

$$\neg \exists c:\beta(c'xx') \wedge \beta(c'yy') \wedge$$
$$\neg \exists c'':\beta(xc''x') \wedge \beta(yc''y')$$ [①]

然后定义线段等长为

$\delta(x,y,z,u)$，当且仅当，$\exists y': xu \parallel yy' \ \&\ xy \parallel uy' \ \&\ \neg N(u,z,y') \ \&\ \neg N(u,y',z)$

直观上看，我们将一条线段移动到另一条之上，让顶点重合并通过平行线保持线段长度。然后说明其他的顶点与交点保持同样的距离。如图 15-20 所示。我们将高维实数空间的形式系统留给读者来写。证毕。

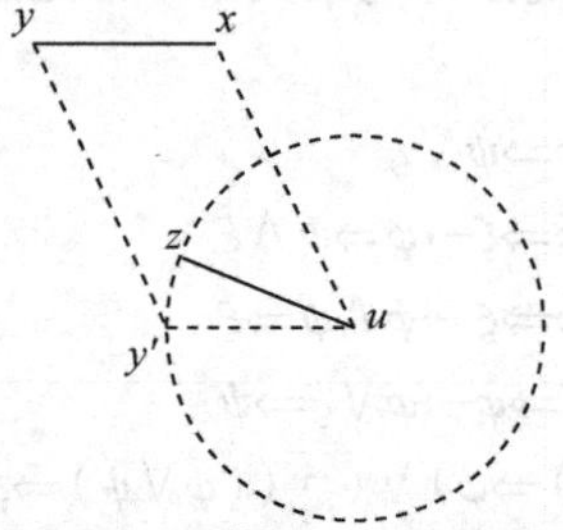

图 15-20　以近性表达的等距性

此外，前文对于仿射一阶几何的讨论多能派上用场。顺便说一下，这里并未声明这种方法本身具有独创性。逻辑几何存在着许多系统具有类似的丰富性。一个适当的例子是（von Plato，1995）中的构造性几何的公理系统。

15.5　线性代数

我们关于空间理论中的模态结构的最后一个例子在理念上不同于拓扑学或标准几何学。线性代数（linear algebra）与空间表示之间的联系通过主流的定性视觉理论，即数学形态学，已广为人知。我们根据（van Benthem，2000）的路线对此进行论述［数学形态学与模态逻辑之间的一个不同的联系可以在（Bloch，2000）中找到，它还包含了模糊（fuzzy）版本］。这种空间推理的风味不同于我们之前所考虑——但相似的模态主题仍然出现了。

数学形态学，是 20 世纪 60 年代由马特龙和塞拉（Matheron，1967；Serra，1982）发展起来的，后来成为现代图形处理的基础。在其中它有着很广泛的应用。与经典信息处理方式相比，它在图形处理中更有效率地加强了对象结构且将对象和背景区分开来。在这背后的现代数学包含了格论（Heijmans，1994）。逻

① 原文中此处有甚多笔误。——译者注

辑学家可能想要考虑“线性代数”（Girard，1987）——向量空间的一个抽象版本。

定义 4（线性代数） $\langle X, \sqcap, \sqcup, \perp, \multimap, *, \check{0}, \check{1}\rangle$ 是一个线性代数，如果

(i) $\langle X, \sqcap, \sqcup, \perp\rangle$ 是带有底 $\perp$ 的格

(ii) $\langle X, *, \check{1}\rangle$ 是带单位元 $\check{1}$ 的半群

(iii) 如果 $x \leqslant x'$，$y \leqslant y'$，则 $x * y \leqslant x' * y'$ 且 $x' \multimap y \leqslant x \multimap y'$

(iv) $x * y \leqslant z$ 当且仅当 $x \leqslant y \multimap z$

(v) 对所有的 x，$x = (x \multimap \check{0}) \multimap \check{0}$

与本文对空间的强调相一致，我们在下文中将紧扣具体的向量空间$\mathbb{R}^n$。“图像”是由向量集组成的区域。数学形态学提供了组合或简化图像的四种基本方式，亦即膨胀（dilation）、腐蚀（erosion）、开运算（opening）和闭运算（closing）。这些在图 15-21 中加以展示。直观上看，膨胀将区域添加到一起，而腐蚀是从区域 A 使用区域 B 作为一种边界平滑物而消除“测量特征”的方法（如果 B 是一个圆，则可以想象它在 A 的边界内部紧紧滚动，仅留下 A 的平滑物内部版本）。更形式化地说，膨胀或闵可夫斯基加法（Minkowski addition）$\oplus$是向量集上的加运算：

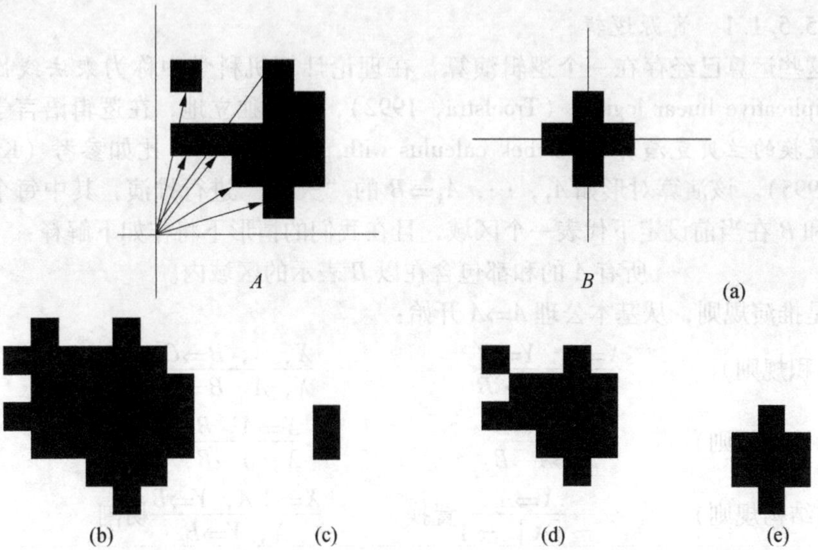

图 15-21 (a) 区域 A 和 B，向量空间$\mathbb{R}^2$ 的元素；(b) 用 B 膨胀 A；(c) 用 B 腐蚀 A；(d) 用 B 封闭 A；(e) 用 B 打开 A

$$A \oplus B = \{a + b \mid a \in A,\ b \in B\} \quad 膨胀$$

这自然伴随着

$$A \ominus B = \{a \mid a + b \in A,\ \forall b \in B\} \quad 腐蚀$$

开运算和闭运算是膨胀和腐蚀的组合：

B 对 A 的结构性打开　$(A \ominus B) \oplus B$

B 对 A 的结构性封闭　$(A \oplus B) \ominus B$

此外，数学形态学也使用区域上的常见布尔运算：交、并和补。这是我们关于不同维度上的实数$\mathbb{R}^n$ 的第三个数学理论：这次着眼于其向量结构。显然，上述运算仅仅是根据计算效用和表达明晰性选取的一个很小的子演算。

15.5.1　数学形态学与线性代数

我们提出的第一处联系甚至低于标准模态语言的层次。闵可夫斯基运算表现得有点像命题逻辑中的算子。膨胀类似于逻辑合取⊕，腐蚀类似于蕴涵 ⟶，这从它们的定义来看是显然的（“复合 A 和 B”和“如果你给我 B，我会给你 A”）。这两个概念通过如下的*残差律*（residuation law）联系起来：

$$A \cdot B \subseteq C，当且仅当 A \subseteq B \to C$$

这对通常的合取和蕴涵也是很典型的定律（另可参考定义 4 中的第 iv 项）。因此，→是⊕的一种逆。

15.5.1.1　*资源逻辑*

这些运算已经存在一个逻辑演算，在理论计算机科学中称为*乘法线性逻辑*（multiplicative linear logic）（Troelstra，1992），与之独立地，在逻辑语言学中成为*带置换的兰贝克演算*（Lambek calculus with permutation），比如参考（Kurtonina，1995）。该演算对形如 $A_1, \cdots, A_k \Rightarrow B$ 的“矢列”进行推演，其中每个表达式 A 和 B 在当前设定下代表一个区域，且在我们的情形下将作如下解释：

所有 A 的和都包含在以 B 表示的区域内。

这里是推演规则，从基本公理 $A \Rightarrow A$ 开始：

（积规则）　$\dfrac{X \Rightarrow A \quad Y \Rightarrow B}{X,\ Y \Rightarrow A \cdot B}$　　$\dfrac{X,\ A,\ B \Rightarrow C}{X,\ A \cdot B \Rightarrow C}$

（箭头规则）　$\dfrac{A,\ X \Rightarrow B}{X \Rightarrow A \to B}$　　$\dfrac{X \Rightarrow A \quad B,\ Y \Rightarrow C}{X,\ A \to B,\ Y \Rightarrow C}$

（结构规则）　$\dfrac{X \Rightarrow A}{\pi\,[X] \Rightarrow A}$置换　　$\dfrac{X \Rightarrow A \ \ A,\ Y \Rightarrow B}{X,\ Y \Rightarrow B}$切割

可推演矢列通常包括：

$A,\ B \to B \Rightarrow B$　　（“函数贴合”）

$A \to B,\ B \to C \Rightarrow A \to C$　　（“函数复合”）

这里是推演的一个例子，仅仅用于展示这个系统的风味：

$$\dfrac{\dfrac{A\Rightarrow A\quad B\Rightarrow B}{A,\ A\rightarrow B\Rightarrow B}\quad C\Rightarrow C}{\dfrac{A,\ A\rightarrow B,\ B\rightarrow C\Rightarrow C}{A\rightarrow B,\ B\rightarrow C\Rightarrow A\rightarrow C}}$$

另一个关键的例子是可以用·规则证明的两个“局部套用”律：

$$(A\cdot B)\rightarrow C\Rightarrow(A\rightarrow(B\rightarrow C))$$

$$(A\rightarrow(B\rightarrow C))\Rightarrow(A\cdot B)\rightarrow C$$

该演算最适合通过资源（resources）来理解。将论述中的每个前提视为只可使用一次以“得到”结论的资源。在标准的推理中，前提形成一个集合：你可以复制同样的项或者收缩其不同的出现而不改变有效性结论。然而这一次，前提形成出现的一个包裹（bag）或多集（multiset）：仅仅将标准逻辑定律中考虑到资源使用的形式作为有效式。例如，“分离规则”A，$A\rightarrow B\Rightarrow B$ 是有效的，但其变体 A，A，$A\rightarrow B\Rightarrow B$ 却不是：左右有一项未加使用的资源。使用 A 资源的一个正确的可证矢列是：

$$A,\ A,\ A\rightarrow B\Rightarrow A\cdot B$$

另外考虑经典有效矢列 A，（$A\rightarrow$（$A\rightarrow B$））$\Rightarrow B$。上面的演算仅仅可以证明 A，（$A\rightarrow$（$A\rightarrow B$））$\Rightarrow A\rightarrow B$，因此必须多提供一项资源 A 以进行推演：

$$A,\ A\ (A\rightarrow\ (A\rightarrow B))\ \Rightarrow B$$

与此演算有关的范畴语法解释将积·读作语言表达式的语法并置，并将蕴涵式 $A\rightarrow B$ 读作将 A-类型表达式转换为 B-类型表达式的函数。基于出现的特性也同样成立：重复同一个单词与只用它一次是不一样的。

该演算 **LL** 的主要组合性质已知，其中包括证明论式的切割消去定理、可推演性的可判定性（decidability）在 NP 时间内。此外，也有一些形式语义学为该演算提供基础［代数语义学、博弈论语义学、范畴论语义学以及可能世界式的语义学（van Benthem，1991a）］。然而，尚未有完全满足这些模型的方法出现。

15.5.1.2　线性逻辑作为数学形态学

本节是当前设定引人入胜之处：数学形态学为线性逻辑提供了一个新的模型。

事实 6　带闵可夫斯基运算的任意空间$\mathbb{R}^n$ 都是所有 **LL** 可证矢列的模型。

这个可靠性定理证明在 **LL** 中可推演的任一矢列都必定是数学形态学的有效原则。我们可以通过上面的例子来理解，此外也可以通过其他的例子，比如形态打开（$A\ominus B$）$\oplus$的幂等性：

$$(((A\ominus B)\oplus B)\ominus B)\oplus B=(A\ominus B)\oplus B$$

在 **LL** 中，打开是 $(A \to B) \cdot B$，幂等律可以通过前面的规则推导出来：

$$(A \to B) \cdot A \Rightarrow (A \to ((A \to B) \cdot A)) \cdot A$$

$$(A \to ((A \to B) \cdot A)) \cdot A \Rightarrow (A \to B) \cdot A$$

该列表甚至可以包含该领域中尚未考虑过的新原则。反过来的问题则似乎是具有独立意义的开放性问题：

乘法线性逻辑是不是关于所有 $\mathbb{R}^n$ 的类完全的？

或者甚至是不是关于二维欧氏空间完全的？

此外，数学形态学的一些定律将纯粹的闵可夫斯基运算 ⊕、→和标准的布尔运算“混合”到一起。例如，它们包含 $A \to (B \cap C)$ 等同于 $(A \cup B) \to C = (A \to C) \cap (B \to C)$。这就要求在 **LL** 中添加布尔运算：

$$\frac{X,\ A \Rightarrow B}{X,\ A \cap C \Rightarrow B} \quad \frac{X,\ A \Rightarrow B}{X,\ C \cap A \Rightarrow B} \quad \frac{X \Rightarrow A \quad X \Rightarrow B}{X \Rightarrow A \cap B}$$

$$\frac{X \Rightarrow A}{X \Rightarrow A \cup B} \quad \frac{X \Rightarrow A}{X \Rightarrow B \cup A} \quad \frac{X,\ A \Rightarrow B \quad X,\ C \Rightarrow B}{X,\ A \cup C \Rightarrow B}$$

注意两个联结词之间的区别。积和交具有某些相似性，但它们的规则不同。例如，$A \to (B \cdot C)$ 并不能推出 $(A \to C) \cdot (A \to C)$，相反方向也不行。反过来，点积满足“局部套用律”，但 $(A \cap B) \to C$ 肯定并非与 $(A \to (B \to C))$ 推演等价。所有这些结论都符合数学形态学中的已知事实。事实上，扩充了的演算仍然是可靠的——但其完全性依然是一个开放性问题。

这些布尔运算看起来跟线性逻辑的加法比较像，但它们都只需要普通的模态逻辑，这就是我们现在要走的路线。

15.5.2　更丰富的语言

显然，向量空间中的区域代数中的基本玩家是向量本身。例如图 15-23(a) 将区域 A 表示为离开原点的 13 个向量的集合。向量伴随着一些很自然的运算，如二元加或一元逆——见证着向量空间的通常定义。这里特殊空间中的向量 v 可被视为点的有序对 $(o,\ e)$，其中 o 是原点且 e 是终点。从图形中看，它就是从 o 到 e 的一个箭头。这就提供了到模态逻辑的一个入口。

15.5.2.1　箭头逻辑

箭头逻辑是模态逻辑的一种形式，其谈论对象是迁移或箭头，通过各种关系加以结构化。特别地，存在着刻画箭头复合（composition）的二元模态词和刻画逆（converse）的一元模态词。其动机来自于动态逻辑，它将迁移本身视为对象，而通过关系代数将点的有序对作为不同的对象。这就提供了比通常的系统更强的表达能力，同时又降低了核心逻辑的复杂性［其概貌参见（Blackburn，2001；

van Benthem, 1996)]。特别考虑有序对–解释，其中箭头作为点的有序对（a_o，a_e）。这里是基本的语义关系：

复合 C（a_o，a_e）（b_o，b_e）（c_o，c_e），当且仅当，$a_o=b_o$，$a_e=c_e$ 且 $b_e=c_o$，

逆 R（a_o，a_e）（b_o，b_e），当且仅当，$a_o=b_e$ 且 $a_e=b_o$，

单位元 I（a_o，a_e），当且仅当，$a_o=a_e$。

抽象模型是以一集箭头作为初始对象，附带上面的三个关系，以及为每个命题字母 p 赋予一集箭头使 p 在其上成立的赋值函数。

定义 5 （箭头模型）箭头模型是一个元组 $M=\langle W, C, R, I, v\rangle$，使得 $C\subseteq W\times W\times W$，$R\subseteq W\times W$，$I\subseteq W$，且 $v: P\to\mathscr{P}(W)$。

这样的模型有各种各样的解释——从语言学的语法到范畴论中的具体模型（Venema，1996）——但其中与我们有关的是与向量空间的明显联系。将 $Cxyz$ 视为 $x=y+z$，Rxy 视为 $x=-y$ 且 Ix 视为 $x=0$。说得更清楚一些，我们使用一个带命题字母、单位元 0，一元算子¬、−和二元算子⊕的模态箭头语言。真值定义可如下表达：

$M, x\models p$ 当且仅当 $x\in v(p)$

$M, x\models 0$ 当且仅当 Ix

$M, x\models -\varphi$ 当且仅当 $\exists y$: Rxy & $M, y\models\varphi$

$M, x\models\neg\varphi$ 当且仅当 并非 $M, x\models\varphi$

$M, x\models\varphi\vee\psi$ 当且仅当 $M, x\models\varphi$ 或 $M, x\models\Psi$

$M, x\models A\oplus B$ 当且仅当 $\exists y\exists z$: $Cxyz$ & $M, y\models A$ & $M, z\models B$

$M, x\models A\ominus B$ 当且仅当 $\forall y\forall z$: $Cyxz$ & $M, z\models A\Rightarrow M, y\models B$

该系统可以像模态逻辑那样加以研究。关于该领域中的基本结论，可以参考前面提到的文献。

15.5.2.2 箭头逻辑作为线性代数

大多数模态主题在线性代数或数学形态学中直接具有意义。例如前文中的模型很自然地引出一个互模拟概念。

定义 6（箭头互模拟） 令 M 和 M' 表示两个箭头模型。关系 $\rightleftharpoons\subseteq W\times W'$ 是一个箭头互模拟（arrow bisimulation），当且仅当，对所有 x 和 x' 使得 $x\rightleftharpoons x'$：

基础 $x\in v(p)$，当且仅当，$x'\in v'(p)$，

C-向前 $Cxyz$，仅当存在 $y'z'\in W'$ 使得 $C'x'y'z'$、$y\rightleftharpoons y'$ 且 $z\rightleftharpoons z'$，

C-向后 $C'x'y'z'$，仅当存在 $yz\in W$ 使得 $Cxyz$、$y\rightleftharpoons y'$ 且 $z\rightleftharpoons z'$，

R-向前 Rxy，仅当存在 $y'\in W'$ 使得 $R'x'y'$ 且 $y\rightleftharpoons y'$，

R-向后 $R'x'y'$，仅当存在 $y\in W$ 使得 Rxy 且 $y\rightleftharpoons y'$，

I-和谐 Ix，当且仅当，$I'x'$。

箭头互模拟是向量空间比通常的线性变形更粗化的比较方式。它在上述模态箭头语言中保持所有的模态断言，并因此提供了线性代数中的一个更低级的可视化分析，这个与前文中对拓扑或几何的发现相类似。

接下来，有效推理的逻辑也就可以立刻进行转换。下面给出一个基本的箭头逻辑系统：

$$(\varphi \vee \psi) \oplus \xi \leftrightarrow (\varphi \oplus \xi) \vee (\psi \oplus \xi) \tag{13}$$

$$\varphi \oplus (\psi \vee r) \leftrightarrow (\varphi \oplus \psi) \vee (\varphi \oplus \xi) \tag{14}$$

$$-(\varphi \vee \psi) \leftrightarrow (-\varphi \wedge -\psi) \tag{15}$$

$$\varphi \wedge (\psi \oplus \xi) \rightarrow \psi \oplus (\xi \wedge (-\psi \oplus \varphi)) \tag{16}$$

这些原则呈现或蕴涵了很显然的向量定律。这里是（15）和（16）的一些推论：

$$-(\neg A) \leftrightarrow \neg(-A)$$

$$-(A+B) \leftrightarrow -B + -A$$

$$A + \neg(-A + \neg B) \rightarrow B$$

最后的那个“三角不等性”是伪装了的、前面提到的分离规则。在此之上，特殊的箭头逻辑还可公理化若干额外框架条件。尤其是向量空间解释使复合满足交换律（commutative）和结合律（associative），从而得到如下公理：

$$A \oplus B \leftrightarrow B \oplus A \qquad \text{（交换律）}$$

$$A \oplus (B \oplus C) \leftrightarrow (A \oplus B) \oplus C \qquad \text{（结合律）}$$

这些额外的原则使演算以某种方式比基本箭头逻辑更为简单。关于复合的关键事实是向量律：

$$a = b + c\text{，当且仅当，}c = a - b$$

它可以推出三角不等性。此外还有表达能力的提升。例如，模态语言自动变成前文意义上的“多方位”语言。

这样给出的向量代数箭头逻辑的可靠性同样是清楚的，我们可以自由地推出向量代数旧的和新的定律。不过关于箭头逻辑和数学形态学主要的开放性问题是：

箭头逻辑在标准的向量空间$\mathbb{R}^n$上的完全公理系统是什么？

特别地，是否存在维度上差别出现在这些空间上的不同箭头原则之中？

继续前面的话题，对箭头的基本模态语言的*扩充*（extending）还是有意义的。例如，在一般的箭头逻辑中可能存在许多恒等箭头，而在向量空间中仅仅存在唯一的单位元0。要表达这种唯一性，我们需要使用某种形式的模态*差别逻辑*（difference logic）（参考第15.2.2节）。此外，在数学形态学中，我们可以找到表达并非普遍有效而是仅当将某些变元解释为单个向量时才有效的定律方法。一个例子是：

$$(X)_t - Y = (X - Y)_t \qquad \text{(MM-形式)}$$

$$B \to (A + t) \Leftrightarrow (B \to A) + t \qquad \text{(LL-形式)}$$

从右往左看，这是 **LL** 可推演的，因为有一般定律 $(S\to X)\cdot Y \Rightarrow S\to(X\cdot Y)$。它的逆并不是 **LL** 可推演的，而是仅当 Y 是单点集 $\{t\}$ 时方才可以。在后面的这种情形下，有特殊原则 $S\Leftrightarrow(S+\{t\}-\{t\})$，它需要我们"添加"到一个在其他情形下已很好的 *LL* 推演中以获得想要的结果。这个手段与扩充的模态逻辑中的所谓名字（nominals）恰好是同一个东西，参考（Areces，2000），它是一种特殊的仅仅指称单个点的命题字母。另一个很自然的语言扩充包括加法模态词⊕的无穷版本，允许表达线性子空间（linear subspaces）的闭集。

于是，这两个领域就有关联了，而且不仅仅是一般结构中的关联，而且在方法上（包括提升表达能力的技巧上）具有关联。当然，我们希望箭头逻辑的算术（algorithmic）内容也在这一关联——包括其"压制复杂性"的哲学——下具有意义。这带给我们最后一个话题：

15.5.2.3　对复杂性的忧虑

可判定性和复杂性问题很大程度上在本文中被忽略。但"模态程序"的一个部分是适度表达能力与低复杂性之间针对各种任务——模型检测、模型收缩和逻辑推理——的平衡。特别地，箭头逻辑最初是设计用以制造从标准关系代数不可判定性到可判定性的惊人跳跃的。那么数学形态学中箭头逻辑的情况怎样？即使标准模型的逻辑似乎是能行可公理化的，亦即递归可枚举的，不可判定性（undecidability）依然潜伏着！一个不好的征兆是结合律的有效性问题，这是箭头哲学中的一个危险标志（van Benthem，1996）。更准确地说，（Aiello，2002a）说明如何能行地将不可判定的*铺砌问题*（tiling problem）（Harel，1983）编码到二维欧氏平面的完全的箭头逻辑中。这说明我们可能已经在表达向量真这件事上超出了限度。于是，平衡性依然是需要继续关注的问题。

15.6　结　语

不管从何种角度来看，我们跨越空间的漫步都显示出了模态结构。拓扑、仿射和度量几何、线性代数很自然的微细结构化的模态版本都是存在的。这些可以使用一般的模态技术进行研究——尽管其兴趣点多数都着落在对特殊空间性质的关注之上。这样做的益处可能在于为空间理论中表达和计算的微细结构带去统一性和更好的敏感度。但也需要明白，在这方新的水土中，我们仅仅在无知的海洋里为知识的几座小岛绘制了海图。即使并未给出关于表达能力、复杂性和完全公理化的开放性问题的长长列表，通过阅读本文也将可以明白这里蕴藏着难以估量的逻辑工作！

致谢　我们感谢为本文提供详尽评论以提高文章质量的匿名评阅人。

参 考 文 献

Aiello M，van Benthem J，Bezhanishvili G. 2003. Reasoning about Space：The Modal Way. Journal of Logic and Computation，13：889 ~ 920

Aiello M. 2002a. Spatial Reasoning：Theory and Practice. PhD dissertation. University of Amsterdam，DS-2002-02

Aiello M. 2002b. A Spatial Similarity based on Games：Theory and Practice. Journal of the Interest Group in Pure and Applied Logic，10（1）：1 ~ 22

Aiello M，van Benthem J. 2002. Logical Patterns in Space. In：Barker-Plummer D，Beaver D，van Benthem J，Scotto di Luzio P eds. Words，Proofs，and Diagrams. Stanford：CSLI

Allen J. 1983. Maintaining Knowledge about Temporal Intervals. Communications of the ACM，26：832 ~ 843

Allen J，Hayes P. 1985. A Common Sense Theory of Time. In：Joshi A ed. International Joint Conference on Artificial Intelligence（IJCAI85）. Morgan Kaufmann. 528 ~ 531

Areces C. 2000. Logic Engineering：The Case of Description and Hybrid Logics. PhD dissertation，University of Amsterdam

Asher N，Vieu L. 1995. Toward a Geometry of Common Sense：A Semantics and a Complete Axiomatization of Mereotopology. In：International Joint Conference on Artificial Itelligence（IJCAI95）. 846 ~ 852

Balbiani P，Fariñas del Cerro L，Tinchev T，Vakarelov D. 1997. Modal Logics for Incidence Geometries. Journal of Logic and Computation，7：59 ~ 78

Balbiani P. 1998. The Modal Multilogic of Geometry. Journal of Applied Non-Classical Logics，8：259 ~ 281

van Benthem J. Logical Structures in Mathematical Morphology. Available at http：//www. science. uva. nl/ ~ johan/MM-LL. ps

van Benthem J. 1983a. Correspondence Theory. In：Gabbay D，Guenthner F eds. Handbook of Philosophical Logic，Vol II. Dordrecht：Reidel. 167 ~ 247

van Benthem J. 1983b. The Logic of Time. Vol. 156 of Synthese Library. Dordrecht：Reidel [Revised and expanded，Kluwer，1991]

van Benthem J，Doets K. 1983. Higher-Order Logic. In：Gabbay D，Guenthner F eds. Handbook of Philosophical Logic，Vol 1. Dordrecht：Reidel. 275 ~ 329

van Benthem J. 1991a. Language in Action. Categories，Lambdas and Dynamic Logic. Amsterdam：North-Holland

van Benthem J. 1991b. Logic and the flow of information. In：Prawitz D，Skyrms B，Westertal D eds. Proceedings of the 9th International Conference of Logic，Methodology and Philosophy of Science. Amsterdam: Elsevier. 693 ~ 724

Bennett B. 1995. Modal Logics for Qualitative Spatial Reasoning. Bulletin of the IGPL, 3: 1 ~ 22

Blackburn P, de Rijke M, Venema Y. 2001. Modal Logic. Cambridge University Press

Bloch I. 2000. Using Mathematical Morphology Operators as Modal Operators for Spatial Reasoning. ECAI 2000, Workshop on Spatio-Temporal Reasoning, 73 ~ 79

Blumenthal L. 1961. A Modern View of Geometry. Dover

Burgess J. 1984. Basic Tense Logic. In: Gabbay D & Guenthner F eds. Handbook of Philosophical Logic. Vol II. Dordrecht: Reidel. 89 ~ 133

Casati R, Varzi A. 1999. Parts and Places. MIT Press

Clarke B. 1981. A Calculus of Individuals Based on "Connection". Notre Dame Journal of Formal Logic, 23 (3): 204 ~ 218

Dabrowski A, Moss A, Parikh R. 1996. Topological Reasoning and the Logic of Knowledge. Annals of Pure and Applied Logic, 78: 73 ~ 110

Doets K. 1987. Completeness and Definability. Applications of the Ehrenfeucht Game in Second-Order and Intensional Logic. PhD dissertation. ILLC, University of Amsterdam

Gabbay D, Hodkinson I, Reynolds M. 1994. Temporal Logic: Mathematical Foundations and Computational Aspects. Vol 1. Oxford University Press

Gärdenfors P. 2000. Conceptual Spaces. MIT Press

Georgatos K. 1993. Modal Logics for Topological Spaces. PhD dissertation, City University of New York

Girard J Y. 1987. Linear logic. Theoretical Computer Science, 50: 1 ~ 102

Goldblatt R. 1987. Orthogonality and Spacetime Geometry. Springer-Verlag

Goranko V, Passy S. 1992. Using the Universal Modality: Gains and Questions. Journal of Logic and Computation, 2: 5 ~ 30

Hammer E. 1995. Logic and Visual Information. Stanford: CSLI and FoLLi

Harel D. 1983. Recurring Dominoes: Making the Highly Undecidable Highly Understandable. Conference on Foundations of Computer Science, LNCS 158, Springer. 177 ~ 194

Heijmans H J A M. 1994. Morphological Image Operators. Boston: Academic Press

Helly E. 1923. Über Mengen Konvexer K orper mit Gemeinschaftlichen Punkten. Jahresber. Deutsch. Math. -Verein. 32: 175 ~ 176

Kamp J. 1968. Tense Logic and the Theory of Linear Order. PhD dissertation, University of California, Los Angeles

Kerdiles G. 2001. Saying It with Pictures: a Logical Landscape of Coneptual Graphs. PhD dissertation, University of Amsterdam

Kurtonina N. 1995. Frames and Labels. A Modal Analysis of Categorial Inference. PhD dissertation, ILLC, Amsterdam

Kurtonina N, de Rijke M. 1997. Bisimulations for Temporal Logic, Journal of Logic, Language and Information, 6: 403 ~ 425

Lesniewski S. 1983. The Foundation of Mathematics. Topoi, 2: 7 ~ 52 [Translation of the paper of 1931]

Lewis D. 1973. Counterfactuals. Harvard University Press

Marx M, Venema Y. 1997. Multi Dimensional Modal Logic. Kluwer

Matheron G. 1967. Eléments pur une theorie des milieux poreaux. Masson

Mckinsey J, Tarski A. 1944. The Algebra of Topology. Annals of Mathematics, 45: 141 ~ 191

Mints G. 1998. A Completeness Proof for Propositional S4 in Cantor Space. In: Orlowska ed. Logic at work : Essays Dedicated to the Memory of Helena Rasiowa. Heidelberg: Physica-Verlag

Nute D. 1983. Conditional Logic. In: Gabbay D, Guenthner F eds. Handbook of Philosophical Logic. Vol IV. Reidel Publishing Company. 387 ~ 439

von Plato J. 1995. The Axioms of Constructive Geometry. Annals of Pure and Applied Logic, 76 (2): 169 ~ 200

Preparata F, Shamos M. 1985. Computational Geometry: An Introduction. Springer-Verlag

Randell D, Cui Z, Cohn A G. 1992. A Spatial Logic Based on Regions and Connection. In: Proc. of Int. Conf. on Principles of Knowledge Representation and Reasoning (KR'92). San Mateo, 165 ~ 176

Randell D, Witkowski M, Shanahan M. 2001. From Images to Bodies: Modelling and Exploiting Occlusion and Motion Parallax. Proc. of Int. Joint Conference on Artificial Intelligence (IJCAI-01)

RasiowA H, Sikorski R. 1963. The Mathematics of Metamatematics. Panstwowe Wydawnictwo naukowe

de Rijke M. 1993. Extended Modal Logic. PhD dissertation. ILLC, University of Amsterdam

Segerberg K. 1970. Modal Logics with Linear Alternative Relations. Theoria, 36: 301 ~ 322

Serra J. 1982. Image Analysis and Mathematical Morphology. Academic Press

Shehtman V. 1999. Everywhere and Here. Journal of Applied Non-Classical Logics, 9 (2 ~ 3): 369 ~ 379

Stebletsova V. 2000. Algebras, Relations and Geometries. PhD dissertation, University of Utrecht

Szczerba L, Tarski A. 1965. Metamathematical properties of some Affine Geometries. In: Bar-Hillel Y ed. Int. Congress for Logic, Methodology, and Philosophy of Science. North-Holland, 166 ~ 178

Tarski A. 1938. Der Aussagenkalkül und die Topologie. Fund. Math. 31: 103 ~ 134

Tarski A. 1959. What is Elementary Geometry? In: Henkin L, Suppes P & Tarski A ed. The Axiomatic Method, with Special Reference to Geometry ad Physics. Amsterdam: North-Holland. 16 ~ 29

Troelstra A. S. 1992. Lectures on Linear Logic. Stanford: CSLI Pulications

van Benthem J. 1996. Exploring Logical Dynamics. Stanford: CSLI Publications & Cambridge University Press

van Benthem J, Bezhanishvili G, Gehrke M. 2002. Euclidean Hierarchy in Modal Logic. PP-2002-07, 2002, University of Amsterdam [Later in Proceedings of Studia Logica. 2003, 327 ~ 344]

Veltman F. 1985. Logics for Conditionals. PhD dissertation, University of Amsterdam

Venema Y. 1992. Many-Dimensional Modal Logic. PhD dissertation. ILLC, University of Amsterdam

Venema Y. 1996. A Crash Course in Arrow Logic. In: Marx M, Masuch M, Pólos L eds. Arrow Logic and Multimodal Logic. Stanford: CSLI Pulications

Venema Y. 1999. Points, Lines and Diamonds: a Two-Sorted Modal Logic for Projective Planes. Journal of Logic and Computation, 9 (5): 601 ~ 621

Whitehead A. 1929. Process and Reality. New York: The MacMillan Company

16 空间模态逻辑*

王　轶/译　刘新文/校

16.1 模态逻辑与空间结构

16.1.1 模态逻辑何以处理空间?

姑且不管数学基础与公理几何学发展之间的历史渊源，有意义的空间结构的有实质内容的逻辑却是很罕见的。最广为人知的两个例子大概都归功于塔尔斯基。其一是他在迄今仍令人惊异的、初等欧氏几何的一阶理论方面的工作，其中包括该理论可判定性的出人意料证明，以及由此得到的实闭域抽象理论。这是希尔伯特《几何基础》的元数学终章，本身便是欧几里得《几何原本》的完结。这一脉络由本手册中数章（第2章[①]和第7章）加以涵盖，在本章中则仅仅是顺带提及。就我们这里的目的而言，奠基事件是塔尔斯基关于模态逻辑的拓扑解释。这突出表现在他与麦金西共同完成的证明：简单可判定性模态逻辑 **S4** 将模态词◇解释为实数上或类似度量空间上的拓扑闭包是完全的。在下文中，我们主要致力于后者——空间逻辑中的模态方向，这在本手册其他几个章节（第3、7、10章）中也会加以阐述。

似乎可以说在此模态路线上多数是零散的结果，尽管这可能使人产生不当联想。为了快速讲清楚此路线中的若干不同方向，我们回忆一下（Segerberg，1973）的二维模态逻辑、（Shehtman，1983）关于物理结构的逻辑［这是德拉加

---

* Johan van Benthem, Guram Bezhanishvili. 2007. In: Aiello M et al. eds. Handbook of Spatial Logics. Dordrecht: Springer. 217 ~ 298

① 本篇中引用的"第2章"、"第7章"等皆指《空间逻辑手册》（Aiello M, Pratt-Hartmann I & van Benthem J eds. Handbook of Spatial Logics, 2007 Springer）中的相应章节。——译者注

林（Dragalin）关于物理空间中的几何结构的模态逻辑研究项目的一部分]、（Goldblatt，1980）关于闵可夫斯基时空的逻辑、（Chellas，1980）的邻域语义学（最初由蒙塔古和斯科特在19世纪60年代提出）、（van Benthem，1983b）的附录中关于相对接近性的演算、“格鲁吉亚（Georgian）学派”关于拓扑模态逻辑的研究［（Esakia，2004）对此进行了大致介绍］、（Bennett，1995）的“区域演算”、（Venema，1999）关于二维平面中的“圆规逻辑”，以及（Stebletsova，2000）与（Stebletsova，Venema，2001）中关于射影几何的模态逻辑。到目前为止，这些因素从未形成“空间逻辑”的一个连续传统，尽管偶而有一些尝试出现（Anger et al.，1996）。与此相对的是，时间逻辑作为一个兴盛的研究方案已有多年［参考（van Benthem，1995）或（Hodkinson，Reynolds，2006）］。大到本手册，小到本章的目标之一就是填补这一空白。

我们的出发点是模态逻辑的拓扑解释（Tarski，1938；McKinsey，Tarski 1944），并将以现代真值条件形式加以叙述。基本语言 $\mathcal{L}$ 有一个命题变元的可数集合 P，布尔连接词¬、∨、∧、→，以及模态算子□、◇。拓扑模型（topological model）是拓扑空间 $\langle X, \tau\rangle$ 带上一个赋值函数 ν：$P \to \wp[X]$。

定义1（基本的拓扑语义学）模态公式在拓扑模型 $M=\langle X, \tau, \nu\rangle$ 中的点 x 上的真可以归纳定义如下：

$M, x \models p$　当且仅当　对任意 $p \in P$，$x \in \nu(p)$

$M, x \models \neg\varphi$　当且仅当　并非 $M, x \models \varphi$

$M, x \models \varphi \wedge \psi$　当且仅当　$M, x \models \varphi$ 且 $M, x \models \psi$

$M, x \models \Box\varphi$　当且仅当　$\exists U \in \tau\ (x \in U \ \&\ \forall y \in U: M, y \models \varphi)$

$M, x \models \Diamond\varphi$　当且仅当　$\forall U \in \tau\ (x \in U \Rightarrow \exists y \in U: M, y \models \varphi)$

与通常一样，我们采用一些符号约定，比如将 $\varphi \vee \psi$ 定义为 $\neg(\neg\varphi \wedge \neg\psi)$、将 $\Diamond\varphi$ 定义为 $\neg\Box\neg\varphi$。我们将会这么做以图便利。

上述常见的符号化真值定义拥有一个直接的空间解释。给定任意具体的模型，该语言的任一公式表示该模型所模拟的拓扑空间的某个区域。例如，取实平面 $\mathbb{R}^2$ 及其上的标准拓扑。考虑将命题字母 p 映射到某个形如汤匙的区域如图16-1（a）所示的赋值函数。于是，公式 $\neg p$ 表示没有被汤匙占据的区域（亦即背景）；公式 $\Box p$ 表示汤匙区域 p 的内部；如图16-1所示。

因此，简单的模态语言可以用一种明晰而动人的方式定义空间中的区域，并让我们能够检查关于它们的断言。此外，这种模态记法还可以用于进行空间推理。例如，有效公理 $\Box(p \wedge q) \leftrightarrow (\Box p \wedge \Box q)$ 是说描述一个区域的两种方式——作为两个集合的交的内部或作为其内部的交——总是谈论相同的东西。因此，模态逻辑也是基本空间操作的小型推理引擎。

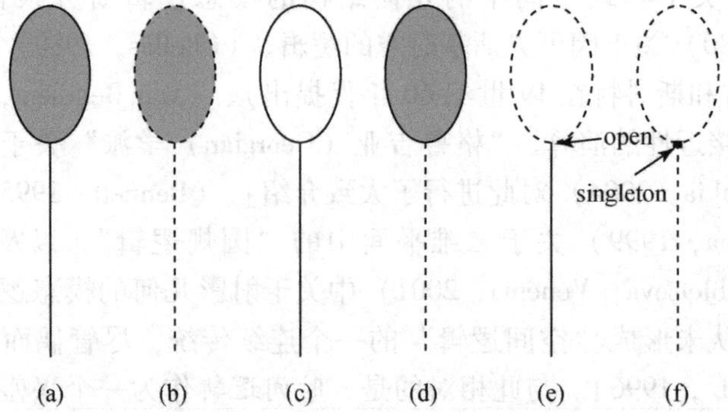

图 16-1　任一模态公式确定拓扑空间中的一个区域

（a）汤匙：p。（b）汤匙的容器部分：$\Box p$。（c）汤匙的边界：$\Diamond p \wedge \Diamond \neg p$。（d）容器部分加上边界：$\Diamond\Box p$。（e）汤匙的柄部：$p \wedge \neg \Diamond\Box p$；此情形下柄部不包含其与容器部分的连接点。（f）汤匙柄部与容器部分的连接点：$\Diamond\Box p \wedge \Diamond(p \wedge \neg \Diamond\Box p)$——拓扑空间中的单点（singleton）

我们将在后文考虑刻画空间结构的其他模态语言和逻辑。在此仅仅指出前面的例子包含处理模态逻辑和空间之关系的两个不同视角。一些模态逻辑学家将拓扑模型视为现有模态语言提供新语义学（new semantics）的一种方法——主要出于逻辑的内在目的。将拓扑结构视为信息（information）的模型可以稍增灵感，并且更加贴近主要的逻辑关切点。对这样理解的空间感兴趣的人不会担心模态语言语义学。她会对空间结构本身更感兴趣，而空间逻辑（spatial logics）的好坏取决于何种程度上它们能分析旧的结构、发现新的结构，以及何种程度上能用于对那些结构进行推理。这两种视角我们都将加以呈现：其数学基本保持不变，但讨论的问题有时稍有不同。

在本导引性的第一节余下的部分我们将讨论一些更具体的问题，将本章主题先过一遍。在 16.1.7 节我们将介绍本章其余部分的内容。

16.1.2　模态逻辑的关系语义学

模态逻辑的标准模型是著名的二元关系图，其中必然性被解释为所有可通达世界中的真，而可能性解释为至少一个可通达世界中的真：

$$M, s \models \Box\varphi, \quad \text{当且仅当}, \quad \forall t(sRt \Rightarrow M, t \models \varphi)$$

$$M, s \models \Diamond\varphi, \quad \text{当且仅当}, \quad \exists t(sRt \ \& \ M, t \models \varphi)$$

我们预设读者对这种风格的模态逻辑有基本的了解。现代理念中的模态逻辑导引可以参考（Blackburn et al.，2001）和（van Benthem，Blackburn，2006）。下面会特别介绍一些核心问题。

基本模态语言在任意关系模型类上表达能力的很自然测度是所有公式在模型 *M*，*w* 和 *N*，*v* 间的*互模拟不变性*。就语言而言，它提供了结构等价的正确测度。这种不变性分析可加以微调从而变成模型间的埃伦芬赫特－弗雷斯－型模型比较博弈（Doets，1996），其中*复制者*（duplicator player）拥有 *k*－回合博弈上的一个制胜策略，当且仅当两个模型 *M*，*w* 和 *N*，*v* 满足模态度不超过 *k* 的相同的模态公式。至于公理系统，所有标准模型的类刚好满足*极小模态逻辑*（minimal modal logic）**K**，其最值得注意的原则是前面提到的模态词□对合取的分配性。但推演能力还可以在特殊模型类中进行。例如，具有公理$\Box p \to p$ 和$\Box p \to \Box\Box p$ 的模态逻辑 **S4** 对所有自返且传递框架的类是完全的，除此以外还有一系列很自然的更强逻辑。在图形中的可通达关系上的这些很自然的条件与某些形式的模态公理之间的*对应*（correspondences）本身就可以作为语义可定义性问题而加以研究。甚至还存在对模态公理的框架内容进行自动分析的有力方法。然而在基本语言的推演能力和对应分析之外，还存在着表达能力问题：关于相同结构类说更多话的能力。许多使用中的模态语言通过添加诸如“全称模态词”（“在所有世界中为真”）算子或“直到”、“自从”这样的时间算子对前文提到的基本的命题形式系统加以*扩充*（extend）。

最后，作为一个启发式的小结，模态语言的设计具有心灵中的某种*平衡*（balance）。例如，如一阶逻辑的语言一般，基本模态语言允许对对象进行量化。但这个量化仅仅是“局部的”和“受约束的”——根据当前世界的可通达关系。然而以这样的方式放弃掉一些一阶表达能力，亦能有所回报：有效性和可满足性在基本模态语言中是*可判定的*（decidable）（事实上是 PSPACE-完全的）。此外，着眼于逻辑演算的其他主要任务，值得注意的是：对于完全的一阶语言来说，有穷模型的*模型检测*（model checking）问题是 PSPACE-完全的，而对于模态语言来说却只需要多项式时间。类似地，判定两个有穷模型是否存在互模拟可以在多项式时间内完成，而完整的一阶语言中与此对应的问题是所谓的图同构问题：已知其属于 *NP*。更一般地，扩充的模态语言试图增加在相关结构上的表达能力，同时又避开复杂性难题。将这种折中提升到更高层次的一个广为人知的例子是一阶逻辑的“安保片段”（Andréka et al.，1998）或是在基本模态语言中添加非一阶最小和最大不动点算子而得到的非一阶模态“μ-演算”（Harel et al.，2000）。

即使模态逻辑的这些特征并未发展为具体的空间推理，它们也常常适用于考虑空间。首先，二元关系模型本身是模态语义学的一种几何形式。当然，它们看起来像抽象图表而非欧氏空间的区域，但几何直观仍然对理解它如何运作起到作用。事实上，这种模型可以表达很有意义的空间结构。一个例子就是从 20 世纪 80 年代早期开始的谢特曼（Shehtman，1983）和戈德布拉特（Goldblatt，1980）

的研究工作（还可参考第11章）。有趣的是，在相对性时空中，关键性的初始概念并不是经典几何学的三元“之间性”，而是向前因果可通达性（forward causal accessibility）的二元关系 Cxy：从点 x 走向其未来光锥面之内部的、因果信号可到达的所有的点 y［图16-2(a)］。

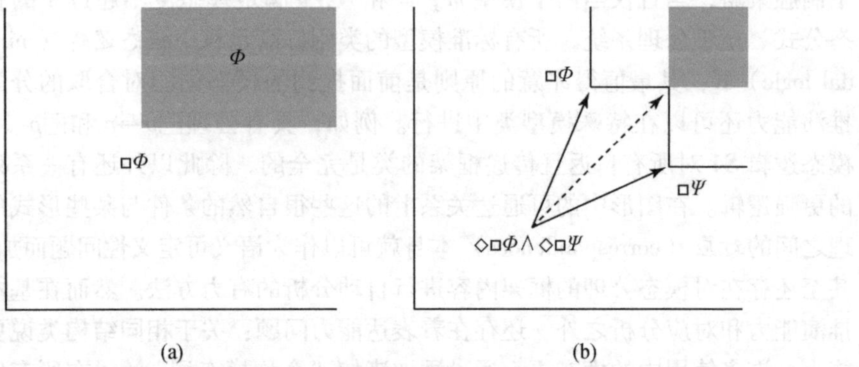

图16-2 闵可夫斯基时空中的向前模态词和**S4.2**收敛性公理的有效性

谢特曼和戈德布拉特分别独立证明了向前因果可通达性的完全模态逻辑等价于由**S4**扩充以所谓的“收敛性公理” $\Diamond\Box p\rightarrow\Box\Diamond p$ 而得到的模态逻辑**S4.2**。该公理在图16-2(b)中加以例示。它表达了这样一个相对论事实：从当前点所看到的任意两个不同的具有因果关系的未来，即使并非与它们自身具有因果关系，仍然可以潜在地形成一个共同未来的历史。我们再一次看到模态公式如何表达关于空间（时空）有意义的事实。

关于关系语义学综述中的所有技术问题都具有空间意义。表达能力的互模拟不变性分析非常类似于考虑几何变形（transformations）和不变量（invariants）（van Benthem，2002），这可以追溯到19世纪的几何基础。模态逻辑还可以表达特殊形式的空间推理，如同我们刚刚看到的那样。最优语言设计问题已然出现。比如，前面提到的基本模态语言的拓扑语义学仍然是“局部的”，这并非在二元可通达关系的意义上，而是在于其局限于当前点的开邻域中是否为真。然而许多自然的拓扑概念并不具备这种局部特性。例如，称一个空间是连通的（connected），如果它不能被分割成两个非空的既开又闭集。拓扑空间的这个全局性质无法在基本的模态语言中表达。但如果添加全称模态词以后就可以。最后，总而言之，“平衡”问题仍在那里。模态系统在传统上尝试发现有意义的空间结构，并提供低复杂性的（可判定的）演算用于推理。

16.1.3 背景：模态逻辑的众多语义学

在某种意义上，模态逻辑的空间解释挑战着已存在的秩序。目前居统治地位的关系语义学实际上是20世纪50/60年代的产物。历史上其先辈包括代数语义学（algebraic semantics），它以带算子的布尔代数形式被广泛用于各类技术文献。（Venema，2007）对其技术现状进行了综述。模态词的另一个更早语义学是哥德尔的可证性解释：（Artemov，2007）中讲述了许多新公开的历史细节。这篇文章也是模态逻辑数学应用的一个极好宽泛素材，并包含了一个粗略但有用的对于空间的叙述。

显然我们的拓扑语义学是源自20世纪30年代的另一个挑战者。这种建模方法对直觉主义逻辑（intuitionistic logic）的语言来说特别生动且有吸引力，其中开集可被视为涉及某个基础点的信息状态——这一解释在拓扑语义学（参见第8章）中可以提供更多的启发。拓扑的信息解释不是本章的主要关注点，但我们确实会在第16.3.4节大致介绍认知逻辑（epistemic logic）的拓扑语义学，因为它提出了一些在标准的二元关系建模中无法察觉的、有趣的新问题。

同样值得注意的是拓扑语义学很容易推广为模态逻辑所谓的邻域模型（neighborhood models）。这里我们仅仅假定某个二元关系 RxY 连接世界 x 和一集世界 Y（不一定是开环境），关于真的定义同上：

$\Box\varphi$ 在世界 x 上为真，当且仅当，存在集合 Y 满足 RxY，使得其任意元素 y 满足公式 φ。

邻域模型可用于表达并行计算的输出关系（Peleg，1987），逻辑编程中的“支持”或“依赖”关系（van Benthem，1992），博弈中从某个当前结点开始、强制一个博弈停止与某些特定输出集的“能力”关系（Pauly，2001）等。邻域语义学是拓扑语义学有趣的旋律配合，因为它展示了这条路线接下来会发生什么。极小模态逻辑在这里失掉了分配率，仅仅保留两个模态词的向上单调性（upward monotonicity）。不过仍然存在一个广义的互模拟概念，其拓扑版本将会在16.1.4节引入。最后，就平衡性而言，邻域语义学中可满足性的复杂性从PSPACE-完全降到 NP。但拓扑解释下并非如此，因为它保留了分配公理，而其极小模态逻辑 **S4** 仍然是PSPACE-完全的。

所有这些不同的语义学都是有联系的。尤其，拓扑模型是邻域模型的一种特殊情形，而自返且传递的关系模型是拓扑模型的一种特殊情形，这在下文将会加以解释。邻域模型同样也与代数模型有关，具体细节将在本章后面加以叙述。即使如此，这些技术联系也同样可加以运用。例如，拓扑语义学仍然包含二元关系语义学作为“亚历山德罗夫拓扑”（参考第16.2.4.1节）的特例。于是，标准模态概念（比如互模拟）的推广可视为其应用领域很有意义的扩充。类似地，我们将会在第16.3.2节中看到拓扑视角事实上如何用于澄清二元关系模型理论中的问题，也就是模态框架的积的类的公理化问题。最后，拓扑视角提出了新的模态语言和结构，例如（Pratt，1999）的“Chu空间”［其一阶/模态风格的不变性和表达能力分析可参考（van Benthem，2000a）］。

我们以另一方向上的一个例子结束本小节。虽然具有直接的空间启示性，拓扑语义学却比二元关系语义学*更加复杂*（more complex）。模态算子□不再对应于一个量词，而是*两个*（two）嵌套量词的∃∀组合：“存在一个开集使得对其所有元素……”这使得问题不那么明晰，且事实上可能是拓扑解释在历史上首先出现、却被更为简单的坎格尔－欣蒂卡－克里普克（Kanger-Hintikka-Kripke）的基于图形的语义学所取代的原因。不过这些却不是事情的全部。因为，我们可以用两个连续模态词$\Diamond_{open}\Box_{element}$分析上述∃∀，其中前一个模态词陈述某个开集的存在，而第二个模态词通达其元素。从这种观点来看，拓扑语义学并不超出二种类——将点和集合作为对象——的二元关系模型标准的*双模态*（bimodal）语言。甚至还存在着数学归约结论准确说明这样的归约可以到达何种程度。这实际上是空间一种更为丰富的多种类视角，其中点和集合可被同等地作为“对象”。这种风格的考虑也同样符合几何学传统：点、线、空间等都一样作为对象而非处于不同的抽象集合论层级。（van Benthem，1999）对时间和空间设定下的复杂模态语义学的多种类版本加以辩护。我们所知道的在空间意义上严格考虑将这些“展开”至不同模态层级框架体系仅有（Dabrowski et al.，1996）的“知识拓扑逻辑”（另可参考第6章）。然而，现有工作的主体在空间上仍处于标准的拓扑框架体系内，而我们也将回到这个主题。

16.1.4　模态逻辑—与拓扑：第一步

前面提到的拓扑解释带来一些有意思的视角转变。比如，图模型中的*局部性*（locality）的关键模态特征现在指的是：一个公式在M，x上为真，当且仅当它在x上、在个体域为M限制到x的某个开邻域的任意子模型中为真。因此，*区域*（regions）是基本概念，或者更一般地说，模态方法提供了关于区域的一种演算，同时弱化了区域是一群点的观念。这样它就接近于关于时间和空间的“区域相较于点”的理论（Allen，1983；Allen，Hayes，1985；van Benthem，1983b；Randell et al.，1992）。

此外，与模态逻辑之间实际上还存在着微妙的差别。例如，在二元关系语义学中无限制的*分配性*（distributivity）是有效的：模态方框算子可以对公式的任意无穷合取使用分配律。这在拓扑语义学中却非如此：

图 16-3　反驳可数分配性的嵌套区间

令命题字母 p_i 解释为开区间（$-1/i$，$1/i$）。则点 0 满足所有公式$\Box p_i$ 的可数合取。但 0 并不满足相应的方框置于合取之外的无穷模态公式，因为该解释刚好是集合 $\{0\}$，其拓扑内部为空（图 16-3）。

16.1.4.1　*表达能力：拓扑互模拟与拓扑博弈*

要理解模态语言的表达能力，需要一个适当的互模拟概念。下面的定义反映了模态算子的语义定义，并可以视为由两个子步骤组成：其一将点加以关联，另一将包含该点的邻域加以匹配。

定义 2（拓扑互模拟）两个拓扑模型 $M=\langle X, \tau, \nu\rangle$ 和 $M'=\langle X', \tau', \nu'\rangle$ 之间的*拓扑互模拟*（topological bisimulation）是一个非空关系 $T\subseteq X\times X'$，使得如果 xTx'，则：

（1）对任意 $p\in P$，$x\in v(p) \Leftrightarrow x'\in v'(p)$

（2）（向前）：$x\in U\in\tau \Rightarrow \exists U'\in\tau'$：$x'\in U'$ & $\forall y'\in U' \exists y\in U$：$yTy'$

（3）（向后）：$x'\in U'\in\tau' \Rightarrow \exists U\in\tau$：$x\in U$ & $\forall y\in U \exists y'\in U'$：$yTy'$

称一个拓扑互模拟是*完全的*（total），如果它的个体域是 X 且其值域是 X'。如果仅仅原子条件（1）和向前条件（2）成立，则我们称第二个模型模拟（simulates）第一个。

评论 1　我们指出在拓扑互模拟定义中的向前条件等价于 $\langle X, \tau\rangle$ 任意开子集的 T-像都是开集，而向后条件等价于 $\langle X', \tau'\rangle$ 任意开子集的 T-逆像都是开集。

拓扑互模拟足以得到基本语言 $\mathcal{L}$ 在拓扑解释下的“模态等价”。证据可由下面两个结论得到（Aiello & van Benthem，2002a）。

定理 1　令 $M=\langle X, \tau, \nu\rangle$ 和 $M'=\langle X', \tau', \nu'\rangle$ 为两个拓扑模型，$x\in X$ 和 $x'\in X'$为拓扑互模拟的两点。则对任意模态公式 φ 我们有 M，$x\models\varphi$，当且仅当，M'，$x'\models\varphi$。也就是说，模态公式在拓扑互模拟下是不变的。

定理 2　令 M，M'为两个有穷模型，$x\in X$ 和 $x'\in X'$使得对任意 φ 都有 M，$x\models\varphi$，当且仅当，M'，$x'\models\varphi$。则存在 M 和 M'间的拓扑互模拟连接 x 和 x'。也就是说，有穷模态等价的模型是拓扑互模拟的。

拓扑互模拟是拓扑中基本的结构等价的粗化。

定理 3　如果两个拓扑空间 $\langle X, \tau\rangle$ 和 $\langle X', \tau'\rangle$ 同态，则对 $\langle X, \tau\rangle$ 上

的任意赋值 ν，存在 $\langle X', \tau' \rangle$ 上的赋值 ν'，使得拓扑模型 $M = \langle X, \tau, \nu \rangle$ 和 $M' = \langle X', \tau', \nu' \rangle$ 是拓扑互模拟的。

更多细节以及与结构相似的其他拓扑概念（如同伦）之间的联系可以参见（Aiello，van Benthem，2002a）。

拓扑互模拟是判定我们的语言关于空间模式表达能力的一个标准模型论工具。然而，当比较诸如两个“图形表示”的时候，它可能仍然太过粗糙。要完善这种相似对比，我们可以定义两个拓扑模型 M 和 M' 间的拓扑模型比较博弈（model comparison game）TG（M，M'，n）。该博弈的大意是两个玩家彼此挑战在两个模型中选取元素并加以对比。如果可以证明两个模型是不一样的，则“拆台者”胜出。如果可以证明两个模型是“相似的”，则“复制者”胜出。在无穷博弈中复制者的制胜策略需要永不停歇的连续回应，刚好对应于拓扑互模拟。此外，对于有穷长度的博弈，其与模态公式通过充分性定理加以联系：

定理4　（Aiello，van Benthem，2002a）复制者在拓扑博弈 TG（M，M'，n，x，x'）中拥有制胜策略，当且仅当 x 和 x' 在它们各自的模型 M 和 M' 中满足相同的模态度不超过 n 的公式。

图16-4显示拆台者需要多少回合以区分叉子上的位置。其回合数对应于关于这些被比较的点的模态“区别公式”的深度。例如，图16-4（a）中的单一回合对应于 $\Box p$ 较之于 $\neg \Box p$，图16-4（b）中的两个回合对应于 $\neg \Diamond \Box p$ 较之于 $\Diamond \Box p$，而图16-4（c）中的三个回合对应于 $\Diamond (p \wedge \neg \Diamond \Box p)$ 较之于 $\neg \Diamond (p \wedge \neg \Diamond \Box p)$。（Aiello & van Benthem，2002a）中包含了博弈的形式定义以及对比赛和策略的延伸讨论，而计算模型比较之制胜策略的算法则在（Aiello，2002b）中加以说明。

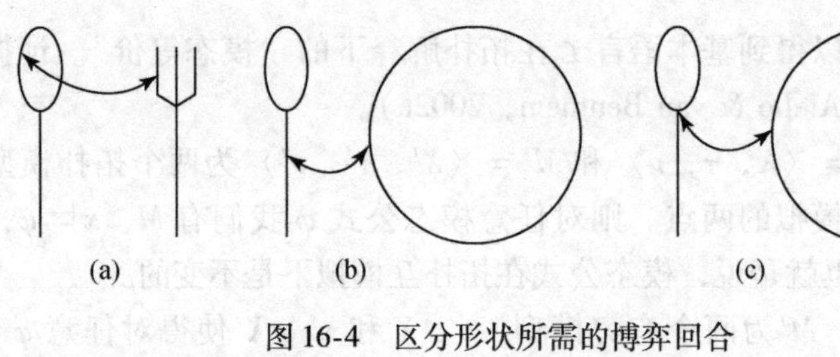

图16-4　区分形状所需的博弈回合

题外话：我们的例子说明逻辑博弈如何与拓扑概念相匹配。然而历史上在很早以前就有先例。（van Dalen，2005）中说明了布劳威尔（Brouwer）如何用下面的博弈来定义维度（duplicat）这一关键的拓扑概念：

玩家 1 选择空间的两个不交的闭子集 A_1 和 B_1，玩家 2 选择一个闭的分离集 S_1，玩家 1 现在选择 S_1 的两个不交的闭子集，玩家 2 于是选择 S_1 中的一个闭的分离集 S_2，等等。

如果在 n 个回合后得到一个分离集 S_n 使其完全不连通，则玩家 2 胜出。根据布劳威尔的定义，空间的维度是最小的自然数 n 使得玩家 2 在 n 回合博弈中拥有制胜策略。

16.1.4.2　推演能力：拓扑逻辑

现在考虑逻辑有效性以及该语言中的空间推理的一般演算。逻辑 **S4** 由 **KT4** 公理与分离规则和必然化规则定义而来（参见下文 16.2.2 节）。在拓扑设定下这些原则可以翻译为如下条件，右边添加上了非形式的解释：

$\Box\top$	(N)	整个空间是开集
$(\Box p\wedge\Box q)\leftrightarrow\Box(p\wedge q)$	(R)	开集对有穷交封闭
$\Box p\rightarrow\Box\Box p$	(4)	内部算子是幂等的
$\Box p\rightarrow p$	(T)	任意集合的内部都包含于该集合

拓扑解释下的普遍有效公式恰好是 **S4** 的定理。但（McKinsey，Tarski，1944）证明了一个较之大为突出的结论。

定理 5　**S4** 对任意自身稠密的度量可分空间都是完全的。

于是，**S4** 还是任意带有标准拓扑的欧氏空间 $\mathbb{R}^n$ 的逻辑。（Mints，1998）以一种极为漂亮的方式证明了康托尔空间 S4 的完全性。

具有更多限制的空间结构在 S4 的基础上产生了更强的逻辑。以实数轴的持续（serial）子集（凸区间的有穷并）为例（Aiello et al.，2003）。这些用以构建语言学和计算机科学中"事件"的寿命。现在考虑如下的额外公理：

(**BD**$_2$)　$(\neg p\wedge\Diamond p)\rightarrow\Diamond\Box p$

(**BW**$_2$)　$\neg(p\wedge q\wedge\Diamond(p\wedge\neg q)\wedge\Diamond(\neg p\wedge q)\wedge\Diamond(\neg p\wedge\neg q))$

这些公理对持续集是完全的。要给出一个直观印象，观看图 16-5，其中一个持续集以 p 表示，然后阅读公理 **BD**$_2$。

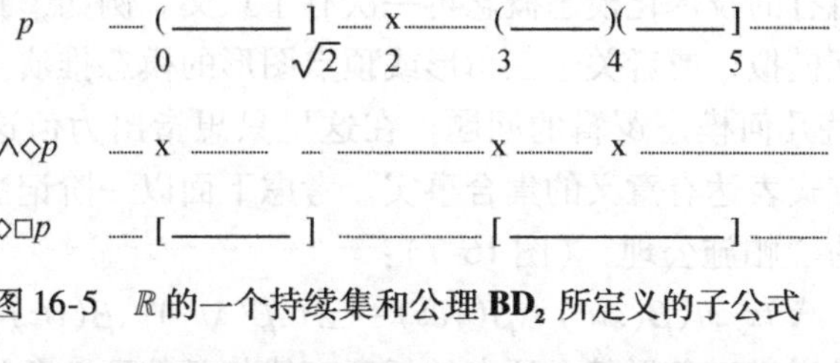

图 16-5　$\mathbb{R}$ 的一个持续集和公理 **BD**$_2$ 所定义的子公式

在关系语义学中，这条公理将模型的深度限制到 2。在拓扑语义学中，它是说既在一个区域的补$\neg p$中又在其闭包$\Diamond p$中的点，必然在该区域自身的正则封闭部分$\Diamond\Box p$中。

类似地，我们可以观察有趣的二维拓扑空间。这是一个在平面$\mathbb{R}^2$的“矩形持续”集中有效的模态公理

（$\mathbf{BD}_3$）　$\Diamond(\Box p_3 \wedge \Diamond(\Box p_2 \wedge \Diamond\Box p_1 \wedge \neg p_1) \wedge \neg p_2) \rightarrow p_3$

（Aiello et al.，2003）和（van Benthem et al.，2003）中对这些特殊结构进行了研究。后一篇文章提供了任意维度的这类欧氏空间的逻辑的公理系统（参见下文第16.2.6节）。

16.1.5　其他空间结构的模态逻辑

到目前为止的论述可能暗示了关于空间的模态逻辑*必须*（must）是关于拓扑的。但这根本不是真实情况。从拓扑转移到更“严格的”空间结构，依然可以使用模态逻辑，只不过是在新的外观之下。比如考虑仿射几何（affine geometry），其中的主要概念是三元的之间性［betweenness（xyz）］概念$\beta(xyz)$，它是说点y在点x和z之间，同时允许y作为这两个端点中的某个。现在定义二元之间性模态词$\langle B\rangle$：

$M, x \models \langle B\rangle(\varphi, \psi)$，当且仅当，$\exists y, z$：$\beta(yxz) \wedge M, y \models \varphi \wedge M, z \models \psi$

这又一次导向非常具体的空间图景。这一次标准的几何图形可以用模态方法加以描述。考虑图16-6。令命题字母p表示左边形成三角形三个顶点的集合。右边的两幅图片说明为何公式$\langle B\rangle(p, p)$在三角形的边上成立，而包括其内部的整个三角形则由模态公式$\langle B\rangle(\langle B\rangle(p, p), p)$定义。

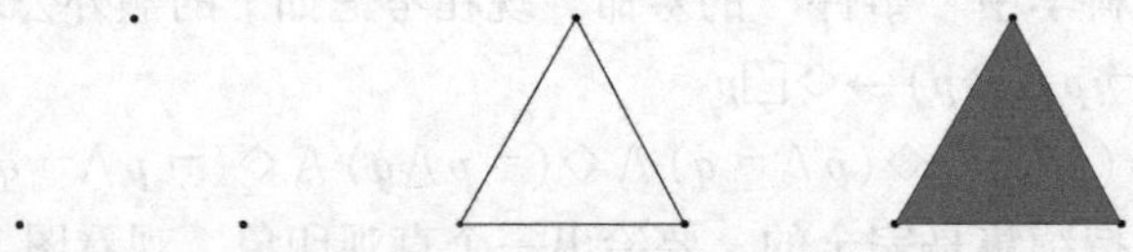

图16-6　公式p，$\langle B\rangle(p, p)$和$\langle B\rangle(\langle B\rangle(p, p), p)$

显然前面所有的技术化模态概念再一次有了意义。例如，我们可以研究集合图形间的模态互模拟，或者关于三角形或顶点图形的模态推演。我们将在后文第16.4节讨论这些几何模态逻辑的问题。在这里只想指出为何这个形式系统可以以令人惊讶的方式表达有意义的集合事实。考虑下面以一阶记法给出的基本集合原则，即所谓的“帕施公理”（图16-7）：

$$\forall txyzu(\beta(xtu) \wedge \beta(yuz) \rightarrow \exists v: \beta(xvy) \wedge \beta(vtz))$$

这条性质是说过三角形某个顶点的任意直线如延伸至三角形内部，则必然可

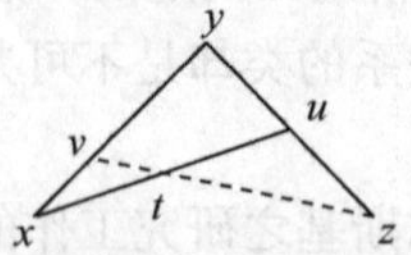

图 16-7　帕施性质

以在某个点过该顶点和另一边。这看起来根本不像模态性质，但事实上却是的！考虑介于性模态词的如下结合性（associativity）公理：

$$\langle B\rangle(p,\langle B\rangle(q,r))\rightarrow\langle B\rangle(\langle B\rangle(p,q),r)$$

我们将在第 16.4 节看到。

事实 1　模态结合性对应于帕施公理。

在这个阶段对读者有用的练习是，解开前件中嵌套的模态词以检验帕施公理为何恰好是使结合性有效所需的性质。在第 16.4 和第 16.5 节我们将会进一步发展这些概念以涵盖度量几何并最终涵盖线性代数。

16.1.6　再次对空间的逻辑分析

让我们再次总结一下本章的方法论。拓扑学家和几何学家并不担心形式系统：他们仅仅是以手头的任意形式系统来陈述所见。逻辑学家却提出一个折中方案：确定限制到所谈论概念的形式语言，然后去看得到什么样的完全的逻辑，甚至也许是以可判定的演算形式。塔尔斯基的初等几何学仍然是这种方法的一个范例，本手册第 2 章中所讨论的关于多边形的一阶理论和分体拓扑学的逻辑也是如此。顺便提一句，空间视角也突出了逻辑形式系统的颇为不同的运用。其一是它在定义空间形式中的*描述性角色*（descriptive role），使我们可以描述这些，检查它们是否在给定情形中成立，以及对比空间结构的不同性质。另一个是它作为空间推理的演算的*推演角色*（deductive role），这与其他任务（如数学理论化，空间数据库的信息抽象，或是在部分未知的环境中试图计划行为的机器人推理）相联系。

不管在两种模式中的哪一种中加以使用，模态语言都是一阶语言的片段：进一步限制了表达能力，但却保证了更好的复杂性结果。模态语言的这种多样性在这里是一种优势，因为我们可以在结构的不同层次上工作，并使用不同的不变性概念，无论是拓扑互模拟或是它的某些逻辑的或几何的增强形式。这与空间可以在不同层次上合法地加以研究的数学观点相吻合。最后考虑一下表达能力和计算复杂性之间的模态平衡问题。事实上，某些空间结构存在低复杂性的模态逻辑。但也有现象表明问题可能会很复杂。例如在仿射几何学中，关于二元之间性模态

词 $\langle B\rangle(\varphi, \psi)$ 的极小模态逻辑是可判定的，然而同样的语言相对于我们刚刚与帕施公理建立联系的结合性关系的类却是不可判定的。因为否则的话它就可以直接对半群的字问题进行编码。

除此以外，我们来自于塔尔斯基之研究工作的两个指导性的例子，就其可判定性的素材而言，并不指向相同的方向。模态拓扑学实际上是可判定的，原因在于体现出模态节俭性的抽象一般方法与拓扑空间的特殊性关系不大。然而初等几何学是可判定的却不是因为其语言明智地调低了表达能力，而是因为它所用的欧氏空间模型足够丰富以至于刚好支持一系列的*量词消去*（quantifier elimination），从而提供给我们一个在几何学设定下非常特殊的判定算法。关于空间推理逻辑复杂性的更多证据，可以查询第 9 章。

16.1.7　本章内容说明

我们关于空间结构模态语言的介绍在此加以总结。本章其余各节组织如下。第 16.2 节包含对拓扑模型的更多的形式处理方法，得到拓扑模型的广义完全性定理，再由此使用现代技术得到具有里程碑意义的实数完全性定理。在那之后我们还将讨论关于更特殊的拓扑结构的、更为丰富的模态语言，这些结构包括在可作为命题赋值的集合上加以限制。接下来的第 16.3 节对本领域最近的若干特殊话题加以综述，包括：(a) 可选的一种将拓扑导集用于模态词解释的方法；(b) 将模态逻辑组合起来以描述拓扑空间的积；(c) 可以表达更多拓扑结构的语言扩充；(d) 认知逻辑的拓扑模型，其中还会对可定义公共知识各种概念的语言的不动点扩充加以涉猎。第 16.4 节是对几何空间模态语言的讨论，从仿射情形开始，然后转换到相对近性度量关系的模态语言。我们还会提供它与这些结构的一阶语言的对比。最后第 16.5 节审视一下数学形态学的模态逻辑，这基本上相当于分析矢量空间的某些子集。这个主题还包括与用于分析关系代数结构的模态“箭头逻辑”之间的联系。第 16.6 节包含我们的总结。

16.2　模态逻辑与拓扑：基本结论

16.2.1　拓扑初步

我们首先大致介绍本章中将会用到的基本拓扑概念。它们可以在任意一本关于拓扑的一般性教材中找到（Engelking，1989；Kelley，1975；Kuratowski，1966）。

定义 3 拓扑空间是有序对 $\mathcal{X}=\langle X, \tau\rangle$，其中 X 是一个非空集合，τ 是 X 子集的集合并满足如下条件：

（1）$\varnothing$，$X\in\tau$；

（2）如果 U，$V\in\tau$，则 $U\cap V\in\tau$；

（3）如果 $\{U_i\}_{i\in I}\subseteq\tau$，则 $\bigcup_{i\in I}U_i\in\tau$。①

τ 的元素称为*开集*。开集的补集称为*闭集*。包含 $x\in X$ 的开集称为 x 的*开邻域*。

集合族 $\mathcal{B}\subseteq\tau$ 称为该拓扑的基（basis），如果任意开集都可以表示为 $\mathcal{B}$ 的子族中元素的并。众所周知的结论是：X 的子集族 $\mathcal{B}$ 是一个 X 上的拓扑基，当且仅当（i）对任意 $x\in X$，存在 $U\in\mathcal{B}$ 使得 $x\in U$，且（ii）对任意 U，$V\in\mathcal{B}$，如果 $x\in U\cap V$，则存在 $W\in\mathcal{B}$ 使得 $x\in W\subseteq U\cap V$。

对于 $A\subseteq X$，点 $x\in X$ 称为 A 的*内部点*（interior point），如果存在 x 的开邻域 U 使得 $U\subseteq A$。令 Int（A）表示 A 的内部点的集合。不难发现 Int（A）是 A 中包含的最大开集，称为 A 的*内部*（interior）。点 $x\in X$ 称为 $A\subseteq X$ 的*极限点*（limit point），如果对 x 的任意开邻域 U，集合 $A\cap$（$U-\{x\}$）非空。A 的极限点的集合称为 A 的*导集*（derivative），以 d（A）表示。令 Cl（A）$=A\cup d$（A）。则很容易发现，$x\in$ Cl（A），当且仅当，对 x 的任意开邻域 U，$U\cap A$ 非空。此外 Cl（A）是包含 A 的最小闭集，称为 A 的*闭包*（closure）。

令 Int 和 Cl 分别表示 $\mathcal{X}$ 的内部和闭包算子。对任意 A，$B\subseteq X$，如下结论广为人知：

$\mathrm{Int}(X)=X$	$\mathrm{Cl}(\varnothing)=\varnothing$
$\mathrm{Int}(A\cap B)=\mathrm{Int}(A)\cap\mathrm{Int}(B)$	$\mathrm{Cl}(A\cup B)\mathrm{Cl}(A)\cup\mathrm{Cl}(B)$
$\mathrm{Int}(A)\subseteq A$	$A\subseteq\mathrm{Cl}(A)$
$\mathrm{Int}(A)\subseteq\mathrm{Int}(\mathrm{Int}(A))$	$\mathrm{Cl}(\mathrm{Cl}(A))\subseteq\mathrm{Cl}(A)$

此外还存在一个对偶 Int（A）$=X-$ Cl（$X-A$），拓扑空间也可以通过满足上述条件的内部算子或闭包算子加以定义。

我们还令 t（A）表示 $X-d$（$X-A$）。则 $x\in t$（A），当且仅当存在 x 的开邻域 U 使得 $U\subseteq A\cup\{x\}$。称 t（A）为 A 的*余导集*（co-derivative）。令 d 和 t 分别表示 $\mathcal{X}$ 的导集和余导集算子。对任意 A，$B\subseteq C$，如下结论广为人知：

$d(A\cup B)=d(A)\cup d(B)$	$t(A\cap B)=t(A)\cap t(B)$
$d(d(A))\subseteq A\cup d(A)$	$A\cap t(A)\subseteq t(t(A))$

① 原文中“$\{U_i\}_{i\in I}\in\tau$”当为笔误，其中的 $\in$ 符号在这里改为 $\subseteq$ 符号。——译者注

定义4　令 X 为一个拓扑空间，A 为 X 的子集。

（1）A 被称为是既开又闭的（clopen），如果它既是开集又是闭集。

（2）A 被称为稠密的（dense），如果 $\mathrm{Cl}(A)=X$。

（3）A 被称为边界的（nowhere dense or boundary），如果 $\mathrm{Int}(A)=\varnothing$。

（4）A 被称为自身稠密的（dense-in-itself），如果 $A\subseteq d(A)$。

对一个拓扑空间 X，集合族 $\{U_i\}_{i\in I}\subseteq\tau$ 称为 X 的开覆盖（open cover），如果 $\cup_{i\in I}U_i=X$。

定义5　令 X 为一个拓扑空间。

（1）X 被称为离散的（discrete），如果 X 的每个子集都是开集。

（2）X 被称为平凡的（trivial），如果 $\varnothing$ 和 X 是 X 仅有的开子集。

（3）X 被称为自身稠密的（dense-in-itself），如果 $d(X)=X$。

（4）X 被称为可分的（separable），如果 X 存在一个可数稠密子集。

（5）X 被称为紧致的（compact），如果 X 的任一开覆盖都有一个有穷子覆盖。

（6）X 被称为连通的（connected），如果 $\varnothing$ 和 X 是 X 仅有的既开又闭子集。

（7）X 被称为零维的（0-dimensional），如果 X 的既开又闭子集形成一个拓扑基。

（8）X 被称为极度不连通的（extremally disconnected），如果 X 的任一开子集的闭包是既开又闭的。

在下面的定义中我们回顾一下分离公理 T_0、T_d、T_1 和 T_2。

定义6　令 X 为一个拓扑空间。

（1）X 被称为 T_0-空间（$\mathrm{T_0}$-space），如果对任意两个不同的点都存在一个开集包含其中一个而不包含另一个。

（2）X 被称为 T_d-空间（$\mathrm{T_d}$-space），如果对任意 $x\in X$ 都有 x 的一个开邻域 U 使得 $\{x\}$ 是 U 中的闭集。与之等价的是，X 是一个 T_d-空间，当且仅当 $d(d(A))\subseteq d(A)$。

（3）X 被称为 T_1-空间（$\mathrm{T_1}$-space），如果对任意两个不同的点都存在一个开集恰好包含其中一点。与之等价的条件是，X 是一个 T_1-空间，当且仅当每个 $\{x\}$ 都是 X 中的闭集。

（4）X 被称为 T_2-空间（T2-space）或豪斯多夫空间，如果对任意两个不同的点 x，$y\in X$ 都存在着 x 和 y 的不交的开邻域。

大家熟知的是每个 T_2-空间都是 T_1-空间，每个 T_1-空间都是 T_d-空间，每个 T_d-空间都是 T_0-空间，但反过来不成立。

令 $\mathcal{X}$ 和 $\mathcal{Y}$ 为拓扑空间。我们称 $\mathcal{Y}$ 为 $\mathcal{X}$ 的子空间（T_2-subspace），如果 $Y \subseteq X$ 且满足：U 是 Y 的开子集，当且仅当存在 X 的开子集 V 使得 $U = V \cap Y$。

定义 7 令 $\mathcal{X}$ 和 $\mathcal{Y}$ 为拓扑空间，f: $X \to Y$ 为一映射。

（1）f 被称为是连续的（continuous），如果 U 是 Y 中的开集蕴涵着 f^{-1}（U）是 X 中的开集。

（2）f 被称为是开的（open），如果 U 是 X 中的开集蕴涵着 f（U）是 Y 中的开集。

（3）f 被称为是内部的（interior），如果它既是连续的又是开的。

我们称 $\mathcal{Y}$ 为 $\mathcal{X}$ 的连续像（continuous image），如果存在从 X 到 Y 上的连续映射。$\mathcal{X}$ 的开像和内部像可类似地加以定义。

令 $\{X_i\}_{i \in I}$ 为一族两两不交的拓扑空间。我们定义 $\{X_i\}_{i \in I}$ 的拓扑和（topological sum）为有序对 $\oplus_{i \in I} X_i = \langle \cup_{i \in I} X_i, \tau \rangle$，其中 $U \in \tau$，当且仅当 $U \cap X_i \in \tau_i$。如果族 $\{X_i\}_{i \in I}$ 中的元素并非两两不交，则拓扑和通过使用不交并（而非集合论的并）加以定义。

16.2.2 关系语义学与一些模态逻辑

在更深入地探讨拓扑解释之前，我们首先回忆一下来自关系语义学的一些基本事实。

16.2.2.1 单模态情形

首先回顾框架是关系结构 $\mathfrak{I} = \langle W, R \rangle$，使得 W 是一个非空集合，R 是 W 上的二元关系。基本模态语言 $\mathcal{L}$ 在 $\mathfrak{I}$ 中的赋值是从 $\mathcal{L}$ 的命题字母的集合 P 到 W 的幂集的一个函数 ν。有序对 $M = \langle \mathfrak{I}, \nu \rangle$ 称为（基于 $\mathfrak{I}$ 的）模型。给定模型 M，我们通过施归纳于公式 φ 的长度来定义 φ 在点（at a point）$w \in W$ 上为真：

■ $w \models p$，当且仅当，$w \in v$（p）

■ $w \models \neg \varphi$，当且仅当，并非 $w \models \varphi$

■ $w \models \varphi \wedge \psi$，当且仅当，$w \models \varphi$ 且 $w \models \psi$

■ $w \models \Box \varphi$，当且仅当，$(\forall v \in W)(wRv \Rightarrow v \models \varphi)$

并因此

■ $w \models \Diamond \varphi$，当且仅当，$(\exists v \in W)(wRv \; \& \; v \models \varphi)$

称 φ 在 M 中为真，如果 φ 在 W 中的每一点上为真。称 φ 在 $\mathfrak{I}$ 中是有效的（valid），如果 φ 在基于 $\mathfrak{I}$ 的每一个模型 M 上都为真。最后，我们称 φ 在一个框架类中是有效的，如果 φ 在该类中的每个元素中有效。

下面我们列出一些标准的模态逻辑及其公理系统。

定义 8

1. 所有框架的基本逻辑 **K** 的公理系统由公理：

(K)　$\Box(p\to q)\to(\Box p\to\Box q)$

和分离规则和必然化规则组成：

(MP)　$\dfrac{\varphi\quad\varphi\to\psi}{\psi}$　(N)　$\dfrac{\varphi}{\Box\varphi}$

2. 自返框架的逻辑 **T** 的公理系统是在 **K** 上增加公理：

(T)　$\Box p\to p$

3. 传递框架的逻辑 **K4** 的公理系统是在 **K** 上增加公理：

4. $\Box p\to\Box\Box p$

5. 自返且传递框架的逻辑 **S4** 是在 **K** 上增加公理（T）和（4）。

6. 自返、传递且对称的框架的逻辑 **S5** 是在 **S4** 上增加公理：

(B)　$p\to\Diamond\Box p$

上面列出的每个逻辑关于其关系语义学都是完全的。事实上，这些逻辑中的每一个都关于其有穷框架完全，并因此具有有穷模型性质（finite model property）(Blackburn et al.，2001)。

16.2.2.2　多模态情形

多模态语言在模态逻辑的现代应用中常常出现，且常常形成组合算子。这也出现在空间设定之中，比如同时描述不同的拓扑的时候。这些组合通过在组成的逻辑上执行某些运算而出现。这里回顾一下关于单模态逻辑的“融合”和“积”的一些基本事实。这些素材多数可以在如（Gabbay et al.，2003）这样的教科书中找到。

融合　令 $\mathcal{L}_{\Box_1\Box_2}$ 为具有模态算子 $\Box_1$ 和 $\Box_2$ 的双模态语言。

定义 9　**K** 与其自身的融合，以 **K**⊕**K** 表示，是包含 $\Box_1$ 和 $\Box_2$ 的公理（K）且对分离规则、$\Box_1$-必然化和 $\Box_2$-必然化封闭的最小公式集。

K⊕**K**-框架是一个三元组 $\mathfrak{F}=\langle W, R_1, R_2\rangle$ 其中 W 是一个非空集合，R_1 和 R_2 是 W 上的二元关系。已经知道 **K**⊕**K** 是关于其语义而完全的；事实上它具有有穷模型性质。

我们比较感兴趣的是 **S4** 与其自身的融合，以 **S4**⊕**S4** 表示。其定义与 **K** 与其自身的融合相似。**S4**⊕**S4**-框架是一个三元组 $\mathfrak{I}=\langle W, R_1, R_2\rangle$ 其中 W 是一个非空集合，R_1 和 R_2 是自返且传递的。称一个框架是有根的（rooted），如果存在 $w\in W$ 使得对所有 $v\in W$ 都有 $w(R_1\cup R_2)^*v$ 成立，其中 $(R_1\cup R_2)^*$ 是 $R_1\cup R_2$ 的传递闭包。已经知道 **S4**⊕**S4** 相对其语义是完全的；事实上，**S4**⊕**S4** 相对有穷且有根的 **S4**⊕**S4**-框架是完全的。

令 $\mathcal{T}_{2,2}$ 表示每个结点 R_1-关联到其四个直接后继中的两个、R_1-关联到另外两个的完整的无穷四叉树（full infinite quaternary tree）（图 16-8）。我们将在第 16.3.2.2 节中使用下面的命题。

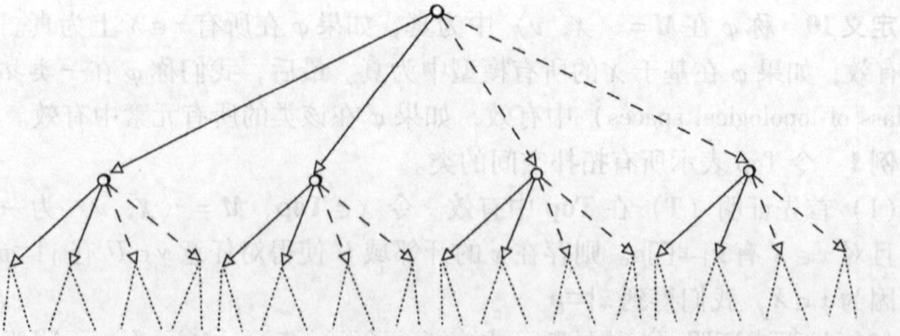

图 16-8 $\mathcal{T}_{2,2}$

实线表示 R_1，短画线表示 R_2，下层结点的虚线表示此模式无穷反复

命题 1 （van Benthem et al.，2005）**S4⊕S4** 相对于 $\mathcal{T}_{2,2}$是完全的。

积 对两个 **K**-框架 $\mathfrak{F}=\langle W, S\rangle$ 和 $\mathfrak{S}=\langle V, T\rangle$，积框架（product frame）$\mathfrak{F}\times\mathfrak{S}$ 定义为框架 $\langle W\times V, R_1, R_2\rangle$，其中对 $w, w'\in W$ 和 $v, v'\in V$：

$$(w, v)R_1(w', v') \quad 当且仅当 \quad wSw' 且 v=v'$$
$$(w, v)R_2(w', v') \quad 当且仅当 \quad w=w' 且 vTv'$$

框架$\mathfrak{I}\times\mathfrak{S}$可被视为一个 **K⊕K**-框架，只需将 $\mathcal{L}_{\Box_1\Box_2}$中的模态词$\Box_1$ 和$\Box_2$ 作如下解释：

$$(w,v)\models\Box_1\varphi \quad 当且仅当 \quad \forall(w',v')((w,v)R_1(w',v')\Rightarrow(w',v')\models\varphi)$$
$$(w,v)\models\Box_2\varphi \quad 当且仅当 \quad \forall(w',v')((w,v)R_2(w',v')\Rightarrow(w',v')\models\varphi)$$

令 **K×K** 表示 **K**-框架的积的逻辑。众所周知 **K×K** 是通过在 **K⊕K** 中添加如下两条公理得到的公理系统：

$$com=\Box_1\Box_2p\leftrightarrow\Box_2\Box_1p$$
$$chr=\Diamond_1\Box_2p\leftrightarrow\Box_2\Diamond_1p$$

我们以类似的方式定义两个 **S4**-框架的积。令 **S4×S4** 表示 **S4**-框架的积逻辑。与 **K×K** 相似，积逻辑 **S4×S4** 的公理系统是通过在 **S4⊕S4** 中添加公理 *com* 和 *chr* 得到。

16.2.3 □解释为内部，◇为闭包

令 $M=\langle X, \nu\rangle$ 为一拓扑模型，其中 $X=\langle X, \tau\rangle$ 是一个拓扑空间而ν：$P\rightarrow\mathcal{P}(X)$ 是一个赋值。我们给出公式 φ 在 16.1.1 节定义 1 中的模型 M 的点 x 上为

真的归纳定义。定义1中的□和◇型公式蕴涵着：如果φ被解释为拓扑空间X的子集A，则$\Box\varphi$表示Int（A）而$\Diamond\varphi$表示Cl（A）。两个概念中的任意一个都可以用作初始概念。下文中我们强调其中某个或另一个，取决于叙述的方便。

定义10　称φ在$M=\langle X, \nu\rangle$中为真，如果φ在所有$x\in X$上为真。称φ在X中有效，如果φ在基于X的所有模型中为真。最后，我们称φ在一类拓扑空间（a class of topological spaces）中有效，如果φ在该类的所有元素中有效。

例1　令Top表示所有拓扑空间的类。

（1）首先证明（T）在**Top**中有效。令$X\in$ **Top**，$M=\langle X, \nu\rangle$为一拓扑模型，且对$x\in X$有$x\models\Box p$。则存在x的开邻域U使得对任意$y\in U$有$y\models p$。特别地，因为$x\in X$，我们得到$x\models p$。

（2）接下来证明（4）在**Top**中有效。令$X\in$ **Top**，$M=\langle X, \nu\rangle$为一拓扑模型，且对$x\in X$有$x\models\Box p$。则存在x的开邻域U使得对任意$y\in U$有$y\models p$。于是则对任意$y\in U$有$y\models\Box p$，从而得到$x\models\Box\Box p$。

（3）现在证明（K）在**Top**中有效。令$X\in$ **Top**，$M=\langle X, \nu\rangle$为一拓扑模型，且对$x\in X$有$x\models\Box(p\rightarrow q)$和$x\models\Box p$。于是存在$x$的开邻域$U$和$V$，使得对任意$y\in U$有$y\models p\rightarrow q$且对任意$z\in V$有$z\models p$。令$W=U\cap V$。则$W$是$x$的一个开邻域且对任意$w\in W$都有$w\models p\rightarrow q$和$w\models p$。因此对任意$w\in W$有$w\models q$，从而得到$x\models\Box q$。

（4）最后，我们证明必然化规则保持有效性。如果$\Box\varphi$不是有效的，则存在拓扑模型$M=\langle X, \nu\rangle$和$x\in X$使得$x\not\models\Box\varphi$。因此存在$y\in X$是的$y\not\models\varphi$，从而得到φ不是有效的。

作为结论，我们得到模态逻辑**S4**相对于将◇解释为闭包是可靠的。事实上，如（McKinsey & Tarski，1944）所证明的，**S4**相对于这种语义学也是完全的。

16.2.4　S4的基本拓扑完全性

正如我们已经指出的，**S4**相对于将◇解释为拓扑空间的闭包算子是可靠的。已经可以证明**S4**相对于这种语义学事实上是完全的。但首先我们讨论一下**S4**的关系语义学和拓扑语义学之间的一个很有名的联系（Aiello et al.，2003；Bezhanishvili，Gehrke，2005）。

16.2.4.1　与**S4**的关系语义学的联系

定义11　拓扑空间X被称为亚历山德罗夫空间，如果X的开子集的任意族的交仍然是开集。

与之等价的是，X是亚历山德罗夫的，当且仅当任意$x\in X$都有一个最小开邻域。亚历山德罗夫空间与**S4**-框架之间有着紧密联系。假设$\mathfrak{F}=\langle X, R\rangle$是一

个 **S4**-框架。X 的子集 A 被称为 $\mathfrak{F}$ 的上集（upset），如果 $x\in A\ \&\ xRy\Rightarrow y\in A$。与之对偶，$A$ 被称为下集（downset），如果 $x\in A\ \&\ yRx\Rightarrow y\in A$。

对给定的 **S4**-框架 $\mathfrak{F}=\langle X,\ R\rangle$，我们定义 X 上的拓扑 τ_R 为满足 $\mathfrak{F}$ 的上集都是开集的那些。于是 $\mathfrak{F}$ 的下集是封闭的，且可以按例验证由此所得的空间是亚历山德罗夫空间、集合 A⊆X 的闭包是

$$R^{-1}\ (A)\ =\ \{x\in X:\ 存在\ y\in A\ 使得\ xRy\}$$

以及 A 的内部是

$$X-R^{-1}(X-A)=\{x\in X:(\forall y\in X)(xRy\Rightarrow y\in A)\}$$

反过来，对于一个拓扑空间 X，我们定义 X 上的限定序（specialization order）为使得：$xR_{\tau}y$，当且仅当，$x\in \mathrm{Cl}\ (y)$。于是可以按例检验该限定序为自返且传递的，并且它是一个偏序，当且仅当 X 是 T_0-空间。此外，很容易检验 $R=R_{\tau_R}$、$\tau\subseteq\tau_{R_\tau}$ 且 $\tau=\tau_{R_\tau}$，当且仅当 X 是亚历山德罗夫空间。

这些观察直接说明在亚历山德罗夫空间和 **S4**-框架之间、亚历山德罗夫 T_0-空间和偏序 **S4**-框架之间存在着一一对应。因为每个有穷的拓扑空间都是一个亚历山德罗夫空间，因此在有穷拓扑空间和有穷 **S4**-框架之间、有穷 T_0-空间和有穷偏序 **S4**-框架之间也就存在着一一对应。于是也就直接可以看到在连续映射和保序映射之间、内部映射和 p-态射之间存在着一一对应。由所有这些，我们得到如下：

推论 1 **S4** 相对于关系语义学完全的任意正规扩充，相对于拓扑语义学也是完全的。

16.2.4.2 **S4 的典范拓扑模型**

推论 1 是说，标准的模态模型是广义拓扑语义学的一个特例。因此，已知的 **S4** 完全性加上其公理的拓扑可靠性就给出了广义的拓扑完全性。即便如此，我们现在仍然给出该结论的一个直接的模型论证明，这来自于（Aiello et al.，2003）。该证明与标准的模态亨金构造密切相关，且与邻域语义学（Chellas，1980）的完全性证明极为相似，但具有一些漂亮的拓扑解释。

定义 12

1. 称一个 $\mathcal{L}$ 公式集 Γ 是（**S4**-）一致的（consistent），如果不存在有穷集合 $\{\varphi_1,\ \cdots,\ \varphi_n\}\subseteq\Gamma$ 使得 **S4** $\vdash\neg\ (\varphi_1\wedge\cdots\wedge\varphi_n)$。

2. 一致的公式集 Γ 被称为极大一致的（maximally consistent），如果不存在一致的公式集真包含 Γ。

众所周知，Γ 是极大一致的，当且仅当对任意 $\mathcal{L}$ 公式 φ，要么 $\varphi\in\Gamma$，要么 $\neg\varphi\in\Gamma$。现在我们通过公式的极大一致集定义一个拓扑空间。

定义 13（典范拓扑空间）典范拓扑空间是一个有序对 $\mathcal{X}^{\mathcal{L}} = \langle X^{\mathcal{L}}, \mathcal{T}^{\mathcal{L}}\rangle$，其中：

■　$X^{\mathcal{L}}$ 是所有极大一致集的集合；

■　$\mathcal{T}^{\mathcal{L}}$ 是由基础集（basic sets）$B^{\mathcal{L}} = \{\widehat{\Box\varphi}: \varphi$ 是任意公式$\}$ 的任意并生成的集合。其中 $\hat{\varphi} =_{\text{def}} \{x \in X^{\mathcal{L}}: \varphi \in x\}$。换句话说，基础集是形如 $U_{\varphi} = \{x \in X^{\mathcal{L}}: \Box\varphi \in x\}$ 的集合族。

我们首先检验 $X^{\mathcal{L}}$ 确实是一个拓扑空间。

引理 1　$B^{\mathcal{L}}$ 形成一个拓扑基。

证明：我们仅仅需要证明如下两条性质：

■　对任意 $U_{\varphi}, U_{\psi} \in B^{\mathcal{L}}$ 和任意 $x \in U_{\varphi} \cap U_{\psi}$，存在 $U_{\chi} E B^{\mathcal{L}}$ 使得 $x \in U_{\chi} \in U_{\varphi} \cap U_{\psi}$

■　对任意 $x \in X^{\mathcal{L}}$，存在 $U_{\varphi} \in B^{\mathcal{L}}$ 使得 $x \in U_{\varphi}$

由必然化规则可得对任意 x 都有 $\widehat{\Box\top} \in x$。因此 $X^{\mathcal{L}} = \widehat{\Box\top}$，并因此第二条性质被满足。至于第一条性质，归功于公理（K），可以很容易验证 $\widehat{\Box(\varphi \wedge \psi)} = \widehat{\Box\varphi} \cap \widehat{\Box\psi}$。因此 $U_{\varphi} \cap U_{\psi} \in B^{\mathcal{L}}$ 且 $B^{\mathcal{L}}$ 对有穷交封闭；从而第一条性质得以满足。证毕。

下面我们定义典范拓扑模型。

定义 14（典范拓扑模型）典范拓扑模型是有序对 $M^{\mathcal{L}} = \langle \mathcal{X}^{\mathcal{L}}, \nu^{\mathcal{L}}\rangle$，其中：

■　$\mathcal{X}^{\mathcal{L}}$ 是一个典范拓扑空间

■　$\nu^{\mathcal{L}}(p) = \{x \in X^{\mathcal{L}}: p \in x\}$

赋值 $\nu^{\mathcal{L}}$ 使命题字母在极大一致集上的真与其为该集合的元素相等同。现在证明这两个角度的和谐可以推及所有公式。

引理 2（真值引理）对所有模态公式 φ，

$$M^{\mathcal{L}}, x \models_{\mathcal{L}} \varphi \text{，当且仅当 } x \in \varphi$$

证明：施归纳 φ 的复杂度。基本情形有上面的定义得到。布尔联结词的情形可由如下大家所熟知的极大一致集的等式得到：

■　$\widehat{\neg\varphi} = X^{\mathcal{L}} - \hat{\varphi}$

■　$\widehat{\varphi \wedge \psi} = \hat{\varphi} \cap \hat{\psi}$

有意思的情形在于模态算子□。我们从相关的两个方向上加以证明。首先证明比较简单的一个方向。

⇐“从属于到真”。假设 $x \in \widehat{\Box\varphi}$。根据定义，$\widehat{\Box\varphi}$ 是一个基础集，并因此是开集。此外，由公理（T）我们有 $\widehat{\Box\varphi} \subseteq \hat{\varphi}$。因此，存在 x 的开邻域 $U = \widehat{\Box\varphi}$ 使得对任意 $y \in U$ 都有 $y \in \hat{\varphi}$。再由归纳假设，$M^{\mathcal{L}}, y \models_{\mathcal{L}} \varphi$。于是有 $M^{\mathcal{L}}, x \models_{\mathcal{L}} \Box\varphi$。

⇒“从真到属于”。假设 $M^{\mathcal{L}}, x \models_{\mathcal{L}} \Box\varphi$。则存在基础集 $\widehat{\Box\psi} \in B^{\mathcal{L}}$ 使得 $x \in \widehat{\Box\psi}$ 且对任意 $y \in \widehat{\Box\psi}$ 有 $M^{\mathcal{L}}, y \models_{\mathcal{L}} \varphi$。由归纳假设，对所有 $y \in \widehat{\Box\psi}$ 都有 $y \in \hat{\varphi}$。因此 $\widehat{\Box\psi} \subseteq \hat{\varphi}$。由此得到 **S4** 可以证明蕴涵式 $\Box\psi \rightarrow \varphi$。于是 **S4** 还可以证明 $\Box\Box\psi \rightarrow \Box\varphi$①，并因此使用公理（4）就可以证明 $\Box\psi \rightarrow \Box\varphi$。由此可以得到 $\widehat{\Box\psi} \subseteq \widehat{\Box\varphi}$，从而世界 x 属于 $\widehat{\Box\varphi}$。证毕。

现在可以着手解决我们要证的主要结论。

定理 6（完全性） 对任意公式集 Γ，

$$\text{如果 } \Gamma \models_{\mathcal{L}} \varphi \text{，则 } \Gamma \vdash_{S4} \varphi$$

证明：假设 $\Gamma \nvdash_{S4} \varphi$。则 $\Gamma \cup \{\neg \varphi\}$ 是一致的，且根据标准的林登鲍姆（Lindenbaum）引理它可以扩充为一个极大一致集 x。由真值引理，$M^{\mathcal{L}}, x \models_{\mathcal{L}} \neg\varphi$，于是 $M^{\mathcal{L}}, x \not\models_{\mathcal{L}} \varphi$，这样我们就构造所需的反模型。证毕。

推论 2 **S4** 是所有拓扑空间类的逻辑。

注意上面的完全性证明中的全部构造都适用于由某个初始公式及其所有子公式组成的有穷（finite）语言。这意味着我们仅仅得到有穷多个极大一致集，因此不可证的公式可以在有穷模型（finite models）中被否证。这个有穷模型的大小是由该公式本身能行可计算的。这通常称为能行的有穷模型性质（computable from the formula itself）。

推论 3

（1）**S4** 是所有有穷（finite）拓扑空间的类的逻辑。

（2）**S4** 相对于拓扑空间类具有能行的有穷模型性质（effective finite model property）。

顺便提一下，这还说明 **S4** 的有效性是可判定的（decidable），但我们回头在本章中再讨论这样的复杂性问题。

将我们的构造与 **S4** 的标准模态亨金模型 $\langle X^{\mathcal{L}}, R^{\mathcal{L}}, \models_{\mathcal{L}} \rangle$ 相比，我们的拓扑 $X^{\mathcal{L}}$ 的基础集都是 $R^{\mathcal{L}}$-向上封闭的。因此 $X^{\mathcal{L}}$ 的每个开集都是 $R^{\mathcal{L}}$-向上封闭的，且 $X^{\mathcal{L}}$ 比对应于 $R^{\mathcal{L}}$ 的拓扑 $T R^{\mathcal{L}}$ 弱。特别地，我们的典范拓扑空间不是一个亚历山德罗夫空间。事实上，正如在（Gabelaia，2001）定理 3.2.3 中所示，是 $TR^{\mathcal{L}}$ 包含的 $T_{\mathcal{L}}$ 最小的亚历山德罗夫空间。相关问题的深入讨论可以在（Aiello et al.，2003）的第 3 节和（Gaelaia，2001）中找到。

① 原文中这里以及后面三处误用了 φ 的正体符号 ϕ。——译者注

16.2.5　特殊空间中的完全性

我们已经看到 **S4** 是所有拓扑空间的逻辑。但也存在着具有更多数学内容的经典结论，比如麦金西和塔尔斯基的很出色的定理：**S4** 也是任意自身稠密的度量可分空间的逻辑。这里我们主要关注在数学中扮演很重要角色的三个空间——康托尔空间$\mathbb{C}$，有理数轴$\mathbb{Q}$和实数轴$\mathbb{R}$——并且概述分别来自于（Aiello et al.，2003；van Benthem et al.，2005）和（Bezhanishvili，Gehrke，2005）中关于 **S4** 是这些空间的逻辑的三个证明。

16.2.5.1　相对于$\mathbb{C}$的完全性

我们首先证明 **S4** 是康托尔空间$\mathbb{C}$的逻辑，这里的阐述是非常概要式的，具体细节请读者参考（Aiello et al.，2003）第 4.1 节。

假设已经给定一个 **S4**-框架 $\mathfrak{F}=\langle W,R\rangle$。回顾一下，$\mathfrak{F}$ 是有根的（rooted），如果存在 $r\in W$——称为 $\mathfrak{F}$ 的根——使得对任意 $w\in W$ 有 rRw。称 $C\subseteq W$ 为一个簇（cluster）如果对所有的 w，$v\in C$，有 wRv 且 vRw。簇 C 被称为简单的（simple），如果它由单一的点组成；它被称为真簇（proper clusters），如果由多于一个点组成。接下来的一个定义将会用于证明 **S4** 是$\mathbb{C}$的逻辑。

定理 7（Aiello et al.，2003）　**S4** 相对于有穷、有根且每个簇都是真簇的 **S4**-框架是完全的。

现在令公式 φ 是 **S4** 中不可证的一个公式。由定理 7，φ 可以在有穷、有根 r 且每个簇都是真簇的 **S4**-模型 $M=\langle W,R,\nu\rangle$ 相对中被否证。我们将这个模型转换为康托尔空间$\mathbb{C}$的一个范例。所采用的技术是选择性展开（selective unravelling），这是对模态逻辑中的展开（unravelling）技术（Blackburn et al.，2001）的改良。选择 M 的那些与完整的无穷二叉树 $\mathcal{T}_2$（图 16-9）中的无穷路径一一对应的无穷路径。

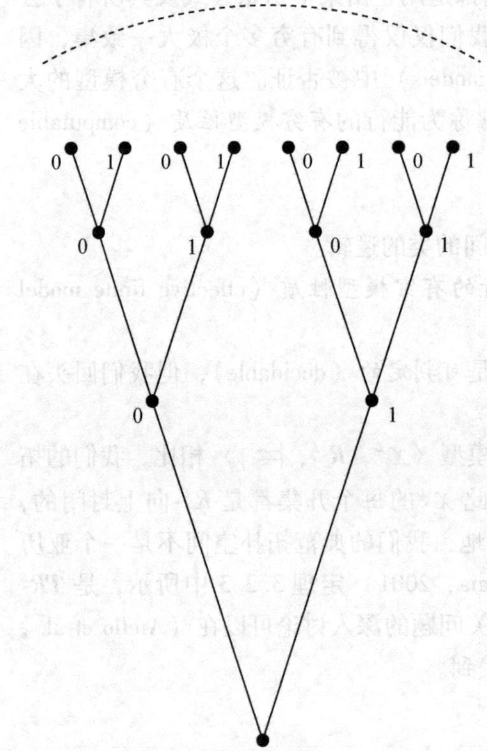

图 16-9　$\mathcal{T}_2$

我们从根 r 开始并宣告（r）是一

条选择性路径。然后如果 $(w_1,\cdots,w_k)$ 已经是一条选择性路径，我们通过宣告 $(w_1,\cdots,w_k,w_k)$ 是一条选择性路径引入左 (left)移；通过宣告 $(w_1,\cdots,w_k,w_{k+1})$，(其中 w_kRw_{k+1} 且 $w_k \neq w_{k+1}$) 是一条选择性路径引入右 (right) 移（因为我们假定 W 的每个簇都是真簇，对任意 w_k 这样的 w_k+1 总是存在)。称 W 的一条无穷路径 σ 是选择性的 (selective)，如果 σ 的任意初始段都是 W 的有穷选择性路径。我们以 $\sum$ 表示 W 的所有无穷选择性路径的集合。对任一有穷选择性路径 $(w_1,\cdots,w_k)$，令

$$B_{(w_1,\cdots,w_k)} = \{\sigma \in \sum : \sigma \text{ 有一条初始段}(w_1,\cdots,w_k)\}$$

定义 $\sum$ 上的拓扑 $T_{\sum}$ 使得

$$\mathscr{B}_{\sum} = \{B_{(w_1,\cdots w_k)}:(w_1,\cdots,w_k)\text{ 是 } W \text{ 的一条有穷选择性路径}\}$$

为一个基。

要看出 $\mathscr{B}_{\sum}$ 是一个基，首先注意到 $B_{(r)} = \sum$ 且

$$B_{(w_1,\cdots,w_k)} \cap B_{(v_1,\cdots,v_m)} = \begin{cases} B_{(w_1,\cdots,w_k)} & \text{如果}(v_1,\cdots v_m)\text{ 是}(w_1,\cdots,w_k)\text{ 的初始段,} \\ B_{(v_1,\cdots v_m)} & \text{如果}(w_1,\cdots,w_k)\text{ 是}(v_1,\cdots,v_m)\text{ 的初始段,} \\ \varnothing & \text{否则。} \end{cases}$$

要定义 $v_{\sum}$，注意 W 的任一无穷选择性路径 σ 要么进入稳定状态要么保持循环。换句话说，要么 $\sigma = (w_1,\cdots,w_k,w_k,\cdots)$ 要么 $\sigma = (w_1,\cdots,w_n,w_{n+1},\cdots)$，其中 w_i (对 $i>n$) 属于某个簇 $C \subseteq W$。在前一种情况下，我们称 w_k 稳定 (stabilizes) σ，而对后一种情况，我们称 σ 在 C 中保持循环 (keeps cycling)。现在定义 $\sum$ 上的 $v_{\sum}$ 为

$$\sigma \in v_{\sum}(p)\text{,当且仅当} \begin{cases} w_k \vDash p & \text{如果 } w_k \text{ 稳定 } \sigma \\ \rho(C) \vDash p & \text{如果 } \sigma \text{ 在 } C \subseteq W \text{ 中保持循环,其中 } \rho(C) \text{ 是 } C \text{ 的某个任选代表元} \end{cases}$$

接下来所要证明的是 $\langle \sum, T_{\sum} \rangle$ 与康托尔空间同态，并且 $M_{\sum} = \langle \sum, T_{\sum}, v_{\sum} \rangle$ 与初始的 M 是拓扑互模拟的。要证明第一个断言，首先回忆一下康托尔空间与两个元素的集合 $2=\{0, 1\}$ 附带离散拓扑的可数拓扑积是同态的。要想象出这个康托尔空间，我们可以考虑完整的无穷二叉树 $\mathcal{T}_2$；从根开始，每个左子结点添上 0，右子结点添上 1。则康托尔空间的点就是 $\mathcal{T}_2$ 的无穷路径。这与 $\sum$ 的构造放到一起就立刻得到 $\langle \sum, T_{\sum} \rangle$ 同态于康托尔空间。

最后，我们证明 $M_{\sum}$ 与 M 是拓扑互模拟的。定义 $F: \sum \to W$ 为

$$F(\sigma) = \begin{cases} w_k & \text{如果 } w_k \text{ 稳定 } \sigma \\ \rho(C) & \text{如果 } \sigma \text{ 在 } C \text{ 中保持循环} \end{cases}$$

显然 F 是良定义的，且事实上是一个满射［对任意 $w_k \in W$，我们有 $F(\sigma_0, w_k, w_k, \cdots) = w_k$，其中 σ_0 是从 w_1 到 w_k 的选择性路径］。

命题 2　F 是 $M_{\sum} = \langle \sum, \tau_{\sum}, \nu_{\sum} \rangle$ 与 $M = \langle W, R, \nu \rangle$ 之间的完全的拓扑互模拟。

证明概要：$\langle W, R \rangle$ 可以和有穷拓扑空间 $\langle W, \tau_R \rangle$ 联系在一起。集合 $\{R(v) : v \in W\}$ 形成 τ_R 的基。函数 $F : \langle \sum, \tau_{\sum} \rangle \to \langle W, \tau_R \rangle$ 是连续的，因为对任意 $v \in W$

$$F^{-1}(R(v)) = \cup \{B(w_1, \cdots, w_k) : vRw_k\}$$

而 F 是开的因为对 $\langle \sum, \tau_{\sum} \rangle$ 的任意基础开的 $B(w_1, \cdots, w_k)$，

$$F(B(w_1, \cdots, w_k)) = R(w_k)$$

因此，F 是一个内部映射。此外，由 $\nu_{\sum}$ 的定义，

$$\sigma \in \nu_{\sum}(p), \text{当且仅当}, F(\sigma) \in \nu(p)$$

因为满足这个条件的任意内部映射都是一个拓扑互模拟，我们定义的 F 因此也是。证毕。

定理 8　**S4** 是 $\mathbb{C}$ 的逻辑。

证明：假设 **S4** $\nvdash \varphi$。则存在有穷且有根的模型 M，使得 M 的每个簇都是真簇且 M 否证 φ。因为 $\mathbb{C}$ 同态于 $\langle \sum, \tau_{\sum} \rangle$，由命题 2，存在 $\mathbb{C}$ 上的赋值 ν_C 使得 $\langle \mathbb{C}, \nu_C \rangle$ 与 M 拓扑互模拟。因此，φ 在 $\mathbb{C}$ 上被否证。证毕。

16.2.5.2　关于 $\mathbb{Q}$ 的完全性

现在我们证明 **S4** 也是关于有理数轴 $\mathbb{Q}$ 的逻辑。证明来自于（van Benthem et al.，2005）。我们仍然使用无穷二叉树 $\mathcal{T}_2$，但这次相对使用其结点而非无穷路径。我们首先回顾如下的两条熟悉的结论。

定理 9（范本特姆－加贝）　**S4** 相对于 $\mathcal{T}_2$ 是完全的。

证明：证明不妨参见（Goldbaltt，1980）定理 1 以及下面的讨论。证毕。

定理 10（康托尔）不带端点的任意可数稠密线性序都同构于 $\mathbb{Q}$。

证明：证明不妨参见（Kuratowski，Mostowski，1976）第 217 页定理 2。证毕。

评论 2　回忆一下，如果 $\langle X, < \rangle$ 是一个线性序集且 $x, y \in X$ 使得 $x < y$，则开区间 (x, y) 是集合 $\{z \in X : x < z < y\}$。如果我们将线性序集视为使用开区间的集合作为拓扑基的拓扑空间，则由康托尔的定理可以得到不带端点的任意可数

稠密线性序（作为一个拓扑空间）同态于$\mathbb{Q}$。

我们现在可以继续进行证明。

定理 11 **S4** 相对于$\mathbb{Q}$是完全的。

证明：我们的策略如下。首先使用 **S4** 关于 $\mathcal{T}_2$ 的完全性，将 $\mathcal{T}_2$ 视为一个亚历山德罗夫空间，定义$\mathbb{Q}$ 的不带端点的稠密子集 X，并建立 X 和 $\mathcal{T}_2$ 之间的拓扑互模拟。这将使我们能够将 $\mathcal{T}_2$ 的反例专用到 X 上。而根据康托尔的定理，X 是序同构于$\mathbb{Q}$ 的，并因此也同态于$\mathbb{Q}$ 。

令 $X=\bigcup_{n\in w}X_n$，其中 $X_0=\{0\}$ 且

$$X_{n+1}=X_n\cup\left\{x-\frac{1}{3^n},x+\frac{1}{3^n}:x\in X_n\right\}$$

断言 1 对 $n>0$ 和 $x,y\in X_n$，$x\neq y$ 蕴涵着 $|x-y|\geqslant\frac{1}{3^{n-1}}$。

证明：施归纳于 n。如果 $n=1$，则 $X_1=\{0,1,-1\}$，于是 $x\neq y$ 蕴涵着 $|x-y|\geqslant 1$。断言对 $n=k+1$ 成立也不难看出。注意如果 u，$v\in X_{n-1}$ 使得 $u\neq v$，则由归纳假设，$|u-v|\geqslant\frac{1}{3^{n-1}}$。因此 $\left|\left(u+\frac{1}{3^{n-1}}\right)-\left(v-\frac{1}{3^{n-1}}\right)\right|\geqslant\frac{1}{3^{n-1}}$。证毕。

由断言 37 可得 $\langle X,<\rangle$ 是一个不带端点的可数稠密线性序，并因此是序同构于（故而同态于）$\mathbb{Q}$ 的。此外还可以得到对任意 $x\in X$ 使得 $x\neq 0$，存在 n_x 使得 $x\in X_{n_x}$ 且 $x\notin X_{n_x-1}$，以及得到存在唯一的 $y\in X_{n_x-1}$ 使得 $x=y-\frac{1}{3^{n_x-1}}$ 或者 $x=y+\frac{1}{3^{n_x-1}}$。因此，X-开区间 $\left(x-\frac{1}{3^{n_x}},x+\frac{1}{3^{n_x}}\right)$ 形成 X 上序－拓扑的基。

现在递归定义从 X 到 $\mathcal{T}_2$ 上的函数 f（图 16-10）：如果 $x=0$，则令 $f(0)$ 为 $\mathcal{T}_2$ 的根 r；如果 $x\neq 0$，则 $x\in X_{n_x}-X_{n_x-1}$ 且令

$$f(x)=\begin{cases}f(y)\text{ 的直接左后继},\text{如果 } x=y-\frac{1}{3^{n_x-1}}\\ f(y)\text{ 的直接右后继},\text{如果 } x=y+\frac{1}{3^{n_x-1}}\end{cases}$$

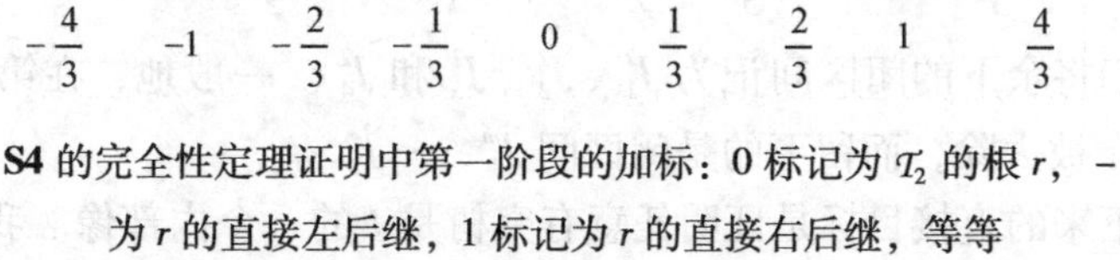

图 16-10 **S4** 的完全性定理证明中第一阶段的加标：0 标记为 $\mathcal{T}_2$ 的根 r，-1 标记为 r 的直接左后继，1 标记为 r 的直接右后继，等等

断言2　f是一个内部映射。

证明概要： 回忆一下 $\mathcal{T}_2$ 上的亚历山德罗夫拓扑的一个基是 $\mathscr{B} = \{B_t\}_{t \in \mathcal{T}_2}$ 其中 $B_t = \{s \in \mathcal{T}_2 : tRs\}$。现在 f 是开的，因为对于基础的 X-开区间 $\left(x - \frac{1}{3^{n_x}}, x + \frac{1}{3^{n_x}}\right)$ 有 $f\left(x - \frac{1}{3^{n_x}}, x + \frac{1}{3^{n_x}}\right) = B_{f(x)}$。$f$又是连续的，因为对任意 $t \in \mathcal{T}_2$，B_t 的f-逆像是开的。事实上，如果 $x \in f^{-1}(B_t)$，则 $f\left(x - \frac{1}{3^{n_x}}, x + \frac{1}{3^{n_x}}\right) = B_{f(x)} \subseteq (B_t)$，从而存在着 x 的开区间 $I = \left(x - \frac{1}{3^{n_x}}, x + \frac{1}{3^{n_x}}\right)$ 使得 $I \subseteq f^{-1}(B_t)$。因此f是一个内部映射。证毕。

现在完成定理11的证明。如果 $\mathbf{S4} \nvdash \varphi$，则由定理9，存在 $\mathcal{T}_2$ 上的赋值 ν 使得 $\langle \mathcal{T}_2, \nu\rangle, r \nvDash \varphi$。定义 X 上的赋值 ξ 满足 $\xi(p) = f^{-1}(\nu(p))$。因为f是一个内部映射且$f(0) = r$，从而有0和 r 是拓扑互模拟的。因此 $\langle X, \xi\rangle, 0 \nvDash \varphi$。因为 X 同态于$\mathbb{Q}$，我们得到 φ 也在$\mathbb{Q}$上被否证。证毕。

16.2.5.3　关于$\mathbb{R}$的完全性

最后，我们证明 **S4** 还是实数轴$\mathbb{R}$的逻辑。这一结论至少存在三种不同的证明。最初的证明是更一般性的定理——**S4** 是任意自身稠密的度量可分空间的逻辑（Mckinsey，Tarski，1944）的一个特殊情况［亦可参见（Rasiowa，Sikorski，1963）］。另外两种证明方法可以在（Aiello et al.，2003）和（Bezhanishvili，Gehrke，2005）中找到。这里我们概述（Bezhanishvili，Gehrke，2005）中给出的证明，其中$\mathbb{R}$的任意有界区间的康托尔集的构造用于证明任一有穷且有根的 **S4**-框架都是$\mathbb{R}$的内部像。

假设 a，$b \in \mathbb{R}$，$a < b$ 且 $I = (a, b)$。康托尔集$\mathbb{C}$通过在 I 中无穷多次去除开区间而加以构造。更准确地说，在第1步中开区间

$$I_1^1 = \left(a + \frac{b-a}{3}, a + \frac{2(b-a)}{3}\right)$$

被去除。我们将剩余的闭区间记为 J_1^1 和 J_2^1。在第2步中，开区间

$$I_1^2 = \left(a + \frac{b-a}{3^2}, a + \frac{2(b-a)}{3^2}\right) \text{和}\ I_2^2 = \left(a + \frac{7(b-a)}{3^2}, a + \frac{8(b-a)}{3^2}\right)$$

被去除。我们将余下的闭区间记为 J_1^2、J_2^2、J_3^2 和 J_4^2。一般地，在第 m 步中开区间 $I_1^m, \cdots, I_{2^{m-1}}^m$ 被去除，而留下的是闭区间 $J_1^m, \cdots, J_{2^m}^m$。

我们接下来的直接目标是证明任意有穷树是 I 的一个内部像。我们首先证明如图16-11所示的深度为2且分支度为 n 的树 T 是 I 的一个内部像，然后将这个

结论通过施归纳于数的深度推广到任意有穷树。

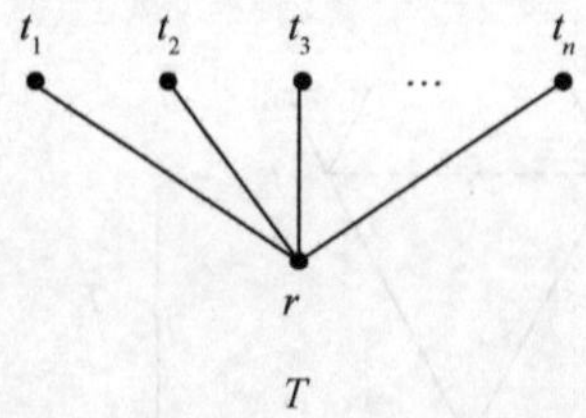

图 16-11　深度为 2、分支度为 n 的树

引理 3　T 是 I 的内部像。

证明： 定义 $f_I^T: I \to T$ 满足

$$f_I^T(x) = \begin{cases} t_k, & \text{如果 } x \in \bigcup_{m \equiv k(\bmod n)} \bigcup_{p=1}^{2^{m-1}} I_p^m \\ r, & \text{否则} \end{cases}$$

显然 f_I^T 是一个良定义的满射。此外

$$(f_I^T)^{-1}(t_k) = \bigcup_{m \equiv k(\bmod n)} \bigcup_{p=1}^{2^{m-1}} I_p^m \text{ 且 } (f_I^T)^{-1}(r) = \mathbb{C}$$

因为 $\{\varnothing, \{t_1\}, \cdots, \{t_n\}, T\}$ 是 T 的一个基础开子集族，所以 f_I^T 显然是连续的。假设 U 是 I 的一个开区间。如果 $U \cap \mathbb{C} \neq \varnothing$，则存在 $c \in U \cap \mathbb{C}$。因为 $c \in \mathbb{C}$，我们有 $f_I^T(c) = r$。由 $c \in U$ 知道存在 $\varepsilon > 0$ 使得 $(c - \varepsilon, c + \varepsilon) \subseteq U$。我们选出 m 使得 $\frac{b-a}{3^m} < \varepsilon$。因为 $c \in \mathbb{C}$，存在 $k \in \{1, \cdots, 2^m\}$ 使得 $c \in J_k^m$。此外，因为 J_k^m 的长度等于 $\frac{b-a}{3^m}$，我们有 $J_k^m \subseteq U$。因此，U 包含在 $\mathbb{C}$ 的构造中从 J_k^m 中移除掉的点。于是 $f_1^T(U) \supseteq \{t_1, \cdots, t_n\}$ 且 $f_I^T(U) = T$。所以 $f_I^T(U)$ 对 I 的任意开区间 U 都是开的。这就得到 f_I^T 是一个内部满射。证毕。

定理 12　分支度 $n \geqslant 1$ 的任意有穷树都是 I 的一个内部映射。

证明： 假设 T 是一个分支度 $n \geqslant 1$ 的有穷树。不失一般性，我们假定 T 的深度为 $d+1$，其中 $d \geqslant 2$。则可以将 T 如图 16-12 加以表示，其中 $t_1, \cdots, t_{n^d}$ 是 T 的深度为 2 的元素，且 T_d 是 T 的所有深度 $\leqslant 2$ 的元素组成的子树。①注意对任意 $k \in \{1, \cdots, n^d\}$，上集 $R\{t_k\}$ 同构于深度为 2、分支度为 n 的树，且 T_d 是深度为 d、分支度为 n 的树。因此由归纳假设，存在由 I 到 T_d 上的一个内部满射。此外，由引理 39，存在由 I 到每个 $R\{t_k\}$ 上的内部满射。将这些映射放到一起就得到由 I

① 原文中作“深度≥2 的元素……”——译者注

到 T 上的一个内部满射。相关细节请参考（Bezhanishvili，Gehrke，2005）定理8。证毕。

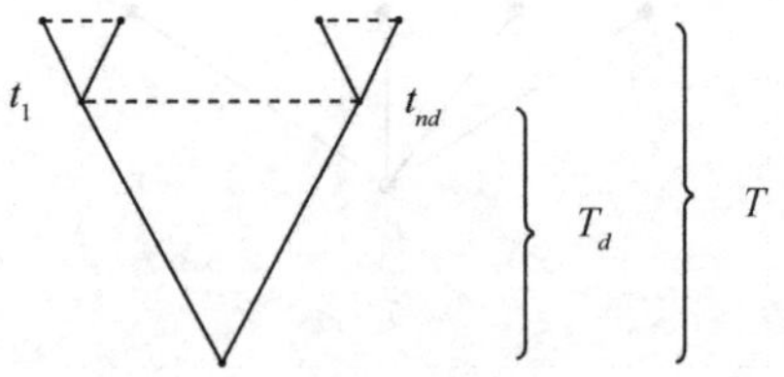

图 16-12　T 和 T_d

下面很有用的断言现在成为一个很容易得到的推论。

推论 4　任一有穷且有根的偏序 **S4**-框架都是 $\mathbb{R}$ 的一个内部像。

证明： 因为任一有穷且有根的偏序 **S4**-框架都是某个分支度 $n \geqslant 1$ 的有穷树的 p-态射像（Bezhanishvili，Gehrke，2005，引理4），因此由定理12知任一有穷且有根的偏序 **S4**-框架都是任意有界开区间 $I \subseteq \mathbb{R}$ 的内部像。因此 I 同态于 $\mathbb{R}$，从而推论得证。证毕。

我们现在将推论4加以推广，并证明所有有穷且有根的 **S4**-框架都是 $\mathbb{R}$ 的内部像。假设 $\mathfrak{F}$ 是一个 **S4**-框架。我们定义 $\mathfrak{F}$ 上的等价关系 ~，满足 $w \sim v$，当且仅当 w 和 v 属于相同的簇。令 $\mathfrak{F}/\sim$ 表示 $\mathfrak{F}$ 的轮廓。亦即，$\mathfrak{F}/\sim$ 是 $\mathfrak{F}$ 由 ~ 划分得到的商集，且 $R_{\sim}$ 定义在 $W/\sim$ 的分量积上。

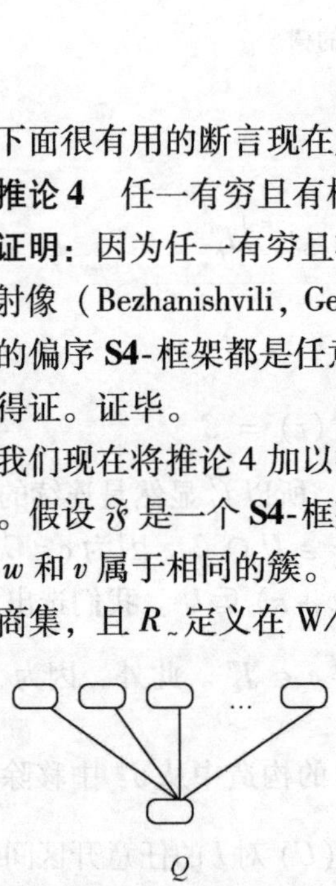

图 16-13　深度为2、分支度为 n、膨胀度为 q 的拟树

定义 15　称 **S4**-框架 $\mathfrak{F}$ 是一棵拟树（quasi-tree），如果 $\mathfrak{F}/\sim$ 是一棵树。

假设 Q 是一颗拟树。称 Q 的膨胀度（degree of swelling）为 q 如果 Q 的任意簇都恰好由 q 个元素组成。接下来的直接目标仍然是证明每个有穷拟树都是 I 的一个内部像。我们首先获取一颗用作 I 的内部像的深度为2、分支度为 n、膨胀度为 q 的拟树 Q，如图16-13所示。然后通过施归纳于该拟树的深度将该结论推广到任意的有穷拟树上。为此，我们使用如下来自于（Bezhanishvili，Gehrke，2005）引理11的结果。

引理 4　如果 X 有可数基，且 X 的任意可数子集都是有界的，则对任一自然数 n，存在 X 的不交稠密、有界子集 A_1，…，A_n 使得 $X = \cup_{i=1}^{n} A_i$。

引理 5　Q 是 I 的一个内部像。

证明： 我们将 Q 的最小簇记为 r，将其元素记为 $r_1, \cdots, r_q$。此外对 $1 \leqslant i \leqslant n$，

将 Q 的第 i 个极大簇记为 t^i，且其元素记为 $t_1^i,\cdots,t_q^i$ 。因为康托尔集$\mathbb{C}$ 满足引理 43 的条件（U），因此可以分成 q 个不交、稠密且有界的子集$\mathbb{C}_1,\cdots$，$\mathbb{C}_q$。另外每个 $I_p^m(1 \leqslant p \leqslant 2^{m-1}, m \in \omega)$ 也满足引理 43 的条件，因此每个 I_p^m 都可以分成 q 个不交、稠密且有界的子集 $(I_p^m)^1,\cdots,(I_p^m)^q$ 。假设 $1 \leqslant k \leqslant p$。我们定义 $f_I^Q:I \to Q$ 使得

$$f_I^Q(x) = \begin{cases} t_k^i, & \text{如果 } x \in \bigcup_{m \equiv i(\mathrm{mod}n)} \bigcup_{p=1}^{2^{m-1}} (I_p^m)^k \\ r_k, & \text{如果 } x \in \mathbb{C}_k\text{。} \end{cases}$$

显然 f_I^Q 是一个良定义的满射。由引理 39，我们有

$$(f_I^Q)^{-1}(t^i) = \bigcup_{m \equiv i(\mathrm{mod}n)} \bigcup_{p=1}^{2m-1} I_p^m \text{ 且} (f_I^Q)^{-1}(r) = \mathbb{C}$$

因此，f_I^Q 是连续的。要证明 f_I^Q 是开的，令 U 为 I 中的一个开区间。如果 $U \cap \mathbb{C} = \varnothing$，则 $f_I^Q(U) \subseteq \cup_{i=1}^n t^i$ 。此外，因为 $(I_p^m)^1,\cdots,(I_p^m)^q$ 将 I_p^m 划分为 q 个不交、稠密且有界的子集，$U \cap I_p^m \neq \varnothing$ 就蕴涵着对任意 $k \in \{1,\cdots,q\}, U \cap (I_p^m)^k \neq \varnothing$ 。因此，如果 $f_I^Q(U)$ 包含簇 t^i 中的一个元素，则它就包含整个簇。于是，$f_I^Q(U)$ 是开的。现在假设 $U \cap I_p^m \neq \varnothing$ 。因为$\mathbb{C}_1$，$\cdots$，$\mathbb{C}_q$将$\mathbb{C}$ 划分为 q 个不交、稠密且有界的子集，于是对任意 $k \in \{1,\cdots,q\}, U \cap \mathbb{C}_k \neq \varnothing$ 。于是 $r \subseteq f_I^Q(U)$ 。另外，与引理 5 中证明相同的论述可以保证比 r 中的点大的每个点仍然属于 $f_I^Q(U)$ 。故而 $f_I^Q(U) = Q$ ，并因此 f_I^Q 是一个内部满射。证毕。

定理 13　分支度为 n、膨胀度为 q 的任一有穷拟树都是 I 的内部像。

证明：这可以通过与定理 12 中相同的证明得到，只不过是基于引理 5.44 而非引理 5.39。证毕。

推论 5　任一有穷且有根的 **S4**-框架都是$\mathbb{R}$ 的内部像。

证明：这可以通过与推论 4 中相同的证明得到，只不过是基于每个有穷且有根的 **S4**-框架都是某个分支度为 n、膨胀度为 q 的有穷拟树的 p-态射像这一事实（Bezhanishvili，Gehrke，2005，引理 5）和定理 13。证毕。

定理 14　**S4** 是相对于$\mathbb{R}$ 完全的。

证明：如果 **S4** $\nvdash \varphi$，则存在有穷且有根的 **S4**-模型 $M = \langle W,R,v \rangle$ ，其中根为 r，使得 $M,r \nvDash \varphi$ 。由推论 5，存在内部满射 f: $\mathbb{R} \to W$。定义$\mathbb{R}$ 上的赋值 ξ 满足 $\xi(p) = f^{-1}(v(p))$ 。则 f 是 $\langle \mathbb{R}, \xi \rangle$ 和 M 之间的完全的拓扑互模拟。因此存在点 $x \in \mathbb{R}$ 使得 $x \nvDash \varphi$。证毕。

回忆一下，我们称$\mathbb{R}$ 的子集 A 是凸的（convex），如果 $x,y \in A$ 和 $x \leqslant y \leqslant z$ 蕴含着 $z \in A$。

推论 6　**S4** 关于$\mathbb{R}$ 的凸子集的可数并的布尔组合是完全的。

证明：令 f：$\mathbb{R}\to W$ 为定理14证明中的内部满射。注意对任意 $w\in W$，我们有 $f^{-1}(w)$ 是$\mathbb{R}$ 的凸子集的可数并的布尔组合（Bezhanishvili，Gehrke，2005，定理15）。由此可得结论。证毕。

16.2.6 在S4之上的空间逻辑景致

我们已经看到，当将◇解释为闭包时，**S4** 是所有拓扑空间的逻辑。此外，**S4** 似乎还是康托尔空间$\mathbb{C}$、有理数轴$\mathbb{Q}$、实数轴$\mathbb{R}$ 或者——更一般地——任意自身稠密的度量可分空间的逻辑。这些结论，尽管具有大量的数学内容，也同样显示出基本模态语言在表达各种拓扑性质时的严重局限性。比如，**S4** 关于任意自身稠密的度量可分空间的完全性已经说明自身稠密性、度量性或是可分性这些拓扑性质无法在基本模态语言中定义。这里我们讨论拓扑可定义性问题，以及回顾一下 **S4** 一些关于某些有意思的拓扑空间类的正规扩充。

拓扑可定义性和不可定义性　假设已经给定拓扑空间类 K。我们称 K 是*拓扑可定义的*（topologically denable），如果存在一个模态公式集 Γ 使得对任意拓扑空间 χ 都有 $\chi\in K$，当且仅当 $\chi\models\Gamma$。**S4** 的拓扑完全性告诉我们所有（all）拓扑空间的类 **Top** 是拓扑可定义的（通过 **S4** 上的公式 $\top$ 定义）。然而，我们在下文中将看到，许多重要的拓扑空间类，比如紧致空间或连通空间的类不（not）是拓扑可定义的。要理解这些我们需要如下定理，它最早由（Gabelaia，2001）和（van Benthem et al.，2003）给出。

定理15　假设 φ 是任一模态公式

（1）如果 y 是 χ 的一个内部像，则 $\chi\models\varphi$ 蕴含 $y\models\varphi$

（2）如果 y 是 χ 的一个开子空间，则 $\chi\models\varphi$ 蕴含 $y\models\varphi$

（3）如果 χ 是 $\{\chi_i\}_{i\in I}$ 的拓扑和，则对任意 $i\in I$，$\chi\models\varphi$，当且仅当 $\chi_i\models\varphi$

现在可以开始证明紧致性、连通性、分离性公理 T_0，T_d，T_1 和 T_2 都不是拓扑可定义的。

命题3　（Gabelaia，2001）

（1）紧致性和连通性都不是拓扑可定义的。

（2）分离性公理 T_0，T_d，T_1 和 T_2 都不是拓扑可定义的。

证明：（1）令 $\chi=\langle\{x\},\tau\rangle$ 为带离散拓扑的单点集。则显然 χ 既是紧致的，又是连通的。另一方面，χ 的任意无穷拓扑和既不是紧致的，又不是连通的。由定理15（3）可得结论。

（2）令 $\chi=\langle\{x,y\},\tau\rangle$ 为带平凡拓扑的双点集。则显然 χ 不满足四条分离性公理的任意一个。定义 f:$\mathbb{R}\to\{x,y\}$ 满足

$$f(r)=\begin{cases}x, & \text{如果 } r\in\mathbb{Q}\\ y, & \text{否则}\end{cases}$$

则易见 f 是一个内部满射。现在注意到 $\mathbb{R}$ 满足全部四条分离性公理，然后应用定理15（1）。证毕。

评论 3　$\mathbb{R}$ 还满足更强的分离性公理，如 T_3（正则性）、$T_{3_{1/2}}$（完全正则性）、T_4（正规性）、T_5 和 T_6。因此命题3也意味着 T_3、$T_{3_{1/2}}$、T_4、T_5 和 T_6 也都不是拓扑可定义的。

命题3说明基本的模态语言 $\mathcal{L}$ 不足以表达许多拓扑性质。在第16.3节中，我们将考虑对 $\mathcal{L}$ 的一些增强，并证明某些在 $\mathcal{L}$ 中无法表达的拓扑性质可以在那些增强中加以表达。然而，将那些能够（can be）在 $\mathcal{L}$ 中加以定义的拓扑空间类加以刻画似乎是一个很自然的问题。对此问题的一个答案在（Gabelaia，2001）中给出，其中给出了戈德布拉特－托马森定理的拓扑版本。

定义 16（Gabelaia，2001）　令 $\chi=\langle X,\tau\rangle$ 为一个拓扑空间。我们以 uf（X）表示幂集 $\mathcal{P}(X)$ 的超滤的集合，并定义 uf（X）上的 R 满足对任意 $A\subseteq X$

$$wRu,\text{当且仅当},A\in u\text{ 蕴涵 }\mathrm{Cl}(A)\in w。$$

不难验证 R 在 uf（X）上是自返传递的。令 τ_R 表示 uf（X）上由 R 生成的亚历山德罗夫拓扑。我们称 ae（χ）$=\langle$uf（X），$\tau_R\rangle$ 为 X 的*亚历山德罗夫扩充*（Alexandroff extensions）。

注意如果 X 上的初始拓扑是亚历山德罗夫的，则 χ 的亚历山德罗夫扩充可以通过首先取 χ 的超滤扩充（van Benthem，1983a），然后取其对应的亚历山德罗夫空间得到。拓扑空间的亚历山德罗夫扩充对于得到拓扑版本的戈德布拉特－托马森定理似乎是至关重要的。

定义 17　我们称拓扑空间的框架类 K *反射亚历山德罗夫扩充*（reflects Alexandroff extensions），如果对任意拓扑空间 χ 有 ae（X）$\in K$ 蕴涵 $\chi\in K$。

定理 16　（Gabelaia，2001）令 K 为对取亚历山德罗夫扩充封闭的拓扑空间类。则 K 是模态可定义的，当且仅当它对取开子空间、取内部像、取拓扑和以及反射亚历山德罗夫扩充封闭。

对定理16的一些提炼以及到更丰富语言的扩充可以在（Gabelaia，Sustretov，2005）和（ten Cate et al.，2009）中找到。下面给出若干拓扑可定义的空间类，以及 **S4** 的关于具有拓扑意义的空间类完全的正规扩充。

离散空间的逻辑　很容易看到：$\chi\models p\rightarrow\Box p$，当且仅当 X 的任意子集是开的，当且仅当 X 是离散的。因此，$p\rightarrow\Box p$（或与之等价的 $\Diamond p\rightarrow p$）拓扑定义了离散空间的类。

S5 和既开又闭集　我们注意到

$$\chi \models p \to \Box\Diamond p \quad \begin{array}{ll} \text{当且仅当} & \text{对任意 } A \subseteq X, A \subseteq \mathrm{Int}(\mathrm{Cl}(A)) \\ \text{当且仅当} & \text{对任意 } A \subseteq X, \mathrm{Cl}(A) \subseteq \mathrm{Int}(\mathrm{Cl}(A) \\ \text{当且仅当} & X \text{ 的任意闭子集都是开的。} \end{array}$$

因此，$p \to \Box\Diamond p$（或与之等价的 $\Diamond p \to \Box\Diamond p$）拓扑定义了任意闭子集都是开集的拓扑空间类。

S4.2 和极度不连通空间　回忆一下

$$\mathbf{S4.2} = \mathbf{S4} + (\Diamond\Box p \to \Box\Diamond p)$$

现在注意到

$$\chi \models \Diamond\Box p \to \Box\Diamond p \quad \begin{array}{ll} \text{当且仅当} & \text{对任意 } A \subseteq X, \mathrm{Cl}(\mathrm{Int}(A) \subseteq \mathrm{Int}(\mathrm{Cl}(A)) \\ \text{当且仅当} & \text{对任意 } A \subseteq X, \mathrm{Cl}(\mathrm{Int}(A)) \subseteq \mathrm{Int}(\mathrm{Cl}(\mathrm{Int}(A))) \\ \text{当且仅当} & X \text{ 的任意开子集的闭包都是开的} \\ \text{当且仅当} & X \text{ 是极度不连通的。} \end{array}$$

因此，$\Diamond\Box p \to \Box\Diamond p$ 拓扑定义了极度不连通空间类。

S4.1 和稠密集的滤　回忆一下

$$\mathbf{S4.1} = \mathbf{S4} + (\Box\Diamond p \to \Diamond\Box p)$$

对于拓扑空间 χ，令 $D(X)$ 为 X 的所有稠密子集的集合。现在 $\chi \models \Box\Diamond p \to \Diamond\Box p$，当且仅当对任意 $A \subseteq X$，$\mathrm{Int}(\mathrm{Cl}(A)) \subseteq \mathrm{Cl}(\mathrm{Int}(A))$。如同（Bezhanishvili et al.，2003）第 293 页命题 2.1 中所证明的，该条件等价于 $D(X)$ 是一个滤。因此 $\Box\Diamond p \to \Diamond\Box p$ 拓扑定义了 $D(X)$ 是一个滤的拓扑空间类。

S4.Grz 和世袭不可解空间　回忆一下

$$\mathbf{S4.Grz} = \mathbf{S4} + \Box(\Box(p \to \Box p) \to p) \to \Box p$$

此外，一个空间 χ 是可解的（resolvable），如果它可以表示为两个不交稠密子集的并；它是不可解的（irresolvable），如果不是可解的；它是世袭不可解的（hereditarily irresolvable），如果 χ 的每个子空间都不可解；它是分散的（scattered），如果 χ 的每个子空间都有一个孤立点。

对任意 $A \subseteq X$，令 $\rho(A) = A \cap \mathrm{Cl}(\mathrm{Cl}(A) - A)$。（Esakia，1981）发现 $\chi \models \Box(\Box(p \to \Box p) \to p) \to \Box p$，当且仅当对任意 $A \subseteq X, A \subseteq \mathrm{CL}(A - \rho(A))$。如同（Bezhanishvili et al.，2003）第 295 页定理 2.4 所证明的，该条件等价于 χ 是世袭不可解的。因此 $\Box(\Box(p \to \Box p) \to p) \to \Box p$ 拓扑定义了世袭不可解空间类。现在因为 **S4.Grz** 相对于其关系语义学是完全的，且对于亚历山德罗夫空间 $\chi_{\mathfrak{F}} = \langle X, \tau_R \rangle$ 来说世袭不可解概念和分散概念彼此相似，且根据 $\mathfrak{F}$ 没有无穷上升链（Cabelaia，1999）这一概念，我们得到 **S4.Grz** 是世袭不可解空间的逻辑，而且也是分散空间的逻辑。因为分散空间是世袭不可解空间的真子类

(Bezhanishvili et al., 2003)，它们不是拓扑可定义的。另外，因为 **S4. Grz** 也是序数的逻辑（Abashidze, Esakia, 1987)，所以序数也不是拓扑可定义的。

欧氏谱系 推论 7 证明$\mathbb{R}$的凸子集的可数并的布尔组合的逻辑已经是 **S4**。然而如果我们将注意力限制到$\mathbb{R}$的凸子集有穷并时，其逻辑则大为增强。

我们称$\mathbb{R}$的子集为持续的，如果它是$\mathbb{R}$的凸子集有穷并。令 $S(\mathbb{R})$ 表示$\mathbb{R}$的持续子集族。不同于$\mathbb{R}$的凸子集的可数并，$S(\mathbb{R})$ 确实形成了一个布尔代数。称$\mathbb{R}$上的赋值 v 为持续的，如果对任意命题字母 p, $v(p) \in S(\mathbb{R})$。称公式 φ 是 *s*-真的，如果它在$\mathbb{R}$及某个持续赋值下为真；称 φ 是 *s*-有效的，如果 φ 对任意持续赋值都是 *s*-真的。令 $L(S) = \{\varphi:\varphi$ 是 *s*-有效的$\}$。很容易看到 $L(S)$ 是 **S4** 的正规扩充。我们将其称为$\mathbb{R}$的持续子集的逻辑（the logic of serial subsets of IR)。如下定理首次出现于（Aiello et al., 2003)，还可参见（van Benthem et al., 2003)。

定理 17 $L(S)$ 是如图 16-14 所示的二叉框架 $\mathfrak{F}$ 的逻辑。

图 16-14 二叉框架

对于 $n \geqslant 2$，称 $X \subseteq \mathbb{R}^n$ 是超矩形凸的（hyper-rectangular)，如果对$\mathbb{R}$的凸子集 $X_i (1 \leqslant i \leqslant n)$ 都有 $X = X_1 \times \cdots \times X_n$。我们还称 $X \subseteq \mathbb{R}^n$ 为 *n*-交替的（n-chequered)，如果它是$\mathbb{R}^n$的超矩形凸子集的有穷并。令 $CH(\mathbb{R}^n)$ 表示$\mathbb{R}^n$的所有 *n*-交替子集的集合。跟 $S(\mathbb{R})$ 一般，$CH(\mathbb{R}^n)$ 也形成一个布尔代数。称$\mathbb{R}^n$上的赋值 v 为 *n*-交替的，如果对任意命题字母 p, $v(p) \in CH(\mathbb{R}^n)$。称公式 φ 是 *n*-真的，如果它在$\mathbb{R}^n$及某个 *n*-交替的赋值下为真；称 φ 是 *n*-有效的，如果 φ 对任意 *n*-交替的赋值都是 *n*-真的。令 $L_n = \{\varphi:\varphi$ 是 *n*-有效的$\}$。如 $L(S)$ 一般，我们有 L_n 是 **S4** 的正规扩充。我们将其称为$\mathbb{R}^n$的 *n*-交替子集的逻辑（the logic of n-chequered subsets of IRn)。此外，这些逻辑形成一个下降链：

$$L(S) = L_1 \supset L_2 \supset L_3 \supset \cdots \supset L_n \supset \cdots$$

令 $\mathfrak{F}^n$ 表示二叉框架 $\mathfrak{F}$ 与其自身的 n 次卡氏积。(van Benthem et al., 2003) 中证明了如下定理。

定理 18 对 $n \geqslant 2$，有 L_n 是 $\mathfrak{F}^n$ 的逻辑。

特别地，实平面的交替子集的逻辑与 $\mathfrak{F}^2$ 的逻辑相类似。$\mathfrak{F}^2$ 的一个例子在图 16-15 中给出。

我们称 $X \subseteq \mathbb{R}^\infty$ 为∞-矩形凸的（n-rectangular convex)，如果对$\mathbb{R}$的任意凸子集 X_i 都有 $X = \prod_{i=1}^{\infty} X_i$，其中除有穷多个 X_i 之外的都要么等价于$\mathbb{R}$要么等价于 $\varnothing$。称 $X \subseteq \mathbb{R}^\infty$ 为∞-交替的（∞-chequered)，如果它是$\mathbb{R}^\infty$的∞-矩形凸子集的有

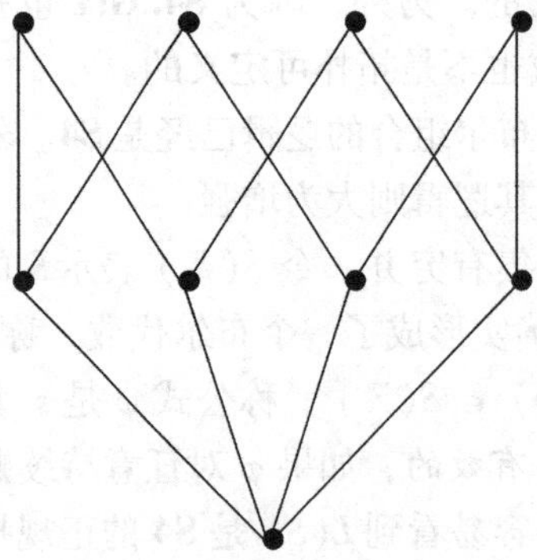

图 16-15　$\mathfrak{F}^2$

穷并。令 $CH(\mathbb{R}^{\infty})$ 表示$\mathbb{R}^{\infty}$的所有∞-交替子集的集合。跟每个 $CH(\mathbb{R}^{n})$ 一样，$CH(\mathbb{R}^{\infty})$ 也形成一个布尔代数。称$\mathbb{R}^{\infty}$上的赋值 v 为∞-交替的（∞-chequered），如果对任意命题字母 p，$v(p) \in CH(\mathbb{R}^{\infty})$。称公式 φ 是∞-真的，如果它在$\mathbb{R}^{\infty}$及某个∞-交替的赋值下为真；称 φ 是∞-有效的，如果 φ 对任意∞-交替的赋值都是∞-真的。令 $L_{\infty} = \{\varphi : \varphi$ 是∞-有效的$\}$。易见 L_{∞} 是 **S4** 的正规扩充。我们将其称为$\mathbb{R}^{\infty}$的∞-交替子集的逻辑（the logic of ∞-chequered subsets of IR^{∞}）。下面的定理可以在（van Benthem et al.，2003）中找到。

定理 19　$L_{\infty} = \cap L_n$

总结一下，我们得到实数轴$\mathbb{R}$持续子集的逻辑 $L(S)$，以及它的一些很自然的推广——表现相当良好的 n 维欧氏空间$\mathbb{R}^{n}$的 n-交替子集逻辑 L_n。不同于每个欧氏空间$\mathbb{R}^{n}$的完整的模态逻辑——它与 **S4** 类似——并非所有的 L_n 逻辑都相同，这就形成了收敛到$\mathbb{R}^{\infty}$的∞-交替子集的逻辑 L_{∞} 的下降链。这给我们提供了模态逻辑中的一种欧氏谱系（Euclidean hierarchy）。（Litak，2004）曾暗示 L_{∞} 可能与梅德韦杰夫（Medvedev）首先定义的出于相当不同动机的“有穷问题逻辑”有着密切的联系。最近（Fontaine，2006）证明梅德韦杰夫逻辑在 L_{∞} 上不是有穷可公理化的。

评论 4　如同大卫·伽贝拉亚所指出的那样，$L(S)$ 与数字轴（digital shaft）[(亦称卡林姆斯基轴（Card，LinM 1980～1995)] 的逻辑相类似，而 L_2 与数字平面 [(亦称卡林姆斯基平面（Card，LinM base plane)] 的逻辑相类似。这种对应是否延伸到更高维仍是一个开放性问题。关于数字拓扑的定义和基本概念参见第 12 章。

16.3　模态逻辑与拓扑：深入方向

在第 16.2 节中我们主要关注将◇解释为闭包、由此得到的逻辑 **S4** 以及在 **S4** 之上的空间逻辑景致。但这个经典的图景并不能囊括模态逻辑与拓扑的全部。已经提到许多重要的拓扑性质无法在基本的模态语言 $\mathcal{L}$ 中表达。在本节中我们将讨论增加 $\mathcal{L}$ 的表达能力的几种不同的方法，亦即模态化导集算子、拓扑空间上的积构造、扩充的模态语言和拓扑模型的认知解释。这里并不存在单一的故事路线，但这些主题一起体现了当前研究的活跃性。

16.3.1 ◇作导集

至少存在两种很自然的方式来增加 $\mathcal{L}$ 的表达能力。其一是在 $\mathcal{L}$ 中增加新的模态算子，另一是将模态◇解释为比闭包算子更具表达能力的拓扑算子。我们将在第 16.3.2 和 16.3.3 节中考虑在 $\mathcal{L}$ 中增加新的模态算子。这里我们将◇解释为导集［最早由（Mckinsey，Tarski，1944）所建议］的一些结果。因为对任意 $A\subseteq X$ 有 $\mathrm{Cl}(A)=A\cup d(A)$，所以导集算子比闭包算子更具表达力。回忆一下，$x\in d(A)$，当且仅当对 x 的任意开邻域 U 都有 $A\cap(U-\{x\})\neq\varnothing$，而 A 的余导集是 $t(A)=X-d(X-A)$，且 $x\in t(A)$，当且仅当存在 x 的开邻域 U 使得 $U\subseteq A\cup\{x\}$。

令 $M=\{\chi,v\}$ 为一拓扑模型。我们通过施归纳于 φ 的长度来定义公式 φ 在点 $x\in X$ 上 d-真（d-true）：

■ $x\models_d p$，当且仅当，$x\in v(p)$
■ $x\models_d\neg\varphi$，当且仅当，并非 $x\models_d\varphi$
■ $x\models_d\varphi\wedge\psi$，当且仅当，$x\models_d\varphi$ 且 $x\models_d\varphi$
■ $x\models_d\Box\varphi$，当且仅当，$\exists U\in\tau$（$x\in U$ & $\forall y\in U-\{x\}$：$y\models_d\varphi$）

并因此

■ $x\models_d\Diamond\varphi$，当且仅当，$\forall U\in\tau$（$x\in U\Rightarrow\exists y\in U-\{x\}$：$y\models_d\varphi$）

称 φ 在 $M=(\chi,v)$ 中是 d-真的，如果 φ 在任意点 $x\in X$ 上是 d-真的。称 φ 在 χ 中是 d-有效的（d-valid），如果 φ 在基于 χ 的任意模型中都是 d-真的。最后，我们称 φ 在一个拓扑空间类上是 d-有效的，如果 φ 在该类的任意成员中都是 d-有效的。

例 2

（1）我们证明 $(p\wedge\Box p)\to\Box\Box p$ 在 **Top** 中是 d-有效的。令 $\chi\in$ **Top**，$M=\langle\chi,v\rangle$ 为一拓扑模型，且对 $x\in X$，$x\models_d p\wedge\Box p$。则 $x\models_d p$ 且存在 x 的开邻域 U 使得对任意 $y\in U-\{x\}$ 有 $y\models_d p$。因此对任意 $y\in U$ 有 $y\models_d p$。于是对任意 $y\in U$ 有 $y\models_d\Box p$，从而得到 $x\models_d\Box\Box p$。

（2）$\Box(p\to q)\to(\Box p\to q)$ 在 **Top** 中是 d-有效的，以及必然化规则保持 d-有效性，都可以类似例 1 加以证明。

定义 18 令 **wK4** 表示模态逻辑 **K** + $(p\wedge\Box p)\to\Box\Box p$。显然 **wK4** 弱于 **K4**。我们称 **wK4** 为弱（weak）**K4**。

可以得到模态逻辑 **wK4** 是关于 d-语义学可靠的。事实上，如同（Esakia，

2001）所证明的那样，**wK4** 也是关于 d-语义学完全的。下面讨论 **wK4** 的关系语义学与 d-语义学之间的联系，然后证明 **wK4** 是所有拓扑空间的 d-逻辑，之后判定 **S4** 与 **wK4** 之间的联系，最后我们讨论在 **wK4** 之上的更强的空间逻辑。本节的多数结论来自于（Esakia，2001；Esakia，2004；Bezhanishvili et al.，2005；Shehtman，1990；Shehtman，2006）。

16.3.1.1 弱 K4

定义 19 令 $\mathfrak{F}$ 为一框架。我们称 $\mathfrak{F}$ 是弱传递的（weakly transitive），如果 $\forall w,v,u \in W(wRv \ \& \ vRu \ \& \ w \neq u \rightarrow wRu)$。

已知 **wK4** 是相对于所有弱传递框架的类可靠且完全的。事实上，**wK4** 具有有穷模型性质（Esakia，2001）。因此，我们有时将弱传递框架视为 **wK4**-框架。称弱传递框架 $\mathfrak{F}=\langle W,R\rangle$ 为有根的（rooted），如果存在 $r \in W$——称为 $\mathfrak{F}$ 的根（a root）——使得对任意 $w \neq r$ 都有 rRw。

定理 20 （Esakia，2001）**wK4** 相对于有穷且有根的禁自返 **wK4**-框架是完全的。

证明概要：如果 **wK4** $\nvdash \varphi$，则存在有穷的 **wK4**-模型 $M=\langle \mathfrak{F},\nu\rangle$ 否证 φ。现在构造一个有穷的禁自返 **wK4**-框架 $\mathfrak{G}$，使得 $\mathfrak{F}$ 是 $\mathfrak{G}$ 的一个 p-态射像。对于 $\mathfrak{F}=\langle X,R\rangle$，令 Y 为由替换 X 的没有自返点 x 为与 X 不交的双点集 $\{x_1,x_2\}$ 所得到的集合。定义 Y 上的 S，满足：x_1Sx_2 且 x_2Sx_1，对任意 yRx 有 ySx_1 且 ySx_2，并且对任意 xRz 有 x_1Sz 且 x_2Sz。易见 $\mathfrak{G}$ 是一个有穷禁自返的弱传递框架。定义 f：$Y\rightarrow X$，使得：如果 $x \in X$ 是自返的，则 $f(x_1)=f(x_2)=x$，且如果 $x \in X$ 是禁自返的，则 $f(x)=x$。然后检验 f 是一个 p-满态射是一个例行任务。现在定义 $\mathfrak{G}$ 上的 ξ 使得 $\xi(p)=f^{-1}(\nu(p))$。因此模型 $N=\langle \mathfrak{G},\xi\rangle$ 与 M 互模拟。所以，N 也否证 φ。证毕。

定义 20 令 $\mathfrak{F}=\langle X,R\rangle$ 为一个 **wK4**-框架。我们以 $\overline{\mathfrak{F}}=\langle X,\overline{R}\rangle$ 表示 $\mathfrak{F}$ 的自返闭包（reflexive closure）（亦即 $\overline{R}$ 是由 R 加上所有的自返环得到的），以 $\underline{\mathfrak{F}}=\langle X,\underline{R}\rangle$ 表示 $\mathfrak{F}$ 的禁自返片段（irreflexive fragment）（亦即 $\underline{R}$ 是由 R 删除所有的自返环得到的）。

对一个 **wK4**-框架 $\mathfrak{F}$ 而言，很显然 $\overline{\mathfrak{F}}$ 是一个 **S4**-框架，且 $\underline{\mathfrak{F}}$ 是一个禁自返 **wK4**-框架。此外，任意 **wK4**-框架，要么由一个 **S4**-框架删除某些自返环得到，要么由禁自返的 **wK4**-框架添加某些自返环得到。

给定一个 **wK4**-框架 $\mathfrak{F}$，我们将 $\overline{\mathfrak{F}}$ 视为一个亚历山德罗夫空间。对于 $A \subseteq X$ 我们将 A 在 $\overline{\mathfrak{F}}$ 中的导集记为 $d_R(A)$。接下来的一系列结论来自于（Esakia，2001）。

引理 6 令 $\mathfrak{F} = \langle X, R \rangle$ 为 **wK4**-框架且 $A \subseteq X$。在 $\overline{\mathfrak{F}}$ 中有 $d_R(A) = \underline{R}^{-1}(A)$。

证明：注意到：

$x \in d_R(A)$ 当且仅当 对 x 的任意开邻域 U 有 $U \cap (A - \{x\}) \neq \varnothing$

当且仅当 $\overline{R}(x) \cap (A - \{x\}) \neq \varnothing$

当且仅当 $\underline{R}(x) \cap A \neq \varnothing$

当且仅当 $x \in \underline{R}^{-1}(A)$

从而可得结论。证毕。

现在假设 χ 是一个拓扑空间。我们定义 X 上的 R_d 为满足 xR_dy，当且仅当，$x \in d\ (y)$。

引理 7 $\langle X, R_d \rangle$ 为一个禁自返的 **wK4**-框架。

证明：R_d 是禁自返的可由 $x \notin d\ (x)$ 得到。要理解 R_d 是弱传递的，假设 xR_dy，yR_dz 且 $x \neq z$。于是 $x \in d(y)$，$y \in d(z)$ 且 $x \neq z$。由 $x \in d(y)$ 得对于 x 的任意开邻域 U，有 $y \in U - \{x\}$；由 $y \in d(z)$ 得对于 y 的任意开邻域 V，我们有 $z \in V - \{y\}$；由 $x \neq z$ 得对于 x 的任意开邻域 U，有 $z \in U - \{x, y\} \subseteq U - \{x\}$。因此，$x \in d(z)$ 且 xR_dz。证毕。

引理 8 如果 $\mathfrak{F}$ 是 **wK4**-框架，则 $R_{d_R} \subseteq R$。

(1) 如果 $\mathfrak{F}$ 是禁自返的 **wK4**-框架，则 $R_{d_R} \subseteq R$。

(2) 如果 χ 是一个拓扑空间，则 $R_d^{-1}(A) \subseteq d(A)$。

(3) 如果 χ 是一个亚历山德罗夫空间，则 $R_d^{-1}(A) = d(A)$。

证明：(1) 在 **wK4**-框架 $\mathfrak{F}$ 中，$x^{R_{d_R}}y \rightarrow x \in d_R(y) \rightarrow x \in R^{-1}(y) \rightarrow xRy$。

(2) 假设 $\mathfrak{F}$ 是一个禁自返的 **wK4**-框架。则 $x^{R_{d_R}}y \leftrightarrow x \in d_R(y) \leftrightarrow x \in \underline{R}^{-1}(y) \leftrightarrow x \in R^{-1}(y) \leftrightarrow xRy$。

(3) 假设 χ 是一个拓扑空间。则 $x \in R_d^{-1}(A) \rightarrow (\exists y)(xR_dy \ \&\ y \in A) \rightarrow (\exists y)(x \in d(y) \& d(y) \subseteq d(A)) \rightarrow x \in d(A)$。

(4) 假设 χ 是一个亚历山德罗夫空间。则 $x \in d(A) \leftrightarrow \overline{R}_d(x) \cap (A - \{x\}) \neq \varnothing \leftrightarrow \overline{R}_d(x) \cap A \neq \varnothing \leftrightarrow x \in R_d^{-1}(A)$。证毕。

推论 7 对任意非空集合 X，如下项目间存在着一一对应：

(i) X 上的亚历山德罗夫空间；

(ii) X 上的自返传递关系；

(iii) X 上的禁自返、弱传递关系。

由此可知在亚历山德罗夫空间、**S4**-框架和禁自返 **wK4**-框架之间存在着一一对应。现在要证明 **wK4** 是所有拓扑空间的 d-逻辑。

定理 21

(1) **wK4** 是所有拓扑空间的 d-逻辑。

(2) **wK4** 是所有有穷（finite）拓扑空间的 d-逻辑。

(3) **wK4** 关于拓扑空间的类具有能行的有穷模型（the effective finite model property）性质。

证明： 显然（1）和（3）都可由（2）得到。要证（2），由定理 20 可得 **wK4** 是相对于所有有穷禁自返 **wK4**-框架完全的。由推论 8，禁自返 **wK4**-框架对应于拓扑空间。由此可得结论。证毕。

16.3.1.2 **S4** 和 **wK4** 间的联系

S4 和 **wK4** 之间存在着紧密联系。对于 $\mathcal{L}$ 的公式集 $\mathbb{F}$，我们归纳定义一个翻译 tr: $\mathbb{F} \to \mathbb{F}$ (Boolos, 1993)：

- $tr(p) = p$
- $tr(\varphi \wedge \psi) = tr(\varphi) \wedge tr(\psi)$
- $tr(\neg \varphi) = \neg tr(\varphi)$
- $tr(\Box\varphi) = tr(\varphi) \wedge \Box tr(\varphi)$

定义 21

(1) 令 L 为 **wK4** 的一个正规扩充，S 为 **S4** 的一个正规扩充。我们称 L 和 S 是一个同伴（companions），如果 $S \vdash \varphi$，当且仅当，$L \vdash tr(\varphi)$。

(2) 对于 **wK4** 的的正规扩充 L，令 $T(L) = \{\varphi : L \vdash tr(\varphi)\}$。

引理 9

(1) $T(L)$ 是 **S4** 的正规扩充。

(2) $T(L)$ 是 L 的唯一同伴。

证明：(1) 不难验证

wK4 $\vdash tr(\Box p \to p), tr(\Box p \to \Box\Box p), tr(\Box(p \to q) \to (\Box p \to \Box q))$，

以及 $T(L)$ 对 MP 和 N 封闭。所以 $T(L)$ 是 **S4** 的正规扩充。

(2) 假设 S 是 L 的一个同伴。则 $S \vdash \varphi \leftrightarrow L \vdash tr(\varphi) \leftrightarrow T(L) \vdash \varphi$。因此 $S = T(L)$。证毕。

另一方面，**S4** 给定的一个正规扩充 S 可能拥有许多不同的同伴。例如，**wK4** 和 **K4**（以及之间的所有正规逻辑）都是 **S4** 的对比。

用关系语义学的话说，如果 **wK4** 的正规扩充 L 由框架类 K 所刻画，则 $T(L)$ 由类 $\overline{K} = \{\overline{\mathfrak{F}} : \mathfrak{F} \in K\}$ 所刻画，其中 $\overline{\mathfrak{F}}$ 表示 $\mathfrak{F}$ 的自返闭包。

现在来看 tr 的拓扑意义。对于拓扑空间类 K，令 $L_d(K)$ 表示在 K 中 d-有效的 $\mathcal{L}$-公式集。因为 **wK4** 关于 d-语义学是可靠的，所以显然 $L_d(K)$ 是 **wK4** 的正

规扩充。我们称 $L_d(K)$ 为 K 的 d-逻辑。下面的两条事实来自于（Bezhanishvili et al.，2005）的引理 2.1 和定理 2.2。

引理 10 令 K 为一个拓扑空间类且 $\chi \in K$。

(1) $\chi \models \varphi$，当且仅当，$\chi \models_d tr(\varphi)$。

(2) $K \models \varphi$，当且仅当，$K \models_d tr(\varphi)$。

定理 22 如果 L 是一个 d-逻辑，则 $T(L)$ 是拓扑完全的。

需要指出，即使 L 不是一个 d-逻辑，$T(L)$ 也可能是拓扑完全的。故而，定理 22 反过来不一定成立。下面我们给出 **S4** 和 **wK4** 的互为对比的拓扑完全的正规扩充的几个例子。

16.3.1.3 在 **wK4** 之上的空间逻辑景致

在 **wK4** 之上的空间逻辑景致的研究没有 **S4** 之上那么活跃。然而，在这个方向上也有一些有意思的结论。我们将它们列在下面。

已经看到，当将 $\Diamond$ 解释为导集时，**wK4** 是所有拓扑空间的逻辑。除此之外，我们还会看到 **K4** 是所有 T_d-空间的逻辑，**KD4** 是康托尔空间 $\mathbb{C}$、有理数轴 $\mathbb{Q}$ 或更一般的零维自身稠密的度量可分空间的逻辑，$\mathbb{R}$ 的 d-逻辑是 $\mathbf{KD4G_2}$，以及 $\mathbb{R}^n$ $(n \geqslant 2)$ 的 d-逻辑是 $\mathbf{KD4G_1}$。

称拓扑空间类 K 是 *d-可定义的*（d-definable），如果存在模态公式集 Γ，使得对任意拓扑空间 χ 有 $\chi \in K$，当且仅当 $\chi \models_d \Gamma$。因此拓扑空间的导集算子比闭包算子更具表达能力，拓扑可定义性结论将自动转换到 d-可定义性结论中。然而却存在 d-可定义的拓扑性质不是拓扑可定义的。比如，所有 T_d-空间的类不是拓扑可定义的，而另一方面 $\Box p \to \Box\Box p$ d-定义了它。自身稠密空间的类也不是拓扑可定义的，但它是由 $\Box\top$（或者与之等价的 $\Box p \to \Diamond p$）d-定义的。下面我们给出这个方向上的一些结论。

S4. Grz 和世袭不可解空间

命题 4（Esakia，2001）**K4** 是所有 T_d-空间的 d-逻辑。

证明： 因为对任意 $A \subseteq X$，χ 是一个 T_d-空间，当且仅当，$dd(A) \subseteq d(A)$，所以我们得到 **K4** 相对于 T_d-空间类是可靠的。要得到完全性，先回忆一下 **K4** 相对于所有（不一定是有穷）禁自返 **K4**-框架类是完全的（Chagrov，Zakharyaschev，1997，练习 3.11）。这两个都对应于一个 T_d-空间，故而结论成立。证毕。

得到 **K4** 的 d-完全性的另一方法是类似于第 16.2.4.2 节中那样构造 **K4** 的一个典范拓扑模型（Steinsvold，2005）。

$\mathbb{C}$ 和 $\mathbb{Q}$ 的 d-逻辑　令　**KD4** = **K4** + $\Diamond\top$，对于拓扑空间 χ 而言我们有：$\chi \models_d \Diamond\top$，当且仅当，$d(X) = X$，当且仅当，$\chi$ 是自身稠密的。于是因为 $\mathbb{C}$ 和 $\mathbb{Q}$ 都是

自身稠密的 T_d-空间，有$\mathbb{C}$，$\mathbb{Q}\models_d$**KD4**。此外，如同（Shehtman，1990）定理 29 所示，**KD4** 是任意零维的自身稠密的度量可分的逻辑。于是我们直接可以得到 **KD4** $= L_d(\mathbb{C}) = L_d(\mathbb{Q})$。

欧氏空间的 *d*-逻辑　这里的情形与 **S4** 中不同。事实上，我们有$\mathbb{C}$和$\mathbb{Q}$的 d-逻辑不同于$\mathbb{R}$的 d-逻辑，而$\mathbb{R}$的 d-逻辑不同于$\mathbb{R}^n(n\geqslant 2)$的 d-逻辑。令 G_1 表示公式

$$(\Diamond p \wedge \Diamond\neg p) \rightarrow \Diamond((p \wedge \Diamond\neg p) \vee (\neg p \wedge \Diamond p)),$$

且 $\mathbf{KD4G_1}$ 表示由 **KD4** 要求 G_1 而得到的逻辑。此外令 $Q_1 = p_1 \wedge \neg p_2 \wedge \neg p_3$，$Q_1 = \neg p_1 \wedge p_2 \wedge \neg p_3$，$Q_1 = \neg p_1 \wedge \neg p_2 \wedge \neg p_3$，且 G_2 表示公式

$$\Box((Q_1 \wedge \Box Q_1) \vee (Q_2 \wedge \Box Q_2) \vee (Q_3 \wedge Q_3)) \rightarrow (\Box\neg Q_1 \vee \Box\neg Q_2 \vee \Box\neg Q_3).$$

令 $\mathbf{KD4G_2}$ 表示由 **KD4** 要求 G_2 而得到的逻辑。然后根据（Shehtman，1990）和（Shehtman，2006）有 $\mathbf{KD4G_1} = L_d(\mathbb{R}^n)$ 对所有 $n\geqslant 2$ 成立，且有 $\mathbf{KD4G_2} = L_d(\mathbb{R})$。

GL 和分散空间　回忆一下，哥德尔－洛伯的可证性逻辑 **GL** 是通过在 **K** 上增加洛伯公式 $\Box(\Box p\rightarrow p)\rightarrow\Box p$ 得到的。我们已经在第 16.2.6 节中看到，分散空间的类不是拓扑可定义的。另一方面，（Esakia，1981）中证明 $\chi\models_d\Box(\Box p\rightarrow p)\rightarrow\Box p$，当且仅当 χ 是分散的。因此，$\Box(\Box p\rightarrow p)\rightarrow\Box p$ d-定义了分散空间类。现在又因为 **GL** 是序数空间的 d-逻辑（Abashidze，1987；Blass，1990），我们得到 **GL** 是分散空间和序数空间的 d-逻辑。因为序数空间类是分散空间类的子类，于是序数空间类既不是 d-可定义的，又不是拓扑可定义的。

K4. Grz 和世袭不可解空间　在第 16.2.6 节中已经看到，$\Box(\Box(p\rightarrow\Box p)\rightarrow p)\rightarrow\Box p$ 拓扑定义了世袭不可解空间类。因此，世袭不可解空间类也是 d-可定义的。很有意思的是，用于 d-定义世袭不可解空间类的公理也是一样的（Esakia，2002）。另外，**K4. Grz** 是世袭不可解空间类的 d-逻辑（Gaelaia，2004）。**GL** 和 **K4. Grz** 都是 **S4. Grz** 的对比，但（Esakia，2002）证明，**K4. Grz** 是 **S4. Grz** 的最小对比。

关于 d-可定义性和 d-可完全性的更多结论可以在（Bezhanishvili et al.，2005）中找到。

16.3.2　积逻辑

整个 20 世纪 90 年代，逻辑的组合以及模型整合的构造都在实践中不断出现，这也成为数学理论的一个新的旋律。特别地，（Gabbay，Shehtman，1998）中出于在不同维度信息的结合中的使用，对关系模型的积（products）进行了广

泛的研究。而与此相匹配的模态逻辑的表现已广为人知（Gabbay et al.，2003）。本节主要是关于将拓扑空间的积作为这种方法的推广。特别地，我们在标准的积拓扑之外还描述两种“水平的”和“垂直的”拓扑。对于积上的这三种拓扑中的每一个，我们都在语言中引入一个模态方框算子，然后给出所得逻辑的公理系统。这里给出的内容来自于（van Benthem et al.，2005）。

16.3.2.1　拓扑的积

令$\chi=\langle X,\eta\rangle$和$\gamma=\langle Y,\theta\rangle$为两个拓扑空间。回忆一下$X\times Y$上的标准的积拓扑（standard product topology）τ定义为满足$U\times V$形成τ的基，其中U在χ中是开集且V在γ中是开集。我们通过“挖出”其组件来定义$X\times Y$上的两个额外的一维拓扑。

定义 22　假设$A\subseteq X\times Y$。称A是*水平开的*（horizontally open，H-open）（*H-开的*），如果对任意$(x,y)\in A$，存在$U\in\eta$使得$x\in U$且$U\times\{y\}\subseteq A$。类似地，称A是*垂直开的*（vertically open，V-open）（*V-开的*），如果对任意$(x,y)\in A$，存在$V\in\theta$使得$y\in V$且$\{x\}\times V\subseteq A$。如果A既是H-开的又是V-开的，则称其为*HV-开的*（HV-open）。

H-闭的、V-闭的和HV-闭的集合可以类似加以定义。令τ_1表示$X\times Y$的所有H-开子集的集合，τ_2表示$X\times Y$的所有V-开子集的集合。很容易验证τ_1和τ_2都形成$X\times Y$上的拓扑。

定义 23　我们称τ_1为*水平拓扑*（the horizontal topology），τ_2为*垂直拓扑*（the vertical topology）。

评论 5　标准积拓扑中开集既是水平开的，又是垂直开的。亦即$\tau\subseteq\tau_1$且$\tau\subseteq\tau_2$。然而，反过来的包含关系却不普遍成立。

$\mathcal{L}_{\Box_1\Box_2}$的模态算子$\Box_1$和$\Box_2$在$\langle X\times Y,\tau_1,\tau_2\rangle$中的解释正如预期：

$(x,y)\models\Box_1\varphi$ 当且仅当$(\exists U\in\tau_1)((x,y)\in U\ \&\ \forall(x',y')\in U(x',y')\models\varphi)$

$(x,y)\models\Box_2\varphi$ 当且仅当$(\exists V\in\tau_2)((x,y)\in V\ \&\ \forall(x',y')\in V(x',y')\models\varphi)$

模态词$\Diamond_1$和$\Diamond_2$对偶地加以定义。此外，所有那些通常的概念，如可满足性和有效性都可以很自然地推广到这个新的语言。

框架的积与拓扑空间的积之间存在着一些相似与不同。要理解其相似性，令$\mathfrak{F}=\langle W,R\rangle$和$\mathfrak{F}'=\langle W',R'\rangle$为**S4**-框架，令$\mathfrak{F}\times\mathfrak{F}'=\langle W\times W',R_1,R_2\rangle$为它们的积。于是$\tau_{R_1}$和$\tau_{R_2}$恰好是积空间$W\times W'$上的水平和垂直拓扑。这说明我们的拓扑积构造确实是通常的框架积构造的可信的推广。于是，只要拓扑空间χ和γ可以表示为**S4**-框架（即是亚历山德罗夫空间），则它们的积$X\times Y$上的水平拓扑和垂直拓扑就可以通过框架积上水平和垂直关系加以定义。换句话说，我们的拓扑设定对框架积的情形进行了推广。至于不同之处，须指出 *com* 和 *chr*——它们在框架积上有效——都可以在拓扑积上被否证。下面我们说明它们在$\mathbb{R}\times\mathbb{R}$上的反例。

（a）*com* 的失效：令

$$v(p)=\Big(\bigcup_{x\in(-1,0)}\{x\}\times(x,-x)\Big)\cup(\{0\}\times(-1),1))\cup\Big(\bigcup_{x\in(0,1)}\{x\}\times(x,-x)\Big)$$

图 16-16（a）。则存在基础水平开集$(-1,1)\times\{0\}$，使得（0，0）在其中且$(-1,1)\times\{0\}$中的任一点都落在$v(p)$的一个垂直开子集中。因此，$\Box_1\Box_2 p$在（0，0）上为真。另一方面，不存在包含（0，0）的垂直开集使得其中的每个点都落在$v(p)$的一个水平开子集中，这意味着$\Box_2\Box_1 p$在（0，0）上为假。

（b）*chr* 的失效：令$v(p)=\cup\left\{\left\{\frac{1}{n}\right\}\times\left(-\frac{1}{n},\frac{1}{n}\right):n\geqslant 1\right\}$图 16-16（b）。则在（0，0）附近的任一基础水平开集中存在一点落在一个 p 在其中处处为真的基础垂直开集中。因此，$\Diamond_1\Box_2 p$在（0，0）上为真。另一方面，因为$v(p)$的水平闭包是$v(p)\cup\{(0,0)\}$，且因为$v(p)\cup\{(0,0)\}$的垂直内部是$v(p)$，我们有$\Box_2\Diamond_1 p$在（0,0）上为假。

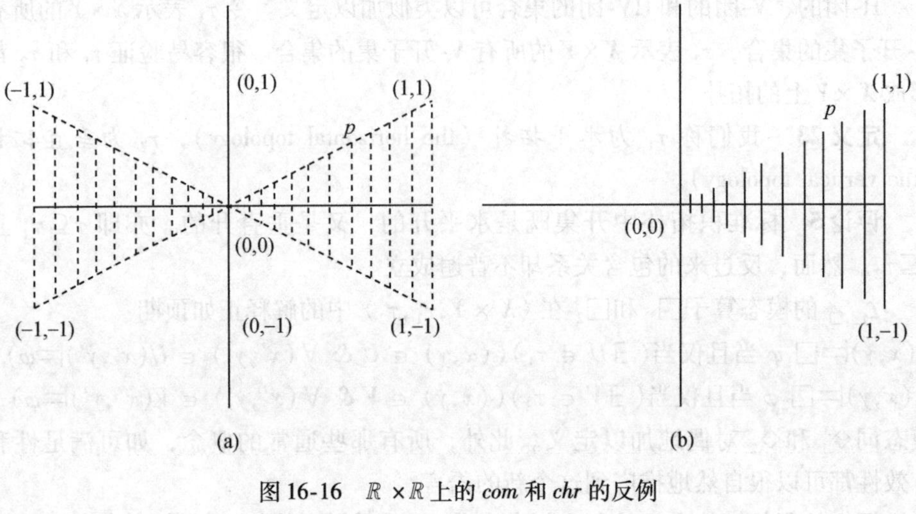

图 16-16　$\mathbb{R}\times\mathbb{R}$上的 *com* 和 *chr* 的反例

$\mathbb{R}\times\mathbb{R}$上的这些反例都不是偶然的。（van Benthem et al.，2005）第 4 节说明它们何时可以重现于任意拓扑空间的积之中。

16.3.2.2　积的完全性

这里的主要目标是要证明拓扑空间的所有的积的逻辑是 **S4**$\oplus$**S4**。事实上，我们证明 **S4**$\oplus$**S4** 是$\mathbb{C}\times\mathbb{Q}$的逻辑。

定理 23 **S4⊕S4** 是$\mathbb{C}\times\mathbb{Q}$的逻辑。

证明： 由命题 17 得，**S4⊕S4** 是关于无穷四叉树 $\mathcal{T}_{2,2}\langle W,R_1,R_2\rangle$ 的逻辑。我们将 $\mathcal{T}_{2,2}$视为带有两个由 R_1 和 R_2 定义的亚历山德罗夫拓扑。要证明 **S4⊕S4** 关于$\mathbb{C}\times\mathbb{Q}$ 的完全性，我们使用定理 11 证明中构造的 X，递归定义 $X\times X$ 的 HV-开子集和从 Y 到 $\mathcal{T}_{2,2}$上的关于两个拓扑的内部映射 g：这使我们可以将 $\mathcal{T}_{2,2}$的反模型传递到 Y，然后从 Y 传递到 $X\times X$，最后从 $X\times X$ 传递到$\mathbb{C}\times\mathbb{Q}$。

令 $Y=\bigcup_{n\in w}Y_n$，其中 $Y_0=\{(0,0)\}$ 且

$$Y_{n+1}=Y_n\cup\left\{\left(x-\frac{1}{3^n},y\right),\left(x+\frac{1}{3^n},y\right),\left(x,y-\frac{1}{3^n}\right),\left(x,y+\frac{1}{3^n}\right):(x,y)\in Y_n\right\}$$

断言 3 Y 是 $X\times X$ 的一个 HV-开子空间。

证明： 令 $(x,y)\in Y$。则 $x\in(x-3^{\frac{1}{n_x}},x+3^{\frac{1}{n_x}})\subseteq X$。因此 $(x,y)\in(x-3^{\frac{1}{n_x}},x+3^{\frac{1}{n_x}})\times\{y\}\subseteq Y$。于是，$Y$ 是 $X\times X$ 的一个 H-开子空间。而 Y 是 $X\times X$ 的一个 V-开子空间则可以对称地加以证明。证毕。

与定理 11 中相似的论述证明：对任意 $(x,y)\in Y$ 使得 $(x,y)\neq(0,0)$，存在 $n(x,y)$ 满足 $(x,y)\in Yn_{(x,y)}$ 且 $(x,y)\notin Yn_{(x,y)}-1$；还证明：存在 $(u,v)\in Yn_{(x,y)}-1$ 使得 $(x,y)=\left(u\pm\frac{1}{3^{n(x,y)-1}},v\right)$ 或 $(x,y)=\left(u,v\pm\frac{1}{3^{n(x,y)-1}}\right)$。

我们递归定义从 Y 到 $\mathcal{T}_{2,2}$上的 g（图 16-17）：如果 $(x,y)=(0,0)$，则我们令 $g(0,0)$ 为 $\mathcal{T}_{2,2}$的根 r；如果 $(x,y)\neq(0,0)$，则对唯一的 $(u,v)\in Yn_{(x,y)}-1$，有 $(x,y)=\left(u\pm\frac{1}{3^{n(x,y)-1}},v\right)$ 或 $(x,y)=\left(u,v\pm\frac{1}{3^{n(x,y)-1}}\right)$。我们还令

$$g(x,y)=\begin{cases}g(u,v)\text{ 的直接左 }R_1\text{-后继,如果}(x,y)=\left(u-\frac{1}{3^{n(x,y)-1}},v\right)\\ g(u,v)\text{ 的直接右 }R_1\text{-后继,如果}(x,y)=\left(u+\frac{1}{3^{n(x,y)-1}},v\right)\\ g(u,v)\text{ 的直接左 }R_2\text{-后继,如果}(x,y)=\left(u,v-\frac{1}{3^{n(x,y)-1}}\right)\\ g(u,v)\text{ 的直接右 }R_2\text{-后继,如果}(x,y)=\left(u,v+\frac{1}{3^{n(x,y)-1}}\right)\end{cases}$$

断言 4 g 是关于两个拓扑的内部映射。

证明： 令 τ_1 和 τ_2 分别表示 $X\times X$ 的水平拓扑和垂直拓扑到 Y 上的限制。我们证明 g 是关于 τ_1 的内部映射。g 是关于 τ_2 的内部映射可以对称地加以证明。我们注意到

$$\left\{\left(x-\frac{1}{3^{n(x,y)}},x+\frac{1}{3^{n(x,y)}}\times\{y\}\right):(x,y)\in Y\right\}$$

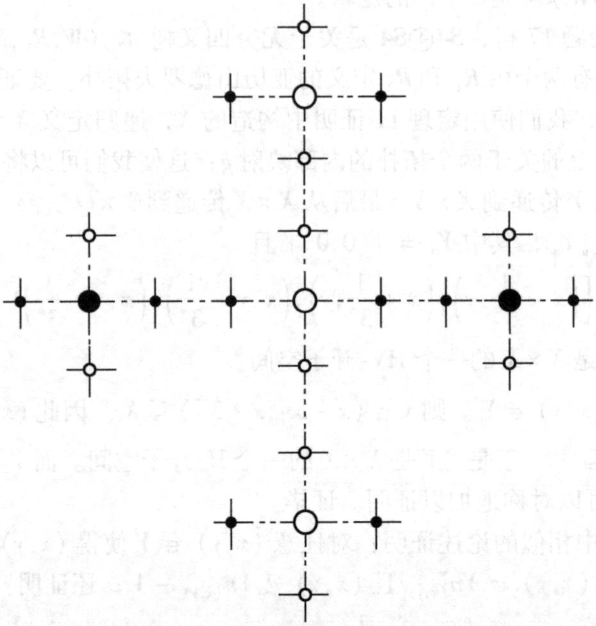

图 16-17　**S4⊕S4** 的完全性证明中加标的开始阶段

(0, 0) 标为 $\mathcal{T}_{2,2}$的根 r，(−1, 0) 标为 r 的直接左 R_1-后继，(1, 0) 标为 r 的直接右 R_1-后继，(0, −1) 标为 r 的直接左 R_2-后继，(0, 1) 标为 r 的直接右 R_2-后继，等等

形成了 τ_1 的基。再回忆一下 $\mathcal{T}_{2,2}$上的由 R_1 定义的亚历山德罗夫拓扑的基是：$\mathscr{B}_1=\{B_t^1\}_{t\in T_{2,2}}$，其中 $B_t^1=\{s\in T_{2,2}:tR_1s\}$。

要理解 g 是开的，令 $\left(x-\frac{1}{3^{n(x,y)}},x+\frac{1}{3^{n(x,y)}}\right)\times\{y\}$ 为 τ_1 的基础开集。于是与断言2中同样的论述可以保证 $g\left(x-\frac{1}{3^{n(x,y)}},x+\frac{1}{3^{n(x,y)}}\right)\times\{y\})=B^1_{g(x,y)}$。因此，$g$ 是开的。要理解 g 是连续的，只要证明对每个 $t\in\mathcal{T}_{2,2}$，的 $B_t{}^1$ 的 g-逆像属于 τ_1。令 $(x,y)\in g^{-1}(B_t^1)$。则 $tR_1g(x,y)$。所以 $g\left(\left(x-\frac{1}{3^{n(x,y)}},x+\frac{1}{3^{n(x,y)}}\right)\times\{y\}\right)=B^1_{g(x,y)}=B_t^1$。所以，存在 (x,y) 的开邻域 $U=\left(x-\frac{1}{3^{n(x,y)}},x+\frac{1}{3^{n(x,y)}}\right)\times\{y\}$ 使得 $U\subseteq g^{-1}(B_t^1)$，从而有 g 是连续的。证毕。

要完成断言4的证明，如果 **S4⊕S4** $\nvdash\varphi$，则存在 $\mathcal{T}_{2,2}$上的赋值 ν 使得 $\langle\mathcal{T}_{2,2},\nu\rangle\not\models\varphi$。定义 Y 上的赋值 ξ 满足 $\xi(p)=g^{-1}(\nu(p))$。因为 g 是关于两个拓扑的内部映射且 $g(0,0)=r$，我们有 $\langle Y,\xi\rangle,(0,0)\not\models\varphi$。因为 Y 是 $X\times X$ 一个 HV-

开子集，所以 φ 在 $X\times X$ 上被否证。最后，由定理11可以得到 X 同态于$\mathbb{Q}$。因此，$X\times X$ 既水平又垂直同态于$\mathbb{Q}\times\mathbb{Q}$，并因此 φ 也在$\mathbb{Q}\times\mathbb{Q}$ 上被否证。证毕。

推论8 **S4⊕S4** 是任意拓扑积的逻辑。

由此可以得到拓扑积的逻辑是可判定的且其可满足性问题是*PSPACE*-完全的（Spaan，1993）。这与 **S4×S4** 的可满足性问题形成对比，后者被证明是不可判定的（Gabelaia et al.，2005）。

16.3.2.3 添加标准的积内部

到目前为止，我们只是通过与关系结构的积加以对比，将注意力集中于积空间上的水平和垂直拓扑。然而与关系结构的积不同的是，标准的积拓扑并非由水平和垂直拓扑来定义的（van Benthem et al.，2005，第3节）。因此，在语言 $\mathcal{L}_{\Box_1\Box_2}$ 中增加一个额外的模态算子□并将其解释为标准积拓扑的内部算子是很自然的。

对两个拓扑空间 $\chi=\langle X,\eta\rangle$ 和 $\gamma=\langle Y,\theta\rangle$，考虑带三个拓扑的积 $\langle X\times Y,\tau,\tau_1,\tau_2\rangle$：标准积拓扑 τ、水平拓扑 τ_1 和垂直拓扑 τ_2，而□解释为

$$(x,y)\models\Box\varphi,\text{当且仅当}, \exists U\in\eta\,\exists V\in\theta:\ U\times V\models\varphi$$

因为 $\tau\subseteq\tau_1\cap\tau_2$，模态原则

$$\Box p\rightarrow\Box_1 p\wedge\Box_2 p$$

在积空间中有效。令 **TPL** 表示新语言 $\mathcal{L}_{\Box,\Box_1,\Box_2}$ 下的包含 **S4⊕S4⊕S4** 的所有公理加上公理 $\Box p\rightarrow\Box_1 p\wedge\Box_2 p$ 的逻辑。我们称 **TPL** 为*拓扑积逻辑*（the topological product logic）。**TPL** 的主要意义在于它是语言 $\mathcal{L}_{\Box,\Box_1,\Box_2}$ 中的任意拓扑积的逻辑。这可以通过将 **S4⊕S4** 关于$\mathbb{Q}\times\mathbb{Q}$ 的完全性推广到这种新的情况来加以证明。作为结论，我们得到 **TPL** 是关于$\mathbb{Q}\times\mathbb{Q}$ 完全的，并因此是任意拓扑（带水平、垂直、标准积拓扑）积的逻辑。详细证明参见（van Benthem et al.，2005），第六节。

16.3.3 扩充的模态语言

现代模态逻辑中的一个显著的趋势是设计表达能力与应用所需相匹配的语言，而非仅仅是“因为我们的前辈曾使用”而使用某种形式系统。所有这些都受平衡所支配，让表达能力与低复杂性（最好是可判定的）相协调（de Rijke，1993；van Benthem，1991b）。例如，要对一个模型进行全局的断言，我们需要添加“全称模态词” $U\varphi$ 以表达 φ 在所有世界中为真。同样的改变对于空间也有意义。基本模态语言无法刻画的拓扑关系可以通过适当添加新的模态算子可靠地加以表达。我们已经进入了扩充的或“混合的”模态语言的领域（Areces，ten Cate，2006）。

16.3.3.1　全称模态词和全局性质

在拓扑空间上进行解释的基本语言 $\mathcal{L}$ 具有世界的“局部”视角。全局视角来自于添加表示通达到任意点的可通达性的全称模态词（Goranko，Passy，1992）。全称模态词在（Bennett，1995）中被引入到空间推理领域。为此目的，添加：

$$M,x\models E\varphi \quad 当且仅当 \quad \exists y\in X: M,y\models\varphi$$

$$M,x\models U\varphi \quad 当且仅当 \quad \forall y\in X: M,y\models\varphi$$

更系统化的是，相关的新原则是 **S5** 的那些：

(Dual)　$Ep\leftrightarrow\neg U\neg p$

(K)　$U(p\rightarrow q)\rightarrow(Up\rightarrow Uq)$

(T)　$Up\rightarrow p$

(4)　$Up\rightarrow UUp$

(5)　$p\rightarrow UEp$

此外，如下“连接”原则也是公理之一：

$$\Diamond p\rightarrow Ep$$

使用这些原则，丰富了的语言 $\mathcal{L}_u$ 允许一个直接的范式。

命题5　$\mathcal{L}_u$ 的任意公式都等价于一个没有 E，U 嵌套出现的公式。

拓扑互模拟的定义可以很直接地加以扩充。它仅仅要求拓扑互模拟是一个全（total）关系。

定理24　（Aiello，van Benthem，2002a）

$\mathcal{L}_u$ 中的扩充模态公式是全拓扑互模拟不变的。

有穷 $\mathcal{L}_u$-模态等价的模型是全拓扑互模拟的。

在拓扑设定中，该语言的片段可能也是相关的。例如，连续映射仅有拓扑互模拟的向前向后条款中的一个。现在，考虑仅仅使用原子公式及其否定、$\wedge$、$\vee$、$\Box$、E 和 U 构成的“存在”模态公式。

推论9　（Aiello，van Benthem，2002a）令 $\rightharpoonup$ 为从 M 到 M' 的模拟，使得 $x\rightharpoonup x'$。于是对任意存在模态公式 φ，$M,x\models\varphi\Rightarrow M',x'\models\varphi$。也就是说，存在模态公式保持模拟。

语言 $\mathcal{L}_u$ 比基本模态语言 $\mathcal{L}$ 更具表达能力。事实上，我们在第16.2.6节中已经看到，拓扑空间的连通性无法在 $\mathcal{L}$ 中表达。然而，（Shehtman，1999）证明它在 $\mathcal{L}_u$ 中可以（can）由公式

$$U(\Diamond p\rightarrow\Box p)\rightarrow Up\vee U\neg p \qquad (16.1)$$

表达。

事实上，（Shehtman，1999）证明（16.1）是表达任意连通的自身稠密度量

可分空间的公理，这是麦金西－塔尔斯基定理的推广。另一个推广是在（Bezhanishvili, Gehrke, 2005）中，那里证明了（16.1）是表达实数轴的凸子集的可数并的布尔组合公理。

通过对区域连接演算（RCC5）（Randell et al., 1992）的一个片段在语言 $\mathcal{L}_u$ 中进行编码，贝内特证明了该语言表达区域的空间安排的能力。我们可以表达的区域间相关初等关系都是关于部分域与连通性的。表 16-1 展示了该编码，这是计算机科学和人工智能中适当演算的基础。详情参见第 3 章。

表 16-1　通过 $\mathcal{L}_u$ 表达 RCC5 关系

RCC5	$\mathcal{L}_u$	描述
DC(A,B)	$\neg E(A \wedge B)$	A 与 B 不连通
EC(A,B)	$E(\Diamond A \wedge \Diamond B) \wedge \neg E(\Box A \wedge \Box B)$	A 与 B 是外部连接的
P(A,B)	$U(A \rightarrow B)$	A 是 B 的部分
EQ(A,B)	$U(A \leftrightarrow B)$	A 与 B 等价

我们刚刚已对基本内容进行了很长的铺垫。更强的混合语言，上至用于来自抽象模型论的拓扑模型的一阶语言，在（ten Cate et al., 2009）中建立。比那更丰富的叙述出现于模态谓词逻辑，它对个体加以量化且涉及任意量词。这些对拓扑语义学和层语义学完全的逻辑可以参考（Rasiowa, Sikorski, 1963; Moerdijk, 1982; Awodey, Kirshida, 2008）。

16.3.3.2　时间算子和边界

拓扑模态语言的另一种扩充来自于时间逻辑。考虑（Kamp, 1968）的“直到”语言。对线形拓扑行为的抽象给出了很自然的空间“直到”概念，它描述了拓扑模型中在某个邻域内到某个“围墙”为止的真：

$M, x \models \varphi \mathcal{U} \psi$　当且仅当　存在 x 的开邻域 U，使得 $\forall y \in U$ 有 $\varphi(y)$ 且 U 的边界上的任意 z 有 $\psi(z)$。

这里的边界可以在前面给出的模态语言中定义：

$$边界(U) = \Diamond U \wedge \Diamond \neg U。$$

如同在时间逻辑中一般，该算子可以定义各种有意思的概念。这种更强的语言仍然具有符合（Kurtonina, de Rijke, 1997）建议的拓扑互模拟；该建议是针对处理“直到”的∃∀-复杂性的。

从时间逻辑获取灵感本身就是一个有意思的现象。许多在ℝ 中有效的时间原则也同样适用于空间解释。例如，获取时间范式的两个关键等值式是：

$$t\mathcal{U}(p \vee q) \leftrightarrow (t\mathcal{U}p) \vee (t\mathcal{U}q)$$

$$(p \wedge q)\mathcal{U}t \leftrightarrow (p\mathcal{U}t) \wedge (q\mathcal{U}t)$$

在二维空间设定下，第一个等值式失效：图 16-18(a) 反驳了蕴涵→。但另一方向则依然是有效的单调性原则。第二个等值式的方向→却仍是一个广义单调性原则。相反，我们甚至有一个更强有效定律［参见图 16-19(b) 的例子］：

$$p_1\mathcal{U}q \wedge p_2\mathcal{U}t \rightarrow (p_1 \wedge p_2)\mathcal{U}(q \vee t).$$

需要提到的是（Aiello，2002a）包含了对（Burgess，1984）的ℝ 完全的直到逻辑空间内容的一个更长分析。

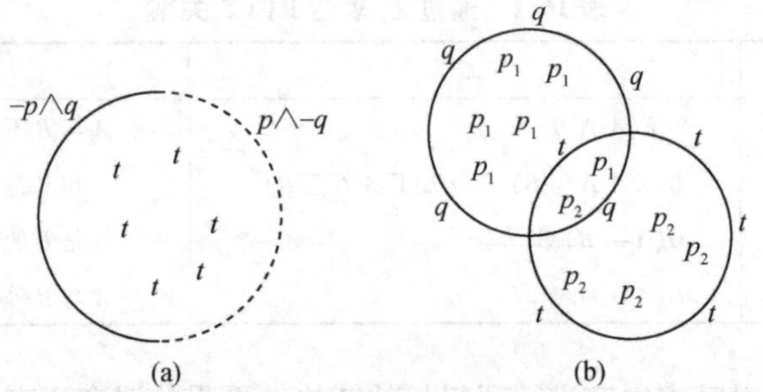

图 16-18　直到模型的例子

16.3.3.3　扩充的时空形式系统

前文观点的另一用途是在时空（space-time）的复合逻辑，在第 9 章会详细处理。特别地，（Shehtman，1993）给出了该语言中有理数完全逻辑的公理系统，而（Gerhardt，2004）则使用（de Jongh，Veltman，1985）的可以追溯到（Burgess，1979）的方法添加了“自从”/“直到”。但对实数的完全逻辑进行公理化却仍是一个开放性问题。使用模态逻辑的积来解决这个问题，以及为时间组件引入“自从”/“直到”算子的一些有意思进展，可以参考（Bezhanishvili，Kupke，2006）。其他值得一提的是拓扑模态词的组合（其中一个用于连续映射）提供给我们处理某些动态系统的时间进化的接下来方法；第 10 章将解释这一方法并提供目前工作的一些参考文献，其中包括最近（Konev et al.，2004）的不可判定性结。

16.3.4　认知逻辑的拓扑语义学

空间模型还可用于非几何学目的。在第 16.1.3 节中提到，最早的拓扑语义学实际上是提出用于模拟基于证据和知识的直觉主义逻辑（intuitionistic logic）的。然而现在，标准的关系语义学统治着模拟直觉主义逻辑，或者欣蒂卡哲学传统（Hintikka，1962）、奥曼的经济学传统（Binmore，1994）、哈尔彭（Halpern）

和帕里克（Parikh）的计算机科学传统（Fagin et al.，1995；Wooldridge，2002）下明确的基于知识的*认知逻辑*（epistemic logic）。然而，（van Benthem，Sarenac，2004）最近证明即使在空间传统下得到的更多技术结论，一旦采用拓扑解释，也能对知识加以启发。第 8 章与此联系高度相关，只不过更多的是在构造性逻辑的传统之下。

本章中我们的主要兴趣是空间而非知识。然而，我们会概述（van Benthem，Sarenac，2004）的主要观点，因为它们包含空间模态语言的进一步扩充，另外还将包含*不动点算子*（fixed point operator）。

认知模型中最常使用的关系模型具有自返、传递的可通达关系，并且最关键的语义条款是关于主体知识的命题；该命题说 $K_i\varphi$ 在世界 x 上成立，当且仅当，φ 在 i 从 x 可通达的所有世界 y 上为真。关于这是如何运作的，可以参考图 16-19，其中我们假定 1、2 两个关系是自返、传递且对称的。

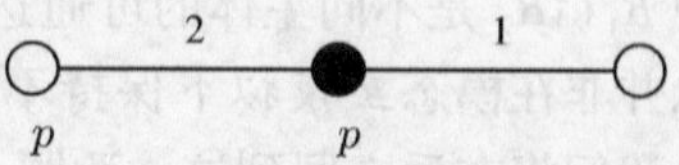

图 16-19　在中间的黑色世界上，1 不知道 p 是否成立，而 2 知道 p 成立。因此在它左边的世界上，1 知道 2 知道 p，但 2 不知道 1 是否知道 p

因此，认知知识模态词是一个模态方框 $\Box_i\varphi$，而基本的逻辑是空间解释的逻辑，即 **S4**。在认知的设定中，空间模态公理具有特殊的风味。例如，叠置公理 $\Box_1 p \to \Box_1\Box_1 p$ 现在表示“正内省”：知道某事的主体们，知道它们知道那件事。更准确地说，对每个单独的主体我们都有 **S4**-公理，但却没有主体们的叠置知识的更多“混合公理”，如 $\Box_1\Box_2 p \to \Box_2\Box_1 p$。事实上，这个蕴涵式在上面的例子中失效，因为在左边的世界上 1 知道 2 知道 p，但 2 不知道 1 是否知道 p。描述有效原则集的另一方法是对每个主体单独的 **S4** 逻辑融合。下面我们将主要处理两个主体的群 $G = \{1,2\}$。

16.3.4.1　*群体知识：主体作为关系*

交互认知设定中的一个突出发现是我们可以定义群体知识（group knowledge）的各种概念。两个著名的例子如下（Fagin et al.，1995）：

(1) $E_G\varphi$：群 G 中的任意主体都知道 φ，

(2) $C_G\varphi$：φ 是群 G 中的公共知识。

后一概念在哲学、经济学和语言学文献中被提出作为主体间协同行为的必要前提（Lewis，1969）。公共知识的通常语义定义如下：

$$M,x \models C_{1,2}\varphi\text{，当且仅当，对所有 } y \text{ 使得 } x(R_1 \cup R_2)^* y \text{ 有 } M,y \models \varphi$$

其中 $x(R_1 \cup R_2)^* y$，如果 x 通过两个可通达关系形成的连续有穷序列连接到 y。这是两个主体的关系的并的常见的传递闭包。公共知识的关键性的有效原则如下：

$$（均衡公理）C_{1,2\varphi} \leftrightarrow (\varphi \wedge (\Box_1 C_{1,2}\varphi \wedge \Box_2 C_{1,2}\varphi))$$

$$（归纳规则）\frac{\vdash \varphi \to (\Box_1(\psi \wedge \varphi) \wedge \Box_2(\psi \wedge \varphi))}{\vdash \varphi \to C_{1,2}\psi}$$

该逻辑在文献中被称为 $\mathbf{S4}_2^C$。它被证明是完全且可判定的（Fagin et al.，1995）。

更有意思的群体知识概念是所谓的*隐含知识*（implicit knowledge）$D_G\varphi$。它大致描述一个群体的成员决定整合它们的信息时，所能知道的东西：

$$M, x \models D_{1,2}\varphi，当且仅当，对所有 y 使得 x(R_1 \cap R_2)y 有 M, y \models \varphi$$

其中 $R_1 \cap R_2$ 是不同主体的可通达关系的交。不同于普遍知识和公共知识，这个概念并非在模态*互模拟*下保持不变。它还涉及整合不同主体所掌握信息的新现象：我们将在后文回到这一话题。

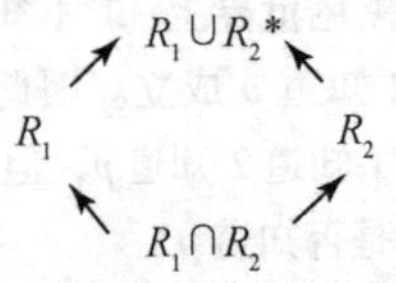

图 16-20

群体知识的新概念引入新主体（new agents）。例如，C_G 定义了一种新的 **S4**-主体，因为 $(R_1 \cup R_2)^*$ 又是自返且传递的。“每个人都知道”这个事实可能具有不同的认识性质。特别地，它可能对它知道什么缺少正自省。与之相对的是，D_G 的关系 $R_1 \cap R_2$ 仍是一个 **S4**-主体，因为类似于子反省和传递性的霍恩条件对关系的交保持。于是，由 **S4**-主体 1，2，添加了两个额外的主体。其一较弱，其一较强。

16.3.4.2　公共知识的其他观点

暂且不管标准认知逻辑的成功，就其表达能力和灵敏度仍然存疑。尤其是著明的批判性文章（Barwise，1988）断言，公共知识的恰当分析必须区分三种不同的方法：

（1）个体知识模态词的可数*无穷叠置*（infinite iteration），

（2）将公共知识作为“均衡”的*不动点观点*（fixed-point view），

（3）主体具有一个*共享的认知情形*（a shared epistemic situation）。

巴维斯的区分很难在标准的关系语义学中实现。但是它们在拓扑语义学中却有意义——那里他们提议了很有意思的语言扩充。这些是一些技术基础工作。

算子 $C_G\varphi$ 的均衡公理将其描述为认知算子 $\lambda X. \varphi \wedge \Box_1 X \wedge \Box_2 X$ 的一个不动点。与归纳规则一起，它甚至可以被视为在标准的模态 μ-*演算*（μ-calculus）中可以定义的*最大不动点*（greatest fixed-point），因为

$$C_G\varphi := \nu p. \varphi \wedge \Box_1 p \wedge \Box_2 p$$

最大不动点被计算为*单调*（monotonic）集函数经序数的下降逼近序列的第一个稳定阶段。我们记 $[|\varphi|]$ 为 φ 在相关模型中的真值集，其中赋值如下进行：

$$C^{0}_{1,2}\varphi := [\,|\varphi|\,]$$

$$C^{\kappa+1}_{1,2}\varphi := [\,|\varphi \wedge \Box_1(C^{\kappa}_{1,2}\varphi) \wedge \Box_2(C^{\kappa}_{1,2}\varphi)|\,]$$

$$C^{\lambda}_{1,2}\varphi := [\,|\bigwedge_{\kappa<\lambda} C^{\kappa}_{1,2}\varphi|\,]$$，其中是一个极限序数

最后，我们令 $C_{1,2}\varphi := C^{\kappa}_{1,2}\varphi$，其中 κ 是逼近程序停止的最小序数；也就是，$C^{\kappa+1}_{1,2}\varphi = C^{\kappa}_{1,2}\varphi$。一般地，到达这个停止点可能需要任意数量的序数阶段。例如，计算二元可通达关系的"良基部分"的最小不动点公式 $\mu p.\Box p$ 可能仅仅在模型的基数上稳定。但在某些情况下，我们可以做得比这好很多，正如下面的著名事实所说明的。

事实 2 在任意关系认知模型中，公共知识模态词的逼近程序稳定于 $\kappa \leqslant \omega$。

这个结论说明巴维斯的公共知识不动点和可数叠置观点与关系模型相一致。更准确地说，$\nu p.\varphi \wedge \Box_1 p \wedge \Box_2 p$ 等价于

$$K_{1,2}\varphi := \varphi \wedge \Box_1\varphi \wedge \Box_2\varphi \wedge \Box_1\Box_2\varphi \wedge \cdots$$

在 ω 上的简单稳定性表现通过观察知识模态词 $\Box_i$ 对任意无穷合取的分配最易理解。因此，$\Box_i(\bigwedge_{n<\omega} C^{n}_{1,2}\varphi)$ 就是 $\bigwedge_{n<\omega}\Box_i C^{n}_{1,2}\varphi$，也就与 $\bigwedge_{n<\omega} C^{n}_{1,2}\varphi$ 等价。更一般地，公式 $\nu p.\varphi(p)$ 的稳定性在任意模型中到阶段 ω 即可保证，只要定义单调性逼近算子的语法不超出"全称 - 合取"形式（van Benthem，1996）。

16.3.4.3 带不动点的认知逻辑的拓扑模型

认知逻辑的语言可以在拓扑模型中解释得不错，尽管多个主体的存在需要世界基集上的加标的拓扑族（family of topologies），用以表达它们的个人信息结构。所有那些概念，如互模拟、公理系统以及第 16.3.2 节的积构造也都具有空间意义。但现在这些需要一个特殊的风味——将所有拓扑模型放到一个积空间意味着对不同主体的信息空间的整合（merging information spaces）。前面的积上水平和垂直拓扑是对主体的初始个体空间的编码。前面的结论——积构造的模态逻辑是融合 **S4⊕S4**——从认知角度来讲就是在说我们确实定义了很好的没有副作用的"保守整合"。

积空间上的更多拓扑是对更多新出现的面向群体的信息结构的编码。前文对公共知识的定义在拓扑模型中仍然具有意义。如前所述，个体主体 1，2 的交替知识模态词的所有有穷序列的可数无穷叠置是

$$K_{1,2}\varphi := \bigwedge_{n<\omega} K^{n}_{1,2}\varphi$$

其中 $K^{n}_{1,2}\varphi$ 归纳定义如下：

$$K^{0}_{1,2}\varphi := \varphi$$

$$K^{n+1}_{1,2}\varphi := \Box_1(K^{n}_{1,2}\varphi) \wedge \Box_2(K^{n}_{1,2}\varphi)$$

对不动点定义

$$C_{1,2}\varphi := \nu p.\ \varphi \wedge \Box_1 p \wedge \Box_2 p$$

也是如此。然而，通过不动点和可数无穷叠置定义的公共知识在这里将分道扬镳，因为可以证明：给定 p 的一个解释，$K_{1,2}p$ 并不总是在积模型中定义了水平且垂直的开集。因为 $C_{1,2}p$ 的不动点版本总是水平且垂直开的，所以它们两个并不一样。详情可参考（van Benthem，Sarenac，2004）。

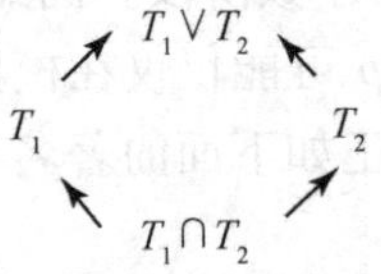

图 16-21

回到前面的话题，我们现在视积空间（product spaces）为通过新拓扑引入新的“聚合主体”。特别地，作为最大不动点的公共知识对应于积空间上的水平和垂直拓扑的交（intersection）$\tau_1 \cap \tau_2$。另一方面，隐含群体知识 D_G 的拓扑意义是水平和垂直拓扑的结合（join）$\tau_1 \vee \tau_2$。它的基是水平和垂直开集两两的交。后面这个拓扑并不总是很有意义。例如，$\tau_1 \vee \tau_2$ 在 $\mathbb{Q} \times \mathbb{Q}$ 上离散。从信息的角度来看，这意味着整合我们从水平和垂直方向中得到的信息唯一固定了它们的位置。所有这些又生成了上述一个包含图。

回到（Barwise，1988）中所提出的三种区分，第三点拥有“共享情形”的情况又如何？它的一个很好的候选就是标准的积拓扑 τ。对应于这个新群体概念 τ 的主体对任意命题仅仅接受非常强的集体证据。并且我们从第 16.3.2.3 节的水平、垂直和标准拓扑的共同公理系统知道了添加这个主体的完全逻辑。

16.4　模态逻辑与几何

本章主要是关于拓扑的模态处理的。但空间的许多数学理论存在于拓扑之外，比如仿射与度量几何学，或者更新的理论如数学形态学，更多地是在线性代数领域。事实上，模态结构出现在所有这些之中。我们最后的两节提供这方面的一个大致论述，哪怕只是为了将模态拓扑方法放到一个更宽泛的视角之中。第 16.4 节是关于正统几何学的，第 16.5 节处理向量空间。更多细节以及其他逻辑方法可以参考《空间逻辑手册》中关于几何的模态和一阶理论（第 2、7、14 章）。

我们从回顾仿射几何包含点、线以及入射角的三条公理开始（Blumenthal，1961；Goldblatt，1987；《空间逻辑手册》第 7 章）。

A1 任意两个不同的点位于恰好一条直线上。

A2 至少存在三个不共线的点。

A3 任给点 a 和直线 L，恰好存在一条直线 M 过 a 并平行于 L。

仿射空间具有很浓的模态风味（Balbiani et al.，1997；Balbiani，1998；Venema，1999；Stebletsova 2000）。研究方法包括二种类并带有对应双模态算子的版本，以及将点和直线放到一种有序对〈点，直线〉中并配以两个入射角关系。与之相对的是，仿射结构的经典方法由（Tarski，1959）提出。其中包括使用三元之间性谓词 $\beta(xyz)$ 和四元等距性关系 $\delta(xyzu)$ ——解释为 x 与 y 的距离等于 z 与 u 的距离——定义的初等几何完全的一阶公理系统。然而，塔尔斯基很漂亮的可判定公理系统仍然缺少我们想要的一些性质。首先，该系统具有很高的复杂性——指数空间的（Ben-Or et al.，1986）。而从表达的角度来看，其公理将之间性和等距性杂糅在一起，而我们倾向于分开来理解仿射和度量结构。纯仿射一阶几何完全的公理系统由（Szczerba，Tarski，1965）给出。

我们现在转到模态视角。与本章到目前为止的论述相比，这可能会有一个"风格损坏"。我们将拓扑模型视为关系语义学的推广，其中拓扑不必由空间上的任意序关系生成。更形象地说，这反映了开集的直观"可延展"性。然而，从拓扑转到几何，我们碰到像之间性和等距性这样的基本关系。这些导致更经典关系意义上的模态结构，不过是三元（ternary）关系而非通常的二元关系。这种区别不应是一个问题，相反却是一个优点。其实，拓扑和关系视角和谐共存于比如拓扑加之间性的复合模态语言中。

16.4.1　模态逻辑中的仿射几何

16.4.1.1　基本模态语言与仿射变形

我们首先定义二元的之间性模态词 $\langle B\rangle$：

$$M,x\models\langle B\rangle(\varphi,\psi)\text{，当且仅当，}\exists y,z:\beta(yxz)\wedge M,y\models\varphi\wedge M,z\models\psi$$

我们的语言采用命题语言加上介于性模态算子 $\langle B\rangle$。该语言的模型是一个三元组 $\langle X,\beta,v\rangle$，其中 X 是非空集合，β 是 X 上的三元之间性关系，而 v 是赋值函数。在此设定中，熟悉的模态概念有时候具有令人惊讶的新风味。例如，我们得到一种适用于仿射结构模态视角的新几何模型变形。*仿射互模拟*将满足相同命题字母的点联系到一起，同时保持之间性关系：

定义 24（仿射互模拟）给定两个仿射模型 $\langle X,\beta,v\rangle$ 和 $\langle X',\beta',v'\rangle$，其中 x、y、z 在 X 中而 x'、y'、z' 在 X' 中，*仿射互模拟*是一个非空关系 $B\subseteq X\times X'$，使得如果 xBx'，则：

（1）x 和 x' 满足相同的命题字母。

（2）（向前条件）：$\beta(yxz)\rightarrow\exists y'z':\beta'(y'x'z')$ 且 yBy' 且 zBz'。

（3）（向后条件）：$\beta'(y'x'z')\rightarrow\exists yz:\beta(yxz)$ 且 yBy' 且 zBz'。

在（Goldblatt，1987）中同构被认为是仿射模型间唯一有意义的映射。然而事实上，正如拓扑互模拟与同态的差别定理 6 一样，仿射互模拟是比空间情形更粗化的很有意思的方式。在真正的模态理念下，它们仅仅考虑点在局部性环境中的表现。图 16-22 显示了非同态但互模拟的三角形情形，其中原子命题性质已经标出。这种仿射互模拟可视为到相同结构最小模型的一种“模态收缩”。

与之相对的是，图 16-23 中的模型不是互模拟的：仿射互模拟以一种明显的方式保持模态公式的真，但 $q \wedge \langle B\rangle(r,r)$ 在左边模型的点 q 上成立，但却不在右边模型的任一点上成立。这仍然是“空间模态逻辑”，但显然是在新的脉络中！

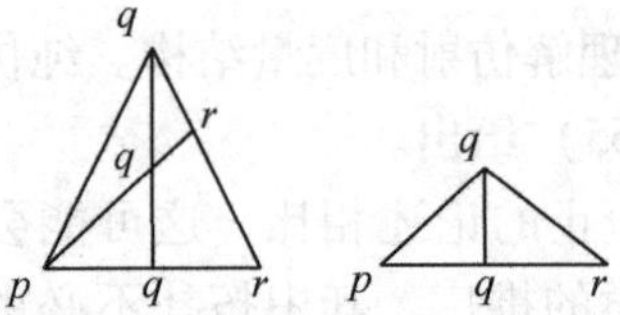

图 16-22　仿射互模拟模型

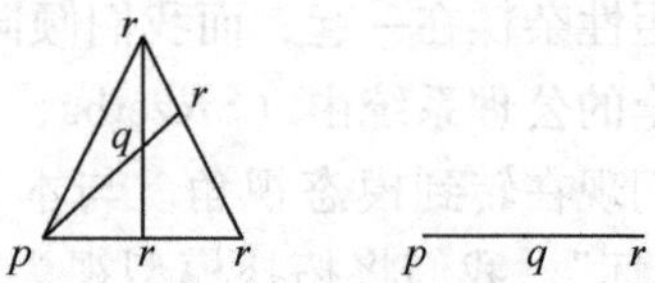

图 16-23　非仿射互模拟归约

顺便说一下，图 16-23 中左边的三角形有（there is）更小的仿射互模拟收缩。但所得模型却并非“平面的”：它无法在二维欧氏空间中表达。现在考虑图 16-24 中展示的一个新的赋值。在这种情形下，并不存在互模拟收缩：三角形的每个点都可由某个不在其他任意点上为真的公式加以区分，参见表 16-2。

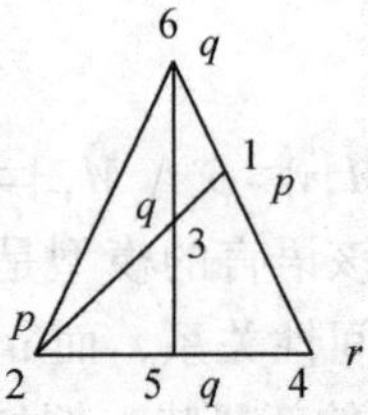

图 16-24　一个不可归约的仿射模型

表 16-2　在图 16-23 中的模型的点上为真的公式

点	公式
1	$\varphi_1 = p \wedge \langle B\rangle(q,r)$
2	$\varphi_2 = p \wedge \neg\varphi_1$
3	$\varphi_3 = q \wedge \langle B\rangle(\varphi_1,\varphi_2)$
4	$\varphi_4 = r$
5	$\varphi_5 = q \wedge \langle B\rangle(\varphi_2,\varphi_4)$
6	$\varphi_6 = q \wedge \neg\varphi_3 \wedge \neg\varphi_5$

16.4.1.2　介于性的模态逻辑

上面给出的语言如通常一般有一个极小逻辑，该逻辑尚未具备许多几何内容。它的关键公理是两条分配律：

$$\langle B\rangle(p \vee q,r) \leftrightarrow \langle B\rangle(p,r) \vee \langle B\rangle(q,r)$$

$$\langle B\rangle(p,q \vee r) \leftrightarrow \langle B\rangle(p,q) \vee \langle B\rangle(p,r)$$

这个极小逻辑具有所有通常的模态性质，包括可判定性。更多的公理可以表达一些基本的通用框架条件，比如在端点和所有位于“介于它们自己之间”的点上对称的之间性：

$$\langle B\rangle(p,q)\to\langle B\rangle(q,p)$$

$$p\to\langle B\rangle(p,q)$$

这些是简单的模态*框架对应*（frame correspondences）。更有趣的例子已经在第16.1.5节中提到，涉及一个存在性仿射公理。考虑之间性模态词的*结合性*（associativity）：

$$\langle B\rangle(p,\langle B\rangle(q,r))\to\langle B\rangle(\langle B\rangle(p,q),r)$$

事实3 模态结合性对应于帕施公理。

证明：我们给出简单的对应论述以说明模态公理和几何定律之间的对应可以是如何地简单。考虑帕施公理（第16.1.5节）。假设

$$\forall txyzu(\beta(xtu)\wedge\beta(yuz)\to\exists\nu:\beta(x\nu y)\wedge\beta(\nu tz))$$

在一个框架中成立。假定点 t 满足 $\langle B\rangle(p,\langle B\rangle(q,r))$。则存在点 x、u 使得 $\beta(xtu)$ 且 $x\models p$ 且 $u\models\langle B\rangle(q,r)$。因此也就存在点 y、z 使得 $\beta(yuz)$ 且 $y\models q$ 且 $z\models r$。现在由帕施公理，必然存在一个点 ν 使得 $\beta(x\nu y)$ 且 $\beta(\nu tz)$。于是 $\nu\models\langle B\rangle(p,q)$，并因此 $t\models\langle B\rangle(\langle B\rangle(p,q),r)$。

反过来，假定 $\beta(xtu)$ 且 $\beta(yuz)$。定义空间上的一个映射使得 $\nu(p)=\{x\}$，$\nu(q)=\{y\}$ 且 $\nu(r)=\{z\}$。因此，$u\models\langle B\rangle(q,r)$ 且

$$t\models\langle B\rangle(p,\langle B\rangle(q,r))$$

然后根据模态结合性的有效性，

$$t\models\langle B\rangle(\langle B\rangle(p,q),r)$$

因此，必然存在点 ν、ω 使得 $\beta(\nu t\omega)$，且满足 $\nu\models\langle B\rangle(p,q)$ 且 $\omega\models r$。由 ν 的定义，后者蕴涵 $\omega=z$，前者蕴涵 $\beta(x\nu y)$。所以 v 确实是所需要的点。证毕。

所有这些对应甚至可以被*自动计算*（computed automatically），因为它们具有"萨尔奎斯特形式"［更一般的理论可参考（Blackburn et al.，2001)］。因此，模态公理对应于有意义的几何公理，反映着来自于通常的集合算术的见解。更深入的例子可以在（Stebletsova，2000；Stebletsova，Venema，2001）中找到。这些文献分析了射影几何中的模态结构，包括帕普斯定理。

空间模型的完全的仿射模态逻辑也可能被公理化，尽管目前只处理了少数几个例子。至少关于实数轴$\mathbb{R}$ 的任务很简单，因为可以使用二元序≤来定义

$M,x\models\langle B\rangle(\varphi,\psi)$，当且仅当，$\exists y,z:M,y\models\varphi$ 且 $M,z\models\psi$ 且 $y\leqslant x\leqslant z$。

用这个我们可以定义时间算子将来和过去（都包括现在）。反过来，这两个一元算子定义了$\mathbb{R}$ 上的 $\langle B\rangle$：

$$\langle B\rangle(\varphi,\psi)\leftrightarrow(P\varphi\wedge F\psi)$$

因此，$\langle B\rangle$-语言的完全的且可判定的公理系统可以通过使用广为人知的$\mathbb{R}$ 上的关于将来和过去的时间逻辑来找到（Segerberg，1970）。更详细的内容参考第7章。

16.4.1.3　凸性的逻辑

仿射结构的一个有趣且丰富的特殊情形是几何的凸闭包（convex closure）。它所有的点都落在一个线段上，且该线段的端点都在该集合中。凸性在从计算几何学（Preparata，Shamos，1985）到认知科学（Gärdenfors，2000）的许多领域中都很重要。我们可以使用点和之间性关系的框架模态地刻画凸性：

$$M,x \models C\varphi\text{，当且仅当，}\exists y,z: M,y \models \varphi\text{ 且 }M,z \models \varphi\text{ 且 }x\text{ 落在 }y\text{ 和 }z\text{ 间。} \tag{16.2}$$

这是一步凸性（one-step convexity）算子，其可数叠置产生了标准的凸闭包，参考图16-6。对应的二元模态词[①] $C\varphi$ 定义如下：

$$\exists y,z: \beta(yzx) \wedge \varphi(y) \wedge \varphi(z)$$

这里的基本公理与上文中不同。尤其是分配律失效了。两个不同点集合的一步凸闭包是介于两点之间整个区间，而两个点单独的一步闭包的并却仅仅是这两个点本身。因此，仅有单调性仍是有效的推理原则。另一个可能失效的原则是凸性模态词的幂等性：

$$CC\varphi \leftrightarrow C\varphi$$

对 $C\varphi$ 的叠置可能会导致新的集合，参见图16-6。即使如此，非幂等性也是有意思的，因为它帮助我们对维度加以区分。例如 $CC\varphi \leftrightarrow C\varphi$ 在 $\mathbb{R}$ 中成立，但在 $\mathbb{R}^2$ 中不成立。

到这里读者可能会想，对所有的 n，$C^{m+1}\varphi \leftrightarrow C^m\varphi$ 确定了空间 $\mathbb{R}^n$ 的维度。然而事实却令人惊讶。

定理25（Aiello，2002a）　$CCC\varphi \leftrightarrow CC\varphi$ 在 $\mathbb{R}^3$ 中成立。

不过，凸性终究是提供了维度原则。这是来自于（Helly，1923）的一个很老的结论。

定理26　如果 K_1，K_2，…，K_m 是 n 维欧氏空间 $\mathbb{R}^n(m > n+1)$ 中的凸集，且如果任选 $n+1$ 个集合 K_i，都存在一个点属于所有选定的集合，则存在一个点属于所有的集合 K_1，K_2，…，K_m。

我们的模态语言将这条定理表示如下：

$$\bigwedge_{f:\{1,\cdots,n+1\}\to\{1,\cdots,m\}} E\Big(\bigwedge_{i=1}^{n+1} C^n\varphi_{f(i)}\Big) \to E\Big(\bigwedge_{i=1}^{m} C^n\varphi_i\Big)$$

其中 E 是使用之间性定义的存在模态词：

$$E\varphi\text{，当且仅当，}\langle B\rangle(\varphi, \top)$$

---

① 这里 $C\varphi$ 中的模态词 C 从经典模态逻辑的定义来看是二元模态词。要看得更清楚，也可以将其写成 $C\varphi\varphi$。——译者注

有意思的是，海利的结论最近在（Leitgeb，2005）对卡尔纳普在（Carnap，1998）中的几何构造的重构中复兴。于是，模态语言再一次刻画了有意义的几何事实。

16.4.1.4　一阶仿射几何

跟通常一样，上面的模态语言在标准翻译之下是一阶语言的一个片段。然而相关的一阶语言并不完全是塔尔斯基的初等几何，因为我们还得到表示区域的一元谓词符号。也就是说，就有效性而言，它们事实上是在一元二阶逻辑（unary second-order logic）之中。如同对拓扑的讨论中那样，区域的仿射一阶或一元二阶语言是仿射模态语言通过各种逻辑扩充所能达到的自然极限。从几何学的角度来看，我们可能还希望以这种模态方式对通常语言的"分层"可以揭露一些有趣的新几何事实。几何学当前的一阶理论的更多大量的信息可以参考第2章和第7章。

标准几何学的另一主要特征是点和线的平等地位（equal status of points and lines）。这建议将模态逻辑重整为一个二种类（two-sorted one）的语言（Marx，Venema，1997），用于表述视为独立语义对象的点和线段性质。可以将这视为降低二阶复杂性的一种方法，因为相关的子集现在本身已经成为一阶对象（van Benthem，1999）。此外还有与现存模态系统类似的其他逻辑，比如箭头逻辑（van Benthem，1996；Venema，1996），其中"箭头"——表示点（或向量）之间的直接迁移——本身在点之外也成为语义对象。箭头逻辑将在我们对数学形态学和线性代数的论述中得到稍微详细的解释。这种向二种类的转变似乎很具有几何学精神，它也将体现出从仿射几何导向射影几何的那种对偶原则。

16.4.2　模态逻辑中的度量几何学

在超出仿射之点线型的几何学中，下一层次就是度量结构。我们证明模态语言如何能够描述相对距离的概念。

16.4.2.1　相对近性的结构

相对近性是在（van Benthem，1983b）中引入的、作为具有自然语言中的空间措辞的"方向判断"的一个很自然的初始概念：

$N(x,yz)$　当且仅当 y 比 z 更接近于 x，即 $d(x,y) < d(x,z)$，

其中 $d(x,y)$ 是距离函数(图16-25)。

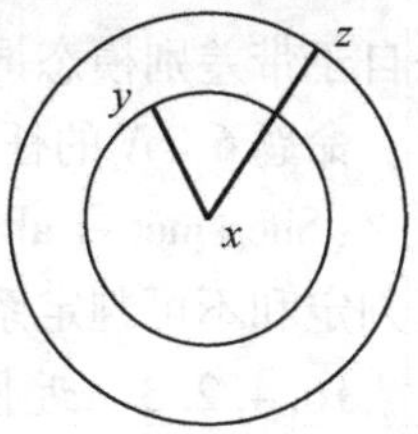

图16-25　从点 x 来看，点 y 比点 z 更近

函数 d 可以是空间度量的、认知可视的近，或者甚至是一个实用函数。（Randell et al.，2001）出于机器人导航的目的发展了相对近性的一阶逻辑，对区域演算 RCC 进行

了扩充。在此设定下，相对近性是一个强大的初始概念，因为它定义了等距性：

$$Eqd(x,y,z): \neg N(x,y,z) \text{ 且} \neg N(x,z,y)$$

仿射之间性也可以由 N 来定义，至少在$\mathbb{R}^n$中是如此：参见第 16.4.2.2 节。最后，即使是点的恒等性 $x=y$ 也是可以表达的：

$$x = y, \text{当且仅当}, \neg N(x,x,y)$$

对此结构的进一步分析可以在仿射的情况下进行。但仍然有出人意料的开放性问题。例如，用于欧氏空间的相对近性的全称一阶理论（universal first-order theory）仍然未被公理化。

16.4.2.2　近性的模态逻辑

与本章的主要关切点相符合，考虑用于三元近性 N 的显而易见的模态算子：

$$M,x \models \langle N\rangle(\varphi,\psi), \text{当且仅当}, \exists y,z: M,y \models \varphi \wedge M,z \models \psi \wedge N(x,y,z)$$

$\langle N\rangle$ 的全称对偶也有其空间意义：

$$M,x \models [N](\varphi,\psi), \text{当且仅当}, \forall y,z: (N(x,y,z) \wedge M,y \models \varphi \Rightarrow M,z \models \neg \psi)$$

去掉否定后可以得到如下动人的表现：

如果在当前点 x 附近的任意点 y 都满足 φ，则所有更远的点 z 都必须满足 ψ。

近性的基本模态逻辑仍然具有分配律：

$$\langle N\rangle(p \vee p,r) \leftrightarrow \langle N\rangle(p,r) \vee \langle N\rangle(q,r)$$

$$\langle N\rangle(p,q \vee r) \leftrightarrow \langle N\rangle(p,q) \vee \langle N\rangle(q,r)$$

在此之上，自然的普遍框架限制以特殊公理的形式重现。这是两个例子：

（传递性）$\langle N\rangle(p,q) \wedge \neg \langle N\rangle(p,p) \wedge \neg \langle N\rangle(q,q) \wedge \langle N\rangle(q,r) \rightarrow \langle N\rangle(p,r)$

（连通性）$\langle N\rangle(p,q) \wedge \neg \langle N\rangle(p,p) \wedge \neg \langle N\rangle(q,q) \wedge Er \rightarrow \langle N\rangle(p,r) \vee \langle N\rangle(r,p)$

空间结构上近性的模态逻辑可能包括可由对应技术加以计算的更多限制。这里是一个涵盖许多情形的有用发现。我们的语言可以定义 φ 仅仅在唯一一个点上成立：

$$E!\varphi, \text{当且仅当}, E(\varphi \wedge \neg \langle N\rangle(\varphi,\varphi))$$

来自于带差别模态词的扩充模态逻辑（de Rijke，1993）的一个直接证明如下：

命题6　N 的任意全称一阶性质都是模态可定义的。

（Sheremet et al.，2005）提供了对相对近模态语言的精致分析，其中包括对可判定和不可判定系统之界限的分析。

16.4.2.3　近性的一阶理论

如同在仿射情形中一样，我们的模态分析背景是相对近性的一阶理论（Aiello，van Benthem，2002b）。

事实4　在一阶逻辑中，相对近性的单一初始概念定义了塔尔斯基初等几何的两个初始概念。

证明：如下定义了之间性（图 16-26）：

$\beta(yxz)$，当且仅当，$\neg\ \exists x': N(y,x',x) \wedge N(z,x',x)$

这使我们可以以通常的方式把平行线段定义为在它们的延伸直线上没有交点：

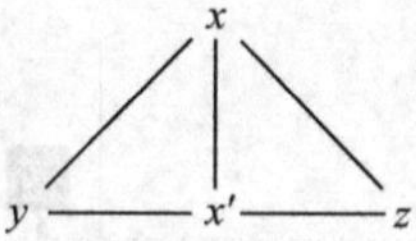

图 16-26　通过近性定义介于性

$$xx' \parallel yy' \leftrightarrow \quad \neg\ \exists c: \beta(xx'c) \wedge \beta(yy'c) \wedge$$
$$\neg\ \exists c: \beta(c'xx') \wedge \beta(c'yy') \wedge$$
$$\neg\ \exists c'': \beta(xc''x') \wedge \beta(yc''y').$$

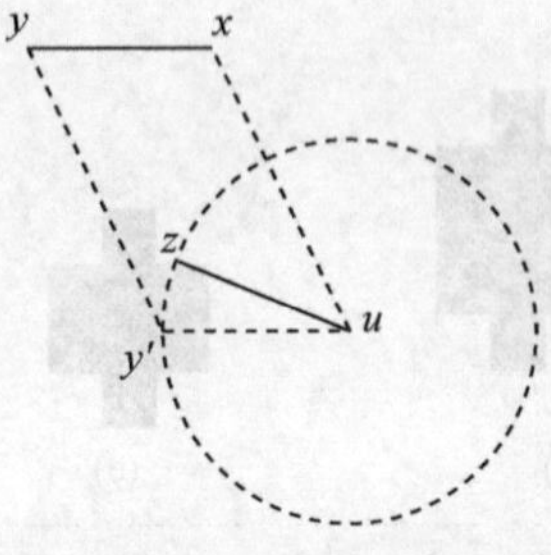

图 16-27　以近性表达的等距性

然后定义线段等长为

$\delta(x,y,z,u)$，当且仅当，$\exists y': xu \| yy' \wedge xy \| uy' \wedge \neg\ N(u,z,y') \wedge \neg\ N(u,y',z)$

（图 16-27）。证毕。

此外还有很多其他的具有相似丰富性的一阶几何系统。比如参见（von Plato，1995）中的构造性几何的公理系统。本章建立了与一阶领域的联系，接下去的内容可以参见《空间模态逻辑手册》第 2 章和第 7 章。

16.5　模态逻辑与线性代数

经典几何学并不是空间的数学理论的完结。线性代数与空间表示之间的联系通过主流的定性视觉理论，即数学形态学（Matheron，1967；Serra，1982），已广为人知。我们根据（Aiello，van Benthem，2002a）的路线为此提供一个大致的论述，以证明模态结构在此也扮演着一个很自然的角色。线性代数的模态逻辑风味不同于拓扑或几何的模态逻辑，但相似的主题依然出现。数学形态学与模态逻辑之间的一个不同连接方式可以在（Bloch，2000）中找到。更为全面的论述参见手册第 14 章。

16.5.1　数学形态学

首先设定场景，与我们的空间兴趣相一致，这里考虑向量空间 $\mathbb{R}^n$。“图像”是由向量集组成的区域。数学形态学提供了组合或简化图像的四种基本方式，亦即膨胀（dilation）、腐蚀（erosion）、开运算（opening）和闭运算（closing）。这些在图 16-28 中加以展示。

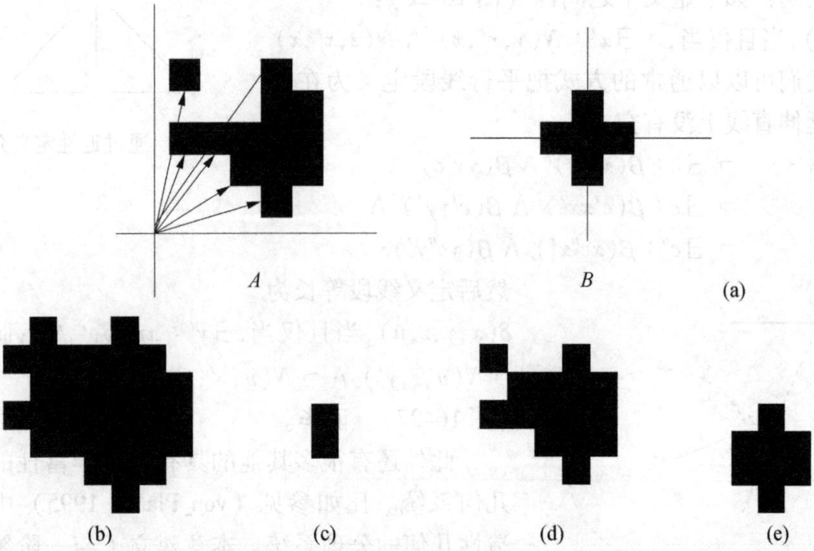

图 16-28

（a）向量空间$\mathbb{R}^2$的区域A和B；（b）用B膨胀A；（c）用B腐蚀A；（d）用B封闭A；（e）用B打开A

直观上看，膨胀将区域添加到一起，而腐蚀是从区域A使用区域B作为一种边界平滑物而消除“测量特征”的方法（如果B是一个圆，则可以想象它在A的边界内部紧紧滚动，仅留下A的平滑物内部版本）。更形式化地说，膨胀或闵可夫斯基加法$\oplus$是向量集上的加运算：

$$A \oplus B = \{a + b: a \in A \text{ 且 } b \in B\} \qquad \text{膨胀}$$

这自然伴随着

$$A \ominus B = \{a: \text{对任意 } b \in B \text{ 有 } a + b \in A\} \qquad \text{腐蚀}$$

开运算和闭运算是膨胀和腐蚀的组合：

$$B\text{ 对 }A\text{ 的结构性打开}(A \ominus B) \oplus B$$

$$B\text{ 对 }A\text{ 的结构性封闭}(A \oplus B) \ominus B$$

数学形态学也使用区域上的常见布尔运算：交、并和补。这是$\mathbb{R}^n$在拓扑和几何之外的又一个数学理论：这次着眼于其向量结构。显然，上述运算仅仅是根据计算效用和表达明晰性选取的一个很小子演算。

16.5.2　第一步：与线性逻辑的联系

数学形态学通常并不使用逻辑术语来考虑，但经考虑后发现，它确实具有逻辑风味。闵可夫斯基运算表现得如同在某种程序模式下的命题逻辑中的概念。膨胀类似于逻辑合取$\oplus$，腐蚀类似于蕴涵$\longrightarrow$，这从它们的定义来看是显然的（"复合A和B"和"如果你给我B，我会给你A"）。这两个概念通过如下的残差律联系起来：

$$A \oplus B \subseteq C,\text{当且仅当},A \subseteq B \longrightarrow C$$

这对通常的合取和蕴涵也是很典型的定律。然而，这里也有一些差别。例如，$A \oplus A$并不一般地等于A。

这些运算的第一个逻辑演算（尚不是"模态的"，参见第16.3节）在计算机科学中被称为乘法线性逻辑，在语言学中成为带置换的兰贝克演算（the Lambek calculus with permutation）（Troelstra，1992；Kurtonina，1995）。该演算对形如A_1，…，$A_k \Rightarrow B$的"矢列"进行推演，其中每个表达式A和B在当前设定下代表一个区域，且在我们的情形下将作如下解释：

所有A的和都包含在以B表示的区域内。

这里是推演规则，从基本公理$A \Rightarrow A$开始：

$$\text{（积规则）}\quad \frac{X \Rightarrow A \quad Y \Rightarrow B}{X, Y \Rightarrow A \oplus B} \qquad \frac{X, A, B \Rightarrow C}{X, A \oplus B \Rightarrow C}$$

$$\text{（箭头规则）}\quad \frac{A, X \Rightarrow B}{X \Rightarrow A \longrightarrow B} \qquad \frac{X \Rightarrow A \quad B, Y \Rightarrow C}{X, A \longrightarrow B, Y \Rightarrow C}$$

$$\text{（结构规则）}\quad \frac{X \Rightarrow A}{\pi[X] \Rightarrow A}\text{置换} \qquad \frac{X \Rightarrow A \quad A, Y \Rightarrow B}{X, Y \Rightarrow B}\text{切割}$$

可推演矢列通常包括：

$$\text{（"函数应用"）}A, A \longrightarrow B \Rightarrow B$$

$$\text{（"函数复合"）}A \longrightarrow B, B \longrightarrow C \Rightarrow A \longrightarrow C$$

其他一些关键的例子是可以用$\oplus$规则证明的两个"局部套用"律：

$$(A \oplus B) \longrightarrow C \Rightarrow (A \longrightarrow (B \longrightarrow C))$$

$$(A \longrightarrow (B \longrightarrow C)) \Rightarrow (A \oplus B) \longrightarrow C$$

该演算**LL**的主要组合性质已经清楚了，其中包括证明论式的切割消去定理、可推演性的可判定性在NP时间内。此外，一些形式语义学也为该演算提供基础［代数语义学、博弈论语义学、范畴论语义学以及可能世界式的语义学，参见（van Benthem，1991a）］。总而言之，数学形态学为线性逻辑提供了一个新的模型。

事实5 （Aiello，van Benthem，2002b）带闵可夫斯基运算的任意空间$\mathbb{R}^n$都是所有**LL**可证矢列的模型。

这个可靠性定理证明在**LL**中可推演的任一矢列都必定是数学形态学的有效原则。反过来的问题则似乎是具有独立意义的开放性问题。

数学形态学的一些更多定律将纯粹的闵可夫斯基运算$\oplus$、$\longrightarrow$和标准的布尔运算“混合”到一起。例如，它们包含$(A\cup B)\longrightarrow C$等同于$(A\longrightarrow C)\cap(B\longrightarrow C)$的事实。这就要求在**LL**中添加布尔运算：

$$\frac{X,A\Rightarrow B}{X,A\cap C\Rightarrow B}\quad\frac{X,A\Rightarrow B}{X,C\cap A\Rightarrow B}\quad\frac{X\Rightarrow A\quad X\Rightarrow B}{X\Rightarrow A\cap B}$$

$$\frac{X\Rightarrow A}{X\Rightarrow A\cup B}\quad\frac{X\Rightarrow A}{X\Rightarrow B\cup A}\quad\frac{X,A\Rightarrow B\quad X,C\Rightarrow B}{X,A\cup C\Rightarrow B}$$

16.5.3　箭头逻辑与混合模态词

然而作为本章主旨的模态逻辑又如何？我们终究会看到其间存在着很自然的联系。

向量空间中区域的上述代数中的基本玩家当然是向量本身。例如图16-28将区域A表示为离开原点的向量集合。向量伴随着一些很自然的运算，如二元加或一元逆——参见向量空间的通常定义。特殊空间中的向量v可视为点的一个有序对(o,e)，其中o是原点且e是终点。从图形中看，它就是从o到e的箭头。这就提供了通达模态逻辑的更多领域的一个入口。

*箭头逻辑*是在20世纪90年代早期作为具有各种关系结构的迁移或箭头模态理论而创立的。特别地，存在着刻画*箭头复合*的二元模态词和刻画*逆*（converse）的一元模态词。其动机来自于动态逻辑，它将迁移本身视为对象，而通过关系代数将点的有序对作为不同的对象。这就提供了比通常的代数系统更强的表达能力，同时又降低了核心逻辑的复杂性（Blackburn et al.，2001；van Benthem，1996）。例如，有序对－解释中把箭头作为点的有序对(a_o,a_e)，然后再定义这些语义关系：

复合　$C(a_o,a_e)(b_o,b_e)(c_o,c_e)$，当且仅当，$a_o=c_o, a_e=b_o$且$b_e=c_e$，

逆　$R(a_o,a_e)(b_o,b_e)$，当且仅当，$a_o=b_e$且$a_e=b_o$，

单位元　$I(a_o,a_e)$，当且仅当，$a_o=a_e$。

抽象模型以一集箭头作为初始对象，附带上面的三个关系，并与通常一样带上一个赋值函数：

定义25（箭头模型）　箭头模型是一个多元组$M=\langle W,C,R,I,v\rangle$，使得$C\subseteq W\times W\times W, R\subseteq W\times W, I\subseteq W$，且$v: P\rightarrow P(W)$。

这样的模型有各种各样的解释——从语言学的语法到范畴论（Venema，1996）。通过使用二种类的将*点和箭头*（point and arrow）都作为初始对象的版本，它们可以变得更加有用。

现在引入带命题字母、单位元0，一元算子$\neg$、$-$和二元算子$\oplus$的标准的模

态语言。真值定义显然可表达如下：

$M,x\models p$	当且仅当	$x\in v(p)$
$M,x\models 0$	当且仅当	Ix
$M,x\models -\varphi$	当且仅当	$\exists y$：Rxy 和 $M,y\models\varphi$
$M,x\models\neg\varphi$	当且仅当	并非 $M,x\models\varphi$
$M,x\models\varphi\vee\psi$	当且仅当	$M,x\models\varphi$ 或 $M,x\models\psi$
$M,x\models A\oplus B$	当且仅当	$\exists y\exists z$：$Cxyz\wedge M,y\models A\ \&\ M,z\models B$
$M,x\models A\ominus B$	当且仅当	$\forall y\forall z$：$Cyxz\wedge M,z\models A\Rightarrow M,y\models B$。

该语言可导出箭头逻辑的可判定的基本系统：

(16.3) $(p\vee q)\oplus r\leftrightarrow(p\oplus r)\vee(q\oplus r)$

(16.4) $p\oplus(q\vee r)\leftrightarrow(p\oplus q)\vee(p\oplus r)$

(16.5) $-(p\vee q)\leftrightarrow(-p\wedge -q)$

(16.6) $p\wedge(q\oplus r)\rightarrow q\oplus(r\wedge(-q\oplus p))$

这与关系代数、线性逻辑和范畴语法（Kurtonina，1995）联系到一起。

然而，这里对我们来说很重要的问题却是其与向量空间（the vector space）很显然的联系。将抽象复合 $Cxyz$ 视为矢量加法 $x=y+z$，将 Rxy 视为向量逆 $x=-y$，并将单位元 Ix 视为空向量 $x=0$。则多数模态话题在线性代数或数学形态学中有了直接意义。例如，箭头模型很自然地支持互模拟概念，以比通常的线性变换更粗化的方式比较向量空间。

接下来，也存在着一个有效推理。基本箭头逻辑的定律表示明显的向量定律。比如，要理解（16.6）的有效性，需要注意到如果向量 a 是 b 和 c 的复合，则 c 也可以写成复合式 $-b\oplus a$。

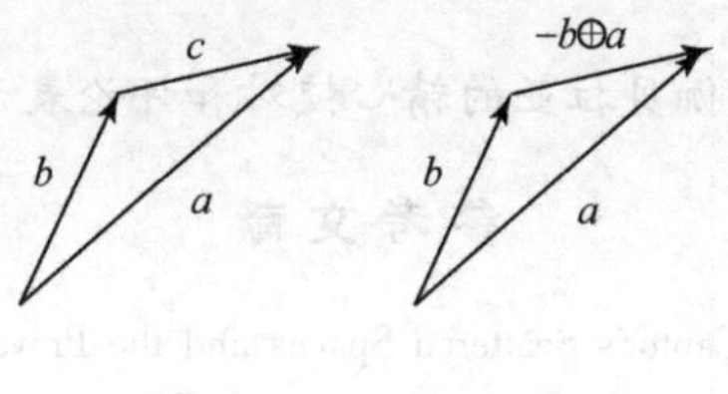

图 16-29 箭头复合的三角公理

在基本系统之上，特殊的箭头逻辑加上了一些额外的框架条件（Marx，1995；Mikulas，1995）且一个消解演算被引入以用于知识表示和空间推理（Aiello，Ottens，2007）。特别地，向量空间解释使复合满足交换律和结合律，从而满足如下公理：

$$p \oplus q \leftrightarrow q \oplus p \quad \text{（交换律）}$$

$$p \oplus (q \oplus r) \leftrightarrow (p \oplus q) \oplus r \quad \text{（结合律）}$$

关于复合的关键事实是向量律：

$$a = b + c\text{，当且仅当，}c = a - b$$

它可以推出三角不等性（图16-29）。

同样，箭头逻辑的可靠性是显然的，我们可以很自由地在上述演算中推导已有的和新向量代数定律。然而关于箭头逻辑和数学形态学的连接仍然产生了一个有趣的开放性问题：箭头逻辑在标准的向量空间$\mathbb{R}^n$上的完全公理系统是什么？

16.6　结　语

本章综述的研究工作说明模态逻辑是分析对空间类型进行推理的一个很自然的媒介。尤其是对于拓扑结构的模态研究表露出一个迹象：它将成为一个具有快速增长的研究日程的、受认可的主题，正如第16.2.3节中所说的那样。这一交叉领域在两个方向上都有令人感兴趣的反响。模态逻辑获得新的受空间启发的模型和关于它们的新问题，而拓扑则获得新的受模态启发的概念，比如互模拟或语言片段完全的演算。我们（在第16.4.5节中）已经大致说明模态视角如何可以扩充为处理更多的几何结构：仿射的、度量的乃至基于向量的——这些更多地是在经典类图关系模型的精神之下。采取这一立场的好处可能会以令人惊讶的方式呈现出来。我们已经举例说明，空间模型如何也能够为动态逻辑或认知逻辑这样的领域注入新的想法。在我们看来，所有这些都说明，正如时间逻辑已经长时间地成为模态逻辑的关注点那样，空间逻辑也会如此。

致谢　我们对大卫·伽贝拉亚的精心校对和评论表示由衷感谢。

参 考 文 献

Abashidze M, Esakia L. 1987. Cantor's Scattered Spaces and the Provability Logic. In: Baku International Topological Conference. Volume of Abstracts. Part I, 3. In Russian

Abashidze M. 1987. Algebraic Analysis of the Gödel-Löb Modal System. PhD dissertation, Tbilisi State University. In Russian

Aiello M, Ottens B. 2007. The Mathematical Morphological View on Reasoning about Space. In: International Joint Conference on Artificial Intelligence (IJCAI-07), Morgan Kaufmann. 205～211

Aiello M, van Benthem J, Bezhanishvili G. 2003. Reasoning about Space: The Modal Way. Journal of Logic and Computation, 13(6): 889～920

Aiello M, van Benthem J. 2002a. Logical Patterns in Space. In: Barker-Plummer D, Beaver D, van Benthem J et al., eds. Words, Proofs, and Diagrams. CSLI, Stanford. 5 ~ 25

Aiello M, van Benthem J. 2002b. A Modal Walk Through Space. Journal of Applied Non-Classical Logics, 12(3 ~ 4): 319 ~ 364

Aiello M. 2002a. Spatial Reasoning: Theory and Practice. PhD dissertationb, ILLC, University of Amsterdam

Aiello M. 2002b. A Spatial Similarity Based on Games: Theory and practice. Journal of the Interest Group in Pure and Applied Logic, 10(1): 1 ~ 22

Allen J, Hayes P. 1985. A Common Sense Theory of Time. In: Joshi A ed. International Joint Conference on Artificial Itelligence. Vol 1. Morgan Kaufmann. 528 ~ 531

Allen J. 1983. Maintaining Knowledge about Temporal Intervals. Communications of the ACM, 26: 832 ~ 843

Andréka H, van Benthem J, Németi I. 1998. Modal Logics and Bounded Fragments of Predicate Logic. Journal of Philosophical Logic, 27(3): 217 ~ 274

Anger F, van Benthem J, Guesgen H & Rodriguez R. 1996. Editorial of the special issue on "Space, Time and Computation: Trends and Problems". International Journal of Applied Intelligence, 6(1): 5 ~ 9

Areces C, ten Cate B. 2007. Hybrid logics. In: Blackburn P, van Benthem J, Wolter F eds. Handbook of Modal Logic. Amsterdam: Elsevier

Artemov S. 2007. Modal Logic in Mathematics. In: Blackburn P, van Benthem J & Wolter F eds. Handbook of Modal Logic. Amsterdam: Elsevier

Awodey S, Kishida K. 2008. Topology and modality: The topological interpretation of first-order modal logic. The Review of Symbolic Logic, 1: 146 ~ 166

Balbiani P, Fariñas del Cerro L, Tinchev T, Vakarelov D. 1997. Modal Logics for Incidence Geometries. Journal of Logic and Computation, 7: 59 ~ 78

Balbiani P. 1998. The Modal Multilogic of Geometry. Journal of Applied Non-Classical Logics, 8: 259 ~ 281

Barwise J. 1988. Three Views of Common Knowledge. In: Proceedings of the Second Conference on Theoretical Aspects of Reasoning about Knowledge. Los Altos: Morgan Kaufmann. 365 ~ 379

Bennett B. 1995. Modal Logics for Qualitative Spatial Reasoning. Bulletin of the IGPL, 3: 1 ~ 22

Ben-Or M, Kozen D, Reif J. 1986. The Complexity of Elementary Algebra and Geometry. Journal of Computer and System Sciences, 32: 251 ~ 264

Bezhanishvili G, Gehrke M. 2005. Completeness of S4 with respect to the Real Line: Revisited. Annals of Pure Applied Logic, 131(1 ~ 3): 287 ~ 301

Bezhanishvili G, Esakia L, Gabelaia D. 2005. Some Results on Modal Axiomatization and Definability for Topological Spaces. Studia Logica, 81(3): 325 ~ 355

Bezhanishvili G, Mines R, Morandi P. 2003. Scattered, Hausdorffreducible, and Hereditary Irresolv-

able Spaces. Topology and its Applications, 132: 291 ~ 306
Bezhanishvili N, Kupke C. 2006. Spatio-Temporal Logics of the Real Line. Manuscript, ILLC, University of Amsterdam
Binmore K. 1994. Game Theory and the Social Contract. Cambridge: MIT Press
Blackburn P, de Rijke M, Venema Y. 2001. Modal Logic. Cambridge University Press
Blass A. 1990. Infinitary Combinatorics and Modal Logic. Journal of Symbolic Logic, 55(2): 761 ~ 778
Bloch I. 2000. Using Mathematical Morphology Operators as Modal Operators for Spatial Reasoning. In: ECAI 2000, Workshop on Spatio-Temporal Reasoning, 73 ~ 79
Blumenthal L. 1961. A Modern View of Geometry. Dover
Boolos G. 1993. The Logic of Provability. Cambridge: Cambridge University Press
Burgess J P. 1979. Logic and Time. Journal of Symbolic Logic, 44(4): 566 ~ 582
Burgess J. 1984. Basic Tense Logic. In: Gabbay D, Guenthner F eds. Handbook of Philosophical Logic. Vol II, chapter 2, 89 ~ 133. Reidel
Carnap R. 1998. Der logische Aufbau der Welt, volume 514 of Philosophische Bibliothek [Philosophical Library]. Hamburg: Felix Meiner Verlag. Reprint of the 1928 original and of the author's preface to the 1961 edition
Chagrov A, Zakharyaschev M. 1997. Modal Logic. volume 35 of Oxford Logic Guides. Oxford: Clarendon Press
Chellas B. 1980. Modal Logic: An Introduction. Cambridge University Press
Dabrowski A, Moss A, Parikh R. 1996. Topological Reasoning and the Logic of Knowledge. Annals of Pure and Applied Logic, 78: 73 ~ 110
de Jongh D, Veltman F. 1985. Lecture Notes on Modal Logic. ILLC, Amsterdam
de Rijke M. 1993. Extended Modal Logic. PhD dissertation, ILLC, University of Amsterdam
Doets K. 1996. Basic Model Theory. Studies in Logic, Language and Information. Stanford: CSLI Publications
Engelking R. 1989. General Topology. Heldermann Verlag
Esakia L. 1981. Diagonal Constructions, Löb's Formula and Cantor's Scattered Spaces. In: Studies in Logic and Semantics, 128 ~ 143. Metsniereba (In Russian)
Esakia L. 2001. Weak Transitivity—Restitution. In: Study in Logic. Vol 8. 244 ~ 254. Nauka (In Russian)
Esakia L. 2002. The Modal Version of Gödel's Second Incompleteness Theorem and the McKinsey System. In Logical Investigations. Vol IX, 292 ~ 300 (In Russian)
Esakia L. 2004. Intuitionistic Logic and Modality via Topology. Annals of Pure and Applied Logic, 127: 155 ~ 170
Fagin R, Halpern J, Moses Y, Vardi M. 1995. Reasoning About Knowledge. Cambridge (MA): MIT Press
Fontaine G. 2006. Axiomatization of ML and Cheq. Master's thesis, ILLC, University of Amsterdam

Gabbay D, Kurucz A, Wolter F, Zakharyaschev M. 2003. Many-Dimensional Modal Logics: Theory and Applications. Studies in Logic and the Foundations of Mathematics, Vol 148. Uppsala: Elsevier

Gabbay D, Shehtman V. 1998. Products of Modal Logics. Logic Journal of the IGPL, 6(1): 73 ~ 146

Gabelaia D, Kurucz A, Wolter F, Zakharyaschev M. 2005. Products of "Transitive" Modal Logics. Journal of Symbolic Logic, 70: 993 ~ 1021

Gabelaia D, Sustretov D. 2005. Modal Correspondence for Topological Semantics. In: Abstracts of Algebraic and Topological Methods in Non-Classical Logics Ⅱ. Barcelona. 80 ~ 81

Gabelaia D. 1999. Modal Logics GL and Grz: Semantical Comparison. In Proceedings of the ESSLLI Student Session, 91 ~ 97

Gabelaia D. 2001. Modal Definability in Topology. Master's thesis, ILLC, University of Amsterdam

Gabelaia D. 2004. Topological, Algebraic and Spatio-Temporal Semantics for Multi-Dimensional Modal Logics. PhD thesis, King's College, London

Gerhardt S. 2004. A Construction Method for Modal Logics of Space. Master' s thesis, ILLC, University of Amsterdam

Goldblatt R. 1980. Diodorean Modality in Minkowski Space-Time. Studia Logica, 39: 219 ~ 236

Goldblatt R. 1987. Orthogonality and Spacetime Geometry. Springer-Verlag

Goranko V, Passy S. 1992. Using the Universal Modality: Gains and Questions. Journal of Logic and Computation, 2(1): 5 ~ 30

Gärdenfors P. 2000. Conceptual Spaces. MIT Press.

Harel D, Kozen D, Tiuryn J. 2000. Dynamic Logic. Foundations of Computing Series. Cambridge (MA): MT Press

Helly E. 1923. Über Mengen Konvexer Körper mit Gemeinschaftlichen Punkten. Jahresber. Deutsch. Math. Verein, 32: 175 ~ 176

Hintikka J. 1962. Knowledge and Belief. Cornell University Press

Hodkinson I, Reynolds M. 2007. Temporal Logic. In: Handbook of Modal Logic

Kamp J. 1968. Tense Logic and the Theory of Linear Order. PhD thesis, University of California, Los Angeles

Kelley J. 1975. General Topology. New York: Springer-Verlag

Konev B, Kontchakov R, Wolter F, Zakharyaschev M. 2004. On Dynamic Topological and Metric Logics. In: Proceedings of AiML 2004, 182 ~ 196. King's College Publications

Kuratowski K, Mostowski A. 1976. Set Theory. Amsterdam-New York-Oxford: North Holland

Kuratowski K. 1966. Topology. Vol I. New York: Academic Press

Kurtonina N, de Rijke M. 1997. Bisimulations for Temporal Logic. Journal of Logic, Language and Information, 6: 403 ~ 425

Kurtonina N. 1995. Frames and Labels. A Modal Analysis of Categorial Inference. PhD dissertation, ILLC, Amsterdam

Leitgeb H. 2007. A new Analysis of Quasianalysis. Journal of Philosophical Logic, 36(2): 181 ~ 226

Lewis D. 1969. Convention. Harvard University Press

Litak T. 2004. Some Notes on the Superintuitionistic Logic of Chequered Subsets of R∞. Bulletin of the Section of Logic Univ. Łódź, 33(2): 81 ~ 86

Marx M, Venema Y. 1997. Multi Dimensional Modal Logic. Kluwer

Marx M. 1995. Algebraic Relativization and Arrow Logic. PhD dissertation, ILLC, University of Amsterdam

Matheron G. 1967. El'ements pur Une Theorie des Milieux Poreaux. Masson

McKinsey J, Tarski A. 1944. The Algebra of Topology. Annals of Mathematics, 45: 141 ~ 191

Mikulas S. 1995. Taming Logics. PhD dissertation, ILLC, University of Amsterdam

Mints G. 1998. A Completeness Proof for Propositional S4 in Cantor Space. In: Orlowska E ed. Logic at work: Essays dedicated to the memory of Helena Rasiowa. Heidelberg: Physica-Verlag

Moerdijk I. 1982. Some Topological Spaces Which are Universal for Intuitionistic Predicate Logic. Indagationes Mathematicae, 44(2): 227 ~ 235

Pauly M. 2001. Logic for Social Software. PhD dissertation, ILLC, University of Amsterdam

Peleg D. 1987. Concurrent Dynamic Logic. Journal of the ACM, 34(2): 450 ~ 479

Pratt V. 1999. Chu spaces. In: School on Category Theory and Applications. volume 21 of Textos Mat. Sér. B, 39 ~ 100. Coimbra: University of Coimbra

Preparata F, Shamos M. 1985. Computational Geometry: An Introduction. Springer-Verlag

Randell D, Cui Z, Cohn A. 1992. A Spatial Logic Based on Regions and Connection. In: Proceddings of Internationsl Conference on Principles of Knowledge Representation and Reasoning (KR' 92), San Mateo. 165 ~ 176

Randell D, Witkowski M, Shanahan M. 2001. From Images to Bodies: Modelling and Exploiting Occlusion and Motion Parallax. In: Proc. of Int. Joint Conference on Artificial Intelligence (IJCAI-01)

Rasiowa H, Sikorski R. 1963. The Mathematics of Metamatematics. Panstwowe Wydawnictwo Naukowe

Segerberg K. 1970. Modal logics with Linear Alternative Relations. Theoria, 36: 301 ~ 322

Segerberg K. 1973. Two-Dimensional Modal Logic. Journal of Philosophical Logic, 2(1): 77 ~ 96

Serra J. 1982. Image Analysis and Mathematical Morphology. Academic Press

Shehtman V. 1983. Modal Logics of Domains on the Real Plane. Studia Logica, 42: 63 ~ 80

Shehtman V. 1990. Derived Sets in Euclidean Spaces and Modal Logic. Technical Report X-1990-05, University of Amsterdam.

Shehtman V. 1993. A Logic with Progressive Tenses. In: Diamonds and defaults Amsterdam, 1990/1991. volume 229 of Synthese Lib, 255 ~ 285. Dordrecht: Kluwer Academic Publications

Shehtman V. 1999. "Everywhere" and "Here". Journal of Applied Non-Classical Logics, 9(2 ~ 3): 369 ~ 379

Shehtman V. 2006. Derivational modal logics. Moscow Mathematical Journal, submitted

Sheremet M, Tishkovsky D, Wolter F, Zakharyaschev M. 2005. Comparative Similarity, Tree Automata, and Diophantine Equations. In: Proceedings of LPAR 2005, volume 3835 of LNAI

Spaan E. 1993. Complexity of Modal Logics. PhD dissertation, ILLC, University of Amsterdam

Stebletsova V, Venema Y. 2001. Undecidable Theories of Lyndon Algebras. Journal of Symbolic Logic, 66(1): 207 ~ 224

Stebletsova V. 2000. Algebras, Relations and Geometries. PhD dissertations, University of Utrecht

Steinsvold C. 2005. Personal Communication

Szczerba L, Tarski A. 1965. Metamathematical Properties of Some Affine Geometries. In: Bar-Hillel Y. ed. Int. Congress for Logic, Methodolog, and Philosophy of Science. Amsterdam: North-Holland. 166 ~ 178

Tarski A. 1938. Der Aussagenkalkül und die Topologie. Fundamenta Mathematicae, 31: 103 ~ 134

Tarski A. 1959. What is Elementary Geometry? In: Henkin L, Suppes P, Tarski A eds. The Axiomatic Method, with Special Reference to Geometry ad Physics. Amsterdam: North-Holland. 16 ~ 29

ten Cate B, Gabelaia D, Sustretov D. 2009. Modal Languages for Topology: Expressivity and Definability. Annals of Pure and Applied Logic, 159(1 ~ 2): 146 ~ 170

Troelstra A. 1992. Lectures on Linear Logic. CSLI

van Benthem J, Bezhanishvili G, Cate B ten, Sarenac D. 2005. Modal Logics for Products of Topologies. Studia Logica, 84(3): 369 ~ 392

van Benthem J, Bezhanishvili G, Gehrke M. 2003. Euclidean Hierarchy in Modal Logic. Studia Logica, 75(3): 327 ~ 344

van Benthem J, Blackburn P. 2007. Basic Modal Model Theory. Blackburn P, van Benthem J, Wolter F eds. Handbook of Modal Logic. Amsterdam: Elsevier

van Benthem J, Sarenac D. 2004. The Geometry of Knowledge. In: Aspects of Universal Logic. volume 17 of Travaux Log. Univ. Neuchatel, Neuchatel. 1 ~ 31

van Benthem J. 1983a. Correspondence Theory. In: Gabbay D, Guenthner F eds. Handbook of Philosophical Logic. Vol Ⅱ. 167 ~ 247. Dordrecht: Reidel

van Benthem J. 1983b. The Logic of Time, volume 156 of Synthese Library. Dordrecht: Reidel [Revised and expanded, Kluwer, 1991]

van Benthem J. 1991a. Language in Action. Categories, Lambdas and Dynamic Logic. Amsterdam: North-Holland

van Benthem J. 1991b. Logic and the Flow of Information. In: Prawitz D, Skyrms B, Westertal D eds. Proceedings of the 9th International Conference of Logic, Methodology and Philosophy of Science. Elsevier. 693 ~ 724

van Benthem J. 1992. Logic as Programming. Fundamenta Informaticae, 17(4): 285 ~ 317

van Benthem J. 1995. Temporal Logic. In: Handbook of Logic in Artificial Intelligence and Logic Programming. Vol 4. Oxford Sci Publ, 241 ~ 350. New York: Oxford Univ. Press

van Benthem J. 1996. Exploring Logical Dynamics. Stanford: CSLI Publications/Cambridge University Press

van Benthem J. 1999. Temporal Patterns and Modal Structure. Logic Journal of the IGPL, 7(1): 7 ~ 26 van Benthem J. 2000a. Information Transfer across Chu Spaces. Logic Journal of the IGPL, 8(6): 719 ~ 731

van Benthem J. 2002. Invariance and Definability: Two Faces of Logical Constants. In: Sieg W, Sommer R, Talcott C eds. Reflections on the Foundations of Mathematics. Essays in Honor of Sol Feferman, ASL Lecture Notes in Logic, ASL. 426 ~ 446

van Dalen D. 2005. Mystic, Geometer, and Intuitionist. The Clarendon Press/Oxford: Oxford University Press. The life of Brouwer L. E. J, 1881-1966. Vol 2. Hope and disillusion

Venema Y. 1996. A Crash Course in Arrow Logic. In: Marx M, Masuch M, Pólos L eds. Arrow Logic and Multimodal Logic. CSLI

Venema Y. 1999. Points, Lines and Diamonds: A Two-Sorted Modal Logic for Projective Planes. Journal of Logic and Computation, 9(5): 601 ~ 621

Venema Y. 2007. Algebras and Co-algebras. In: Blackburn P, van Benthem J, Wolter F eds. Handbook of Modal Logic, 331 ~ 426. Amsterdam: Elsevier

von Plato J. 1995. The axioms of Constructive Geometry. Annals of Pure and Applied Logic, 76(2): 169 ~ 200

Wooldridge M. 2002. An Introduction to Multiagent Systems. New York: J Wiley

第5部分 逻辑哲学

第5部分　逻辑哲学

这最后一部分把逻辑主要问题的一些纲领性论文放在了一起。坦率地讲，我发现今天我们所说的“逻辑哲学”只是人们可能反思的逻辑相关问题中很小一部分。所以，我希望哲学家们能够对理解真正的逻辑产生兴趣，而不是局限在他们自己认为的逻辑学应该怎样的固定形象里。《内容对包装：一篇关于语义复杂性的论文》是对我长期思考的技术问题的总结：反思常规命题逻辑和谓词逻辑系统中常用的“真”、“后承”和其他经典的概念。到底多大的复杂性才是这些系统关于底层（基本）概念真正的复杂性？在多大程度上我们所使用的形式化系统只是人工制品呢？本着这样的问题，人们可以进一步追问，哲学家们从上述系统中得出的逻辑精神是本质的吗？或者说，他们是不是仅仅基于形式化的历史偶然巧合作出了那些结果？我在文中具体表明，人们怎样才能重新分析“标准语义学”，从而发现意想不到的选择点和可供选择不同的道路。这就可以把“依赖语义学”和“安保片段”可判定性研究连接起来。“安保片段”的内容可以在我的专著《探索逻辑的动态化》（CSLI 出版社，斯坦福，1996）中获取，也可以在《逻辑之门》系列第一卷中找到一些相关内容。接下来是文章《越来越宽广：重置逻辑学的边界》，它试图为现代逻辑界定一些主要的哲学问题，比如系统囚徒、系统建构或者动态化等。这样，如果哲学家能够以新面貌审视上述相关领域究竟发生了什么，那么逻辑可以从他们那里获得丰厚的收益。本文也已翻译成俄文发表，它似乎得到了一些学者的共鸣。最后，《哲学中的逻辑》是我刚才提到的《逻辑哲学手册》中的一章，主要阐述我关于这一领域的历史观，它已经渗透进了本卷书的整体中。

17 内容对包装：一篇关于语义复杂性的论文*

雒自新/译　俞珺华/校

17.1　内容与包装

17.1.1　逻辑工具的分量

对一个主题的任意描述都带着其自身复杂性方面的代价。为了理解描述的内容，我们不得不理解所使用的语言或者逻辑的机制，并将编码器的复杂性添加到被编码的主题内容上。简言之，“复杂性是一系列主要内容加上分析工具”。这种代价是不可避免的，即便通过科学或常识领悟的方法也是同样的结果。然而，也存在如下这样持续的感觉，即从来不应该支付比所必需的更多的东西。亚里士多德已将必要理智的“轻便”表述如下：“科学思维能力的评判标准，就是它不对所描述的内容给予其证实范围之外的过多形式结构。”［正如在（Kneale，Kneale，1961）当中所意译的］。形式逻辑的批评者们当然会同意这一意见，他们已经指出了哲学、语言学、计算机科学甚至数学基础当中的许多地方，并认为在那里一般的数学修养或者只是讨论性的常识都是比精致的逻辑形式系统更加恰当的通向洞见的道路。同样在形式逻辑内部，这一问题似乎也是一种合理的担心。我们的标准建模方法对于特定的推理现象确实是恰当的吗？在我们的领域中（使用“不可判定”或“高阶”这样的评级）对复杂性现象做出的结论究竟是正当的，还是建模方法的构造物？更加令人不安的是这样的可能性：我们期刊中许

---

* Johan van Benthem. 1996. Content versus Wrapping：An Essay in Semantic Complexity. In：Marx M，Masuch M，Pólos L eds. Arrow Logic and Multimodal Logic. Studies in Logic，Language and Information，Stanford：CSLI Publications（and Cambridge UP）. 203～219

多致力于证明作为课题学术价值标志的复杂定理的重要研究，由于学者们屡次遇到同样问题的事实而继续，但屡次遇到这些问题的原因恰恰是由于这些问题来源于我们所使用的形式，而非手头要解决的问题。我认为这些都是严重的问题，值得持续关注。当然许多逻辑学家确实关注这些，或者显在地或者隐含地，但通过某种额外宣传的方式保持它们在议程上的重要位置也是无害的。当然在现在，产生了在特定情况下如何区分复杂性的两个来源问题。我们通常有以下怀疑：关于在某种推理或计算中什么是困难的而什么不是的已有结论可能受到挑战，但如何区分这两种成分呢？这里也许不存在任何系统的区分方法——但在我们的领域实践中当然存在一种间接的回答，这种回答倾向于产生其他建模方法的成分。因此，通过与其他可能方法（例如，考虑相同问题的集合论、代数或者范畴论的形式化）的比较，包装的角色变成间接可见的了。换言之，尽管形式逻辑建模也许是复杂性问题自身的部分，但逻辑学家们通过产生许多复杂性从而减弱了这一缺陷！

17.1.2　复杂性的临界

这里存在通过更具体的例子而更详细地分析空间。已取得的关于形式语义学当中的复杂性观点，常常以对特定的产生或增加复杂性危险临界的警告形式出现。例如，一个著名的危险地带是从有限结构到无限结构的转变，另一个是从一阶对象到高阶对象的转变。这些变动经常产生于对计算或语言学现象描述中的不可判定性或者甚至不可公理化性中。例如，程序语言的语义学中，不可判定性可能通过对迭代和递归无穷结构的引入而产生（Harel，1984；Goldblatt，1987）。类似地，对并行性的时态语义学通常使用时态分支或者历史的高阶逻辑，这包含了集合上的量化（Burgess，1984；Stirling，1990）。在自然语言的语义学当中会产生相同的临界。例如，许多量化现象一般被认为本质上是像语义学“分支量词”，包含平行而不是顺次的过程，并具有对应的一阶逻辑之上的非线性量词前缀（Barwise，1979）那样的二阶内容。传统上，高阶性的其他来源在于多样量化（van der Does，1992）的语义学。自然语言首语重复法中的边缘捆绑现象的不可判定性也已经被宣称［参见（Hintikka，1979）关于所谓的“任意论题”］。最后，复杂性的新界限已经在人工智能当中出现了，其对应形式是“已取得的智慧”（received wisdom）。值得注意的是，非单调推理机制，例如“限定”（circumscription），经常被认为根本上是高阶的并且总的说来是较高复杂性的（McCarthy，1980）——并且实际上，也许令人不安的是，相同的情况似乎对任意有意义的人类认知任务都成立（Kugel，1986）。这些观点与我们基于对一个先于其形式化主题的固有复杂性合理初始估计的直觉期望相符吗？不一定。一般说来，很难做出统一的预言。有时候，形式分析确实证实我们对现象的复杂性直觉希望或者怀疑，逻辑形式主义的复杂性理论就是例子（Spaan，1993）。但在另外一些时候，看似合理的期望最终是错误的，并且我们被形式分析纠正过来。历史上一个著名的例子是谓词逻辑的不可判定性，这最终通过哥德尔和丘奇的论证是可理解的，却与逻辑学研究寻找判定过程的传统相冲突。另外，不存在简单地通过避免上面的危险地带而限制复杂性的绝对可靠的规则。例如，限制到有限模型的一些限制已经在自然语言语义学当中被提倡（van Benthem，1986）。但这相同的限制也可以使许多结论更加难以获得（如果可获得），在（Gurevich，1985）中发现的一般模型理论之上"有限模型论"的附加复杂性就是例子。类似地，无穷逻辑的使用确实在某些方面增加了复杂性，但它也在其他方面增加了复杂性，例子是对一些程序逻辑的平滑无穷公理化的发现（Goldblatt，1983），这可能比它们的一阶对应者更加简洁明白。让我们现在转向某些具体情况，在那里，有影响的建模类型已经支持了复杂性已取得的观点。这些将为我们接下来的讨论提供更加具体的观点。

17.2 从高阶到一阶

17.2.1 标准集合论模型

在语义当中存在许多情况，在那里，高阶模型化被认为是恰当的并且不可避免的，即使其代价是使用有效性不可公理化（实际上是算术不可定义）的形式系统。指向这些危险实际上就是我们圈子里一个著名的社会限界过程（social bounding procedures），对这个恶魔的提及带来了报告厅全面的恐慌。然而，通过更近距离的考查，在所有这些情况当中，一个重要的区分应该被做出。使用一种高阶语言，指称像集合、选择函数或者分支这样的非一阶个体是一回事——但坚持认为这种语言应该具有完全的集合论标准模型，使它以上述提到的方式运行确实是另一回事。这是因为，坚持后者表达了一个附加的承诺：即我们想使用形式主义的一个特定的数学实现，其复杂性将自然地趋向于"污染"我们逻辑为反映核心现象而设计的有效性。我们的领域实践当中一个暗中作怪的术语使这个问题更加混乱，即集合论模型中常常受赞扬的"具体化"（concreteness）。这相当于在我们的包装中坚持用一种特定的数学结构。但是，一个集合论模型确实比一个代数结构或者一张几何图"更加具体"吗？直觉上，在后一种情况当中，相反的陈述似乎为真。另外，对数学结构的指定也许恰好是上面提到的复杂性根源。因此，有理由优先选择一种更加中立的观点。思想中另一个暗中作乱的常规是语义创新作者所喜爱的“关注的分离”(separation of concerns)。他们不愿意一次性提出太多东西，并且因此选择“标准集合论模型化”作为他们所使用的理论（参见在目前的“动态语义学”当中占主导地位的做法）(Kamp, 1984; Groenendijk, Stokhof, 1991; Veltman, 1996)。当然，这是一个优秀的研究策略。但实际上，正如我们在下面将要看到的，使用标准的背景也许并不总是一个无关于结果的决定。它对于该新想法来说甚至可能是有害的，因为它可能使新想法与旧范式在复杂性方面遗留的负面影响相纠缠，而动态语义恰恰是部分地应认知上排除这些旧影响的需要而产生的。

17.2.2　多类一般模型（Many-sorted general models）

在高阶逻辑当中，一个更加中立的观点已经出现了很长时间。对高阶语言的“一般模型”允许对集合量化的限制范围(Henkin, 1950)。标准模型是那种限制，在那里，所有数学上可能的集合或者谓词都必须现存（present）的——无论对正在研究的现象是否需要。对模型类的这种拓展使一阶逻辑的通常性质恢复原状，但仅仅将它当作是一种机会主义策略将是误导性的。更为重要的是，根据这一观点，高阶逻辑将成为一种*多类一阶逻辑*（many-sorted first order logic）处理。个体、集合与谓词以及其他一些东西都可以被同等地处理（Enderton, 1972)。这种转变具有大量独立的哲学证据，例子是在（Bealer, 1982）和（Turner, 1989）中所提倡的“性质理论”(property theories)。实际上，我们获得了一种实质上稀缺的东西（moral rarity)，它是在处理新型个体的集合论复杂性当中哲学价值与计算优点的一种组合。即使如此，这种转变也已经带有一点特设性的瑕疵，并且一种通常的责难是它缺少正规性。没有为集合的类指定独特的行为，而使得出的“逻辑”屈从于完全的人工操作。换言之，这种处理“太简单”了(这里我们又看到领域中符合专业共识的一个无恶意教条)。但它确实是吗？从另一个角度看，一般模型(general model)恰好做了正确的事情。它们彻底阻挡了不必要的集合论“真”（truth）的输入，让描述的主题凸显出来。并且它们通过诚实的工作取代柏拉图式的自满。如果我们想添加一种显式的新对象（“集合”、“谓词”或者其他任何东西)，那么对和讨论主题紧密联系的对象的性质进行研究，并明确地将其形式表达，就成为我们的任务。只是，关于“集合”的什么行为是和程序语义或自然语言相联系的？

17.2.3　一种几何的角度

回答上述这样的问题暗示一种折中。对标准集合论模型的这种通常的语义学限制太复杂，并且没有启发性——而对所有一般模型放开限制则太弱，并且出于相反的原因而没有启发性。但一些艰苦的工作之后，我们可以找到一些处在中间的模型类。一旦注意到这种想法，就可以发现这种类型的分析例子大量存在。例如，某种分支上带有量化的二阶语义学总是可以被适当的“个体（时间点、状态等）”和“分支”或“路径”的多类理论（many-sorted theories）所替换；而此时，我们需要找到连接分支（包括分支间的联系）和分支上的点的关键性质。例如，（Stirling，1990）确定了一些有趣的模态时态二阶规则——例如，“融合封闭”（fusion closure）说的是，对任何出现在两个历史中的状态，其在一个历史中的过去和在另一个历史中的将来可以被黏接起来形成新的历史。同样，在分支时态逻辑当中，选择的二阶公理（second-order axioms of choice）支持“收敛规则”（confluence principles），该规则陈述了不同历史当中的两个点什么时候通过合适的更远历史可以在某个共同的将来聚集在一起（de Bakker et al.，1989）。这样的规则最恰当地被认为是关于二类一阶模型当中的分支的可得性的几何学条件，相当于涉及点和线的标准几何学公理。这至少是与集合论一样好的数学。最后，几何学的标准公理化等同地使用“点”、“线”、“面”，而不是将后者古怪地构造为点集（注意这种历史的倒置。几何学已经被归约到集合论：而我们在提倡相反的路线）。作为最后一个例子，考虑对直觉主义逻辑的两种密切相关的语义学。“克里普克模型”是一阶的，具有仅涉及可能世界与可及性的真值条件，而“贝特模型”则是二阶的，也包含分支（Troelstra，van Dalen，1988）。例如，贝特模型对一个析取式“A 或者 B”的真值条件说的是：存在状态的某个分界线跨越（across）可能的将来历史，并满足这个分界线上的每个状态或者满足 A 或者满足 B。但同样的，后一种模型可以通过“同等看待世界和分支，并且分析分支的什么样的显式理论（而非关于几何的柏拉图式神谕）是解释直觉主义逻辑有效性所需要”的途径而被重新形式化［（Rodenburg，1986）的附录包含对结果所得的二类模型论的一次最早的探索，包括状态与分支的相互作用］。

17.2.4　几何学模型化的对应

使用对应理论（correspondence theory）（van Benthem 1984，1985）的工具可以使对多类模型的关键规则的局部化更加具体并且系统化。考虑时态逻辑的情况。有两种互补的方式达到我们所希望的“分支理论”。第一种方式包含对“分支”的一般思考，从数学上存在的相当多断言当中挑选出支配这些的一般逻辑规则。另一种方式考虑那种分析为一条指导原则的时态推理，寻找其理想规则与分支的假设之间的“对应”。纯时态逻辑中的这种相互作用已有较理想的文献记载（van Benthem，1983）。这里有分支语义学当中的一个简单例子。某些形式的时态推理允许量词在“未来的可能性”和“可能的未来”之间转换。这将对应关于状态与分支的类型的一个简单可计算条件，即沿着我目前历史的时光旅行，之后转换到另外的将来历史，这也可以通过首先转换到另外的历史然后再旅行进入到将来而被完成。对应理论仅仅在模态逻辑当中非常系统地研究过，但理论上这种分析在任何地方都是适用的——例子是（Venema，1991）和（de Rijke，1993）中所展现的有力拓展［仍然存在方法论相容性的一个问题。以其通常形式，对应分析自身包含高阶逻辑当中的计算！一种观点认为，我们仅仅使用这种技术作为一种语义学的启发，并且“从内部战胜二阶逻辑”（defeating second-order logic from within）是一种简明的哲学谋略。然而，其他一些相关的理解在适当的一般框架中也将出现］。

并非上面方法所得到的每个原则都应该被当作理所当然。时态推理公认规则的一些对应显然带来了点 - 分支二类模型中期待的性质，例如分支的线性，以及它们起始点的唯一性。其他对应可能带来有趣却值得商榷的选项。例如，时态推理中更复杂的模态 - 时态量词转换对应选择公理，反映了状态 - 分支模型的“充满”（fullness）。尽管有了一些系统性的建议，但是在两种情况之间并没有非常清晰的界限。例如，如果真正的逻辑规则应该完全不借助“存在性输入”（existential import）（Etchemendy，1990），那么我们则仅承认对应分析得到的纯全程一阶条件作为语义真正核心的条件，而祛除所有包括存在性输入，涉及有争议的数学领域的条件［（van Benthem，1983）将命题吸取也视作存在性的，进而要求把限制加强到全程霍恩子句］。这里所提倡的方法论并不带有如下一般的预先假设：所有合理的新语义都将是简单的，或者甚至是一阶的。例如在计算应用当中，时态分支也许恰好不得不是有限的（一个非一阶条件）。同样，在一个相反的方向上，多方争论的一个问题是：程序的基本控制结构是无限的，并且因此是非一阶的（Goldblatt，1983）。无论哪种方式，这样的讨论都不会不利于我们更宽广的框架，而反倒是展现了它结果的丰富。计算本质上是依其“行迹”的有限性而定，还是依其控制结构而定呢？这是一个真正的争论点，它应该明确地被列入讨论计划，而非仅仅在使用“具体标准模型”（concrete standard modeling）时被预先判断。

17.2.5 进一步说明

所有这些观点也可以在自然语言的情形里展示。考虑早些时候提到的如下语言学现象。从一开始（Hintikka，1979），“分支量化”已经被考虑成二阶语义学机制的一个典型例子，它不要求由通常的一阶线性量词前缀表达的斯科伦函数上的量化。诚然，仍然存在对该语言学断言的反对，并且“一阶游击队员”（first-order guerrilleros）仍然是活跃的。但是，即使承认存在向使用非线性可排序的斯科伦函数（non-linearly orderable Skolem functions）的转变，持有这种观点的人所说的也不过是：需要考虑语义个体中（而不是整个数学空间，那里包括了大量的语言学意义上不相关的内容）显式存在的特定一族相关选择函数（relevant “choice functions”）。另外，我们甚至能够基于独立的语言学证据而为这种转变辩护。例如，所谓对问题的“函数回答”（functional answers）（“每个男人都爱谁？他的母亲”）提出，我们需要更抽象的函数对象（functional objects）作为语义学世界当中的成员。但即使那样，真正的问题仍然以如下方式存在：在解释自然语言分支现象时，有多少选择函数是必要的，满足哪些组合上的条件。广义地看，这一观点应用到更一般的语言学“多重量化”（van Benthem，1989；Keenan，Westerståhl，1997），而“多重量化”的高阶特征已经被视为显然。这里产生的集合论表示方法的复杂程度或许也指向了一些族可用谓词和函数之上的限制。同样，这种考虑适用于当下几个对人工智能复杂性的讨论。例如，上面提到的“限定”（circumscription）方法也许恰好在使用一般模型的极小化时，考虑了一些“相关谓词”（relevant predicates）（比如，对计算的讨论环境中明确表达的那些）[（Morreau，1985）研究了结果所得的二类一阶模型论，并且表明了它如何能够处理许多最初引出“界限”的非单调推理类型]。

17.2.6 其他重建模策略

应该强调的是，并非所有较宽广的语义学空间都必须从一种“一般模型”策略产生。后者提供了倒推并且重新思考这些语义学问题的系统方式。然而，如果没有对其结果的独立语义学证据（正如在前面的语言学例子当中），则结果所得的多类模型可能仍然是一个特设性理论的奇异产物。实际上，人们也许最终转而偏好其他一些可能的建模方案。这种自由的一般说明是在数学当中代数观点与几何观点之间普遍存在的转换——一个更特别的例子是，近来使用“群”（groups）和总体判断（collective predication）的一系列不同观点对自然语言中分支量化分析的出现（Landman，1989；Hoeksema，1983；van der Does，1992）。

总而言之，换成更加宽广的一阶模型类并不是压制复杂性当中的绝望或者偷懒的一种特设性转变。更准确地说，它表达了一类适应性更好的分析，迫使我们做我们的概念作业，并且最终——也是另外一个潜在益处——恰好因为可用的新语义模型，得到超越原始范围的新应用。另外，这并不是不确定前景下一种冒险的新发明。这是因为，当所有的东西都被提出和实施的时候，这种转变恰好是抽象的数学分析一直在做的。

17.3 从一阶的到可判定的

17.3.1　标准一阶模型

上述从高阶逻辑到一阶逻辑的转变带来了复杂性当中一种清楚的改善。但后一系统作为一种统一的语义学媒介能在怎样程度上令人满意呢？尽管是能行可公理化的，但谓词逻辑是不可判定的——并且，该特征可以将外部的复杂性输入到其“自然复杂性”将是可判定的问题描述当中。正如上面观察到的，导致这种情况的一个原因是“具体集合论模型”的吸引力。我们都将标准塔尔斯基模型认为是具体性与简单性的本质［尽管已经有一些来自较早提到的“性质理论家”（property theorists）的暗中反对，又参见（Zalta，1993）］。但仍然存在的问题是，我们是否仍然在输入外部的集合论（这可能导致逻辑的不可判定性）吗？例如，语言学或者计算机科学当中工作的逻辑学家们常常具有这样一种本能的感觉：他们正在分析的推理类型大半是可判定的［（参见Bacon，1985）当中给出的百分率估计，或者（Sanchez Valencia，1991）当中对“自然逻辑”（nature logic）的分析］，然而对于这些直觉给出任何数学上的支持都是困难的。

17.3.2　代数语义学

存在产生于放弃特定传统语义学偏见的动机良好的可判定版本的谓词逻辑吗？实际上，甚至存在几条通向可判定性的路径。一条传统的路径仅仅使用谓词逻辑经过限制的片段（比如许多经典教科书上介绍的一元的，全称的或者其他一些限制），而一条更新的路径由最近出现的线性逻辑所提供（Girard，1987；van Benthem，1991）。而即便在这里，存在拓展我们模型类的一种非常一般的标准策略。从谓词逻辑的具体集合论模型到抽象的代数模型，存在一个完整的数学谱系。这是代数逻辑（algebraic logic）的领域，它已经产生了很多涉及这些问题的信息（Andréka，1991；Németi 1991，1995；Venema，1991）。原则上，在任何一些适当的最小要求被潜在的基本逻辑满足的情况下，该方法将总是起作用。当然，正是因为具有上面的一般模型的策略，所以有趣的可能性将位于二者之间。现在，就像一般模型转变那样，这种代数化的策略已经在文献当中由于它的特设性和缺少清楚的限制受到了批评。正如一句老话所说：“代数语义学是伪装的语法。”但这仅是就底层（在那里，林登鲍姆代数将起作用）而言为真，然而通常是，关于不同兴趣的代数通过进一步的语义考虑而大量出现。因此，在我们现有设置中，一个关键的关注点应该是寻找有趣的动机独立的“语义学参量”，这些参量所设定的值可以不同于在标准塔尔斯基范式那里所设定的值。这样一来，这种寻找似乎并不是没有希望的。例如，在更传统的本体论方面我们已经看到，性质理论家们（property theorists）将个体与性质等同地处理为内涵实体，而将通常塔尔斯基“集合－序组”式的对谓词符号的处理看成是多种可能做法中比较外延的一种。

17.3.3 动态再建模

代数再建模可以通过现行的涉及逻辑语义学态度当中的一种广泛转变而具体地诱发。从一种更加“过程性的”或者计算的观点看，涉及一阶解释的各种吸引人的新思想最近已经提了出来。特别是，我们可以将（Venema，1991）的“柱状模态代数”，甚至是一般的柱状代数（Henkin et al.，1971；1985），当作解释量化公式时对连续变元指派严密处理从而得到自然可判定谓词逻辑这一过程结构的更好说明（例子是本卷中 Németi 的文章）。更一般的模型将携带一些关于谓词逻辑指派或者抽象状态的可及性风格：$(S,\{R_x \mid x \in VAR\})$。这样特称量化陈述 $\exists x\phi$ 就成为特称模态词 $\langle x\rangle\phi$，其被满足与否取决于一个从当前状态 R_x-可及的满足 ϕ 的状态。对应理论现在将确定这些抽象模型上所程序化地引入的各种谓词逻辑规则，例如对 x-可及性的 **S5** 法则，或者更精致的“路径规则”（van Benthem，1997）。这些条件的适当组合将产生一整幅引人注目的可判定谓词逻辑图景。这种指派间转换的独立的动机已经存在。一个例子是（Groenendijk，Stokhof，1991）的“动态谓词逻辑”，它将一阶公式看作解释谓词逻辑时引起赋值间转换的明确程序。然而也存在动态性的更进一步的层面。在一些新近的广义量化语义当中，个体域允许携带一个“依赖”（dependence）结构，由此决定解释存在性陈述的过程当中个体如何可以成为可用的。具体动机可以在（Fine，1985）的“任意客体”（arbitrary objects）理论当中，或者在（van Lambalgen，1991）的关于概率独立关系的工作当中，以及（Alechina，van Benthem，1997）中提出的上述关系“模态一阶”版本当中找到。这给了一阶谓词逻辑语言模型更加广阔的空间，而将原始的塔尔斯基型模型视为特殊的情况，这种特殊情况提供从对象到变元的所有数学上可能指派的全笛卡儿空间的“任意准入”（random access）。

与以前一样，这类型分析使谓词逻辑成为一种更加精确的工具，其具有一个可判定的“核”以及要求更严格的规则“边缘”。这具有纯粹逻辑上的吸引力，因为它让我们看到那些过去作为逻辑真的，从而不必对应于传统上对命题分类（例如通过前束式，或者通过谓词元数）的统一一整套东西之间新发现的区别。

这也具有应用上的吸引力，因为这种丰富的图景可能更好地适合一个主题的自然结构。“可及性限制”在数学、哲学、及语言学的很多角度上产生。另外，出现在结果所得的逻辑系统面貌当中一阶逻辑的可判定子系统也许适合人类推理的“自然逻辑”的机制（Sommers，1982；Sanchez Valencia，1991）。严肃对待该观点也并不是一个小的哲学转变——因为它带来了根本性的后果。例如，从我们的新观点出发，陈述了塔尔斯基语义学与弗雷格公理化之间的一种自然适应的著名的哥德尔完全性定理的见解还剩下什么呢？或许可以说，哥德尔的结论将谓词逻辑有效性（这可能从不同角度——模型论、证明论、博弈论——独立地产生）若干自然选择中特定的一个联系到“标准集合论模型化”上。（Kreisel，1967）和（Etchemendy，1990）已经强调了该结论当中令人吃惊的东西，注意到它如何试图用精确数学概念来诱惑自然直觉上的有效性。我们在这里将不得不持不同的意见。从同等自然的语义学观点看，其他逻辑上的均衡也许会产生，但这次产生的是可判定的有效公式集。仍然保留的是已经将完全性论题置于该地图上、有效应用于数学陈述与证明的哥德尔的永久方法论成果。

17.3.4 逻辑上的体系结构

实际上，我们在这里能够像早些时候那样再前进一步。谓词逻辑建模方法的多样性暗示，不存在统一可取的选择——应该将所有选项看做是共存的。对一个现象的讨论中存在多种建模方法并不是需要抱着对统一经典解决的希望，而用自然竞争来祛除麻烦或弊病。它也许反而是一种值得珍惜的优点。将语义建模视为总是允许微小改进的可扩展过程是很自然的。例子是最近（Zalta，1993）在埃奇门迪（Etchemendy）之后的提议，将一阶语义学分为两个阶段。第一阶段从语法形式到抽象命题（这是“语言学变化”的范围），而第二阶段是从这些命题到标准模型（这是“真实变化”的范围）。这样“谓词逻辑”的任务可以由两个阶段分担，即一个或许可判定的第一阶段，和一个或许不可判定的第二阶段。另一个例子是洛伦岑（Lorenzen）式的可判定线性谓词逻辑的基底，或是欣蒂卡式的一阶逻辑博弈论语义（Mey，1992），又或者是居中的充当弗雷格型意义的塔尔斯基型赋值算法（Moschovakis，1991）。当然，这确实产生了如下新的争论点：既然各种组分间的相互影响现在也确定地成为逻辑学的研究内容了，那么什么才能称作是“逻辑的体系结构”（van Benthem，ter Meulen，1997）？因此，传统语义学及其竞争者可能共同存在于一个更加宽广的逻辑框架当中，其任务是去精确地表明复杂性出现在哪条断层上。

17.4　枝节讨论：以箭头逻辑为例

17.4.1　箭头逻辑本身

对以上一般考虑更紧凑的检验场所可以在“箭头逻辑”（在本卷中是突出的）中发现。以下是上文讨论的一般主旨在这个更受限范围中的一些示例。箭头逻辑研究计划中的一个指导性动机是去挑战计算逻辑中另一个著名的“复杂性临界”问题，即一旦引入关于程序活动的全关系代数，不可判定性就是不可避免的。原因在于，这种不可判定性在什么程度上是因计算的本质复杂性而产生，又在什么程度上仅仅是此领域标准建模之下关于序对数学的副产品？实际上，结果所得的理论很好地展示了上文的一般观点（参见本文选取的书中第1章）。首先，一种新对象已经被拿到了地图上，即转变或者“箭头”，它出现在大多数计算直觉当中，并且可争辩地应该在任何对计算的分析中作为一等对象。另外，我们被迫考虑这些箭头的基本结构，例如它们的复合、逆或者组合的其他可能模式（包括“箭头束”的并行结构）。在这里，至少在最简单的相似型当中，多个可判定的核心演算已经被发现，这可以处理程序组合的一些基本的组合数学。特别是，这些演算支持关系复合之上的所有布尔算子，却不越过任何所谓不可判定性的门槛。另外，对应分析揭示了更深层的程序原理中额外语义内容，区分了纯粹的全称原理（这些原理的全体或许组成了最大的理想“核心理论”）和要求更多的特称原理。这里得到的并不是例行的结论，例如复合的结合律已经被确定为是一个危险点（参见本文选取的书中第3章），而大多数人会把后者考虑为是一个完全无害的固有假设。最后，这并不是语义学技术的一个孤立片段，因为关系转换是计算过程在很大范围下的基础。箭头型分析适用于关系代数和动态命题逻辑，也适用于信念修正或者一般过程代数的逻辑。实际上，计算机科学当中加标转换系统的基本理论（Stirling，1990；van Benthem，Bergstra，1995；van Benthem et al.，1994）通过适当的过程等价二类互模拟概念（van Benthem，1994），或许更应被看做是状态和箭头的理论（甚至可以考虑将计算“路径”或“枝”作为第三类独立语义对象引入，由此反映了我们讨论中较早出现的部分）。最后，一旦我们关于模型化的一般观点已经被采纳，就没有理由停留在计算领域的内部。例如，具体的几何学箭头也反映了人类对其偏好的思考，既是科学的又是固有的，并且因此，转向箭头语义学可能也给偏好逻辑［（参见在 van Benthem et al.，1993）当中首先所做的探索］带来了新的光明——并且更一般地，给社会科学当中的个体或者群体选择各种理论带来了光明。

17.4.2 广义谓词逻辑

相同的观点适用于较早代数精神下的广义谓词逻辑，这种观点可以被看做允许变元更新的特定原子行动的动态状态域的一种理论。该范式已经在大量最近的论文当中得到了发展，这样的论文包括（Marx，1995；Mikulás，1995；Alechina，1995）。另外，有受限指派集的依赖模型（dependency models）也已经出现在语言学的语义学当中了（Meyer Viol，1995；van den Berg，1996）。这里令人感兴趣的特征说明了语义学再建模中一个更一般的现象。在一个更宽广的模型类上，往往能解释更有表达力的语言，支持在标准模型上仍然无法展开的区分。广义指派模型将被迭代的标准量词和真正的多复合量词区分开来，并且抽象的依赖结构（dependency structure）也支持各种新的广义量词（该现象其他有效的例子已经在相干逻辑与线性逻辑当中得到了研究）。因此，语义学的闪光也可以导致语义学的丰富性。

17.5 一般论题

本文提出了一些涉及语义建模的一般论题，其具体关注点在复杂性上。我们提出了对其他可能的逻辑建模一个系统化的探求，以对“包装的最小复杂性”的探求作为向着新概念方案的推动力量。另外，我们提到了该计划的一些一般特征与益处，以及它们的一些哲学上的后果。所有这些并没有完结逻辑复杂性的论题。例如，其他重要技术方法在我们的领域中凸显着“核心内容”。其中，有人也许提到排除提供外部信息的“神谕”（oracle）的使用——正如发生在程序语义学的库克型完全性定理当中（Cook，1978），以及复杂性理论的各部分当中（Buhrmann，1993）那样。这样的策略留待与目前的提议比较。另外一种对付复杂性的著名方式具有“有节制饮者”的特点：“仅仅摄入少量。”例如，二阶复杂性可以通过只使用全二阶语言的小片段而被避免，并且相同的情况对一阶逻辑也成立（相比之下，我们已经提倡保留该全语言作为表达手段，以降低其逻辑的总体复杂性）。最后，存在对逻辑推理的平均情况复杂性的各种统计学方法，从通常最坏情况的问题中去掉其最突出的部分。在这种分工中，统计学家关注并处理现实生活中性质恶劣的问题，因此逻辑理论家们能够面对比较容易的环境。以上这些可能策略的相同之处在于，它们并不需要重建基本逻辑框架，而是提供帮助我们自己适应处理其复杂性的方法。或许因此，我们自己在这里的提议显得有些过度原则化和加尔文主义。实际上，它们可能也违背我们不做无价值举动的精神。特别是，它们似乎与最近在逻辑建模当中的一种趋势相冲突，这种趋势的目标是用所谓的“直接数学”（direct mathematics）取代以语言为导向的语义学分析。后者由过程代数的荷兰分支中新近发展［（参见 Baeten，1992）当中所概述的方案］所例证，并且也被较早的科学哲学中“集合论”方案所例证（Suppes，1960；Sneed，1971）。这种方案的建议者们在描述其感兴趣的现象时，试图尽量减小逻辑形式化所共有的语法风格的影响。探索这样一条考察路线当然有实践上的理由。然而按照本文的观点，其指导性口号可能也是有些引人误解的。看上去单纯地强调具体“标准数学工具”的“直接数学”，也引入了许多关于复杂性的预设；而我们所建议的方法则不需要承认任何预设。

总而言之，这篇短文有一个非常适度的目标。如果文中的观点对语义建模中已有看法的长期探索讨论有贡献，那么我们将会快乐。

参考文献

Alechina N，van Benthem J. 1997. Modal Quantification over Structured Domains. In：de Rijke M ed. Advances in Intensional Logic，Dordrecht：Kluwer Academic Publishers. 1 ~ 27

Alechina N. 1995. Modal Quantifiers. Ph. D dissertation，Institute for Logic，Language and Computation，University of Amsterdam

Andréka H. 1991. Complexity of the Equations Valid in Algebras of Relations. Thesis for D. Sc.（post-habilitation degree）with Math. Inst. Hungar. Ac. Sci. Budapest. A slightly updated version appeared in Annals of Pure and Applied Logic

Bacon J. 1985. Completeness of a Predicate-Functor Logic. Journal of Symbolic Logi，50：903 ~ 926

Baeten J. 1992. Informatica als Wetenschap（formele specification en wiskundige verificatie）. TUE Informatie，35（7/8）：493 ~ 499

Barwise J. 1979. On Branching Quantifiers in English. Journal of Philosophical Logic，8：47 ~ 80

Bealer G. 1982. Quality and Concept. Oxford：Oxford University Press

Buhrmann H. 1993. Resource Bounded Reductions. Ph. D dissertation，Institute for Logic，Language and Computation，University of Amsterdam

Burgess J P. 1984. Basic Tense Logic. In：Gabbay D，Guenther F eds. Handbook of Philosophical Logic II. Dordrecht：Reidel. 89 ~ 133

Cook S. 1978 Soundness and Completeness of and Axiom System for Program Verification. SIAM Journal of Computing，7：70 ~ 90

de Bakker J，de Roever W P，Rozenberg G. 1989. Linear Time，Branching Time and Partial Order in Logics and Models for Concurrency，Berlin：Springer

de Rijke M. 1993. Extending Modal Logic. Ph. D dissertation，Institute for Logic，Language and Computation，University of Amsterdam

Enderton H. 1972. A Mathematical Introduction to Logic. New York：Academic Press

Etchemendy J. 1990. The Concept of Logical Consequence. Cambridge：Harvard University Press

Fine K. 1985. Reasoning with Arbitrary Objects. Aristotelian Society Series. Vol 3. Oxford: Basil Blackwell

Gabbay D, Guenther F. 1984. Handbook of Philosophical Logic. Vol II. Dordrecht: Reidel

Girard J Y. 1987. Linear Logic. Theoretical Computer Science, 50: 1 ~ 102

Goldblatt R. 1983. Axiomatizing the Logic of Computer Programming. Berlin: Springer

Goldblatt R. 1987. Logics of Time and Computation. Lecture Notes. Vol 7. Stanford: CSLI Publications

Groenendijk J, Stockhof M. 1991. Dynamic Predicate Logic. Linguistics and Philosophy, 14: 39 ~ 100

Gurevich Y. 1985. Logic and the Challenge of Computer Science. Report CRL-TR-10-85. Computer Research Laboratory, University of Michigan

Hard D. 1984. Dynamic Logic. In: Gabbay D, Guenther F. 1984. Handbook of Philosophical Logic Vol II. Dordrecht: Reidel. 497 ~ 604

Henkin L, Monk J D, Tarski A. 1971, 1985. Cylindric Algebras, Parts I & II. Amsterdam: North-Holland

Henkin L. 1950. Completeness in the Theory of Types. Journal of Symbolic Logic, 15: 81 ~ 91

Hintikka J. 1979. Quantifiers in Natural Languages: Some Logical Problems. In Saarinen E ed. Game-Theoretical Semantics. Dordrecht : Reidel. 81 ~ 118

Hoeksema J. 1983. Plurality and Conjunction. In: ter Meulen A ed. Studies in Model-theoretic Semantics. Dordrecht : Foris. 63 ~ 83

Kamp H. 1984. A Theory of Truth and Semantics Representation. In: Janssen T, Groenendijk J, Stokhof M eds. Truth, Interpretation and Information. Dordrecht: Foris. 1 ~ 41

Keenan E, Westerståhl D. 1997. Generalized Quantifiers. In: van Benthem J, ter Meulen A eds. Handbook of Logic and Language, 1997. Amsterdam: Elsevier

Kneale W, Kneale M. 1961. The Development of Logic. Oxford: Clarendon Press

Kreisel G. 1967. Informal Rigour and Completeness Proofs. In: Lakatos I ed. Problems in the Philosophy of Mathematics. Amsterdam : North-Holland. 138 ~ 186

Kugel P. 1986. Thinking May Be More Than Computing. Cognition. 22: 137 ~ 198

Landman F. 1989. Groups I &II. Linguistics and Philosophy, 12: 559 ~ 605, 723 ~ 744

Marx M. 1995. Algebraic Relativization and Arrow Logic. Ph. D dissertation, Institute for Logic, Language and Computation, University of Amsterdam

McCarthy J. 1980. Circumscription-A Form a Non-Monotonic Reasoning. Artificial Intelligence, 13: 27 ~ 39

Mey D. 1992. Game-Theoretical Interpretation of a Logic Without Contraction. Technical Report. Department of Computer Science, Swiss Federal Institute of Technology, Zürich

Meyer Viol W. 1995. Instantial Logic. An Investigation into Reasoning with Instances. Ph. D dissertation, Institute for Logic, Language and Computation, University of Amsterdam

Mikulás Sz. 1995. Taming Logics. Ph. D dissertation, Institute for Logic, Language and Computation, University of Amsterdam

Morreau M. 1985. Circumscription: A Sound and Complete Form of Non-Monotonic Reasoning. Technical report. Mathematical Institute, University of Amsterdam

Moschovakis Y. 1991. Sense and Reference an Algorithm and Value. Technical report. Department of Mathemztics, University of California, Los Angeles

Németi I. 1991. Algebraizations of Quantifier Logics: An Introductory Overview. Studia Logica, 50 (3/4): 485 ~569

Németi I. 1995. Decidability of Weakened Versions of First-Order logic. In: Csirmaz L, Gabbay D, de Rijke M eds. Logic Colloquium'92. Studies in Logic, Language and Information, No. 1. Stanford: CSLI Publications. 177 ~242

Rodenburg P H. 1986. Intuitionistic Correspondence Theory. Ph. D dissertation, Mathematical Institute, University of Amsterdam

Sanchez Valencia V. 1992. Studies on Natural Logic and Categorial Grammar. Ph. D dissertation, Institute for Logic, Language and Computation, University of Amsterdam

Simon A, Kuruez A, Németi I, Sain I. 1993. Undecidability Issues of Some Boolean Algebras With Operators and Logics Related to Lambek Calculus. Workshop on Algebraization of Logic, Fifth European Summer School in Logic, Language and Information

Sneed J. 1971. The Logical Structure of Mathematical Physics. Dordrecht: Reidel

Sommers F. 1982. The Logic of Natural Language. Cambridge: Cambridge University Press

Spaan E. 1993. Complexity of Modal Logics. Ph. D dissertation, Institute for Logic, Language and Computation, University of Amsterdam

Stirling C. 1990. Modal and Temporal Logics. In: Abramsky S, Gabbay D, Maibaum T eds. Handbook of Logics in Computer Science. Oxford University Press

Suppes P. 1960. A Comparison of the Meaning and Uses of Models in Mathematics and the Empirical Sciences. Synthese, 12: 287 ~301

Troelstra A, van Dalen D. 1988. Constructivism in Mathematics. Amsterdam: North-Holland

Turner R. 1989. Two Issues in the Foundations of Semantics. In: Chierchia G, Partee B, Turner R eds. Properties, Types and Meaning. Dordrecht: Reidel. 63 ~84

van Benthem J, Bergstra J. 1995. Logic of Transition Systems. Journal of Logic, Language and Information, 3: 247 ~283

van Benthem J, ter Meulen A. 1997. Handbook of Logic and Language. Amsterdam: Elsevier

van Benthem J, van Eijck J, Stebletsova V. 1994. Modal Logic, Transition Systems and Processes. Journal of Logic and Computation. 4: 811 ~855

van Benthem J, van Eyck J, Frolova A. 1993. Changing Preferences. Report CS-93-10. Centre for Mathematics and Computer Science, Amsterdam

van Benthem J. 1983. The Logic of Time. Dordrecht: Reidel

van Benthem J. 1984. Correspondence Theory. In: Gabbay D, Guenther F eds. Handbook of Philosophical Logic Vol II. Dordrecht: Reidel. 167 ~248 van Benthem J. 1985. Modal Logic and Classical Logic. Bibliopolis

van Benthem J. 1986. Essays in Logical Semantics. Dordrecht: Reidel

van Benthem J. 1989. Polyadic Quantifiers. Linguistics and Philosoph, 12 (4): 437 ~ 464

van Benthem J. 1991. Language in Action (Categories, Lambdas and Dynamic Logic). Studies in Logic. Vol 130. Amsterdam: North-Holland

van Benthem J. 1994. A Note on Dynamic Arrow Logics. In: van Eijck J, Visser A eds. Logic and Information Flow. Cambridge (Mass): MIT Press. 15 ~ 29

van Benthem J. 1997. Modal Foundations for Predicate Logic. Logic Journal of the IGPL, 5 (2): 259 ~ 286

van de Does J. 1992. Applied Quantifier Logics. Ph. D dissertation, Institute for Logic, Language and Computation, University of Amsterdam

van den Berg M. 1996. The Internal Structure of Discourse. Ph. D dissertation. Institute for Logic, Language and Computation, University of Amsterdam

van Lambalgen M. 1991. Natural Deduction for Generalized Quantifiers. In: van der Does J, van Eijck J eds. Generalized Quantifiers; Theory and Applications. Amsterdam: Dutch PhD Network for Language, Logic and Information. 143 ~ 154

Veltman F. 1996. Defaults in Update Semantics. Journal of Philosophical Logic, 5: 221 ~ 261

Venema Y. 1991. Many-Dimensional Modal Logic. Ph. D dissertation, Institute for Logic, Language and Computation, University of Amsterdam

Zalta E. 1993. A Philosophical Conception of Propositional Modal Logic. Technical report. Center for the Study of Language and Information, Stanford University

18 越来越广：重置逻辑学的边界*

雒自新/译　俞珺华/校

现代逻辑通常以具体的形式语言、规则和演算而获得定义。这种关于领域的框架性决策形成了一个流行的潜在定义，该定义决定了专业的习惯做法——通过教科书的结构以及决定"兴趣"（并因此决定学术接纳和学术地位）的研究安排。这样的实践可能导致下述结果：容纳了大量历史意外，或者习惯的力量。因此，偶尔思考领域决定性的安排是有价值的。在这篇短文当中，我们探索逻辑学其他可能的角度，将该领域的属性置于更抽象的主旨、关切和态度上。新的定义并没有移除对原有研究安排中诸事项的需要，但我们重点提倡一种向着更大广泛性和应用范围的转变。结果是将逻辑学的概念设置为一种广泛的方法论立场：寻找（信息）结构与过程当中的不变量。

18.1 逻辑学的安排

对于许多人来说，逻辑学最初的吸引力在于如下发现，即在我们所有人都做的不加反思的谈话、思考和计划的急流当中，存在稳定的重现模式，它们能够被抽取出来并且可以被逻辑学研究。这和柏拉图式的"隐藏在混沌的表象世界背后一种不变的真相"的观念是一样的，并构成了全部科学与哲学的基础。在当代，对于一些人来说，另外的吸引力也许是一种更加操作性的要素。使用逻辑形式，我们能够设计机器或者教育人们以高速度和高精度来使用它们和推理技巧。

但精确地说，逻辑学的主题是什么呢？看大多数教科书，隐含的回答似乎是这样的：逻辑学是关于形式系统的一门科学。以下是通常教科书的次序：命题逻辑、谓词逻辑、模态逻辑、高阶逻辑等。这些系统包括由形式语言、语义、证明

---

* Johan van Benthem. 1999. Wider Still and Wider: Resetting the Bounds of Logic. In: Varzi A ed. The European Review of Philosophy. Stanford: CSLI Publications. 21 ~ 44

演算组成的一整套东西。当然，专业的图景更加多样化。发展这些系统，其他维度上的划分就产生了。例如，我们也能够将逻辑学看做是一套反复出现的技术：紧致性证明、语义刻画、递归函数。最后，该领域的一些最突出的特征是一些定理，例如哥德尔完全性定理和不完全性定理，无论是对于一个特定系统，还是有更广的范围。虽然如此，所有这些都是关于形式工具的，而且大多都是最近的。我们可能希望逻辑学有自然的分支，例如“否定”、“递归”以及推理当中存在的其他主要的普遍存在的结构——并不与特定的形式系统连接在一起。但是对于这样一种分类应如何进行，却似乎没有专业上的一致意见。

逻辑学有并且应该有更特定的学科范围么？我看到两类回答。一类是方法论的，它大概是说逻辑学是关于信息表达和推理当中普遍存在的模式的，无论其产生于什么学科中。另外一种回答更加以内容为导向，说逻辑学是某种认知科学，并伴有与其经验范围间的某些特定联系［当人们不按逻辑的方式推理时，我们总是能够转换到一种标准的立场上来，并且说它们应该（按逻辑的方式）。或者在当代，我们能够声称去设计一种智能机器，它确实那样做……］。关于该主题的文献是多种多样的。在其他文献中，逻辑学被看做是一种研究“思想的规律”、语言和意义的“普遍语法规则”、全部可能本体论的柏拉图全域（Platonic universe）、人类认知的基础或者人类或机器所做的信息过程抽象结构的科学。所有这些回答都导致了跟邻近学科（例如数学、语言学、计算机科学或者认知心理学）的更加广泛的交叉点。我不能提供在任何情况下都有效的明确划分判据。我倾向于说逻辑学被看做是应用于理性探究的大多数范围的一种方法论立场是最恰当的。但如果要求一种更加具体的精确活动范围，我将选择逻辑学作为信息的一个基础，包括它的结构和它的传递过程。这使它适当地成为上述学科间的一种媒介物，所有那些都表现了一种正在出现的“信息科学”的方面。顺便提一句，寻找定义通常是自我定义危机的一个象征，这导致对该领域的损害。相比较而言，本文的基调是乐观的。逻辑学在 20 世纪已经取得了非常令人印象深刻并且不可否认的进步。但关键在于看到进展在什么方面。

给定这种更加广阔的背景，以下是我希望至少要达到的东西。本文涉及逻辑学的结构框架。我们领域的计划是历史选择的结果，这种历史选择可能被并且能够被不同地做出。没有科学逃脱这种潮流。存在长期有关重要性的争论，以及对主要贡献价值的重新解释。我的目标是松动关于逻辑学任务的成见，提出一些建设性的可选择观点和挑战。

18.2 形式化的事情

18.2.1 语言与系统限制

经典逻辑已经是相当成功了。这种极大的成功已经把特定的方式和程序奉为神圣，但它们也是有缺陷的。例如，许多问题受制于所谓“系统限制”。我们不得不讨论否定在特定形式系统内部的行为，例如命题或谓词逻辑——尽管这些系统并不对应实际推理的“开放空间”当中有意义的区分。谓词逻辑当中形式化的许多推理类型是完全一般的，并且无关于与工具相关的主题，例如“一阶”对“高阶”，或者可公理化与不可公理化。一个好的例子是普遍存在的那种称为“单调性”的推理规则：“正的出现准许向上的谓词替换”，这没有对应的语言学目标（van Benthem，1987）。注意实验性的公式化。我们甚至似乎缺少一个恰当的词汇表以其真正的一般性去形式化这些规则。因此，逻辑的使用者们必须引入具体的形式语言，这种形式语言清楚地详细解释比他们的需要更多的东西。把这一点与数学相比较，在数学那里，微积分的使用者根本不需要获得完全具体的形式语言和证明系统。因此，我们有获得适当一般性的课题。形式系统方法的另一个缺点在于，我们被迫将完整的形式语言和演绎演算在它们全部数学范围内讲清楚，包括在自然推理当中没有对应者的陈述与论证的复杂形式。这也许产生理论上的争论点，从抓住推理本质的观点看，这些争论点是无用的。①

可以认为系统限制实际上是更一般的“语言限制”的一种严格情况。逻辑学家们经常引入“形式语言”，这种习惯使得许多它们的潜在使用者意外（并且烦恼）。当我们追求内容的时候，为什么引入语法细节的麻烦呢？但这是一种行动方式，我认为这种行动方式是不可避免的——如果我们能看到其真正价值。以下这一点并不重要：我们是在其任意已有的意义上处理“语言”，更不必说特定的形式记法。而本质问题是，为了能够处理相关的现象，逻辑必须给出认知内容和逻辑表示之间的相互关系。

18.2.2 从专名到普通名词：从逻辑现象的角度看

将具体的结论推广到更广阔的环境，这在逻辑学中不断出现。考虑哥德尔完

① “完全具体化”对自然语言处理，或者其他程序运用方面或许确实是必要的，但这不是人们实践和组织推理的方式。从更加偏重计算的角度看，这也许是一个代价过大的建构，并且让我们忽视其他的可能。语言理解和现实推理也许在于大规模并行重复的简单模式，而非复杂递归层级。

全性定理：原来是关于一阶谓词逻辑的一个特定陈述，现在则是一类型定理。专名成了普通名词。在逻辑学当中，一个东西失去其原本范围是一种成绩。这是标准的一般化，在任意科学当中都能够找到。但我们能够更进一步去理解这种趋势，并且寻找甚至标准逻辑对象背后的更一般的现象。例如，“逻辑常项”通常指习惯上的布尔联结词、一阶量词，或许还包括等值谓词。但真正的问题在于普遍的逻辑性现象（phenomenon of logicality），以及它能够发生在任意表达当中的程度。逻辑的任务为何只包括这些特别的项目，而不包括“逻辑行为（广义地理解）”（这种行为在所有语言学领域中都不同程度地出现）？对所谓“广义量词”，这种观点在当代正在变得被认同——但它同等地对介词［“在…之中”（in）、“与…一起”（with）、“到…”（to）］，或者语段助词（discourse particles）［“如果”（if）、“但是”（but）、“尽管”（although）］也很好地成立。同样的考虑适用于该领域的其他传统论题，即“逻辑法则”。该领域（逻辑）的标志性特征不应该在具体的规则（例如分离规则，或者区别逻辑推理特定范围的特征）当中寻求。特别地，没有固定的核心法则集将“逻辑的”从非逻辑推理中区分开来。是这些法则的精神，而不是其字面，勘定了该领域。更准确地说，逻辑学所应该从事的是抓住一般的推理现象，这些现象出现于人们驾驭信息流的不同关联（演绎的、归纳的等）当中。

18.2.3　多样性的结构

现存逻辑系统能隐藏一些预设，由于这些系统十分成功，我们往往看不到这些预设。一阶谓词逻辑是一个好例子。它在使现代逻辑更严格的角度上做得非常成功，并且它也作为一个“实验室”，在那里，该领域最重要的元定理产生出来。但作为推理的一个范式，它也具有一些人们也许会产生疑问的特征。特别是，往后退一点，它的齐一性（uniformity）似乎是可疑的。如果语言公式表达能够有效地满足例如解释、推导的如此各异的行为之意图，那将是极其令人意外的。认知心理学认为，人类超越时间的记忆与行为需要相同信息的不同连续表达间的一种相互作用。因此，对于实际认知来说，不需要假设这样一种不变性，并且一种更复杂的模块结构也许是必要的，在那里，语义学与演绎不在相同的表达上运行，并且在那里，信息在模块之间传递。并且相同的思想也应用于其他地方。在机器信息处理中，模块化是过程的核心。还有一点，当考虑语段和论证上中等或大尺度逻辑结构时，关于建构的问题是不可回避的。

18.2.4　从产品到活动

在下述重要方面，上面的关注仍然继承了传统逻辑。这些关注依然还掩盖着涉及逻辑研究的焦点的一个普遍假设。它们表明了对逻辑活动的静态产品的一种强调，例如陈述或者证明，而不是那些活动自身。但有趣的是，在自然语言当中，“陈述”和“证明”这两个词在作为产品的读法和作为活动的读法之间是模棱两可的。确实是这样。实际上，在许多最近的文献当中，“动态转向”将（物理的和心理的）活动（activities）放在中心位置，作为研究的基本目标。这种转变与我们的逻辑学安排（agenda）的概念高度相关。推理是一种逻辑活动，并且它的过程结构是一个理所当然的研究课题。另外，像理解所说内容当中的信息，组织明智的问题，以及更一般的多人交流或者进行其他认知博弈，这些相关的智能活动也是如此。我们想传递给学生的是驱动这些技能的逻辑形式。因此，思考我们学科建构的一种可选择的方式是以它所包含的认知技能为基础的。它的效果在于这种“知道如何”（know-how）当中，而不在于“知道什么”（know-what）（积累起来的真理）当中。

18.3　逻辑学的主要部分

为了引入一些可选择的观点，我们需要简短地概览现代逻辑已经取得的成果。这些成果被一些著名的手册所记录，包括《数理逻辑手册》（Barwise，1977）、《哲学逻辑手册》（Gabbay，Guenthner，1983~1989）、《计算机科学中的逻辑手册》（Abramsky et al.，1992）、《逻辑与人工智能手册》（Gabbay et al.，1991~1995）以及《逻辑与语言手册》（van Benthem，ter Meulen，1997）。我们在这里所做的并不是轻视这些积累起来的成果，而是改变我们关于已有成果，以及今后可能成果的看法。

表达力　逻辑学研究形式语言，以及对它们的各种本体论，而“逻辑语义学”则研究这两个领域之间的联系，处理语言的表达力。这种二重的方面使得逻辑学对于正在工作的科学家们来说是如此的奇异——因为他们倾向于将语言公式考虑为一种必然的，而且是十分简单的工作。逻辑学的观点揭示出了语言形式与结构行为之间微妙的相互影响，这一点从其他角度很难意识到。因此，逻辑学已经成为了语言学当中的自然语言语义学，以及计算机科学当中的计算机语言语义学中的一种范式意义上的东西。逻辑语义学的“强大武器”是模型论，模型论也有纯粹的数学应用。这种二重观点的一个最突出的益处在于为现行的演绎实践产生了新的和最初预想不同的模型。例子是非标准分析当中所使用的无穷小（infinitesimals）。

演绎力　逻辑学研究对有效推理及其组合性质的不同种类的证明演算，以及通过演绎组织起来的定理证明结构。证明论是作为数学基础当中的一种典型工具而产生的，它研究证明结构及其有效变换——但其形式也出现在计算机科学、人工智能以及语言学，甚至法律当中。正是逻辑学的这个方面作为精确性与智能组织的一种理想，渗入一般文化最多。尽管“证明”这个词具有一定涵义，但逻辑学在这里并不必然站在权威的一边。证明并不必总是意味着直到对方放弃不同意见才结束的强势论证。它也可以是一种阐明某人的理由与假设，将它们提出来让大家审视的模式。

计算力 逻辑学已经提供了第一种并且仍然是最成功的对计算及其相关复杂性概念的一般分析。此外，从哥德尔发现本质上不可判定的问题之后，它也就拥有了关于能行可计算性范围的定理。在积极的方面，计算机科学已经实现了自动演绎与逻辑编程当中将逻辑工作“机器化”的古老理想。在计算角度上的关心范围覆盖了演绎和语义学。我们能够为有效推理提供算法，但也能为语义学问题提供算法。最后，计算模型也已经导致对老现象的新解释。一个例子是柯尔莫哥洛夫（Kolmogorov）复杂性当中对随机性与学习的处理。

在很多问题上，和周边学科之间的界限是模糊的。例如在研究推理当中一些有趣的新进展是在“人工智能”的名头之下进行的。这个简短的列举表明，现代逻辑已经在一个相对较短的历史时期里发展出一大批思想与技术。这些结果已经为不可逆地将传统领域天翻地覆地改变的严格与范围设定了样式。该领域的每个后来的重要转向都必须最终满足这些评价标准。因此，接下来的讨论落在了上面的三个标题之下。在每个标题下，我们都讨论一个最近研究范围内的趋势，和一个看上去需要更大转变的趋势。

18.4 表 达 力

18.4.1 逻辑性与不变性

在逻辑理论当中存在着一种不对称性，即大多数结果需要预设词汇表，并在此基础之上发展出各种演绎与其他的系统。大多数主要结论是关于给定的某种语言的语义学后承与可计算性的。如何首先选择词汇表的问题没有被提出来。现代逻辑讨论可推导性比讨论可定义性更多。可是，我们确实有涉及逻辑算子选择的直觉。这些形成了论文的“黏合剂”，它本身并不携带关于个体或者争论点的任何具体信息。正如有时候所说的，逻辑概念是“主题中立”的。使这种思想精确的一种著名方法是通过语义不变性（semantic invariances）。考虑一个个体域中的个体的置换（permutation），即一个只保留“式样”，而破坏掉同一性的函数。任意这样的排列都导致个体集的重新排列的形式，并且所有到达较高阶客体的路径也是同样的。现在称任意元数、类型的逻辑算子 O 为置换不变的（permutation-invariant），如果它与这样的置换交换：

$$\pi[O(X,Y,\cdots)] = O(\pi[X],\pi[Y],\cdots)$$

更实用地，上述定义表达为同构下的不变性：

$$(x,\cdots) \in O(R,S,\cdots)\text{，当且仅当，}(\pi(x),\cdots) \in O(\pi(R),\pi(S),\cdots)$$

置换不变性已经被许多作者独立地［包括（Tarski，1986）］作为一种一般的对逻辑性判据，其范围逐渐包括集合与关系、一般化的量词，最终推广到所有可能范畴算子的代数（van Benthem，1989a）。一般来说，定义在一种不诉诸具体个体逻辑语言当中的任意运算都将是置换不变的。这实际上是一种非常古老的观点。在适当转换下的可定义性与不变性上的二重观点追溯到遥远的 19 世纪。例如，在亥姆霍兹与海曼斯（Heymans）在关于知觉方面所做的开创性工作当中，运动的不变性提供了几何学理论的自然的原始对象。克莱因将这种观点当做是他自己用来建立任意数学理论的“厄兰格纲领”（Erlanger program）的基础。相同的思想已经被外尔（Weyl）在 20 世纪提出，他提出该思想是为了分析物理学时空（经典的和相对论的）的基本对象，它们也已经在所谓的“生态心理学”（ecological psychology）当中显露了出来。

语义不变性有两个功效。第一，它们提供了逻辑性的一种一般形式化，可以应用于不同的语法范畴当中的算子。因此，我们看到布尔运算如何确实是逻辑的，就像量词或者不那么明显的“逻辑”项［例如反身代词“自身”（self）］那样。第二，语义不变性自然地承认分级（gradations）。这使得纯逻辑性在整个谱系内成为一个极限。标准的数学例子不考虑它们的基本个体的全部置换，而只考虑保持相关结构（几何的、拓扑的……）的具体变换群。因此，逻辑性并不是一件要么全有要么全无的事情——因为任意表达都能够由其所支持的不变性范围而刻画（逻辑是非常坚固的，数学稍次之，而通常的表达将只在保持一大批更进一步结构的变换下具有不变性）。有趣的是，相同的观点已经由语言学表达提了出来。例如，介词位于具有完全固定意义的逻辑运算和其解释是完全自由的（像形容词和动词）的词条之间。它们在某种程度上受这样的事实约束：它们是在倾向于发生在日常空间运动中转向下稳定的东西。

语义学不变性“支持”（justify）表达的类型么？或者表达的类型产生合适保持结构的变换吗？我们的分析并没有说，并且实际上，我们能够在这两个方向的任意一个上考虑。给定词汇表，则存在自同构，并且可以证明进一步定义的表达将是不变的。反过来，我们也能够对不变项的可定义性提问（这个问题追溯到外尔，他认为它是不可解的）。存在许多“函数完全性定理”，它们刻画各种逻辑不变性（van Benthem 1986a；1991b）。对不变性方法的一个最近的有趣解释是更加计算化的（参见下面的第18.6.1部分）。我们能够将逻辑常项看作是在定义简单赋值过程（合取将子程序组合，析取引起选择，等等）。但如果那样则逻辑性不再是一个绝对概念，它依赖于我们对过程的选择。语义等值提供了同一个过程在不同模型上运行的实例之间的“模拟”概念。不变性表达了后一个事实。因此，“逻辑常项”反映了语义赋值的一个潜在过程概念。

18.4.2 一般性和语言学形式

我们的第二个例子仅仅详细说明早些时候已经被指出的一个限制。对语法的敏感性是逻辑分析的一个标志。特别是，形式语言的细微结构包含大量语义学信息与计算信息。例如，当比较跨越不同的（或者正在变化的）情境的陈述的真时，我们可以观察到，只要讨论的范围收缩，有些陈述就保持是真的。“Łoś-Tarski定理”告诉我们（在一阶逻辑当中），这些恰好是那些能够仅用对象上的全称量词就可以定义的陈述。同样，我们提及单调性［传统逻辑的“全称实例化”（Dictum de Omni）］的推理规则，它的适用范围取决于其关键谓词的肯定（positive）出现。作为一算法例子，在证明搜索（proof search）当中，我们发现，有些陈述具有一种自然的作为简单搜索指令的过程化解释——并且将霍恩子句确定为能行逻辑编程的工具。然而，这里也存在一个问题。这些意见当中的许多个都似乎具有比任意给定的形式语言更广的范围，并且它们总是意外地出现。那么，它们真正的一般性是什么呢？传统的逻辑学家与“全称实例化”做斗争，并且从来不设法找到一个令人满意的一般形式化（Sanchez，1991）。作为一个结果，我们甚至不能说经典三段论的真正范围是什么。而类似的问题也使它的现代继承者苦恼……因此，对语言学形式的关注是逻辑思想一个非常典型并且有力的根源，并且是一个它们的形式化上不总是受欢迎的限制。

18.5 演 绎 力

演绎与意义相连，但它也是独特的。在谈论阐明这一点的更加具体的论题之前，让我们阐明“成功的危险”。考虑对谓词逻辑的标准完全性定理，它是该领域的一个核心结论。该定理说的是，弗雷格型或者希尔伯特型的形式演绎确实刻画了有效的逻辑后承。后一个语义学概念（归功于博尔扎诺和塔尔斯基）说的是，当在一个模型中推理的前提为真的时候，其结论也总是为真。因此，证明完全性定理已经成为了一项常规工作。现在，这个结论和解释所隐藏的问题与它所解决的问题一样多。一方面，为什么演绎系统应该在这种意义上是完全的？［正如克赖泽尔（Kreisel）曾经观察到的，可靠性是说某个证明系统将不会告诉我们什么新东西，而完全性是说该语义学将不会告诉我们什么新东西……］并且即使它们应该，完全性也只是一个“外延性的”陈述，它说的是，构成演绎装置输出的“前提－结论”序列恰好是那些满足对有效性的某种抽象语义学判据的。但一个证明系统最重要的特征很明显地是其“内涵性”特征，与它对推理的处理有关，并且与它所建议或者支持的信息演绎组织有关。一个完全性定理并没有告诉我们什么关于这些本质演绎优点的东西。最后，更加隐匿的是，完全性定理提出了许多缺乏反证的事情。一件是，存在逻辑有效性的一个独一无二的统一概念，它形成直觉标准（但这并不是很显然的）。另一个而且是更加隐匿的提议是，语义学与对逻辑有效性的演绎方法之间的比较是至关重要的，并且这两种观点是仅有的候选者。但从历史的观点看，这两者也许都不是逻辑有效性的原始直觉——其与在辩论和讨论当中具有*必胜策略*似乎更接近。后者是更加语用学的解释，它能够以更加计算性的博弈论的方式而陈述，这与实际论证更加接近。因此，标准教科书（倾向于忽视或者边缘化这些其他的观点）的安排是非常具有误导性的——这再次导致了一种在对逻辑后承的哲学研究（这种研究不质疑其预设）当中的特定缺陷。

18.5.1 推理的类型

只有一个所有演绎都必须追求的逻辑有效性的概念吗？在逻辑史上，其他观点已经存在了。值得注意的是，19 世纪早期的“博尔扎诺方案”更愿意将逻辑学看做是推理类型的科学。博尔扎诺（Bolzano，1837）注意到，人类推理存在多样性，对有效性有着更严格或者更松散的标准，从家庭讨论，经由科学推理，到达他认为的思想的极点：哲学上严格的衍推。博尔扎诺对逻辑学的安排要求推理的主要类型（演绎的、归纳的以及其他）的识别和它们逻辑性质的确定（同样宽广的安排在 19 世纪末也被皮尔士所发现。）有趣的是，逻辑常项在这里扮演一个不太核心的角色。在博尔扎诺看来，推理当中的基本区分是保持其意义不变的言语的那些部分（这些将形成“逻辑的架构”）和其所指是变化的那些部分之间的区分。这些区分能够以不同的方式做出，这依赖于语境，所以重点是不包括像“并非”、“和”或者“所有”这样的特定表达行为的证明规则。后一种规则在当代称之为推理的*结构规则*（structural rules）。并且实际上，在逻辑学与人工智能当中，许多套结构规则已经被用来确定推理的主要类型（van Benthem，1989b；Makinson，1994）。经典推理允许我们将前提处理为一个“充分的集合”的结构规则所刻画。我们能够重新排列它们、复制它们、收缩（contract）它们，并且添加东西，而不用丢掉已经建立起来的结论。对比起来，例如，缺省推理是非单调的。如果我们允许基于知识欠缺的结论，那么进一步的前提可以使一个前面留下的结论所基于的基础变得无效。因此，实际推理被牢牢地与撤回的结论和我们的理论的修正（revision）联系在一起。然而另一个例子是概率推理，它不需要具有传递性：概率推理链可能随着链条的传递而失去效力，并且产生不可信的结论。最后，动态推理更加关注前提的序列表示，并且因此其结论也许甚至对前提的排列和收缩是敏感的。

尽管这种关于推理的观点并没有被普遍接受，但它在下述意义上位于标准逻辑学的范围内。各种非标准推理能够通过使用标准技术而发展起来，这里的标准技术包括形式语义学、表示定理与完全性定理。实际上，经典证明论的许多技术组合已经被发现适用于其结构基础不同于经典逻辑的逻辑（Dosen，Schröder-Heister, 1994）。可是，"推理"的这种抽象的思想似乎对多数逻辑学家来说都是不可接受的。部分原因仍然是前面所提到的对产品的强调。其他可能的逻辑系统经常违反经典"逻辑法则"，并且如果后者是逻辑学核心的话，这似乎像一种很深层的损失。这种多元化的一个较好观点是，这些系统在任何意义上都不是竞争者。它们恰好描述了人类发现研究与发展它们是有用的那些陈述之间的"连接"。此外，这些系统以它们有效序列形式的"出现"在某种意义上是一种次生产品，它们不应该成为评价的焦点。重要的是潜在的思想，例如缺省逻辑（在那里，*无知*提供结论）的思想，或者概率推理的量化形式（在那里，只考虑前提的那些对我们的偏好最适合的模型）。

这里还有更多要说的东西。激进主义通常只达到这一步。可选择推理类型的支持者们在发展其系统时仍经常坚持使用标准方法，无论是模型论的还是证明论的。但当然，一些其他的形式也许更加合适，即博弈论或者其他不同的东西。另外，按照上一节，上述文献的作者经常把经典逻辑词汇表作为预设。但当然，表达力与演绎力是不独立的。如果我们建立非正统逻辑，则应该讨论的问题是什么是最恰当的*逻辑词汇表*。作为这种（一般性）忽视例外的是相干逻辑和线性逻辑，在那里，新的证明系统已经伴随着逻辑常项的新观点而产生。并且实际上，博尔扎诺自己陈述了包含"固定的"和"变化的"词汇之间边界的显在变化的结构规则。

18.5.2 模块建构

经典证明系统对于一个特定的形式语言来说是唯一的，它处理其所有可能的推理。它们并不包含关于建构的进一步信息。现在在自然语言当中这一观点并不十分可信。例如，许多推理看上去是肤浅的，每次只包含少量算子。并且更为重要的是，推理在模块中起作用，即它们服务于具体目的的小规则包（van Benthem, 1986b）。这种"自然的逻辑"簇不需要很好地适应在例如一阶逻辑当中被引入的区分。例如在自然推理中，没有什么东西对应关于前束范式的标准强调。自然簇（natural clusters）的例子是单调推理、保守性推理以及简单代数规则（根本不是全部命题逻辑）。此外，推理的“现象”并不特别适合形式语法的数学，并且后者也许不是介绍它们的最恰当媒介。我们所需要的是一个更好的逻辑建构，它告诉我们模块是什么（也许甚至基于不同逻辑）以及它们如何有效地互动和传递信息。

考虑到其他新进展，就可以发现对“逻辑建构”的需要更加清楚。例如，新近出现的推理动态逻辑提出一种短期的依赖表达的推理和长期的以记忆为导向的推理之间的自然区分，在这里，后者处理更抽象的表达。又一次地，这种更加复杂推理系统的建构目前已经超越了逻辑理论的范围。将这一点推广开来，演绎逻辑迄今为止几乎没有涉及推理的中型和大型层面，而这正是我们更加策略性思考所发生的地方。这并不是说没有形式方法能够在那里起作用。科学哲学家，而不是逻辑学家，关于推理和理论的这些更高聚集层的东西已经有了许多有趣的看法，众所周知的一些有影响的工作是内格尔、斯尼德或者拉卡托斯做出的。类似地，在信息表达当中模块的最佳形式来自计算机科学中的抽象数据类型理论，而并不是逻辑学自身。然而，“逻辑的组合”（combination of logics）正在成为一个公认的研究领域，这一点最近被“加标演绎系统”（Gabbay，1996）更加灵活的形式所促进。相关问题还包括处理“逻辑系统”的各种更新方法，集中于文集（Gabbay，1994）当中。后者也阐明了本文的其他主题。

18.6 计 算 力

可计算理论本身就是一个领域，关于其自身的内容已经超出了本讨论的范围。我们在这里提及一些涉及解释与推理的主题，并将这些解释与推理看做是包含某种计算的认知活动。

18.6.1　认知动态性

正如我们前面所讲的，经典逻辑是以活动（大多数是认知的，但也有更一般的）的结果为导向的，而不是那些活动本身的结构。逻辑是关于推理、支持、反驳、否认等活动的。但它主要谈论推理、证明、命题以及这些活动的其他静态产物。但目前的动态逻辑正在试图更多地了解后者，因此正在使这种构成许多经典理论基础的直觉显现出来。[①] 这样，逻辑学成为关于信息结构及其处理过程的一种更加一般的理论。这种趋势的一个突出的例子是信念修正理论（Gärdenfors，Rott，1995）当中的更新、收缩与修正的逻辑，以及目前正在发展的与指令式程序语言（Muskens et al.，1997）语义类似的自然推理和形式推理的"动态语义"的各种逻辑。这种"动态转向"使得传统的逻辑语言更像认知程序语言，其程序是交流中团体调整信息状态的指令。

对逻辑学而言这又是一个更加宏大的研究规划。动态逻辑使用信息状态（既对实际信息，又对涉及其他人具有或缺乏知识的认知信息）的数学模型，并且它们的逻辑常项非常像那种著名的、与关系代数和过程代数都类似的程序构造算子。逻辑常项的这种过程观点非常适合我们的18.4.1部分当中的不变性分析（van Benthem，1996）。当然，适合的逻辑常项是什么将依赖于一个人对相关认知过程的观点。这些不需要对所有目的都是相同的：赋值实际上可能需要不同的信息状态以及在推理所使用的结构中转换这些状态的原子过程。这里有具体的例子：将命题动态地认为是信息状态（标准命题更新甚至是确定性的函数，但实际命题更新也许是不确定的）上的转换关系。在从布尔集合代数到关系代数的这种转变当中，逻辑算子定义二元关系的代数组合。例如，这里有三种经典布尔运算，分别是·（并且）、+（或者）、-（并非）［对于它们的动机，参见（Groenendijk，Stokhof 1991；van Benthem 1996）］的自然动态对应者：

$$\text{合成}\quad RoS = \{(x,y) \mid \text{存在 } x\text{: } Rxz \text{ 并且 } Szy\}$$

$$\text{选择}\quad R \cup S = \{(x,y) \mid Rxy \text{ 或者 } Sxy\}$$

$$\text{不可能性}\quad \sim(R) = \{(x,x) \mid \text{不存在 } y \text{ 满足 } Rxy\}$$

定义逻辑过程算子的一种方式是使用18.4.1部分的*置换不变性*。注意，单独个体的置换自然地上升到二元关系的置换，只要将它们当做本质上具有相同的抽象"箭头图"的关系。现在容易说明，前面的合成、并与不可能性的关系运算对于其参数关系的置换来说是不变的，然而提及一个具体个体的出现（比如）（"路易斯·拿破仑一世"）或者某个具体关系（"是……的创始人"）的运算将不是不变的。但置换不变关系运算的范围是很大的，并且与已知的计算项目单并不匹配。因此，我们需要对过程有一种更好的估计。这里是有到这一点的一种方法，它为了"安全"（safety）而提出一种广义的不变性。

在许多计算理论当中，过程的具体概念首先通过选择状态与转换的某种表

---

① 对于经历过动态完型转换（gestalt switch）的读者来说，潜在的动态特征在逻辑学甚至是最传统的教科书表达当中都是普遍存在的，这应该引起大家的注意。对于在一阶逻辑与模态逻辑当中所研究的情况，参见（van Benthem，1996）中关于"动态化"（dynamification）的那一章。

达，然后使用等价关系而产生。一个通常的选择是*加标转换系统*［“过程图”(process graphs)、“克里普克模型”］，它由基于所谓*互模拟*（van Benthem, 1996；Barwise，Moss，1997）来确定同一的具有加标箭头的状态构成。互模拟是两个模型的状态之间的往返关系，这一对状态允许在局部状态类似、每个状态上可用选择类似的条件下应用同样的过程。① 现在，给定该状态模型，我们可以规定二元关系的自然运算 $O(R,S,\cdots)$“处在它的内部”（stay inside it）。换句话说就是，如果我们有以原子行动 R，S，…为参数关系的两个模型之间的互模拟，那么这同一个互模拟关于新定义的关系 $O(R,S,\cdots)$ 依然应该是互模拟。这一新的要求被称为是对*互模拟的安全性*（safety for bisimulation）（但安全性对其他过程等价也是有意义的）。容易看到，对互模拟的安全性作为一种特殊的情况具有置换不变性，但它更强。(van Benthem，1996，第5章）表明，仅有的对互模拟安全的一阶可定义关系算子恰好精确地是那些使用上述动态命题算子 o、∪、~可定义的关系算子。这是对动态化的命题逻辑（用语义刻画它的算子）的一个函数完全性结论。但它也展示了对动态“逻辑性”的一种更加一般的分析。

在这里与在其他地方一样，该新计划的产物并不与经典逻辑法则相冲突。似乎有一种“对应规则”在运行，指导着更新的系统设计。转到一个合适的限制(不考虑次序的现象)，则后者在某种合理的意义上应该“归约”到标准系统。相同的规则似乎很凑巧地对各种推理都在运行。迄今为止，当我们做出恰当的(一致的）附加假设的时候，所有非标准逻辑都归约到经典逻辑。这种观点解释了一个也许令人感到意外的经验事实。大多数非正统逻辑都弱于经典逻辑，但它们从来不与经典逻辑相冲突。

18.6.2 丘奇论题回顾

有一种说法，计算的基本概念在20世纪30年代已经由图灵建立起来了，这种观点被其他可能结构框架之间的一堆等价关系所支持。因此，这导致了丘奇论题（Church's thesis)：计算的所有合理模型实际上是相同的事情，即（一般的）递归函数。但是按照前面的讨论，事情没有那么明显。丘奇论题是“外延的”，因为它谈论关于多样的算法和程序类型的函数（输入输出图）。后者在它们的细

---

① 更准确地说，两个有根的克里普克模型 M、N 的一个互模拟是二元关系 Z，将 M 当中的状态与 N 当中的状态连接起来，服从如下条件：(1)（“相同起始”）Z 连接这两个根；(2)（“局部一致”）Z 只连接满足相同原子命题的状态；(3)（“往返”）对每个原子关系 R，如果在 M 当中有 sZt 且 sRu，则在 N 当中存在某个 v 满足 tRv 并且 uZv。并且反之亦然。这一概念与标准“模态”语言的匹配是众所周知的：相同的命题模态公式在 M，x 和 N，y 上为真，只要 xZy 成立。各种逆命题在（van Benthem，1996）当中讨论过。互模拟的安全性可以看做是将模态逻辑的这种不变性自然地拓展到所谓动态逻辑当中的程序运算上。

微结构上也许是非常不同的。例如，图灵机程序设计大概是确定已有算法的最不清晰的方式。在更加内涵的层次上，“算法”的公认的概念是什么仍然是不清楚的——以至于计算理论仍然有其基本的开放性问题。丘奇论题的一个强的版本将给出对算法结构的统一模型。并且大概后者会包含什么是自然“逻辑的”或者认知程序结构的一种解释。特别是，在上述动态环境当中，自然逻辑的常项是什么？即使一大批解决方案存在，我们还是说不知道更为安全。

实际上，尽管图灵模型在人工智能当中作为对认知的一种范式是成功的，但以下这一点甚至是不清楚的，即机器模型是认知活动最恰当的数学处理。一个在逻辑界正获得支持的选项是逻辑博弈论。认知包含社会环境当中的变动，我们能够遵循以达到我们受较高层策略所支配的目标。逻辑博弈对论证（洛伦岑对话）、解释（Hintikka 博弈语义学）、模型对照（埃伦芬赫特－弗雷斯往返博弈），以及许多其他意图都存在。[①] 另外，博弈提供了关于逻辑常项（例如，否定成为“角色转换”，而析取成为“选择”）以及有效推理（有效推理成了结论的支持者对于承认前提的对手必胜策略的存在性）的真正新颖的观点。博弈也似乎导致其自身更加容易分析上面提到的认知群体行为，以及非演绎概率考虑的引入。但对什么应该是逻辑活动基本博弈的仲裁仍然是不准确的，并且因此，这种有趣的可选择方法仍然在等候它的“图灵”。

18.7 一般法则

前面部分所发展起来有关逻辑的观点将现存的逻辑概念推广到更一般的形式。但我觉得对该领域的一般概念当中仍然缺少某种东西，这可以通过与科学类比进行说明。物理学中，除了对现象的具体范围以及涉及特定应用的事实法则之外，还有一些一般的规则控制着我们关于这个世界的思考——这使该领域的一些最为基础的洞见具体化。例子是最省力原则、最短路径原则，或者著名的能量守恒定律、动量守恒定律。逻辑学有相同的一般规则（揭示信息或者认知的某种至关重要的东西）吗？考虑本文迄今为止的论题，以下是形成的观点，我在这里犹豫地提出来，只作讨论。我并不假装有任何明确的回答，但我确实认为我们应该更加努力地去明确在这个一般层次上学科的复合智慧。

语言与本体论的平衡 逻辑系统应该具有“正确”的相对于它们计划的语义表达力。这种平衡能够被该语言的特征语义等价关系（告诉我们什么时候两个

① 一部经典的参考文献是（Hintikka，1973）。有关逻辑博弈的近期概述和讨论参见（van Benthem，1988，1993）。

模型是不可区分的）的存在性而度量（例子如一阶逻辑当中像潜在同构那样的往返关系，或者模态逻辑中的互模拟）。其他一些人已经提出对这种平衡的一种度量是其语言内插定理的存在性。

组合性 这是蒙塔古在他的“普遍语义学”（universal semantics）（使自然语言和形式语言的语义学成为一体）当中所揭示的唯一限制。达米特已经广泛将它辩护为弗雷格式的从传统逻辑当中区别出现代逻辑的关键洞察力。逻辑语法通过递归构造给出，但是我们的事情并不只是逻辑常项的词汇语义，而且还有这些构造的组合语义。这里存在一条法则：所有好的语义都能复合地给出，以至于语法结构与语义过程结构相协调。

复杂性的保护 下面反映了逻辑研究当中的一种无处不在的经验。我们在表达力中所获得的东西就是在推理复杂性中所丢失的东西。换言之，表达复杂性与算法复杂性之间的平衡似乎是恒定的。对这个保守性法则的复杂性的恰当度量是什么呢？它也许包含“信息”某个恰当的抽象概念——我们目前仍然缺乏。①

迄今为止的规则主要通过逻辑系统自身来考察其设计。但也存在涉及不同系统之间联系的一般经验。

翻译论题 丘奇论题告诉我们，计算的所有合理模型都能够在图灵机上仿真。许多人觉得某种相似的东西对表达力成立。许多主要逻辑在有效的翻译之下等值，只要我们在适当自由的意义上理解后一个术语。例如，在语言确定的情况下，直觉主义逻辑并不能被如实嵌入（faithfully embed）到经典逻辑中——但当我们用信息状态上的显在量化改写它的克里普克语义的时候，它是可嵌入的（这种等值也许甚至可以从丘奇论题加复杂性的保持推导出来）。因此，一阶逻辑是一种普遍的表达工具吗？

观点的两重性 特定的一般二元性是相关的，尽管要点在某种程度上是不同的。在数学当中，存在代数观点与几何观点之间一种历史上不断的相互作用。两者似乎都对应我们所具有的基本直觉，并且总是有从一方重新解释另一方的现象。类似地，逻辑学中也有自然的反复出现的观点。能够被模型论（几何）说的东西有自然的证明论（代数）对应者，并且反之亦然。这个两重性的另一个例子也许是上面提到的“算法”和“语义学”信息之间的关系（一旦被联系起来）。并且也许当时机成熟的时候，这种两重性可以扩展到包括博弈论观点的一种三重性上。

---

① 实际上，我们甚至缺乏信息的发展良好的更加算法的概念［如同香农的信息理论当中所发现的；（Ash，1965），或者在柯尔莫哥洛夫复杂性当中；（Ming Li，Vitanyi，1993）］和引导逻辑语义学的信息更加量化的概念（Barwise，Perry，1983；Barwise，Seligman，1997；Veltman，1996）之间的一座好桥梁。

再一次强调，这些都是想象中的，而并不是明确的结论。和科学中的情况类似，这些原理背后更宏伟的计划，将是去找到“解释”而不仅仅是描述信息与认知运行的逻辑理论。

18.8 总 结

本文的主要目的是给出逻辑学研究的一个更广的计划恳求——部分地由未来引发，但部分地也由该领域的过去所引发，即在弗雷格将舵轮向数学基础方向进行影响深远的撬动之前。我们努力的一部分是试图将已知的概念与结论置于一种恰当的一般性当中。“逻辑常项”与“演绎类型”的多样性是关键的例子。另一部分是对所有全新课题的开放，例如复杂推理系统的“逻辑建构”，或者最显著地，对动态“过程结构”作为表示结构上的传统工作同样重要的逻辑关注的引入。这些例子被该学科的一个宏伟的目标而推动。什么最好地优化了逻辑学，使其作为关于信息结构和过程（人类认知和人工环境）的一般科学？这种宽广的关注并不是对已建立逻辑的一种威胁。它甚至加强了它的影响，并且提升了它的关注（我们对丘奇论题的讨论就是证据）。另外，更宽广的舞台已经产生了一些或许模糊但至少是有启发性的论题，像上面对逻辑基本法则的探求，远远超出了推理规则，或者特定形式系统。这些进展也许具有一种理智的吸引力。但我们的界限讨论也拥有一种实践的吸引力，至少对那些关心他们领域学术位置的逻辑学家们而言。

18.9 附录 实际推理

对经典逻辑计划进行偏离的一种通常的反映是将它们界定为正在关注“应用”。[①] 应用并不是本文的关注点——并且我们对逻辑学更一般的观点并不自动地使它更加“可用”。实际上，关于应用逻辑或其他方法论学科意味着什么，存在许多误解。这些误解组成一个很丰富的主题，值得专门用一篇文章讨论。在这里，我们通过指出实际推理区别于当代的逻辑系统的许多方面来结束本文（这就是为什么非逻辑学家在钻研某个具体推理任务的时候，其论文比我们的论文丰富得多）。

① 这种反映将相当理论化的领域，例如道义逻辑和广义量词理论分别看成“哲学中的应用逻辑”和“语言学中的应用逻辑”。

18.9.1 实时行为

复杂性意识是关于逻辑计划的一个潜在新项目。目前已知逻辑系统最坏情况的复杂性甚至并没有接近人类对认知任务的实时行动速度。这里是对这种不匹配的一种可能解释。人类也许是快的但并不非常可靠或者完全的推理者。他们的过程并不保证绝对的确定性，但当事情出错的时候他们非常善于修正。在这种意义上，我们的智能不是永恒真理的稳定积累，而是对挑战迅速的理性反映。理性是修补……这是一种标准逻辑理论之外的诊断。可选择地，我们也能够“内在化”（internalize）实时行为的挑战，并且重新设计逻辑系统去达到这一效果。例如，关系代数和一阶逻辑的不可判定系统已经被重新模型化到了“箭头逻辑”与“模态一阶逻辑”（modal first-order logic）中（Venema，1996；van Benthem，1994；1996）。这一计划可以继续延伸，致力于将可判定（却仍然复杂的）逻辑的复杂性降低，以得到实际上可用的逻辑。

18.9.2 多种多样的信息

信息并不必然是完全符号的。图案信息也是重要的——并且实际上差不多每个物理记号都能够是信息（能够被逻辑地处理的）的携带者。或许关于逻辑系统的（有时是遗憾的）抽象的一件好处在于，它们能够处理这种一般性。即使如此，将这些不同来源信息整合好的范式也仍然是尚未出现的。

18.9.3 包装：表示与计算

关于人类的实时行为的另一点是：正是这种包装起作用的。人类探索能控制复杂性的便利表达，并且试图进行这些表达之上的最小计算。这也许反映了认知领域的“最小努力”原则，这与前面部分的一般规则是一致的，都解释了关于人类智能行为的某种东西。

18.9.4 建构

该论题前面已经提出来了。实际的认知策略似乎是特设的，要求许多推理模块，并且从全部可用的资源当中查找信息（例如，甚至实际工作的逻辑学家们也经常使用语义学与证明论推理的混杂系统）。从该观点看，大多数逻辑系统都是用语简洁的：干净并且统一。允许我们如此快速混过去的机会主义建构是什么呢？

18.9.5　将演绎与观察相结合

没有纯粹主义存在于我们的信息聚集。当必要的时候我们才使用演绎，但只要有可能我们就采用观察或者仅仅是问，并且这是比较简短的。甚至科学家们也经常更喜欢实验的结论，而不愿喜欢艰难推理的结论（牛顿工作中的一条在先的公理和在后的实验巧妙结合是好例子）。结论就像问题，并且我们使用情境所提供的所有东西。

18.9.6　词汇表的起源

实际上，好的词汇表的形成对成功的认知是至关重要的。有些对于讨论或者问题的解决来说是局部的。有些是如此普遍地有用，以至于被编码入我们的自然语言。因此，许多表达具有一种功能性的推论角色。例如，它给予像“友好地”这样一个倾向性表达的使用反思，这封装了一整条推理的缺省规则。另外，一条保守法则似乎再次在这里起作用。为了或多或少地使解释我们论证的复杂性保持恒定，我们引入了一些新的定义。

本附录所指出的这些复杂性应该成为逻辑理论自身的部分吗？这里潜藏着一种一般的危险性，即在这个世界中，任何东西的真科学解释最终都将与它试图描述的现实一样复杂。因此，这里的初步回答是：我们不知道……

参 考 文 献

Abramsky S，Gabbay D，Maibaum T. 1991. Handbook of Logic in Computer Science. Oxford：Oxford University Press

Ash R. 1965. Information Theory. New York：Interscience Publishers

Barwise J，Etchemendy J. 1995. Heterogeneous Logic. In：Glasgow J，Narayanan N，Chandrasekaran B eds. Diagrammatic Reasoning：Cognitive and Computational Perspective. Menlo Park：AAAI Press and Cambridge（Mass.）：MIT Press. 209 ~ 232

Barwise J，Moss L. 1996. Vicious Circles. On the Mathematics of Non-Well-Founded Phenomena. Stanford：CSLI Publications and Cambridge University Press

Barwise J，Perry J. 1983. Situations and Attitudes. Cambridge（Mass.）：MIT Press

Barwise J，Seligman J. 1997. Information Flow：The Logic of Distributed Systems. Cambridge Tracts in Theoretical Computer Science，Cambridge University Press

Barwise J. 1977. Handbook of Mathematical Logic. Amsterdam：North-Holland

Bolzano B. 1837. Wissenschaftslehre，Sulzbach（Translated by R. George as Theory of Science，University of California Press，Berkeley and Los Angeles，1972）

Dosen K，Schröder-Heister P. 1994. Substructural Logics. Oxford：Clarendon Press

Gabbay D, Guenthner F. 1983 ~ 1989. Handbook of Philosophical Logic. Dordrecht: Reidel

Gabbay D, Hogger C, Robinson J. 1991 ~ 1995, Handbook of Logic in Artificial Intelligence and Logic Programming. Oxford: Oxford University Press

Gabbay D. 1994. What is a Logical System? Oxford: Oxford University Press. 107 ~ 139

Gabbay D. 1996. Labeled Deductive Systems. Oxford: Oxford University Press

Groenendijk J, Stokhof M. 1991. Dynamic Predicate Logic. Linguistics and Philosophy, 14: 39 ~ 100

Gärdenfors P, Rott H. 1995. Belief Revision. In: Gabbay D, Hogger C, Robinson J eds. Handbook of Logic in Artificial Intelligence and Logic Programming. Vol IV. Oxford: Oxford University Press. 35 ~ 132

Gärdenfors P. 1988. Knowledge in Flux. The Dynamics of Epistemic States. Cambridge (Mass.): MIT Press

Hintikka J. 1973. Logic, Language Games and Information. Oxford: Clarendon Press

Lakatos I. 1976. Proofs and Refutations. Cambridge: Cambridge University Press

Li M, Vitanyi P. 1993. An Introduction to Kolmogorov Complexity and its Applications. New York: Springer Verlag

Makinson D. 1994. General Non-Monotonic Logic. In: Gabbay D, Hogger C, Robinson J eds. Handbook of Logic in Artificial Intelligence and Logic Programming. Vol III. Oxford: Oxford University Press. 35 ~ 110

Moschovakis Y. 1991. Sense and Reference as Algorithm and Value. Department of Mathematics, University of California, Los Angeles

Muskens R, Visser A, van Benthem J. 1997. Dynamics. In: van Benthem J, ter Meulen A eds. Handbook of Logic and Language. Amsterdam: Elsevier. 587 ~ 648

Nagel E. 1961. The Structure of Science. New York: Harcourt, Brace & World

Sanchez Valencia V. 1991. Studies on Natural Logic and Categorical Grammar. Ph. D. dissertation, Institute for Logic, Language and Information, University of Amsterdam

Sneed J. 1971. The Logical Structure of Mathematical Physics. Dordrecht: Reidel

Tarski A. 1986. What are Logical Notions? In: Corcoran J ed. History and Philosophy of Logic, 7: 143 ~ 154

van Benthem J, ter Meulen A. 1997. Handbook of Logic and Language. Amsterdam: Elsevier

van Benthem J. 1986a. Essays in Logical Semantics. Dordrecht: Reidel

van Benthem J. 1986b. The Ubiquity of Logic in Natural Language. In: Leinfellner W, Wuketits F eds. The Tasks of Contemporary Philosophy, Schriftenreihe der Wittgenstein Gesellschaft, Wien: Verlag Hölder-Pichler-Tempsky. 177 ~ 186

van Benthem J. 1987. Meaning: Interpretation and Inference. Synthese, 73 (3): 451 ~ 470

van Benthem J. 1988. Games in Logic: A Survey. In: Hoepelman J ed. Representation and Reasoning. Tübingen: Niemeyer Verlag. 3 ~ 15

van Benthem J. 1989a. Logical Constants across Varying Types. Notre Dame Journal of Formal Logic,

30 (3): 315 ~ 342

van Benthem J. 1989b. Semantic Parallels in Natural Language and Computation. In: Garrido M et al. eds. Logic Colloquium. Granada 1987. Amsterdam: North-Holland. 331 ~ 375

van Benthem J. 1991a. Editorial. Journal of Logic and Computation, 1 (3): 1 ~ 4

van Benthem J. 1991b. Language in Action: Categories, Lambdas and Dynamic Logic. Amsterdam: North-Holland

van Benthem J. 1993. Modeling the Kinematics of Meaning. In: Proceedings Aristotelean Society. 105 ~ 122

van Benthem J. 1994. Dynamic Arrow Logic. In van Eijck J, Visser A eds. Logic and Information Flow. Cambridge (Mass.): MIT Press. 15 ~ 29

van Benthem J. 1996. Exploring Logical Dynamics. Stanford: CSLI Publications and Cambridge University Press

van Benthem J. 1997. Logic, Language and Information: The Makings of a New Science? Guest Editorial, Journal of Logic, Language and Information, 6 (1): 1 ~ 3

Veltman F. 1996. Defaults in Update Semantics. Journal of Philosophical Logic, 25: 221 ~ 261

Venema Y. 1996. A Crash Course in Arrow Logic. In Marx M, Masuch M, Pólos L eds. Arrow Logic and Multi-Modal Logic. Stanford: CSLI Publications and Cambridge University Press. 3 ~ 34

19 哲学中的逻辑*

刘叶涛/译　刘奋荣/校

19.1　哲学中的逻辑

逻辑的世纪　逻辑学在现代哲学中扮演了重要的角色，在与维也纳学派（the Vienna circle）、新实证主义（neo-positivism）或分析哲学的形式语言分支这些哲学流派进行结合方面，其所发挥的作用尤为明显。逻辑学最初的影响，是经由弗雷格、罗素以及其他先行者的研究工作而得以显现的，并借助有关数学基础的研究所具有的声望而变得愈加明显；要知道，有关数学基础的研究当时正在快速地把那些到今天仍旧给我们造成深刻印象的惊人洞见公之于众。20 世纪 30 年代这一段属于逻辑科学的光辉岁月，深深地影响到了哲学的发展，通过一种形式分析的倔强偏好而重振了少数哲学家的雄心壮志。正如布兰沙德（Brand Blanshard）在《理性与分析》（Reason and Analysis，1964）所写到的（为了避免重读原文时通常都会出现的失望感，这里我是凭记忆引用的）：

“就好像是一小伙散兵，因为打了一场败仗而委靡不振，但突然间，他们发现拿破仑的军团正在他们身旁威武整齐地行进着……”

20 世纪 40 和 50 年代，像卡尔纳普、赖欣巴赫、奎因（Quine）以及他们的学生等人，把以逻辑为基础的方法论变成这一领域的一种十分显著的行事方式。60 年代，被称为“哲学逻辑”的学科群开始呈现繁荣景象，欣蒂卡、吉奇、达米特、克里普克、刘易斯、斯塔纳克等开始崭露头角，其所担当的绝不只是逻辑法官（普赖尔用语）这种辅助性角色，而是为当时忽然之间被认作主流的那些哲学讨论创制议事日程。

---

* Johan van Benthem. 2007. Logic in Philosophy. In：Jacquette D ed. Handbook of the Philosophy of Logic, Amsterdam：Elsevier. 65 ~ 100

现在说这个受逻辑影响的时代已经衰落，似乎是公平的。许多哲学团体不再与逻辑有任何更新颖的联系，甚至基本的逻辑技术有时候似乎也不再是“每一个哲学家都应该懂得的东西”这个流行准则的组成部分了。那些倾心于技术的哲学家甚至常常会感到，对于提出形式观点以及做出相关区分来说，概率论、博弈论或者动态系统会比逻辑学有更广泛的用途。在他们看来，许多逻辑学家已经到别处去了，去了那些有更加鲜活的互动领域，如计算机科学系、语言学系乃至社会科学的其他研究领域。事实上，当今逻辑学的主体研究是在计算机科学中进行的，这一点我们很容易就可以从各种书籍、期刊、学术组织的数量以及研究主题在类型上的多样性看出来。

面对这种局面，出现了各种不同的反应。一种倾向是去书写这段辉煌岁月的历史，相应提出一种原教旨主义的观点，即只要我们恢复上述消逝的、在很大程度上也很神秘的黄金年代的纯洁性，如今的每一样事物都会变得更好。一种我感到十分同情的回应，是激进派关于将逻辑理念——可以肯定这是当前流行的理念——重新引入哲学中去的主张。实际上，当前的哲学实践与现代逻辑之间存在的鸿沟，可能要比实际见到的更加明显。许多主题的研究仍然在平行的路线上进行，有些分歧正因为一些实际原因才出现，例如缺少那些将现代逻辑解释给哲学听众听的教科书，或者，哲学中还缺少一些表明现代逻辑仍然在发挥作用的有影响的出版物。但是，如果做某种非形式的概括，那么很快就会见到，哲学家和逻辑学家们仍然在谈条件，有时甚至还不止于此！

在这一章中，我们并没有采用某种特定的立场，而只是试图以一种与通常的思路略有差异的方式就整个问题进行分析。

四条死胡同　然而，当我们阐释逻辑学在哲学中的这种作用时，有一些妨碍得出公正看法的情况需要避免。

第一种情况是关于过去所发生之事不加限定的哲学化的历史（philosophized histories）。一个好的例子是，近来流行一种关于逻辑之历史的图解式观点，宣称逻辑学领域在20世纪60年代就开始迈向一种“元层次”的自我理解，整个领域基本上被关于逻辑演算及其元性质的研究所占据。尽管这一断言对于数理逻辑的某些领域来说可能是成立的，但纵观20世纪后半叶，这一向内的趋向就已经因为逻辑与其他领域建立的新型关联以及关于新概念的“对象层次”的逻辑分析而变得平衡了。我的一些好朋友所坚持的那种哲学化的末世论观点，与实际发生的情况并不匹配。

第二种障碍是把哲学划分为一些固定的子学科（fixed subdisciplines），如认识论、形而上学、伦理学、语言哲学（为什么没有逻辑学?）。这种分类也具有一定的意义。但是，即便在数学这样的形式科学中，一幅根据“代数”、“几何"、"解析"等不同领域进行划分的地形图，其所隐藏的也与其所揭示出来的同样多，而有创造性的数学家却是根据主题和方法而非严格的子领域进行思考的。正是跨各个子学科的主题及其变形，提供了该领域的融贯性。这里是所能发生的最糟糕的情形了。某些哲学逻辑的地形图甚至全盘复制了哲学的地形图（认知逻辑、道义逻辑、真势模态逻辑），这导致了我们不恰当地复制了一幅关于实在的本就不恰当的地图。

需要避开的第三个陷阱是*系统禁锢*（system imprisonment）（van Benthem, 1999b）。许多逻辑学家把逻辑的结构看成是一个形式系统家族：命题逻辑、一阶谓词逻辑、高阶逻辑、模态逻辑，如此等。形式论者可能因为他们的哲学而没有获得胜利，但他们的世界观却已经悄然嵌入到了该领域的潜意识当中。这种系统观点代表了一种剧烈的变化，即不再根据宽泛的逻辑主题如否定、蕴涵或有效性进行思考，而这些主题是可以通过使用特定的"逻辑"进行研究但并不能被它们所穷竭的。通过形式系统考察逻辑领域这种方法导致了大量"由系统产生的问题"，而这些问题被标榜（甚至常常会取得成功）为与哲学相关。这方面的例子包括奎因将本体论承诺看作一阶变元取值范围问题的观点，关于组合原则从未停止过的讨论，或者对于一阶/高阶之分界的难以理解的探究。有些现代逻辑学家试图仅凭借巨大的努力去突破这一模式，他们认识到，许多我们所研究的概念其实已经超越了所给出特定形式系统，尽管我们还没有足够的词汇去描述一种一般性的"单调性推论"或一种一般性的"递归性定义"究竟是什么。

第四种，也是最后一种妨碍我们看清事物真相的障碍是*应用*（application）这个概念。逻辑学应用于研究哲学问题的方式，与工程师将某种技术用于计算桥梁压力的方式不同。它的作用似乎更加间接。逻辑学提供了一种具有相对精确意义的技术性语言，用以提高哲学讨论的水平，并帮助将*交流*（communication）精确化。这样做和把数学语言运用于其他学科一样有用：或许，不只是关于自然的著作，还有关于观念的著作也都是使用数学语言写成的。另外，逻辑工具有时还可以用于分析出自哲学传统的论证，并对它们提出新的理解。但在通常情况下，并不存在任何与工程学意义上的"解决方案"相对应的东西。问题得到了明确：它可能不存在，但也可能获得了新的细微差别，甚至可能变得比以往更加紧迫！逻辑形式的分析也有助于阐明我们以前没有发现的不同概念或问题之间存在的*相似性*（analogies）。最后，从更积极的观点看，逻辑有时可能会使哲学论证变得更加精确，而且有助于哲学家建构新的概念框架。是的，有些时候，采用基础模式构造的那些逻辑系统的*元定理*（meta-theorems）与哲学问题具有某种关联——尽管这种特殊的用途在实践中好像被过分夸大了。

研究主题的历史发展 我们在这一章并不是要先天地陈述逻辑在哲学中的作

用是什么或者应该是什么样的。我们的计划只是考察某些主题在整个20世纪的发展历程。所得故事的情节丰富性和令人惊讶的剧情转折可以形成自我辩护。这种写故事的方式我在斯坦福的课程"哲学中的逻辑"（van Benthem，2003d）中曾经尝试过，它将构成一本哲学逻辑新教材的基础。我们的头两个主题表明了现代之前逻辑的某些核心思想是如何经受弗雷格式革命并借助现代形式回归的：

（i）逻辑形式和单调性：从三段论推理到广义量词。

（ii）推理风格：从博尔扎诺到条件句逻辑和AI。

下一个主题表明，从某种对权威的不尊重的视角看，形式系统如何实际地成为用于检验新哲学思想的有用的"实验"。

（iii）语义解释的机制：从塔尔斯基到"动态学"。

我们的最后两个主题所阐明的，是将行动（action）置于逻辑的中心位置、将其与更早的传统关联起来的现代课题。

（iv）理论与信念修正：从新实证主义到计算机科学。

（v）动态逻辑、交流、行动和博弈。

在每一主题当中，我们都简要地追溯了思想从古至今的历史发展，但没有深入到细节。本文后的参考文献提供了深入的线索，而第19.9节列出了一些更进一步的研究主题。我们所有的故事情节均涉及其他领域，主要是计算机科学。事实上，如果只把这些限定到哲学和逻辑学，会导致扭曲思想发展的历史。而且也将有害于哲学，要知道，哲学的主题常常相互交叉，继而借助新的形式回到从前——这是一种所有相关者都能双赢的局面。

最后，本文提供的参考文献将具有一种例证的性质，但它们不是正规的历史记录。另外，所提到的文献也不一定是这里所描述主题的最早来源：它们有时是后来进行的总结。事实上，《哲学逻辑手册》（*Handbook of Philosophical Logic*）（Gabbay，Guenthner，1983～1988）以及《哲学逻辑指南》（*Companion to Philosophical Logic*）（Jacqutte，2002）都是很好的一般性参考书。

19.2　在历史里兜风

首先，我们提供某种更具历史性的视角。为了驱散独断式的沉迷，认识到下面这一点是有好处的，即关于逻辑这门学科，不存在任何固定的定义。在整个历史发展过程中，逻辑学的议程、其跨学科的环境以及一流实践家的主导兴趣，都发生了很多变化。今天那些固守原教旨主义的人常常是更早传统的入侵者。19世纪之前的古典逻辑要追溯到古希腊的辩证法传统，按照这种传统，在论辩中获胜牵涉关于有效推理或无效推理的固定程式，而这些程式本身是可以作为研究对象的。例如，否定后件式就是反驳对手的一种极好的“攻击策略”，其方式就是通过指出由其所说会得出某种错的结论。这是有关人类想象力的一个使人变得清醒的观点。直到20世纪中期，逻辑学家洛伦岑在（Lorenz，Lorenzen，1978）中就论证提出了第一种博弈论式的说明，从而才可以公正地评判这一事实：辩证法传统是发生在不同主体之间，通过与其他参与者的互动（Interaction）赢得论辩之胜利的对话，而不是坐在扶手椅上独自进行的某种推演。在中世纪，论辩仍然是逻辑争论的一个显著特征（Dutilh-Novaes，2003），但整个看来，中世纪逻辑已经将逻辑置于如今我们称之为本体论和语言哲学的方向之上了。继而，逻辑学在康德（Kant）为基本判断形式提供的著名范畴表中，以一种更具认识论意义的方式重新加以解释。正是康德宣称了逻辑走到了“历史的终点”——这终归是一种危险的预言……

到了19世纪，像博尔扎诺和穆勒这样的一流逻辑学家把逻辑看成是一般方法论的连续体，也就是我们如今所谓的科学哲学。来自数学的影响——已在莱布尼茨那里显现出来了——逐渐变得显著，见证了布尔和德摩根（de Morgan）关于代数数学方法的研究，从而发展了早先采用三段论模式的逻辑系统。到19世纪末，情况不再是数学去帮助逻辑，而是反过来了。弗雷格出于为数学奠基的目的发展了他的逻辑系统。更有甚者，与弗雷格同时代的皮尔士在逻辑是什么这一问题上持有一种更宽泛的观点，认为逻辑不只包括演绎，还包括归纳推理和溯因（abductive）推理。注意到这一点是很有意思的：“原教旨主义者”因为他们提出的更狭窄的议程而赢得了胜利，从而让数理证明成了逻辑推理的突出例证，而非日常推理的极端情形，但他们却发现，只在极少情况下才是这样。大约用了一个世纪的时间，皮尔士才得以再次成为我们的灵感之源，而如今，这种影响更多集中在计算-逻辑学界。

1900年前后，现代逻辑也开始在哲学上产生影响。罗素的误导形式论题（misleading form thesis）断定，语言形式，也就是直到那时哲学家们所使用的分析工具，可能被系统地误导了。我们必须找到底层的逻辑形式，以便能够表达真实的意义并保持论证明白易懂。照此观点，逻辑学就变成了哲学的“演算”。直到20世纪40年代，有几种深受逻辑启发的方案就是为哲学而存在的。在数学基础问题上产生了几种具有宽泛的哲学性的立场，即逻辑主义（logicism）、形式化主义（formalism）和直觉主义（intuitionism）。这项研究具有一种波普尔式的优势，即可以借助一个可证伪的断定进行研究，也就是说，用于寻找关于一致性、完备性和可判定性的决定性证明的希尔伯特纲领即将找到。哥德尔定理对这一点进行了证伪，但却是通过一种数学不可能性结果通常会采用的有意思的方式进行的。这虽然让我们感到更为伤感，但最重要的是：更加睿智，而且满是有待探求的新方向。这一情况同样适用于图灵（Turing）关于计算的分析：它表明许多自然的计算性问题是不可判定的，但争议的结果却为我们提供了计算机科学的基础。其次，受到逻辑启发的更开阔研究方式与罗素、早期维特根斯坦（Wittgenstein）以及维也纳学派有关，这是一个以逻辑为基础去重建方法论、科学哲学和一般哲学的纲领。这一纲领也有其可反驳的成分，而这些成分事实上被奎因在《经验论的两个教条》（*Two Dogmas of Empiricism*）中反驳掉了——尽管后来波普尔宣称他是协助别人从背后杀人的帮凶。我们再次看到，更有意思的观点是那些来自于第二条逻辑路线的不朽洞见，例如卡尔纳普、赖欣巴赫以及其他人就方法论和意义所作的对后世产生重要影响的研究成果。

这些黄金岁月为现代逻辑创制了最基本的运作方式，即使对于那些现在希望再次拓广议事日程的人来说，它们的重要性也是无可置疑的。一阶逻辑，关于真理定义和语义有效性的现代概念、完全性定理、证明论以及其他许多基本概念，都要追溯到这些岁月关于基础逻辑的研究。久而久之，关于这些概念和关注点更广泛的哲学反响开始深入人心，从而见证了塔尔斯基关于真理的语义概念，或者图灵对可计算性和智能的分析。

不过，有些一开始还属于“逻辑”的主题确实被丢在一旁了，原因是社会共同体开始形成它们各自的子文化。卡尔纳普如今被看做是一位“科学哲学家”——而在 20 世纪 50 年代，科学哲学家们所关心的是那些在基础论者议程中没有任何地位的主题，如归纳推理、解释或科学理论的结构。与此同时，20 世纪 50 年代也出现了最早的对于用逻辑学方法研究哲学这种思路的挑战。当然，主流哲学家也许忽视了逻辑，而只有一些传统的逻辑学家仍在为弗雷格的变革感到惋惜——有时是出于十分合法的理由（Wundt，1880/3；Blanshard，1964）。但现在，批评之声来自于分析传统内部，是由维特根斯坦 - 奥斯汀（Austin）的“自然语言转向”引发的。对于完成哲学的目标来说，非形式的语言分析同样是适当的工具，或者正如奥斯汀就日常语言用法所说的话：“那里的山中有黄金。”新的引人注目的范型，如“语言游戏”开始出现，甚至有人试图使用博弈论这种那时即将出现的形式范型的课程，去取代哲学课程表中的逻辑学课程。不妨试着去想象另一个可能世界，在那里维特根斯坦、纳什（Nash）和奥曼才是形式哲学的真英雄！

但是，逻辑传统中有足够的活力去克服这一切。事实上，20 世纪 60 ~ 70 年代，所谓哲学逻辑忽然间变得繁荣起来，它们为我们考察长期存在的哲学问题提供了新的形式工具。这种情况常常是由于我们比基础逻辑传统更细致地考察了自然语言和我们的自然推理实践而引起的。简要列举一下这一时期涌现的杰出作者就足够了，他们的研究所引发的后续工作一直延续到今天：欣蒂卡、普赖尔、吉奇、克里普克、雷谢尔（Rescher）、刘易斯、蒙塔古和斯塔纳克。他们的研究所关注的对象可以被称为广义的模态逻辑：包括时间、知识、义务、行动和反事实条件。这些逻辑学家中有很多都写出了有影响的著述，它们开启了哲学研究的新航线，例如，我们所见的名著如《知识和信念》（*Knowledge and Belief*）、《命名与必然性》（*Naming and Necessity*）、《反事实条件》（*Counterfactual*）或《形式哲学》（*Formal Philosophy*）。

顺便说一句，大约在1970年，逻辑学在心理学（psychology）领域里被（Wason，Johnson-Laird，1972）严厉批判，这部书使得许多心理学家都确信，逻辑学特别不适于描述我们人类实际用来解决问题并赖以生活下去的那种推理。并不是很多逻辑学家都关心这种远在的威胁，尤其是因为，当我们接受了弗雷格那著名的“反心理主义”之后，他们可能感觉到心理学家压根就不是我们想要与之建立关联的合适人选。但从现代的观点看，在这一点上可能还有更多话要说，见下文所述。

冒着冒犯有些人的风险，我想说，哲学逻辑的黄金岁月到20世纪80年代末就结束了，这种新的潮流进入其稳定发展状态，这种情况跟数理逻辑一样，开始用技术上的深度接管最初理智上的激情。但与此同时，逻辑之火开始燃烧到了其他领域。逻辑学在哲学与数学之外的学科中显示了重要性，如语言学、计算机科学、人工智能和经济学——这些学科迄今仍然因为它们各自的共同体、出版物和聚会而成为繁荣的交叉学科。许多来自数学与哲学中心地带的主题在这些背景中获得了新生，见证了关于意义、信息更新、信念修正、交流和一般性互动的新理论。最令人吃惊的发展之一，是设计了用来执行各种智能任务的编程逻辑系统［参见“逻辑AI”的程序（McCarthy，2008）］，或者是赖特尔［Reiter，2001］出版的《行动中的知识》（*Knowledge in Action*）。即使逻辑并不能完整地把握我们所有的自然认知习惯，它们可能至少也是与后者相容的，因而——随便插一句——会使我们的行为系统变得更加丰富！因此，当前的逻辑学会发现身处一种更加多样的跨学科环境当中，或许更加接近早期逻辑学家提出的更丰富的议事日程。

与此同时，各种挑战持续存在。在计算机科学和博弈论中，事实上在哲学自身当中，统计和概率方法开始变得重要，这些方法所处理的是那些逻辑几乎无用武之地的现象。实际上，博弈和方法论的现代进化论思路，其所依赖的乃是动态系统而不是逻辑。将逻辑与概率相结合似乎是当前存在的一个主要挑战。一种甚至具有攻击性的反逻辑立场在巨量平行论（massive parallellism）的计算性范式中浮出水面，取代了关于认知行为的图灵机观点。1990年左右在多伦多召开的关于知识表示的核心AI会议上，一位主题讲演人感觉我们就像是大革命前舞场上的法国政治制度，那里聚集的大量神经网络人（neural netters）在喊着“把贵族们带到灯塔，吊死他们”（A la laterne，les aristocrates）。但事实再次证明，历史有自己的发展路线。现在来看，有一个情况正在变得越来越明显：神经网络和逻辑可以和谐相处（d'Avila Garcez，Broda，Gabbay，2002；Leitgeb，2004；Smolensky，Legendre，2005），而且动态逻辑和动态系统可形成配对。于是，当前逻辑学与认知科学之间的交互作用再次活跃起来（Hodges，2005），迄今为止，末日场景尚未成为现实。

榜样 另一种突显思想发展的方法是考察典型代表。一位荷兰语言学教授在其著作中提出了一种逻辑转向，当这种转向的提法遭到挑战时，这位教授曾经说过：“语言学是由杰出语言学家从事的研究。我是这个国家最杰出的语言学家之一。因此我正在研究的就是语言学。”若遵循以人为导向的路线，可以作为榜样的包括这样一些哲学家/逻辑学家，如皮尔士、拉姆齐、卡尔纳普、吉奇、达米特、欣蒂卡、格赖斯（Grice）、克里普克、刘易斯、斯塔纳克、贝尔纳普、坎普、巴维斯——由此很可能会导出一种很有意思的编年史。在这些领袖人物眼里，最为迫切的研究主题是什么？为什么？不过，在本文其余部分，我们所考虑的是主题而不是人。

19.3 逻辑形式和自然逻辑：从三段论式到广义量词

自然逻辑 自然语言不适于作为刻画逻辑推论的工具吗？弗雷格就是这样看的，他引用了自然语言的“冗长性”作为其设计《概念文字》（*Begriffsschrift*）的形式语言的依据。与弗雷格相反，有几位传统批评家为古典三段论推理进行了辩护，认为它们更接近人们实际进行的自然推论（Sommers，1982；Englebretsen，1981）。这场争论在一种外来影响下于80年代被重新开启，这种影响指的是逻辑向语言语义学（linguistic semantics）的渗透。蒙塔古更早期的著作（Montague，1974）——在某种程度上受到戴维森对塔尔斯基型形式逻辑所持的批判性立场的影响——在这种发展中产生了重大影响，这种影响呈现两面性。它利用形式逻辑去分析自然语言表达式——但在这样做时它还表明，自然语言的确具有一种值得尊敬的结构，而这种结构可以支持无误的意义和推论。由蒙塔古语法引发的现代广义量词（generalized quantifiers）理论已经利用关于编码在自然语言和形式逻辑中的推理的实际互动的具体问题，取代了误导形式的对抗状态。

传统逻辑 关于逻辑形式的简要说明如下所述（GAMUT，1991）。传统逻辑利用的是 S 是 P 这种反映自然语言语句结构的主谓形式。即便如此，这也并不真地就是语句形式的逻辑，而是由词项 S 和 P 所指谓的概念之间的内涵性关系——

这一点在康德著名的范畴表中表现得尤其明显。这种有关概念的推理的推论机制，是亚里士多德关于所有（all）、有些（some）、没有一个（no）、并非所有（not all）这些基本量词表达式的三段论，从而构成古典的对当方阵。中世纪时期，三段论的适用范围由于传播（distribution）的精巧理论的运用而得到拓广。它利用的是这一事实，即量化前提容许在语句深层位置进行推论，容许我们利用全称的关系去取代那些“关于所有对象”（用现代的话说：下行的单调谓词）的唯一出现的谓词，或它们的肯定的单调对应成分。这允许推论超出传统三段论的范畴，例如：

如果所有人都是凡人，并且没有哪一个富有的凡人的儿子会逃脱末日审判，那么，没有哪一个富人的儿子会逃脱末日审判。

如果所有人都是凡人，而末日审判对许多人都是冷酷无情的，那么，末日审判对许多凡人都是冷酷无情的。

这样看来，传统逻辑能够而且也的确处理了多种形式的判断和推理——甚至连莱布尼茨都认为传统逻辑需要的只是去完善，而不是被推翻。

批评家赢得了胜利　在19世纪，风起云涌的批判浪潮袭击了逻辑的要塞。布尔的批判隐含地表明，至少命题推理能够以一种显见的代数方式加以处理，而这种方式没有一点可归功于亚里士多德。后来的逻辑学家从斯多葛逻辑学家的著作中发现了类似的东西——但正是布尔的洞见恢复了斯多葛逻辑的原貌（Mates，1953），而不是斯多葛主义支持了布尔。关于传统逻辑“不充分性”的著名例子还在当代的逻辑教学中出现，其中包括德摩根的非三段论形式：

所有的马都是动物，因此，所有马的尾巴都是动物的尾巴。

这个据称是强有力的反对意见，实际恰处于中世纪周延理论范畴之内。出现了二元关系这一事实（“动物x具有尾巴y”）完全是不相干的，这是因为，现代逻辑将三段论与一元谓词逻辑的一个片段进行等同乃是一种不公正的后期解释。弗雷格后来给出的关于传统逻辑不充分性的例子涉及关系的更多实质性用法：

从“古希腊人在普拉蒂亚击退波斯人”，

到“波斯人在普拉蒂亚被古希腊人击退”。

和大多数保守主义者一样，弗雷格更喜欢强调具有贵族气质的斯巴达人在普拉蒂亚的胜利，而不是之前讲求民主的雅典人在萨拉米斯取得的胜利。但他的逻辑观点是一种强逻辑观点。再者，他对量词的反内涵的组合式处理（Dummett，1973）是一项令人惊叹的革新。一个像“每个人散步”这样的句子，现在代表了多个单称语句的例示，如“玛丽散步”、“约翰散步”……这种外延性观点从某个给定的个体对象域上的性质和关系递归地导出复杂语句的意义。与科学中所有富于创造性的单纯化一样，这为得出新的洞见和关切点做好了铺垫。

为什么衰落会如此迅速？　为什么传统要塞这么快就崩溃了？这是一个令人感到好奇的问题。有些现代史学家（Barth，1974）试图绘制一幅关于一位拼到底还在抗争的老卫兵的画像，而恶势力使罗素与维特根斯坦型光的力量形成较量［参见（Geach，1972）中提出的“暗黑的王国”（kingdom of darkness）］。但是，他们主要将其成功拖入光天化日之下的是一些可怜的传统逻辑学家，当围墙纷纷在他们身边倾倒时，他们感到非常迷惑。实际上，这位老卫兵关于不公平的抱怨常常会说到点子上。（van Benthem，1981）讨论了传统逻辑的两个所谓“粗糙的错误”：它把二元谓词化归为一元的，它使用了类对象，而它表明了当通过某种数学敏感性来看待时，这两者是如何造成大量意义的。不过，这个要塞的确被摧毁了，这主要是因为批评家们提出了一种更具动态性的研究日程——此外，要塞被摧毁与其说是因为外部力量的猛攻，不如说是因为内部的不景气和产生的厌烦情绪。

从误导形式到蒙塔古论题　如我们所见，误导形式论题使逻辑成为一种受哲学欢迎的演算。即便如此，自然语言仍拒绝在哲学实践与理论中不在场。事实上，1970年左右蒙塔古论自然语言的逻辑语法和语义学著作所取得的成功，使这些问题获得了全新的启发。蒙塔古保留了自然语言的主语－动词的形式，其基本模式是$S \Rightarrow NP\ VP$。为此目的，他把名词短语处理成了广义量词，也就是谓词的二阶性质。于是，“每一只鸟唱歌”说的是唱歌这一性质对所有的鸟都成立——而为了以相同方式处理“特威提（Tweety）唱歌”，一只类似于特威提的单个的鸟被“举出来”作为它的所有性质的集合。这种广义量词观点也可以处理叠置的量词表达式，如“每一只鸟唱一首歌”。这种方式取得成功推动了那时众所周知的蒙塔古论题的产生：

“在自然语言和形式语言之间不存在任何原则上的差别”。

这是前述误导形式论题的反题！从那时起，故事转到了语言学，蒙塔古语义学在那里变成一种强有力的范型，甚至作为编程语言的计算机科学（Janssen，1981；de Roever，2001）也容许相同类型的组合性逻辑处理。

精细结构：广义量词理论　量化NP表达式的$NP\ VP$形式具有一种三部分结构（$Det\ A$）B，这里Det代表的是一个限定词的表达式：“（每一只鸟）唱歌”。量词本身就可以被看做外延性谓词A和B之间的一种二元关系。例如，每一只代表的是“鸟”和“歌唱者”这两个集合之间的包含关系，而有些则代表了交叉关系。这种解释对于非一阶量词也能成立。例如，“多数AB”说的是$A \cap B$这个集合比$A - B$这个集合要大。从这种观点看，许多新问题在过去20年间已为大家所知（Keenan，Westerståhl，1997；Peters，Westerståhl，2006）。这里与我们相关的是单调性的推论模式，其所描述的是谓词在变化之下的稳定性。例如，对于真陈述“每一个 *AB*”来说，当我们用一个指谓一子集的谓词替代它的 *A* 这个自变量，再用一个超集替代 *B* 这个自变量后，该陈述依然是真的。用技术性术语说，每一个在 *A* 中是向下单调的，在 *B* 中是向上单调的。对当方阵中的其他经典量词例证了另外三种类型：例如，有些 *AB* 在其两个自变量中都是向上单调的。以某些数学上的假定为模型，情况甚至可能会颠倒过来：使这些古典量词成为唯一的“双单调”(doubly monotone) 量词（van Benthem，1986)。

单调性推理 现在的情况表明，这种单调性行为完全可以用来对任意语言表达式中出现的语言谓词进行一般性描述，方法仅仅是通过将与某种像*范畴语法*(categorial grammar) 这样的逻辑友好范型中的语法语句构造插入其中（van Benthem，1986；Sanchez Valencia，1991；van Benthem，1991)。这种范畴性的“单调性演算”因其简洁与自然而在过去数年间被多次重新发现，而作为一种后见之明，我们说它可以在传统主义者的宣言萨默斯（Sommers，1982）中甄别出来。如今，它甚至可以用作认知实验的一个平台（Geurts，van der Slik，2004)。这维护了中世纪关于周延性的信条，而且它或许也可以用来解释语言使用者所作的绝大部分“快速推论”(fast inferences)。事实上，类似的快速而又普遍的量词推理系统也已经出现在计算机科学中了，它们描述的是那些处理数据库的快速算法任务。

自然逻辑与形式逻辑共存 单调性只是“自然推理”的一种形式。其他原理则包括对量词论域的系统限定（皮尔士已经描述过)，或者跨时空的“语境转变”(van Benthem，1987)。一个关于自然逻辑所有方面的完整系统尚未得到详尽阐述。即便如此，一阶逻辑绝不是唯一的推论标准这一点，似乎也是显而易见的。如果只是以一种对比形式看的话，它更像是一种形式实验，用来定义和研究某些我们可用来描述实际推论现象的概念（包括单调性)。这一观点背后的一般性理念也反映了当前的计算性实在——计算机科学家给这个世界填充的，是虽经人工设计但却用于实践的不断增长的大批量半形式语言。自然语言和形式语言之间有着富有成效的*共存*形式，它们之间的相互影响可能会提供最好的方法，从而可以让更早时候关于误导形式或“不可能”存在自然语言之意义的系统理论这些问题的极端讨论被彻底淡忘。

但哲学怎么样呢 这则故事告诉我们，传统上关于以自然语言还是以形式语言作为哲学分析工具这个只能进行二者必选其一的争议是具有误导性的。逻辑语言是哲学实践的一种*加强*——照此看法，哲学恰恰就是我们所拥护的混合背景之一。

19.4 推理风格：从博尔扎诺到条件句逻辑与AI

推理风格 大多数教科书都将推论的“有效性”一劳永逸地定义为：在所有前提在其中成立的模型中结论为真。我仍然记得我当学生时在头脑中闪现的一种经验，我在图书馆里发现了博尔扎诺的《科学理论》（*Wissenschaftslehre*, 1837），我看到远在塔尔斯基之前有人是如何看待逻辑的研究对象并提出了与众不同的关键性决断的。博尔扎诺最知名的逻辑后承概念实际上与塔尔斯基的概念相类似（van Benthem, 1985），即从不一致的前提推不出任何东西，而不是推出每样东西。但除了这些，博尔扎诺还将逻辑的目标描述为，给我们应用于不同任务的推理风格的类型制定详细计划。这些在数学中是演绎性的，在日常生活中常常是归纳性的，或者——在他看来是所有哲学论证当中最严格的，而在哲学论证中得出相干的结论是本质性的。博尔扎诺继而开列了可以对这种推理风格进行区分的形式特征。例如，他指出——用现代术语来说——有些推理是单调的（增加新前提并不影响以前所得的结论），而其他的不是单调的。这种关于推理风格类型的思想随着皮尔士、新实证主义得以回归，当非单调逻辑在20世纪80年代作为一种关于人们在现实中如何解决疑难问题以及如何处理实践计划性任务的说明时，这种思想再次出现在现代AI当中（McCarthy，1980）。只是到了20世纪90年代，博尔扎诺纲领才随着我们今天所知的非单调推理风格的宽广适用范围而获得了其应有声誉，而这些乃基于多种多样的动机，包括缺省推理、资源敏感性推理和神经计算。而我们仍旧没有对其做深入探究，其中也包括对推理过程中不断变化的词汇表的作用进行更具动态性的考察（Rott，2001b；van Benthem，2003b）。

逻辑和方法论 博尔扎诺的书把我们如今所谓的逻辑与科学方法论结合在了一起。这种情况在更早时候是十分常见的。塔尔斯基本人20世纪40年代的基础教材就称为《逻辑学与精确科学的方法论》（*Logic and Methodology of the Exact Sciences*），而当塔尔斯基和贝特召开他们视为自己的研究领域的世界级大会时（Van Ylsen，2000），他们就开创了到如今仍然存在的“逻辑学、方法论和科学哲学”联合会议的传统。与此同时，作为组成部分的不同共同体也已经分离——但局部也有以人工智能为纽带的再融合情况。

推理的不同功能 谓词逻辑中有效的语义后承 $\phi \models \psi$ 所说的是，所有 ϕ 的模型都是 ψ 的模型。或用证明的术语，$\phi \vdash \psi$ 说的是存在一个从 ϕ 到 ψ 的基本推导步骤。根据哥德尔完全性定理，对于一阶逻辑来说，这两个概念在外延上是等价的，同样的情况对于其他许多逻辑系统也成立。不管怎样，后承可以运用于实现不同的推理目标。在正方向上，我们得出新的结论，就像数学家证明了新定理一样。但在反方向上，我们可以通过导出某个假结论而反驳一个假说：一个关于假说推理和证伪的过程。在这里，逻辑与方法论的第一个关联是，波普尔坚持认为反向的反驳过程比真理的累积更加根本。当我们考虑实际推理实践时，推理的功能在类型上甚至会有增加。例如，在司法程序中，原告必须表明，关于被告有罪的既定断言是依据公开的证据推导得出的。但在同样背景之下，被告辩护律师则必须表明，被告的清白与所给证据是相容的。于是，推论就与“相容性处理”（consistency management）密切地关联在一起了。或许关于逻辑任务的最丰富看法要到早在19世纪的皮尔士那里去发现了。他关于演绎（向前看的推导）、归纳和溯因（为给定结论向后寻找前提）的区分，与许多人类参与其中的过程惊人地吻合（Aliseda-Llera，1997；Flach，Kakas，2000）。

假说-演绎性解释　从关于逻辑应用的这种宽泛观点看，科学方法论立刻变得相关，因为科学方法论具有更为自然的推理类型，如解释（explanation）或确证（confirmation）。这些概念在科学中出现，但它们也会与日常实践产生共鸣。一个具体例子是关于解释的亨普尔-奥本海姆（Hempel-Oppenheim）观点。给定一个理论 T，特定事实 F 解释一个给定观察 O，如果

$$T+F\models O,\text{并非 }T\models O,\text{并非 }F\models O$$

正是在这种意义上，给定物理规律，在加油站点燃火柴可以解释汽车的爆炸。这一简单的陈述仍旧阻碍了推论中的第三种成分，也就是“辅助性假说”，正是它使我们确信上面描述的情况是一种“正常情况”，适合于进行标准解释。例如，假定在一家普通加油站氧气是存在的，而且这辆车并不以木头为燃料。这个新概念不再是古典的后承概念。特别是，它是*非单调的*（non-monotonic）：那些更强的前提 F 在 T 中可能不再解释 O 了，因为它们自身就蕴涵 O——更强的理论T可以不再需要 F 就能导出 O。从逻辑的观点看，这里有两点很有意思。我们是用有结构的前提进行推论的，而这些前提的不同部分发挥着不同的作用。而且，我们把逻辑后承与非后承混在一起了。但这里有什么逻辑吗？这个概念还有用吗？卡尔纳普担心在 T 中任一事实 O 和解释 F 都会有不足道的解释 $T\to F$。那么，真正的解释是一种超越了逻辑的艺术吗？至少，关于解释的模式我们还有很多话要说。

至于方法论所研究的其他概念，我们可以注意，亨普尔（Hempel，1965）曾将规律的确证解释为届时为止所得证据的*极小模型*（minimal model）中上所有类似规律的命题为真。在这个意义上，连续的观察结果 Qd_1、Qd_2、…将确证全称规律 $\forall xQx$，即使在逻辑上前者并不蕴涵后者。我们又一次看到一种与古典后承的分歧，因为现在为了核查结论的正确性，我们关注的只是前提的极小模型而

非全部模型。

反事实条件　科学哲学中有一个富有成果的研究方向，那就是关于反事实条件句的分析。在我们考虑是什么让陈述成为规律，而不只是成为一种任意性概括的时候，古德曼在20世纪40年代就注意到，真正的规律支持那些并未实际发生的情境的*反事实断定*，例如“如果这根火柴没有被点燃，就不会发生爆炸”。20世纪50年代，卡尔纳普以相同口气说，科学理论及规律常常支持倾向性（dispositional）谓词如“易碎的”：一个易碎物品“如果碰到了就会破裂”，即使这件物品一直那样放着一动不动。反事实条件显然不同于普通的逻辑条件。特别是，我们再次看到，它们是非单调性的。如果没有点燃这根火柴，但却扔了一颗手榴弹，那爆炸还是会发生。现在，是时候对这些概念背后的东西作一番总结了。

条件句逻辑　早期关于非古典条件句 $A \Rightarrow B$ 的有吸引力的解释来自于拉姆齐（Ramsey，1931）。所说的是：“给你的信念群 T 添上 A，对 T 做最小规模的调整以便保持添加 A 之后仍旧相容，然后看 B 能否推出。”那时候，这种情况似乎远在逻辑传统之外，但到了20世纪60年代，当刘易斯和斯塔纳克提出条件句逻辑之后，事情发生了变化。下面是他们的基本思想（Lewis，1973）。让我们假定，情境或模型依据某种*相对类似性*（relative similarity）关系 $\leqslant$ 而成为有序的。它的来源可以出自多种考虑：一个人的判断的相对合理性、客观相似性，如此等等。现在我们说：

$A \Rightarrow B$ 在 s 是真的，当且仅当，B 在所有从 s 看 $\leqslant$ 最靠近的 A 世界中是真的。

这一框架产生了利用这一概念进行的有效推理原则的真逻辑。这些包括自返性、后件的合取、前件的析取，以及后件向上的单调性。当然，不成立的是前件向下的单调性。相反，就比较性排序 $\leqslant$ 的极小观点看，唯一确实成立的是替换，被称为谨慎的单调性：

$$A \Rightarrow B, A \Rightarrow C \text{ 蕴涵 } A \& B \Rightarrow C$$

这种“被修改规则”现象在20世纪80年代变得很有意义。条件句逻辑已经用于达成哲学的多种目的，包括刘易斯本人关于因果性的反事实解释，以及诺齐克（Nozick，1981）关于知识的反事实解释。在每种情况下，反事实陈述表达的都是像“规律”、“起因”或“知识”这些概念被认为会去支持的推论的强健性。

AI中的非单调逻辑　推理风格取决于手头任务这一思想于1980年左右在AI中强势回归。麦卡锡（McCarthy，1980）论证，我们通常解决问题的过程使得各种系统的附加假定，特别是对给定前提的（某种适当意义上）极小模型的使用，去表示这一事实，即我们为手头任务假定一个“闭合的世界”，这毫不为奇。于是，在限定推理（*circumscription*）（Shoham，1988）中我们说：

该结论必定在这些前提的所有*极小*模型中成立。

请注意与亨普尔观点的类似之处——不过，限制推理显得更有力和精致。自那以后，这种风格的其他例子也就开始出现了，包括专家系统和逻辑编程中的溯因推理。最后是博尔扎诺的多元论观点得到了证明，但不是由逻辑学家和哲学家来证明，而是由计算机科学家完成的。这里的“极小性”是完成各种推理任务的逻辑的恒常研究项之一。它在关于实践的缺省推理［可废止的基本原则；（Reiter，2001；Veltman，1996；Shanahan，1997）］的说明中重新回来，并再次出现于信念修正理论（Gärdenfors，1987）中，这将是第19.6节的研究主题。

结构性规则 如果总结一下过去20年中提出来用于解决限定推理、缺省推理和信念修正这些问题的所有新型逻辑系统的研究，说关于极小性的核心逻辑正是条件句逻辑，似乎是公平的。博尔扎诺关于不同推理风格的形式特征的观点，可以在古典后承的变异特征与条件句逻辑中表达的特征的对比中具有其相互关联。这些差异的核心常常置于所谓的结构性规则（structural rules）之中，而这些规则支配着没有任何特殊逻辑算子的全部性质推理。我们已经发现了许多新的推论概念，包括博尔扎诺本人推论概念完整的结构性规则集（van Benthem，1996a；1996b；2003b；2003e）。然而，变异的结构性规则也会因为与极小性非常不同的原因而出现，从而见证它们在相干逻辑以及语法结合、动态更新或互动的“子结构性逻辑”中发挥的作用（Dosen，Schroeder-Heister，1994）。

棘手的问题 给定如上所述，只是存在着扩张？还是说我们现在能否开始去绘制一幅关于自然推理风格的完整地图呢？任何一幅简化的地图都还没有画出来，有些人感到，对上述选择进行限定的唯一方式是向认知科学提问：哪些非单调逻辑与心灵或头脑中的实在相匹配。这是另外一个问题。哪些背离古典后承的概念在计算有效性或可满足性的代价上常常是更加复杂的。与谓词逻辑不同，它们常常会变成不可公理化的，或者是更坏。给定它们在日常实践中的动机，这一情况似乎让人感到奇怪——而这一现象仍旧没有被完全理解。

迁移 即便如此，我们讲述的跨逻辑学、科学哲学和计算机科学的故事也可表明，像推理风格和条件性这样的主题可以毫无问题地进行跨界迁移。这种情况一直持续到今天。（Schultz，van Rooy，2006）将限定推理应用于语言学中关于问题的语义学（van Benthem，1989），他们表明，前文第3部分的自然逻辑也可以包括信息交换的非单调机制。更一般地说，通过这些迁移，科学方法和常识之间的划界——一旦如此截然地去思考——就不复存在了。存在的只有一种形式的合理性，不论是在厨房里还是在密涅瓦（Minerva）大堂中进行展示，均是如此。常常发生的情况是，正是计算机科学将这些观点集中于单独一个视角（McCarthy，2008）。事实上，计算机科学在20世纪的几乎每一个逻辑主题的发展中都扮演了角色。这也许并不会让人感到有什么奇怪的。说到底，计算机科学及其更有意义的发展形式人工智能——用克劳塞维茨（Clausewitz）的话说——不过就是“哲学研究借其他手段的延续”。对于作为主流哲学根本范畴（Floridi，2004）的计算和信息的相对忽视，好像就可以证明，我们拒绝了距离我们最近的东西。

19.5 语义解释的机制：从塔尔斯基到“动态学”

一阶谓词逻辑可能不是关于我们的自然逻辑的一种很现实的描述，但对于研究一整套同时紧密交织在一起的问题来说，它却是一种神奇的模型。这种形式语言具有一种清晰的归纳式语法结构，其语义解释的机制以一种组合方式充分利用了这一特征。于是，它可以通过重复独立算子的少量基本真值条件，来解释最为复杂的断定形式。这一背景使得我们有可能去研究逻辑模型理论的定义和表达力问题。这种解释方式在哲学中已经变得很有影响，它通过塔尔斯基20世纪30年代的经典作品《形式语言中的真理概念》（*Der Wahrheitsbegriff in den Formalisierten Sprachen*）［参见（Tarski，1956；Davidson，1967；Kripke，1975）以及其他人的创造性扩充而影响到了关于真的理论］。但即便如此，对其进行实验仍能创造新的思想！

标准语义学 一阶语义学的关键概念是一公式 ϕ 在模型 M 中在某个变项指派 s 之下为真的概念：

$$M,s \models \phi$$

关键性的形成规则以一种实质的方式利用了如下指派：

$M,s \models \exists x\phi$，当且仅当，对于某个对象 d 来说，$M,s\,[x:=d] \models \phi$

通过这种方式，把该模式所含不同成分进行拆分，真就成了居于形式语言的表达式和某种关于对象及其性质和关系的独立于语言的结构之间的关系。这种关系要通过两种联结进行调节。一个是解释函项（interpretation function）I，它把固定的指谓对象指派给谓词字母以及其他在当前背景下被认为有恒定意义的表达式。另一个是变项指派（variable assignment）s，它为赋值过程中可能发生变化的表达式的可变部分提供辅助性指谓对象。逻辑学家从不同角度考察了这一模式。给定公式 ϕ，我们就可以研究它的模型 $MOD(\phi)$。给定模型 M，我们就可以研究它的理论 $Th(M)$：语句因之而为真。或者，给定一个公式和一个结构，我们就可以研究使该公式在该结构中为真的那些解释函项，这种情况虽不多见但却十分可能。

上述建制的基本特征 上述模式体现了几个历史步骤以及一些并非不足道的概念性问题。其对形式语法和语义赋值的分离是主要的抽象工作，这就像我们的自然语言将其解释表露出来，只留一些自由用于解释代词和其他“干扰思想的东西”（lice of thought）——正如卡尔维诺（Italo Calvino）所描述的那样。其次，模型概念有其自身的问题，因为一阶模型只是对实在的一种表示（representation），而非实在本身——也许在抽象数学的某些部分当中会有例外。实际上，索绪尔（de Saussure）先于塔尔斯基十多年就提出了他那著名的关于语言、表示和实在的符号学三角形。一阶语义学忽略了后者——但关于与实在“相符”的问题并没有消失。实际上，我们可以在丘奇和其他逻辑学家的著作中发现一种三部分的解释模式。由于其所产生的越来越大的影响，这一观点借助坎普和海姆（Heim）关于话语表示理论（discourse representation theory）的研究［参见（van Eijck，Kamp，1997）中所作的总结］在20世纪80年代重新出现。在该模式的多种更深入的特征当中，我们只想再关注一下组合性原则（compositionality）。达米特（Dummett，1973）称这是弗雷格的主要洞见——不过，现代学术界已经表明，弗雷格实际上从没有详细阐述过这条原则。相反，他倒是对语境性原则（contextuality）做了大量强调，该原则说的是，研究表达式的意义永远不能脱离其语境而进行。（Hodges，2001）就这两条原则之间的关联提出了一种令人满意的分析。

哲学和语言学方面　一种关于哲学文献的令人吃惊的说明，直接与上述模式为范型的逻辑语义学联系起来。一些经典文献包括（Harman，1972；Putnam，1975；Field，1972），更现代一些的观点收于（Etchemendy，1990；Zalta，1993）中。这些哲学问题的其中一些更具体地回归了自然语言语义学，如19.3节提到的蒙塔古的开拓性研究。例如，直到今天，该文献一直都关注组合性原则，所讨论的主题是由具体“非弗雷格型”量词组合的研究提供的，而这些组合不接受轻易的反复分解（Keenan，Westerståhl，1997）。此外，如果我们需要做出本体论上的决定，模型的地位就会变得更有意义。数词和物质性量词（mass quantifier）普遍共存的问题尚未解决，因而话语和推理中离散对象和连续对象的相互作用问题也有待研究。

框架的扩张　20世纪80～90年代，经典语义学的统治地位受到许多新生语义学框架的挑战。情境语义学（situation semantics）（Barwise，Perry，1983）强调指出，意义所涉及乃是许多种情境，而不是只有一个模型M：包括一个言说的情境（situation of utterance），一个经描述的情境（described situation）和一个来源情境（resource situation）。因此，一种真正关于情境的说明应包括多个小型语境组成的网络。这一观点如今正在许多学科中走向前台。关于语境问题的现代跨学科大会（CONTEXT 2005）通过其内容交叉的议事日程把哲学家、语言学家和计算机科学家集聚在一起。接下来，上面提到的话语表示理论仍然是语言学和计算机科学中讨论意义问题的主要范型，这是因为话语表示结构是计算性处理过程的自然形式。特别要指出的是，如今的重心转移到了关于解释的动态学：我们之所以能够理解一个句子，并不是通过在某给定模型中对其进行赋值，而是通过为描述情境构造某种类型的表示。解释的动态学对于其他的计算性范型也是关键性的，如“作为演绎的句法分析”（parsing as deduction）（Pereira，Warren，1983）或者“作为溯因的解释”（interpretation as abduction）（Hobbs，1990）。《逻辑和语言手册》（*Handbook of Logic and Language*）（van Benthem et al.，1997）记录了语义创造性的这种惊人的暴发力量，但这种创造性迄今几乎还没有渗透到关于真和意义的哲学讨论当中去。甚至还有其他的新方法——我们会稍详细地讨论其中的一个。它表明了“一阶实验”的正确用法：不是作为正统观念的来源，而是作为分歧产生的来源。

动态语义学　许多更新语义框架所共有的一个思想是指，语义学实际上是关于赋值的*动态程序*（dynamic procedure），而不仅仅是公式和模型之间的静态关系的。我们能够把这些行动本身变成这种逻辑工具明确的组成部分吗？这种类型的一个众所周知的提议是*动态谓词逻辑*（*DPL*）（Groenendijk，Stokhof，1991）。其动机是由首语重复现象提供的，也就是如何为我们所说的话提供相干性。我们是在一种简单的一阶实验背景下研究这一点的。在“误导形式”这一重要传统当中，教授通常会给学生们某种翻译的习俗，以便使一阶公式去适应自然语言的形式。考虑下面的陈述：

(1) 一个人走进来。他吹着口哨。　这两个画线的短语可能共指。

(2) 他吹着口哨。一个人走进来。　这两个画线的短语不可能共指。

(3) 如果一个人走进来，那么他吹着口哨。这两个画线的短语可能共指。

把1直接翻译成 $\exists x Cx \& Wx$ 并没有给出我们希望得到的辖域，因此我们使用括号这种技术以便得到 $\exists x(Cx \& Wx)$。把2翻译为 $Wx \& \neg\exists x Cx$ 的确给出了正确的辖域，因此这里没必使用任何技术。但是，把3直接翻译成 $\exists x Cx \rightarrow Wx$ 不管用，于是我们交给学生使用括号再加上对量词的改变，从而得到 $\forall x(Cx \rightarrow Wx)$。这样做好像很没有原则而且是特设性的。经对比可以见到，*DPL* 改变了一阶语义学的机制，把公式 ϕ 理解为*程序*，其意义是变项指派 s 之间的过渡关系，而变项指派被看作是赋值过程的临时状态。这一点完全可以通过组合方式来完成，而不需要改变一阶语言或其模型。这种情况说明了自蒙塔古以来的更复杂的语义世界，而在这个世界，思想可以在哲学、语言学和计算机科学之间游走。这种程序性观点来自于指令式编程语言的语义学。在此背景之下，程序中的表达式是连续改变状态的指令，被看成是数据－对象对于变项的指派。我们来考虑满载了瞬时对象的寄存器。执行一个命令式指令 $x:=2$，用2这个值去替代寄存器 x 当下的内容。更准确地说，*DPL* 以如下格式记录成功执行命令的轨迹：

$M, s_1, s_2 \models \phi$，当且仅当，在 M 中存在对 ϕ 的某个成功赋值，它开始于输入状态 s_1，结束于输出状态 s_2。

这些语义条件把原子公式处理成对当前指派的测试，合取变成了行动的组合，否定是指测试失败，而真正的动态学表现在存在量词的条件中，它希望得到一种见证：

$M, s_1, s_2 \models \exists x$，当且仅当，对于论域中的任意对象 d，$s_2 = s_1[x := d]$

当我们以这种动态方式进行理解时，上述所有三个例子的直接翻译，就会像它们不另加括号时一样。尽管这样做看上去只不过就像是一条研究自然语言语义学的新方式，但这种模式的确对逻辑和哲学中的许多预设构成了挑战。例如意义和推理现在就反映了一种*程序代数*（algebra of procedures）。例如，$\exists x Cx \& Wx$ 中的辖域加宽不过就是指组合的*结合性*（associativity）。或者说，由于*全称量词* $\forall x\phi = \neg \exists x \neg \phi$，$\exists x Cx \rightarrow Wx$ 和 $\forall x(Cx \rightarrow Wx)$ 的赋值程序从代数角度看就是等价的。实际上，*DPL* 有自己的动态后承概念，按照这种概念，处理连续的前提便可证明结论的有效。这又是一种非标准和非单调的推理方式（参见第 19.3 节）——关于这一点，我们可以参考相关文献。

更彻底的动态学 动态语义学的一般思想是指，意义涉及信息的变化，这一思想在话语表示理论中被周知为"语境变化的潜能"（context change potential）。关于这一点，更彻底的版本是*博弈论语义学*（game-theoretic semantics）（Hintikka，Sandu，1997）。按照该语义学，赋值不再仅仅是"测试员"的一种程序，而是就给定公式扮演对立角色的证实者和证伪者之间的一种两人博弈。前者试图去表明这是真的，后者则试图证明这是假的。这样看来，对于理解意义和推理来说，*互动*就变成关键性的了。自 20 世纪 60 年代以来，欣蒂卡在许多围绕这一主题的出版物中就阐明了采纳这一立场所具有的宽泛哲学含义。关于解释更为彻底的博弈论观点部分遵循了（Grice，1975）给出的路线，而随着语义研究越来越关注说话者和听话者在实际交流中所寻求的*解释的均衡*（interpretative equilibria）（Lewis，1969；Parikh，2001；van Rooy 2004），这种博弈论观点如今正是方兴未艾。

还是语言 当代语义学框架包含来自于逻辑学、语言学和计算机科学的思想——这再次表明了跨自然、形式和编程语言的各种观点所具有的统一性。而迄今我们所说的话，绝对没有穷尽潜在的东西。例如范本特姆（van Benthem，1996；1999a）就提出了一阶语义学的另一种程序性解释！它揭示了组合性赋值的一种可判定的模态基础逻辑，其中就包括 19.3 节的所有单调性推理。除此之外，更多的有效性表达了指派变化流动模式呈几何级数增加的限制。一阶逻辑的不可判定性经常被看做是量词推理的一个不可避免的标志，因而成为利用特殊计算空间进行研究的副产品。根据这些现代发展情况，许多关于一阶逻辑及其经典元理论之含义的哲学讨论好像已经过时，而且完全成了保守的了。

一个有意思的问题是，所说的这一切都是关于我们对自然语言的理解的，而自然语言是常识和技术性哲学的共同工具。读者和听者不断变化的信息状态无疑是任何类型的话语，包括哲学讨论的主要目标。如果我们严肃看待这种动态观点，有人就会感到，做出最后决定的应该是计算机科学的观点：把自然语言看成是*认知的编程语言*（the programming language of cognition）。或者，如果这个口号对于严肃哲学来说过于粗糙，那么这里还有另一种阐明本部分观点的方法。意义不仅仅是指*事物如何*（how things are），它也本质地涉及——如维特根斯坦所说——*我们做什么*（what we do）。

19.6　理论和信念修正：从新实证主义到计算机科学

动态转向　计算性立场涉及一种*并行观点*（tandem view）。表示应该总是按照心灵之中的某个过程进行建构，而这些过程应该按照心灵之中的某种数据结构来设计。在某种意义上，这种情况甚至在逻辑分析的早期就已经发生了（参见第19.4节）。毕竟像“解释”（explanation）这样的词既指谓一个不变化的命题或命题之间的关系，又指谓一种动态的活动。过去数十年间的一项显著的发展就是动态转向（van Benthem，1996），作为独立研究对象的东西不再是按逻辑后承模式进行的命题之间的静态关系，而是像证明、测试、学习或改变主意这样的动态活动了。从这个视角看，逻辑学与哲学的传统相互作用需要考察两个层面：这些活动涉及哪些东西，以及它们用哪些表示开展研究？第19.5节的动态语义学就是这样一个方向的具体例证，但还有许多其他的方向。在这节，我们将这种思考方式应用到第19.4节简介过的科学理论上去。

理论静态学　关于理论，逻辑上最简单的看法是只把它们看成语句集。当然，这样的观点不适于去说明经验科学意义上任何合理的理论概念——甚至不适于去说明人们在常识领域具有的“结构性看法”（structured opinions）。科学哲学中发展出来的关于理论的更丰富见解可见（Ramsey，1931；Beth，1949）以及普谢温茨基（Przetecki）和沃西基（Przelecki，1969）的研究。（Suppes，1977）的导论给出了一个非常清楚的概括，其中既涵盖了新实证主义传统上的语法观点，又包含了更多苏佩斯和斯尼德风格的语义观点。（Kuipers，2000）给出了对于现代理论概念的最新阐述，其中包括一种对于所谓主要*理论间关系*（intertheory relations）如各种各样的扩张和还原的说明，而这些关系已经引起了哲学家的兴趣。想要了解逻辑学和哲学之间正在发生着相互作用，理论结构本身就是一个优秀的主题（Pearce，Rantala，1984；van Benthem，1982）。按照我们掌握的所有主题，它与计算机科学，特别是“抽象数据类型”（abstract data types）领域，具有惊人的关联（van Benthem，1989）——但这里我们放弃了这个特殊的故事情节。因为理论本身不过是对供个体或共同体支配的概念和信息的静态表示。按照我们的主要兴趣，想要看一看这种理论是如何生长的，更一般地说，是要看一看：变化。

理论动态学 有些最夺人眼球的科学哲学思想，是关于理论变化之途径的。有时存在的是累积式的点滴增长，但偶然也会存在更激进的范式转换，这就是（Kuhn，1962）中描述的情况。在（Gärdenfors et al.，1985；Gärdenfors，1987；Rott，2001a）中，理论变化的过程正式成为严肃的逻辑研究对象。最简单的过程，是伴随相容的*新信息产生更新*，从而获得一种新理论 $T+\phi$。这样作为当前理论 T 增加了新公式 ϕ，进而演绎地封闭这一结果。换句话说，把该理论看成模型集 $MOD(T)$，它构成了交集 $MOD(T)\cap MOD(\phi)$。但如果新信息 ϕ 与当前理论 T 有冲突，情况就不再是这样了，我们就必须形成一种可能更加复杂的*修正* $T*\phi$。后一过程在日常生活中也很常见。当我们参与进行非单调推理时，仅仅基于对某“普通”场景进行表示的极小模型的推理，我们也许就可以得出一个临时的结论。但现在发生了某种并不普通的事情，我们必须去适应它。于是，有些之前得出的结论不再成立，而我们要寻求新的平衡。从直观上说，与更新相比，修正似乎是更复杂的过程，而且它好像也没那么确定。新的理论会是什么样子，这取决于我们希望从旧理论那里保留下什么。

信念修正理论 *AGM* 型信念修正理论是一种对理论执行的下述三种基本操作抽象的假定性说明：更新、修正和收缩 $T-\phi$。后者从一给定理论中减去一个命题，并试图使所得理论尽可能与原先的理论一样。这三种操作是相互关联的：

$$T*\phi=(T-\neg\phi)+\phi \quad \text{莱维(Levi)同一性}$$

$$T-\phi=T\cap(T*\neg\phi) \quad \text{哈珀(Harper)同一性}$$

这些是否就是对于理论的所有合理的操作？这仍然是一个有意思的问题。但即便只是这三种操作，关于执行这些操作的合理假定和具体机制也已涌现了大量文献。此外，这个框架也已经通过各种方式得到了再描述，例如根据奎因的“嵌入关系”（entrenchment relation），对一主体想要放弃 T 中的一个命题而不是另一个命题的意愿进行编码。当我们处理可能需要以某种系统的方式加以修正的数据库时，关于“结构性理论”（structured theory）的类似观点也在计算机科学中出现了（Ryan 1992）。$\{+,\ *,\ -\}$ 这三种运算会产生唯一输出这一思想可能让人觉得奇怪，因为关于提供相互冲突的证据通常都会有不同的选择。相应地，非决定性的关系性候选者已经在（Lindström，Rabinowicz，1992）中提出来了。至少应该有余地，使得它们相应于不同的行为类型，容纳不同的信念修正策略（policies）：依据旧有的 T 中包含的内容，这些策略从更加“激进的”延伸到更加“保守的”。

还是条件句逻辑 我们再次看到，思想具有一种非凡的连续性。上述对于条件句的拉姆齐测试已经包含了信念修正的元素，因为与一个人当下具有的信念构成冲突的前件需要去“调整”。拉姆齐测试对于信念修正的可应用性已经遭到了质疑，但有一点已经变得很清楚了，那就是其本身并没有什么问题——它领先于嘎登佛斯和其他人的“不可能性的结果”（Leitgeb，2005）。实际上，拉姆齐型公理在设计信念改变的现代逻辑方面是关键性组成部分（Gerbrandy，1999），而且不会造成任何损害。在（Grove，1988）关于信念修正问题的语义说明中，其与条件句逻辑的关联变得更加明显。如果把一种理论看成是该理论的模型集 $MOD(T)$，那么，形成一种修正 $T * \phi$ 就意味着转到谈论 $MOD(\phi)$ 中最接近 T 的那些世界构成的集合，这里的接近程度根据理论的某种刘易斯型顺序来确定——或者次之：一种类似的对于世界的排序。我们轻易就可以识别出作为条件句语义学之基础的关键性的极小条件。实际上，条件陈述可以被看成我们当前理论的组成部分，从而对面临新证据时想要修正我们的信念倾向进行“预编码”（pre-encode）。

计算机科学与AI 信念修正的具体例子出现在计算机科学当中，如数据库的维护或多主体系统中的信念更新。不只是条件句逻辑，一般的非单调推理也要求信念修正作为一种对于“妄下结论”的必要矫正方法。更多循此线索引入的主题，混合了信念修正和有关世界上发生的真实变化的事实性更新请参阅论文（Katsuno，Mendelzon，1991）。

学习理论 信念修正虽然采取了信念适应的形式，但实际上更接近于近来出现在科学哲学中的一种更广泛的潮流。也许与理论变化相关联的关键性活动就是学习（learning），无论是个体的学习还是整个共同体的学习。现代学习理论（Osherson et. al，1988；Kelly，1996）对长久性学习程序做了这样的描述，即它是对面对稳步增长的证据，包括面对与一个人的当下构想相矛盾的惊异之事时所采取的科学方法的说明。从这个角度看，更新、修正和收缩，都是一个更大过程中的单个步骤，而这个更大过程的时间结构是需要明确加以阐明的（Kelly，2002；Hendricks，2002）。学习理论本身是递归论的后裔，因此它是哲学当中存在计算性影响这一点的另外一个明证。

动态学的更多来源 更新和修正还有许多其他方面。特别需要指出的是，动态转向的另一个重要方面是许多相关活动的社会互动性：对话、交流或者——就此而言——还有科学研究。我们将在第 19.7 节考察其中有些内容。总而言之，让我们回到第19.3节描述过的常识和自然语言的世界。更新和修正这两者自始至终都在自然话语中发生着。但即便是这个简单的背景也已经表明，麻烦事并不仅仅在于机械的*AGM*操作。如果我听到某个ϕ，它和我到目前所具有的信念相互抵触，那么我就需要决定是接受ϕ这条信息，还是拒绝它，抑或是对其重新进行解释。做这件事的一种典型方式是去与ϕ的来源进行对话，不管那是一个人还是自然界。信念修正通常涉及交流甚至是谈判。后一种过程仍是第19.7节的主题。修正在常识背景中的另一基本特征是语言调整（language adjustment）现象。中世纪有一句格言说“遇到矛盾时，做一做区分”。我们化解矛盾的方法，或者是通过收回以前具有的信念，或者是改变它们的表述方式。给出新的参数，或者在对象域给出新的区分。或许你在精神上富足，但在物质产品上并不富有。或许康托尔的概括公理创制了类，而不是集合。（Weinberger，1965）就对与现存信念相矛盾的新信息的基本回应作了很棒的历史与逻辑性评述。特别是，语言变化的思想超越了那些信念修正的标准理论。正如库恩所描述的那样，它好像更近似于在顽强不屈的事实压力下，科学理论的概念框架中发生的更加戏剧化的转变。（Rott，2001b）讨论了面对语言变化时的信念修正问题。

从可靠的基础到理智的修复 信念修正问题是时下研讨哲学遇到逻辑学、语言学和计算科学的一个好问题。把现代学习理论加入到这幅画面之中，我们也就有了当前最为生动的互动之一。就所有这些情况看，最初我们对数学基础的强调可能会造成误导。弗雷格想要得到的是绝对的可靠性，否则“数学就会像纸牌堆成的房子一样倒掉”。而哥德尔的结果表明，除非意外，这样一种可靠性是不可能获得的。但是，理解合理行为的关键现象无论如何似乎都不在这里。没有谁会相信在数学理论中发现矛盾就是世界的末日。实际上，每当这种情况发生（的确发生了），就会有一种误解被揭开，一种更好也是更丰富的理解就会被发现，而且就会得出一种更深刻的理解。对我们来说，最为关键的似乎不是使用了不可错的方法，而是运用我们所拥有的任何手段进行推理，加上神奇的信念修正能力，也就是说，当问题出现时去解决问题。逻辑学家和哲学家应尽力去更好地去理解，正是人的理性的这种动态特征。逻辑学并非一劳永逸地根除所有疾患的某种疫苗接种运动。更准确地说，逻辑学是心灵的免疫系统！

19.7 动态逻辑、交流、行动和博弈

逻辑后承经常被这样描述，即它涉及的是“没有给前提增加任何新信息”的结论。实际上，逻辑学与对信息的提取和修改、知识以及其他在这些信息过程中出现的认知态度是密切相关的。给服务于所有逻辑目标的“信息”概念下一

个精确的定义，并不是不足道的任务（Adriaans，van Benthem，2008a）。本书中存在着几条不同的线索（Carnap，1947；Barwise，Seligman，1997），但它们之间的关联并不总是那么明显（van Benthem，2005a）。这一节的故事情节所遵循的是这些线索之一，即将信息看做是现实世界中仍旧与主体所知之物保持相容的一系列选择。这是卡尔纳普在《意义与必然性》（*Meaning and Necessity*）中提出的原创性思想，后来它成了认知逻辑的经典著作的核心思想（Hintikka，1962）。如果想选一个有意思的出发点开始讲故事，认知逻辑会是合适的，因为很多人都认为它是对于逻辑和哲学的相互作用会陷入死胡同这一点的典型例证。这与事实真相大相径庭，我们来就（van Benthem，2006a）做一简短总结。

静态学：认知逻辑和信息状态　认知逻辑一开始是作为对"知识"这个哲学概念的一种说明而出现的，关于这个概念，柏拉图或笛卡儿早就给出了著名的说明。20世纪后半叶又增加了许多有意思的候选者，包括（Gettier，1963；Hintikka，1962；Dretske，1981；Nozick，2001）所作的贡献。欣蒂卡的主要思想如下所述。一个主体知道那些在所有与其就现实世界所知的一切相容的情境中为真的命题：

$M,s\models K_i\phi$，当且仅当，对于所有 $t\sim_i s$：$M,t\models\phi$

新增信息将倾向于紧缩其值域，也许会紧缩到这种程度，即现实世界是留待我们考察的所有对象。关于信念以及其他的认知态度，也存在类似的说明。上述形式表达的力量可以通过一种简单的场景进行展示。我们来考虑在主体之间发生的真实信息流动这种最简单的情况：

Q 提了一个问题"P?"，然后 A 给了一个正确答案"是的"。

如果这就是所有最可靠的格赖斯式交流，那么这个问题本身就表明 Q 不知道答案（基础层面的实际知识），而且也表明他认为 A 有可能知道答案（关于他人信息的知识）。上述回答传达出这样的信息，即回答者知道 P，对其在 $\{Q,A\}$ 这个群中的公开宣告确保 Q 现在也知道了 P，而且这两个主体相互之间也都知道这一情况，等等。根据刘易斯（Lewis，1969），遵照上述场景，这两个主体就获得了关于 P 的*公共知识*（common knowledge）。照此看来，认知逻辑可以描述这一过程的如下三个阶段的所有相关认知性质：之前的、其中的以及之后的。当然，它还可以做更多事情，从而见证这一主题的更多文献（Hendricks，2005）。

如今，在这一领域发生了最引人入胜的一种"交叉"。首先，20世纪70年代中期，认知逻辑独立地出现在博弈论当中（Aumann，1976；Osborne，Rubinstein，1994），这是由于经济学家发展出了认知场景，以用于证成（justify）普通的*纳什策略均衡*（Nash equilibria of strategies）。这一思想是指，将参与者依据有关彼此的合理性的相互期望（经由知识或信念）"锁定在"博弈均衡当中。其次，到了20世纪80年代，认知逻辑与计算机科学形成交叉（Fagin et al.，1995）。正是用于理解分布系统中各项协议的人型（human-style）模型的显著力量，催生了有关计算机科学、哲学和博弈论之相互作用的大量文献。其所探究的是（想要）有所知并进行相应交流的主体。TARK（Theoretical Aspects of Rationality and Knowledge）会议自1983年以来已经把这三个共同体集聚在一起了，而新的跨学科学术期刊《知识、理性和行动》（*Knowledge*，*Rationality*，*and Action*）表明三者之间的联系仍是非常活跃的。

在这一部分，我们只是勾勒了这则故事的一个特定的情节，将其与第19.6节中出现的逻辑动态学联系起来。关于命题的知识只是由于特定的行动才会出现，不论它是一种推理，提出或回答一个问题，或者观察某个一般性的事件。像以前一样，知识的结构和哪些行动的本性是纠结在一起的。因此，要想真正了解在我们的上述问答场景中究竟发生了什么，我们就必须将标准的认知逻辑“动态化”！

更新信息 语言哲学中的言语行动理论（speech act theory）告诉我们，语言交流引发了语言使用者信息状态的系统性变化。例如，上述问题 - 回答的片段可以从下面这个简单的认知模型开始，在这里两个供选世界之间的线表示我的不确定：

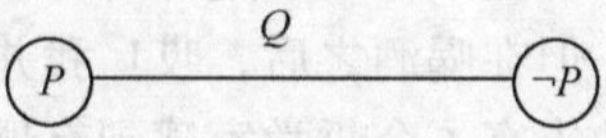

因为你在任一世界中都没有任何不确定的线，所以你自始至终都知道是否为P，而实际上我也知道你知道，因为我无论作何选择它都是真的。现在，你对我的问题的回答更新了这一模型，排除了$\neg P$的世界，从而得到：

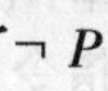

这里你和我都知道P，而且我们彼此也都知道这一点，如此到达更进一步的相互知道阶段：P已经成了我们两人之间的公共知识。

请注意这里发生了什么：如今认知逻辑必须要去解决动态行动，而此外，这一背景还具有一种不可还原的多主体“社会”特征。

动态认知逻辑 在效仿计算机科学的动态认知逻辑当中，社会的和私人的认知行动都可以被描述为其中的头等公民。那些将世界排除在外的认知行动，实际上是模型的改变者，而这个过程关涉相关断定在真值上的恒常变化。类似现象也会在计算机的程序、方法或任何类型的有结构行动中出现。这些现象在动态逻辑（dynamic logic）中已经得到了研究，而这种逻辑的语言就包含将表达式和命题与行动混合起来的断定。特别是，动态模态公式 $[a]\phi$ 所说的是，每当我们依据世界或者工具的当前状态成功地执行了行动或程序 a，ϕ 就成立。通过这种方式，我们将会得到

$[A!]\phi$　在公开宣告 A 之后，公式 ϕ 成立。

这种混合了命题/行动的语言可以表达认知效果，如：

$[A!]K_jB$　在公开宣告 A 之后，主体 j 知道 B

$[A!]CGA$　同样，在主体群 G 中，A 已成为公共知识。

存在着这种类型的完整且可判定的动态认知逻辑，它允许我们就断定的认知效果进行系统的推理。这里是有效“更新规律”（update law）的一个例子——正如反省原则是静态认知逻辑的核心一样，它是动态认知逻辑的核心：

$$[A!]K_i\phi \leftrightarrow (A \rightarrow K_i[A!]\phi) \quad \#$$

请注意浓缩在这种公式中的思想史。言语行动来源于语言哲学和语言学，认知逻辑来源于认识论，而它们在动态逻辑中的结合则来源于计算机科学。这种和谐的邂逅，完美地展示了本文的故事情节，而公理演算则表明了这些领域之间存在的新关联。例如，关于行动的哲学家们将会注意到，公理#表达了我们在行动之前具有的关于行动的知识和我们在行动之后所具有的知识之间的互换。这是一种并非不足道的特征，博弈理论家将称之为*完美记忆*（Perfect Recall）：公开宣告在认知上是透明的。比较来看，例如像喝酒这样的行动就不会满足这一公理。我知道喝酒会使我令人讨厌——但在喝酒之后，哎！我并不知道我令人讨厌。于是认知逻辑中的动态转向极大地丰富了令哲学家感到有趣问题的议程，从而允许他们超越全能、反省及其他那些通常怀疑的担忧。

越来越复杂的交流　动态认知逻辑不仅仅用来处理单个断定，它们也可以用来解决涉及典型程序结构的复杂会话指令，如“先说这个，再说那个”、“如果你觉得感激，就说‘谢谢’，否则就说‘不谢’”、“不停地说好话，直到院长同意你升职为止”或者“一起来作答”。最后，它们还可以处理涉及隐瞒信息或者局部观察这种更复杂也更现实的交流性行动。这其中包括在演讲室里窃窃私语、在纸牌游戏中查看你的手，或者查看人们所玩游戏中的更多信息性步骤。一些基本的来源是（Baltag et al.，1998；van Ditmarsch et al.，2007；van Benthem，2006b，2006c）。需要特别指出，动态认知逻辑能够处理误导性行动（隐瞒、说谎、欺骗）及诚实性行动，这导致我们可以根据表达力和复杂性程度对认知行动进行分类。此外，该框架还与信念修正、学习、概率更新以及无穷过程和持久性发展有紧密的关联。

再说哲学　更新逻辑看起来可能是很新颖的，但它与哲学当中那些已公认的问题是密切相关的。（van Benthem，2004）讨论了那些可能为真但在实用上并不

恰当的古老摩尔语句形式"p，但我并不知道它"。这些问题依托一种异常新颖的背景出现在认知动态学之中。有一点起初看来是很显然的，即对真命题 A 的公开宣告会导致关于 A 的公共知识。实际正如言语行动论者所描述的那样，这好像就是公开宣告的目标。但是，现在让我们考虑如下断定

"你不知道是否 p，但 p 是真的"。

这一点可能绝对为真，而对它的宣告则使 p 成为公共知识，因而会使前一个合取支无效。因此这个命题是"自我否定的"。这种情况可能就像是变戏法，但对不确定性的宣告最终会导致知识，它们常常出现在诸多著名的谜题当中，如聪明人（the wise men）或泥孩子（the muddy children）谜题。为真但却自我否定的断定也处于当前关于菲奇悖论的讨论的核心位置（Brogaard，Salerno，2002），而该悖论所威胁到的正是这一实证主义主题，即"所有为真的都是可知的"。

更一般地说，动态认知逻辑以一种有意思的方式改变了语义学和语用学之间传统意义上的分界线。这个划界问题当前既处在语言学又处在语言哲学的议事日程当中。另一个相互作用的问题涉及第 19.7 节关于理论变化的话题。科学共同体的内部信息流现在可以得到分析，而不仅仅是由该共同体创造这些理论。关于科学论争的短期多主体动态学和关于理论变化的长期动态学之间的系统性关系是什么样呢？

博弈 就其当前的表现形式来看，逻辑动态学正呈现另一种走势，即走向博弈论。知识和交流的确只有在理性主体之间以目标为导向的互动社会过程的背景下才具有意义。（van Benthem，1999c；2005b）就博弈如何与逻辑相互作用这一问题，提供了一种内容丰富的全景描绘。其中包括关于论证的"逻辑博弈"（logic games）（Lorenz，Lorenzen，1978）和语义赋值（Hintikka，1973），表明了逻辑的这些核心任务怎么样才能转换成不同主体之间的互动过程。但这种相互作用也涉及现代博弈逻辑（games logics），它们已经被用于阐明普通博弈参与者的合理性问题（Aumann，1976；Stalnaker，1999）以及更早的出版物（Pauly，2001；de Bruin 2004）。许多我们更早时候的系统一同出现在这些博弈逻辑当中：其中不仅有动态逻辑、认知逻辑，还有反事实条件句和信念修正的逻辑。博弈在哲学中的出现始于维特根斯坦的语言游戏说，欣蒂卡通过他的"博弈论语义学"和"独立友好逻辑"为它们进行了强有力的辩护（Hintikka，Sandu，1997）。但是，我们好像只看到了它们在更广泛意义上产生真正影响的开端（Hendricks，2005）。

于是，我们又一次看到当前的哲学议程是如何能够通过充分吸收多主体信息和互动的根本性质而得到丰富的。

19.8 更多研究主题

本文的主题只是对一个更长清单的节选，这个清单中还包括我在其他卷册所写的几篇概论性文章。其他用来连接逻辑学、哲学和计算机科学（其研究素材就在手边）的故事情节包括如下内容。如下所给参考只是一些线索，而不是通向这些领域的完整入口：

（a）科学理论的结构［参见（van Benthem，1989）中关于“语义类似物”的清单，该书只是得到了局部研讨］。

（b）知识和信念（van Benthem，2006a）。

（c）信息和计算（Adriaans，van Benthem，2008b）。

（d）概率。

（e）时态逻辑（van Benthem，1995）。

（f）道义逻辑、规范和义务［（Pauly，van Hees，2006）及DEON大会会议纪要，该会议自从20世纪80年代后期以来就开始探讨计算机科学与逻辑的相互作用］。

（g）行动哲学（philosophy of action）（Belnap et al.，2001）。

（h）无穷过程和动态系统（Skyrms，2004）。

（i）最优化与进化博弈（van Rooy，2004）。

可见，逻辑学和哲学之间的关联点非常之多，而且我们很难将它们从接口处分开。

19.9 结论：逻辑与哲学的再现

本文的结论阐述如下。逻辑与哲学之互动的历史丰富且多样，当我们通过研究主题而不是形式语言或系统对其进行描述的时候，情况尤其如此。尽管我们的故事情节只是一种粗略的说明，但它们已经证明了这种旷达的精神。在我们能够就目前逻辑与哲学之间的事态提出任何深思熟虑的见解之前，我们需要关于两者过去和现在的互动关系的这样一种丰富的看法。最后得出的画面，与有关最核心的主题是什么这一问题上的公认看法可能不是非常类似，但它肯定要比我们在任何一本标准教科书中见到的丰富得多。这甚至有可能帮助我们清除掉“哲学逻辑”中某些似乎已经开始运行的内在研究程序。

至于更具实践性的结论，逻辑与哲学过去的会面已经取得了成功，因此好像有无数理由促使我们去进一步探寻它们之间的关联。而且，这些关联经常会通过第三方即计算机科学得到增强，而计算机科学乃是作为“通过其他手段”继续哲学研究的实验发挥其作用的。各种跨学科大会如TIME、CONTEXT或者TARK，就是在逻辑、哲学与计算机科学这三方互动中进行的。

但也许最重要的是，我们已经有意地以一种非约定性方式进行着写作。从大部分的思想发展史看来，过去所发生的事件好像都是柏拉图式的、英雄主义的和必然要发生的，因而是难以辨识的。然而，那些创始者也只是和我们一样的普通人，他们也面临着各种各样的选择，包括碰运气及外部事件——而数理逻辑或哲学逻辑尽管曾经因为时光之晕而熠熠生辉，却也仍旧要去面对重大的改变，这些改变既可根据所作的解释进行，又可以根据实际发生的变化而进行。不妨去读一读（Stelzner，1996）耶拿（Carl Zeiss Jena）光学公司如何赞助弗雷格职位的故事，其中，以物理学家恩斯特·阿贝（Ernst Abbe）为守护天使。之后，你关于现代逻辑的产生，也就是《概念文字》之起源的观点，以及它关于显微镜对比肉眼的著名隐喻，将永远不会再是相同的！

致谢 我想要感谢汉内斯·莱特格布（Hannes Leitgeb）、加布里埃尔·森杜（Gabriel Sandu）和弗兰克·费尔曼（Frank Veltman），感谢他们所提供的有益而且友善的评论。

参考文献

Adriaans P，van Benthem J. 2008a. Handbook of Philosophy of Information. Amsterdam：Elsevier

Adriaans P，van Benthem J. 2008b. Information Is What Information Does. Editorial，Handbook of Philosophy of Information，Amsterdam：Elsevier. 3～28

Alchourron C，Gärdenfors P，Makinson D. 1985. On the Logic of Theory Change：Partial Meet Contraction and Revision Functions. Journal of Symbolic Logic，50：510～530

Aliseda-Llera A. 1997. Seeking Explanations：Abduction in Logic，Philosophy，and Artificial Intelligence，Ph. D dissertation，Department of Philosophy，Stanford University & ILLC，University of Amsterdam

Aumann R. 1976. Agreeing to Disagree. Annals of Statistics，4：1236～1239

Baltag A，Moss L，Solecki S. 1998. The Logic of Public Announcements，Common Knowledge and Private Suspicions. In：Proceedings TARK 1998. Los Altos：Morgan Kaufmann Publishers. 43～56

Barth E. 1974. The Logic of the Articles in Traditional Philosophy. Dordrecht：Reidel

Barwise J，Perry L. 1983. Situations and Attitudes. Cambridge（Mass.）：The MIT Press

Barwise J，Seligman J. 1997. Information Flow. The Logic of Distributed Systems. Cambridge：Cambridge University Press

Belnap N，Perloff M，Xu M. 2001. Facing the Future. Oxford：Oxford University Press

Beth E. 1949. Towards an Up-to-Date Philosophy of the Natural Sciences. Methodos, 1: 178 ~ 185

Blanshard B. 1964. Reason and Analysis. La Salle (Ill.): Open Court Publishers

Bolzano B. 1837. Wissenschaftslehre, Buchhandlung Seidel, Sulzbach. Translated as Theory of Science by R. George, Berkeley & Los Angeles: University of California Press, 1972

Brogaard B, Salerno J. 2002. Fitch's Paradox of Knowability. Stanford Electronic Encyclopedia of Philosophy, http://plato.stanford.edu/entries/fitch-paradox/

Carnap R. 1947. Meaning and Necessity. Chicago: University of Chicago Press

CONTEXT. 2005. 5th International and Interdisciplinary Conference on Modeling and Using Context, July 5 ~ 8, Paris, France, www.context-05.org

d'Avila Garcez A, Broda K, Gabbay D. 2002. Neural-Symbolic Learning Systems: Foundations and Applications, London: Springer

Davidson D, Harman G. 1972. Semantics of Natural Language. Dordrecht: Reidel

Davidson D. 1967. Truth and Meaning. Synthese, 17: 304 ~ 323

de Bruin B. 2004. Explaining Games, Ph. D dissertation, ILLC, University of Amsterdam

de Roever W P, de Boer F, Hannemann U et al. 2001. Concurrency Verification: Introduction to Compositional and Noncompositional Methods. Cambridge: Cambridge University Press

Dosen K, Schröder-Heister P. 1994. Substructural Logics. Oxford: Clarendon Press

Dretske F. 1981. Knowledge and the Flow of Information. Chicago: Chicago University Press

Dummett M. 1973. Frege, the Philosophy of Language. London: Duckworth

Dutilh-Novaes C. 2003. Medieval Obligationes as Logical Games of Consistency. Philosophical Institute, University of Leiden

Englebretsen G. 1981. Three Logicians. Assen: van Gorcum

Etchemendy J. 1990. The Concept of Logical Consequence. Cambridge (Mass.): Harvard University Press

Fagin R, Halpern J, Moses Y, Vardi M. 1995. Reasoning about Knowledge, Cambridge (Mass.): The MIT Press

Field H. 1972. Tarski' s Theory of Truth. Journal of Philosophical Logic, 69: 347 ~ 375

Flach P, Kakas A. 2000. Abduction and Induction. Essays on their Relation and Integration, Dordrecht: Kluwer Academic Publishers

Floridi L. 2004. The Blackwell Guide to the Philosophy of Computing and Information. Oxford: Blackwell

Gabbay D, Guenthner F. 1983 ~ 1988. Handbook of Philosophical Logic, Reidel, Dordrecht. Second revised and enlarged edition starting from 1996, Kluwer Academic Publishers, Dordrecht

GAMUT. 1991. Logic, Language and Meaning, Chicago: Chicago University Press

Geach P. 1972. Logic Matters. Oxford: Blackwell

Gerbrandy J. 1999. Bisimulations on Planet Kripke. Ph. D dissertation, Institute for Logic, Language and Computation, University of Amsterdam

Gettier E. 1963. Is Justified True Belief Knowledge? Analysis, 23: 121 ~ 123
Geurts B, van der Slik F. 2004. Monotonicity and Processing Load. Journal of Semantics, 22: 97 ~ 117
Gillies A. 2004. New Foundations for Epistemic Change, Synthese, 138: 1 ~ 48
Grice H. 1975. Logic and Conversation. In: Cole P, Morgan J eds. Syntax and Semantics III, New York: Academic Press. 41 ~ 58
Groenendijk J, Stokhof M. 1991. Dynamic Predicate Logic. Linguistics & Philosophy, 14: 39 ~ 100
Grove A. 1988. Two Modelings for Theory Change. Journal of Philosophical Logic, 17 (2): 157 ~ 170
Gärdenfors P, Rott H. 1995. Belief Revision. In: Gabbay D, Hogger C, Robinson J eds. Handbook of Logic in Artificial Intelligence and Logic Programming. Vol 4. Oxford: Oxford University Press
Gärdenfors P. 1987. Knowledge in Flux. Modeling the Dynamics of Epistemic States. Cambridge (Mass.): The MIT Press
Hempel P. 1965. Aspects of Explanation and Other Essays in the Philosophy of Science, New York: The Free Press
Hendricks V. 2002. Active Agents. In: van Benthem J, van Rooy R eds., special issue on Information Theories, Journal of Logic, Language and Information 12 (4): 469 ~ 495
Hendricks V. 2005. Mainstream and Formal Epistemology. New York: Cambridge University Press
Hintikka J, Sandu G. 1997. Game-Theoretical Semantics. In: van Benthem J, ter Meulen A eds. Handbook of Logic and Language. Amsterdam: Elsevier. 361 ~ 410
Hintikka J. 1962. Knowledge and Belief. Ithaca: Cornell University Press
Hintikka J. 1973, Logic, Language Games and Information. Oxford: Oxford University Press
Hobbs J, Stickel M, Appelt D, Martin P. 1990. Interpretation as Abduction, SRI Technical Note 499, SRI International, Menlo Park, California
Hodges W. 2001. Formal Features of Compositionality. Journal of Logic, Language and Information, 10: 7 ~ 28
Hodges W. 2005. Opening Two Windows: Arabic Logic and Cognitive Science. Department of Mathematics, Queen Mary and William's College, London
Jacquette D. 2002. A Companion to Philosophical Logic. Oxford: Blackwell
Janssen Th. 1981. Foundations and Applications of Montague Grammar. Ph. D dissertation. Mathematical Institute, University of Amsterdam
Kamp H, Reyle U. 1993. From Discourse to Logic. Dordrecht: Kluwer
Katsuno H, Mendelzon A. 1991. Propositional Knowledge Base Revision and Minimal Change. Artificial Intelligence, 52: 263 ~ 294
Keenan E, Westerståhl D. 1997. Quantifiers. In: van Benthem J, ter Meulen A eds. Handbook of Logic and Language. Amsterdam: Elsevier. 837 ~ 893
Kelly K. 1996. The Logic of Reliable Enquiry. Oxford: Oxford University Press
Kelly K. 2002. Knowledge as Reliably Inferred Stable True Belief. Department of Philosophy, Carnegie-

Mellon University, Pittsburgh
Kripke S. 1975. Outline of a Theory of Truth. Journal of Philosophy, 72: 690 ~ 716
Kuhn Th. 1962. The Structure of Scientific Revolutions. Chicago: The University of Chicago Press
Kuipers Th. 2000. From Instrumentalism to Constructive Realism. Dordrecht: Kluwer Academic Publishers
Leitgeb H. 2004a. Carnap's Logischer Aufbau Revisited, Department of Philosophy, University of Salzburg
Leitgeb H. 2004b. Inference on the Low Level. An Investigation into Deduction, Nonmonotonic Reasoning, and the Philosophy of Cognition. Berlin: Springer
Leitgeb H. 2005. Gärdenfors' Impossibility Argument Defused, working paper, Department of Philosophy, Stanford University & Fachbereich Philosophie, Universität Salzburg
Lewis D. 1969. Convention, Cambridge (Mass.): Harvard University Press
Lewis D. 1973. Counterfactuals. Oxford: Blackwell
Lindström S, Rabinowicz W. 1992. Belief Revision, Epistemic Conditionals and the Ramsey Test. Synthese, 91: 195 ~ 237
Lorenz K, Lorenzen P. 1978, Dialogische Logik, Wissenschaftliche Buchgesellschaft, Darmstadt
Mates B. 1953. Stoic Logic, University of California Publications, Berkeley & Los Angeles
McCarthy J. 1980. Circumscription-A Form of Nonmonotonic Reasoning. Artificial Intelligence, 13, 27 ~ 39
McCarthy J. 2008. The Philosophy of AI and the AI of Philosophy. In: Adriaans P, van Benthem J eds. Handbook of the Philosophy of Information, Elsevier, Amsterdam. 711 ~ 740
Montague R. 1974. Formal Philosophy, Selected Papers of Richard Montague. In: Thomason ed. New Haven: Yale University Press
Nozick R. 1981. Philosophical Explanations, Cambridge (Mass.): Harvard University Press
Osherson D, Stob M, Weinstein S. 1988. Systems that Learn. Cambridge (Mass.): The MIT Press
Parikh P. 2001. The Use of Language. Stanford: CSLI Publications
Pauly M, van Hees M. 2004. Logical Constraints on Aggregating Judgments. Journal of Philosophical Logic, 35 (6): 569 ~ 585
Pauly M. 2001. Logic for Social Software. Ph. D dissertation, Institute for Logic, Language and Computation, University of Amsterdam
Pearce D, Rantala V. 1984. A Logical Study of the Correspondence Relation. Journal of Philosophical Logic, 13: 47 ~ 84
Pereira F, Warren D. 1983. Parsing as Deduction. In: Proceedings of the 21st Meeting of the Association for Computational Linguistics. 137 ~ 144
Peters S, Westerståhl D. 2006. Quantifiers in Language and Logic. Oxford: Oxford University Press
Przelecki M. 1969. The Logic of Empirical Theories. London: Routledge and Kegan Paul
Putnam H. 1975. Mind, Language, and Reality. Cambridge: Cambridge University Press

Ramsey F. 1931. The Foundations of Mathematics and Other Essays. London: Kegan Paul

Reiter R. 2001. Knowledge in Action. Logical Foundations for Specifying and Implementing Dynamical Systems. Cambridge (Mass.): The MIT Press

Rott H. 2001a. Change, Choice, and Inference. Oxford: Clarendon Press

Rott H. 2001b. Theoretical Concepts in Flux: Conceptual Knowledge and Theory Change. In: Eckardt R, von Heusinger K, Schwarze Ch eds., Words in Time—Diachronic Semantics from Different Points of View, FB Sprachwissenschaft der Universität Konstanz. 279~301

Ryan M. 1992. Ordered Presentations of Theories: Default Reasoning and Belief Revision. Ph. D. dissertation, Department of Computing, Imperial College

Sanchez Valencia V. 1991. Studies in Categorial Grammar and Natural Logic. Ph. D dissertation, ILLC, University of Amsterdam

Shanahan M. 1997. Solving the Frame Problem. Cambridge (Mass.): The MIT Press

Shoham Y. 1988. Reasoning about Change. Time and Causation from the Standpoint of AI. Cambridge (Mass.): The MIT Press

Skyrms B. 2004. The Stag Hunt and the Evolution of Social Structure. Cambridge: Cambridge University Press

Smolensky P, Legendre G. 2005. The Harmonic Mind. From Neural Computation to Optimality-Theoretic Grammar. Cambridge (Mass.): The MIT Press

Sommers F. 1982. The Logic of Natural Language. Oxford: Clarendon

Stalnaker R. 1999. Extensive and Strategic Form: Games and Models for Games. Research in Economics, 53 (2): 93~291

Stelzner W. 1996. Gottlob Frege. Jena und die Geburt der Modernen Logik, Verein zur Regionalforderung von Forschung, Innovation und Techno*logie*, Jena

Suppe F. 1977. The Structure of Scientific Theories. Urbana: University of Illinois Press

Tarski A. 1956. Logic, Semantics, Metamathematics. Oxford: Oxford University Press

van Benthem J, ter Meulen A. 1997. Handbook of Logic and Language. Amsterdam: Elsevier

van Benthem J. 1981. Historische Vergissingen? Kanttekeningen bij de Fregeaanse Revoluti (Historical Errors? Marginal comments on the Fregean Revolution in Logic). Kennis en Methode, 5 (2): 94~116

van Benthem J. 1982. The Logical Study of Science. Synthese, 51: 431~472

van Benthem J. 1985. The Variety of Consequence, According to Bolzano. Studia Logica 44 (4): 389~403

van Benthem J. 1986. Essays in Logical Semantic. Dordecht: Reidel

van Benthem J. 1987. Meaning: Interpretation and Inference. Synthese, 73: 451~470

van Benthem J. 1989. Semantic Parallels in Natural Language and Computation. In: Ebbinghaus H-D et al. eds. Logic Colloquium. Granada 1987. Amsterdam: North-Holland. 331~375

van Benthem J. 1991. Language in Action, Amsterdam: North-Holland van Benthem J. 1995. Temporal Logic. In: Gabbay D, Hoggar C, Robinson J eds. Handbook of Logic in Artificial Intelligence and Logic Programming. Vol 4. Oxford University Press. 241 ~ 350

van Benthem J. 1996a. Exploring Logical Dynamics. Stanford: CSLI Publications

van Benthem J. 1996b, Inference, Methodology and Semantics. In: Bystrov P, Sadofsky V eds. Philosophical Logic and Logical Philosophy, Essays in Honour of Vladimir Smirnov. Dordrecht: Kluwer Academic Publishers. 63 ~ 82

van Benthem J. 1999a. Modal Foundations for Predicate Logic. In: Orlowska E ed. Logic at Work, To the Memory of Elena Rasiowa. Heidelberg: Physica Verlag. 39 ~ 54

van Benthem J. 1999b. Wider Still and Wider: Resetting the Bounds of Logic. In Varzi A ed., The European Review of Philosophy, Stanford: CSLI Publications. 21 ~ 44

van Benthem J. 1999c. Logic in Games, Electronic lecture notes, ILLC University of Amsterdam & Department of Philosophy, Stanford University

van Benthem J. 2002. Mathematical Logic and Natural Language. In: Löwe B, Malzkorn W, Rasch T eds. Foundations of the Formal Sciences II: Applications of Mathematical logic in Philosophy and Linguistics. Dordrecht: Kluwer. 25 ~ 38

van Benthem J. 2003a. Fifty Years: Changes and Constants in Logic. In: Hendricks V, Malinowski J eds. Trends in Logic, 50 Years of Studia Logica. Dordrecht: Kluwer. 35 ~ 56

van Benthem J. 2003b. Is there still Logic in Bolzano's Key? In: Morscher E ed. Bernard Bolzanos Leistungen in Logik, Mathematik und Physik. Beiträge zur Bolzano-Forschung, Bd. 16, Sankt Augustin: Academia Verlag. 11 ~ 34

van Benthem J. 2003c. Logic and the Dynamics of Information. In: Floridi L ed. Minds and Machines, 13 (4): 503 ~ 519

van Benthem J. 2003d. Logic in Philosophy. Electronic course notes, http://staff.science.uva.nl/~johan/Teaching/, Stanford University

van Benthem J. 2003e. Structural Properties of Dynamic Reasoning. In: Peregrin J ed. Meaning: the Dynamic Turn, Amsterdam: Elsevier. 15 ~ 31

van Benthem J. 2004. What One May Come to Know. Analysis, 64 (282): 95 ~ 105

van Benthem J. 2005a. Information as Correlation and Information as Range. Working Paper, ILLC, University of Amsterdam. To appear In: Moss L ed. Memorial Volume for Jon Barwise

van Benthem J. 2005b. Open Problems in Logic and Games. In: Artemov S et al. eds. 2005, Essays in Honour of Dov Gabbay. London: King's College Publications. 229 ~ 264

van Benthem J. 2005c. The Categorical Fine-Structure of Natural Language. In: Casadio C, Scott P, Seely R eds. Language and Grammar: Studies in Mathematical Linguistics and Natural Language. Stanford: CSLI Publications. 3 ~ 29

van Benthem J. 2006a. Epistemic Logic and Epistemology. The State of their Affairs. In: Hendricks V ed. special issue of Philosophical Studies on 8 Bridges between Formal and Mainstream Epistemology

van Benthem J. 2006b. Open Problems in Logical Dynamics. In: Gabbay D, Goncharov S, Zakharyashev M eds. Mathematical Problems from Applied Logic I, International Mathematical Series. Vol 4. Berlin: Springer

van Benthem J. 2006c. One is a Lonely Number. In: Chatzidakis Z, Koepke P, Pohlers W eds. 2006, Logic Colloquium 02. Wellesley MA: ASL & A. K. Peters. 96 ~ 129

van Ditmarsch H, van der Hoek W, Kooi B. 2007. Dynamic Epistemic Logic, Berlin: Kluwer Academic Publishers

van Eijck J, Kamp H. 1997. Representing Discourse in Content. In: van Benthem J, ter Meulen A. eds. Handbook of Logic and Language. MIT Press

van Rooy R, Schultz K. 2006. Pragmatic Meaning and Non-Monotonic Reasoning: The Case of Exhaustive Interpretation. Linguistics and Philosophy, 29: 205 ~ 250

van Rooy R. 2004. Signalling Games Select Horn Strategies. Linguistics and Philosophy, 27: 493 ~ 527

van Ulsen P. 2000. Evert Willem Beth als Logicus. Ph. D dissertation, Institute for Logic, Language and Computation, University of Amsterdam

Veltman F. 1996. Defaults in Update Semantics. Journal of Philosophical Logic, 25: 221 ~ 261

Wason P, Johnson-Laird P. 1972. Psychology of Reasoning. Structure and Content. London: Batsford

Weinberger O. 1965. Der Relativisierungsgrundsatz und der Reduktionsgrundsatz—Zwei Prinzipien des Dialektischen Denkens, Czecho-Slovakian Academy of Sciences, Prague

Wundt W. 1880/3. Logik. Eine Untersuchung der Prinzipien der Erkenntniss und der Methoden Wissenschaftlicher Forschung, Ferdinand Enke, Stuttgart

Zalta E. 1993. A Philosophical Conception of Propositional Modal Logic. Philosophical Topics, 21(2): 263 ~ 281

附录一 英-汉专业术语对照表

abduction，溯因
abductive reasoning，溯因推理
abstract data type，抽象数据类型
accessibility，可通达性
achievement of purpose，目标的达成
across，跨越
action，行动
activity，活动
additional temporal operator，附加时间算子
additivity，可加性
affine，仿射
bisimulation，仿射互模拟
geometry，仿射几何学
transformation，仿射变形
agency，主体性
agenda，议程表，日程安排
agent，主体
system，主体系统
alethic，真势的
modal logic，真势模态逻辑
Alexandroff，亚里山朵夫
extension，亚里山朵夫扩充
space，亚里山朵夫空间
algebraic，代数的
logic，代数逻辑
semantics，代数语义学
algorithm，算法
almost，几乎
all，几乎所有
-connectedness，近乎连通性
ambiguity，歧义性
analogy，类比，相似性
announcement，宣告
anti-morphic，反态射的
surjection，反态射满射
antitone，反单调
application，应用
applying logic，应用逻辑
approximation，逼近理论
arbitrary object，任意客体
architecture，建构
of diversity，多样性结构
argument，主目，论证
argumentation，论证
arrow，箭头
bisimulation，箭头互模拟
logic，箭头逻辑
model，箭头模型
rule，箭头规则
artificial intelligence（AI），人工智能
ascending hierarchy，上升谱系
aspect，语体
aspectual behavior，体态（语态）行为
assertability，可断定性
associativity，结合律（结合性）
asymmetry，非对称性
atom，原子命题
attacking move，攻击性移动
auto-epistemic，自认知
logic，自认知逻辑
automaton，自动机
automorphism，自同构

invariance，自同构不变性
auxiliary，辅助的
hypothesis，辅助性假说
point of reference，辅助参者点
axiom，公理
of choice，选择公理
of segment construction，线段构造公理
axiomatic，公理化的
calculus，公理化演算
completeness，公理完全性
deduction，公理推演
axiamatization，公理化
backward knowledge，后溯知识
balance，平衡
of language and ontology，语言与本体论的平衡
Barcan axiom，巴坎公理
basic，基本的
epistemic logic，基本认知逻辑
geometry，基本几何学
invariance zigzag，基础不变性Z字形
modal language，基本模态语言
set，基础集
basis，基础
bcc，秘密抄送
before，之前
beginning / end，开始/结尾
belief revision，信念修正
theory，信念修正理论
Beth's theorem，贝特定理
betweenness，之间性
bijection，双射
bimodal，双模态的
calculus，双模态演算
conservative sum，双模态保守相加（和）
logic，双模态逻辑
bimodular，双模块
binary，二元的
relation，二元关系
transition relation，二元的通达关系
bisimulation，互模拟
Bolzano's program，博尔扎诺计划（纲领）
Boolean，布尔的
algebra，布尔代数
complement，布尔取补
connective，布尔联结词
homomorphism，布尔同态
type，布尔类型
boundary，边界
branching，分支
quantifier，分支量词
frame correspondence，分支框架对应
pattern，分支模式
time，分支时间
breaking up，分裂
bridge principle，桥接原则
Bull's theorem，布耳定理
Cartesian product，笛卡儿积
calculi of natural logic，自然逻辑演算
calculus，演算
of aspect，时间体态演算
of events，事件演算
of sequents，矢列演算
of theory，理论的演算
canonical，典范的
topo-model，典范拓扑模型
canonicity，典范性
categorical，范畴的
condition，范畴条件
duality，范畴对偶
grammar，范畴语法
logic，范畴逻辑
mode of thinking，范畴思考方式
theoretic semantics，范畴论语义学

causality，因果关系
cautious，谨慎的
  cut，谨慎的切割
  monotonicity，谨慎单调
  persistence，谨慎持续性
cc，抄送
ceteris paribus，如果其他条件不变
channel，通道
characterization theorems，特征定理
choice，选择
chop operator，切削算子
Church's thesis，丘奇论题
circularity，循环
circumscription，限定
closed，封闭的
  semantic tableaus，封闭语义列表
  set，闭集
closure，闭包
  operator，闭包算子
cluster，簇
code，代码
co-derivative，余导集
  operator，余导集算子
cognitive，认知的
  actions，认知行动
  dynamics，认知动态性
  strategies，认知策略
collective predication，总体判断
collinearity，共线性
combination，合成
  of logic，逻辑组合
combining logic，合并逻辑
common，公共的（普通的）
  knowledge，公共知识
    operator，公共知识算子
  noun，普通名词
  sense reasoning，常识推理
communicate，交互
communication，交流
commutativity，交换律
compactness，紧致性
comparative particle，比较级词缀
comparison game，比较博弈
compass operator，指南针算子
complement，补集
completeness，完全性
  theorem，完全性定理
  for product，积的完全性
complexity，复杂性
composition，合成
  table，组合表
compositionality，组合性
computability，可计算性
computation，计算
computational，计算的
  power，计算力
  procedure，计算过程
  time，计算时间
  use，计算用途
concrete standard modeling，具体标准模型
concreteness，具体化
conditional，条件句
  logic，条件句逻辑
  reasoning，条件推理
conditionality，条件性
confirmation，确认
confluence，收敛（融合）
  principle，收敛（融合）原则
conformation，符合
conjunction，合取
of hypotheses，假设的合取
connected，连通的
  -ness，连接性
  strict partial order，连通的严格偏序

consequence，后承
conservation，守恒
　of complexity，复杂性守恒
conservative，保守性（驻留性）
　extension，保守扩张
consistency，协调性（一致性）
　management，相容性处理
consistent，相一致
　update，一致的更新
constituent，构件
constraint，限制
　of conservativity，驻留性限制
constructive，构造性的
　logic，构造主义逻辑
content and wrapping，内容与包装
context，语境
　change potential，语境变化的潜能
　free grammar，上下文无关文法
　independent，上下文无关的
contextual，语境的
　-ist，情境主义
　neutrality，语境中立性
　shifting，语境转变
contingent，偶然
continuity，连续性
continuous，连续的
　image，连续像
contraction，收缩
contradictory information，矛盾信息
conversion，转换
convex，凸
　closure，凸闭包
correctness，正确性
correspondence，对应
　principle，对应原则
　theory，对应理论
cost record，成本纪录
countable，可数的
　term，可数术语
counterfactual，反事实的
　conditional，反事实条件句
　reasoning，反事实推理
criterion of identity，同一性标准
cross-structural，跨结构
current point of evaluation，当前赋值点
cusp catastrophe，锥尖形突变
cut elimination，消去法
　rule，切割规则
database，数据库
decidability，可判定性
decidable，可判定的
declarative，陈述性
　projection，陈述性预测（投射）
deconstruction，解构
Dedekind cut，戴德金消减
de dicto，从言
deducibility，可推导性
deduction，演绎
　deductive，推演（演绎）的
　apparatus，演绎装置
　-nomological model，演绎-法则模型
　power，演绎力
　role，推演角色
　style，演绎类型
　subroutine，演绎子程序
definability，可定义性
definitional，定义的
　extension，定义扩张
　reducibility，定义可归约性
degree of swelling，膨胀度
deictical expression，指示语表达式
denotational constraint，指称的限制
dense，稠密的
　-in-itself，自身稠密的

density，稠密性
described situation，经描述的情境
deontic logic，道义逻辑
dependency structure，依赖结构
de re，从物
derivation，推导，推演
derivative，导集
descending approximation，递减逼近
descriptive role，描述性角色
design，设计
determiner，限定词
deviation，变种（偏离）
Dictum de Omni，全称实例化
difference，差异
  logic，差别逻辑
digital shaft，数字轴
dilation，膨胀
dimension，维度
dimensional，维度的
  0-dimensional，零维的
direct，直接的
  consequence，直接后承
  mathematics，直接数学
discourse，话语
  particle，语段助词
  representation theory，话语表示理论
discrete，离散
  structure，离散结构
discreteness，离散性
disjoint，不相交，分离
  -ness，分离性
union，不相交并
disjunction of evidence，证据的析取
dispositional，倾向的，意向的
  predicate，倾向性谓词
  statement，特征陈述
distinctness，区别
distribution，分配
  axiom，分配公理
distributivity，分配性（分配律）
diversity，多样性
domain，论域（定义域）
  cumulation，域累积
  restriction，论域限制
doubly monotone，双单调
downset，下集
downward，向下的
  modality，向下模态
  persistence，向下持续
doxastic logic，信念逻辑
DPL，动态谓词逻辑
dual universal operator，对偶全称算子
duality，对偶性（二元性）
  of viewpoint，观点的二元性
dyadic second-order logic，二元二阶逻辑
dynamic，动态的
  epistemic logic，动态认知逻辑
  logic，动态逻辑
    of learning，学习的动态逻辑
  procedure，动态程序
  processing，动态处理
  remodeling，动态再建模
  semantics，动态语义学
  tense logic，动态时间逻辑
  turn，动态转向
dynamics，动态学
  of interpretation，动态解释
earlier than，早于
ecological psychology，生态心理学
Ehrenfeucht-Fraïssé games，埃伦芬赫特-弗雷斯博弈
elementary，初等的
  submodel，初等子模型
elimination，消除

eliminative theory，消除论
embeddability，可嵌入性
empirical，经验的
  content，经验内容
  generalization，经验概括
  situation，经验情况
  structure，经验结构
  vocabulary，经验词汇
empty，空的
  relation，空关系
  sequence，空序列
enlightening，具有启发性
entailment，衍推
entity，实体
entrench，确立，巩固
entrenchment，嵌入，巩固
  relation，嵌入关系
epistemic，认知的
  cluster，认知簇
  fixed-point，认知不动点
  indistinguishability，认知不可区分
  logic，认知逻辑
    dynamified，动态的认知逻辑
  model，认知模型
epistemology，认识论
equality of temporal theory，时间理论等同性
equidistance，等距性
equivalence，等价
  class，等价类
  relation，等价关系
Erlanger program，厄兰格纲领
erosion，腐蚀
erotetic logic，问题逻辑
Euclid's axiom，欧氏公理（欧几里得公理）
Euclidean hierarchy，欧氏谱系
evaluation，赋值
  game，赋值博弈
event，事件
evolutionary game，进化博弈
existential，存在的
  dual，存在性对偶
  import，存在性输入
  quantifier，存在量词
  test，存在性测试
explanandum，待解释项
explanans，解释项
explanation，解释
explicit，外显的
  account，外显描述
  definition，显式定义
exploring，探索
expressive，表达的
  complexity，表达复杂性
  power，表达力
extended，扩充的（扩展的）
  modal language，扩充的模态语言
  modality，扩充的模态词
  spatio-temporal formalism，扩充的时空形式系统
extension，扩张
extensional，外延的
extremely disconnected，极度不连通的
extrinsic epistemics，外在认知
fast inference，快速推论（推理）
filter，滤
  of dense set，稠密集的滤
  representation，滤表示
filtering out，过滤出
filtration technique，过滤技术
fine，精细的
  grained sorts of information，信息的精细种类
  structure，精细结构
finite，有限的，有穷的

-state machine，有限状态机
model，有穷模型
property，有穷模型性质
variable fragment，有穷变元片段
first-order，一阶的
quantifier，一阶量词
affine geometry，一阶仿射几何
definability，一阶可定义的
equivalence，一阶等价性质
interpretability，一阶解释
laboratory，一阶实验
notion，一阶概念
predicate logic，一阶谓语逻辑
reduction，一阶规约
semantics，一阶语义学
theory of nearness，近性的一阶理论
Fitch's paradox，费奇悖论
five-segment axiom，五线段公理
fixed，固定的
points，不动点
subdiscipline，固定的子学科
forcing，力迫
form，形态
formal，形式的
language，形式语言
learning theory，形式学习理论
philosophy，形式哲学
semantic theory，形式理论语义学
semantics，形式语义
system，形式系统
formalism，形式理论
formality，形式
forward，向前
causal accessibility，向前因果可通达性
discreteness，向前离散
knowledge，前瞻知识
persistent，向前持续
foundational，基础性的
fragment，片段
frame，框架
correspondence，框架对应
freedom，自由
Fubini theorem，福比尼定理
full infinite quaternary tree，完整的无穷四叉树
fullness，充满
function，函数
composition，函数复合
object，函数对象
symbol，函数符号
functional，函数的
answer，函数回答
application，函数贴合
completeness，函数完全性
theorem，函数完全性定理
frame，函数框架
model，函数模型
functor，算符
fundamentalist，根基主义者
fusion closure，融合闭包
fuzzy，模糊
game，博弈
logic，博弈逻辑
theory，博弈论
-theoretic semantics，博弈论语义学
Geach's rule，吉奇法则
general，一般的（广义的）
completeness，一般完全性
frame，广义框架
law，一般法则
logic，一般逻辑
of betweeness，之间性一般逻辑
mode of inference，推理的一般模式
model，广义模型
quantifier，广义量词

generalized，广义的
interpretable，广义可解释
predicate logic，广义谓词逻辑
quantifier，广义量词
generation theorem，（模型）生成定理
geometrical，几何的
extension，几何扩充
modal logic，几何模态逻辑
structure（space），几何结构（空间）
transformation，几何变形
geometry of relative nearness，相对近性的几何学
global，全局
and local relevance，全体和局部的相关性
dynamics，全局动态
int uition，全局直觉
property，全局性质
time，全局时间
glue，黏合剂
goal for action，行动目标
Gödel's，哥德尔的
completeness theorem，哥德尔完全性定理
translation，哥德尔转换
gradation，分级
grammar，语法
greatest fixed-point，最大不动点
group，群体
action，群体行动
knowledge，群体知识
Hamblin's axiom，汉布林公理
hard information，硬信息
Hausdorff space，豪斯朵夫空间
hereditarily irresolvable space，世袭不可解空间
hidden，隐藏的
variable，隐藏的变元
higher-order，高阶的
logic，高阶逻辑
temporal operator，高阶时间算子
Hilbert's program，希尔伯特纲领
history，历史
homogeneity，齐次性
homogeneous，齐次
homomorphic，同态的
homomorphism，同态映射
horizontal，水平的
homogeneity，水平的齐次
open，水平开的
topology，水平的拓扑
Horn，霍恩
clause formalism，霍恩子句形式理论
condition，霍恩条件
hybrid modality，混合模态词
hype-rectangular，超矩形凸的
hypothetico-deductive explanation，假说－演绎性解释
idempotence law，幂等律
identity，同一性，恒等
identification，识别
IF-logic，独立友好逻辑
ignorance，知识缺失
imperative，命令性
implication，蕴涵
introduction，蕴涵引入
implicit account，隐含论述
impossibility，不可能性
inclusion，包含关系
diagram，包含关系图
incompleteness，不完全性
individual，个体
constant，个体常量
type，个体类型
inductive，归纳的
hypothesis，归纳假设
logic，归纳逻辑

reasoning，归纳推理
inference，推理，推论
engine，推理引擎
infinite，无穷（无限）
iteration，无限迭代
process，无穷过程
quaternary tree，无穷四叉树
infinitesimal，无穷小
information，信息
dynamics，信息动态学
process，信息过程
informational persistence，信息的持续性
instant rationality，即刻理性
instantaneous snap-shot，瞬间快照
instrumentalist，工具主义者
integration，整合
intensional，内涵的
logic，内涵逻辑
interaction，互动，相互作用
interactive epistemology，互动认识论
interface，交界
interior，内部的
point，内部点
position，内部位置
operator，内部算子
interleaving，交织
internalize，内在化
interpolant，内插
interpolation theorem，插值定理
interpretability，可解释性
interpretation，解释
as abduction，作为溯因的解释
function，解释函项
interpretative equilibria，解释性均衡
intersection，交集
of topologies，拓扑交集
intersubjective，主体间性
intertheory relation，理论间关系
interval，间隔（区间）
frame，区间框架
structure，区间的结构
tense logic，间隔时态逻辑
intrinsic epistemics，内在认知
intuitionism，直觉主义
intuitionistic logic，直觉主义逻辑
invariance，不变量
of bisimulation，互模拟不变性
invariant，不变量
inverse，逆运算
limit，逆极限
logic，逆逻辑
inversion，求逆
irreflexivity，禁自返性
irresolvable，不可解的
island，岛屿
isomorphism，同构
lemma，同构引理
interation，叠置（迭代）
iterated conditional，叠置条件句
judgment，判断
justification，确证（证成，辩护）
Kamp's theorem，坎普定理
Keisler theorem，凯斯勒定理
Keisler-Shelah theorem，凯斯勒—薛拉定理
Kleene，克里尼
iteration，克里尼叠置
star，克里尼星号
know，知道
how，知道如何
what，知道什么
knowability，可知性
knowable proposition，可知的命题
knower paradox，知者悖论
knowledge，知识

base，知识库
modality，知识模态
state，知识状态
Konigsberger brucken，柯尔尼斯堡桥
k-partial isomorphism，k-部分同构
Kripke model，克里普克模型
labeled，加标的
deduction，加标演绎
deductive system，加标演绎系统
Cambda calculus，λ-演算
lambda normal form，λ-范式
Lambek calculus，兰贝克演算
language，语言
lattice of tense logic，时间逻辑的格
lawlikeness，类规律性
layering，分层
learnability，可学习性
learning，学习
least-effort，最小努力
left monotonicity，左单调性
Leibniz's postulate，莱布尼茨公设
lemma，引理
liberty，许可
lice of thought，干扰思想的东西
limit point，极限点
Lindenbaum algebra，林登保姆代数
Lindström properties，林斯特龙性质
linear，线性的
algebra，线性代数
logic，线性逻辑
order，线序
pattern，线性模式
subspace，线性子空间
time，线性时间
linearity，线性
linguistics，语言学
Löb's axiom，勒布公理
local，局部
local dynamics，局部动态
locality，局部性
of evaluation，赋值的局部性
logic，逻辑
combination，逻辑的组合
constant，逻辑常项
game，逻辑博弈
model，逻辑模型
of convexity，凸性的逻辑
of discrete space，离散空间的逻辑
of space，空间的逻辑
programming，逻辑程序设计
logical，逻辑的
architecture，逻辑构建
diversity，逻辑多样性
dynamics，逻辑动态学
extension，逻辑扩充
information theory，逻辑信息理论
positivist，逻辑实证主义
relation，逻辑关系
sophistication，逻辑玄妙
logicality，逻辑性
and invariance，逻辑性与不变性
logicism，逻辑主义
long-term informational process，长期信息过程
Lorentz transformation，洛伦兹变换
Łos' theorem，沃施定理
Lowenheim-Skolem theorem，洛文海姆—斯科伦定理
lower dimension axiom，低维公理
low-interaction's merges，低互动融合
Lyndon's theorem，林登定理
multiset，多集
macro-structure，宏观结构
manner of combination，组合方式
many，多数

-agent activities，多主体行动
-sorted general model，多类广义模型
mass，堆，块
quantifier，不可数量词
term，不可数术语
massive parallellism，巨量平行论
master argument，主论证
mathematical morphology，数学形态学
mathematics，数学
maximal filter，极大滤
maximally consistent，极大一致的
measurement，测量（测度）
theory，测度理论
mechanical system，力系统
mechanism，机制
mereotopology，分体拓扑学
merging information，混合信息
meta，元的
-language，元语言
-level，元层次
-logical，元逻辑
-model，元模型
methodological notion，方法论概念
metric，度量的
temporal logic，度量时间逻辑
geometry，度量几何学
in modal logic，模态逻辑的度量几何学
minimal，极小的
modal logic **K**，极小模态逻辑 **K**
postulate，极小假设
valid version，最小有效形式
Minkowski addition，闵可夫斯基加法
misleading form thesis，误导形式论题
μ-calculus，μ 演算
μ-operator，μ 算子
modal，模态的
bisimulation，模态互模拟
contraction，模态收缩
difference logic，模态差别逻辑
language of betweenness，之间性的模态语言
logic，模态逻辑
of betweenness，之间性的模态逻辑
S4，模态 **S4** 系统
operator，模态算子
p-morphism，模态的 *p*-态射
program，模态程序
topology，模态拓扑学
model，模型
checking，模型检测
comparison，模型对照（比较）
game，模型比较博弈
equivalence，模态等价
theory，模型论
modular，模块的
architecture，模块建构
logical architecture，模块的逻辑建构
module algebra，模代数
modulo isomorphism，模同构
modus ponens（MP），分离规则
monadic，一元的
quantifier，一元量词
second-order logic，一元二阶逻辑
monotone，单调的
modality，单调模态
monotonicity，单调性
calculus，单调性演算
inference，单调性推论
reasoning，单调性推理
Montague's rule，蒙塔古法则
Montague's thesis，蒙塔古论题
Moore's，摩尔的
paradox，摩尔悖论

sentence，摩尔语句形式
most，大多数
preferred，最受偏好的
multi-agents，多主体
muti-dimensional，多维的
tense logic，多维时间逻辑
multiplicative linear logic，乘法线性逻辑
n-ary map，n 元映射
n-chequered，n-交替的
Nash equilibria，纳什均衡
of strategy，纳什策略均衡
nature logic，自然逻辑
natural，自然的
cluster，自然簇
deduction，自然演绎
calculus 自然推理演算
operator，自然算子
necessarily（ne cessity），必然
negation，否定
negative，负面的
neighborhood model，邻域模型
neopositivism，新实证主义
neural netter，神经网络人
next tense，下一步时
nominal，名称
non，非
-atomicity，非原子性
-linear，非线性
-standard model，非标准模型
-triviality，非平凡性
nonempty convex subsets，非空凸集
noninvariant，非（置换）不变
nonmonotonic logic，非单调逻辑
in AI，AI 中非单调逻辑
norm，规范
form，范式
normal，正规的
modal logic，正规模态逻辑
object，对象
-language，对象语言
-level，对象层次
objective，客观的
obligation，义务
obsequiousness，媚态
observation，观测
observational，观测的
vocabulary，观察性词汇
omega（ω）-saturated，ω-饱和的
one-step convexity，一步凸性
ontological，本体论的
duality，本体二元论
status，本体论地位
structure，本体论结构
open，开放的
cover，开覆盖
environment，开环境
neighborhood，开邻域
set，开集
opening，开运算
operation，运算（操作）
operational，可操作的
aspect，运算角度
optimality，优化
oracle，神谕
orderable，可排序的
Skolem function，可排序斯科伦函数
ordering of temporal precedence，时序关系
ostension，明示
over-defined，过度定义
overlap，重叠
p-morphism theorem，*p*-态射定理
p-morphic image，*p*-态射像
packaging，封装
paraconsistent logic，弗协调逻辑

parsing，句法分析
partial，部分的
　　isomorphism，部分同构
　　order，偏序
　　precedence，部分优先关系
Pasch's axiom，帕施公理
pattern，式样
peaceful coexistence，和平共存
perfect recall，完美记忆
period，时间片段（断）
　　based，基于时间段
　　frames，期间框架
　　or interval，期间区间
　　structure，时间段结构
permanence，永久性
permutation，置换
　　invariance，置换不变性
　　invariant，置换不变的
persistence under approximation，逼近下的持续性
phenomenon of logicality，逻辑性现象
philosophy，哲学
　　of action，行动哲学
　　of language，语言哲学
philosophical logic，哲学逻辑
philosophized history，哲学化的历史
piecemeal map，分段映射
plausibility，似真性，合理性
plausible，似真的，合理的
　　intuition，似然直觉
　　morphism，似然态射
Platonic universe，柏拉图全域
point based，基于时间点
poly-modal transfer，多模态转移
polymorphism，多态性
position function，位置函数
positive，正面的，肯定的
extension，正扩展
　　existential form，正存在形式
　　notion，正面概念
　　occurrence，正面肯定出现
　　substitute，正面代入
possible，可能的
　　history，可能历史
　　world-style semantics，可能世界型语义学
Post's theorem，波斯特定理
postulate，公设（假设）
　　of rationality，合理性假定
potential isomorphism，潜在同构
pragmatics，语用学
pre-code，预编码
pre-encoding，先行编码
precedence，优先
predecessor，前驱
predicate，谓词
　　logic，谓词逻辑
　　of local existence，局部存在谓词
predicative，谓述的
prediction，述谓
preference，偏好
　　relation，偏好关系
preposition，介词
presentation，描述演示
preservation，保持性
　　behaviour，保持行为
　　property，保持性质
　　result，保持结果
　　under extension，扩展下保持
principle，原则
　　of combination，组合性原则
　　of contextuality，语境性原则
　　of indistinguishability，不可区分原则
　　plenitude，丰富原则
Priorean，普莱尔的

operators，普莱尔算子
formalism，普莱尔形式理论
private and public time，私人和公共时间
probabilistic，概率的
quantifier，概率化量词
reasoning，概率推理
probability，概率
theory，概率论
provability，可证性
interpretation，可证性解释
theory，可证性理论
problem，问题
of omniscience，全知问题
solving，问题解决
process，过程
graph，过程图
structure，过程结构
time，进程时间
product，积（结果）
frame，积框架
logic，积逻辑
model，积模型
rule，积规则
spaces，积空间
topology，拓扑积
of models，模型乘积
program，程序
construct，程序构造
programming language，程序语言
of cognition，认知程序语言
progressive tense，进行时态
projection，投影函数
proliferation，快速增加
of logical constant，逻辑常量的增加
principle，增值原则
proof，证明
theory，证明论
of a ladder，阶梯状证明论
-theoretic equivalence，证明论等价性
-theoretic paradigm，证明论范式
proper name，专名
property，性质
theorist，性质理论家
theory，性质理论
propositional，命题的
minimization，命题最小化
modal logic，命题模态逻辑
tense logic，命题时态逻辑
psychology，心理学
public，公开（公共）
announcement（statement），公开宣告
time，公共时间
pure，纯粹
future，纯粹将来
incl usion，纯包含关系
past，纯粹过去
precedence，纯优先关系
topological temporal logic，纯粹拓扑时间逻辑
push-down store automata，下推自动机
qualification，限定，质化
qualitative logic，质化逻辑
quantification，量化
over proposition，量化命题
quantifier elimination，量词消法
quantitative probability，量化概率
quantum mechanics，量子力学
quasi-tree，拟树
questioning，询问
Rabin structure，拉宾结构
radical choice，激进选择
Ramsey，拉姆齐
eliminable，拉姆齐可消除
extension，拉姆齐扩张

sentence，拉姆齐语句
Ramseyfication，拉姆齐化
random access，任意准入
range of uncertainty，不确定的范围
rational agency，理性主体性
Region Connection Calculus（RCC），区域连接演算
recursive，递归的
axiomatizability，递归可公理化
definition，递归性定义
function，递归函数
reduction，归约
functor，归约算子
phenomena，归约现象
reductionism，还原论
resource situation，来源情境
reference frame，指称框架
reflection，反射
reflexive，自返的
closure，自返闭包
equilibria，自返均衡
reflexivizer，自返子
refutation，反驳
relational，关系的
algebra，关系代数
composition，关系组合
relative，相对的
interpretation，相对的解释
similarity，相对类似性
relativism，相对主义
relevance，相关性
relevant，相关的
choice function，相关选择函数
predicate，相关谓词
repetitive event，重复事件
representation，表示
argument，表示论证
of temporal discourse，时间话语的表示
proof，表示证明
residuation law，残差律
resolvable，可解的
respect for ultraproducts，相对于超积
restriction，限制
map，限制映射
revisionist，修正主义
right monotonicity，右单调性
rightward linearity，右向线性
Robinson's joint consistency theorem，罗宾逊联合协调定理
robust，鲁棒的
robustness，鲁棒性
role switch，角色转换
rooted，有根的
S5-model，S5-模型
safe，安全
safety，安全性
Sahlqvist form，萨尔奎斯特形式
Sahlqvist's theorem，萨尔奎斯定理
scattered，分散的
schematic truth，模式真
scientific theory，科学理论
scope freedom，范围自由
ordering，范围序数
second-order，二阶的
axiom of choice，选择的二阶公理
self，自身（反身）
-fulfilling，自实现的
-fulfillment，自实现
-refuting，自我反驳的
semantic，语义的
-deductive，语义推理
automata，语义自动机
consequence，语义后承
evaluation，语义赋值

information，语义信息
invariance，语义不变性
paradigm，语义范式
register，语义寄存器
structure，语义学结构
tableaux，语义列表
semantics，语义学
for modal logic，模态逻辑语义学
semi-linear，半线性
separable，可分的
separation，分离
axiom，分离公理
sequencing relations，序列化关系
sequenfial quanfificaficn，序列量化
sequent calculus，矢列演算
sequential composition，序列合成
serial，持续的
set，持续集
set，集合
argument，集合论元
inclusion，集合包含关系
-theoretic converse，集合论上的互逆
shared epistemic situation，共享的认知情境
shortest-path，最短路径
sieve of indistinguishability，不可区分的筛子
simplicity，朴素，简单性
simulation，模拟
simultaneity，同时性
identity，同时等同性
simultaneous cut，联立切割
since，自从
situation，情境
of utterance，言说的情境
semantics，情境语义学
skeleton，轮廓
smoothness，光滑性
social，社会的
bounding procedure，社会界定过程
knowledge，社会知识
soft information，软信息
solution，解决方案
spatial，空间的
logic，空间逻辑
pattern，空间模式
reasoning，空间推理
specialization order，限定序
speech act theory，言语行为理论
stability，稳定性
standard，标准的
history，标准历史
predicate logic，标准谓词逻辑
semantics，标准语义学
set-theoretic model，标准集合论模型
translation，标准翻译
state，状态
description，状态描述
statement，陈述
static，静态的
instantaneous knowledge，静态瞬时知识
statistical inference，统计推理
Stone ultrafilter representation，斯通超滤表示
strategy，策略
strict，严格的
deducibility，严格可推导性
linear order，严格线性序列
partial order，严格偏序
strong，强的
failure，强失败
homomorphism，强同态
negation，强否定
strongest postcondition，最强的后置条件
structural rule，结构规则
structuralism，结构主义
structured，结构化的

opinion，结构性观点
theory，结构性理论
structure for relative nearness，相对近性的结构
subroutine，子程序
subset condition，子集条件
substructural logic，子结构逻辑
sum，累加，和
operation，加和运算
topology，和之拓扑
superstructure，超结构
supervene，附加，伴随
Suslin property，苏斯林性质
Svenonius' theorem，斯万诺尼斯定理
syntactic，语法的（句法的）
design，语法设计
reformulation，句法重组
syntactically，语法的
positive formula，语法正性公式
relatively interpretable，语法相对可解释
syntax，句法
system imprisonment，系统禁锢
Tarskian entailment，塔尔基式的衍推
technical model theory，技术模型论
temporal，时间的
adverbial，时间状语
algebras，时间代数
argument，时间（观念）的论证
automata，时间自动机
connective，时间连接词
depth，时间深度
discourse，时间（观念）的话语
distribution，时间分布
flow，时间流
interval logic，时间区间逻辑
logic，时间逻辑
modeling，时间建模
network，时间网络
operator，时间算子
persistence，数据时间的持续性
postulate，时间假设（公设）
precedence，时序关系
predicate logic，时间谓词逻辑
quantification，时间量化
reasoning，时间推理
semantics，时态语义
shift，时间转移
structure，时态结构
temporality，时间性
temporalization，时间化
tense，时态
-logical fragment，时态逻辑片段
logic，时态逻辑
operator，时态算子
ternary relation，三元关系
of betweenness，三元之间性关系
test，测试
theorem proving，定理证明
theoretical，理论的
vocabulary，理论词汇
law，理论法则
theory，理论
change，理论改变
dynamics，理论动态学
of play，游戏理论
statics，理论静态学
thresholds of complexity，复杂性的临界
tiling problem，铺砖问题
time，时间
-dependent，时间依赖的
causality，时间和因果关系
knowledge，时间知识
modality，时间模态
topic-neutral，主题中立
topo，拓扑

-bisimulation，拓扑互模拟
-completeness，拓扑完全性
-logic，拓扑逻辑
-model，拓扑模型
game，拓扑博弈
topological，拓扑的
bisimulation，拓扑互模拟
definability，拓扑可定义性
locality，拓扑局域性
model，拓扑模型
product，拓扑积
logic，拓扑积逻辑
semantics，拓扑语义学
for epistemic logic，认知逻辑拓扑语义
sum，拓扑和
undefinability，拓扑不可定义性
total precedence，全优先关系
totally monotone，完全单调
traditional tense logic，传统的时态逻辑
transfer of information，信息转移
transitive，传递的
translation thesis，翻译论题
transmission，传递，传送
of explanation，解释的传递
truth，直值传递
triangle inequality，三角不等性
trivial，平凡的，不足道的
true belief，真信念
truth，真值
definition，真值定义
lemma，真值引理
value gap，真值差距（间隙）
Turing machine，图灵机
two-dimensional，二维的
modal language，二维模态语言
two-fork frame，二叉框架
type，类型
changing，类型变化
theory，类型论
ultrafilter extension，超滤扩展
ultraproduct，超积
ultraprower，超幂
unary operation，一元操作
unary modal operator，一元模态算子
undecidable，不可判定的
uni-modal，单模态
uniform，统一的
computability，一致计算性
learnability，统一可学性
uniformity，统一性
union，并集
universal，普遍的，全称的
first-order assertion，全称一阶断定
first-order theory，全称一阶理论
modality，全称模态词
reference，普遍指称
relation，全通关系
semantics，普遍语义学
Skolem form，全称斯科伦形式
validity，普遍有效性
universally valid，普遍有效的
universe，论域
of discourse，话语的论域
unknown undefined part，未知未定义部分
unraveling，解开
until，直到
update，更新
law，更新规律
logic，更新逻辑
updating information，更新信息
upper dimension axiom，高维公理
upset，上集
vacuous conditionalization，真空条件化

vague semantics，模糊语义学
valid consequence，有效逻辑后承
validity，有效性
valuation，赋值
value，价值
vantage point，有利位置
variable，变元（变项）
  assignment，变项指派
  vocabulary，变元字母表
varieties of ontology，本体论多样性
vector，向量（矢量）
  law，向量定律
  space，向量空间
Venn diagrams，文恩图
verification，证实
verificationist，证实主义者
  thesis，证实论题
verificationism，证实主义
verisimilitude，似真性，逼真性
versatile，多方位的
vertical，垂直的
  reflection，垂直的反射
  topology，垂直的拓扑
vertically open，垂直开的
Vienna circle，维也纳学派
view of time，时间观念
visible，可见的
VT rule，VT（证实论题）规则
weakening，弱化
weakest precondition，最弱的先决条件
weakly，弱的
  continuous，弱连续的
  transitive，弱传递的
well，良好
  -foundedness，良基性
  order，良序
wild，剧烈的
  variation，剧烈的变异
world，世界
Yale shooting problem，耶鲁射击问题
zigzag，Z字形
  invariance，Z字形不变性

附录二 英－汉人名对照表

Abbe，E. 阿比
Adams，L. 亚当斯
Aiello，M. 阿叶劳
Ajdukiewicz，K. 艾杜凯维奇
Alchourrón，C. 阿尔奇奥伦
Alechina，N. 艾略施纳
Andréka，H. 安德烈卡
Areces，C. 阿瑞塞斯
Ariadne，A. 阿里阿德涅
Ashby，W. 阿什比
Asher，V. 阿舍
Aumann，R. 奥曼
Austin，J. 奥斯汀
Baltag，A. 巴塔赫
Barcan Marcus，R. 巴坎·马库斯
Bar-Hillel，Y. 巴尔－希莱尔
Baroque，巴洛克
Barwise，J. 巴维思
Bennett，B. 贝内特
Bernays，H. 伯奈斯
Beth，E. W. 贝特
Binmore，K. 宾莫尔
Birkhoff，G. 伯克霍夫
Blanshard，B. 布兰沙德
Bochenski，I. 博琴斯基
Bolzano，B. 博尔扎诺
Boole，G. 布尔
Booles，G. 布洛斯
Brentano，F. 布伦塔诺
Brouwer，L. 布劳维尔
Burgess，J. 伯吉斯
Calvino，I. 卡尔维诺
Cantor，G. 康托尔
Carnap，R. 卡尔纳普
Chagrov，A. 查格洛夫
Church，A. 丘奇
Churchill，W. 邱吉尔
Clarke，B. 克拉克
Clausewitz，G. 克劳塞维茨
Colijin，B. 克里安
Cohen，P. 科恩
Cook，S. 库克
Corsi，P. 科尔西
Craig，W. 克雷格
Cresswell，W. 克雷斯韦尔
Cronos，D. 克洛诺斯
Dabrowski，A. 德布罗斯基
Darko Sarenac，萨里纳克
Davidson，D. 戴维森
De Jongh，D. 德漾
De Morgan，A. 德摩根
De Rijke，M. 德莱克
De Saussure，F. 索绪尔
Dedekind，R. 戴德金
Descartes，R. 笛卡儿
Dieudonne，J. 迪厄多内
Dragalin，A. 德拉加林
Dretske，F. 德雷斯克
Dummett，M. 达米特
Dunn，M. 邓恩
Ehrenfeucht，A. 埃伦芬赫特
Erlanger，K. 爱尔兰根
Ershov，Yu. L. 厄绍夫
Etchemendy，J. 埃奇门迪

Fagin，R. 法进
Fariñas，L. 法里纳斯
Feferman，S. 费弗曼
Feyerabend，P. 费耶阿本德
Fitch，F. 菲奇
Fitting，M. 费丁
Fraïssé，R. 弗雷斯
Frege，G. 弗雷格
Friedman，H. 弗里德曼
Fubini，R. 富比尼
Gabbay，D. 加贝
Gabelaia，D. 伽贝拉亚
Gaifman，H. 盖夫曼
Galton A. 高尔顿
Gärdenfors，P. 嘎登佛斯
Geach，P. 吉奇
Gentzen，G. 根岑
Georgatos，K. 乔加托斯
Gettier，E. 盖蒂尔
Ghilardi，S. 吉拉尔迪
Giles，R. 贾尔斯
Gilmore，P. 吉尔摩
Gochet，P. 哥赫特
Gödel，K. 哥德尔
Goldblatt，R. 戈德布拉特
Goodman，C. 古德曼
Grice，H. 格赖斯
Grove，A. 格罗夫
Gurevich，Y. 古列维奇
Hajicova，E. 海基科娃
Halpern，J. 哈尔彭
Hamblin，C. 汉布林
Harman，G. 哈曼
Harper，B. 哈珀
Heim，I. 海姆
Helly，E. 海利
Helmholtz，H. 亥姆霍兹
Hempel，P. 亨普尔
Hendricks，V. 亨德里克斯
Henkin，L. 亨金
Herzig，A. 赫齐格
Heymans，S. 海曼斯
Hilbert，D. 希尔伯特
Hintikka，J. 欣蒂卡
Hodges，W. 霍奇斯
Horn，A. 霍恩
Jena，C. Z. 耶拿（光学公司）
Johnson，L. 约翰森
Johnson-Laird，P. 约翰逊－拉尔德
Kamp，H. 坎普
Kanger，S. 坎格尔
Kant，I. 康德
Katsuno，H. 胜野广文
Keenan，E. 克能
Keisler，H. 凯斯勒
Kelly，K. 凯利
Kleene，S. 克里尼
Klein，F. 克莱因
Kneale，W. & M. 尼尔夫妇
Kolmogorov，A. 柯尔莫哥洛夫
Kooi，B. 库伊
Kreisel，J. 克赖泽尔
Kripke，S. 克里普克
Kuhn，S. 库恩
Kuipers 库伊皮尔斯
Lambek，J. 兰贝克
Leibniz，G. 莱布尼茨
Leitgeb，H. 莱特格布
Levi，I. 莱维
Lewis，D. 刘易斯
Lindenbaum，L. 林登鲍姆
Lindström，P. 林斯特龙
Löb，M. 勒布
Lokatos，I. 拉卡托斯

Lorentz, H. A. 洛伦兹
Lorenzen, P. 洛伦岑
Łoś, J. Z. 沃施
Löwenheim, L. 洛文海姆
Lyndon, R. C. 林登
Makinson, D. 梅金森
Mascheroni, L. 马斯凯罗尼
Matheron, G. 马特龙
McCarthy, J. 麦卡锡
McKinsey, J. 麦金西
Medvedev, 梅德韦杰夫
Mendelzon, A. 门德左
Mill, J. S. 穆勒
Minerva, L. 密涅瓦
Minkowski, H. 闵可夫斯基
Mittelstaedt, P. 米特尔施泰特
Montague, R. 蒙塔古
Moore, G. 摩尔
Moore, R. 摩尔
Moses, Y. 摩西
Moss, L. 莫斯
Nagel, E. 内格尔
Nash, J. 纳什
Nozick, R. 诺齐克
Nute, D. 牛特
Ono, H. 小野宽晰
Oppenheim, P. 奥本海姆
Pappus, A. 帕普斯
Parikh, R. 帕里克
Pasch, M. 帕施
Pätzold, D. 培佐尔德
Peirce, C. 皮尔士
Pearce, D. 皮尔斯
Perelman, C. 佩雷尔曼
Plato, D. 柏拉图
Plotkin, G. 波罗特金
Podoa, A. 波多阿
Pollock, A. 波洛克
Popper, K. 波普尔
Post, E. L. 波斯特
Prior, A. 普赖尔
Przelecki, M. 普谢温茨基
Putnam, H. 普特南
Quine, W. V. 蒯因
Rabin, M. 拉宾
Rabinowicz, W. 拉宾诺维茨
Ramsey, F. 拉姆齐
Randell, D. 兰德尔
Rantala, V. 兰塔拉
Reichenbach, H. 莱兴巴哈
Reiter, R. 赖特尔
Rescher, N. 雷谢尔
Robb, A. 罗布
Romeijn, J. 罗梅恩
Rott, H. 罗特
Roy, O. 罗伊
Russell, B. 罗素
Sahlqvist, H. 萨尔奎斯特
Sandu, G. 森杜
Schultz, K. 舒尔茨
Scott, D. 斯科特
Seligman, J. 谢立民
Serra, J. 塞拉
Shannon, C. 香农
Shapiro, S. 夏皮罗
Shehtman, V. 谢特曼
Shelah, S. 薛拉
Shoham, Y. 索哈姆
Skolem, T. 斯科伦
Smets, S. 斯梅茨
Smirnov, V. 斯米尔诺夫
Sneed, J. 斯尼德
Solecki, S. 索莱基
Sommers, F. 索默斯

Spaan，E. 斯邦
Staal，F. 斯塔尔
Stachow，E. 斯塔周
Stalnaker，R. 斯托内克尔
Stavi，J. 斯塔维
Stelzner，W. 斯蒂尔纳
Stone，M. 斯通
Suppes，P. 苏佩斯
Svenonius，E. 斯韦诺纽斯
Szczerba，L. 什切尔巴
Tarski，A. 塔尔斯基
ten Cate，B. 腾卡特
Tennant，N. 坦南特
Tennenbaum，S. 特南鲍姆
Theseus，K. 特修斯
Thomason，S. 托马森
Toulmin，S. 图尔明
Turing，A. 图灵
van Benthem，J. 范本特姆
van der Does，J. 范德杜施
van der Hoek，W. 范德霍克
van Ditmarsch，H. 范迪特玛施
van Fraassen，B. 范弗拉森
van Lambalgen，M. 范拉巴衡
van Rooy，R. 范鲁伊
Veltman，F. 费尔曼
Venema，Y. 维尼玛
Vieu，L. 维厄
von Plato，J. 冯·柏拉图
Wason，P. 沃森
Weinberger，O. 魏因伯格
Wesley，P. 韦斯利
Westertåhl，D. 维斯特尔塔
Weyl，H. 外尔
Winnie，J. 文尼
Wittgenstein，L. 维特根斯坦
Wojcicki，R. 沃西基
Wooldridge，M. 武德里奇
Zalta，E. 泽尔塔
Zeeman，E. 泽曼
Zwarts，F. 日瓦茨
Zwier，P. 兹维尔

致　谢

下面是本书所收录论文的详细出版信息，相关的出版社已经授权我们出版论文的翻译，在此表示衷心的感谢！

1. Logical constants across varying type, *Notre Dame Journal of Formal Logic*, 30: 3, 315-342, 1989.
2. Logical constants, the variable fortunes of an elusive notion, in W. Sieg, R. Sommer, and C. Talcott eds, *Reflections on the Foundations of Mathematics*, Essays in Honor of Sol Feferman, ASL Lecture Notes in Logic 15, 426-446, 2002.
3. Is there still Logic in Bolzano's key?, in E. Morscher, ed., *Bernard Bolzanos Leistungen in Logik*, *Mathematik und Physik*, Bd. 16, Academia Verlag, Sankt Augustin 2003, 11-34.
4. Reflections on epistemic logic, *Logique et Analyse*, 34 (vol. 133-134), 5-14. (TARK lecture), 1993.
5. Epistemic logic and epistemology, *Philosophical Studies*, 128: 49-76, 2006.
6. What one may come to know, *Analysis* 64 (282), 95-105.
7. The geometry of knowledge, in J-Y Béziau, A. Costa Leite & A. Facchini, eds., *Aspects of Universal Logic*, Centre de Recherches Sémiologiques, Université de Neuchatel, 1-31, 2005. [with Darko Sarenac].
8. A Personal Interview in the book "Five Questions on Epistemic Logic", Vincent Hendricks & Olivier Roy, eds., 2010, Automated Press, Copenhagen.
9. The logical study of science, *Synthese* 51, 431-472, 1982.
10. A mathematical characterization of interpretation between theories, *Studia Logica*, 43: 3, 295-303, 1984. [with David Pearce].
11. Inference, methodology and semantics, in *Honour of Vladimir Smirnov*, Kluwer Academic Publishers, Dordrecht, 63-82, 1996.
12. The logic of empirical theories revisited, Synthese, DOI: 10.1007/s11229-011-9916-6. 2011. [With Sonja Smets].
13. Tense logic and time, *Notre Dame Journal of Formal Logic*, 25: 1, 1-16, 1984.
14. Temporal logic, in D. Gabbay, C. Hoggar and J. Robinson, eds., *Handbook of Logic in Artificial Intelligence and Logic Programming*, Volume 4, Oxford Univer-

sity Press, 241-350, 1995.

15. A modal walk through space, *Journal of Applied Non-Classical Logic*, 12: 3/4, 319-363, 2003. [with Marco Aiello].
16. Modal logics of space, in M. Aiello et al., eds., *Handbook of Spatial Logics*, Springer, Dordrecht, 217-298, 2007. [with Guram Bezhanishvili].
17. Complexity of contents versus complexity of wrappings, in M. Marx, M. Masuch and L. Pólos, eds., *Arrow Logic and Multimodal Logic*, Studies in Logic, Language Information, CSLI Publications, Stanford (and Cambridge UP), 203-219, 1996.
18. Wider still and wider: resetting the bounds of logic, in A. Varzi, ed., *The European Review of Philosophy*, CSLI Publications, Stanford, 21-44, 1999.
19. Logic in philosophy, in D. Jacquette, ed., *Handbook of the Philosophy of Logic*, Elsevier, Amsterdam, 2007.